5·7급 언어논리

PSAT

전제·결론 + 강화·약화

유형 뽀개기!

SD에듀
(주)시대고시기획

머리말

자신이 강한 유형과 약한 유형을 파악하고,
강한 유형보다는 약한 유형을 보완하는 방식으로 준비하기!

2004년 외무고등고시에 처음 도입된 공직적격성평가(이하 PSAT)는 이후 2005년 행정고등고시와 입법고등고시, 그리고 2011년 민간경력자 시험에도 도입되면서 그 중요성이 점차 강조되어 왔습니다. 이제 PSAT는 적용범위를 더 확대하여 7급 공무원 채용시험에도 도입되는 등 그야말로 공무원 시험의 핵심요소로 자리 잡았습니다.

PSAT는 언어논리, 자료해석, 상황판단 등 크게 세 가지 영역으로 분류되는데, 각 영역 내에서도 여러 세부 유형들로 다시 나뉩니다. 수험생마다 언어논리, 자료해석, 상황판단 중 자신이 더 잘하는 영역이 존재하고, 각 영역 내에서도 조금 더 수월하게 해결하는 세부 유형이 존재합니다. PSAT의 기출문제가 축적되고 이를 준비하는 수험생들의 실력이 증가하면서 1~2문제를 더 맞히느냐 못 맞히느냐의 차이로도 당락이 결정되는 상황에서 자신이 약한 유형을 포기하고 강한 부분만 집중적으로 준비할 수 없는 시험이 되었습니다. 이에 따라 수험생들은 스스로 자신이 강한 유형과 약한 유형을 파악하고, 강한 유형보다는 약한 유형을 보완하는 방식으로 준비하셔야 합니다.

이에 본서는 언어논리, 자료해석, 상황판단이라는 큰 분류 내에서 수험생들이 가장 어려워하고 까다롭다고 느끼는 세부 유형을 분석하여 해당 유형을 철저하게 대비할 수 있는 교재를 출간했습니다. 본서가 다루고 있는 세부 유형은 대부분의 수험생들이 어려움을 느끼는 유형이므로 해당 유형을 집중적으로 공부한다면 다른 수험생들이 많이 틀리는 문제를 맞힘으로써 경쟁력을 확보할 수 있을 것입니다.

PSAT의 효율적인 대비를 위해서는 기출문제를 무작정 풀어보는 것이 아니라 과목별 기출유형을 꼼꼼히 파악하고 정리해 두는 습관이 필요합니다. 또한 이를 통해 자신이 약한 세부 유형을 파악하고 이를 집중적으로 대비하여 자신만의 풀이 방법을 찾는 과정이 필요합니다.

본서는 이러한 점에 주안점을 두고 해당 세부 유형에 대한 가장 효과적인 접근법과 남들보다 10점을 더 맞출 수 있는 포인트를 제시하고자 노력했습니다. 자신이 생각하고 있는 접근법과 해설에 기재되어 있는 접근법이 일치하는지를 확인하고, 만약 일치하지 않는다면 어떤 방법이 더 신속하고 본인에게 맞는 방법인지를 정리하는 학습을 하시기를 바랍니다.

SD에듀는 수험생 여러분의 지치지 않는 노력을 응원하며 합격에 도달하는 가장 빠르고 정확한 길을 제시하고자 힘쓰고 있습니다. 수험생 여러분이 합격의 결승선에 도달하는 그날까지 언제나 함께 응원하겠습니다.

SD PSAT연구소

자격증 · 공무원 · 금융/보험 · 면허증 · 언어/외국어 · 검정고시/독학사 · 기업체/취업
이 시대의 모든 합격! SD에듀에서 합격하세요!
www.youtube.com ➔ SD에듀 ➔ 구독

공직적격성평가 PSAT

도입 배경

21세기 지식기반사회가 필요로 하는 공직자는 정치·경제·사회·문화 등 각 분야에서 일어나는 급속한 변화에 신속히 적응하고 새롭게 발생하는 문제들에 대처할 수 있어야 합니다. 이러한 시대적 요구에 부응하기 위해 단순히 암기된 지식이 아닌 잠재적 학습능력과 문제해결능력을 측정하기 위한 PSAT 시험을 도입, 공직자로서 갖추어야 할 소양과 자질을 평가하고 있습니다.

평가 영역

공직적격성평가(Public Service Aptitude Test)는 공직자에게 필요한 소양과 자질을 측정하는 시험으로, 논리적·비판적 사고능력, 자료의 분석 및 추론능력, 판단 및 의사 결정능력 등 종합적 사고력을 평가합니다.

❶ PSAT의 평가영역은 언어논리·자료해석·상황판단 세 영역으로 구성됩니다.

언어논리	글의 이해, 표현, 추론, 비판과 논리적 사고 등의 능력을 평가
자료해석	수치 자료의 정리와 이해, 처리와 응용계산, 분석과 정보 추출 등의 능력을 평가
상황판단	상황의 이해, 추론 및 분석, 문제 해결, 판단과 의사 결정 등의 능력을 평가

❷ PSAT는 특정한 지식의 정도를 측정하는 것이 아니라 능력을 측정하는 시험이기 때문에, 대학입시 수학능력시험과 유사한 측면이 있습니다. 그러나 수학능력시험은 학습능력을 측정하고 있는 데 반해, PSAT는 새로운 상황에서 적응하는 능력과 문제해결, 판단능력을 주로 측정하고 있기 때문에 학습능력보다는 공직자로서 당면하게 될 업무와 문제들에 대한 해결능력과 종합적이고 심도 있는 사고력을 요하는 문제가 중점적으로 출제됩니다.

PSAT 실시 시험 개관

구분	시행 형태		
	1차시험	2차시험	3차시험
5급 공개경쟁채용시험	PSAT · 헌법	직렬별 필수/선택과목 (논문형)	면접
입법고시			
외교관후보자 선발시험		전공평가/통합논술 (논문형)	
지역인재 7급 수습직원 선발시험		서류전형	
7급 공개경쟁채용시험	PSAT	전문과목(선택형)	
5 · 7급 민간경력자 선발시험		서류전형	

시험경향분석 2022년 5·7급 PSAT 언어논리

5급 언어논리 총평

2022년 5급 PSAT 언어논리는 2021년과 비슷하거나 조금 어려운 난도로 출제되었습니다. 책형 구분 상관없이 앞부분의 내용일치 문제에서는 비교적 빠른 속도로 문제를 풀 수 있었으나, 11~20번, 31~40번에 고난도 문제들이 출제되어 시간이 부족한 학생들이 많았습니다.

2022년 언어논리의 특징은 다음과 같습니다.

첫째, 강화·약화 문제의 문항 수가 증가하고 난도가 상승하였습니다. 2022년 언어논리 시험의 변별력은 강화·약화 문제에서 판가름이 났다고 하여도 무방합니다. 강화·약화 문제가 7문제나 출제되었고, 난도가 있는 강화·약화 문제가 있어 전체적인 언어논리 시험 난도를 상승시켰습니다. 이에 대비하기 위해 기출문제를 반복적으로 풀이하며 강화·약화하는 선지의 논리적 구성이 어떻게 이루어지는지 감을 익혀야겠습니다.

둘째, 지문 소재가 난해한 경우가 있어 지문 자체를 이해하는데 시간이 많이 소요되었습니다. 철학 또는 논리학 소재의 어려운 지문이 있어 문제를 풀이하는데 지문을 여러 번 읽어야 하는 경우가 많았습니다. 한편 2021년에 비해서 과학 소재의 지문 개수는 줄어들었습니다. 앞으로의 경향성을 파악하여볼 때, 2021년과 비슷하게 어려운 지문 경향성이 유지될 것으로 보입니다.

셋째, 2021년과 비교하였을 때 논리퀴즈 문제의 난도는 감소하거나 비슷했습니다. 논리퀴즈 문제의 연습량을 충분히 늘려 쉬운 논리퀴즈 문제가 등장하였을 때 빠르게 해결하고 다른 문제에 고민할 시간을 확보하는 것도 좋은 전략이라고 판단됩니다.

지문의 길이는 2021년보다 다소 길었습니다. 길고 소재가 어려운 지문 자체를 독해하는 데 시간이 소요되었기 때문에 전체적인 체감 난도는 더욱 상승하였을 것이라 생각합니다. 다만 5급 공채 PSAT 언어논리의 경우, 지문 내에 불필요한 정보는 거의 없다는 것을 감안할 때 지문의 길이가 향후 더 늘어날 것이라고 예상되지 않습니다.

7급 언어논리 총평

2022년 7급 PSAT 언어논리는 전체적으로 무난한 문제들이 출제되었습니다. 때문에 언어논리에서 시간을 어느 정도 벌어놓았다면 크게 어렵지 않았던 상황판단에서도 고득점이 가능했을 것이라고 생각됩니다.

2022년 언어논리의 특징은 다음과 같습니다.

첫째, 일치부합형 문제들은 전체적으로 낮은 난도로 출제되었습니다. 또한 논지찾기형 · 빈칸 채우기형 · 내용 수정형은 기존 출제틀에서 벗어나지 않았으며 논리적인 내용과 결합되지 않아 체감 난도를 더 떨어뜨렸습니다.

둘째, 추론형 문제들은 제시문의 길이가 길지 않았고 다소 복잡할 수 있었던 내용이 표로 정리되어 있어 어렵지 않게 풀이가 가능했습니다. 다만, 가책형 기준 16번 문제는 함정들이 숨어 있었기에 주의가 필요했습니다.

셋째, 강화–약화형과 논증 분석형 문제들은 기본적인 삼단 논법과 제시문의 이해만으로도 풀이가 가능했습니다. 그러나 논리퀴즈형은 주어진 전제에서 나타나지 않은 제3의 존재를 찾아내는 것이 중요했습니다. 주어진 조건 안에서 풀이하는 것에 익숙했던 수험생이라면 다소 고전했을 것으로 판단됩니다.

넷째, 과학지문 문제들은 제시문에 등장하는 항목이 많았고 그 항목간의 관계들을 잘 설정할 수 있었는지가 관건이었습니다. 공직실무에 관한 문제들은 대화체, 빈칸 채우기, 법조문형 문제 등으로 골고루 출제되었는데 특히 가책형 기준 23번 문제는 신청절차를 순서대로 작성할 수 있었는지를 묻는 유형으로 추후에도 출제가 가능할 것으로 판단됩니다.

구성과 특징

유형별 핵심이론

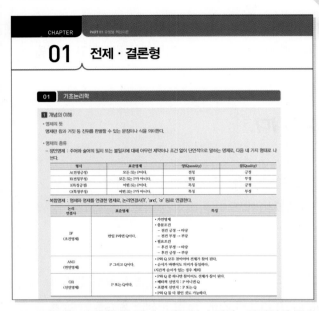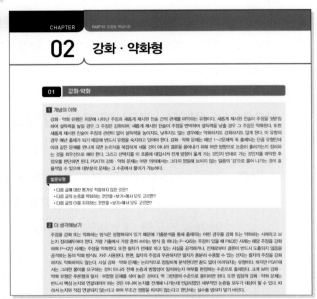

PSAT 언어논리 유형 중 전제 · 결론형과 강화 · 약화형의 핵심이론을 수록하였습니다. 각 유형마다 개념의 이해, 더 생각해보기, 10점 UP 포인트와 대표예제로 구성하여 학습의 효율성을 높였습니다.

유형별 필수기출 160제

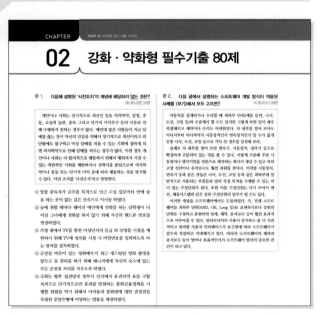

과년도 PSAT 언어논리 기출문제 중 전제 · 결론형과 강화 · 약화형 문제만을 각각 80제씩 엄선하여 필수기출 160제를 수록하였습니다.

상세한 해설

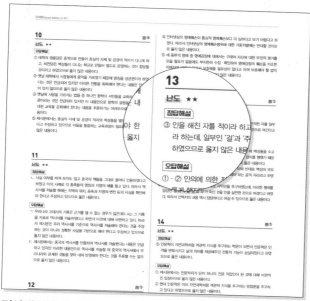

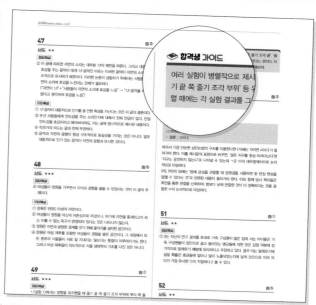

정답해설과 오답해설을 나누어 수록하는 등 최대한 상세하게 해설을 수록하고자 하였으며, 주요 문항마다 5급 공채 최종합격생의 노하우가 담긴 '합격생 가이드'를 수록하였습니다.

5·7급 PSAT 언어논리 최신기출문제

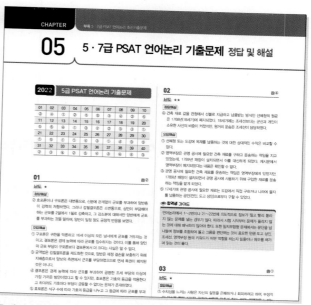

2022~2021년에 시행된 5·7급 PSAT 언어논리 영역의 기출문제와 해설을 부록으로 수록하였습니다.

목차

PART 01

유형별 핵심이론

01 전제·결론형

01 기초논리학

1 개념의 이해

- 명제의 뜻
  명제란 참과 거짓 등 진위를 판별할 수 있는 문장이나 식을 의미한다.

- 명제의 종류
  - 정언명제 : 주어와 술어의 일치 또는 불일치에 대해 아무런 제약이나 조건 없이 단언적으로 말하는 명제로, 다음 네 가지 형태로 나뉜다.

형식	표준명제	양(Quantity)	질(Quality)
A(전칭긍정)	모든 S는 P이다.	전칭	긍정
E(전칭부정)	모든 S는 P가 아니다.	전칭	부정
I(특칭긍정)	어떤 S는 P이다.	특칭	긍정
O(특칭부정)	어떤 S는 P가 아니다.	특칭	부정

  - 복합명제 : 명제와 명제를 연결한 명제로, 논리연결사('if', 'and', 'or' 등)로 연결한다.

논리 연결사	표준명제	특징

IF
(조건명제)
	만일 P라면 Q이다.	• 가언명제
		• 충분조건
		  – 전건 긍정 → 타당
		  – 전건 부정 → 부당
		• 필요조건
		  – 후건 부정 → 타당
		  – 후건 긍정 → 부당

AND (연언명제)	P 그리고 Q이다.	• P와 Q 모두 참이어야 전체가 참이 된다. • 순서가 바뀌어도 의미가 동일하다. (시간적 순서가 있는 경우 제외)
OR (선언명제)	P 또는 Q이다.	• P와 Q 중 하나만 참이어도 전체가 참이 된다. • 배타적 선언지 : P 아니면 Q • 포괄적 선언지 : P 또는 Q • P와 Q 둘 다 참인 것도 가능하다.

2 더 생각해보기

• 명제 사이의 관계

– 명제의 역, 이, 대우 : 명제가 참이라면, 그 명제의 역과 이는 참과 거짓을 알 수 없으나, 그 명제의 대우는 참이 된다.

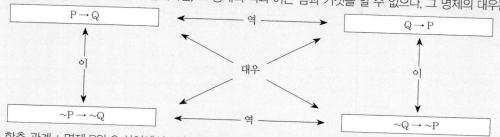

– 함축 관계 : 명제 P와 Q 사이에서 P가 Q를 함축한다는 것은 P가 참이면 Q도 반드시 참이라는 것과 P가 참이면 Q가 거짓일 수 없다는 것, P로부터 Q가 도출된다는 것을 의미한다. 명제의 종류별로 보면 전칭긍정 명제는 특칭긍정 명제를 함축하지만, 특칭긍정 명제는 전칭긍정 명제를 함축하지 않으며, 마찬가지로 전칭부정 명제는 특칭부정 명제를 함축하지만, 특칭부정 명제는 전칭부정 명제를 함축하지 않는다.

– 충분조건과 필요조건 관계 : 두 명제 P와 Q가 있고, 'P이면, Q이다(P→Q)'가 성립할 때, P는 Q의 충분조건이 되고, Q는 P의 필요조건이 된다. 즉, P는 Q가 참이 되기 위한 충분한 조건이 된다는 것이고, Q는 P가 참이 되기 위해 필요한 조건이 된다는 것이다. 이는 다음과 같이 일반화시킬 수 있다.

P이면 Q이다. (P→Q)	• Q이어야 P이다. • Q가 아니면 P가 아니다. • Q일 경우에만 P이다.

P가 Q의 충분조건이고, Q가 P의 필요조건이라면, 'P→Q'는 'P⊂Q'와 같으며, 이를 벤다이어그램으로 표현하면 다음과 같다.

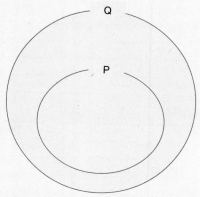

– 필요충분조건 관계 : 앞서 살펴본 충분조건과 필요조건 관계에서는 한 명제가 다른 한 명제의 범위에 포함되는 관계라 할 수 있지만, 필요충분조건 관계는 두 명제에서 충분조건과 필요조건이 동시에 성립하는 것을 의미한다. P와 Q가 필요충분조건이라면, 'P≡Q'와 같으며, 이를 벤다이어그램으로 표현하면 다음과 같다.

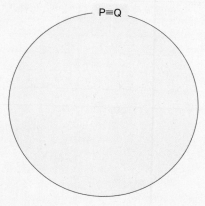

3 10점 UP 포인트

• 진리표

– 연언명제(AND) : P와 Q 둘 중 하나만 거짓이더라도 전체가 거짓이 된다.

P이고 Q이다. (P∧Q)		
P	Q	P∧Q
T	T	T
T	F	F
F	T	F
F	F	F

– 선언명제(OR) : P와 Q 둘 중 하나만 참이면 전체가 참이 된다.

P이거나 Q이다. (P∨Q)		
P	Q	P∨Q
T	T	T
T	F	T
F	T	T
F	F	F

선언명제는 '둘 중 하나가 참'인 경우와 '둘 다 참'인 경우 모두가 가능한데, 여기서 '둘 중 하나가 참'인 경우만 성립이 가능하고, '둘 다 참'인 경우는 성립이 불가능한 경우를 '배타적 선언지'라고 하며, 기호로는 P∨̲Q로 표기한다. 문제에서 배타적 선언지가 성립하는 특정한 조건이 등장하지 않는다면 일반적인 선언명제로 해결하면 된다.

– 조건명제(IF) : 조건명제의 경우 P(전건)가 긍정인지 부정인지, Q(후건)가 긍정인지 부정인지에 따라 전체가 참인지 거짓인지 판명된다.

P이면 Q이다. (P→Q)		
P	Q	P∨Q
T	T	T
T	F	F
F	T	T
F	F	T

P이면 Q이다(P→Q)는 다음과 같은 의미를 지닌다.

P이면 Q이다.	=	P이기 위해서는 Q이어야 한다.
		P하려면 Q이어야 한다.
		P일 때, Q이다.
		Q이어야 P할 수 있다.
		Q인 경우에만 P이다.

조건명제 중 'P이면, 오직 P일 경우에만 Q이다'와 같이 두 개의 조건이 적용되는 명제를 '쌍조건명제'라고 하며, 기호로는 P≡Q 또는 P⇔Q로 표기한다. 쌍조건명제에서는 전건과 후건의 진릿값(참, 거짓)이 동일한 경우만 전체가 참이 된다.

P이면 오직 P일 경우에만 Q이다. (P⇔Q)		
P	Q	P∨Q
T	T	T
T	F	F
F	T	F
F	F	T

• 모순관계/반대관계/소반대 · 대소관계
 – 모순관계 : 두 명제 사이에서 하나의 명제가 참이라면, 다른 하나의 명제는 반드시 거짓이 되는 관계를 의미한다. 따라서 모순관계에 있는 두 명제는 동시에 참일 수도, 동시에 거짓일 수도 없다.
 – 반대관계 : 두 명제가 동시에 참일 수는 없지만, 동시에 거짓일 수는 있는 관계를 의미한다. 앞서 살펴본 모순관계와 반대관계는 동시에 참일 수 없다는 공통점이 있는데, 이를 양립 불가 명제라고 한다.
 – 소반대 · 대소관계 : 소반대관계는 동시에 참일 수는 있지만, 동시에 거짓일 수는 없는 관계를 의미하고, 대소관계는 부분과 전체의 관계를 의미한다. 대소관계의 경우 전체가 참이면 부분도 참이 되지만, 부분이 참이라도 전체의 진릿값(참, 거짓)은 알 수 없게 되며, 마찬가지로 전체가 거짓이라도 부분의 진릿값은 알 수 없다.

• 논증의 판단
 – 타당한 논증 : 전건긍정, 후건부정, 선언지배제, 삼단논증, 양도논법

전건긍정	전건을 긍정하여 후건이 결론으로 도출	전제 1 : P→Q 전제 2 : P 결론 : Q
후건부정	후건을 부정하여 전건의 부정이 결론으로 도출	전제 1 : P→Q 전제 2 : ~Q 결론 : ~P
선언지 배제	선언명제로 제시된 두 명제 중 하나를 부정하여 다른 하나를 결론으로 도출	전제 1 : P∨Q 전제 2 : ~P 결론 : Q
삼단논증	앞 명제의 후건과 뒤 명제의 전건이 같을 때, 앞 명제의 전건과 뒤 명제의 후건이 이어져 결론으로 도출	전제 1 : P→Q 전제 2 : Q→R 결론 : P→R
양도논법	앞 조건명제의 전건과 뒤 조건명제의 전건을 선언지명제로 제시하여 앞 조건명제의 후건과 뒤 조건명제의 후건을 선언지명제로 하는 결론을 도출	전제 1 : (P→Q)∧(R→S) 전제 2 : P∨R 결론 : Q∨S

 – 부당한 논증 : 전건부정, 후건긍정, 선언지긍정

전건부정	전건을 부정하여 후건의 부정이 결론으로 도출	전제 1 : P→Q 전제 2 : ~P 결론 : ~Q
후건긍정	후건을 긍정하여 전건이 결론으로 도출	전제 1 : P→Q 전제 2 : Q 결론 : P
선언지 긍정	선언명제로 제시된 두 명제 중 하나를 긍정하여 다른 하나의 부정을 결론으로 도출(둘 다 긍정일 가능성이 존재하기 때문)	전제 1 : P∨Q 전제 2 : P 결론 : ~Q

대표예제 01

다음 글의 ⓐ와 ⓑ에 들어가기에 적절한 것을 〈보기〉에서 골라 알맞게 짝지은 것은?

귀납주의란 과학적 탐구 방법의 핵심이 귀납이라는 입장이다. 즉, 과학적 이론은 귀납을 통해 만들어지고, 그 정당화 역시 귀납을 통해 이루어진다는 것이다. 그러나 실제 과학의 역사를 고려하면 귀납주의는 문제에 처하게 된다. 이러한 문제 상황은 다음과 같은 타당한 논증을 통해 제시될 수 있다.

만약 귀납이 과학의 역사에서 사용된 경우가 드물다면, 과학의 역사는 바람직한 방향으로 발전하지 않았거나 또는 귀납주의는 실제로 행해진 과학적 탐구 방법의 특징을 드러내는 데 실패했다고 보아야 한다. 과학의 역사가 바람직한 방향으로 발전하지 않았다면, 귀납주의에서는 수많은 과학적 지식을 정당화되지 않은 것으로 간주해야 한다. 그리고 귀납주의가 실제로 행해진 과학적 탐구 방법의 특징을 드러내는 데 실패했다면, 귀납주의는 과학적 탐구 방법에 대한 잘못된 이론이다. 그런데 우리는 과학의 역사가 바람직한 방향으로 발전하지 않았거나, 귀납주의가 실제로 행해진 과학적 탐구 방법의 특징을 드러내는 데 실패했다고 보아야 한다. 그 이유는 [ⓐ   ]는 것이다. 그리고 이로부터 우리는 다음 결론을 도출하게 된다. [ⓑ   ].

보 기

ㄱ. 과학의 역사에서 귀납이 사용된 경우는 드물다

ㄴ. 과학의 역사에서 귀납 외에도 다양한 방법들이 사용되었다

ㄷ. 귀납주의는 과학적 탐구 방법에 대한 잘못된 이론이고, 귀납주의에서는 수많은 과학적 지식을 정당화되지 않은 것으로 간주해야 한다

ㄹ. 귀납주의가 과학적 탐구 방법에 대한 잘못된 이론이라면, 귀납주의에서는 수많은 과학적 지식을 정당화되지 않은 것으로 간주해야 한다

ㅁ. 귀납주의가 과학적 탐구 방법에 대한 잘못된 이론이 아니라면, 귀납주의에서는 수많은 과학적 지식을 정당화되지 않은 것으로 간주해야 한다

	ⓐ	ⓑ
①	ㄱ	ㄷ
②	ㄱ	ㄹ
③	ㄱ	ㅁ
④	ㄴ	ㄹ
⑤	ㄴ	ㅁ

정답해설

먼저 제시문을 정리해 보면 ⓐ를 근거로 '과학의 역사가 바람직한 방향으로 발전하지 않았거나' 또는 '과학적 탐구 방법의 특징을 드러내는 데 실패했다'라는 소결론을 이끌어 냈다는 것을 알 수 있다. 이는 '귀납이 과학의 역사에서 사용된 경우가 드물다'를 근거로 할 때 도출될 수 있는 결론이므로 ⓐ에는 ㄱ이 들어가야 가장 적절하다. 다음으로 이를 통한 최종결론은 '귀납주의에서는 수많은 과학적 지식이 정당화되지 않은 것으로 간주해야 하거나' 또는 '귀납주의가 과학적 탐구 방법에 대한 잘못된 이론이다'가 되어야 한다. 이 결론이 선언적 형식을 가져야 하는 이유는 위에서 언급한 것처럼 '귀납이 과학의 역사에서 사용된 경우가 드물다'를 근거로 한 소결론이 선언의 형태였기 때문이다. 따라서 '(A∨B)≡(~A→B)'에 따라 논리적으로 이와 동치인 ㅁ이 ⓑ에 들어가기에 가장 적절한 문장이 된다. 반면 선택지 ㄷ은 두 명제를 선언이 아닌 연언의 형식으로, ㄹ은 조건문의 형식으로 진술하였기에 답이 될 수 없다.

目③

대표예제 02

다음의 네 명제가 모두 참일 경우 반드시 참인 것은?

> ㄱ. 안정환이 주전으로 기용되거나 이천수가 주전으로 기용될 것이다.
> ㄴ. 만약 안정환이 주전으로 기용되면 박지성이 주전으로 기용될 것이다.
> ㄷ. 만약 박지성이 주전으로 기용되면 이천수가 주전으로 기용될 것이다.
> ㄹ. 안정환이 주전으로 기용되거나 이영표가 주전으로 기용될 것이다.

① 안정환이 주전으로 기용될 것이다.
② 이천수가 주전으로 기용될 것이다.
③ 박지성이 주전으로 기용될 것이다.
④ 박지성과 이영표가 주전으로 기용될 것이다.
⑤ 안정환이 주전으로 기용되거나 박지성이 주전으로 기용될 것이다.

정답해설

주어진 정보들로부터 필연적으로 참이 되는 주장들을 끌어내는 문제이다. 이런 유형의 문제를 풀기 위해서는 둘 이상의 정보를 조합하여 새로운 정보를 연역할 수 있어야 한다. 이 문제의 경우 주어진 네 개의 명제가 동시에 참이 되기 위해서는 누군가 주전으로 기용되지 않으면 안 되는 것처럼 보인다. 따라서 주전으로 기용되지 않으면 안 되는 사람이 누구인지를 연역해 내는 것이 풀이의 핵심이다.

먼저 ㄱ에 따르면 안정환과 이천수 둘 중에 최소한 하나는 주전으로 기용되어야 한다. 이에 대한 판단을 위해서는 ㄴ과 ㄷ을 참조하면 된다.

② ㄷ의 대우에 따르면 이천수가 주전으로 기용되지 않는다면 박지성도 주전으로 기용되지 못한다. 그런데 ㄴ의 대우에 따르면 박지성이 주전으로 기용되지 않는다면 안정환도 주전으로 기용되지 못한다. 따라서 이천수가 주전으로 기용되지 못할 경우 안정환도 주전으로 기용되지 못하는 상황이 벌어져 ㄱ은 참이 될 수가 없다. 따라서 전제가 모두 참이라면, 이천수의 주전 기용은 반드시 참이어야 한다.

오답해설

안정환은 반드시 주전으로 기용될 필요가 없다. 왜냐하면 안정환이 주전으로 기용되지 않아도 이천수가 주전으로 기용되기만 한다면 ㄱ, ㄴ, ㄹ이 동시에 참이 될 수 있기 때문이다. 여기에 이영표까지 주전으로 기용되면 ㅁ도 함께 참이 될 수 있다. 물론 박지성이 반드시 주전으로 기용될 필요는 없다. 이것은 이영표의 경우도 마찬가지다. 또 안정환이 주전으로 기용되지 않을 경우, 박지성의 기용 여부와 상관없이 ㄱ, ㄴ, ㄷ, ㄹ이 동시에 참이 될 수 있다. 따라서 ①, ③, ④, ⑤는 정답에서 논리적으로 완전히 배제된다.

답 ②

02 전제·결론

1 개념의 이해

이 유형은 글의 전제 혹은 결론을 파악할 수 있는지를 평가한다. 보통 전제를 모두 제시하고 결론을 묻는 문제가 출제되나, 종종 결론과 일부 전제를 제시하고 부족한 전제를 묻는 문제가 출제되기도 한다. 전자의 경우 쉽게 문제를 해결할 수 있으나 후자는 난도가 높다. 전제·결론 유형의 문제에서 지문은 일반적인 논설문의 형태를 띠고 있으나 그 세부적인 문장들이 논리적인 관계를 가지며, 전제·결론 유형의 문제는 언어논리 전체를 통틀어 가장 어려운 난도의 유형 중 하나이다. 가장 기본적인 형태로는 제시문의 여러 문장들에 밑줄이 그어져 있고 이 문장들 간의 관계를 묻는 것이며, 이것이 진화한 형태가 '추가로 필요한 전제'를 찾는 유형이다. 후자의 경우 전체적인 논증의 흐름을 꿰뚫고 있어야 풀이가 가능하며 수험생들이 어려워하는 철학 지문, 과학 지문을 이용해 출제되기도 한다.

발문유형

- 다음 글에 대한 분석으로 적절한(하지 않은) 것은?
- 다음 실험의 결과를 가장 잘 설명하는 가설은?
- 다음 글의 암묵적 전제로 볼 수 있는 것은?
- 다음 글의 결론을 이끌어내기 위해 추가해야 할 전제만을 <보기>에서 모두 고르면?

2 더 생각해보기

결론을 묻는 문제는 지문 전체를 아우르는 진술을 찾아야 한다. 오답 선지는 대부분 틀린 진술로 구성되어 있으나, 때로는 옳은 진술이라도 지나치게 지엽적이어서 오답이 되는 경우가 있다. 일치부합 문제가 아니라 글 전반을 포괄하는 주제를 묻고 있음을 유의해야 한다. 간혹 실험의 결과를 묻는 경우가 있는데, 결국은 글의 논지를 찾는 것이고 글의 소재만 과학실험일 뿐이다. 다만 이 경우에는 보다 지문을 꼼꼼히 읽어야 한다.

전제를 묻는 문제는 지문을 도식화하며 읽어야 한다. 보통 마지막 문단에 결론이, 앞 문단에서 해당 결론을 도출하기 위한 논증이 제시된다. 지문에 제시된 전제와 결론을 도식화하면 중간에 논리의 비약이 있는 부분을 파악할 수 있다. 이때 선지를 우선 읽고 지문을 읽는 것이 도움이 된다.

- 발문 접근법

해당 문제에서 묻고자 하는 바가 무엇인지는 발문에 나타나있다. 발문만으로 유의미한 접근법이 도출될 수 있는 정보나 특별히 제공되는 정보는 없지만 문제에서 묻고자 하는 바를 정확하게 숙지해두고 문제 풀이에 들어가야 한다.

- 제시문 접근법

  - 꼬리에 꼬리를 무는 논증 : 가장 기본적인 형태로서 키워드만 잘 잡고 이를 연결하면 아무리 복잡한 논증구조를 가지고 있더라도 쉽게 정답을 찾아낼 수 있다. 이 유형에서 가장 중요한 것은 키워드를 잡는 것이다. 난도가 낮은 제시문이라면 키워드들이 모두 동일한 단어로 주어지겠지만, 이는 얼마든지 같은 의미를 지니는 단어 내지는 어구로 변환하여 출제될 수 있다. 이럴 때에는 주어진 단어들을 그대로 사용하지 말고 이를 포괄하는 간단한 단어 하나로 통일한 후 과감하게 단순화시키는 것이 중요하다. 비슷한 의미이긴 한데 조금은 다르다고 생각하여 각각을 별개의 논증으로 놓으면 그 어느 명제도 연결되지 않는 상황이 생기고 만다.

  - Ⓐ와 Ⓔ가 모두 참이면 Ⓒ는 반드시 참 or 동시에 참 : PSAT 유형의 시험에서 가장 빈출되는 유형이 이와 같이 제시문의 부분만을 활용하여 논증의 타당성을 묻는 것이다. 이 유형은 난도가 매우 높은 관계로 실전에서는 선택지에서 언급된 밑줄 친 문장들을 따라가기 급급한 것이 현실이다. 그런데 실상을 따져보면 의외로 간단한 로직을 가지고 있다. 즉, 선택지에서 Ⓒ로 언급된 것들은 그냥 아무 의미 없이 선정된 것이 아니라 '소주제'급의 문장들이라는 것이다. 따라서 이 유형은 전체 주제와 어긋나는 문장을 찾고 이것이 개입된 선택지를 배제하라는 것과 같다고 봐도 무방하다.

– ⓐ~ⓔ 밑줄형 제시문이 등장했다면 밑줄들을 스캐닝하면서 주제와 같은 뉘앙스를 보이는 것을 찾아보자(설사 그것이 실제 주제가 아니어도 괜찮다). 반드시 주제는 이 밑줄 중 하나에 있기 마련인데, 가급적 단락별로 이러한 문장들을 하나씩 찾는 것이 좋다(이렇게 할 경우 대략 2~3개 정도를 선정할 수 있게 된다). 그리고 나서 밑줄이 없다고 생각하고 빠르게 제시문을 읽어 보자. 여기서 읽는다는 것의 의미는 세부적인 내용을 모두 파악하라는 것이 아니라 큰 뼈대를 잡기 위한 독해를 의미한다. 만약 자신이 선별한 주제가 옳았다면 그대로 선택지를 판단하면 될 것이다. 즉, '주제 스캐닝 → 개괄 독해 → 선택지 판단과 함께 세부 독해'의 과정을 거치는 것이다. 만약 자신이 선별한 주제가 아니었다고 해도 문제가 되지 않는다. 밑줄의 개수는 많아야 5개이므로 자신이 선정하지 않았던 밑줄들이 주제가 될 수밖에 없다. 어차피 이런 유형의 문제라면 최소 3분 이상은 투입해야 한다.

• 선택지 접근법

전제 · 결론 유형의 문제는 지문이 아무리 복잡하게 주어지더라도 주어진 논증을 정리해 보면 어느 단계에서 아무런 근거 없이 논리전개가 '점프'하는 부분이 나오게 된다. 바로 그 부분을 공략한 선택지를 찾으면 되는 것이다. 그런데 이 과정에서 주의할 점은 선택지를 활용해야 한다는 것이다. 일부 수험생의 경우 이러한 문제를 풀 때 백지상태, 즉 선택지를 참고하지 않고 생략된 전제를 찾으려고 하는 경향이 있는데 매우 바람직하지 못하다. 어찌되었든 제시문에서 언급된 결론을 끌어내야 하는 것이 종착역이니만큼 선택지를 통해 이 전제를 끌어낼 수 있게 만들면 그만이다.

3 10점 UP 포인트

결론을 묻는 유형은 세부적인 내용을 꼼꼼하게 읽을 필요가 없다. 오히려 빠르게 지문을 훑어 전반적인 인상을 파악하는 것이 중요하다. 보통 평이한 난도로 출제되므로 글의 전반적인 인상이나 마지막 1~2개의 문단만으로 문제가 해결되는 경우가 많다. 시간이 부족하다면 여기에서 시간을 아끼도록 하자. 지나친 고민은 오히려 독이 될 수 있다. 또한 제시문에서 조건문의 형식을 가진 문장이 나오면 일단 '조건식을 이용한 문제가 아닐까'하는 의문을 가져야 함은 당연하다. 하지만 그것이 지나쳐서 그러한 문제들을 모조리 조건식으로만 풀이하려는 수험생들이 있는데 이는 매우 바람직하지 못하다. 제시된 물음과 답변을 조건식으로 변환하여 선택지를 분석했을 때 딱딱 맞아떨어지는 것이 몇 개나 있었는가? 형식논리학이 모든 논리구조를 포섭하려는 시도를 하고 있지만 수험생의 입장에서 그 시도들에 반드시 합류할 필요는 없다. 형식논리학은 논증분석의 한 부분일 뿐이다.

대표예제 01

다음 글의 논지로 가장 적절한 것은?

> 베블런에 의하면 사치품 사용 금기는 전근대적 계급에 기원을 두고 있다. 즉, 사치품 소비는 상류층의 지위를 드러내는 과시소비이기 때문에 피지배계층이 사치품을 소비하는 것은 상류층의 안락감이나 쾌감을 손상한다는 것이다. 따라서 상류층은 사치품을 사회적 지위 및 위계질서를 나타내는 기호(記號)로 간주하여 피지배계층의 사치품 소비를 금지했다. 또한 베블런은 사치품의 가격 상승에도 그 수요가 줄지 않고 오히려 증가하는 이유가 사치품의 소비를 통하여 사회적 지위를 과시하려는 상류층의 소비행태 때문이라고 보았다.
>
> 그러나 소득 수준이 높아지고 대량 생산에 의해 물자가 넘쳐흐르는 풍요로운 현대 대중사회에서 서민들은 과거 왕족들이 쓰던 물건들을 일상생활 속에서 쓰고 있고 유명한 배우가 쓰는 사치품도 쓸 수 있다. 모든 사람들이 명품을 살 수 있는 돈을 갖고 있을 때 명품의 사용은 더 이상 상류층을 표시하는 기호가 될 수 없다. 따라서 새로운 사회의 도래는 베블런의 과시소비이론으로 설명하기 어려운 소비행태를 가져왔다. 이때 상류층이 서민들과 구별될 수 있는 방법은 오히려 아래로 내려가는 것이다. 현대의 상류층에게는 차이가 중요한 것이지 사물 그 자체가 중요한 것이 아니기 때문이다. 월급쟁이 직원이 고급 외제차를 타면 사장은 소형 국산차를 타는 것이 그 예이다.
>
> 이와 같이 현대의 상류층은 고급, 화려함, 낭비를 과시하기보다 서민들처럼 소박한 생활을 한다는 것을 과시한다. 이것은 두 가지 효과가 있다. 사치품을 소비하는 서민들과 구별된다는 점이 하나이고, 돈 많은 사람이 소박하고 겸손하기까지 하여 서민들에게 친근감을 준다는 점이 다른 하나이다.
>
> 그러나 그것은 극단적인 위세의 형태일 뿐이다. 뽐냄이 아니라 남의 눈에 띄지 않는 겸손한 태도와 검소함으로 자신을 한층 더 드러내는 것이다. 이런 행동들은 결국 한층 더 심한 과시이다. 소비하기를 거부하는 것이 소비 중에서도 최고의 소비가 된다. 다만 그들이 언제나 소형차를 타는 것은 아니다. 차별화해야 할 아래 계층이 없거나 경쟁 상대인 다른 상류층 사이에 있을 때 그들은 마음 놓고 경쟁적으로 고가품을 소비하며 자신을 마음껏 과시한다. 현대사회에서 소비하지 않기는 고도의 교묘한 소비이며, 그것은 상류층의 표시가 되었다. 그런 점에서 상류층을 따라 사치품을 소비하는 서민층은 순진하다고 하지 않을 수 없다.

① 현대의 상류층은 낭비를 지양하고 소박한 생활을 지향함으로써 서민들에게 친근감을 준다.
② 현대의 서민들은 상류층을 따라 겸손한 태도로 자신을 한층 더 드러내는 소비행태를 보인다.
③ 현대의 상류층은 그들이 접하는 계층과는 무관하게 절제를 통해 자신의 사회적 지위를 과시한다.
④ 현대에 들어와 위계질서를 드러내는 명품을 소비하면서 과시적으로 소비하는 새로운 행태가 나타났다.
⑤ 현대의 상류층은 사치품을 소비하는 것뿐만 아니라 소비하지 않기를 통해서도 자신의 사회적 지위를 과시한다.

정답해설

⑤ 이 글의 논지는 상류층이 소박한 생활을 함으로써 또 다른 방법으로 자신을 과시한다는 것이다.

오답해설

① 세 번째 문단에서 상류층이 소박한 생활을 함으로써 서민들에게 친근감을 주는 효과가 있다고 하였으나, 바로 다음 문단에서 이것이 극단적인 위세의 형태라고 설명하고 있다. 이 선지는 지문 전체를 포괄하지 못하는 지엽적 서술이다.
② 서민들이 겸손한 태도로 자신을 드러내는지는 나와 있지 않다. 오히려 '상류층을 따라 사치품을 소비하는 서민층은 순진하다고 하지 않을 수 없다.'라는 진술을 고려할 때, 이 선지는 틀린 것으로 볼 수 있다.
③ 마지막 문단에서 상류층은 경쟁 상대인 다른 상류층이 있을 때 경쟁적으로 고가품을 소비하고 자신을 과시한다고 설명하고 있다.
④ 첫 문단에 따르면 과시적 소비는 전근대적 사회에서도 나타나고 있다.

답 ⑤

대표예제 02

다음 글에서 러셀의 추리가 성립하기 위하여 꼭 필요한 가정은?

버트런드 러셀의 '트리스트럼 샌디의 문제'는 무한한 개수의 원소를 가진 집합에 관한 것이다. 러셀은 이렇게 쓰고 있다. "트리스트럼 샌디는 그의 생애의 처음 이틀간의 이야기를 쓰는 데 무려 2년을 보내고서, 이런 속도라면 자기가 엮어낼 수 있는 것보다 이야깃거리가 너무 빨리 쌓여서 영원히 살더라도 결코 이야기를 끝낼 수 없을 것이라고 한탄하였다. 그러나 만일 그가 영원히 살고 이야기 쓰는 일을 싫증 내지 않는다면, 그의 전기의 어떤 부분도 영원히 쓰이지 않은 채로 남아 있는 일은 없을 것이라고 나는 주장하는 바이다.

러셀의 추리는 이렇다. 예를 들어 샌디가 1700년 1월 1일에 태어났고, 1720년 1월 1일부터 전기를 쓰기 시작했다고 하자. 글을 쓰는 첫 해, 1720년은 그가 태어난 첫날, 즉 1700년 1월 1일의 이야기를 기록할 것이다. 또한 1721년은 1700년 1월 2일의 이야기를 기록할 것이다. 두 무한 계열은 이런 식으로 계속 진행될 것이다.

결국 태어난 후 모든 날에 대응하는 해가 있고, 쓰기 시작한 후의 모든 해에 대응하는 날이 있게 된다. 샌디가 1988년인 오늘날까지 쓰고 있다면 그는 1700년 9월의 사건들까지 쓰고 있을 것이다. 그렇다면 불멸의 샌디가 오늘의 사건을 기록하는 때는 대략 106840년이 될 것이다. 어떤 미래의 사건도 그것이 언제 기록될지를 계산할 수 있다. 그래서 러셀은 '그의 전기의 어떤 부분도 영원히 쓰이지 않은 채로 남아 있는 일은 없을 것'이라고 말했던 것이다.

① 셀 수 있는 두 무한 집합의 원소들 사이에 일대일 대응이 성립한다.
② 두 무한 집합의 경우, 한 집합이 다른 집합의 부분일 수 있다.
③ 무한 계열을 이루는 원소들로 이루어진 두 무한 집합의 크기를 비교할 수 없다.
④ 두 무한 집합의 원소가 무한 집합일 경우, 두 무한 집합 사이에 대 응은 성립하지 않는다.
⑤ 규칙적으로 진행하는 두 무한 집합의 크기에 차이가 있다면 사건과 기록의 시간 간격은 갈수록 커질 수밖에 없다.

정답해설

① 러셀에 따르면 샌디가 태어난 후 모든 날에 대응하는 해가 있고, 쓰기 시작한 후의 모든 해에 대응하는 날이 있다. 따라서 샌디가 무한히 생존하여 기록한다면 어떤 미래의 사건도 그것이 언제 기록될지를 계산할 수 있다. 결국 '샌디가 태어난 후 모든 날'이라는 하나의 무한 집합과, '샌디가 쓰기 시작한 후의 모든 날'이라는 무한 집합의 원소들 사이에는 일대일 대응이 성립한다.

오답해설

② 러셀이 제시한 두 무한 집합은 포함관계가 아니다.
③ · ④ 러셀이 제시한 두 무한 집합의 원소들 사이에는 일대일 대응이 성립하며, 두 무한 집합의 크기가 같다.
⑤ 사건과 기록의 시간 간격은 계속해서 일정하게 유지될 것이다.

답 ①

03 논지 찾기

1 개념의 이해

흔히 말하는 '주제 찾기' 유형이며 PSAT에서 논지만을 묻는 문제는 매우 드물게 출제되는 편이다. 만약 이 유형의 문제가 출제되었다면 확실하게 시간을 아낄 수 있는 문제이므로 최대한 빨리 풀고 다음 문제로 넘어가야 한다. 찾은 논지를 토대로 강화 · 약화 유형과 결부되어 푸는 문제가 자주 출제되고 있다.

발문유형

- 다음 글의 중심 내용으로 가장 적절한 것은?
- 다음 글의 핵심 논지로 가장 적절한 것은?

2 더 생각해보기

결론 내지는 중심 내용을 찾는 제시문의 경우는 세부적인 내용을 꼼꼼히 살피는 독해보다는 뼈대를 중심으로 크게 읽어나가는 독해가 바람직하다. 만약 제시문에 '첫째, 둘째' 그리고 '첫째(둘째) 근거에 대해 이런 반론을 제기할 수 있다'와 같은 표현들이 등장한다면 이것들이 가장 큰 뼈대가 되는 것들이다. 어찌 보면 전체적인 내용을 파악하는 것보다 이 표현들을 찾는 것이 더 중요할 수 있다.

- 발문 접근법
  이 유형의 경우 발문에서 특별히 눈여겨보아야 할 부분은 없다. 다만, 앞서 언급한 것처럼 '논지를 강화(약화)하는 것은?'과 같이 다른 유형과의 결합으로 발문이 제시되는 경우가 있으므로 주의해야 한다.

- 제시문 접근법
  오로지 논지만을 찾는 제시문이라면 크게 눈여겨봐야 할 부분은 두 개로 압축할 수 있다. 하나는 독자에게 물음을 던지는 문장이며 나머지 하나는 마지막 단락이다. 전자의 경우는 거의 이 문장의 답변이 주제가 되는 경우가 많지만 간혹 반론을 이와 같은 형식으로 제기하는 경우도 있어 주의가 필요하다. 후자의 경우는 우리가 학창시절부터 학습해 온 내용이지만 여전히 유효하다. 다만, PSAT의 경우 단순히 마지막 단락만으로 논지를 찾을 수 있는 경우는 거의 없다고 봐야하며 이전 문단들의 내용들과 결합하여 주제가 만들어지는 경우가 대부분이라는 것을 유의해야 한다. 단, 마지막 단락에 힘을 주어서 읽어야 한다는 원칙은 변하지 않는다.

- 선택지 접근법
  이 유형의 선택지는 크게 ① 정답이 되는 내용, ② 전체를 포괄하지 못하는 국지적인 내용, ③ 과도한 비약이 담긴 내용, ④ 전혀 무관한 내용 등으로 구성된다. 이 중 수험생들이 가장 어려워하는 부분이 바로 ②이다. 가장 일반적인 방법은 제시문과 동일한 표현이 등장한 선택지를 소거하는 것인데 이는 중학교 내신 수준에서나 가능한 방법이며 실제로도 외형상 이를 구분하는 것은 불가능에 가깝다. 차선으로 선택할 수 있는 방법은 선택지를 따로따로 분석하지 않고 후보군을 모으는 것이다. 이 중 어느 하나를 다른 하나가 포괄하는 내용일 경우 후자가 답이 될 가능성이 높다. 물론 여기에서도 주의해야 할 것은 이 선택지가 ③ 과도한 비약이 담긴 내용에 해당할 수도 있다는 점이다.

3 10점 UP 포인트

일반적인 통념에 대해 반대하는 제시문에는 이를 구분하는 장치가 들어있기 마련이다. 예를 들어 '얼핏 ∼듯 보이지만'과 같은 문구가 그것인데 이런 유형의 제시문에서는 통념을 그대로 넣어 주고 마치 이것이 제시문에서 주장하고 있는 것처럼 위장하는 경우가 많다. 제시문의 난도가 높아질 경우에는 글을 이해하는 데 힘을 쏟다보니 가장 기본적인 이 프레임을 놓치는 경우가 많다. 하지만 통념과 제시문의 주제를 명확하게 구분할 수만 있더라도 선택지의 절반 이상은 해결할 수 있다는 점은 꼭 기억해두어야 한다.

대표예제 01

다음 글의 중심 내용으로 가장 적절한 것은?

> 2015년 한국직업능력개발원 보고서에 따르면 전체 대졸 취업자의 전공 불일치 비율이 6년 간 3.6%p 상승했다. 이는 우리 대학교육이 취업 환경의 급속한 변화를 따라가지 못하고 있음을 보여준다. 기존의 교육 패러다임으로는 오늘 같은 직업생태계의 빠른 변화에 대응하기 어려워 보인다. 중고등학교 때부터 직업을 염두에 둔 맞춤 교육을 하는 것이 어떨까? 그것은 두 가지 점에서 어리석은 방안이다. 한 사람의 타고난 재능과 역량이 가시화되는 데 훨씬 더 오랜 시간과 경험이 필요하다는 것이 첫 번째 이유이고, 사회가 필요로 하는 직업 자체가 빠르게 변하고 있다는 것이 두 번째 이유이다.
>
> 그렇다면 학교는 우리 아이들에게 무엇을 가르쳐야 할까? 교육이 아이들의 삶뿐만 아니라 한 나라의 미래를 결정한다는 사실을 고려하면 이것은 우리 모두의 운명을 좌우할 물음이다. 문제는 세계의 환경이 급속히 변하고 있다는 것이다. 2030년이면 현존하는 직종 가운데 80%가 사라질 것이고, 2011년에 초등학교에 입학한 어린이 중 65%는 아직 존재하지도 않는 직업에 종사하게 되리라는 예측이 있다. 이런 상황에서 교육이 가장 먼저 고려해야 할 것은 변화하는 직업 환경에 성공적으로 대응하는 능력에 초점을 맞추는 일이다.
>
> 이미 세계 여러 나라가 이런 관점에서 교육을 개혁하고 있다. 핀란드는 2020년까지 학교 수업을 소통, 창의성, 비판적 사고, 협동을 강조하는 내용으로 개편한다는 계획을 발표했다. 이와 같은 능력들은 빠르게 현실화되고 있는 '초연결 사회'에서의 삶에 필수적이기 때문이다. 말레이시아의 학교들은 문제해결 능력, 네트워크형 팀워크 등을 교과과정에 포함시키고 있고, 아르헨티나는 초등학교와 중학교에서 코딩을 가르치고 있다. 우리 교육도 개혁을 생각하지 않으면 안 된다.

① 한 국가의 교육은 당대의 직업구조의 영향을 받는다.
② 미래에는 현존하는 직업 중 대부분이 사라지는 큰 변화가 있을 것이다.
③ 세계 여러 국가는 변화하는 세상에 대응하여 전통적인 교육을 개편하고 있다.
④ 빠르게 변하는 불확실성의 세계에서는 미래의 유망 직업을 예측하는 일이 중요하다.
⑤ 교육은 다음 세대가 사회 환경의 변화에 대응하는 데 필요한 역량을 함양하는 방향으로 변해야 한다.

정답해설

제시문은 '학교는 우리 아이들에게 무엇을 가르쳐야 할까?'라고 질문하면서 가장 먼저 고려되어야 할 것이 '변화하는 직업 환경에 성공적으로 대응하는 능력에 초점을 맞추는 일'이라고 하였다. 그리고 이러한 관점에서 교육을 개혁하고 있는 사례를 들면서 우리 교육도 개혁을 생각하지 않으면 안 된다고 하였다. 따라서 이와 가장 근접한 의미를 가지는 ⑤가 이 글의 중심 내용이라고 판단할 수 있다.

답 ⑤

대표예제 02

다음 글의 중심 내용으로 가장 적절한 것은?

다원주의 사회 내에서는 불가피하게 다양한 가치관들이 충돌한다. 이러한 충돌과 갈등을 어떻게 해결할 것인가? 자유주의는 상충되는 가치관으로 인해 개인들 사이에서 갈등이 빚어질 경우, 이러한 갈등을 사적 영역의 문제로 간주하고 공적 영역에서 배제함으로써 그 갈등을 해결하고자 했다.

하지만 다원주의 사회에서 발생하는 심각한 갈등들을 해소하기 위해서 모든 사람이 수용할 수 있는 합리성에 호소하는 것은 어리석은 일이다. 왜냐하면 모든 사람들이 수용할 수 있는 합리성의 범위가 너무 협소하기 때문이다. 물론 이러한 상황에서도 민주적 합의는 여전히 유효하고 필요하다. 비록 서로 처한 상황이 다르더라도 정치적으로 평등한 모든 시민들이 자유롭게 합의할 때, 비로소 그 갈등은 합법적이고 민주적으로 해결될 것이기 때문이다. 따라서 다원주의 사회의 문제는 궁극적으로 자유주의의 제도적 토대 위에서 해결되어야 한다.

가령 한 집단이 다른 집단에게 자신의 정체성을 '인정'해 달라고 요구할 때 나타나는 문화적 갈등은 그 해결이 간단하지 않다. 예컨대 각료 중 하나가 동성애자로 밝혀졌을 경우, 동성애를 혐오하는 사람들은 그의 해임을 요구할 것이다. 이 상황에서 발생하는 갈등은 평등한 시민들의 자유로운 합의, 대의원의 투표, 여론조사, 최고통치자의 정치적 결단 등의 절차적 방식으로는 잘 해결되지 않는다. 동성애자들이 요구하고 있는 것은 자신들도 사회의 떳떳한 구성원이라는 사실을 다른 구성원들이 인정해주는 것이기 때문이다.

이처럼 오늘날 자유주의가 직면한 문제는 단순히 개인과 개인의 갈등뿐 아니라 집단과 집단의 갈등을 내포한다. 사회 내 소수 집단들은 주류 집단에게 사회적 재화 중에서 자신들의 정당한 몫을 요구하고, 더 나아가 자신들도 하나의 문화공동체를 형성하고 있는 구성원이라는 사실을 인정하라고 요구한다. 그들이 저항을 통해, 심지어는 폭력을 사용해서라도 자신의 정체성을 인정하라고 요구한다는 사실은 소수 문화가 얼마나 불평등한 관계에 처해 있는지를 여실히 보여준다. 따라서 자유주의가 채택하는 개인주의나 절차주의적 방법으로는 소수자들의 불평등을 실질적으로 해결하지 못한다. 그 해결은 오직 그들의 문화적 정체성을 인정할 때에만 가능할 것이다.

① 다원주의 사회에서 다양한 가치관의 갈등은 개인 간의 합의를 통해서 해결된다.
② 진정한 다원주의는 집단 간의 공평성보다도 개인의 자유와 권리를 우선적으로 보장한다.
③ 국가는 개인과 개인 사이의 갈등을 조정 · 해결할 수 있는 제도적 장치를 마련하여야 한다.
④ 다원주의 사회에서 집단 간의 가치관 갈등을 해결하기 위해서는 서로 다른 문화적 정체성을 인정해야 한다.
⑤ 국가는 개인들이 추구하는 다양한 가치에 대해 어떤 특정한 입장도 옹호해서는 안 되며 중립적 입장을 취해야 한다.

정답해설

글을 요약하면 다음과 같다. 다원주의 사회에서는 다양한 가치관들이 충돌할 수밖에 없다. 가치관들이 충돌할 때 이 갈등을 해소하기 위해 합리성에 호소할 수는 없다. 그럼에도 불구하고 자유주의자들은 이 다원주의적 문제를 자유주의적 제도 위에서 해결해야 한다. 그러나 다원주의적 갈등은 시민들의 자유로운 합의, 대의원의 투표, 여론조사, 정치적 결단 등의 절차적 방법으로 해결할 수 없다. 왜냐하면 소수자 집단은 다수에 의한 절차적 결정을 거부하고, 사회의 구성원으로서 자신의 정체성을 인정해 줄 것을 격렬히 요구하기 때문이다. 따라서 자유주의의 개인주의와 절차주의적 방법으로는 다원주의적 문제를 해결할 수 없다. 이 문제를 해결하는 유일한 방법은 소수자의 문화적 정체성을 인정하는 것이다. 이를 통해 글의 중심내용을 다음과 같이 요약할 수 있다. 다원주의 사회 내에서 발생하는 집단 간의 문화적 갈등은 개인주의와 절차주의적 방법으로 해결할 수 없고, 소수 집단의 문화적 정체성을 인정함으로써만 해결할 수 있다. 따라서 정답은 ④이다.

정답 ④

02 강화 · 약화형

01 강화·약화

1 개념의 이해

강화 · 약화 유형은 지문에 나타난 주장과 새롭게 제시된 진술 간의 관계를 파악하는 유형이다. 새롭게 제시된 진술이 주장을 뒷받침하여 설득력을 높일 경우 그 주장은 강화되며, 새롭게 제시된 진술이 주장을 반박하여 설득력을 낮출 경우 그 주장은 약화된다. 또한 새롭게 제시된 진술이 주장과 관련이 없어 설득력을 높이지도, 낮추지도 않는 경우에는 약화하지도 강화하지도 않게 된다. 이 유형의 경우 매년 출제가 되기 때문에 반드시 유형을 숙지하고 있어야 한다. 강화 · 약화 문제는 매년 1~2문제씩 꼭 출제되는 단골 유형인데 이와 같은 문제를 만나게 되면 논리식을 복잡하게 세울 것이 아니라 결론을 끌어내기 위해 어떤 방향으로 논증이 흘러가는지 정리하는 것을 최우선으로 해야 한다. 그리고 선택지를 이 흐름에 대입시켜 전개 방향이 옳게 가는 것인지 반대로 가는 것인지를 파악한 후 정오를 판단하면 된다. PSAT의 강화 · 약화 문제는 어떤 의미에서는 그다지 엄밀해 보이지 않는 일종의 '감'으로 풀어 나가는 것이 효율적일 수 있으며 대부분의 문제는 그 수준에서 풀이가 가능하다.

발문유형

- 다음 글에 대한 평가로 적절하지 않은 것은?
- 다음 글의 논증을 약화하는 것만을 <보기>에서 모두 고르면?
- 다음 글의 ㉠을 지지하는 것만을 <보기>에서 모두 고르면?

2 더 생각해보기

주장을 강화 또는 약화하는 방식은 정형화되어 있기 때문에 기출분석을 통해 출제자는 어떤 경우를 강화 또는 약화하는 사례라고 보는지 정리해두어야 한다. 가령 기출에서 가장 흔히 쓰이는 방식 중 하나는 P→Q라는 주장이 있을 때 P&Q인 사례는 해당 주장을 강화하며 P~Q인 사례는 주장을 약화한다. 또한 필자가 전제로 하고 있는 사실을 공격하거나, 전제로부터 결론이 반드시 도출되지 않음을 공격하는 등의 약화 방식도 자주 사용된다. 한편, 필자의 주장과 무관하지만 필자가 충분히 수용할 수 있는 선지는 필자의 주장을 강화하지도 약화하지도 않는다. 사실 강화 · 약화 문제는 논리적으로 엄밀하게 분석한다면 끝도 없이 어려워지는 유형이다. 하지만 PSAT에서는 그러한 풀이를 요구하는 것이 아니라 전체 논증과 방향성이 일치하는지 여부를 판정하는 수준으로 출제된다. 크게 보아 강화 · 약화 유형은 추론형과 일치 · 부합형 문제를 섞어 놓은 것이다. 딱 그만큼의 수준으로 풀이하면 된다. 또한 입장의 강화 · 약화 문제는 반드시 핵심 논지와 연결되어야 하는 것은 아니며 논지를 전개해 나가는데 언급되었던 세부적인 논증들 모두가 대상이 될 수 있다. 따라서 논지와 직접 연결되지 않는다고 하여 무조건 영향을 미치지 않는다고 판단하는 실수를 범하지 말기 바란다.

- 발문 접근법
'강화 · 약화'라는 단어가 직접적으로 제시되는 경우도 있지만 그에 못지않게 '평가'라는 표현도 자주 등장한다. 최근에는 발문만으로는 판단하기 어렵고 선택지를 통해서 강화 · 약화형 문제임을 알 수 있게끔 구성된 문제들도 종종 출제되고 있다.

- 제시문 접근법

대부분의 문제가 논지를 강화 혹은 약화하는 것을 찾는 것이니만큼 가장 먼저 해야 할 일은 논지를 찾는 것임은 당연하다. 문제는 그 것만으로는 부족하다는 것이다. 이 유형의 제시문들을 몇 개 모아 두고 꼼꼼히 분석해 보자. 문장들 하나하나가 치밀한 구조로 연결되어 있음을 알 수 있으며 그 구조를 파악하는 것이 이 문제의 핵심이라는 것을 알 수 있을 것이다. 즉, 논지를 끌어내기 위해 제시문이 어떠한 코스를 선택했는지를 판단해야 한다는 것이다. 강화·약화는 이 코스들의 중간 정거장 하나를 선택해 흔들어보는 것이다. 대부분의 제시문들이 정반합의 관계 내지는 시간의 흐름에 따른 순차적 구조로 구성되어 있으므로 이 정거장들을 자신만의 방법을 이용해 표기해 두자.

- 선택지 접근법

많은 수험생들이 '강화·약화' 유형의 문제를 매우 어려워한다. 이는 정답이 아닌 선택지를 놓고 이것이 약화인지, 무관한 것인지를 따지기 때문이다. 문제의 특성상 강화·약화 문제의 경우 정답 선택지를 제외한 나머지는 어느 하나로 딱 떨어지지 않는 경우가 대부분이며 보는 시각에 따라 다른 평가를 내릴 가능성이 매우 높다. 따라서 강화·약화 문제의 경우는 만약 '강화'를 찾는 것이라면 '강화인 것'과 '강화가 아닌 것'의 범주로 나누는 것으로 충분하다. 즉, 명확하게 확인이 되는 것이면 모르겠지만 그렇지 않은 '강화가 아닌 것'을 굳이 '약화'와 '무관'으로 나누려고 하지 말라는 것이다. 실제 출제도 그렇게 이루어진다.

또한 '강화하지 않는다' 혹은 '약화하지 않는다'라는 표현을 자주 접하게 되는데 이 표현은 액면 그대로 해석해야 한다. 즉, '강화하지 않는다'라는 것은 약화되거나 혹은 아무런 영향이 없다는 의미 그 이상도 이하도 아니다. 따라서 앞서 언급한 것처럼 약화인지 아니면 아무런 영향이 없는 것인지는 굳이 구별하여 판단할 필요가 없다. 또한 기출문제들을 분석해 보면, 아무런 영향이 없다고 서술한 선택지가 정답이 되는 경우는 거의 없었다는 점도 첨언해 둔다.

3 10점 UP 포인트

강화, 약화 유형의 경우 기호논리가 자주 사용된다. 지문에서 'p할 경우에만 q이다(q→p)'와 같은 문장이 나오면 선지로 만들어질 가능성이 높기 때문에 읽으면서 바로 논리기호로 치환하는 연습을 할 필요가 있다. 또한 이와 관련하여 '사례 연결형 문제' 역시 알아두어야 하는데, 강화·약화 유형이 한 단계 업그레이드된 것이 바로 '사례 연결형 문제'이다. 이는 주로 과학 실험형 제시문과 결합되어 출제되는 편이며 추상적인 진술이 아닌 구체적인 실험 내지는 관찰 결과가 제시된 논증에 어떠한 영향을 미치는지를 판단하게끔 하고 있다. 이 유형에서 가장 중요한 것은 실험 내지는 관찰 결과의 '독립변수'가 무엇인지를 찾는 것이다. 즉, 이 독립변수의 조작 여부를 다루는 선택지를 최우선으로 판단하도록 하자. 독립변수가 아닌 제3의 변수가 조작된 선택지는 곧바로 배제해도 무방하다.

대표예제 01

다음 글에 대한 평가로 적절하지 <u>않은</u> 것은?

당신은 '행복 기계'에 들어갈 것인지 망설이고 있다. 만일 들어간다면 그 순간 당신은 기계에 들어왔다는 것을 완전히 잊게 되고, 이 기계를 만나기 전에는 맛보기 힘든 멋진 시간을 가상현실 기술을 통해 경험하게 된다. 단, 누구든 한 번 그 기계에 들어가면 삶을 마칠 때까지 거기서 나올 수 없다. 이 기계에는 고장도 오작동도 없다. 당신은 이 기계에 들어가겠는가? 우리의 삶은 고난과 좌절로 가득 차 있지만, 우리는 그것들이 실제로 사라지기를 원하지 그저 사라졌다고 믿기를 원하지 않는다. 이러한 사실은, 참인 믿음이 우리에게 아무런 이익이 되지 않거나 심지어 손해를 가져오는 경우에도 우리가 거짓인 믿음보다 참인 믿음을 가지기를 선호한다는 견해를 뒷받침한다.

돈의 가치는 숫자가 적힌 종이 자체에 있지 않다. 돈이 가치를 지니는 것은 그것이 좋은 것들을 얻는 도구로 기능하기 때문이다. 참인 믿음을 가지는 것이 유용한 경우가 많은 것은 사실이지만, 다른 것들을 얻기 위한 수단인 돈과 달리 참인 믿음은 그 자체로 가치가 있다. 그리고 행복 기계에 관한 우리의 태도는 이를 분명하게 보여준다.

다른 것에 대한 선호로는 설명될 수 없는 원초적인 선호를 '기초 선호'라고 부른다. 가령 신체의 고통을 피하려는 것은 기초 선호로 보인다. 참인 믿음은 어떤가? 만약 참인 믿음이 기초 선호의 대상이 아니라면, 참인 믿음과 거짓인 믿음이 실용적 손익에서 동등할 경우 전자를 후자보다 더 선호해야 할 이유는 없다. 여기서 확인하게 되는 결론은, 참인 믿음이 기초 선호의 대상이라는 것이다. 그렇지 않다면, 사람들이 행복 기계에 들어가 행복한 거짓 믿음 속에 사는 편을 택하지 않을 이유가 없을 것이다.

① 대부분의 사람이 행복 기계에 들어가는 편을 택할 경우, 논지는 강화된다.
② 행복 기계가 현실에 존재하지 않는다는 사실이 논지를 약화하지는 않는다.
③ 치료를 위해 신체의 고통을 기꺼이 견디는 사람들이 있다고 해도 논지는 약화되지 않는다.
④ 행복 기계에 들어가지 않는 유일한 이유가 참과 무관한 실용적 이익임이 확인될 경우, 논지는 약화된다.
⑤ 실용적 이익이 없음에도 불구하고 우리가 수학적 참인 정리를 믿는 것을 선호한다는 사실은 논지를 강화한다.

정답해설

제시된 논증은 사람들은 고난과 좌절이 사라지기를 원하며, 그것들이 그저 사라졌다고 믿기를 원하지 않는 것을 전제하고 있다. 즉, 사람들은 행복 기계에 들어가 거짓 믿음 속에 사는 것을 원하지 않는다는 것인데, 만약 선택지와 같이 대부분의 사람이 행복 기계에 들어가는 것을 선호한다면 이 같은 논지를 약화시키는 결과를 가져오게 된다.

정답 ①

대표예제 02

다음 글의 A~C의 주장에 대한 평가로 적절한 것만을 〈보기〉에서 모두 고르면?

> 같은 양의 50℃의 물과 30℃의 물을 얼렸을 때 30℃의 물이 먼저 얼 것이라는 예상과는 달리 50℃의 물이 먼저 어는 현상이 발견되었다. 이 현상의 원인에 대해 A, B, C는 다음과 같이 주장하였다.
>
> A : 이러한 현상은 물의 대류로 설명할 수 있다. 물을 얼릴 때 처음에는 전체적으로 온도가 같던 물이라도 외부에 접촉한 곳이 먼저 식고 그렇지 않은 곳은 여전히 따뜻한 상태로 있다. 이러한 온도 차가 물 내부에 흐름을 만들어 내는데 이를 대류라 한다. 대류 현상이 활발하게 일어나면 윗부분과 아랫부분의 물이 섞여 온도 차이가 작아지고, 물이 빨리 식을 것이다. 대류 현상은 차가운 물보다 따뜻한 물에서 더 활발하다. 따라서 차가운 물보다 따뜻한 물이 외부로 열을 더 빨리 뺏겨 따뜻한 물이 차가운 물보다 빨리 얼게 된 것이다.
>
> B : 따뜻한 물의 물 분자들은 차가운 물의 물 분자들보다 더 활발하게 활동하기 때문에, 차가운 물보다 따뜻한 물에서 물의 증발이 더 잘 일어난다. 따라서 따뜻한 물의 질량이 차가운 물의 질량보다 상대적으로 작아져 따뜻한 물이 차가운 물보다 더 빨리 얼게 된 것이다.
>
> C : 따뜻한 물에는 차가운 물보다 용해기체가 덜 녹아 있다. 용해기체가 많으면 어는점이 더 많이 떨어진다. 따라서 따뜻한 물보다 용해기체가 더 많은 차가운 물의 어는점이 상대적으로 낮아 따뜻한 물이 먼저 얼게 된 것이다.

보기

> ㄱ. 다른 조건은 동일하고 용기 내부에서 물의 대류를 억제하여 실험을 했을 때도 따뜻한 물이 먼저 언다면 A의 주장은 강화된다.
> ㄴ. 따뜻한 물과 차가운 물을 얼리는 과정에서 차가운 물에서 증발한 물의 질량보다 따뜻한 물에서 증발한 물의 질량이 더 크다면 B의 주장은 강화된다.
> ㄷ. 차가운 물을 얼린 얼음에 포함되어 있는 용해기체의 양이 따뜻한 물을 얼린 얼음에 포함되어 있는 용해기체의 양보다 많다면 C의 주장은 약화된다.

① ㄱ
② ㄴ
③ ㄱ, ㄷ
④ ㄴ, ㄷ
⑤ ㄱ, ㄴ, ㄷ

정답해설

ㄴ. B는 따뜻한 물이 차가운 물보다 증발이 더 잘 일어나게 되어 따뜻한 물의 질량이 적어진다는 것을 원인으로 하고 있으므로 B의 주장과 부합한다. 따라서 B의 주장은 강화된다.

오답해설

ㄱ. A는 대류현상을 원인으로 제시하고 있으므로 대류를 억제한다면 따뜻한 물이 먼저 어는 현상을 설명할 수 없다. 따라서 A의 주장은 강화되지 않는다.
ㄷ. C는 따뜻한 물과 차가운 물에 녹아있는 '용해기체'의 차이를 원인으로 제시하고 있을 뿐, 얼음에 녹아있는 용해기체에 대해서는 언급한 바 없다. 따라서 이는 C의 주장과는 무관한 진술로 C의 주장을 약화하지 않는다.

정답 ②

02 사례 찾기·적용

1 개념의 이해

이 유형은 지문에서 주어진 내용에 부합하는 사례를 보기에서 찾거나, 지문의 주장을 뒷받침하는 사례나 지문에서 주어진 원리를 적절하게 적용한 사례를 고르는 유형으로 다양하게 출제될 수 있다. 지문의 내용을 이해하고 사례에 적절히 적용하는 능력까지 요구하기 때문에 단순 일치부합 유형보다 다소 난도가 높게 느껴질 수 있다.

> **발문유형**
>
> • 다음 사례에 대한 평가로 옳은 것은?
> • 다음 지문의 내용에 부합하는 사례로 옳은 것은?

2 더 생각해보기

지문−사례−선지 형태로 구성되는 경우가 가장 보편적이므로, 주어진 사례 보기가 지문에서 제시된 유형들 중 어떤 공식 · 조건 혹은 입장에 해당하는지 지문의 원리를 사례에 직접 대입하면서 풀어나가는 식으로 접근하는 것이 무난하다.

• 발문 접근법

다른 유형과 마찬가지로 발문 자체에서는 특별히 눈여겨보아야 할 부분은 없다. 다만, 발문을 통해 사례 찾기 유형임을 알게 된 경우 아래에서 언급하는 제시문 접근법에 따라 지문을 읽어나갈 준비를 해야 한다.

• 제시문 접근법

사례 찾기 · 적용 문제의 경우 제시문의 문단별 핵심 내용만을 빠르게 파악하고, 선지 또는 보기에 해당하는 사례를 적절하게 연결하는 데 중점을 두어 풀이해야 한다. 지문의 지엽적인 내용까지 읽을 필요는 없다는 점을 유념하고, 핵심만 파악하고 넘어가는 방식으로 시간을 절약하도록 하자.

• 선택지 접근법

사례 찾기 · 적용 문제의 경우 특히나 선택지를 활용하는 방법이 많지 않다. 다만 오답인 선택지가 보이는 경우 그때그때 선택지를 소거해가면서 문제를 풀어야 실수를 줄이면서 빠르게 문제를 해결할 수 있다.

3 10점 UP 포인트

실험, 과학 원리나 여러 가지의 입장이 지문에 제시된 경우 추론 유형과 마찬가지로 복잡한 내용을 도식이나 요약으로 정리하면서 읽고, 정리한 내용을 바탕으로 각 사례에 적용해보면서 풀이하는 방식으로 접근한다. 지문 내에 밑줄이 여러 개 있고 각각의 밑줄 내용과 사례를 단순 매칭하는 경우도 있으나, 간혹 지문의 핵심 혹은 결론에 해당하는 부분에 밑줄이 그어져 있고 해당 밑줄 내용에 부합하는 사례를 고르도록 하는 문제가 출제되기도 하므로, 이 경우 밑줄 · 빈칸 채우기 유형과 마찬가지로 지문의 지엽적인 내용보다 핵심 내용을 빠르게 추출하는 것이 효율적인 풀이방법이다.

또한 사례 찾기 · 적용 유형의 문제는 여러 사례 각각을 모두 찾아 짝을 지어야 하는 문제가 많이 출제되므로, 시간이 많이 소요되는 문제 유형이다. 최근에는 이 유형의 문제가 많이 출제되고 있는 추세는 아니지만, 출제될 경우 사례 찾기 문제에서 시간을 많이 소요할 수 있으므로 전반적인 시간 분배에 주의해야 함을 유념하자.

대표예제 01

다음 ⓐ∼ⓔ에 해당하는 것을 〈사례〉에서 골라 알맞게 짝지은 것은?

선호 공리주의는 사람들 각자가 지닌 선호의 만족을 모두 고려하는데, 고려되는 선호들은 여러 가지다. ⓐ 개인적 선호는 내가 나 자신의 소유인 재화, 자원, 기회 등에 대해 갖는 선호이다. ⓑ 외재적 선호는 타인이 그의 소유인 재화, 자원 그리고 기회 등을 그를 위해 사용하는 것에 대해 내가 갖는 선호이다. ⓒ 이기적 선호는 다른 사람이 어떤 자원에 대한 정당한 권리가 있다는 사실을 무시하고 그 자원이 나를 위해 쓰이기를 원하는 것이다. ⓓ 적응적 선호는 사람들이 환경에 이미 적응하여 형성된 선호이다. 이것은 자신의 소유인 재화, 자원, 기회 등에 대해 갖는 선호라는 점에서 개인적 선호의 특징을 가질 수 있다. 그럼에도 선호의 결정에 있어서 적응된 환경이 중요하게 작용한다는 점이 특징적이다. 환경의 작용이 반대의 영향을 미치는 선호도 있다. ⓔ 반적응적 선호가 그것이다. 이것은 자신의 욕구를 금지하는 환경에서 오히려 그 욕구를 실현하기를 더 원하는 것이다.

┌─ **사 례** ───
ㄱ. 회사 건물 전체가 금연 구역으로 지정되었고 정부에서 금연 정책의 일환으로 담뱃값을 올리자, 갑순이는 불편함과 비용 때문에 흡연보다는 금연을 선호하게 되었다.
ㄴ. 을순이네 마을에는 공동 우물이 없다. 그런데 가장 수량이 풍부한 을순이네 우물은 공동 우물로 적합하기 때문에 이웃 사람들은 을순이네 우물을 공동 우물로 사용하기를 원한다.
ㄷ. 농촌에서 태어나 자란 병순이는 시골의 삶이 더 좋고 도시 생활이 낯설고 어렵다고 생각해서 농촌에 머무르는 것을 선호한다. 도시에 살아보면 오히려 도시에 남는 것을 선호할 수도 있었을 텐데도 말이다.
ㄹ. 정순이는 친구가 월급 중 많은 비중을 곤란한 처지의 가족과 지인들에게 지출하는 것보다는 친구 자신의 미래를 위해 더 많이 투자하기를 원한다.
└──

① ⓐ - ㄴ
② ⓑ - ㄱ
③ ⓒ - ㄹ
④ ⓓ - ㄷ
⑤ ⓔ - ㄱ

정답해설

ㄱ사례는 금연 구역 지정과 담뱃값 인상이라는 환경의 작용으로 인해 갑순이의 금연에 대한 선호가 결정되었다는 점에서 적응적 선호(ⓓ)에 해당한다. ㄴ사례는 이웃 사람들이 을순이가 자신의 우물에 대한 정당한 권리를 가지고 있다는 사실을 무시하고 자신들을 위해 을순이의 우물이 사용되기를 원하는 것이므로 이기적 선호(ⓒ)에 해당한다. ㄷ사례는 병순이가 농촌 생활이라는 환경에 적응하여 농촌 생활을 선호하게 된 것이므로 적응적 선호(ⓓ)에 해당한다. ㄹ사례는 정순이가 친구의 월급을 친구 자신을 위해 사용하는 것에 대해 정순이가 갖는 선호이므로, 외재적 선호(ⓑ)이다. 따라서 ⓐ∼ⓔ에 해당하는 것을 사례에서 알맞게 짝지은 것은 ④이다.

정답 ④

대표예제 02

다음 글에 비추어 볼 때, 구들에 의한 영향으로 볼 수 있는 사례만을 〈보기〉에서 모두 고르면?

우리 민족은 고유한 주거문화로 바닥 난방 기술인 구들을 발전시켜 왔는데, 구들은 우리 민족에 다양한 영향을 주었다. 우선 오랜 구들 생활은 우리 민족의 인체에 적지 않은 변화를 초래하였다. 태어나면서부터 따뜻한 구들에서 누워자는 것이 습관이 된 우리 아이들은 사지의 활동량이 적고 발육이 늦어졌다. 구들에서 자란 우리 아이들은 다른 어떤 민족의 아이들보다 따뜻한 곳에서 안정감을 느꼈으며, 우리 민족은 아이들에게 따뜻함을 느낄 수 있는 환경을 만들어주기 위해 여러 가지를 고안하여 발전시켰다.

구들은 농경을 주업으로 하는 우리 민족의 생산도구의 제작과 사용에 많은 영향을 주었다. 구들에 앉아 오랫동안 활동하는 습관은 하반신보다 상반신의 작업량을 증가시켰고 상반신의 움직임이 상대적으로 정교하게 되었다. 구들 생활에 익숙해진 우리 민족은 방 안에서의 작업뿐만 아니라 농사를 비롯한 야외의 많은 작업에서도 앉아서 하는 습관을 갖게 되었는데 이는 큰 농기구를 이용하여 서서 작업을 하는 서양과는 완전히 다른 방식이었다.

구들에서의 생활은 우리의 음식문화에도 많은 영향을 미쳤다. 구들에 앉거나 누우면 엉덩이나 등은 따뜻하게 되지만 상대적으로 소화계통이 있는 배는 고루 덥혀지지 않게 된다. 이 때문에 소화과정에 불균형이 발생하는데 우리 민족은 자극적인 음식을 발전시켜 이를 해결하였다. 구들 생활에 맞추어 식생활에 쓰이는 도구들의 크기도 앉아서 팔을 들어 사용하기 편리하게끔 만들어졌다. 밥솥의 크기는 아낙네들이 팔을 휙 두르면 어디나 닿을 수 있게 만들어졌으며 맷돌도 구들에 앉아 혼자서 돌리기에 맞게 만들어졌다.

보기

ㄱ. 우리 민족은 아주 다양한 찌개 음식을 발전시켰는데, 찌개 음식은 맵거나 짠 경우가 대부분이다.
ㄴ. 호미, 낫 등 우리 민족의 농경도구들은 대부분 팔의 길이보다 짧아 앉아서 사용하기에 편리하다.
ㄷ. 우리 민족의 남자아이들은 연날리기나 팽이치기 등의 놀이를 즐겨했고, 여자아이들은 공기놀이나 널뛰기 등의 놀이를 즐겨했다.

① ㄱ
② ㄴ
③ ㄱ, ㄴ
④ ㄱ, ㄷ
⑤ ㄱ, ㄴ, ㄷ

정답해설

ㄱ. 구들에 앉는 경우 배가 고루 덥혀 지지 않아 소화 과정에 불균형이 발생하는 것을 해결하기 위해 자극적인 음식을 발전시켰다는 내용과 부합한다.
ㄴ. 구들 생활에 익숙해진 우리 민족은 야외 작업에서도 앉아서 하는 습관을 갖게 되었다는 내용으로부터 추론할 수 있다.

오답해설

ㄷ. 우리 민족의 남자아이들과 여자아이들이 특정 놀이를 즐겨 하게 된 배경과 구들 사용 간의 관계는 지문을 통해 확인할 수 없다.

답 ③

5·7급 PSAT 언어논리 유형 뽀개기!

나는 내가 더 노력할수록

운이 더 좋아진다는 걸 발견했다.

-토마스 제퍼슨(Thomas Jefferson)-

PART 02

유형별
필수기출 160제

01 전제 · 결론형 필수기출 80제

문 1. 다음 글의 중심 내용으로 가장 적절한 것은?

09 행시(경) 21번

　우리는 일상적으로 몸에 익히게 된 행위의 대부분이 뇌의 구조나 생리학적인 상태에 의해 이미 정해진 방향으로 연결되어 있다는 사실을 알고 있다. 우리는 걷고, 헤엄치고, 구두끈을 매고, 단어를 쓰고, 익숙해진 도로로 차를 모는 일 등을 수행하는 동안에 거의 대부분 그런 과정을 똑똑히 의식하지 않는다.

　언어 사용 행위에 대해서도 비슷한 이야기를 할 수 있다. 마이클 가자니가는 언어 활동의 핵심이 되는 왼쪽 뇌의 언어 중추에 심한 손상을 입은 의사의 예를 들고 있다. 사고 후 그 의사는 세 단어로 된 문장도 만들 수 없게 되었다. 그런데 그 의사는 실제로 아무 효과가 없는데도 매우 비싼 값이 매겨진 특허 약에 대한 이야기를 듣자, 문제의 약에 대해 무려 5분 동안이나 욕을 퍼부어 댔다. 그의 욕설은 매우 조리 있고 문법적으로 완벽했다. 이로부터 그가 퍼부은 욕설은 손상을 입지 않은 오른쪽 뇌에 저장되어 있었다는 사실을 알게 되었다. 여러 차례 반복된 욕설은 더 이상 의식적인 언어 조작을 필요로 하지 않게 되었고, 따라서 오른쪽 뇌는 마치 녹음기처럼 그 욕설을 틀어 놓은 것이다.

　사람의 사유 행위도 마찬가지이다. 우리는 일상적으로 어떻게 새로운 아이디어를 얻게 되는가? 우리는 엉뚱한 생각에 골몰하거나 다른 일을 하고 있는 동안 무의식중에 멋진 아이디어가 떠오르곤 하는 경우를 종종 경험한다. '영감'의 능력으로 간주할 만한 이런 일들은 시간을 보내기 위해 언어로 하는 일종의 그림 맞추기 놀이와 비슷한 것이다. 그런 놀이를 즐길 때면 우리는 의식하지 못하는 사이에 가장 적합한 조합을 찾기도 한다. 이처럼 영감이라는 것도 의식적으로 발생하는 것이 아니라 자동화된 프로그램에 의해 나타나는 것이다.

① 인간의 사고 능력은 일종의 언어 능력이다.

② 인간은 좌뇌가 손상되어도 조리 있게 말할 수 있다.

③ 인간의 우뇌에 저장된 정보와 좌뇌에 저장된 정보는 독립적이다.

④ 인간의 언어 사용에서 의식이 차지하는 비중이 크지만 영감에서는 그렇지 않다.

⑤ 일상적인 인간 행위는 대부분 의식하지 않고도 자동적으로 이루어진다.

문 2. 다음 글의 주장에 대한 반박으로 가장 적절한 것은?

11 민간(민) 22번

　1880년 조지 풀맨은 미국 일리노이 주에 풀맨 마을을 건설했다. 이 마을은 그가 경영하는 풀맨 공장 노동자들을 위해 기획한 공동체이다. 이 마을의 소유자이자 경영자인 풀맨은 마을의 교회 수 및 주류 판매 여부 등을 결정했다. 1898년 일리노이 최고 법원은 이런 방식의 마을 경영이 민주주의 정신과 제도에 맞지 않는다고 판결하고, 풀맨에게 공장 경영과 직접 관련되지 않은 정치적 권한을 포기할 것을 명령했다. 이 판결이 보여주는 것은 민주주의 사회에서 소유권을 인정하는 것이 자동적으로 정치적 권력에 대한 인정을 함축하지 않는다는 점이다. 즉 풀맨이 자신의 마을에서 모든 집과 가게를 소유하는 것은 적법하지만, 그가 노동자들의 삶을 통제하며 그 마을에서 민주적 자치의 방법을 배제했기 때문에 결과적으로 민주주의 정신을 위배했다는 것이다.

　이 결정은 분명히 미국 민주주의 정신에 부합한다. 하지만 문제는 미국이 이와 비슷한 다른 사안에는 동일한 민주주의 정신을 적용하지 않았다는 것이다. 미국은 누군가의 소유물인 마을에서 노동자들이 민주적 결정을 하지 못하게 하는 소유자의 권력을 제지한 반면, 누군가의 소유물인 공장에서 노동자들이 민주적 의사결정을 도입하고자 하는 것에는 반대했다. 만약 미국의 민주주의 정신에 따라 마을에서 재산 소유권과 정치적 권력을 분리하라고 명령할 수 있다면, 공장 내에서도 재산 소유권과 정치적 권력은 분리되어야 한다고 명령할 수 있어야 한다. 공장 소유주의 명령이 공장 내에서 절대적 정치권력이 되어서는 안 된다는 것이다. 하지만 미국은 공장 내에서 소유주의 명령이 공장 운영에 대한 노동자의 민주적 결정을 압도하는 것을 묵인한다. 공장에서도 민주적 원리가 적용되어야만 미국의 민주주의가 일관성을 가진다.

① 미국의 경우 마을 운영과 달리 공장 운영에 관한 법적 판단은 주 법원이 아닌 연방 법원에서 다루어야 한다.

② 대부분의 미국 자본가들은 풀맨 마을과 같은 마을을 경영하지 않으므로 미국의 민주적 가치를 훼손하지 않는다.

③ 미국이 내세우는 민주적 가치는 모든 시민이 자신의 거주지 안에서 자유롭게 살 수 있는 권리를 가장 우선시한다.

④ 마을 운영이 정치적 문제에 속하는 것과 달리 공장 운영은 경제적 문제에 속하므로 전적으로 소유주의 권한에 속한다.

⑤ 공장에서 이루어지고 있는 소유와 경영의 분리는 공장뿐 아니라 마을 공동체 등 사회의 다른 영역에도 적용되어야 한다.

문 3. 다음 글에 나타난 대한민국 정부와 일본 정부의 주장으로 적절하지 **않은** 것은?

10 행시(수) 25번

대한민국 정부와 일본 정부는 독도 문제와 관련해서 수많은 논쟁을 해왔다. 그동안 대한민국 정부는 독도 영유권에 관한 일본 정부의 견해를 신중히 검토하였다. 그러나 일본 정부가 역사적 사실로서 각종 문헌과 사적을 이용한 것은 다 부정확하고, 또 독도소유에 대한 국제법상의 여러 조건을 충족시켰다는 일본 정부의 주장도 역시 전혀 근거가 없다. 우선 울릉도나 독도를 가리키는 '우산국, 우산, 울릉'에 대한 오해와 왜곡이 풀려야 한다. 따라서 대한민국 정부는 아래의 증거를 들어 일본 정부가 제시한 의견이 독단적인 억측에 기초하고 있다는 것을 말하고자 한다.

우산도와 울릉도가 두 개의 섬이라는 것을 구구하게 설명할 필요가 없다. 그러나 다시 한 번 오해가 없도록 명확하게 하기 위해 이제 『세종실록지리지(世宗實錄地理志)』와 『신증동국여지승람(新增東國輿地勝覽)』에 수록된 다음의 기사를 인용하고자 한다. "우산과 울릉의 두 섬이 울진현의 정동쪽 바다 가운데 위치하고 또 이 두 섬이 거리가 그리 멀지 않기 때문에 일기가 청명한 때는 이 두 섬 서로가 바라볼 수 있다." 여기에서 인용된 우산도와 울릉도 두 섬은 울진현의 정동쪽 바다에 위치한 별개의 섬이다. 이 두 섬은 떨어져 있으나 과히 멀지 않기 때문에 일기가 청명할 때는 서로 바라볼 수 있다고 기록되어 있다.

일본 정부는 이와 같이 명확히 인정된 사실을 솔직하게 인정하지 않고 도리어 이 사실을 부인할 속셈으로 위 책의 본문에 기록되어 있는 다음 구절만을 맹목적으로 인용하고 있다. 즉 『세종실록지리지』에 기록되어 있는 "신라 때 칭하기를 우산국을 일러 울릉도"라고 한 대목과 『신증동국여지승람』에 기록되어 있는 "일설(一說)에 우산과 울릉은 본디 하나의 섬"이라고 한 대목이 그것이다. 그러나 『세종실록지리지』의 기사는 울릉도와 그 부속 도서를 포함하는 신라 시대의 우산국을 의미하는 것이지 우산도를 말하는 것이 아니다. 그리고 『신증동국여지승람』에서 말한 것은 막연한 일설에 지나지 않는다. 따라서 이 인용문들은 『세종실록지리지』와 『신증동국여지승람』이 편찬되었던 당시 두 섬이 두 개의 명칭으로 확인된 사실에 결코 영향을 미치지 못한다.

① 대한민국 정부 : 우산도와 독도는 별개의 섬이다.
② 대한민국 정부 : 울릉도와 우산도는 별개의 섬이다.
③ 일본 정부 : 우산국과 우산도는 같은 섬이다.
④ 일본 정부 : 우산국과 울릉도는 같은 섬이다.
⑤ 일본 정부 : 울릉도와 우산도

문 4. 다음 밑줄 친 결론을 이끌어내기 위해 추가해야 할 전제는?

13 민간(인) 10번

A국은 현실적으로 실행 가능한 대안만을 채택하는 합리적인 국가이다. A국의 외교는 B원칙의 실현을 목표로 하고 있으며 앞으로도 이 목표는 변하지 않는다. 그러나 문제는 B원칙을 실현하는 방안이다. B원칙을 실현하기 위해서는 적어도 하나의 전략이 실행되어야 한다. 최근 외교전문가들 간에 뜨거운 토론의 대상이 되었던 C전략은 B원칙을 실현하기에 충분한 방안으로 평가된다. 그러나 C전략의 실행을 위해서는 과다한 비용이 소요되기 때문에, A국이 C전략을 실행하는 것은 현실적으로 불가능하다. 한편 일부 전문가가 제시했던 D전략은 그 자체로는 B원칙을 실현하기에 충분하지 않다. 하지만 금년부터 A국 외교정책의 기조로서 일관성 있게 실행될 E정책과 더불어 D전략이 실행될 경우, B원칙은 실현될 것이다. 뿐만 아니라 E정책하에서 D전략의 실행 가능성도 충분하다. 그러므로 <u>A국의 외교정책에서 D전략이 채택될 것은 확실하다.</u>

① D전략은 C전략과 목표가 같다.
② A국의 외교정책상 C전략은 B원칙에 부합한다.
③ C전략과 D전략 이외에 B원칙을 실현할 다른 전략은 없다.
④ B원칙의 실현을 위해 C전략과 D전략은 함께 실행될 수 없다.
⑤ B원칙의 실현을 위해 C전략과 E정책은 함께 실행될 수 없다.

문 5. 다음 밑줄 친 결론을 이끌어내기 위해 추가해야 할 전제는?

13 민간(인) 19번

만약 국제적으로 테러가 증가한다면, A국의 국방비 지출은 늘어날 것이다. 그런데 A국 앞에 놓인 선택은 국방비 지출을 늘리지 않거나 증세 정책을 실행하는 것이다. 그러나 A국이 증세 정책을 실행한다면, 세계 경제는 반드시 침체한다. 그러므로 세계 경제는 결국 침체하고 말 것이다.

① 국제적으로 테러가 증가한다.

② A국이 감세 정책을 실행한다.

③ A국의 국방비 지출이 늘어나지 않는다.

④ 만약 A국이 증세 정책을 실행한다면, A국의 국방비 지출은 늘어날 것이다.

⑤ 만약 A국의 국방비 지출이 늘어난다면, 국제적으로 테러는 증가하지 않을 것이다.

문 6. 복지사 A의 결론을 이끌어내기 위해 추가해야 할 두 전제를 〈보기〉에서 고르면?

14 민간(A) 18번

복지사 A는 담당 지역에서 경제적 곤란을 겪고 있는 아동을 찾아 급식 지원을 하는 역할을 담당하고 있다. 갑순, 을순, 병순, 정순이 급식 지원을 받을 후보이다. 복지사 A는 이들 중 적어도 병순은 급식 지원을 받게 된다고 결론 내렸다. 왜냐하면 갑순과 정순 중 적어도 한 명은 급식 지원을 받는데, 갑순이 받지 않으면 병순이 받기 때문이었다.

〈보 기〉

ㄱ. 갑순이 급식 지원을 받는다.

ㄴ. 을순이 급식 지원을 받는다.

ㄷ. 을순이 급식 지원을 받으면, 갑순은 급식 지원을 받지 않는다.

ㄹ. 을순과 정순 둘 다 급식 지원을 받지 않으면, 병순이 급식 지원을 받는다.

① ㄱ, ㄴ

② ㄱ, ㄹ

③ ㄴ, ㄷ

④ ㄴ, ㄹ

⑤ ㄷ, ㄹ

문 7. 다음 글의 내용이 참일 때, 밑줄 친 결론을 이끌어내기 위해 추가해야 할 전제로 적절한 것은?

15 민간(인) 17번

A팀이 제작하는 운영체제를 C팀의 전산 시스템에 설치하면 C팀의 보안 시스템에 오류를 발생시킨다. B팀이 제작하는 전원 공급 장치는 5%의 결함률이 있다. 즉 B팀이 제작하는 전원 공급 장치 중 5%의 제품은 결함이 있고 나머지는 결함이 없다. C팀의 전산 시스템에는 반드시 B팀이 제작한 전원 공급 장치를 장착한다. 만일 C팀의 보안 시스템에 오류가 있거나 전원 공급 장치에 결함이 있다면, C팀의 전산 시스템에는 오류가 발생한다. 그러므로 C팀의 전산 시스템에는 반드시 오류가 발생한다.

① A팀이 제작하는 운영체제를 B팀의 전산 시스템에 설치한다.

② A팀이 제작하는 운영체제를 C팀의 전산 시스템에 설치하지 않는다.

③ B팀이 제작하여 C팀에 제공하는 전원 공급 장치에 결함이 있다.

④ B팀에서 제작한 결함이 없는 95%의 전원 공급 장치를 C팀의 전산 시스템에 장착한다.

⑤ C팀의 전산 시스템 오류는 다른 결함요인에 의해서도 발생한다.

문 8. 다음 글에서 밑줄 친 결론을 이끌어내기 위해 추가해야 할 전제만을 〈보기〉에서 모두 고르면? 16 민간(5) 22번

이미지란 우리가 세계에 대해 시각을 통해 얻는 표상을 가리킨다. 상형문자나 그림문자를 통해서 얻은 표상도 여기에 포함된다. 이미지는 세계의 실제 모습을 아주 많이 닮았으며 그러한 모습을 우리 뇌 속에 복제한 결과이다. 그런데 우리의 뇌는 시각적 신호를 받아들일 때 시야에 들어온 세계를 한꺼번에 하나의 전체로 받아들이게 된다. 즉 대다수의 이미지는 한꺼번에 지각된다. 예를 들어 우리는 새의 전체 모습을 한꺼번에 지각하지 머리, 날개, 꼬리 등을 개별적으로 지각한 후 이를 머릿속에서 조합하는 것이 아니다.

표음문자로 이루어진 글을 읽는 것은 이와는 다른 과정이다. 표음문자로 구성된 문장에 대한 이해는 그 문장의 개별적인 문법적 구성요소들로 이루어진 특정한 수평적 연속에 의존한다. 문장을 구성하는 개별 단어들, 혹은 각 단어를 구성하는 개별 문자들이 하나로 결합되어 비로소 의미 전체가 이해되는 것이다. 비록 이 과정이 너무도 신속하고 무의식적으로 이루어지기는 하지만 말이다. 알파벳을 구성하는 기호들은 개별적으로는 아무런 의미도 가지지 않으며 어떠한 이미지도 나타내지 않는다. 일련의 단어군은 한꺼번에 파악될 수도 있겠지만, 표음문자의 경우 대부분 언어는 개별 구성요소들이 하나의 전체로 결합되는 과정을 통해 이해 된다.

남성적인 사고는, 사고 대상 전체를 구성요소 부분으로 분해한 후 그들 각각을 개별화시키고 이를 다시 재조합하는 과정으로 진행된다. 그에 비해 여성적인 사고는, 분해되지 않은 전체 이미지를 통해서 의미를 이해하는 특징을 지닌다. 그림문자로 구성된 글의 이해는 여성적인 사고 과정을, 표음문자로 구성된 글의 이해는 남성적인 사고 과정을 거친다. 여성은 대체로 여성적 사고를, 남성은 대체로 남성적 사고를 한다는 점을 고려할 때 <u>표음문자 체계의 보편화는 여성의 사회적 권력을 약화시키는 결과를 낳게 된다</u>.

〈보 기〉

ㄱ. 그림문자를 쓰는 사회에서는 남성의 사회적 권력이 여성의 그것보다 우월하였다.
ㄴ. 표음문자 체계는 기능적으로 분화된 복잡한 의사소통을 가능하도록 하였다.
ㄷ. 글을 읽고 이해하는 능력은 사회적 권력에 영향을 미친다.

① ㄱ
② ㄴ
③ ㄷ
④ ㄱ, ㄴ
⑤ ㄴ, ㄷ

문 9. 다음 글의 결론을 이끌어내기 위해 추가해야 할 전제만을 〈보기〉에서 모두 고르면? 17 민간(나) 16번

젊고 섬세하고 유연한 자는 아름답다. 아테나는 섬세하고 유연하다. 아름다운 자가 모두 훌륭한 것은 아니다. 덕을 가진 자는 훌륭하다. 아테나는 덕을 가졌다. 아름답고 훌륭한 자는 행복하다. 따라서 아테나는 행복하다.

〈보 기〉

ㄱ. 아테나는 젊다.
ㄴ. 아테나는 훌륭하다.
ㄷ. 아름다운 자는 행복하다.

① ㄱ
② ㄷ
③ ㄱ, ㄴ
④ ㄴ, ㄷ
⑤ ㄱ, ㄴ, ㄷ

문 10. 다음 글의 주장과 부합하는 것은? 14 행시(A) 1번

옛날 태학에서는 사람들에게 풍악을 가르쳤기 때문에 명칭을 '성균관(成均館)'이라 하였다. 그러나 지금 태학에서는 풍악을 익히지 않으니 이 이름을 쓰는 것은 옳지 않고 '국자감'으로 바꾸는 것이 옳다. 국자(國子)란 원래 왕실의 적자(嫡者)와 공경대부의 적자인데, 지금 태학에는 국자만 다니는 것이 아니기에 명칭과 실상이 서로 어긋나지만 국자감이 그래도 본래 의미에 가깝다.

옛날에 사람을 가르치는 법은 원래 두 길이었다. 국자는 태학에서 가르쳤는데 대사악(大司樂)이 주관했고, 서민은 향학에서 가르쳤는데 대사도(大司徒)가 주관하였다. 순 임금이 "기여, 너에게 악(樂)을 맡도록 명하노니 주자(胄子)를 가르치되 곧으면서 온화하게 하라." 했으니, 이것은 태학에서 국자를 가르친 것이다. 순 임금이 "설이여, 백성들이 서로 친근하지 않는구나. 너를 사도(司徒)로 삼으니, 공경하게 오교(五敎)를 펼쳐라." 했으니, 이것은 향학에서 서민을 가르친 것이다. 『주례』에 대사악이 육덕(六德)으로 국자를 가르쳤는데 이것도 순 임금이 기에게 명하던 그 법이고, 대사도가 향삼물(鄕三物)로 만민을 가르쳤는데 이것도 순 임금이 설에게 명하던 그 법이었다. 오늘날은 국자가 어떤 인물인지, 성균이 어떤 의미인지 알지 못하여, 서민의 자식이 국자로 자칭하고, 광대의 노래를 성균에 해당시키니 어찌 잘못된 것이 아니겠는가?

왕제(王制)는 한(漢)나라의 법이다. 왕제가 시행된 이래로 국자와 서민이 함께 태학에 들어가게 되었다. 그 제도가 2천 년이나 내려왔으니, 옛 제도는 회복할 수 없게 되었다. 비록 그렇지만 국자를 가르치던 법을 없어지게 해서는 안 된다. 우리나라 제도에 종학(宗學)이 있어 종실 자제를 교육했었는데, 지금은 혁파되었다. 태학은 종실 자제를 교육하던 곳인데 까닭 없이 서민에게 양보하고 따로 학교를 세워 종학이라 한 것도 잘못된 일인데 지금은 그것마저 혁파되었으니 개탄할 일이 아닌가? 지금 태학의 명륜당은 종학으로 만들어 종실의 자제 및 공경의 적자가 다니게 하고, 비천당은 백성들이 다니는 학교로 만들어 별도로 운영하는 것이 합당할 것이다.

① 종실 자제 위주의 독립된 교육은 잘못된 일이다.
② 성균관에서 풍악을 가르치던 전통을 회복해야 한다.
③ 향학의 설립을 통해 백성에 대한 교육을 강화해야 한다.
④ 왕제보다『주례』의 교육 전통을 따르는 것이 바람직하다.
⑤ 국자와 서민의 교육 내용을 통합하는 교육 과정이 필요하다.

문 11. 다음 글의 주장으로 볼 수 있는 것만을 〈보기〉에서 모두 고르면? 14 행시(A) 29번

A는 고려 인종 때 사람이니, 삼국의 시초로부터 일천 이백여 년이나 떨어져 활동한 사람이다. 천년 이후의 사람이 천년 이전의 역사를 기록하는 일에는 오류가 발생할 경우가 많다. 예를 들어 남송 때 사람인 조정·장준이 한나라 때 위상·병길의 일을 엉터리로 기록한 것과 같은 경우가 그것이다. A 역시 삼한이 어느 곳에 있었는지도 모르면서 역사서에 기록하였으니, 다른 사실이야 말해 무엇 하겠는가. 우리나라 고대사의 기록은 근거를 댈 수 없는 경우가 많은데도 A는 그 기록을 자료로 역사서를 저술하였다. 또 사실 여부를 따져 보지도 않고 중국의 책들을 그대로 끌어다 인용하였다.

백두산은 몽고 땅에서부터 뻗어내려 온 줄기가 남쪽으로 천여 리를 달려 만들어졌다. 이 대간룡(大幹龍)의 동쪽 지역 가운데 별도로 한 지역을 이루어 다른 지역과 섞이지 않은 곳이 있다. 하·은·주 삼대에는 이를 숙신(肅愼)이라 일컬었고, 한나라 때는 읍루(挹婁), 당나라 때는 말갈(靺鞨), 송나라 때는 여진(女眞)이라 하였으며 지금은 오라영고탑(烏喇寧古塔)이라고 부른다. 그런데 A의 역사서에는 이곳이 한나라 선제 때 '말갈'이라는 이름으로 일컬어졌다고 하였다. 가리키는 대상이 같더라도 명칭은 시대에 따라 변화하는 법이거늘, A의 서술은 매우 터무니없다. 북적(北狄)을 삼대에는 훈육(葷粥), 한나라 때는 흉노(匈奴), 당나라 때는 돌궐(突厥), 송나라 때는 몽고(蒙古)라고 하였는데, 어떤 이가 한나라 역사를 서술하며 돌궐이 중원을 침입했다고 쓴다면 비웃지 않을 사람이 없을 것이다. A의 역사서는 비유하자면 이와 같은 것이다.

─── 〈보 기〉 ───
ㄱ. 역사서를 저술할 때에는 중국의 기록을 참조하더라도 우리 역사서를 기준으로 해야 한다.
ㄴ. 역사서를 저술할 때에는 지역의 위치, 종족과 지명의 변천 등 사실을 확인해야 한다.
ㄷ. 역사서를 저술할 때에는 중국의 역사서에서 우리나라와 관계된 것들을 찾아내어 반영해야 한다.

① ㄱ
② ㄴ
③ ㄱ, ㄷ
④ ㄴ, ㄷ
⑤ ㄱ, ㄴ, ㄷ

문 12. 다음 글에서 A의 견해로 볼 수 있는 것은?

15 행시(인) 8번

명예는 세 가지 종류가 있다. 첫째는 인간으로서의 존엄성에 근거한 고유한 인격적 가치를 의미하는 내적 명예이며, 둘째는 실제 이 사람이 가진 사회적 · 경제적 지위에 대한 사회적 평판을 의미하는 외적 명예, 셋째는 인격적 가치에 대한 자신의 주관적 평가 내지는 감정으로서의 명예감정이다.

악성 댓글, 즉 악플에 의한 인터넷상의 명예훼손이 통상적 명예훼손보다 더 심하기 때문에 통상의 명예훼손행위에 비해서 인터넷상의 명예훼손행위를 가중해서 처벌해야 한다는 주장이 일고 있다. 이에 대해 법학자 A는 다음과 같이 주장하였다.

인터넷 기사 등에 악플이 달린다고 해서 즉시 악플 대상자의 인격적 가치에 대한 평가가 하락하는 것은 아니므로, 내적 명예가 그만큼 더 많이 침해되는 것으로 보기 어렵다. 또한 만약 악플 대상자의 외적 명예가 침해되었다고 하더라도 이는 악플에 의한 것이 아니라 악플을 유발한 기사에 의한 것으로 보아야 한다. 오히려 악플로 인해 침해되는 것은 명예감정이라고 보는 것이 마땅하다. 다만 인터넷상의 명예훼손행위는 그 특성상 해당 악플의 내용이 인터넷 곳곳에 퍼져 있을 수 있어 명예감정의 훼손 정도가 피해자의 정보수집량에 좌우될 수 있다는 점을 간과해서는 안 될 것이다. 구태여 자신에 대한 부정적 평가를 모을 필요가 없음에도 부지런히 수집 · 확인하여 명예감정의 훼손을 자초한 피해자에 대해서 국가가 보호해줄 필요성이 없다는 점에서 명예감정을 보호해야 할 법익으로 삼기 어렵다. 따라서 인터넷상의 명예훼손이 통상적 명예훼손보다 더 심하다고 보기 어렵다.

① 기사가 아니라 악플로 인해서 악플 피해자의 외적 명예가 침해된다.

② 악플이 달리는 즉시 악플 대상자의 내적 명예가 더 많이 침해된다.

③ 악플 피해자의 명예감정의 훼손 정도는 피해자의 정보수집 행동에 영향을 받는다.

④ 인터넷상의 명예훼손행위를 통상적 명예훼손행위에 비해 가중해서 처벌하여야 한다.

⑤ 인터넷상의 명예훼손행위의 가중처벌 여부의 판단에서 세 종류의 명예는 모두 보호하여야 할 법익이다.

문 13. 다음 A의 견해로 볼 수 <u>없는</u> 것은?

17 행시(가) 7번

왕이 말했다. "선생께서 천리의 먼 길을 오셨는데, 장차 무엇으로 우리 국가에 이익이 있게 하시겠습니까?"

A가 대답했다. "왕께서는 어떻게 이익을 말씀하십니까? 오직 인의(仁義)가 있을 따름입니다. 모든 사람이 이익만을 추구한다면, 서로 빼앗지 않고는 만족하지 못할 것입니다. 사람의 도리인 인을 잘 실천하는 사람이 자기 부모를 버린 경우는 없으며, 공적 직위에서 요구되는 역할인 의를 잘 실천하는 사람이 자기 임금을 저버린 경우는 없습니다."

왕이 물었다. "탕(湯)이 걸(桀)을 방벌하고, 무(武)가 주(紂)를 정벌하였다는데 정말 그런 일이 있었습니까? 신하가 자기 군주를 시해한 것이 정당합니까?"

A가 대답했다. "인을 해친 자를 적(賊)이라 하고, 의를 해친 자를 잔(殘)이라 하며, 잔적(殘賊)한 자를 일부(一夫)라 합니다. 일부인 걸과 주를 죽였다는 말은 들었지만 자기 군주를 시해하였다는 말은 듣지 못했습니다. 무릇 군주란 백성의 부모로서 그 도리와 역할을 다하는 인의의 정치를 해야 하는 공적 자리입니다. 탕과 무는 왕이 되었을 때 비록 백성들을 수고롭게 했지만, 그 지위에 요구되는 역할을 온전히 다하는 정치를 행했기 때문에 오히려 최대의 이익을 누릴 수 있었습니다. 걸과 주는 이와 반대되는 정치를 행하면서 자신의 이익만을 추구하며, 자신을 태양에 비유하였습니다. 하지만 백성들은 오히려 태양과 함께 죽고자 하였습니다. 백성들이 그 임금과 함께 죽고자 한다면, 군주가 어떻게 정당하게 그 지위와 이익을 향유할 수 있겠습니까?"

① 인의에 의한 정치를 펼치는 왕은 백성들을 수고롭게 할 수도 있다.

② 인의를 잘 실천하면 이익의 문제는 부차적으로 해결될 가능성이 있다.

③ 탕과 무는 자기 군주를 방벌했다는 점에서 인의 가운데 특히 의를 잘 실천하지 못한 사람이다.

④ 군주는 그 자신과 국가의 이익 이전에 군주로서의 도리와 역할을 온전히 수행하는 데 최선을 다해야 한다.

⑤ 공적 지위에 있는 자가 직책에 요구되는 도리와 역할을 수행하지 않고 사익(私益)을 추구하면 그 권한과 이익을 제한하는 것은 정당하다.

문 14. 다음 글의 핵심 논지로 가장 적절한 것은?

11 행시(수) 2번

인문학의 중요성을 강조하는 사람들은 흔히 인간이란 정신적 존재이기 때문에 참다운 인간적 삶을 위해서는 물질적 욕구의 충족을 넘어서서 정신적 풍요로움을 누려야 하며 이 때문에 인문학은 필수적이라고 주장한다. 뿐만 아니라 인문학은 인간의 삶에 필수적인 건전한 가치관의 형성에도 중요한 역할을 한다고 주장한다. 그러나 과연 현대 인문학은 이러한 상식적인 주장들을 감당할 수 있을까?

분명 인간은 의식주라는 생물학적 욕구와 물질적 가치의 추구 외에 정신적 가치들을 추구하며 사는 존재이다. 그렇다고 이것이 그대로 인문학의 가치를 증언하는 것은 아니다. 그 이유는 무엇보다 인문적 활동 자체와 그것에 대한 지식 혹은 인식을 추구하는 인문학은 구별되기 때문이다. 춤을 추고 노래를 부르거나 이야기를 하는 등의 제반 인간적 활동에 대한 연구와 논의를 하는 이차적 활동인 인문학, 특히 현대의 인문학처럼 고도로 추상화된 이론적 논의들이 과연 인간적 삶을 풍요롭게 해주느냐가 문제이다.

현대 인문학은 대부분 과거의 인문적 활동의 산물을 대상으로 한 역사적 연구에 치중하고 있다. 전통적인 인문학도 역시 과거의 전통과 유산, 특히 고전을 중시하여 그것을 가르치고 연구하는 데 역점을 두었으나 그 교육방법과 태도는 현대의 역사적 연구와는 근본적으로 달랐다. 현대의 역사적 연구는 무엇보다도 연구 대상과의 시간적, 문화적 거리감을 전제로 하여 그것을 명확하게 의식하는 가운데서 이루어진다. 현대의 역사주의는 종교나 철학사상 혹은 문학 등 동서고금의 모든 문화적 현상들을 현재 우리와는 전혀 다른 시대에 산출된 이질적인 것으로 의식하면서 그것들을 우리들의 주관적 편견을 제거한 객관적인 역사적 연구 대상으로 삼는다.

인문학이 자연과학처럼 객관적 지식을 추구하는 학문이 되면서, 인문학은 인격을 변화시키고 삶의 의미를 제공해주던 전통적 기능이 상실되고 그 존재 가치를 의심받게 되었다. 학문과 개인적 삶이 확연히 구분되고 인문학자는 더 이상 인문주의자가 될 필요가 없어졌다. 그는 단지 하나의 전문 직업인이 되었다.

① 현대 인문학자는 인문주의자로서만 아니라 전문 직업인으로서의 위상 또한 가져야 한다.

② 현대 인문학은 자연과학의 접근방식을 수용함으로써 학문의 엄밀성을 확보해야 한다.

③ 현대 인문학은 인문적 삶과 활동에 대한 이차적 반성이라는 점에서 자연과학적 지식과 변별된다.

④ 현대 인문학의 위기는 생물학적 욕구와 물질적 가치가 정신적 가치보다 중시됨으로써 초래된 것이다.

⑤ 현대 인문학은 객관적 지식을 추구하는 학문이 되면서 인간의 삶을 풍요롭게 만드는 본연의 역할을 하지 못한다.

문 15. 다음 글의 논지와 부합하는 것은?

13 행시(인) 3번

근대적 공론장의 형성을 중시하는 연구자들은 아렌트와 하버마스의 공론장 이론을 적용하여 한국적 근대 공론장의 원형을 찾는다. 이들은 유럽에서 18~19세기에 우후죽순처럼 등장한 신문, 잡지 등이 시민들의 대화와 토론에 의거한 부르주아 공론장을 형성하였다는 사실에 착안하여 『독립신문』이 근대적 공론장의 역할을 하였다고 주장한다. 또한 만민공동회라는 새로운 정치권력이 만들어낸 근대적 공론장을 통해, 공화정의 근간인 의회와 한국 최초의 근대적 헌법이 등장하는 결정적 계기가 마련되었다고 인식한다.

그런데 공론장의 형성을 근대 이행의 절대적 특징으로 이해하는 태도는 근대 이행의 다른 길들에 대한 불신과 과소평가로 이어지기도 한다. 당시 사회의 개혁을 위해서는 갑신정변과 같은 소수 엘리트 주도의 혁명이나 동학농민운동과 같은 민중봉기가 아니라, 만민공동회와 같은 다수 인민에 의한 합리적인 토론과 공론에 의거한 민주적 개혁이 올바른 길이라고 주장하는 것이 대표적 예이다. 나아가 이러한 태도는 당시 고종이 만민공동회의 주장을 수용하여 입헌군주제나 공화제를 채택했더라면 국권박탈이라는 비극만은 면할 수 있었으리라는 비약으로 이어진다.

이러한 생각의 배경에는 개인의 자각에 근거한 공론장과 평화적 토론을 통한 공론의 형성, 그리고 공론을 정치에 실현시킬 제도적 장치가 마련되어 있는 체제가 바로 '근대'라는 확고한 인식이 자리 잡고 있다. 그들은 시민세력으로 성장할 가능성을 지닌 인민들의 행위가 근대적 정치를 표현하고 있었다는 점만 중시하고, 공론 형성의 주체인 시민이 아직 형성되지 못한 시대 상황은 특수한 것으로 평가한다. 또한 근대적 정치행위가 실패한 것은 인민들의 한계가 아니라, 전제황실 권력의 탄압이나 개혁파 지도자 내부의 권력투쟁 때문이라고 설명한다.

이러한 인식으로는 농민들을 중심으로 한 반봉건 민중운동의 지향점, 그리고 토지문제 해결을 통한 근대 이행이라는 고전적 과제에 답할 수가 없다. 또한 근대적 공론장에 기반한 근대국가가 수립되었을지라도 제국주의 열강들의 위협을 극복할 수 있었겠는지, 그 극복이 농민들의 지지 없이 가능했을지에 대한 문제의식은 들어설 여지가 없게 된다. 더 큰 문제는 이런 인식이 농민운동을 근대 이행을 방해하는 역사의 반역으로 왜곡할 소지가 있다는 것이다. 이러한 의문들이 적극적으로 해명되지 않는다면 근대 공론장 이론은 설득력을 갖기 어려울 것이다.

① 『독립신문』은 근대적 공론장의 역할을 하지 못하였다.

② 농민운동이 한국의 근대 이행을 방해했다고 볼 수 없다.

③ 제국주의 열강의 위협이 한국의 근대 공론장 형성을 가속화하였다.

④ 고종이 만민공동회의 주장을 채택하였다면 국권박탈의 비극은 없었을 것이다.

⑤ 근대 공론장 이론의 한국적 적용은 몇 가지 한계가 있지만 근대 이행의 문제를 효과적으로 설명하였다.

문 16. 다음 글에서 ㉠의 물음이 생기는 이유로 가장 적절한 것은?

13 행시(인) 8번

서울에 거주하는 초등학생 중에서 휴대전화를 가지고 있는 학생들은 얼마나 될까? 서울에 거주하는 초등학생 중에서 일부를 표본으로 삼아 조사해보니 이 중 60%가 휴대전화를 갖고 있다는 자료가 나왔다고 하자. 이 경우에 '서울에 거주하는 초등학생'을 이 표본 조사의 '준거집합'이라고 한다. 철수는 서울에 거주하는 초등학생이다. 이 경우에 철수가 휴대전화를 갖고 있을 확률을 묻는다면, 우리는 60%라고 해야 할 것이다. 그런데 서울에 거주하는 초등학생이면서 차상위계층의 자녀 중에서는 얼마나 많은 학생들이 휴대전화를 갖고 있을까? 이 경우에 준거집합은 '서울에 거주하는 초등학생이면서 차상위계층의 자녀'가 될 것이다. 앞서 삼은 표본 조사에서 차상위계층의 자녀만을 추려서 살펴보니 이 중 50%의 학생들이 휴대전화를 갖고 있다는 결과가 나왔다. 철수는 서울에 거주하는 초등학생일 뿐만 아니라 그의 가족은 차상위계층에 속한다. 이 경우 철수가 휴대전화를 갖고 있을 확률을 묻는다면, 우리는 50%라고 해야 할 것 같다. 마지막으로, 같은 표본 조사에서 이번에는 서울 거주 초등학생이면서 외동아이인 아이들의 집합에 대해서 조사해 보았는데, 70%가 휴대전화를 갖고 있었다는 결과가 나왔다. 철수는 서울 거주 초등학생이면서 외동아이이다. 이 경우에 철수가 휴대전화를 갖고 있을 확률을 우리는 70%라고 해야 할 것이다.

철수는 서울에 거주하는 초등학생이면서 차상위계층의 자녀이고 또한 외동아이인 것으로 확인되었다. 그렇다면 ㉠ 철수가 휴대전화를 갖고 있을 확률은 얼마라고 해야 하는가?

① 한 사람이 다양한 준거집합에 속할 수 있기 때문이다.
② 준거집합이 클수록 표본 조사의 결과를 더 신뢰할 수 있기 때문이다.
③ 준거집합이 작을수록 표본 조사의 결과를 더 신뢰할 수 있기 때문이다.
④ 표본의 크기가 준거집합의 크기에 따라 달라지기 때문이다.
⑤ 표본을 추출하는 방법이 얼마나 무작위적인가에 따라서 표본 조사의 결과가 변화하기 때문이다.

문 17. 다음 글이 비판의 대상으로 삼는 주장으로 가장 적절한 것은?

13 행시(인) 34번

경제 문제는 대개 해결이 가능하다. 대부분의 경제 문제에는 몇 개의 해결책이 있다. 그러나 모든 해결책은 누군가가 상당한 손실을 반드시 감수해야 한다는 특징을 갖고 있다. 하지만 누구도 이 손실을 자발적으로 감수하고자 하지 않으며, 우리의 정치 제도는 누구에게도 이 짐을 짊어지라고 강요할 수 없다. 우리의 정치적, 경제적 구조로는 실질적으로 제로섬(zero-sum)적인 요소를 지니는 경제 문제에 전혀 대처할 수 없다.

대개의 경제적 해결책은 대규모의 제로섬적인 요소를 갖기 때문에 큰 손실을 수반한다. 모든 제로섬 게임에는 승자가 있다면 반드시 패자가 있으며, 패자가 존재해야만 승자가 존재할 수 있다. 경제적 이득이 경제적 손실을 초과할 수도 있지만, 손실의 주체에게 손실의 의미란 상당한 크기의 경제적 이득을 부정할 수 있을 만큼 매우 중요하다. 어떤 해결책으로 인해 평균적으로 사회는 더 잘살게 될 수도 있지만, 이 평균이 훨씬 더 잘살게 된 수많은 사람들과 훨씬 더 못살게 된 수많은 사람들을 감춘다. 만약 당신이 더 못살게 된 사람 중 하나라면 내 수입이 줄어든 것보다 다른 누군가의 수입이 더 많이 늘었다고 해서 위안을 얻지는 않을 것이다. 결국 우리는 우리 자신의 수입을 보호하기 위해 경제적 변화가 일어나는 것을 막거나 혹은 사회가 우리에게 손해를 입히는 공공정책이 강제로 시행되는 것을 막기 위해 싸울 것이다.

① 빈부격차를 해소하는 것만큼 중요한 정책은 없다.
② 사회의 총생산량이 많아지게 하는 정책이 좋은 정책이다.
③ 경제문제에서 모두가 만족하는 해결책은 존재하지 않는다.
④ 경제적 변화에 대응하는 정치제도의 기능에는 한계가 존재한다.
⑤ 경제정책의 효율성을 높이는 방법은 일관성을 유지하는 것이다.

문 18. 다음 글의 논지로 가장 적절한 것은? 　14 행시(A) 10번

아! 이 책은 붕당의 분쟁에 관한 논설을 실었다. 어째서 '황극 (皇極)'으로 이름을 삼았는가? 오직 황극만이 붕당에 대한 옛설을 혁파할 수 있기에 이로써 이름 붙인 것이다.

내가 생각하기에 옛날에는 붕당을 혁파하는 것이 불가능했다. 왜 그러한가? 그때는 군자는 군자와 더불어 진붕(眞朋)을 이루고 소인은 소인끼리 무리지어 위붕(僞朋)을 이루었다. 만약 현부(賢否), 충사(忠邪)를 살피지 않고 오직 붕당을 제거하기에 힘쓴다면 교활한 소인의 당이 뜻을 펴기 쉽고 정도(正道)로 처신하는 군자의 당은 오히려 해를 입기 마련이었다. 이에 구양수는 『붕당론』을 지어 신하들이 붕당을 이루는 것을 싫어하는 임금의 마음을 경계하였고, 주자는 사류(士類)를 고르게 보합하자는 범순인의 주장을 비판하였다. 이들은 붕당이란 것은 어느 시대에나 있는 것이니, 붕당이 있는 것을 염려할 것이 아니라 임금이 군자당과 소인당을 가려내는 안목을 지니는 것이 관건이라고 하였다. 군자당의 성세를 유지시킨다면 정치는 저절로 바르게 되기 때문이다. 이것이 옛날에는 붕당을 없앨 수 없었던 이유이다.

그러나 지금 붕당을 만드는 것은 군자나 소인이 아니다. 의논이 갈리고 의견을 달리하여 저편이 저쪽의 시비를 드러내면 이편 또한 이쪽의 시비로 대응한다. 저편에 군자와 소인이 있으면 이편에도 군자와 소인이 있다. 따라서 붕당을 그대로 둔다면 군자를 모을 수 없고 소인을 교화시킬 수 없다. 이제는 붕당이 아닌 재능에 따라 인재를 등용하는 정책을 널리 펴야 한다. 그런 까닭에 영조대왕은 황극을 세워 탕평정책을 편 것을 50년 재위 기간의 가장 큰 치적으로 삼았다.

① 군자들만으로 이루어진 붕당을 만들어야 한다.
② 붕당을 혁파하고 유능한 인재를 등용하여야 한다.
③ 옛날의 붕당과 현재의 붕당 사이의 조화를 도모해야 한다.
④ 강력한 왕권을 확립하여 붕당 간의 대립을 조정해야 한다.
⑤ 붕당마다 군자와 소인이 존재하므로 한쪽 붕당만을 등용하거나 배격하는 것은 옳지 않다.

문 19. 다음 글의 논지로 가장 적절한 것은? 　14 행시(A) 16번

물리학의 근본 법칙들은 실재 세계의 사실들을 정확하게 기술하는가? 이 질문에 확신을 가지고 그렇다고 대답할 사람은 많지 않을 것이다. 사실 다양한 물리 현상들을 설명하는 데 사용되는 물리학의 근본 법칙들은 모두 이상적인 상황만을 다루고 있는 것 같다. 정말로 물리학의 근본 법칙들이 이상적인 상황만을 다루고 있다면 이 법칙들이 실재 세계의 사실들을 정확히 기술한다는 생각에는 문제가 있는 듯하다.

가령 중력의 법칙을 생각해 보자. 중력의 법칙은 "두 개의 물체가 그들 사이의 거리의 제곱에 반비례하고 그 둘의 질량의 곱에 비례하는 힘으로 서로 당긴다."는 것이다. 이 법칙은 두 물체의 운동을 정확하게 설명할 수 있는가? 그렇지 않다는 것은 분명하다. 만약 어떤 물체가 질량뿐만이 아니라 전하를 가지고 있다면 그 물체들 사이에 작용하는 힘은 중력의 법칙만으로 계산된 것과 다를 것이다. 즉 위의 중력의 법칙은 전하를 가지고 있는 물체의 운동을 설명하지 못한다.

물론 사실을 정확하게 기술하는 형태로 중력의 법칙을 제시할 수 있다. 가령, 중력의 법칙은 "중력 이외의 다른 어떤 힘도 없다면, 두 개의 물체가 그들 사이의 거리의 제곱에 반비례하고 그 둘의 질량의 곱에 비례하는 힘으로 서로 당긴다."로 수정될 수 있다. 여기서 '중력 이외의 다른 어떤 힘도 없다면'이라는 구절이 추가된 것에 주목하자. 일단, 이렇게 바뀐 중력의 법칙이 참된 사실을 표현한다는 것은 분명해 보인다. 그러나 이렇게 바꾸면 한 가지 중요한 문제가 발생한다.

어떤 물리 법칙이 유용한 것은 물체에 작용하는 힘들을 통해 다양하고 복잡한 현상을 설명할 수 있기 때문이다. 물리 법칙은 어떤 특정한 방식으로 단순한 현상만을 설명하는 것을 목표로 하지 않는다. 중력의 법칙 역시 마찬가지다. 그것이 우리가 사는 세계를 지배하는 근본적인 법칙이라면 중력이 작용하는 다양한 현상들을 설명할 수 있어야 한다. 하지만 '중력 이외의 다른 어떤 힘도 없다면'이라는 구절이 삽입되었을 때, 중력의 법칙이 설명할 수 있는 영역은 무척 협소해진다. 즉 그것은 오로지 중력만이 작용하는 아주 특수한 상황만을 설명할 수 있을 뿐이다. 결과적으로 참된 사실들을 진술하기 위해 삽입된 구절은 설명력을 현저히 감소시킨다. 이 문제는 거의 모든 물리학의 근본 법칙들이 가지고 있다.

① 물리학의 근본 법칙은 그 영역을 점점 확대하는 방식으로 발전해 왔다.
② 물리적 자연 현상이 점점 복잡하고 다양해짐에 따라 물리학의 근본 법칙도 점점 복잡해진다.
③ 더 많은 실재 세계의 사실들을 기술하는 물리학의 법칙이 그렇지 않은 법칙보다 뛰어난 설명력을 가진다.
④ 물리학의 근본 법칙들은 이상적인 상황을 다루고 있어 실재 세계의 사실들을 정확하게 기술하는 데 어려움이 없다.
⑤ 참된 사실을 정확하게 기술하려고 물리 법칙에 조건을 추가하면 설명 범위가 줄어 다양한 물리 현상을 설명하기 어려워진다.

문 20.   다음 글의 논지로 가장 적절한 것은?   18 행시(나) 26번

베블런에 의하면 사치품 사용 금기는 전근대적 계급에 기원을 두고 있다. 즉, 사치품 소비는 상류층의 지위를 드러내는 과시소비이기 때문에 피지배계층이 사치품을 소비하는 것은 상류층의 안락감이나 쾌감을 손상한다는 것이다. 따라서 상류층은 사치품을 사회적 지위 및 위계질서를 나타내는 기호(記號)로 간주하여 피지배계층의 사치품 소비를 금지했다. 또한 베블런은 사치품의 가격 상승에도 그 수요가 줄지 않고 오히려 증가하는 이유가 사치품의 소비를 통하여 사회적 지위를 과시하려는 상류층의 소비행태 때문이라고 보았다.

그러나 소득 수준이 높아지고 대량 생산에 의해 물자가 넘쳐흐르는 풍요로운 현대 대중사회에서 서민들은 과거 왕족들이 쓰던 물건들을 일상생활 속에서 쓰고 있고 유명한 배우가 쓰는 사치품도 쓸 수 있다. 모든 사람들이 명품을 살 수 있는 돈을 갖고 있을 때 명품의 사용은 더 이상 상류층을 표시하는 기호가 될 수 없다. 따라서 새로운 사회의 도래는 베블런의 과시소비이론으로 설명하기 어려운 소비행태를 가져왔다. 이 때 상류층이 서민들과 구별될 수 있는 방법은 오히려 아래로 내려가는 것이다. 현대의 상류층에게는 차이가 중요한 것이지 사물 그 자체가 중요한 것이 아니기 때문이다. 월급쟁이 직원이 고급 외제차를 타면 사장은 소형 국산차를 타는 것이 그 예이다.

이와 같이 현대의 상류층은 고급, 화려함, 낭비를 과시하기보다 서민들처럼 소박한 생활을 한다는 것을 과시한다. 이것은 두 가지 효과가 있다. 사치품을 소비하는 서민들과 구별된다는 점이 하나이고, 돈 많은 사람이 소박하고 겸손하기까지 하여 서민들에게 친근감을 준다는 점이 다른 하나이다.

그러나 그것은 극단적인 위세의 형태일 뿐이다. 뽐냄이 아니라 남의 눈에 띄지 않는 겸손한 태도와 검소함으로 자신을 한층 더 드러내는 것이다. 이런 행동들은 결국 한층 더 심한 과시이다. 소비하기를 거부하는 것이 소비 중에서도 최고의 소비가 된다. 다만 그들이 언제나 소형차를 타는 것은 아니다. 차별화해야 할 아래 계층이 없거나 경쟁 상대인 다른 상류층 사이에 있을 때 그들은 마음 놓고 경쟁적으로 고가품을 소비하며 자신을 마음껏 과시한다. 현대사회에서 소비하지 않기는 고도의 교묘한 소비이며, 그것은 상류층의 표시가 되었다. 그런 점에서 상류층을 따라 사치품을 소비하는 서민층은 순진하다고 하지 않을 수 없다.

① 현대의 상류층은 낭비를 지양하고 소박한 생활을 지향함으로써 서민들에게 친근감을 준다.

② 현대의 서민들은 상류층을 따라 겸손한 태도로 자신을 한층 더 드러내는 소비행태를 보인다.

③ 현대의 상류층은 그들이 접하는 계층과는 무관하게 절제를 통해 자신의 사회적 지위를 과시한다.

④ 현대에 들어와 위계질서를 드러내는 명품을 소비하면서 과시적으로 소비하는 새로운 행태가 나타났다.

⑤ 현대의 상류층은 사치품을 소비하는 것뿐만 아니라 소비하지 않기를 통해서도 자신의 사회적 지위를 과시한다.

문 21.   다음 글의 결론으로 가장 적절한 것은?   18 행시(나) 27번

정치 갈등의 중심에는 불평등과 재분배의 문제가 자리하고 있다. 이 문제로 좌파와 우파는 오랫동안 대립해 왔다. 두 진영이 협력하여 공동의 목표를 이루려면 두 진영이 불일치하는 지점을 찾아 이 지점을 올바르고 정확하게 분석해야 한다. 바로 이것이 우리가 논증하고자 하는 바다.

우파는 시장 원리, 개인 주도성, 효율성이 장기 관점에서 소득 수준과 생활환경을 실제로 개선할 수 있다고 주장한다. 반면 정부 개입을 통한 재분배는 그 규모가 크지 않아야 한다. 이 점에서 이들은 선순환 메커니즘을 되도록 방해하지 않는 원천징수나 근로장려세 같은 조세 제도만을 사용해야 한다고 주장한다.

반면 19세기 사회주의 이론과 노동조합 운동을 이어받은 좌파는 사회 및 정치 투쟁이 극빈자의 불행을 덜어주는 더 좋은 방법이라고 주장한다. 이들은 불평등을 누그러뜨리고 재분배를 이루려면 우파가 주장하는 조세 제도만으로는 부족하고, 생산수단을 공유화하거나 노동자의 급여 수준을 강제하는 등 보다 강력한 정부 개입이 있어야 한다고 주장한다. 정부의 개입이 생산 과정의 중심에까지 영향을 미쳐야 시장 원리의 실패와 이 때문에 생긴 불평등을 해소할 수 있다는 것이다.

좌파와 우파의 대립은 두 진영이 사회정의를 바라보는 시각이 다른 데서 비롯된 것이 아니다. 오히려 불평등이 왜 생겨났으며 그것을 어떻게 해소할 것인가를 다루는 사회경제 이론이 다른 데서 비롯되었다. 사실 좌우 진영은 사회정의의 몇 가지 기본 원칙에 합의했다.

행운으로 얻었거나 가족에게 물려받은 재산의 불평등은 개인이 통제할 수 없다. 개인이 통제할 수 없는 요인 때문에 생겨난 불평등을 그런 재산의 수혜자에게 책임지우는 것은 옳지 않다. 이 점에서 행운과 상속의 혜택을 받은 이들에게 이런 불평등 문제를 해결하라고 요구하는 것은 바람직하지 않다. 혜택 받지 못한 이들, 곧 매우 불리한 형편에 부닥친 이들의 처지를 개선하려고 애써야 할 당사자는 당연히 국가다. 정의로운 국가라면 국가가 사회 구성원 모두 평등권을 되도록 폭넓게 누리도록 보장해야 한다는 정의의 원칙은 좌파와 우파 모두에게 널리 받아들여진 생각이다.

불리한 형편에 놓인 이들의 삶을 덜 나쁘게 하고 불평등을 누그러뜨려야 하는 국가의 목표를 이루는 데 두 진영이 협력하는 첫걸음이 무엇인지는 이제 거의 분명해졌다.

① 좌파와 우파는 자신들의 문제점을 개선하려고 애써야 한다.

② 좌파와 우파는 정치 갈등을 해결하려는 의지가 있어야 한다.

③ 좌파와 우파는 사회정의를 위한 기본 원칙에 먼저 합의해야 한다.

④ 좌파와 우파는 분배 문제 해결에 국가가 앞장서야 한다는 데 동의해야 한다.

⑤ 좌파와 우파는 불평등을 일으키고 이를 완화하는 사회경제 메커니즘을 보다 정확히 분석해야 한다.

문 22. 다음 글을 토대로 〈편지〉에 포함된 주장들을 논박하는 진술로 적절한 것은? 13 행시(인) 36번

윤리학에서 말하는 '의무 이상의 행동'이란 도덕이 요구하는 범위를 넘어 특별히 선한 행위를 하는 것을 말한다. 예를 들어 누군가를 구하기 위해 자신의 목숨을 걸고 폭풍우 치는 바다에 뛰어드는 것은 도덕이 요구하는 것 이상의 행동이다. 의무 이상의 행동은, 행하면 당연히 칭찬을 받지만 하지 않아도 도덕적으로 비난을 받지는 않는다. 그에 비해 의무적으로 해야 하는 일은 도덕이 요구하는 범위 내에 있는 행동으로서, 이를 행하는 경우에는 칭찬을 받을 수도 있고 그렇지 않을 수도 있지만, 만약 하지 않는다면 도덕적으로 비난을 받는다. 가령 연못에 빠진 아이를 어렵지 않게 구할 수 있을 때는 누구라도 마땅히 구해야 하며 만약 그 아이를 보고도 구하지 않는다면 도덕적으로 비난받을 일이 된다. 의무적으로 해야 하는 일과 의무 이상의 행동 사이에 차이가 있다는 것은 분명하다.

〈편 지〉

김희생 일병의 유가족께

우리 군 당국은 십여 명의 동료들을 구하기 위해 수류탄을 덮쳐 자신의 목숨을 잃은 김희생 일병에게 훈장을 추서하지 않기로 결정했습니다. 과거에는 그런 행위에 훈장을 내리기도 했으나, 본 위원회는 그런 행위를 군인의 임무에 대한 예외적 헌신을 요구하는 행위로 간주하는 것이 잘못된 판단이라는 결론을 내렸습니다. 모든 군인은 언제나 부대 전체의 이익을 위해 행동할 의무가 있습니다. 따라서 군 당국이 김희생 일병에게 훈장을 수여하는 것은 김희생 일병의 행동을 의무를 넘어선 행동으로 판정하는 것에 해당하며, 결과적으로는 병사들에게 경우에 따라선 부대 전체의 이익을 위해 행동하지 않아도 된다고 암시하는 것과 같게 됩니다. 이것은 명백히 잘못된 암시입니다.

군 포상심의위원회 위원장 김원칙 대령

① 의무적으로 해야 하는 행동에 대한 칭찬은 반드시 필요하다.
② 희생 병사와 그 가족에게 보상을 해 주는 것은 의무 이상의 행동이다.
③ 군의 일관적인 작전 수행을 위해서 병사는 의무의 도덕적 범위에 대한 관행에서 벗어나선 안 된다.
④ 부대 전체의 이익을 위해 자신의 모든 것을 헌신하지 않는 병사는 누구라도 도덕적으로 비난받아야 한다.
⑤ 김 일병의 행동과 동일한 행동을 할 수 있었지만 하지 않았던 동료들 중 그 누구도 도덕적으로 비난받지 않았다.

문 23. 다음 글의 '나'의 암묵적 전제로 볼 수 있는 것만을 〈보기〉에서 모두 고르면? 19 행시(가) 30번

나는 최근에 수집한 암석을 분석하였다. 암석의 겉껍질은 광물이 녹아서 엉겨 붙어 있는 상태인데, 이것은 운석이 대기를 통과할 때 가열되면서 나타나는 대표적인 현상이다. 암석은 유리를 포함하고 있었고 이 유리에는 약간의 기체가 들어있었다. 이 기체는 현재의 지구나 원시 지구의 대기와 비슷하지 않지만 바이킹 화성탐사선이 측정한 화성의 대기와는 흡사하였다. 특히 암석에서 발견된 산소는 지구의 암석에 있는 것과 동위원소 조성이 달랐다. 그러나 화성에서 기원한 다른 운석에서 나타나는 동위원소 조성과는 일치하였다.

놀랍게도 이 암석에서는 박테리아처럼 보이는 작은 세포 구조가 발견되었다. 그 크기는 100나노미터였고 모양은 둥글거나 막대기 형태였다. 이 구조는 매우 정교하여 살아 있는 세포처럼 보였다. 추가 분석으로 이 암석에서 탄산염 광물을 발견하였고 이 탄산염 광물은 박테리아가 활동하는 곳에서 형성된 지구의 퇴적물과 닮았다는 것을 알게 되었다. 이 탄산염 광물에서는 특이한 자철석 결정이 발견되었다. 지구에서 발견되는 A 종류의 박테리아는 자체적으로 합성한, 특이한 형태와 높은 순도를 지닌 자철석 결정의 긴 사슬을 이용해 방향을 감지한다. 이 자철석은 지층에 퇴적될 수 있다. 자성을 띤 화석은 지구상에 박테리아가 나타나기 시작한 20억 년 전의 암석에서도 발견된다. 내가 수집한 암석에서 발견된 자철석은 A 종류의 박테리아에 의해 생성되는 것과 같은 결정형과 높은 순도를 지니고 있었다.

따라서 나는 최근에 수집한 암석이 생명체가 화성에서 실재하였음을 나타내는 증거라고 확신한다.

〈보 기〉

ㄱ. 크기가 100나노미터 이하의 구조는 생명체로 볼 수 없다.
ㄴ. 산소의 동위원소 조성은 행성마다 모두 다르게 나타난다.
ㄷ. A 종류의 박테리아가 없었다면 특이한 결정형의 자철석이 나타나지 않는다.

① ㄱ
② ㄴ
③ ㄱ, ㄷ
④ ㄴ, ㄷ
⑤ ㄱ, ㄴ, ㄷ

문 24. 다음 실험 결과를 가장 잘 설명하는 가설은?

14 행시(A) 15번

포유동물에서 수컷과 암컷의 성별은 나중에 외부생식기로 발달할 전구체인 기관 A에 성호르몬이 작용하는 데서 결정된다. 성호르몬은 배아가 어미 속에서 성적 특성을 보이기 시작하는 시기에 작용하며, 개체의 성장, 발생, 생식주기, 그리고 성행동을 조절한다. 포유동물의 경우 원시생식소로부터 분화되어 형성된 생식소인 정소와 난소로부터 성호르몬이 분비된다. 이들 생식소는 안드로겐, 에스트로겐, 프로게스틴의 세 가지 종류의 성호르몬을 생산하고 분비한다. 이 점에서는 남성과 여성 사이에 차이가 없다. 하지만 이들 호르몬의 비율은 성별에 따라 매우 다르며, 이 비율의 차이가 사춘기 남성과 여성의 성징을 나타내는 데 중요한 역할을 하는 것으로 알려져 있다.

남성과 여성의 외부생식기 발달과정을 파악하기 위한 실험은 다음과 같았다. 토끼를 대상으로 XY 염색체를 가진 수컷 배아와 XX 염색체를 가진 암컷 배아에서 각각 원시생식소를 제거하였다. 이 시술은 배아가 성적인 차이를 보이기 전 행해졌다. 원시생식소를 제거한 경우와 제거하지 않은 경우 외부생식기의 성별은 다음과 같다.

원시생식소 염색체	보존	제거
XY	수컷	암컷
XX	암컷	암컷

① 기관 A가 발달한 외부생식기의 성별은 염색체에 의해 결정된다.
② 기관 A는 성호르몬의 작용이 없다면 암컷의 외부생식기로 발달하도록 되어 있다.
③ 기관 A가 발달한 외부생식기의 성별은 원시생식소가 정소나 난소가 되기 전에 결정된다.
④ 기관 A에 작용하는 성호르몬의 비율 차이에 따라 원시생식소는 정소 또는 난소로 발달한다.
⑤ 기관 A가 정소 또는 난소 중 어떤 것으로 발달되는지에 따라 외부생식기의 성별 차이가 나타난다.

문 25. 다음 글의 논지로 가장 적절한 것은?

14 민간(A) 15번

최근에 사이버공동체를 중심으로 한 시민의 자발적 정치 참여 현상이 많은 관심을 끌고 있다. 이러한 현상과 관련하여 A의 연구가 새삼 주목 받고 있다. A의 연구에 따르면 공동체의 구성원이 됨으로써 얻게 되는 '사회적 자본'이 시민 사회의 성숙과 민주주의 발전을 가져오는 원동력이다. A의 이론에서는 공동체에 대한 자발적 참여를 통해 사회 구성원 간의 상호 의무감과 신뢰, 구성원들이 공유하는 규칙과 관행, 사회적 유대 관계와 같은 사회적 자본이 늘어나면, 사회 구성원 간의 협조적인 행위가 가능하게 된다고 보았다. 더 나아가 A는 자원봉사자와 같이 공동체 참여도가 높은 사람이 투표할 가능성이 높고 정부 정책에 대한 의견 개진도 활발해지는 등 정치 참여도가 높아진다고 주장하였다.

몇몇 학자들은 A의 이론을 적용하여 면대면 접촉에 따른 인간관계의 산물인 사회적 자본이 사이버공동체에서도 충분히 형성될 수 있다고 보았다. 그리고 사이버공동체에서 사회적 자본의 증가는 곧 정치 참여도 활성화시킬 것으로 기대했다. 하지만 이러한 기대와는 달리 정치 참여가 활성화되지 않았다. 요즘 젊은이들을 보면 각종 사이버공동체에 자발적으로 참여하는 수준은 높지만 투표나 다른 정치 활동에는 무관심하거나 심지어 정치를 혐오하기도 한다. 이런 측면에서 A의 주장은 사이버공동체가 활성화된 오늘날에는 잘 맞지 않는다.

이러한 이유 때문에 오늘날 사이버공동체를 중심으로 한 정치 참여를 더 잘 이해하기 위해서 '정치적 자본' 개념의 도입이 필요하다. 정치적 자본은 사회적 자본의 구성 요소와는 달리 정치 정보의 습득과 이용, 정치적 토론과 대화, 정치적 효능감 등으로 구성된다. 정치적 자본은 사회적 자본과 마찬가지로 공동체 참여를 통해서 획득되지만, 정치 과정에의 관여를 촉진한다는 점에서 사회적 자본과는 구분될 필요가 있다. 사회적 자본만으로 정치 참여를 기대하기 어렵고, 사회적 자본과 정치 참여 사이를 정치적 자본이 매개할 때 비로소 정치 참여가 활성화된다.

① 사이버공동체를 통해 축적된 사회적 자본에 정치적 자본이 더해질 때 정치 참여가 활성화된다.
② 사회적 자본은 정치적 자본을 포함하기 때문에 그 자체로 정치 참여의 활성화를 가져온다.
③ 사회적 자본이 많은 사회는 정치 참여가 활발하기 때문에 민주주의가 실현된다.
④ 사이버공동체의 특수성으로 인해 시민들의 정치 참여가 어렵게 되었다.
⑤ 사이버공동체에의 자발적 참여 증가는 정치 참여를 활성화시킨다.

문 26. 다음 글의 ⓐ와 ⓑ에 들어가기에 적절한 것을 〈보기〉에서 골라 알맞게 짝지은 것은?

19 민간(나) 16번

귀납주의란 과학적 탐구 방법의 핵심이 귀납이라는 입장이다. 즉, 과학적 이론은 귀납을 통해 만들어지고, 그 정당화 역시 귀납을 통해 이루어진다는 것이다. 그러나 실제 과학의 역사를 고려하면 귀납주의는 문제에 처하게 된다. 이러한 문제 상황은 다음과 같은 타당한 논증을 통해 제시될 수 있다.

만약 귀납이 과학의 역사에서 사용된 경우가 드물다면, 과학의 역사는 바람직한 방향으로 발전하지 않았거나 또는 귀납주의는 실제로 행해진 과학적 탐구 방법의 특징을 드러내는 데 실패했다고 보아야 한다. 과학의 역사가 바람직한 방향으로 발전하지 않았다면, 귀납주의에서는 수많은 과학적 지식을 정당화되지 않은 것으로 간주해야 한다. 그리고 귀납주의가 실제로 행해진 과학적 탐구 방법의 특징을 드러내는 데 실패했다면, 귀납주의는 과학적 탐구 방법에 대한 잘못된 이론이다. 그런데 우리는 과학의 역사가 바람직한 방향으로 발전하지 않았거나, 귀납주의가 실제로 행해진 과학적 탐구 방법의 특징을 드러내는 데 실패했다고 보아야 한다. 그 이유는 [ⓐ]는 것이다. 그리고 이로부터 우리는 다음 결론을 도출하게 된다. [ⓑ].

─────── 〈보 기〉 ───────

ㄱ. 과학의 역사에서 귀납이 사용된 경우는 드물다

ㄴ. 과학의 역사에서 귀납 외에도 다양한 방법들이 사용되었다

ㄷ. 귀납주의는 과학적 탐구 방법에 대한 잘못된 이론이고, 귀납주의에서는 수많은 과학적 지식을 정당화되지 않은 것으로 간주해야 한다

ㄹ. 귀납주의가 과학적 탐구 방법에 대한 잘못된 이론이라면, 귀납주의에서는 수많은 과학적 지식을 정당화되지 않은 것으로 간주해야 한다

ㅁ. 귀납주의가 과학적 탐구 방법에 대한 잘못된 이론이 아니라면, 귀납주의에서는 수많은 과학적 지식을 정당화되지 않은 것으로 간주해야 한다

	ⓐ	ⓑ
①	ㄱ	ㄷ
②	ㄱ	ㄹ
③	ㄱ	ㅁ
④	ㄴ	ㄹ
⑤	ㄴ	ㅁ

문 27. 다음 글의 핵심 주장으로 가장 적합한 것은?

08 행시(꿈) 25번

2004년 2월에 발생한 A 씨의 '위안부 누드' 사건을 영화「원초적 본능」의 감독 폴 버호벤의 후속작「쇼걸」을 통해 살펴보자. 한마디로 말해「쇼걸」은 그 제목답게 많은 여성들이 벗었지만, 기대와 달리 흥행에 실패했다. 이 예상치 못한 결과는 성차별 사회에서 포르노 및 누드 산업이 생산하는 에로틱한 쾌락의 작동 양상을 분명하게 보여준다.「쇼걸」은 쇼걸들의 벗은 몸을 보여주었지만, 이 영화의 주제는 여성의 벗은 몸을 보여주어 남성 관객의 시선을 만족시키는 데 있지 않았다. 오히려 쇼걸들의 연대와 자매애를 강조했기 때문에, 돈벌이에 성공할 수 없었다. 남성 사회의 관객들은 여성들의 단결을 좋아하지 않기 때문이다.

모든 재현은 현실을 구성하는 담론의 일부이며 실천이고, 그것은 현실의 권력 관계를 반영한다. 현실에서 권력과 자원이 있는 집단은 포르노그래피의 대상으로 구성되지 않는다. 구성된다 하더라도 이러한 재현물은 흥행에 실패한다. 현실세계에서 인간성을 박탈당하고 열등한 자로 낙인찍힌 사람이 화면에서 고문당하는 경우와 권력 있고 존경받는 사람이 고문당할 때, 관객의 반응은 완전히 다르다. 전자의 경우 쾌락을 느낀다면 후자의 경우는 심한 불쾌감으로 다가온다.

A 씨의 '위안부 누드'는 제작사의 주장대로 "식민의 역사적 아픔을 상기하기 위해서" 제작된 것이 아니라 화면에서 재현되는 남성과 여성의 성별 권력 차이를 극대화하기 위해 만들어졌으며, 이는 누드 산업의 당연한 귀결이라고 할 수 있다. 남성과 여성의 권력 격차가 최대치일 때, 남성 관객의 권력도 최대한 보장될 것이다. 가장 자극적인 소재는 바로 이 권력 관계가 극단화되었을 경우이다. 일반 포르노 화면에서 남성의 사회적 지위가 더 높은 경우도 있지만, 대개는 남자와 여자라는 성별 권력 차이 그 자체가 주요 쾌락 코드이다. 이번에 논란이 된 '위안부 누드'는 남성과 여성이라는 성별 권력 차이에다가 남성은 일본, 제국주의, 군인, 성폭력 가해자이고 여성은 한국인, 순진하고 겁먹은 처녀, 피해자라는 코드가 더해져 남성 권력을 극대화했다. 그만큼 재미있으며 더 팔릴 수 있는 상품이 되었던 것이다.

그러므로 '위안부 누드'의 제작은 황당한 일이 아니라, 남성의 이윤과 쾌락을 보장하려는 자연스러운 발상이었다. '위안부' 누드여서 문제인가, 위안부 '누드'여서 문제인가? 누드의 소재가 위안부였기 때문에 분노한 것이라면, 일반 누드와 포르노그래피는 별 문제가 없다는 것일까. 여성에 대한 남성의 지배와 폭력이 이처럼 성애화될 때, 남성 권력은 보이지 않게 되고 여성 억압은 생물학적 질서로 비정치화된다. 한국 사회에서 여성 누드나 포르노그래피는 쾌락이나 표현의 자유의 실천이 아니라 오히려 정치적인 사건이며 권력 관계의 문제이다. 포르노에서 남성 관객 혹은 남성화된 관객이 느끼는 쾌락은 권력 행동의 결과이다. 이러한 포르노의 쾌락은 여성이 벗었기 때문이 아니라 여성이 응시의 대상, 폭력의 대상으로 재현되어 남성 소비자가 자신에게 권력이 있다는 느낌과 의식이 충족될 때 발생한다.

따라서 이 사건에 대한 가장 중요한 질문은 왜 인간의 감성이 평등이나 정의보다 지배와 폭력을 에로틱하게 느끼는지를 묻는 것이다. 만일 우리가 평등을 에로틱한 것으로 느낀다면, '위안부 누드'는 제작되지 않았을 것이다. "일반 누드는 되지만 위안부 누드는 안 된다"라는 사람들에게 들려주고 싶은 이야기다.

① '위안부 누드' 사건은 권력 관계의 문제를 드러낸다.
② '위안부 누드' 사건은 위안부라는 소재가 결정적이다.
③ '위안부 누드' 사건은 강조점에 따라 해석이 달라진다.
④ '위안부 누드' 사건을 정치적 관점에서 해석하면 그 의미가 왜곡된다.
⑤ '위안부 누드' 사건은 평등을 에로틱하게 여겨야 하는 이유를 알려준다.

문 28. 다음 글의 실험 결과를 가장 잘 설명하는 가설은?

15 민간(인) 19번

상추씨를 임의로 (가)~(라)군으로 나눈 후, (가)군에는 적색광을 1분간 조사(照射)했다. (나)군에는 (가)군과 같이 처리한 후 근적외선을 4분간 추가로 조사했다. (다)군에는 (나)군과 같이 처리한 후 적색광을 1분간 추가로 조사했다. (라)군에는 (다)군과 같이 처리한 후 근적외선을 2분간 추가로 조사했다. 광선의 조사가 끝난 각 군의 상추씨들은 바로 암실로 옮겨졌다. 다음날 상추씨의 발아율을 측정해보니, (가)군과 (다)군의 발아율은 80% 이상이었으며, (나)군은 2%, (라)군은 3%로 나타났다. 처음부터 암실에 두고 광선을 전혀 조사하지 않은 대조군의 발아율은 3%였다.

① 상추씨의 발아율을 높이려면 근적외선을 조사해야 한다.
② 상추씨의 발아율을 높이려면 적색광을 마지막에 조사해야 한다.
③ 상추씨의 발아율을 높이려면 적색광과 근적외선을 번갈아 조사해야 한다.
④ 상추씨의 발아율을 높이려면 근적외선의 효과가 적색광의 효과를 상쇄해야 한다.
⑤ 상추씨의 발아율을 높이려면 적색광을 조사한 횟수가 근적외선을 조사한 횟수보다 더 적어야 한다.

문 29. 다음 글의 내용을 포괄하는 진술로 가장 적절한 것은?

10 행시(수) 24번

사람의 신체는 형체가 있으나 지각은 형체가 없습니다. 형체가 있는 것은 죽으면 썩어 없어지지만, 형체가 없는 것은 모이거나 흩어지는 일이 없으니, 죽은 뒤에 지각이 있을 법도 합니다. 죽은 뒤에도 지각이 있을 경우에만 불교의 윤회설이 맞고, 지각이 없다고 한다면 제사를 드리는 것에 실질적 근거는 없을 것입니다. 사람의 지각은 정기(精氣)에서 나옵니다. 눈과 귀가 지각하는 것은 넋의 영이며, 마음이 생각하는 것은 혼의 영입니다. 지각하고 생각하는 것은 기(氣)이며, 생각하도록 하는 것은 이(理)입니다. 이(理)는 지각이 없고 기(氣)는 지각이 있습니다. 따라서 귀가 있어야 듣고, 눈이 있어야 보며, 마음이 있어야 생각을 할 수 있으니, 정기가 흩어지고 나면 무슨 물체에 무슨 지각이 있겠습니까? 지각이 없다고 한다면 비록 천당과 지옥이 있다고 하더라도 즐거움과 괴로움을 지각할 수 없으니, 불가의 인과응보설(因果應報說)은 저절로 무너지게 됩니다.

죽은 뒤에는 지각이 없다 해도 제사를 지내는 것에는 이치[理]가 있습니다. 사람이 죽어도 오래되지 않으면 정기가 흩어졌다 해도 바로 소멸되는 것은 아니기 때문에 정성과 공경을 다하면 돌아가신 조상과 느껴서 통할 수 있습니다. 먼 조상의 경우 기운은 소멸했지만 이치는 소멸한 것이 아니니 또한 정성으로 느껴서 통할 수 있습니다. 감응할 수 있는 기운은 없지만 감응할 수 있는 이치가 있기 때문입니다. 조상이 돌아가신 지 오래되지 않았으면 기운으로써 감응하고, 돌아가신 지 오래되었으면 이치로써 감응하는 것입니다.

① 윤회설이 부정된다고 해서 제사가 부정되지는 않는다.
② 제사는 조상의 기를 느껴서 감응하는 것이다.
③ 죽은 사람과는 기운과 정성을 통해 감응할 수 있다.
④ 사람이 죽으면 지각이 없어지므로 인과응보설은 옳지 않다.
⑤ 사람이 죽으면 정기는 흩어지므로 지각은 존재하지 않는다.

문 30. 다음 글의 결론으로 가장 적절한 것은?

11 민간실험(수) 6번

정보와 커뮤니케이션 기술 덕분에 우리는 삶의 기본적 도전들을 극복하는 방법에 관해 더 많은 것을 이해할 수 있었다. 생산, 분배, 처리 등 커뮤니케이션의 단계는 서로 어느 정도 동시간적으로 존재해 왔으며, 이러한 균형은 다양한 커뮤니케이션 미디어를 경험하면서 지속되어 왔다. 그러나 20세기 중반, 정보의 생산 및 분배 메커니즘은 인간의 정보처리 능력을 앞질러, 우리들을 영원한 정보처리 결손 상태로 남겨두었다.

우리 사회는 근본적으로 다른 문화, 즉 양식화(樣式化)되어 오직 양적으로 확대된 커뮤니케이션 속에서 거래하고 생존해가는 문명으로 갑작스럽게 전환되었다. 정보는 엄청난 속도로 생산 및 분배되고, 분배된 정보는 처리되지 못한 채 과부하되었다. 우리는 주위의 많은 정보들이 얼마나 유용하며 얼마나 유해한지 파악할 수 없다. 이처럼 예기치 못했고 환영받지 못하는 정보환경 문제를 데이터 스모그(data smog)라고 부른다.

1960년대 말 1970년대 초, 사람들은 주변에 우후죽순 생겨나는 공장의 스모그와 폐기물이 단지 보기 흉한 것만이 아니라 유독하다는 사실을 깨닫기 시작했다. 이제 그 유사한 도전이 정보화 시대에 대두되고 있다. 정보의 파편화, 정보의 복잡화, 정보의 단속화, 정보의 과부하 등은 데이터 스모그가 야기하는 병폐의 일부다. 우리 자신의 개인적 복지와 민주사회의 복지를 위하여 우리는 이에 대처하는 강력한 처방들을 고안할 필요가 있다.

① 정보의 질적 측면에 초점을 두어 데이터 스모그 현상을 해소하는 작업이 중요하다.

② 미래 테크놀로지를 위한 현실적 쟁점은 정보의 생산이나 전달이 아니라 정보의 양적 팽창에 있음을 인지해야 한다.

③ 정보 과부하는 사물과 관념의 부분만을 표피적으로 불완전하게 드러내기 때문에 인지적 혼란을 야기함에 주의해야 한다.

④ 괄목할 만한 기술 발전으로 인해 모든 기술은 유용성과 폐해를 동시에 가지고 있다는 사실에 유의해야 한다.

⑤ 양식화된 커뮤니케이션은 더욱 많은 정보를 요구하므로 불가피하게 과부하같은 데이터 스모그를 유발함을 인식하는 것이 중요하다.

문 31. 다음 글의 중심 내용으로 가장 적절한 것은?

11 민간실험(수) 7번

화이트(H. White)는 19세기의 역사 관련 저작들에서 역사가 어떤 방식으로 서술되어 있는지를 연구했다. 그는 특히 '이야기식 서술'에 주목했는데, 이것은 역사적 사건의 경과 과정이 의미를 지닐 수 있도록 서술하는 양식이다. 그는 역사적 서술의 타당성이 문학적 장르 내지는 예술적인 문제에 의해 결정된다고 보았다. 이러한 주장에 따르면 역사적 서술의 타당성은 결코 논증에 의해 결정되지 않는다. 왜냐하면 논증은 지나간 사태에 대한 모사로서의 역사적 진술의 '옳고 그름'을 사태 자체에 놓여 있는 기준에 의거해서 따지기 때문이다.

이야기식 서술을 통해 사건들은 서로 관련되면서 무정형적 역사의 흐름으로부터 벗어난다. 이를 통해 역사의 흐름은 발단 · 중간 · 결말로 인위적으로 구분되어 인식 가능한 전개과정의 형태로 제시된다. 문학 이론적으로 이야기하자면, 사건 경과에 부여되는 질서는 '구성'(plot)이며 이야기식 서술을 만드는 방식은 '구성화'(emplotment)이다. 이러한 방식을 통해 사건은 원래 가지고 있지 않던 발단 · 중간 · 결말이라는 성격을 부여받는다. 또 사건들은 일종의 전형에 따라 정돈되는데, 이러한 전형은 역사가의 문화적인 환경에 의해 미리 규정되어 있거나 경우에 따라서는 로맨스 · 희극 · 비극 · 풍자극과 같은 문학적 양식에 기초하고 있다.

따라서 이야기식 서술은 역사적 사건의 경과 과정에 특정한 문학적 형식을 부여할 뿐만 아니라 의미도 함께 부여한다. 우리는 이야기식 서술을 통해서야 비로소 이러한 역사적 사건의 경과 과정을 인식할 수 있게 된다는 말이다. 사건들 사이에서 만들어지는 관계는 사건들 자체에 내재하는 것이 아니다. 그것은 사건에 대해 사고하는 역사가의 머릿속에만 존재한다.

① 역사의 의미는 절대적인 것이 아니라 현재 시점에서 새롭게 규정되는 것이다.

② 역사가가 속한 문화적인 환경은 역사와 문학의 기술 내용과 방식을 규정한다.

③ 역사적 사건에서 객관적으로 드러나는 발단에서 결말까지의 일정한 과정을 서술하는 일이 역사가의 임무이다.

④ 이야기식 역사 서술이란 사건들 사이에 내재하는 인과적 연관을 찾아내는 작업이다.

⑤ 이야기식 역사 서술은 문학적 서술 방식을 원용하여 역사적 사건의 경과 과정에 의미를 부여한다.

문 32. 다음 글의 핵심 논지로 가장 적절한 것은?

11 민간(민) 6번

폴란은 동물의 가축화를 '노예화 또는 착취'로 바라보는 시각은 잘못이라고 주장한다. 그에 따르면, 가축화는 '종들 사이의 상호주의'의 일환이며 정치적이 아니라 진화론적 현상이다. 그는 "소수의, 특히 운이 좋았던 종들이 다윈식의 시행착오와 적응과정을 거쳐, 인간과의 동맹을 통해 생존과 번성의 길을 발견한 것이 축산의 기원"이라고 말한다. 예컨대 이러한 동맹에 참여한 소, 돼지, 닭은 번성했지만 그 조상뻘 되는 동물들 중에서 계속 야생의 길을 걸었던 것들은 쇠퇴했다는 것이다. 지금 북미 지역에 살아남은 늑대는 1만 마리 남짓인데 개들은 5천만 마리나 된다는 것을 통해 이 점을 다시 확인할 수 있다. 이로부터 폴란은 '그 동물들의 관점에서 인간과의 거래는 엄청난 성공'이었다고 주장한다. 그래서 스티븐 울프는 "인도주의에 근거한 채식주의 옹호론만큼 설득력 없는 논변도 없다. 베이컨을 원하는 인간이 많아지는 것은 돼지에게 좋은 일이다."라고 주장하기도 한다.

그런데 어떤 생명체가 태어나도록 하는 것이 항상 좋은 일인가? 어떤 돼지가 깨끗한 농장에서 태어나 쾌적하게 살다가 이른 죽음을 맞게 된다면, 그 돼지가 태어나도록 하는 것이 좋은 일인가? 좋은 일이라고 한다면 돼지를 잘 기르는 농장에서 나온 돼지고기를 먹는 것은 그 돼지에게 나쁜 일이 아니라는 말이 된다. 아무도 고기를 먹지 않는다면 그 돼지는 태어날 수 없기 때문이다. 하지만 그 돼지를 먹기 위해서는 먼저 그 돼지를 죽여야 한다. 그렇다면 그 살해는 정당해야 한다. 폴란은 자신의 주장이 갖는 이런 함축에 불편함을 느껴야 한다. 이러한 불편함을 폴란은 해결하지 못할 것이다.

① 종 다양성을 보존하기 위한 목적으로 생명체를 죽이는 일은 지양해야 한다.

② 생명체를 죽이기 위해서 그 생명체를 태어나게 하는 일은 정당화되기 어렵다.

③ 어떤 생명체가 태어나서 쾌적하게 산다면 그 생명체를 태어나게 하는 것은 좋은 일이다.

④ 가축화에 대한 폴란의 진화론적 설명이 기초하는 '종들 사이의 상호주의'는 틀린 정보에 근거한다.

⑤ 어떤 생명체를 태어나게 해서 그 생명체가 속한 종의 생존과 번성에 도움을 준다면 이는 좋은 일이다.

문 33. 다음 글을 토대로 할 때, 흄이 반대하는 주장은?

12 민간(인) 20번

의무와 합의의 관계에 대한 데이빗 흄의 생각이 시험대에 오르는 일이 발생했다. 흄은 집을 한 채 갖고 있었는데, 이 집을 자신의 친구에게 임대해 주었고, 그 친구는 이 집을 다시 다른 사람에게 임대했다. 이렇게 임대받은 사람은 집을 수리해야겠다고 생각했고, 흄과 상의도 없이 사람을 불러 일을 시켰다. 집을 수리한 사람은 일을 끝낸 뒤 흄에게 청구서를 보냈다. 흄은 집수리에 합의한 적이 없다는 이유로 지불을 거절했다. 그는 집을 수리할 사람을 부른 적이 없었다. 사건은 법정 공방으로 이어졌다. 집을 수리한 사람은 흄이 합의한 적이 없다는 사실을 인정했다. 그러나 집은 수리해야 하는 상태였기에 수리를 마쳤다고 그는 말했다. 집을 수리한 사람은 단순히 '그 일은 꼭 필요했다'고 주장했다. 흄은 "그런 논리라면, 에든버러에 있는 집을 전부 돌아다니면서 수리할 곳이 있으면 집주인과 합의도 하지 않은 채 수리를 해놓고 지금처럼 자기는 꼭 필요한 일을 했으니 집수리 비용을 달라고 하지 않겠는가"라고 주장했다.

① 공정한 절차를 거쳐 집수리에 대한 합의에 이르지 못했다면 집수리 비용을 지불할 의무는 없다.

② 집수리에 대한 합의가 없었다면 필요한 집수리를 했더라도 집수리 비용을 지불할 의무는 없다.

③ 집수리에 대한 합의가 있었더라도 필요한 집수리를 하지 않았다면, 집수리 비용을 지불할 의무는 없다.

④ 집수리에 대한 합의가 있었고 필요한 집수리를 했다면, 집수리 비용을 지불할 의무가 생겨난다.

⑤ 집수리에 대한 합의가 없었더라도 필요한 집수리를 했다면, 집수리 비용을 지불할 의무가 생겨난다.

문 34. 다음 글에 의해 반박될 수 있는 주장을 〈보기〉에서 모두 고르면?

12 민간(인) 25번

신약의 효능이나 독성을 검사할 때 동물 실험을 하는 것이 일반적이다. 이때 반드시 짚고 넘어가야 할 문제가 있다. 그것은 동물 실험 결과를 인간에게 적용할 수 있는가 하는 문제이다. 동물과 인간의 생리적 특성이 달라 동물 실험의 결과를 인간에게 적용할 수 없는 경우가 있기 때문이다. 따라서 임상 시험에 들어가기 전 동물 실험을 통해 효능이나 독성 검사를 하는 것이 과연 얼마나 의미가 있는지에 대한 물음이 제기되고 있다.

이와 관련한 대표적인 사례인 '탈리도마이드 사건'을 살펴보자. 탈리도마이드는 1954년 독일 회사가 합성해 4년 후부터 안정제로 판매되기 시작했다. 동물 실험 결과 이 약은 그 안전성을 인정받았다. 생쥐에게 엄청난 양(몸무게 1kg당 10g 정도까지 실험)을 투여해도 생명에 지장이 없었다. 그래서 입덧으로 고생하는 임신부들까지 이를 복용했고, 그 결과 1959년부터 1961년 사이에 팔다리가 형성되지 않은 기형아가 1만여 명이나 태어났다. 반대의 사례도 있는데, 항생제로 지금까지도 널리 사용되는 페니실린은 일부 설치류에게 치명적인 독성을 나타낸다.

이에 따라 기존에 동물 실험이나 임상 시험에서 독성이 나타나 후보 목록에서 제외되었던 물질이 최근 들어 재조명되는 사례가 늘고 있다. 동물에게 독성이 나타나더라도 사람에게 독성이 없는 것으로 판명되거나, 일부 사람에게는 독성이 나타나더라도 이에 내성이 있는 사람에게는 투여 가능한 경우도 있기 때문이다.

─────────── 〈보 기〉 ───────────

ㄱ. 동물 실험 결과, 안전하다고 판단된 약물은 사람에게도 안전하다.

ㄴ. 어떤 약물이 사람에게 안전하다면, 동물에게도 안전하다.

ㄷ. 신약 개발을 위한 임상 시험에서 독성이 나타난 물질은 어느 누구에게도 투여해서는 안 된다.

ㄹ. 내성이 있는 사람에게 부작용이 나타난 약물은 모든 사람에게 부작용이 나타난다.

① ㄱ, ㄷ
② ㄴ, ㄹ
③ ㄱ, ㄴ, ㄷ
④ ㄴ, ㄷ, ㄹ
⑤ ㄱ, ㄴ, ㄷ, ㄹ

문 35. 다음 글의 결론으로 가장 적절한 것은?

14 민간(A) 5번

이론 P에 따르면 복지란 다른 시민의 기본권을 침해하지 않는 한, 각 시민이 갖고 있는 현재의 선호들만 만족시키는 것이다. 현재 선호만을 만족시켜야 한다고 주장하는 근거는 크게 두 가지이다. 첫째, 지금은 사라진 그 어떤 과거 선호들보다 현재의 선호가 더 강렬하다는 것이다. 둘째, 어떤 사람이 지금 선호하지 않는 것을 그에게 지금 제공하는 것은 그에게 만족의 기쁨을 주지 못한다는 사실이다. 만일 이 근거들이 약점을 갖고 있다면 우리는 이론 P를 받아들일 이유가 없다.

첫째 근거에 대해 이런 반론을 제기할 수 있다. 현재 선호와 과거 선호의 강렬함을 현재 시점에서 비교하는 것은 공정하지 않다. 시간에서 벗어나 둘을 비교한다면 현재의 선호보다 더 강렬했던 과거 선호가 있을 수 있다. 예컨대 10년 전 김 씨가 자신의 고향인 개성에 방문하기를 바랐던 것이 일생에서 가장 강렬한 선호였을 수 있다. 둘째 근거에 대해서는 이런 반론을 제기할 수 있다. 선호하는 시점과 만족하는 시점은 대부분의 경우 시간차가 존재한다. 만일 사람들의 선호가 자주 바뀐다면 그들의 현재 선호가 그것이 만족되는 시점까지 지속하리라는 보장이 없다. 이것이 사실이라면 정부가 시민의 현재 선호를 만족시키려고 노력하는 것은 낭비를 낳는다. 이처럼 현재 선호만을 만족시켜야 한다는 주장을 뒷받침하는 근거들은 허점이 많다.

① 사람들의 선호는 시간이 지남에 따라 변하기 때문에 그의 현재 선호도 만족시킬 수 없다.

② 복지를 시민의 현재 선호를 만족시키는 것으로 보는 이론은 받아들이기 어렵다.

③ 어느 선호가 더 강렬한 선호인지를 결정하는 것은 중요하지 않다.

④ 복지 문제에서 과거 선호를 만족시키는 것도 중요하다.

⑤ 복지가 무엇인지 정의하는 것은 불가능하다.

문 36. 다음 글의 논지로 가장 적절한 것은?

14 민간(A) 11번

최근 다도해 지역을 해양사의 관점에서 새롭게 주목하는 논의가 많아졌다. 그들은 주로 다도해 지역의 해로를 통한 국제 교역과 사신의 왕래 등을 거론하면서 해로와 포구의 기능과 해양 문화의 개방성을 강조하고 있다. 한편 다도해는 오래전부터 유배지로 이용되었다는 사실이 자주 언급됨으로써 그동안 우리에게 고립과 단절의 이미지로 강하게 남아 있다. 이처럼 다도해는 개방성의 측면과 고립성의 측면에서 모두 조명될 수 있다. 이는 섬이 바다에 의해 격리되는 한편 그 바다를 통해 외부 세계와 연결되기 때문이다.

다도해의 문화적 특징을 말할 때 흔히 육지에 비해 옛 모습의 문화가 많이 남아 있다는 점이 거론된다. 섬이 단절된 곳이므로 육지에서는 이미 사라진 문화가 섬에는 아직 많이 남아 있다고 여기는 것이다. 또한 섬이라는 특수성 때문에 무속이 성하고 마을굿도 풍성하다고 생각하는 이들도 있다. 이런 견해는 다도해를 고립되고 정체된 곳이라고 생각하는 관점과 통한다. 실제로는 육지에도 무당과 굿당이 많은데도 관념적으로 섬을 특별하게 여기는 것이다.

이런 관점에서 '진도 다시래기'와 같은 축제식 장례 풍속을 다도해 토속 문화의 대표적인 사례로 드는 경우도 있다. 지금도 진도나 신안 등지에 가면 상가(喪家)에서 노래하고 춤을 추며 굿을 하는 것을 볼 수 있는데, 이런 모습은 고대 역사서의 기록과 흡사하므로 그 풍속이 고풍스러운 것은 분명하다. 하지만 기존 연구에서 밝혀졌듯이 진도 다시래기가 지금의 모습을 갖추게 된 데에는 육지의 남사당패와 같은 유희 유랑 집단에서 유입된 요소들의 영향도 적지 않다. 이런 연구 결과도 다도해의 문화적 특징을 일방적인 관점에서 접근해서는 안 된다는 점을 시사해 준다.

① 유배지로서의 다도해 역사를 제대로 이해해야 한다.
② 옛 모습이 많이 남아 있는 다도해의 문화를 잘 보존해야 한다.
③ 다도해의 문화적 특징을 논의할 때 개방성의 측면을 간과해서는 안 된다.
④ 다도해의 관념적 측면을 소홀히 해서는 그 풍속을 제대로 이해하기 어렵다.
⑤ 다도해의 토속 문화를 제대로 이해하기 위해서는 고전의 기록을 잘 살펴봐야 한다.

문 37. 다음 글의 '도덕적 딜레마 논증'에 대한 비판으로 적절한 것만을 〈보기〉에서 모두 고르면?

14 민간(A) 24번

1890년대에 이르러 어린이를 의료 실험 대상에서 배제시켜야 한다는 주장이 대두되었다. 그 주장의 핵심적인 근거는 어린이가 의료 실험과 관련하여 제한적인 동의능력만을 가지고 있다는 것이었다. 여기서 동의능력이란, 충분히 자율적인 존재가 제안된 실험의 특성이나 위험성 등에 대한 적절한 정보를 인식하고 그것에 기초하여 그 실험을 자발적으로 받아들일 수 있는 능력을 일컫는다. 그렇기 때문에 어린이를 실험 대상으로 하는 연구는 항상 도덕적 논란을 불러일으켰고, 1962년 이후 미국에서는 어린이에 대한 실험이 거의 시행되지 않았다. 이러한 상황에서 1968년 미국의 소아 약물학자 셔키는 다음과 같은 '도덕적 딜레마 논증'을 제시하였다. 어린이를 실험 대상에서 배제시키면, 어린이 환자 집단에 대해 충분한 실험을 하지 않은 약품들로 어린이를 치료하게 되어 어린이를 더욱 커다란 위험에 몰아넣게 된다. 따라서 어린이를 실험 대상에서 배제시키는 것은 도덕적으로 올바르지 않다. 반면, 어린이를 실험 대상에서 배제시키지 않으면, 제한적인 동의능력만을 가진 존재를 실험 대상에 포함시키게 된다. 제한된 동의능력만을 가진 이를 실험 대상에 포함시키는 것은 도덕적으로 올바르지 않다. 따라서 어린이를 실험 대상에 포함시키는 것은 도덕적으로 올바르지 않다. 우리의 선택지는 어린이를 실험 대상에서 배제시키거나 배제시키지 않는 것뿐이다. 결국 어떠한 선택을 하든 도덕적인 잘못을 저지를 수밖에 없다.

〈보기〉

ㄱ. 어린이를 실험 대상으로 하는 연구는 그 위험성의 여부와는 상관없이 모두 거부되어야 한다. 왜냐하면 적합한 사전 동의 없이 행해지는 어떠한 실험도 도덕적 잘못이기 때문이다.
ㄴ. 동물실험이나 성인에 대한 임상 실험을 통해서도 어린이 환자를 위한 안전한 약물을 만들어낼 수 있다. 따라서 어린이를 실험 대상에 포함시키지 않더라도 어린이 환자가 안전하게 치료받지 못하는 위험에 빠지지 않을 수 있다.
ㄷ. 부모나 법정대리인을 통해 어린이의 동의능력을 적합하게 보완할 수 있다. 어린이의 동의능력이 부모나 법정대리인에 의해 적합하게 보완된다면 어린이를 실험 대상에 포함시켜도 도덕적 잘못이 아닐 수 있다. 따라서 이런 경우의 어린이를 실험 대상에 포함시켜도 도덕적 잘못이 아닐 수 있다.

① ㄱ
② ㄴ
③ ㄱ, ㄷ
④ ㄴ, ㄷ
⑤ ㄱ, ㄴ, ㄷ

문 38. 다음 '철학의 여인'의 논지를 따를 때, ㉠으로 적절한 것만을 〈보기〉에서 모두 고르면? 15 민간(인) 4번

다음은 철학의 여인이 비탄에 잠긴 보에티우스에게 건네는 말이다.

"나는 이제 네 병의 원인을 알겠구나. 이제 네 병의 원인을 알게 되었으니 ㉠ 너의 건강을 회복할 수 있는 방법을 찾을 수 있게 되었다. 그 방법은 병의 원인이 되는 잘못된 생각을 바로잡아 주는 것이다.

너는 너의 모든 소유물을 박탈당했다고, 사악한 자들이 행복을 누리게 되었다고, 네 운명의 결과가 불의하게도 제멋대로 바뀌었다는 생각으로 비탄에 빠져 있다. 그런데 그런 생각은 잘못된 전제에서 비롯된 것이다. 네가 눈물을 흘리며 너 자신이 추방당하고 너의 모든 소유물들을 박탈당했다고 생각하는 것은 행운이 네게서 떠났다고 슬퍼하는 것과 다름없는데, 그것은 네가 운명의 본모습을 모르기 때문이다. 그리고 사악한 자들이 행복을 가졌다고 생각하는 것이나 사악한 자가 선한 자보다 더 행복을 누린다고 한탄하는 것은 네가 실로 만물의 목적이 무엇인지 모르고 있기 때문이다. 다시 말해 만물의 궁극적인 목적이 선을 지향하는 데 있다는 것을 모르고 있기 때문이다. 또한 너는 세상이 어떤 통치 원리에 의해 다스려지는지 잊어버렸기 때문에 제멋대로 흘러가는 것이라고 믿고 있다. 그러나 만물의 목적에 따르면 악은 결코 선을 이길 수 없으며 사악한 자들이 행복할 수는 없다. 따라서 세상은 결국에는 불의가 아닌 정의에 의해 다스려지게 된다. 그럼에도 불구하고 너는 세상의 통치 원리가 정의와는 거리가 멀다고 믿고 있다. 이는 그저 병의 원인일 뿐 아니라 죽음에 이르는 원인이 되기도 한다. 그러나 다행스럽게도 자연은 너를 완전히 버리지는 않았다. 이제 너의 건강을 회복할 수 있는 작은 불씨가 생명의 불길로 타올랐으니 너는 조금도 두려워할 필요가 없다."

───────── 〈보 기〉 ─────────
ㄱ. 만물의 궁극적인 목적이 선을 지향하는 데 있다는 것을 아는 것
ㄴ. 세상이 제멋대로 흘러가는 것이 아니라 정의에 의해 다스려진다는 것을 깨닫는 것
ㄷ. 자신이 박탈당했다고 여기는 모든 것들, 즉 재산, 품위, 권좌, 명성 등을 되찾을 방도를 아는 것

① ㄱ
② ㄴ
③ ㄱ, ㄴ
④ ㄴ, ㄷ
⑤ ㄱ, ㄴ, ㄷ

문 39. 다음 글의 핵심 내용으로 가장 적절한 것은? 15 민간(인) 13번

1948년에 제정된 대한민국 헌법은 공동체의 정치적 문제는 기본적으로 국민의 의사에 의해 결정된다는 점을 구체적인 조문으로 명시하고 있다. 그러나 이러한 공화제적 원리는 1948년에 이르러 갑작스럽게 등장한 것이 아니다. 이미 19세기 후반부터 한반도에서는 이와 같은 원리가 공공 영역의 담론 및 정치적 실천 차원에서 표명되고 있었다.

공화제적 원리는 1885년부터 발행되기 시작한 근대적 신문인 『한성주보』에서도 어느 정도 언급된 바 있지만 특히 1898년에 출현한 만민공동회에서 그 내용이 명확하게 드러난다. 독립협회를 중심으로 촉발되었던 만민공동회는 민회를 통해 공론을 형성하고 이를 국정에 반영하고자 했던 완전히 새로운 형태의 정치운동이었다. 이것은 전통적인 집단상소나 민란과는 전혀 달랐다. 이 민회는 자치에 대한 국민의 자각을 기반으로 공동생활의 문제들을 협의하고 함께 행동해나가려 하였다. 이것은 자신들이 속한 정치공동체에 대한 소속감과 연대감을 갖지 않고서는 불가능한 현상이었다. 즉 만민공동회는 국민이 스스로 정치적 주체가 되고자 했던 시도였다. 전제적인 정부가 법을 통해 제한하려고 했던 정치 참여를 국민들이 스스로 쟁취하여 정치체제를 변화시키고자 하였던 것이다.

19세기 후반부터 한반도에 공화제적 원리가 표명되고 있었다는 사례는 이뿐만이 아니다. 당시 독립협회가 정부와 함께 개최한 관민공동회에서 발표한 「헌의6조」를 살펴보면 제3조에 "예산과 결산은 국민에게 공표할 일"이라고 명시하고 있는 것을 확인할 수 있다. 이것은 오늘날의 재정운용의 기본원칙으로 여겨지는 예산공개의 원칙과 정확하게 일치하는 것으로 국민과 함께 협의하여 정치를 하여야 한다는 공화주의 원리를 보여주고 있다.

① 만민공동회는 전제 정부의 법적 제한에 맞서 국민의 정치 참여를 쟁취하고자 했다.
② 한반도에서 예산공개의 원칙은 19세기 후반 관민공동회에서 처음으로 표명되었다.
③ 예산과 결산이라는 용어는 관민공동회가 열렸던 19세기 후반에 이미 소개되어 있었다.
④ 만민공동회를 통해 대한민국 헌법에 공화제적 원리를 포함시키는 것이 결정되었다.
⑤ 한반도에서 공화제적 원리는 이미 19세기 후반부터 담론 및 실천의 차원에서 표명되고 있었다.

문 40. 다음 글의 논지를 비판하는 진술로 가장 적절한 것은?

16 민간(5) 9번

자신의 스마트폰 없이는 도무지 일과를 진행하지 못하는 K의 경우를 생각해 보자. 그의 일과표는 전부 그의 스마트폰에 저장되어 있어서 그의 스마트폰은 적절한 때가 되면 그가 해야 할 일을 알려줄 뿐만 아니라 약속 장소로 가기 위해 무엇을 타고 어떻게 움직여야 할지까지 알려준다. K는 어릴 때 보통 사람보다 기억력이 매우 나쁘다는 진단을 받았지만 스마트폰 덕분에 어느 동료에게도 뒤지지 않는 업무 능력을 발휘하고 있다. 이와 같은 경우, K는 스마트폰 덕분에 인지 능력이 보강된 것으로 볼 수 있는데, 그 보강된 인지 능력을 K 자신의 것으로 볼 수 있는가? 이 물음에 대한 답은 긍정이다. 즉 우리는 K의 스마트폰이 그 자체로 K의 인지 능력 일부를 실현하고 있다고 보아야 한다. 그런 판단의 기준은 명료하다. 스마트폰의 메커니즘이 K의 손바닥 위나 책상 위가 아니라 그의 두뇌 속에서 작동하고 있다고 가정해 보면 된다. 물론 사실과 다른 가정이지만 만일 그렇게 가정한다면 우리는 필경 K 자신이 모든 일과를 정확하게 기억하고 있고 또 약속 장소를 잘 찾아 간다고 평가할 것이다. 이처럼 '만일 K의 두뇌 속에서 일어난다면'이라는 상황을 가정했을 때 그것을 K 자신의 기억이나 판단이라고 인정할 수 있다면, 그런 과정은 K 자신의 인지 능력이라고 평가해야 한다.

① K가 자신이 미리 적어 놓은 메모를 참조해서 기억력 시험 문제에 답한다면 누구도 K가 그 문제의 답을 기억한다고 인정하지 않는다.

② K가 종이 위에 연필로 써가며 253×87 같은 곱셈을 할 경우 종이와 연필의 도움을 받은 연산 능력 역시 K 자신의 인지 능력으로 인정해야 한다.

③ K가 집에 두고 나온 스마트폰에 원격으로 접속하여 거기 담긴 모든 정보를 알아낼 수 있다면 그는 그 스마트폰을 손에 가지고 있는 것과 다름없다.

④ 스마트폰의 모든 기능을 두뇌 속에서 작동하게 하는 것이 두뇌 밖에서 작동하게 하는 경우보다 우리의 기억력과 인지 능력을 향상시키지 않는다.

⑤ 전화번호를 찾으려는 사람의 이름조차 기억이 나지 않을 때에도 스마트폰에 저장된 전화번호 목록을 보면서 그 사람의 이름을 상기하고 전화번호를 알아낼 수 있다.

문 41. 다음 글의 중심 주제로 가장 적절한 것은?

16 민간(5) 11번

맹자는 다음과 같은 이야기를 전한다. 송나라의 한 농부가 밭에 나갔다 돌아오면서 처자에게 말한다. "오늘 일을 너무 많이 했다. 밭의 싹들이 빨리 자라도록 하나하나 잡아당겨 줬더니 피곤하구나." 아내와 아이가 밭에 나가 보았더니 싹들이 모두 말라 죽어 있었다. 이렇게 자라는 것을 억지로 돕는 일, 즉 조장(助長)을 하지 말라고 맹자는 말한다. 싹이 빨리 자라기를 바란다고 싹을 억지로 잡아 올려서는 안 된다. 목적을 이루기 위해 가장 빠른 효과를 얻고 싶겠지만 이는 도리어 효과를 놓치는 길이다. 억지로 효과를 내려고 했기 때문이다. 싹이 자라기를 바라 싹을 잡아당기는 것은 이미 시작된 과정을 거스르는 일이다. 효과가 자연스럽게 나타날 가능성을 방해하고 막는 일이기 때문이다. 당연히 싹의 성장 가능성은 땅속의 씨앗에 들어있는 것이다. 개입하고 힘을 쏟고자 하는 대신에 이 잠재력을 발휘할 수 있도록 하는 것이 중요하다.

피해야 할 두 개의 암초가 있다. 첫째는 싹을 잡아당겨서 직접적으로 성장을 이루려는 것이다. 이는 목적성이 있는 적극적 행동주의로서 성장의 자연스러운 과정을 존중하지 않는 것이다. 달리 말하면 효과가 숙성되도록 놔두지 않는 것이다. 둘째는 밭의 가장자리에 서서 자라는 것을 지켜보는 것이다. 싹을 잡아당겨서도 안 되고 그렇다고 단지 싹이 자라는 것을 지켜만 봐서도 안 된다. 그렇다면 무엇을 해야 하는가? 싹 밑의 잡초를 뽑고 김을 매주는 일을 해야 하는 것이다. 경작이 용이한 땅을 조성하고 공기를 통하게 함으로써 성장을 보조해야 한다. 기다리지 못함도 삼가고 아무것도 안 함도 삼가야 한다. 작동 중에 있는 자연스런 성향이 발휘되도록 기다리면서도 전력을 다할 수 있도록 돕는 노력도 멈추지 말아야 한다.

① 인류사회는 자연의 한계를 극복하려는 인위적 노력에 의해 발전해 왔다.

② 싹이 스스로 성장하도록 그대로 두는 것이 수확량을 극대화하는 방법이다.

③ 어떤 일을 진행할 때 가장 중요한 것은 명확한 목적성을 설정하는 것이다.

④ 자연의 순조로운 운행을 방해하는 인간의 개입은 예기치 못한 화를 초래할 것이다.

⑤ 잠재력을 발휘하도록 하려면 의도적 개입과 방관적 태도 모두를 경계해야 한다.

문 42. 다음 글의 중심 내용으로 가장 적절한 것은?

17 민간(나) 3번

2015년 한국직업능력개발원 보고서에 따르면 전체 대졸 취업자의 전공 불일치 비율이 6년간 3.6%p 상승했다. 이는 우리 대학교육이 취업 환경의 급속한 변화를 따라가지 못하고 있음을 보여준다. 기존의 교육 패러다임으로는 오늘 같은 직업생태계의 빠른 변화에 대응하기 어려워 보인다. 중고등학교 때부터 직업을 염두에 둔 맞춤 교육을 하는 것이 어떨까? 그것은 두 가지 점에서 어리석은 방안이다. 한 사람의 타고난 재능과 역량이 가시화되는 데 훨씬 더 오랜 시간과 경험이 필요하다는 것이 첫 번째 이유이고, 사회가 필요로 하는 직업 자체가 빠르게 변하고 있다는 것이 두 번째 이유이다.

그렇다면 학교는 우리 아이들에게 무엇을 가르쳐야 할까? 교육이 아이들의 삶뿐만 아니라 한 나라의 미래를 결정한다는 사실을 고려하면 이것은 우리 모두의 운명을 좌우할 물음이다. 문제는 세계의 환경이 급속히 변하고 있다는 것이다. 2030년이면 현존하는 직종 가운데 80%가 사라질 것이고, 2011년에 초등학교에 입학한 어린이 중 65%는 아직 존재하지도 않는 직업에 종사하게 되리라는 예측이 있다. 이런 상황에서 교육이 가장 먼저 고려해야 할 것은 변화하는 직업 환경에 성공적으로 대응하는 능력에 초점을 맞추는 일이다.

이미 세계 여러 나라가 이런 관점에서 교육을 개혁하고 있다. 핀란드는 2020년까지 학교 수업을 소통, 창의성, 비판적 사고, 협동을 강조하는 내용으로 개편한다는 계획을 발표했다. 이와 같은 능력들은 빠르게 현실화되고 있는 '초연결 사회'에서의 삶에 필수적이기 때문이다. 말레이시아의 학교들은 문제해결 능력, 네트워크형 팀워크 등을 교과과정에 포함시키고 있고, 아르헨티나는 초등학교와 중학교에서 코딩을 가르치고 있다. 우리 교육도 개혁을 생각하지 않으면 안 된다.

① 한 국가의 교육은 당대의 직업구조의 영향을 받는다.
② 미래에는 현존하는 직업 중 대부분이 사라지는 큰 변화가 있을 것이다.
③ 세계 여러 국가는 변화하는 세상에 대응하여 전통적인 교육을 개편하고 있다.
④ 빠르게 변하는 불확실성의 세계에서는 미래의 유망 직업을 예측하는 일이 중요하다.
⑤ 교육은 다음 세대가 사회 환경의 변화에 대응하는 데 필요한 역량을 함양하는 방향으로 변해야 한다.

문 43. 다음 글의 '나'의 견해와 부합하는 것만을 〈보기〉에서 모두 고르면?

18 민간(가) 18번

이제 '나'는 사람들이 동물실험의 모순적 상황을 직시하기를 바랍니다. 생리에 대한 실험이건, 심리에 대한 실험이건, 동물을 대상으로 하는 실험은 동물이 어떤 자극에 대해 반응하고 행동하는 양상이 인간과 유사하다는 것을 전제합니다. 동물실험을 옹호하는 측에서는 인간과 동물이 유사하기 때문에 실험결과에 실효성이 있다고 주장합니다. 그런데 설령 동물실험을 통해 아무리 큰 성과를 얻을지라도 동물실험 옹호론자들은 중대한 모순을 피할 수 없습니다. 그들은 인간과 동물이 다르다는 것을 실험에서 동물을 이용해도 된다는 이유로 제시하고 있기 때문입니다. 이것은 명백히 모순적인 상황이 아닐 수 없습니다.

이러한 모순적 상황은 영장류의 심리를 연구할 때 확연히 드러납니다. 최근 어느 실험에서 심리 연구를 위해 아기 원숭이를 장기간 어미 원숭이와 떼어놓아 정서적으로 고립시켰습니다. 사람들은 이 실험이 우울증과 같은 인간의 심리적 질환을 이해하기 위한 연구라는 구실을 앞세워 이 잔인한 행위를 합리화하고자 했습니다. 즉 이 실험은 원숭이가 인간과 유사하게 고통과 우울을 느끼는 존재라는 사실을 가정하고 있습니다. 인간과 동물이 심리적으로 유사하다는 사실을 인정하면서도 사람에게는 차마 하지 못할 잔인한 행동을 동물에게 하고 있는 것입니다.

또 동물의 피부나 혈액을 이용해서 제품을 실험할 때, 동물실험 옹호론자들은 이 실험이 오로지 인간과 동물 사이의 '생리적 유사성'에만 바탕을 두고 있을 뿐이라고 변명합니다. 이처럼 인간과 동물이 오로지 '생리적'으로만 유사할 뿐이라고 생각한다면, 이는 동물실험의 모순적 상황을 외면하는 것입니다.

─── 〈보 기〉 ───

ㄱ. 동물실험은 동물이 인간과 유사하면서도 유사하지 않다고 가정하는 모순적 상황에 놓여 있다.
ㄴ. 인간과 동물 간 생리적 유사성에도 불구하고 심리적 유사성이 불확실하기 때문에 동물실험은 모순적 상황에 있다.
ㄷ. 인간과 원숭이 간에 심리적 유사성이 존재하기 때문에 인간의 우울증 연구를 위해 아기 원숭이를 정서적으로 고립시키는 실험은 윤리적으로 정당화된다.

① ㄱ
② ㄴ
③ ㄱ, ㄷ
④ ㄴ, ㄷ
⑤ ㄱ, ㄴ, ㄷ

문 44.   다음 글의 실험 결과를 가장 잘 설명하는 가설은?

13 행시(인) 13번

오래 전에 미생물학자들은 여러 세균에 필요한 영양 조건을 알아내어 실험실에서 세균을 키울 수 있는 배양액을 개발하였다. 정상 세균은 최소배양액에 있는 단순한 성분을 사용하여 생장과 생식에 필요한 모든 필수 분자를 합성할 수 있음을 알았다. 최소배양액은 탄소원, 질소, 비타민, 그리고 그 밖의 이온과 영양물질만을 포함하는 것이다. 하지만 특정한 필수 분자를 합성하는 유전자가 있는데 이 유전자에 변형이 일어나 그 특정한 필수 분자를 합성하지 못하는 돌연변이 세균은 최소배양액에 그 특정한 필수 분자가 추가되어 만들어진 완전배양액에서만 생장과 생식을 할 수 있음을 알았다.

20세기 중반에 과학자들은 다양한 돌연변이 세균을 이용하여 다음과 같은 실험을 하였다. 첫 번째 연구에서는, 필수 분자 A를 합성하는 유전자에 돌연변이가 일어나 A를 합성하지 못하는 세균과 필수 분자 B를 합성하는 유전자에 돌연변이가 생겨 B를 합성하지 못하는 세균을 최소배양액 내에서 함께 섞었다. 그 후, 일정 시간이 지났더니 최소배양액 내에서 생장과 생식을 하는 정상 세균이 발견되었다.

두 번째 연구에서는 최소배양액으로 채워진 U자 형태의 시험관의 중간에 필터가 있어, 필터의 한 쪽에는 필수 분자 A를 합성하지 못하는 돌연변이 세균을 넣었고 다른 한 쪽에는 필수 분자 B를 합성하지 못하는 돌연변이 세균을 넣었다. 중간에 있는 필터의 구멍 크기는 세균의 크기보다 작아서 필터를 통해 배양액 내에 있는 이온과 영양물질의 이동은 가능하였지만 세균의 이동은 가능하지 않았다. 이 상태에서 오랫동안 세균을 배양하였지만 생장하는 세균을 발견하지 못했다.

① 정상 세균의 생식과 생장을 위해서는 완전배양액에 필수 분자가 필요하지 않다.
② 돌연변이 세균의 생식과 생장을 위해서는 정상 세균의 유전자 변형이 필요하다.
③ 특정 유전자에 돌연변이가 생긴 세균은 완전배양액에서만 생식과 생장을 할 수 있다.
④ 세균의 생식과 생장을 위해서는 완전배양액과 최소배양액 사이에 지속적인 흐름이 필요하다.
⑤ 돌연변이 세균이 정상 세균으로 변이하기 위해서는 서로 다른 유형의 세균들 간의 직접적인 접촉이 필요하다.

문 45.   다음 글에 제시된 초파리 실험의 결과를 가장 잘 설명할 수 있는 가설은?

08 행시(꿈) 27번

초파리는 물리적 자극에 의해 위로 올라가는 성질이 있다. 그런데 파킨슨씨병에 걸린 초파리는 운동성이 결여되어 물리적 자극을 주어도 위로 올라가지 않는다. 이번 실험은 파킨슨씨병에 관련이 있다고 추정되는 유전자 A와 약물 B를 이용하였다. 먼저 정상 초파리와 유전자 A가 돌연변이 된 초파리를 준비하여 각각 약물 B가 들어 있는 배양기와 들어 있지 않은 배양기에 일정 시간 동안 두었다. 이후 물리적 자극을 주어 이들의 운동성을 테스트한 결과, 약물 B가 들어 있는 배양기의 정상 초파리와 약물 B가 들어 있지 않은 배양기의 정상 초파리 모두 위로 올라가는 성질을 보였다. 반면, 유전자 A가 돌연변이 된 초파리는 약물 B를 넣은 배양기에서 위로 올라가지 못하고, 약물 B를 넣지 않은 배양기에서는 위로 올라가는 것을 관찰할 수 있었다.

① 약물 B를 섭취한 초파리의 유전자 A는 돌연변이가 된다.
② 유전자 A가 돌연변이 된 초파리는 약물 B를 섭취하면 파킨슨씨병에 걸린다.
③ 유전자 A가 돌연변이 된 초파리는 약물 B를 섭취하지 않으면 운동성이 결여된다.
④ 물리적 자극에 대한 운동성이 정상인 초파리는 약물 B를 섭취하면 운동성이 결여된다.
⑤ 물리적 자극에 대한 운동성이 비정상인 초파리는 약물 B를 섭취하면 파킨슨씨병에 걸린다.

문 46. (가)와 (나)가 공통으로 받아들이고 있는 전제로 가장 적절한 것은?

10 행시(수) 27번

(가) 한갓 오랑캐의 풍속으로써 중국의 아름다운 문화를 변화시키고, 사람을 금수로 타락시키면서도 이를 잘하는 일이라고 여기며 개화(開化)라는 이름을 붙입니다. 그러니 이 개화라는 말은 너무도 쉽게 나라를 망치고 집안을 뒤엎는 글자입니다. 간혹 자주(自主)라는 이름을 붙이기도 하는데 실상은 나라를 왜놈에게 주고서 모든 정사와 법령에 대해 반드시 자문을 구합니다. 또 예의를 무너뜨리고 오랑캐로 타락하면서 억지로 문명이라고 부릅니다. 지금 비록 하나하나 따질 수는 없지만 특히 의복 제도를 변경하는 일은 도리를 매우 심하게 해치고 있으므로 시급하게 먼저 복구하지 않을 수 없습니다. 물론 우리나라 의복 제도가 옛 법에 완전히 부합하지는 않지만 여기에는 중국의 문물(文物)이 내재되어 있습니다. 중국이 비록 외국이라도 중국의 문물은 선왕들께서 일찍이 강론하여 밝혀 준수해 온 것이며, 천하의 모든 나라들이 일찍이 우러러 사모하며 찬탄한 것입니다. 이러한데도 버린다면 요·순·문·무(堯舜文武)를 통해 전승해 온 문화의 한줄기를 찾을 수가 없게 되고, 기자(箕子) 및 선대의 우리 임금들이 중국의 아름다운 문화를 가져오신 훌륭한 덕과 큰 공로를 후세에 밝힐 수 없게 될 것입니다. 어찌 차마 이렇게 할 수 있겠습니까.

(나) 지금 조선이 이렇게 약하고 가난하며 백성은 어리석고 관원이 변변치 못한 이유는, 다름이 아니라 다 학문이 없기 때문이다. 조선이 강하고 부유해지며 관민이 외국 사람들에게 대접을 받기 위해서는 배워서 구습을 버리고 개화한 자주독립국 백성과 같이 되어야 한다. 그렇게 하면 나라의 문화는 활짝 꽃 필 것이다. 사람들이 정부에서 정치도 의논하게 되며, 각종의 물화(物貨)를 제조하게 되며, 외국 물건을 수입하거나 내국 물건을 수출하게 되며, 세계 각국에 조선 국기를 단 상선과 군함을 바다마다 띄우게 될 것이다. 또 백성들은 무명옷을 입지 않고 모직과 비단을 입게 되며, 김치와 밥을 버리고 우육(牛肉)과 브레드를 먹게 되며, 남에게 붙잡히기 쉬운 상투를 없애어 세계 각국의 인민들처럼 우선 머리가 자유롭게 될 것이다. 또 나라 안에 법률과 규칙이 바로 서서 애매한 사람이 형벌당하는 일이 없어지고, 약하고 무식한 백성들이 강하고 유식한 사람들에게 무리하게 욕보일 일도 없어지며, 정부 관원들이 법률을 두렵게 여김으로써 협잡이 없어지며, 인민이 정부를 사랑하여 국내에서 동학(東學)과 의병이 다시 일어나지 않을 것이다.

① 개화의 목적은 백성들의 물질적 풍요에 있다.
② 민족의 독립은 자주적인 정부를 통해 실현된다.
③ 외래문명의 추구와 민족의 자존(自尊)은 상충한다.
④ 자주독립국이 되기 위해서는 제도가 개선되어야 한다.
⑤ 외국문물의 수용과 자국문화의 발전은 별개의 문제가 아니다.

문 47. 다음 글에서 직접적으로 표현되지는 않았지만 글의 결론을 성립시키는 데 필요한 전제로 가장 적절한 것은?

05 행시(2) 13번

조사 결과, 클래식 음악의 곡 전개에서는 음의 변화폭이 별로 크지 않았다. 대체로 뒤의 음은 앞의 음의 높이 근처에서 더 낮은 음이나 높은 음으로 진행했고, 큰 음폭으로 변하는 경우는 상대적으로 드물었다. 주목할 만한 것은 그런 변화의 빈도가 두 음 간의 진동수 차이에 반비례한다는 점이었다. 다시 말해 음정의 변화폭이 클수록 한 곡에서 그런 멜로디가 등장하는 횟수는 줄어드는 양상이 나타난다. 이런 규칙에 따르는 음악을 '1/f 음악'이라고 부른다. (여기서 f는 인접한 두 소리의 '진동수 차이'를 가리킨다고 보면 되겠다.) 흥미로운 것은 대중에게 호감을 주는 곡일수록 이런 규칙이 정확히 들어맞는다는 사실이었다.

그런데 최근에 과학자들은 음향학적 분석을 토대로 해서 음악뿐 아니라 갖가지 새들의 울음소리나 시냇물 소리, 그리고 심장 박동 소리 같은 자연 생태계 속의 소리들이 대부분 1/f의 패턴을 따른다는 사실을 밝혀냈다. 결론적으로, 우리는 대중에게 호감을 주는 음악이 대개 1/f 음악인 이유가, 그런 음악과 자연의 소리 사이에 놓인 구조적 유사성 때문이라는 것을 알게 된다. 인기곡을 분석한 평론에 '멜로디의 진행이 자연스럽다'는 표현이 들어 있다면 이때의 '자연스럽다'라는 말은 글자 그대로 '자연을 닮았다'는 의미로 해석해도 좋을 것이다.

① 1/f 음악은 대중적 인기를 끌 만한 특성을 지닌다.
② 사람들은 1/f의 패턴을 지닌 자연의 소리에 호감을 느낀다.
③ 사람들에게 안도감을 주는 소리는 적절한 진동수 범위 안에 있다.
④ 작곡가들은 대중에게 인기 있는 곡을 작곡하려는 의도를 가지고 있다.
⑤ 창작된 음악과 자연의 음향 사이에는 항상 어느 정도의 구조적 동질성이 존재한다.

문 48. 다음 글의 빈칸에 들어갈 진술로 가장 적절한 것은?

18 행시(나) 28번

야생의 자연이라는 이상을 고집하는 자연 애호가들은 인류가 자연과 내밀하면서도 창조적인 관계를 맺었던 반(反) 야생의 자연, 즉 정원을 간과한다. 정원은 울타리를 통해 농경지보다 야생의 자연과 분명한 경계를 긋는다. 집약적인 토지 이용이라는 전통은 정원에서 시작되었다. 정원은 대규모의 농경지 경작이 행해지지 않은 원시적인 문화에서도 발견된다. 만여 종의 경작용 식물들은 모두 대량 생산에 들어가기 전에 정원에서 자라는 단계를 거쳐 온 것으로 보인다.

농업경제의 역사에서 정원이 갖는 의미는 시대와 지역에 따라 매우 달랐다. 좁은 공간에서 집약적인 농사를 짓는 지역에서는 농부가 곧 정원사였다. 반면 예전의 독일 농부들은 정원이 곡물 경작에 사용될 퇴비를 앗아가므로 정원을 악으로 여기기도 했다. 하지만 여성들의 입장은 지역적인 편차가 없었다. 아메리카의 푸에블로 인디언부터 근대 독일의 농부 집안까지 정원은 농업 혁신에 주도적인 역할을 해온 여성들에게는 자신들의 제국이자 자존심이었다. 그곳에는 여성들이 경험을 통해 쌓은 지식 전통이 살아 있었다. 환경사에서 여성이 갖는 특별한 역할의 물질적 근간은 대부분 정원에서 발견된다. 지난 세기들의 경우 이는 특히 여성 제후들과 관련되어 있으며 자료가 풍부하다. 작센의 여성 제후인 안나는 식물에 관한 지식을 늘 공유했던 긴밀하고도 광범위한 사회적 네트워크를 가지고 있었는데 그중에는 식물 경제학에 관심이 깊은 고귀한 신분의 여성들도 많았으며 수도원 소속의 여성들도 있었다.

여성들이 정원에서 쌓은 경험의 특징은 무엇일까? 정원에서는 땅을 면밀히 살피고 손으로 흙을 부스러뜨리는 습관이 생겨났을 것이다. 정원에서 즐겨 이용되는 삽도 다양한 토질의 층을 자세히 연구하도록 부추겼을 것이 분명하다. 넓은 경작지보다는 정원에서 땅을 다룰 때 더 아끼고 보호했을 것이다. 정원이라는 매우 제한된 공간에는 옛날에도 충분한 퇴비를 줄 수 있었다. 경작지보다도 다양한 종류의 퇴비로 실험할 수 있었고 새로운 작물을 키우며 경험을 수집할 수 있었다. 정원에서는 좁은 공간에서 다양한 식물이 자라기 때문에 모든 종류의 식물들이 서로 잘 지내지는 않는다는 사실에도 주의를 기울였다. 이는 식물 생태학의 근간을 이루는 통찰이었다.

결론적으로 정원은 [   ]

① 자연을 즐기고 자연과 교감할 수 있는 야생의 공간으로서 집 안에 들여놓은 자연의 축소판이었다.

② 여성들이 자연을 통제하고자 하는 이룰 수 없는 욕구를 충족하기 위하여 인공적으로 구축한 공간이었다.

③ 경작용 식물들이 서로 잘 지낼 수 있도록 농경지를 구획하는 울타리를 헐어버림으로써 구축한 인위적 공간이었다.

④ 여성 제후들이 농부들의 경작 경험을 집대성하여 환경사의 근간을 이루는 식물 생태학의 기초를 다지는 공간이었다.

⑤ 여성들이 주도가 되어 토양과 식물을 이해하고 농경지 경작에 유용한 지식과 경험을 배양할 수 있는 좋은 장소였다.

문 49. 다음 물질 A의 이동 특성을 아래 〈실험〉에 비추어 볼 때 가장 잘 설명하는 가설은?

12 행시(인) 17번

관(管)다발 식물은 내부에 여러 개의 관들을 가지고 있으며, 이 관들은 식물의 뿌리로부터 줄기 끝과 잎까지 연결되어 있다. 외부에서 흡수하는 물질이나 체내에서 합성하는 물질은 이 관들을 통해 식물 내 필요한 곳으로 이동하게 된다. 일반적으로 이러한 물질들은 특별한 방향성을 가지고 있지 않아서 줄기의 끝이나 뿌리 끝 어느 방향으로나 이동할 수 있다. 하지만 일부 특별한 물질들은 그 물질의 특성에 따라 식물의 줄기의 끝 방향이나 뿌리 끝 방향으로 이동 방향이 한정되는 경우도 있다. 최근 연구를 통해 특정 관다발 식물에서 물질 A가 체내에서 합성되는 것을 알아냈다. 그 식물 내에서 물질 A의 이동 특성을 알아보기 위해 다음과 같은 실험을 수행하였다.

〈보 기〉

〈실험 1〉 : 줄기 중간의 일정 부분을 절단하고, 이 줄기 조각의 방향(줄기 끝 방향과 뿌리 방향)을 그대로 유지한 후 줄기 끝 쪽 줄기 조각 부위에 물질 A를 처리하였다. 어느 정도 시간이 흐른 뒤 분석해 보니 물질 A가 뿌리 쪽 줄기 조각 끝 부위에만 있는 것을 알아냈다.

〈실험 2〉 : 〈실험 1〉과 동일한 조건에서 줄기 끝 쪽 줄기 조각 부위에 낮은 농도의 물질 A를 처리하였고, 뿌리 쪽 줄기 조각 부위에 높은 농도의 물질 A를 처리한 후 어느 정도 시간이 흐른 뒤 분석해 보니 물질 A가 뿌리 쪽 줄기 조각 끝 부위에만 있는 것을 알아냈다.

〈실험 3〉 : 〈실험 1〉과 동일한 조건에서 줄기 끝 쪽 줄기 조각 부위와 뿌리 쪽 줄기 조각 부위 모두에 동일한 높은 농도의 물질 A를 처리한 후 어느 정도 시간이 흐른 뒤 분석해 보니 〈실험 2〉와 같은 결과가 나왔다.

〈실험 4〉 : 〈실험 1〉과 동일한 조건에서 줄기 조각의 방향을 거꾸로 하고 뿌리 쪽 줄기 조각 끝 부위에 물질 A를 처리한 후 어느 정도 시간이 흐른 뒤 분석해 보니 물질 A가 뿌리 쪽 줄기 조각 끝 부위에만 있고 줄기 끝 쪽 줄기 조각 부위에는 없다는 것을 알아냈다.

① 물질 A는 항상 뿌리 끝 방향으로 이동한다.

② 물질 A의 이동은 농도 차이에 의해 결정된다.

③ 물질 A의 이동은 물질 A가 합성되는 장소에 의해 결정된다.

④ 물질 A는 뿌리 끝과 줄기 끝 방향으로 모두 이동할 수 있다.

⑤ 물질 A는 줄기 끝 방향으로 선택적으로 이동하는 특성이 있다.

문 50. 다음 글의 ⓐ와 ⓑ에 들어갈 말을 〈보기〉에서 골라 적절하게 나열한 것은?
18 민간(가) 7번

갈릴레오는 망원경으로 목성을 항상 따라다니는 네 개의 위성을 관찰하였다. 이 관찰 결과는 지동설을 지지해 줄 수 있는 것이었다. 당시 지동설에 대한 반대 논증 중 하나는 다음과 같은 타당한 논증이었다.

> (가) _____ⓐ_____.
> (나) 달은 지구를 항상 따라다닌다.
> 따라서 (다) 지구는 공전하지 않는다.

갈릴레오의 관찰 결과는 이 논증의 (가)를 반박할 수 있는 것이었다. 왜냐하면 목성이 공전한다는 것은 당시 천동설 학자들도 받아들이고 있었고 그의 관찰로 인해 위성들이 공전하는 목성을 따라다닌다는 것이 밝혀지는 셈이기 때문이다. 그런데 문제는 당시의 학자들이 망원경을 통한 관찰을 신뢰하지 않는다는 데 있었다. 당시 학자들 대부분은 육안을 통한 관찰로만 실제 존재를 파악할 수 있다고 믿었다. 따라서 갈릴레오는 망원경을 통한 관찰이 육안을 통한 관찰만큼 신뢰할 만하다는 것을 입증해야 했다. 이를 보이기 위해 그는 '빛 번짐 현상'을 활용하였다.

빛 번짐 현상이란, 멀리 떨어져 있는 작고 밝은 광원을 어두운 배경에서 볼 때 실제 크기보다 광원이 크게 보이는 현상이다. 육안으로 금성을 관찰할 경우, 금성이 주변 환경에 비해 더 밝게 보이는 밤에 관찰하는 것보다 낮에 관찰하는 것이 더 정확하다. 그런데 낮에 관찰한 결과는 연중 금성의 외견상 크기가 변한다는 것을 보여준다.

그렇다면 망원경을 통한 관찰이 신뢰할 만하다는 것은 어떻게 보일 수 있었을까? 갈릴레오는 밤에 금성을 관찰할 때 망원경을 사용하면 빛 번짐 현상을 없앨 수 있다는 것을 강조하면서 다음과 같은 논증을 펼쳤다.

> (라) _____ⓑ_____면, 망원경에 의한 관찰 자료를 신뢰할 수 있다.
> (마) _____ⓑ_____.
> 따라서 (바) 망원경에 의한 관찰 자료를 신뢰할 수 있다.

결국 갈릴레오는 (마)를 입증함으로써, (바)를 보일 수 있었다.

──〈보 기〉──
ㄱ. 지구가 공전한다면, 달은 지구를 따라다니지 못한다
ㄴ. 달이 지구를 따라다니지 못한다면, 지구는 공전한다
ㄷ. 낮에 망원경을 통해 본 금성의 크기 변화와 낮에 육안으로 관찰한 금성의 크기 변화가 유사하다
ㄹ. 낮에 망원경을 통해 본 금성의 크기 변화와 밤에 망원경을 통해 본 금성의 크기 변화가 유사하다
ㅁ. 낮에 육안으로 관찰한 금성의 크기 변화와 밤에 망원경을 통해 본 금성의 크기 변화가 유사하다

	ⓐ	ⓑ
①	ㄱ	ㄷ
②	ㄱ	ㅁ
③	ㄴ	ㄷ
④	ㄴ	ㄹ
⑤	ㄴ	ㅁ

문 51. 다음 글의 빈칸에 들어갈 내용으로 가장 적절한 것은?
19 민간(나) 6번

알레르기는 도시화와 산업화가 진행되는 지역에서 매우 빠르게 증가하고 있는데, 알레르기의 발병 원인에 대한 20세기의 지배적 이론은 알레르기는 병원균의 침입에 의해 발생하는 감염성 질병이라는 것이다. 하지만 1989년 영국 의사 S는 이 전통적인 이론에 맞서 다음 가설을 제시했다.

> _____

S는 1958년 3월 둘째 주에 태어난 17,000명 이상의 영국 어린이를 대상으로 그들이 23세가 될 때까지 수집한 개인 정보 데이터베이스를 분석하여, 이 가설을 뒷받침하는 증거를 찾았다. 이들의 가족 관계, 사회적 지위, 경제력, 거주 지역, 건강 등의 정보를 비교 분석한 결과, 두 개 항목이 꽃가루 알레르기와 상관관계를 가졌다. 첫째, 함께 자란 형제자매의 수이다. 외동으로 자란 아이의 경우 형제가 서넛인 아이에 비해 꽃가루 알레르기에 취약했다. 둘째, 가족 관계에서 차지하는 서열이다. 동생이 많은 아이보다 손위 형제가 많은 아이가 알레르기에 걸릴 확률이 낮았다.

S의 주장에 따르면 가족 구성원이 많은 집에 사는 아이들은 가족 구성원, 특히 손위 형제들이 집안으로 끌고 들어오는 온갖 병균에 의한 잦은 감염 덕분에 장기적으로는 알레르기 예방에 오히려 유리하다. S는 유년기에 겪은 이런 감염이 꽃가루 알레르기를 비롯한 알레르기성 질환으로부터 아이들을 보호해 왔다고 생각했다.

① 알레르기는 유년기에 병원균 노출의 기회가 적을수록 발생 확률이 높아진다.
② 알레르기는 가족 관계에서 서열이 높은 가족 구성원에게 더 많이 발생한다.
③ 알레르기는 성인보다 유년기의 아이들에게 더 많이 발생한다.
④ 알레르기는 도시화에 따른 전염병의 증가로 인해 유발된다.
⑤ 알레르기는 형제가 많을수록 발생 확률이 낮아진다.

문 52. 다음 글의 빈칸에 들어갈 내용으로 가장 적절한 것은?

19 민간(나) 25번

노랑초파리에 있는 Ir75a 유전자는 시큼한 냄새가 나는 아세트산을 감지하는 후각수용체 단백질을 만들 수 있다. 하지만 세이셸 군도의 토착종인 세셸리아초파리는 Ir75a 유전자를 가지고 있지만 아세트산 냄새를 못 맡는다. 따라서 이 세셸리아초파리의 Ir75a 유전자는 해당 단백질을 만들지 못하는 '위유전자(pseudogene)'라고 여겨졌다. 세셸리아초파리는 노니의 열매만 먹고 살기 때문에 아세트산의 시큼한 냄새를 못 맡아도 별 문제가 없다. 그런데 스위스 로잔대 연구진은 세셸리아초파리가 땀 냄새가 연상되는 프로피온산 냄새를 맡을 수 있다는 사실을 발견했다.

이 발견이 중요한 이유는 ⬚

그렇다면 세셸리아초파리의 Ir75a 유전자도 후각수용체 단백질을 만든다는 것인데, 왜 세셸리아초파리는 아세트산 냄새를 못 맡을까? 세셸리아초파리와 노랑초파리의 Ir75a 유전자가 만드는 후각수용체 단백질의 아미노산 서열을 비교한 결과, 냄새 분자가 달라붙는 걸로 추정되는 부위에서 세 군데가 달랐다. 단백질의 구조가 바뀌어 감지할 수 있는 냄새 분자의 목록이 달라진 것이다. 즉 노랑초파리의 Ir75a 유전자가 만드는 후각수용체는 아세트산과 프로피온산에 반응하고, 세셸리아초파리의 이것은 프로피온산과 들쩍지근한 다소 불쾌한 냄새가 나는 부티르산에 반응한다.

흥미롭게도 세셸리아초파리의 주식인 노니의 열매는 익으면서 부티르산이 연상되는 냄새가 강해진다. 연구자들은 세셸리아초파리의 Ir75a 유전자는 위유전자가 아니라 노랑초파리와는 다른 기능을 하는 후각수용체 단백질을 만드는 유전자로 진화한 것이라 주장하며, 세셸리아초파리의 Ir75a 유전자를 '위-위유전자(pseudo-pseudogene)'라고 불렀다.

① 세셸리아초파리가 주로 먹는 노니의 열매는 프로피온산 냄새가 나지 않기 때문이다.

② 프로피온산 냄새를 담당하는 후각수용체 단백질은 Ir75a 유전자와 상관이 없기 때문이다.

③ 노랑초파리에서 프로피온산 냄새를 담당하는 후각수용체 유전자는 위유전자가 되었기 때문이다.

④ 세셸리아초파리와 노랑초파리에서 Ir75a 유전자가 만드는 후각수용체 단백질이 똑같기 때문이다.

⑤ 노랑초파리에서 프로피온산 냄새를 담당하는 후각수용체 단백질을 만드는 것이 Ir75a 유전자이기 때문이다.

문 53. 다음 글의 빈칸에 들어갈 내용으로 가장 적절한 것은?

20 민간(가) 7번

텔레비전이라는 단어는 '멀리'라는 뜻의 그리스어 '텔레'와 '시야'를 뜻하는 라틴어 '비지오'에서 왔다. 원래 텔레비전은 우리가 멀리서도 볼 수 있도록 해주는 기기로 인식됐다. 하지만 조만간 텔레비전은 멀리에서 우리를 보이게 해 줄 것이다. 오웰의 『1984』에서 상상한 것처럼, 우리가 텔레비전을 보는 동안 텔레비전이 우리를 감시할 것이다. 우리는 텔레비전에서 본 내용을 대부분 잊어버리겠지만, 텔레비전에 영상을 공급하는 기업은 우리가 만들어낸 데이터를 기반으로 하여 알고리즘을 통해 우리 입맛에 맞는 영화를 골라 줄 것이다. 나아가 인생에서 중요한 것들, 이를테면 어디서 일해야 하는지, 누구와 결혼해야 하는지도 대신 결정해 줄 것이다.

그들의 답이 늘 옳지는 않을 것이다. 그것은 불가능하다. 데이터 부족, 프로그램 오류, 삶의 근본적인 무질서 때문에 알고리즘은 실수를 범할 수밖에 없다. 하지만 완벽해야 할 필요는 없다. 평균적으로 우리 인간보다 낫기만 하면 된다. 그 정도는 그리 어려운 일이 아니다. 왜냐하면 대부분의 사람은 자신을 잘 모르기 때문이다. 사람들은 인생의 중요한 결정을 내리면서도 끔찍한 실수를 저지를 때가 많다. 데이터 부족, 프로그램 오류, 삶의 근본적인 무질서로 인한 고충도 인간이 알고리즘보다 훨씬 더 크게 겪는다.

우리는 알고리즘을 둘러싼 많은 문제들을 열거하고 나서, 그렇기 때문에 사람들은 결코 알고리즘을 신뢰하지 않을 거라고 결론 내릴 수도 있다. 하지만 그것은 민주주의의 모든 결점들을 나열한 후에 '제정신인 사람이라면 그런 체제는 지지하려 들지 않을 것'이라고 결론짓는 것과 비슷하다. 처칠의 유명한 말이 있지 않은가? "민주주의는 세상에서 가장 나쁜 정치 체제다. 다른 모든 체제를 제외하면." 알고리즘에 대해서도 마찬가지로 다음과 같은 결론을 내릴 수 있다.

⬚

① 알고리즘의 모든 결점을 제거하면 최선의 선택이 가능할 것이다.

② 우리는 자신이 무엇을 원하는지를 알기 위해서 점점 더 알고리즘에 의존한다.

③ 데이터를 가진 기업이 다수의 사람을 은밀히 감시하는 사례는 더 늘어날 것이다.

④ 실수를 범하기는 하지만 현실적으로 알고리즘보다 더 신뢰할 만한 대안을 찾기 어렵다.

⑤ 알고리즘이 갖는 결점이 지금은 보이지 않지만, 어느 순간 이 결점 때문에 우리의 질서가 무너질 것이다.

문 54. 다음 글의 실험 결과를 가장 잘 설명하는 가설은?

20 민간(가) 9번

한 무리의 개미들에게 둥지에서 먹이통 사이를 오가는 왕복 훈련을 시킨 후 120마리를 포획하여 20마리씩 6그룹으로 나눴다.

먼저 1~3그룹의 개미들을 10m 거리에 있는 먹이통으로 가게 한 후, 다음처럼 일부 그룹의 다리 길이를 조절하는 처치를 했다. 1그룹은 모든 다리의 끝 분절을 제거하여 다리 길이를 줄이고, 2그룹은 모든 다리에 돼지의 거친 털을 붙여 다리 길이를 늘이고, 3그룹은 다리 길이를 그대로 둔 것이다. 이렇게 처치를 끝낸 1~3그룹의 개미들을 둥지로 돌아가게 한 결과, 1그룹 개미들은 둥지에 훨씬 못 미쳐 멈췄고, 2그룹 개미들은 둥지를 훨씬 지나 멈췄으며, 3그룹 개미들만 둥지에서 멈췄다.

이제 4~6그룹의 개미들은 먹이통으로 출발하기 전에 미리 앞서와 같은 방식으로 일부 그룹의 다리 길이를 조절하는 처치를 했다. 즉, 4그룹은 다리 길이를 줄이고, 5그룹은 다리 길이를 늘이고, 6그룹은 다리 길이를 그대로 두었다. 이 개미들을 10m 거리에 있는 먹이통까지 갔다 오게 했더니, 4~6그룹의 개미 모두가 먹이통까지 갔다가 되돌아와 둥지에서 멈췄다. 4~6그룹의 개미들은 그룹별로 이동 거리의 차이가 없었다.

① 개미의 이동 거리는 다리 길이에 비례한다.

② 개미는 걸음 수에 따라서 이동 거리를 판단한다.

③ 개미의 다리 끝 분절은 개미의 이동에 필수적인 부위이다.

④ 개미는 다리 길이가 조절되고 나면 이동 거리를 측정하지 못한다.

⑤ 개미는 먹이를 찾으러 갈 때와 둥지로 되돌아올 때, 이동 거리를 측정하는 방법이 다르다.

문 55. 다음 글의 빈칸에 들어갈 내용으로 가장 적절한 것은?

20 민간(가) 15번

대안적 분쟁해결절차(ADR)는 재판보다 분쟁을 신속하게 해결한다고 알려져 있다. 그러나 재판이 서면 심리를 중심으로 진행되는 반면, ADR은 당사자 의견도 충분히 청취하기 때문에 재판보다 더 많은 시간이 소요된다. 그럼에도 불구하고 ADR이 재판보다 신속하다고 알려진 이유는 법원에 지나치게 많은 사건이 밀려 있어 재판이 더디게 이루어지기 때문이다.

법원행정처는 재판이 너무 더디다는 비난에 대응하기 위해 일선 법원에서도 사법형 ADR인 조정제도를 적극적으로 활용할 것을 독려하고 있다. 그러나 이는 법관이 신속한 조정안 도출을 위해 사건 당사자에게 화해를 압박하는 부작용을 낳을 수 있다. 사법형 ADR 활성화 정책은 법관의 증원 없이 과도한 사건 부담 문제를 해결하려는 미봉책일 뿐이다. 결국, 사법형 ADR 활성화 정책은 사법 불신으로 이어져 재판 정당성에 대한 국민의 인식을 더욱 떨어뜨리게 한다.

또한 사법형 ADR 활성화 정책은 민간형 ADR이 활성화되는 것을 저해한다. 분쟁 당사자들이 민간형 ADR의 조정안을 따르도록 하려면, 재판에서도 거의 같은 결과가 나온다는 확신이 들게 해야 한다. 그러기 위해서는 법원이 확고한 판례를 제시하여야 한다. 그런데 사법형 ADR 활성화 정책은 새롭고 복잡한 사건을 재판보다는 ADR로 유도하게 된다. 이렇게 되면 새롭고 복잡한 사건에 대한 판례가 만들어지지 않고, 민간형 ADR에서 분쟁을 해결할 기준도 마련되지 않게 된다. 결국 판례가 없는 수많은 사건들이 끊임없이 법원으로 밀려들게 된다.

따라서 [   ] 먼저 법원은 본연의 임무인 재판을 통해 당사자의 응어리를 풀어주겠다는 의식으로 접근해야 할 것이다. 그것이 현재 법원의 실정으로 어렵다고 판단되면, 국민의 동의를 구해 예산과 인력을 확충하는 방향으로 나아가는 것이 옳은 방법이다. 법원의 인프라를 확충하고 판례를 충실히 쌓아가면, 민간형 ADR도 활성화될 것이다.

① 분쟁 해결에 대한 사회적 관심을 높이도록 유도해야 한다.

② 재판이 추구하는 목표와 ADR이 추구하는 목표는 서로 다르지 않다.

③ 법원으로 폭주하는 사건 수를 줄이기 위해 시민들의 준법의식을 강화하여야 한다.

④ 법원은 재판에 주력하여야 하며 그것이 결과적으로 민간형 ADR의 활성화에도 도움이 된다.

⑤ 민간형 ADR 기관의 전문성을 제고하여 분쟁 당사자들이 굳이 법원에 가지 않더라도 신속하게 분쟁을 해결할 수 있게 만들어야 한다.

문 56. 다음 글의 빈칸에 들어갈 내용으로 가장 적절한 것은?

20 민간(가) 17번

A는 말벌이 어떻게 둥지를 찾아가는지 알아내고자 했다. 이에 A는 말벌이 둥지에 있을 때, 둥지를 중심으로 솔방울들을 원형으로 배치했는데, 그 말벌은 먹이를 찾아 둥지를 떠났다가 다시 둥지로 잘 돌아왔다. 이번에는 말벌이 먹이를 찾아 둥지를 떠난 사이, A가 그 솔방울들을 수거하여 둥지 부근 다른 곳으로 옮겨 똑같이 원형으로 배치했다. 그랬더니 돌아온 말벌은 솔방울들이 치워진 그 둥지로 가지 않고 원형으로 배치된 솔방울들의 중심으로 날아갔다.

이러한 결과를 관찰한 A는 말벌이 방향을 찾을 때 솔방울이라는 물체의 재질에 의존한 것인지 혹은 솔방울들로 만든 모양에 의존한 것인지를 알아내고자 하였다. 그래서 이번에는 말벌이 다시 먹이를 찾아 둥지를 떠난 사이, 앞서 원형으로 배치했던 솔방울들을 치우고 그 자리에 돌멩이들을 원형으로 배치했다. 그리고 거기 있던 솔방울들을 다시 가져와 둥지를 중심으로 삼각형으로 배치했다. 그러자 A는 돌아온 말벌이 원형으로 배치된 돌멩이들의 중심으로 날아가는 것을 관찰할 수 있었다.

이 실험을 통해 A는 먹이를 찾으러 간 말벌이 둥지로 돌아올 때, [_____]는 결론에 이르렀다.

① 물체의 재질보다 물체로 만든 모양에 의존하여 방향을 찾는다

② 물체로 만든 모양보다 물체의 재질에 의존하여 방향을 찾는다

③ 물체의 재질과 물체로 만든 모양 모두에 의존하여 방향을 찾는다

④ 물체의 재질이나 물체로 만든 모양에 의존하지 않고 방향을 찾는다

⑤ 경우에 따라 물체의 재질에 의존하기도 하고 물체로 만든 모양에 의존하기도 하면서 방향을 찾는다

문 57. 다음 글의 빈칸에 들어갈 말로 가장 적절한 것은?

21 민간(가) 5번

서구사회의 기독교적 전통 하에서 이 전통에 속하는 이들은 자신들을 정상적인 존재로, 이러한 전통에 속하지 않는 이들을 비정상적인 존재로 구별하려 했다. 후자에 해당하는 대표적인 것이 적그리스도, 이교도들, 그리고 나병과 흑사병에 걸린 환자들이었는데, 그들에게 부과한 비정상성을 구체적인 형상을 통해 재현함으로써 그들이 전통 바깥의 존재라는 사실을 명확히 했다.

당연하게도 기독교에서 가장 큰 적으로 꼽는 것은 사탄의 대리자인 적그리스도였다. 기독교 초기, 몽티에랑데르나 힐데가르트 등이 쓴 유명한 저서들뿐만 아니라 적그리스도의 얼굴이 묘사된 모든 종류의 텍스트들에서 그의 모습은 충격적일 정도로 외설스러울 뿐만 아니라 받아들이기 힘들 정도로 추악하게 나타난다.

두 번째는 이교도들이었는데, 서유럽과 동유럽의 기독교인들이 이교도들에 대해 사용했던 무기 중 하나가 그들을 추악한 얼굴의 악마로 묘사하는 것이었다. 또한 이교도들이 즐겨 입는 의복이나 진미로 여기는 음식을 끔찍하게 묘사하여 이교도들을 자신들과는 분명히 구분되는 존재로 만들었다.

마지막으로, 나병과 흑사병에 걸린 환자들을 꼽을 수 있다. 당시의 의학 수준으로 그런 병들은 치료가 불가능했으며, 전염성이 있다고 믿어졌다. 때문에 자신을 정상적 존재라고 생각하는 사람들은 해당 병에 걸린 불행한 사람들을 신에게서 버림받은 죄인이자 공동체에서 추방해야 할 공공의 적으로 여겼다. 그들의 외모나 신체 또한 실제 여부와 무관하게 항상 뒤틀리고 지극히 흉측한 모습으로 형상화되었다.

정리하자면, [_____]

① 서구의 종교인과 예술가들은 이방인을 추악한 이미지로 각인시키는 데 있어 중심적인 역할을 하였다.

② 서구의 기독교인들은 자신들보다 강한 존재를 추악한 존재로 묘사함으로써 심리적인 우월감을 확보하였다.

③ 정상적 존재와 비정상적 존재의 명확한 구별을 위해 추악한 형상을 활용하는 것은 동서고금을 막론하고 지속되어 왔다.

④ 서구의 기독교적 전통 하에서 추악한 형상은 그 전통에 속하지 않는 이들을 전통에 속한 이들과 구분짓기 위해 활용되었다.

⑤ 서구의 기독교인들이 자신들과는 다른 타자들을 추악하게 묘사했던 것은 다른 종교에 의해 자신들의 종교가 침해되는 것을 두려워했기 때문이다.

문 58. 다음 글의 빈칸에 들어갈 내용으로 가장 적절한 것은?

21 민간(가) 16번

민간 문화 교류 증진을 목적으로 열리는 국제 예술 공연의 개최가 확정되었다. 이번 공연이 민간 문화 교류 증진을 목적으로 열린다면, 공연 예술단의 수석대표는 정부 관료가 맡아서는 안 된다. 만일 공연이 민간 문화 교류 증진을 목적으로 열리고 공연 예술단의 수석대표는 정부 관료가 맡아서는 안 된다면, 공연 예술단의 수석대표는 고전음악 지휘자나 대중음악 제작자가 맡아야 한다. 현재 정부 관료 가운데 고전음악 지휘자나 대중음악 제작자는 없다. 예술단에 수석대표는 반드시 있어야 하며 두 사람 이상이 공동으로 맡을 수도 있다. 전체 세대를 아우를 수 있는 사람이 아니라면 수석대표를 맡아서는 안 된다. 전체 세대를 아우를 수 있는 사람이 극히 드물기에, 위에 나열된 조건을 다 갖춘 사람은 모두 수석대표를 맡는다.

누가 공연 예술단의 수석대표를 맡을 것인가와 더불어, 참가하는 예술인이 누구인가도 많은 관심의 대상이다. 그런데 아이돌 그룹 A가 공연 예술단에 참가하는 것은 분명하다. 왜냐하면 만일 갑이나 을이 수석대표를 맡는다면 A가 공연 예술단에 참가하는데, [   ] 때문이다.

① 갑은 고전음악 지휘자이며 전체 세대를 아우를 수 있기
② 갑이나 을은 대중음악 제작자 또는 고전음악 지휘자이기
③ 갑과 을은 둘 다 정부 관료가 아니며 전체 세대를 아우를 수 있기
④ 을이 대중음악 제작자가 아니라면 전체 세대를 아우를 수 없을 것이기
⑤ 대중음악 제작자나 고전음악 지휘자라면 누구나 전체 세대를 아우를 수 있기

문 59. 다음 글의 〈실험 결과〉에서 추론할 수 있는 것은?

21 민간(가) 20번

연구자 K는 동물의 뇌 구조 변화가 일어나는 방식을 규명하기 위해 다음의 실험을 수행했다. 실험용 쥐를 총 세 개의 실험군으로 나누었다. 실험군1의 쥐에게는 운동은 최소화하면서 학습을 시키는 '학습 위주 경험'을 하도록 훈련시켰다. 실험군2의 쥐에게는 특별한 기술을 학습할 필요 없이 수행할 수 있는 쳇바퀴 돌리기를 통해 '운동 위주 경험'을 하도록 훈련시켰다. 실험군3의 쥐에게는 어떠한 학습이나 운동도 시키지 않았다.

〈실험 결과〉
• 뇌 신경세포 한 개당 시냅스의 수는 실험군1의 쥐에서 크게 증가했고 실험군2와 3의 쥐에서는 거의 변하지 않았다.
• 뇌 신경세포 한 개당 모세혈관의 수는 실험군 2의 쥐에서 크게 증가했고 실험군1과 3의 쥐에서는 거의 변하지 않았다.
• 실험군1의 쥐에서는 대뇌 피질의 지각 영역에서 구조 변화가 나타났고, 실험군2의 쥐에서는 대뇌 피질의 운동 영역과 더불어 운동 활동을 조절하는 소뇌에서 구조 변화가 나타났다. 실험군3의 쥐에서는 뇌 구조 변화가 거의 나타나지 않았다.

① 대뇌 피질의 구조 변화는 학습 위주 경험보다 운동 위주 경험에 더 큰 영향을 받는다.
② 학습 위주 경험은 뇌의 신경세포당 시냅스의 수에, 운동 위주 경험은 뇌의 신경세포당 모세혈관의 수에 영향을 미친다.
③ 학습 위주 경험과 운동 위주 경험은 뇌의 특정 부위에 있는 신경세포의 수를 늘려 그 부위의 뇌 구조를 변하게 한다.
④ 특정 형태의 경험으로 인해 뇌의 특정 영역에 발생한 구조 변화가 뇌의 신경세포당 모세혈관 또는 시냅스의 수를 변화시킨다.
⑤ 뇌가 영역별로 특별한 구조를 갖는 것이 그 영역에서 신경세포당 모세혈관 또는 시냅스의 수를 변화시켜 특정 형태의 경험을 더 잘 수행할 수 있게 한다.

문 60. 다음 글에 대한 분석으로 적절한 것만을 〈보기〉에서 모두 고르면?

21 민간(가) 22번

'자연화'란 자연과학의 방법론에 따라 자연과학이 수용하는 존재론을 토대 삼아 연구를 수행한다는 의미이다. 심리학을 자연과학의 하나라고 생각하는 철학자 A는, 인식론의 자연화를 주장하기 위해 다음의 〈논증〉을 제시하였다.

〈논증〉

(1) 전통적 인식론은 적어도 다음의 두 가지 목표를 가진다. 첫째, 세계에 관한 믿음을 정당화하는 것이고, 둘째, 세계에 관한 믿음을 나타내는 문장을 감각 경험을 나타내는 문장으로 번역하는 것이다.

(2) 전통적 인식론은 첫째 목표도 달성할 수 없고 둘째 목표도 달성할 수 없다.

(3) 만약 전통적 인식론이 이 두 가지 목표 중 어느 하나라도 달성할 수가 없다면, 전통적 인식론은 폐기되어야 한다.

(4) 전통적 인식론은 폐기되어야 한다.

(5) 만약 전통적 인식론이 폐기되어야 한다면, 인식론자는 전통적 인식론 대신 심리학을 연구해야 한다.

(6) 인식론자는 전통적 인식론 대신 심리학을 연구해야 한다.

〈보 기〉

ㄱ. 전통적 인식론의 목표에 (1)의 '두 가지 목표' 외에 "세계에 관한 믿음이 형성되는 과정을 규명하는 것"이 추가된다면, 위 논증에서 (6)은 도출되지 않는다.

ㄴ. (2)를 "전통적 인식론은 첫째 목표를 달성할 수 없거나 둘째 목표를 달성할 수 없다."로 바꾸어도 위 논증에서 (6)이 도출된다.

ㄷ. (4)는 논증 안의 어떤 진술들로부터 나오는 결론일 뿐만 아니라 논증 안의 다른 진술의 전제이기도 하다.

① ㄱ
② ㄷ
③ ㄱ, ㄴ
④ ㄴ, ㄷ
⑤ ㄱ, ㄴ, ㄷ

문 61. 다음 글의 ⓐ~ⓔ에 대한 평가로 적절한 것만을 〈보기〉에서 모두 고르면?

16 행시(5) 10번

영혼이 영원한 존재라는 것을 증명하기 위해서는 먼저 소멸 가능한 존재에 관해 생각해 볼 필요가 있다. 예를 들어, 종이나 연필은 소멸 가능한 존재이다. 그것들을 소멸시키는 방법은 아주 간단하다. 그것들을 구성요소들로 해체시키면 된다. 소멸 가능한 존재는 여러 구성요소들로 이루어져 있다. 이제 소멸 불가능한, 즉 영원한 존재에 대해 생각해 보자. 예를 들어, 칠판에 적힌 숫자 '3'과는 달리 수 3은 절대로 소멸되지 않는다. 그 이유는 무엇일까? 그것은 바로 수 3은 구성요소들로 이루어진 결합물이 아니기 때문이다. 따라서 ⓐ 구성요소들로 이루어진 결합물일 경우에만 소멸 가능하다고 할 수 있다. 결합물에 대해서는 그 구성요소들을 해체한 상태를 상상할 수 있지만, 수 3과 같은 존재는 해체를 통한 소멸을 상상할 수 없다. 그것은 해체할 수 있는 구성요소들이 없는 단순한 존재이기 때문이다. 여기서 '단순한 존재'란 구성요소들로 이루어져 있지 않은 존재를 의미한다.

어떤 것이 결합물인지 단순한 존재인지를 가릴 수 있는 객관적 기준은 무엇일까? 그것은 바로 '변화'라고 할 수 있다. 예를 들어, 우리가 쇠막대기를 구부린다고 해보자. 쇠막대기를 파괴한 것은 아니고 단지 변화시켰을 뿐이다. 우리는 이렇게 어떤 존재를 구성하고 있는 요소들 사이의 관계를 새롭게 형성하는 방식으로 그 존재를 변화시킬 수 있다. 따라서 ⓑ 어떤 존재가 변화하지 않는다면, 그 존재는 구성요소들로 이루어진 결합물이 아니다.

변화하는 존재들에는 무엇이 있을까? 종이, 연필 등 우리가 일상적으로 볼 수 있는 모든 것들이다. 반면에 ⓒ 우리가 일상적으로 볼 수 없는 것들은 변화하지 않는다. 수 3을 다시 생각해 보자. 칠판에 적힌 숫자 '3'과는 달리 수 3은 절대로 변화하지 않는다. 어제도 홀수였고 내일도 모레도 홀수로 남아 있을 것이다. 수 3이 짝수가 될 가능성은 없다. 영원한 홀수이다. 우리는 영혼에 대해서도 똑같이 말할 수 있다. ⓓ 영혼은 일상적으로 볼 수 있는 것이 아니다. 우리가 일상적으로 볼 수 있는 것은 영혼을 가진 사람의 육체와 그것의 움직임일 뿐이다. 이제 우리는 다음과 같은 결론에 다다랐다. ⓔ 영혼은 소멸하지 않는 존재이다.

〈보 기〉

ㄱ. ⓐ, ⓑ, ⓒ를 모두 받아들인다고 해도, 일상적으로 볼 수 없는 것들은 소멸하지 않는다는 것은 도출되지 않는다.

ㄴ. ⓒ에 대한 정당화가 충분하지 않다. 비록 수 3과 같은 수학적 대상이 변화하지 않는다는 것을 받아들인다고 해도, 일상적으로 볼 수 없는 모든 것이 변화하지 않는다는 것을 반드시 받아들일 필요는 없다.

ㄷ. ⓐ, ⓑ, ⓒ, ⓓ를 모두 받아들인다고 해도, ⓔ는 도출되지 않는다.

① ㄱ   ② ㄴ
③ ㄱ, ㄷ   ④ ㄴ, ㄷ
⑤ ㄱ, ㄴ, ㄷ

문 62.　다음 글의 빈칸에 들어갈 내용으로 가장 적절한 것은?

16 행시(5) 17번

뉴턴은 무거운 물체가 땅으로 떨어지는 것과 달이 지구 주위를 도는 것은 동일한 원인에 의한 현상이라고 생각했다. 그는 행성들이 태양 주위를 도는 것도 태양과 행성 사이에 중력이라는 힘이 존재하기 때문이라고 보았다. 뉴턴은 질량 m_1인 물체와 질량 m_2인 물체의 중심이 r만큼 떨어져 있을 때 물체 사이에 작용하는 중력 F는 다음과 같이 표현된다고 보았다.

$$F = G\frac{m_1 m_2}{r^2} \text{ (단, G는 만유인력 상수임)}$$

뉴턴은 이렇게 표현되는 중력으로 행성들과 달의 운동을 잘 설명할 수 있었다. 이 힘은 질량을 갖는 것이라면 우주의 모든 것에 작용한다는 점에서 '보편' 중력이라고 부를 만하다. 그렇지만 뉴턴은 왜 이런 힘이 존재하는지를 설명하지 못했다.

그에 대한 설명은 20세기에 들어와 아인슈타인에 의해 이루어졌다. 아인슈타인에 따르면 중력은 물질 근처에서 휘어지는 시공간의 기하학적 구조와 관계가 있는데, 이처럼 휘어지는 방식은 마치 팽팽한 고무막에 볼링공을 가만히 올려놓으면 고무막이 휘어지는 것과 비슷하다. 이 상태에서 볼링공 근처에서 구슬을 굴렸을때 구슬의 경로가 볼링공 쪽으로 휘어지거나 구슬이 볼링공 주위를 도는 것은 태양의 중력을 받아 혜성이나 행성이 운동하는 방식에 비길 수 있다. 아인슈타인은 중력이라는 힘을 물체의 질량에 의해 시공간이 휘어진다는 개념을 통해서 설명할 수 있음을 보였다.

더 나아가서 아인슈타인은 뉴턴의 중력 개념으로는 설명할 수 없는 현상을 자신의 중력 개념으로부터 추론해냈다. 그는 태양의 큰 질량 때문에 태양 주위에 시공간의 왜곡이 발생해서 태양 주위를 지나가는 광자의 경로가 태양 쪽으로 휘어진다고 예측했다. 그러나 [   ]는 사실을 고려하면, 뉴턴의 중력 이론의 관점에서는 이렇게 될 이유가 없다. 이러한 상반된 예측 중 어느 쪽이 옳은가를 확인하기 위해 나선 에딩턴의 원정대는 1919년에 개기일식의 기회를 이용해서 별빛의 경로가 태양 근처에서 아인슈타인이 예측했던 대로 휘어진다는 사실을 확인했고, 아인슈타인은 뉴턴을 능가하는 물리학자로 세계적인 명성을 얻게 되었다.

① 광자는 질량을 갖지 않는다.

② 진공 속에서 광자의 속력은 일정하다.

③ 물체의 질량이 클수록 더 큰 중력을 발휘한다.

④ 중력은 지구의 표면과 우주 공간에서 동일하다.

⑤ 시간과 공간은 물체의 질량이나 운동에 영향을 받지 않는다.

문 63.　빈칸에 들어갈 진술로 가장 적절한 것은?　17 행시(가) 4번

하늘이 내린 생물을 해치고 없애는 것은 성인(聖人)이 하지 않는 바이다. 하물며 하늘의 도가 어찌 사람들에게 살아있는 것을 죽여서 자기의 생명을 기르게 하였겠는가? 『서경』에서는 "천지는 만물의 부모이며, 인간은 만물의 영장이다. 진실로 총명한 자는 천자가 되고, 천자는 백성의 부모가 된다"라고 하였다. 천지가 이미 만물의 부모라면 천지 사이에 태어난 것은 모두 천지의 자식이다. 천지와 사물의 관계는 부모와 자식의 관계와 같으며, 자식 가운데 어리석고 지혜로움의 차이가 있는 것은 사람과 만물 사이에 밝고 어두움의 차이가 있는 것과 같다. 부모는 자식이 어리석고 불초하면 사랑하고 가엽게 여기며 오히려 걱정하거늘, 하물며 해치겠는가? 살아있는 것을 죽여서 자기의 생명을 기르는 것은 같은 식구를 죽여서 자기를 기르는 것이다. 같은 식구를 죽여서 자기를 기르면 부모의 마음이 어떠하겠는가? 자식들끼리 서로 죽이는 것은 부모의 마음이 아니다. 사람과 만물이 서로 죽이는 것이 어찌 천지의 뜻이겠는가? 인간과 만물은 이미 천지의 기운을 함께 얻었으며, 또한 천지의 이치도 함께 얻었고 천지 사이에서 함께 살아가고 있다. 이미 하나의 같은 기운과 이치를 함께 부여받았는데, 어찌 살아있는 것들을 죽여서 자신의 생명을 양육할 수 있겠는가? 그래서 불교에서는 "천지는 나와 뿌리가 같고, 만물은 나와 한 몸이다"라고 하였고, 유교에서는 "천지만물을 자기와 하나로 여긴다"고 하면서 이것을 '인(仁)'이라고 부른다.

그렇지만 실천하여 행하는 것이 그 이상과 같아야 비로소 인의 도를 온전히 다했다고 할 수 있다. 유교 경전인 『논어』는 "공자는 그물질은 하지 않으셔도 낚시질은 하셨으며, 화살로 잠든 새는 쏘지 않으셨지만 나는 새는 맞추셨다"라고 하였고, 『맹자』도 "군자가 푸줏간을 멀리하는 것은 가축이 죽으면서 울부짖는 소리를 들으면 차마 그 고기를 먹지 못하기 때문이다"라고 말하고 있다. 이것으로 보면, [   ]

① 유교는 『서경』 이래 천지만물을 하나의 가족처럼 여기는 인의 도를 철두철미하게 잘 실천하고 있다.

② 유교에서는 공자와 맹자에서부터 살생하지 말라는 불교의 계율을 이미 잘 실천하고 있다.

③ 유교의 공자와 맹자는 동물마저 측은히 여기는 대상에 포함하여 인간처럼 대하였다.

④ 유교는 인의 도가 지향하는 이상을 실천하는 데 철저하지 못한 측면이 있다.

⑤ 유교에서 인의 도는 인간과 동물을 부모와 자식의 관계로 보고 있다.

문 64. 다음 ㉠의 내용으로 가장 적절한 것은? 17 행시(가) 9번

인지부조화는 한 개인이 가지는 둘 이상의 사고, 태도, 신념, 의견 등이 서로 일치하지 않거나 상반될 때 생겨나는 심리적인 긴장상태를 의미한다. 인지부조화는 불편함을 유발하기 때문에 사람들은 이것을 감소시키려고 한다. 인지부조화를 감소시키는 방법은 서로 모순관계에 있어서 양립할 수 없는 인지들 가운데 하나 이상의 인지가 갖는 내용을 바꾸어 양립할 수 있게 만들거나, 서로 모순되는 인지들 간의 차이를 좁힐 수 있는 새로운 인지를 추가하여 부조화된 인지상태를 조화된 상태로 전환하는 것이다.

그런데 실제로 부조화를 감소시키는 행동은 비합리적인 면이 있다. 그 이유는 그러한 행동들이 사람들로 하여금 중요한 사실을 배우지 못하게 하고 자신들의 문제에 대해서 실제적인 해결책을 찾지 못하도록 할 수 있기 때문이다. 부조화를 감소시키려는 행동은 자기방어적인 행동이고, 부조화를 감소시킴으로써 우리는 자신의 긍정적인 이미지, 즉 자신이 선하고 현명하며 상당히 가치 있는 인물이라는 긍정적인 측면의 이미지를 유지하게 된다. 비록 자기방어적인 행동이 유용한 것으로 생각될 수 있지만, 이러한 행동은 부정적 결과를 초래할 수 있다.

한 실험에서 연구자는 인종차별 문제에 대해서 확고한 입장을 보이는 사람들을 선정하였다. 일부는 차별에 찬성하였고, 다른 일부는 차별에 반대하였다. 선정된 사람들에게 인종차별에 대한 찬성과 반대 의견이 실린 글을 모두 읽게 하였는데, 어떤 글은 지극히 논리적이고 그럴듯하였고, 다른 글은 터무니없고 억지스러운 것이었다. 실험에서는 참여자들이 과연 어느 글을 기억할 것인지에 관심이 있었다. 인지부조화 이론에 따르면, 사람들은 현명한 사람을 자기 편, 우매한 사람을 다른 편이라 생각할 때 마음이 편안해질 것이다. 그렇다면 이 실험에서 인지부조화 이론은 다음과 같은 ㉠ 결과를 예측할 것이다.

① 참여자들은 자신의 의견에 동의하는 논리적인 글과 반대편의 의견에 동의하는 논리적인 글을 기억한다.

② 참여자들은 자신의 의견에 동의하는 모든 글을 기억하고 반대편의 의견에 동의하는 모든 글을 기억하지 않는다.

③ 참여자들은 자신의 의견에 동의하는 논리적인 글과 반대편의 의견에 동의하는 터무니없고 억지스러운 글을 기억한다.

④ 참여자들은 자신의 의견에 동의하는 터무니없고 억지스러운 글과 반대편의 의견에 동의하는 논리적인 글을 기억한다.

⑤ 참여자들은 자신의 의견에 동의하는 모든 글을 기억하고 반대편의 의견에 동의하는 논리적인 글은 기억하지 않는다.

문 65. 다음 논증의 구조를 분석한 것으로 가장 적절한 것은?(단, ↓는 '위의 문장이 아래 문장을 지지함'을, ⓐ＋ⓑ는 'ⓐ와 ⓑ가 결합됨'을 의미함) 17 행시(가) 15번

ⓐ 만약 어떤 사람에게 다가온 신비적 경험이 그가 살아갈 수 있는 힘으로 밝혀진다면, 그가 다른 방식으로 살아야 한다고 다수인 우리가 주장할 근거는 어디에도 없다. 사실상 신비적 경험은 우리의 모든 노력을 조롱할 뿐 아니라, 논리라는 관점에서 볼 때 우리의 관할 구역을 절대적으로 벗어나 있다. ⓑ 우리 자신의 더 '합리적인' 신념은 신비주의자가 자신의 신념을 위해서 제시하는 증거와 그 본성에 있어서 유사한 증거에 기초해 있다. ⓒ 우리의 감각이 우리의 신념에 강력한 증거가 되는 것과 마찬가지로, 신비적 경험도 그것을 겪은 사람의 신념에 강력한 증거가 된다. ⓓ 우리가 지닌 합리적 신념의 증거와 유사한 증거에 해당하는 경험은, 그러한 경험을 한 사람에게 살아갈 힘을 제공해줄 것이 분명하다. ⓔ 신비적 경험은 신비주의자들에게는 살아갈 힘이 되는 것이다. ⓕ 신비주의자들의 삶의 방식이 수정되어야 할 '불합리한' 것이라고 주장할 수는 없다.

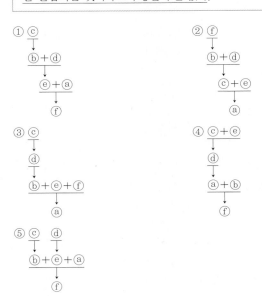

※ 다음 글을 읽고 물음에 답하시오. [문 66.~문 67.]

양자역학은 이론과 인간 경험 사이의 간극을 잘 보여준다. 입자 하나가 가상의 선을 기준으로 오른쪽에 있거나 왼쪽에 있다고 하자. 오른쪽에 있는 입자를 관측하면 우리는 그 위치를 '오른쪽'이라고 하고, 왼쪽에 있는 입자를 관측하면 그 위치를 '왼쪽'이라고 할 것이다. 반면 양자역학에 따르면 입자는 오른쪽과 왼쪽의 '중첩' 상태에 놓일 수 있다. 하지만 우리는 결코 이 중첩 상태를 경험하지 못하며, 언제나 '오른쪽' 또는 '왼쪽'이라고 관측한다. 입자의 위치를 측정하고 나면, 우리는 '오른쪽'과 '왼쪽' 가운데 오직 하나를 경험하며, 다른 경험은 결코 하지 못한다.

양자역학과 우리의 경험을 조화시키기 위해 양자역학에 대한 여러 해석이 제안되었다. 시간이 지남에 따라 우주가 여러 가지로 쪼개진다고 상상하고 여러 가지로 쪼개진 각각을 '가지'라고 하자. 이제 양자역학의 해석으로 다음 두 해석만 있다고 가정한다. 하나는 가지 치는 것을 허용하지 않는 ST 해석이고, 다른 하나는 이를 허용하는 MW 해석이다. 오직 두 해석만 있기 때문에 한 해석이 참이면 다른 해석은 거짓이다. 우리의 경험은 두 해석 중 무엇을 확증하는가?

알려졌듯이, 입자의 위치를 관측할 때 '오른쪽'이 관측될 확률과 '왼쪽'이 관측될 확률은 1/2로 동일하다. 이는 다음과 같이 표현될 수 있다.

	가지1	가지2
ST	'오른쪽' 또는 '왼쪽'이 관측되지만, 둘 다 동시에 관측될 수는 없다.	
MW	'오른쪽'이 관측된다.	'왼쪽'이 관측된다.

입자를 관측한 결과 '오른쪽'이 관측되었다고 가정하자. 이는 다음과 같은 증거 R이 주어졌음을 뜻한다.

R : 관측된 입자의 위치가 '오른쪽'인 가지가 존재한다.

이제 다음 정의를 받아들이자. '증거 E가 가설 H를 확증한다'는 것은 '가설 H가 참인 조건에서 증거 E가 참일 확률이 가설 H가 거짓인 조건에서 증거 E가 참일 확률보다 더 크다'는 것을 의미한다.

ST 해석과 MW 해석을 가설로 간주할 때 증거 R이 이들 가설을 각각 확증하는지 따져보자. ST가 참인 조건에서 R이 참일 확률은 1/2이다. 왜냐하면 ST가 참인 조건에서는 가지가 하나밖에 없고, 가지가 하나밖에 없는 우주에서 '오른쪽'이 관측될 확률은 1/2이기 때문이다. 반면 ST가 거짓인 조건, 즉 MW가 참인 조건에서 R이 참일 확률은 1이다. 왜냐하면 MW가 참이라는 조건에서는 두 개의 가지가 있고 이 중 하나에서는 반드시 '오른쪽'이 관측되기 때문이다. 비슷한 방식으로 우리는 MW가 거짓인 조건에서 R이 참일 확률이 얼마인지도 알아낼 수 있다. 따라서

이제 '왼쪽'이 관측되었다면 어떻게 될까? 이는 다음과 같은 증거 L이 주어졌음을 뜻한다.

L : 관측된 입자의 위치가 '왼쪽'인 가지가 존재한다.

ST가 참인 조건에서 증거 L이 참일 확률은 1/2이다. 왜냐하면 ST가 참인 조건에서는 가지가 하나밖에 없고, 가지가 하나밖에 없는 우주에서 '왼쪽'이 관측될 확률은 1/2이기 때문이다. 반면 ST가 거짓인 조건, 즉 MW가 참인 조건에서 L이 참일 확률은 1이다. 왜냐하면 MW가 참인 조건에서는 가지가 두 개가 있고, 두 가지 가운데 하나에서는 반드시 '왼쪽'이 관측되기 때문이다.

지금까지의 논의를 종합할 때 우리는 ⊙ 흥미로운 결론에 도달한다.

문 66. 윗글의 빈칸에 들어갈 진술로 가장 적절한 것은?

17 행시(가) 39번

① R은 ST와 MW를 모두 확증한다.
② R은 ST와 MW 중 어느 것도 확증하지 못한다.
③ R은 ST를 확증하지 못하지만 MW는 확증한다.
④ R은 ST를 확증하지만 MW는 확증하지 못한다.
⑤ R이 ST와 MW 중 하나를 확증하지만 어느 것인지는 알 수 없다.

문 67. 윗글의 ⊙으로 가장 적절한 것은?   17 행시(가) 40번

① 양자역학의 한 해석이 확증되면 다른 해석도 확증된다.
② 우리의 모든 경험이 확증하는 양자역학의 해석은 없다.
③ 우리의 경험이 다르면 그 경험이 확증하는 양자역학의 해석도 다르다.
④ 특정한 경험은 양자역학의 두 해석을 모두 확증하거나 모두 확증하지 못한다.
⑤ 어떤 경험을 하든지 우리의 경험은 양자역학의 특정한 해석 하나만을 확증한다.

문 68. 다음 ㉠과 ㉡에 들어갈 말을 가장 적절하게 나열한 것은?

18 행시(나) 7번

우주론자들에 따르면 우주는 빅뱅으로부터 시작되었다고 한다. 빅뱅이란 엄청난 에너지를 가진 아주 작은 우주가 폭발하듯 갑자기 생겨난 사건을 말한다. 그게 사실이라면 빅뱅 이전에는 무엇이 있었느냐는 질문이 나오는 게 당연하다. 아마 아무것도 없었을 것이다. 하지만 빅뱅 이전에 아무것도 없었다는 말은 무슨 뜻일까? 영겁의 시간 동안 단지 진공이었다는 뜻이다. 움직이는 것도, 변화하는 것도 없었다는 것이다.

그런데 이런 식으로 사고하려면, 아무 일도 일어나지 않고 시간만 존재하는 것을 상상할 수 있어야 한다. 그것은 곧 시간을 일종의 그릇처럼 상상하고 그 그릇 안에 담긴 것과 무관하게 여긴다는 뜻이다. 시간을 이렇게 본다면 변화는 일어날 수 없다. 여기서 변화는 시간의 경과가 아니라 사물의 변화를 가리킨다. 이런 전제하에서 우리가 마주하는 문제는 이것이다. 어떤 변화가 생겨나기도 전에 영겁의 시간이 있었다면, ⬚㉠⬚ 설명할 수 없다. 단지 지금 설명할 수 없다는 뜻이 아니라 설명 자체가 있을 수 없다는 뜻이다. 어떻게 설명이 가능하겠는가? 수도관이 터진 이유는 그 전에 닥쳐온 추위로 설명할 수 있다. 공룡이 멸종한 이유는 그 전에 지구와 운석이 충돌했을 가능성으로 설명하면 된다. 바꿔 말해서, 우리는 한 사건을 설명하기 위해 그 사건 이전에 일어났던 사건에서 원인을 찾는다. 그러나 빅뱅의 경우에는 그 이전에 아무것도 없었으므로 어떠한 설명도 찾을 수 없는 것이다.

'빅뱅 이전에 아무 일도 없었다'는 말을 달리 해석하는 방법도 있다. 그것은 바로 ⬚㉡⬚고 해석하는 것이다. 그 경우 '빅뱅 이전'이라는 개념 자체가 성립하지 않으므로 그 이전에 아무 일도 없었던 것은 당연하다. 그렇게 해석한다면 빅뱅이 일어난 이유도 설명할 수 있게 된다. 즉 빅뱅은 '0년'을 나타내는 것이다. 시간의 시작은 빅뱅의 시작으로 정의되기 때문에 우주가 그 이전이든 이후이든 왜 탄생했느냐고 묻는 것은 이치에 닿지 않는다.

① ㉠ : 왜 우주가 탄생하게 되었는지를
   ㉡ : 시간은 변화와 무관하다
② ㉠ : 왜 우주가 탄생하게 되었는지를
   ㉡ : 빅뱅 이전에는 시간도 없었다
③ ㉠ : 사물의 변화가 어떻게 시간의 경과를 가져왔는지를
   ㉡ : 시간은 변화와 무관하다
④ ㉠ : 사물의 변화가 어떻게 시간의 경과를 가져왔는지를
   ㉡ : 빅뱅 이전에는 시간도 없었다
⑤ ㉠ : 왜 그토록 긴 시간이 지난 후에야 빅뱅이 생겨났는지를
   ㉡ : 시간은 변화와 무관하다

문 69. 다음 글의 빈칸에 들어갈 진술로 가장 적절한 것은?

18 행시(나) 29번

기분관리 이론은 사람들의 기분과 선택 행동의 관계에 대해 설명하기 위한 이론이다. 이 이론의 핵심은 사람들이 현재의 기분을 최적 상태로 유지하려고 한다는 것이다. 따라서 기분관리 이론은 흥분 수준이 최적 상태보다 높을 때는 사람들이 이를 낮출 수 있는 수단을 선택한다고 예측한다. 반면에 흥분 수준이 낮을 때는 이를 회복시킬 수 있는 수단을 선택한다고 예측한다. 예를 들어, 음악 선택의 상황에서 전자의 경우에는 차분한 음악을 선택하고 후자의 경우에는 흥겨운 음악을 선택한다는 것이다. 기분조정 이론은 기분관리 이론이 현재 시점에만 초점을 맞추고 있다는 점을 지적하고 이를 보완하고자 한다. 기분조정 이론을 음악 선택의 상황에 적용하면, ⬚⬚⬚⬚⬚⬚⬚⬚고 예측할 수 있다.

연구자 A는 음악 선택 상황을 통해 기분조정 이론을 검증하기 위한 실험을 했다. 그는 실험 참가자들을 두 집단으로 나누고 집단 1에게는 한 시간 후 재미있는 놀이를 하게 된다고 말했고, 집단 2에게는 한 시간 후 심각한 과제를 하게 된다고 말했다. 집단 1은 최적 상태 수준에서 즐거워했고, 집단 2는 최적 상태 수준을 벗어날 정도로 기분이 가라앉았다. 이때 연구자 A는 참가자들에게 기다리는 동안 음악을 선택하게 했다. 그랬더니 집단 1은 다소 즐거운 음악을 선택한 반면, 집단 2는 과도하게 흥겨운 음악을 선택했다. 그런데 30분이 지나고 각 집단이 기대하는 일을 하게 될 시간이 다가오자 두 집단 사이에는 뚜렷한 차이가 나타났다. 집단 1의 선택에는 큰 변화가 없었으나, 집단 2는 기분을 가라앉히는 차분한 음악을 선택하는 쪽으로 변하는 경향을 보인 것이다. 이러한 선택의 변화는 기분조정 이론을 뒷받침하는 것으로 간주되었다.

① 사람들은 현재의 기분을 지속하는 데 도움이 되는 음악을 선택한다
② 사람들은 다음에 올 상황을 고려해 흥분을 유발할 수 있는 음악을 선택한다
③ 사람들은 다음에 올 상황에 맞추어 현재의 기분을 조정하는 음악을 선택한다
④ 사람들은 현재의 기분과는 상관없이 자신이 평소 선호하는 음악을 선택한다
⑤ 사람들은 현재의 기분이 즐거운 경우에는 그것을 조정하기 위해 그와 반대되는 기분을 자아내는 음악을 선택한다

문 70. 다음 ㉠과 ㉡에 들어갈 말을 가장 적절하게 나열한 것은?

18 행시(나) 30번

사람들은 모국어의 '음소'가 아닌 소리를 들으면, 그 소리를 변별적으로 인식하지 못한다. 가령, 물리적으로 다르지만 유사하게 들리는 음성 [x]와 [y]가 있다고 가정해 보자. 이때 우리는 [x]와 [y]가 서로 다르다고 인식할 수도 있고 다르다는 것을 인식하지 못할 수도 있다. [x]와 [y]가 다르다고 인식할 때 우리는 두 소리가 서로 변별적이라고 하고, [x]와 [y]가 다르다는 것을 인식하지 못할 때 두 소리가 서로 비변별적이라고 한다. 변별적으로 인식하는 소리를 음소라고 하고, 변별적으로 인식하지 못하는 소리를 이음 또는 변이음이라고 한다. 우리가 [x]와 [y]를 변별적으로 인식한다면, [x]와 [y]는 둘 다 음소로서의 지위를 갖는다. 반면 [x]와 [y] 가운데 하나는 음소이고 다른 하나가 음소가 아니라면, [x]와 [y]를 서로 변별적으로 인식하지 못한다. 다시 말해 ⬚㉠⬚

여기서 변별적이라는 것은 달리 말하면 대립을 한다는 것을 뜻한다. 어떤 소리가 대립을 한다는 말은 그 소리가 단어의 뜻을 갈라내는 기능을 한다는 것을 의미한다. 비변별적이라는 것은 대립을 하지 못한다는 것을 뜻한다. 그러므로 대립을 하는 소리는 당연히 변별적이고, 대립을 하지 못하는 소리는 비변별적이다.

인간이 발성 기관을 통해 낼 수 있는 소리의 목록은 비록 언어가 다르더라도 동일하다고 가정하지만, 변별적으로 인식하는 소리 즉, 음소의 수와 종류는 언어마다 다르다. 언어가 문화적 산물이라는 사실을 이해하면, 이는 당연한 일이다. 나라마다 문화가 다르듯이 언어 역시 문화적 산물이므로 차이가 나는 것은 당연하고, 언어를 구성하는 가장 작은 단위인 음소의 수와 종류에도 차이가 나는 것은 당연하다. 우리가 다른 문화권의 사람이라는 것을 인지하는 가장 기본적인 요소 중의 하나가 언어라면, 언어가 다르다고 인지하는 가장 핵심적인 요소 중의 하나가 바로 음소 목록의 차이이다. 그렇기 때문에 모국어의 음소 목록에 포함되어 있지 않은 소리를 들었다면, ⬚㉡⬚

① ㉠ : [x]를 들어도 [y]로 인식한다면 [x]는 음소이다.
　 ㉡ : 소리는 들리지만 그 소리가 무슨 소리인지 알 수 없다.
② ㉠ : [y]를 들어도 [x]로 인식한다면 [y]는 음소이다.
　 ㉡ : 그 소리를 모국어에 존재하는 음소 중의 하나로 인식하게 된다.
③ ㉠ : [x]를 들어도 [y]로 인식한다면 [x]는 [y]의 변이음이다.
　 ㉡ : 그 소리를 모국어에 존재하는 음소 중의 하나로 인식하게 된다.
④ ㉠ : [x]를 들어도 [y]로 인식한다면 [x]는 [y]의 변이음이다.
　 ㉡ : 그 소리를 듣고 모국어에 존재하는 유사한 음소들의 중간음으로 인식하게 된다.
⑤ ㉠ : [y]를 들어도 [x]로 인식한다면 [x]는 [y]의 변이음이다.
　 ㉡ : 그 소리를 듣고 모국어에 존재하는 유사한 음소들의 중간음으로 인식하게 된다.

문 71. 다음 ㉠~㉚에 대한 분석으로 가장 적절한 것은?

18 행시(나) 31번

우리의 사고는 구조를 가지고 있을까? 이를 알아보기 위해 한국어 문장 "철수는 영희를 사랑한다."에서 출발해 보자. ㉠ 이 문장에 포함되어 있는 고유명사 '철수'와 '영희'가 지시하는 대상이 존재한다면, 이 문장이 유의미하다는 점을 부정할 사람은 없을 것이다. 그런데 ㉡ 이 문장이 유의미하다면, 두 고유명사의 위치를 서로 바꾼 문장 "영희는 철수를 사랑한다."도 유의미하다. 언어의 이러한 속성을 체계성이라고 한다. ㉢ 언어의 체계성은 해당 언어의 문장이 구조를 가질 경우에만 보장된다.

이번에는 언어의 생산성에 관해 생각해 보자. 한 언어가 생산적이라는 말의 의미는, 그 언어 내의 임의의 문장을 이용하여 유의미한 문장을 새롭게 구성할 수 있다는 것이다. 예를 들어, "철수는 귀엽다."와 "영희는 씩씩하다."는 문장들을 가지고 새로운 문장 "철수는 귀엽고 영희는 씩씩하다."를 얻을 수 있다. 또한 여기에다가 "영희는 철수를 사랑한다."를 덧붙여서 "철수는 귀엽고 영희는 씩씩하고 영희는 철수를 사랑한다."를 얻을 수 있다. 이러한 과정은 끝없이 확대될 수 있다. ㉣ 언어의 이러한 특성 역시 해당 언어의 문장이 구조를 가질 경우에만 보장된다.

이제 우리는 ㉤ 언어의 체계성과 생산성은 언어가 구조를 가질 경우에만 보장된다고 결론지을 수 있다. 이러한 결론은 우리의 사고에 대해서도 성립할 가능성이 있다. 왜냐하면 ㉥ 우리의 사고가 체계성과 생산성을 가지고 있다는 것은 부정할 수 없는 사실이기 때문이다. ㉦ 우리는 A가 B를 사랑한다고 생각할 수 있다면, B가 A를 사랑한다고 생각할 수도 있다. 뿐만 아니라 ㉧ 우리는 A가 귀엽다고 생각하고 B가 씩씩하다고 생각할 수 있다면, A는 귀엽고 B는 씩씩하다고 생각할 수 있다. 언어의 경우와 유사하게 사고의 경우도 이처럼 체계성과 생산성을 가지고 있다. 결국 언어와 마찬가지로 ㉚ 우리의 사고도 구조를 가지고 있다는 유추가 가능하다.

① ㉠은 ㉡을 지지한다.
② ㉥은 ㉤을 지지한다.
③ ㉢과 ㉣이 참이라고 할지라도 ㉤은 거짓일 수 있다.
④ ㉤과 ㉥이 참이라고 할지라도 ㉚은 거짓일 수 있다.
⑤ ㉥이 참이라고 할지라도 ㉦과 ㉧은 거짓일 수 있다.

문 72. 다음 글의 ㉠에 들어갈 진술로 가장 적절한 것은?

19 행시(가) 6번

흔히들 과학적 이론이나 가설을 표현하는 엄밀한 물리학적 언어만을 과학의 언어라고 생각한다. 그러나 과학적 이론이나 가설을 검사하는 과정에는 이러한 물리학적 언어 외에 우리의 감각적 경험을 표현하는 일상적 언어도 사용될 수밖에 없다. 그런데 우리의 감각적 경험을 표현하는 일상적 언어에는 과학적 이론이나 가설을 표현하는 물리학적 언어와는 달리 매우 불명료하고 엄밀하게 정의될 수 없는 용어들이 포함되어 있다. 어떤 학자는 이러한 용어들을 '발룽엔'이라고 부른다.

이제 과학적 이론이나 가설을 검사하는 과정에 발룽엔이 개입된다고 해보자. 이 경우 우리는 증거와 가설 사이의 논리적 관계가 무엇인지 결정할 수 없게 될 것이다. 즉, 증거가 가설을 논리적으로 뒷받침하고 있는지 아니면 논리적으로 반박하고 있는지에 관해 미결정적일 수밖에 없다는 것이다. 그 이유는 증거를 표현할 때 포함될 수밖에 없는 발룽엔을 어떻게 해석할 것인지에 따라 증거와 가설 사이의 논리적 관계에 대한 다양한 해석이 나오게 될 것이기 때문이다. 발룽엔의 의미는 본질적으로 불명료할 수밖에 없다. 즉, 발룽엔을 아무리 상세하게 정의하더라도 그것의 의미를 정확하고 엄밀하게 규정할 수는 없다는 것이다.

논리실증주의자들이나 포퍼는 증거와 가설 사이의 관계를 논리적으로 정확하게 판단할 수 있고 이를 통해 가설을 정확히 검사할 수 있다고 생각했다. 그러나 증거와 가설이 상충하면 가설이 퇴출된다는 식의 생각은 너무 단순한 것이다. 증거와 가설의 논리적 관계에 대한 판단을 위해서는 증거가 의미하는 것이 무엇인지 파악하는 것이 선행되어야 하기 때문이다. 따라서 우리가 발룽엔의 존재를 염두에 둔다면, '_____㉠_____'라고 결론지을 수 있다.

① 과학적 가설과 증거의 논리적 관계를 정확하게 판단할 수 있다는 생각은 잘못된 것이다.
② 과학적 가설을 정확하게 검사하기 위해서는 우리의 감각적 경험을 배제해야 한다.
③ 과학적 가설을 검사하기 위한 증거를 표현할 때 발룽엔을 사용해서는 안 된다.
④ 과학적 가설을 표현하는 데에도 발룽엔이 포함될 수밖에 없다.
⑤ 증거가 의미하는 것이 무엇인지 정확히 파악해야 한다.

문 73. 다음 글의 ㉠과 ㉡에 들어갈 문장을 〈보기〉에서 골라 바르게 짝지은 것은?

19 행시(가) 11번

한편에서는 "C시에 건설될 도시철도는 무인운전 방식으로 운행된다."라고 주장하고, 다른 한편에서는 "C시에 건설될 도시철도는 무인운전 방식으로 운행되지 않는다."라고 주장한다고 하자. 이 두 주장은 서로 모순되는 것처럼 보인다. 하지만 양편이 팽팽히 대립한 회의가 "C시에 도시철도는 적합하지 않다고 판단되므로, 없던 일로 합시다."라는 결론으로 끝날 가능성도 있다는 사실을 우리는 고려해야 한다. C시에 도시철도가 건설되지 않을 경우에도 양편의 주장에 참이나 거짓이라는 값을 매겨야 한다면 어떻게 매겨야 옳을까?

한 가지 분석 방안에 따르면, "C시에 건설될 도시철도는 무인운전 방식으로 운행된다."라는 문장은 "_____㉠_____"라는 것을 의미하는 것으로 해석한다. 이렇게 해석할 경우, C시에 도시철도를 건설하지 않기로 했으므로 원래의 문장은 거짓이 된다. 이런 분석은 "C시에 건설될 도시철도는 무인운전 방식으로 운행되지 않는다."에 대해서도 똑같이 적용되어 그것에도 거짓이라는 값을 부여한다.

원래 문장, "C시에 건설될 도시철도는 무인운전 방식으로 운행된다."를 분석하는 둘째 방안도 있다. 이 방안에서는 우선 원래 문장은 "_____㉡_____"라는 것을 의미하는 것으로 해석한다. 그런 다음 이렇게 분석된 이 문장은 C시에 도시철도를 건설해 그것을 무인운전이 아닌 방식으로 운행하는 일은 없다는 주장과 같은 의미를 나타낸다고 이해한다. 이렇게 해석할 경우 원래의 문장은 참이 된다. 왜냐하면 C시에 도시철도를 건설하지 않기로 했으므로 C시에 도시철도를 건설해 그것을 무인운전이 아닌 방식으로 운행하는 일도 당연히 없을 것이기 때문이다. 이런 분석은 "C시에 건설될 도시철도는 무인운전 방식으로 운행되지 않는다."에 대해서도 똑같이 적용되어 그것에도 참이라는 값을 부여한다.

〈보 기〉

(가) C시에 도시철도가 건설되고, 그 도시철도는 무인운전 방식으로 운행된다.
(나) C시에 무인운전 방식으로 운행되는 도시철도가 건설되거나, 아니면 아무 도시철도도 건설되지 않는다.
(다) C시에 도시철도가 건설되면, 그 도시철도는 무인운전 방식으로 운행된다.
(라) C시에 도시철도가 건설되는 경우에만, 그 도시철도는 무인운전 방식으로 운행된다.

	㉠	㉡
①	(가)	(다)
②	(가)	(라)
③	(나)	(다)
④	(나)	(라)
⑤	(라)	(다)

문 74. 다음 글에 대한 분석으로 적절한 것만을 〈보기〉에서 모두 고르면?

19 행시(가) 32번

"1 더하기 1은 2이다."와 "대한민국의 수도는 서울이다."는 둘 다 참인 명제이다. 이 중 앞의 명제는 수학 영역에 속하는 반면에 뒤의 명제는 사회적 규약 영역에 속한다. 그리고 위 두 명제 모두 진리 표현 '~는 참이다'를 부가하여, "1 더하기 1은 2라는 것은 참이다.", "대한민국의 수도는 서울이라는 것은 참이다."와 같이 바꿔 말할 수 있다. 이 '~는 참이다'라는 진리 표현에 대한 이론들 중에는 진리 다원주의와 진리 최소주의가 있다.

진리 다원주의에 의하면 ㉠ 수학과 사회적 규약이라는 서로 다른 영역에 속한 위 두 명제들의 진리 표현은 서로 다른 진리를 나타낸다. 한편, ㉡ 진리 표현은 명제가 속한 영역에 따라서 다른 진리를 나타낸다는 주장은 진리가 진정한 속성일 때에만 성립한다. 만약 진리가 진정한 속성이 아니라면 영역의 차이에 따라 진리를 구별하는 것은 무의미할 것이기 때문이다. 그러므로 진리 다원주의는 ㉢ 진리가 진정한 속성이라는 것을 받아들여야 한다. 한편, ㉣ 언어 사용을 통해 어떤 속성에 대한 모든 것을 알 수 있다면, 그것은 진정한 속성이 아니다. 진리가 진정한 속성이라면 언어 사용을 통해 진리에 관한 모든 것을 알 수 있는 것은 아니다. 진리 최소주의자들은 ㉤ 우리는 언어 사용을 통해 진리에 관한 모든 것을 알 수 있다고 주장한다. 그러므로 만약 진리 최소주의가 옳다면 어떤 결론이 따라 나오는지는 명확하다.

―――― 〈보 기〉 ――――

ㄱ. ㉠과 ㉡은 함께 ㉢을 지지한다.
ㄴ. ㉣과 ㉤은 함께 ㉢을 반박한다.
ㄷ. ㉠, ㉡, ㉣은 함께 ㉤을 반박한다.

① ㄱ
② ㄷ
③ ㄱ, ㄴ
④ ㄴ, ㄷ
⑤ ㄱ, ㄴ, ㄷ

문 75. 다음 논쟁에 대한 분석으로 가장 적절한 것은?

20 행시(나) 14번

갑 : 진실을 말하지 않더라도 다른 사람을 설득할 수 있겠지만, 그런 설득은 엉망인 결과로 이어지므로 그렇게 해서는 안 됩니다.

을 : 사람들을 설득하고자 하는 사람들에게 더 중요한 것은 정의나 훌륭함에 대한 진실을 말하는 것이 아닙니다. 그보다 자신이 말하는 바를 사람들이 정의롭고 훌륭한 것이라고 받아들일 수 있게끔 설득하는 이야기 기술입니다. 설득은 진실을 말한다고 해서 반드시 성취될 수 있는 것이 아닙니다.

갑 : 그럼 이렇게 생각해보지요. 제가 '말을 구해 적들을 막아야 한다.'고 당신을 설득하려는 상황을 생각해봅시다. 단, 당신이 말에 대해서 가지고 있는 정보는 가축 중 말의 귀가 가장 크다는 것뿐이고, 제가 이 사실을 알고 있다고 합시다. 이럴 때, 제가 당나귀를 말이라고 부르면서, 당나귀에 대한 칭찬을 늘어놓아 당나귀가 적들을 막는데 무척 효과적이라고 당신을 꼬드긴다면 어떻게 될까요? 아마도 당신은 설득이 되겠지요. 하지만 당신은 당나귀로 적들을 막아내지는 못할 것입니다. 이렇게 이야기 기술만으로 대중을 설득한다면, 그 설득으로부터 야기된 결과는 엉망이 될 것입니다.

을 : 제 말을 너무 심하게 비난하는군요. 제가 말한 것은 다른 사람을 설득하기 위해서는 이야기 기술을 습득해야 한다는 것입니다. 진실을 말하는 사람이라도 그런 기술이 없다면 설득을 해낼 수 없다는 것을 말하고자 한 것뿐입니다.

갑 : 물론, 진실을 말한다고 해서 설득할 수 있는 것은 아니지요. 그렇지만 진실을 말하지 않으면서 대중을 설득하는 이야기 기술만 습득하는 것은 어리석은 짓을 하겠다는 것입니다.

① 갑과 을은 진실을 이야기한다고 하더라도 설득에 실패할 수 있다는 것에 동의한다.

② 갑과 을은 이야기 기술만으로 사람들을 설득하는 경우가 가능하다는 것에 동의하지 않는다.

③ 갑과 을은 진실하지 않은 것을 말하는 이야기 기술을 습득하지 말아야 한다는 것에 동의한다.

④ 갑은 이야기 기술을 가지고 있다고 하더라도 설득에 실패할 수 있다는 것을 긍정하지만, 을은 부정한다.

⑤ 갑은 진실하지 않은 것을 믿게끔 설득하는 것으로부터 야기된 결과가 나쁠 수 있다는 것을 긍정하지만, 을은 부정한다.

문 76. 다음 글의 갑~병에 대한 분석으로 가장 적절한 것은?

20 행시(나) 30번

경험 연구에서 연구의 타당성을 확보하기 위한 노력은 매우 중요하다. 먼저 연구의 외적 타당성을 확보하기 위해 대표성을 지닌 자료를 수집해야 한다. 표본 집단을 잘못 설정하면 연구 대상의 대표성을 확보할 수 없게 되고 결국 연구 결과의 일반화에 실패하므로 연구의 외적 타당성은 저해된다. 이는 연구 대상인 표본의 수나 표본 집단의 대상 지정과 관련이 있다. 다음으로 연구의 내적 타당성을 확보하기 위해서는 역사 요인과 선택 요인에 따른 오류를 제거해야 한다. 역사 요인은 외부적 사건이 원인이 되어 연구에 영향을 미쳤지만 이를 미처 고려하지 못하고 연구의 결과가 합당한 것처럼 결론을 내리게 하는 요인이다. 역사 요인에 따른 오류를 제거하기 위해서는 반드시 비교 집단을 설정하여 정보를 수집해야 한다. 선택 요인은 비교 집단을 설정했지만 비교 집단을 잘못 설정함으로써 잘못된 결론을 도출하게 하는 요인이다. 이 요인에 따른 오류를 제거하기 위해서는 독립 변수 조건 이외에 다른 조건들이 현저하게 차이가 나는 집단을 비교 집단으로 설정하지 않아야 한다.

축구 협회가 축구에 대한 관심도를 높이기 위해 초등학교에 지급하는 축구 관련 지원금을 인상하는 정책을 시행한 후 이 정책이 적용된 100개교를 대상으로 정책 효과성 연구를 실시하였다고 가정하자. 연구 결과 이 정책이 적용된 학교의 초등학생들에게서 축구에 대한 관심도가 2배 증가하였다는 결과를 얻었다고 하자. 이 연구의 타당성 검토와 관련하여 갑~병은 다음과 같이 주장하였다.

갑 : 지원금 인상 정책이 적용된 초등학교 중, 소수의 학교만을 대상으로 연구하거나 혹은 지원금 인상 정책이 적용되지 않은 초등학교까지도 연구 대상으로 지정하는 오류가 있는지 검토해야 한다.

을 : 연구시기에 월드컵이 개최되었고 우리나라가 본선에 진출하였으므로 이 요인이 축구에 대한 관심도 상승에 더 큰 영향을 미쳤을 수 있다. 이에 지원금 인상 정책이 적용되지 않은 초등학교를 비교 집단으로 설정하여 연구를 실시했는지 검토해야 한다.

병 : 비교 집단을 설정했으나 지원금 인상 정책이 적용되지 않은 초등학교 중 축구에 대한 관심도 수준이 현저히 차이 나는 집단을 비교 집단으로 설정하지 않았는지 검토해야 한다.

① 갑은 연구의 내적 타당성을 확보하기 위해 연구 대상의 대표성 확보에 관한 타당성을 검토하자는 것이다.

② 을은 연구의 내적 타당성을 확보하기 위해 선택 요인과 관련한 타당성을 검토하자는 것이다.

③ 을은 연구의 외적 타당성을 확보하기 위해 역사 요인과 관련한 타당성을 검토하자는 것이다.

④ 병은 연구의 내적 타당성을 확보하기 위해 선택 요인과 관련한 타당성을 검토하자는 것이다.

⑤ 병은 연구의 외적 타당성을 확보하기 위해 연구 결과 일반화가 가능한 표본 집단 선정에 관한 타당성을 검토하자는 것이다.

문 77. 다음 논쟁에 대한 분석으로 가장 적절한 것은?

20 행시(나) 34번

갑 : 무게 중심이 어느 쪽으로도 치우치지 않은 동전 c가 있다. 그럼 'c를 던졌을 때 앞면이 나올 확률은 50%이다.'라는 진술 A가 뜻하는 바는 무엇인가? 이는 분명 참이다. 하지만 형태, 색, 무게 등 c의 물리적 특징을 조사한다고 하더라도, '50%의 확률'에 대응하는 특징을 찾을 수 없다. 도대체 진술 A의 의미가 무엇이길래 참이라고 말할 수 있는가?

을 : c를 여러 번 던져 진술 A의 의미를 결정할 수 있다. c를 같은 방식으로 여러 번 던지면 일부는 앞면이 나오고 일부는 뒷면이 나올 것이다. 이런 실제 동전 던지기 결과를 통해 진술 A의 의미가 결정된다. 즉 진술 A는 'c를 같은 방식으로 던진 실제 결과들 중 앞면이 나온 빈도가 50%이다.'를 뜻한다.

병 : c를 같은 방식으로 여러 번 던지는 것이 실제로 가능한가? 아무리 비슷하게 던지려 하더라도 언제나 미세한 차이가 있을 것이다. 따라서 c를 같은 방식으로 던지는 것은 거의 불가능하고, 가능하더라도 그 수는 매우 작을 것이다. 극단적으로, 그런 경우가 단 한 번밖에 없다면 앞면이 나온 빈도는 0% 또는 100%일 수밖에 없다. 이런 경우, 우리는 진술 A가 거짓이라고 말해야 한다. 하지만 이는 받아들일 수 없다.

정 : c가 같은 방식으로 던져진 실제 세계 사례의 수는 무척 작을 것이다. 하지만 진술 A는 실제 세계에서 일어난 일에 대한 것이 아니다. 오히려 그와 유사한 가상 상황에서 일어난 일에 관련된다. 진술 A는 '실제 세계와 유사한 가상 상황에서 c를 같은 방식으로 수없이 던졌을 때, 앞면이 나온 빈도는 50%에 근접한다.'를 뜻한다.

① 갑은 A가 참이라고 생각하지만, 병은 거짓이라고 생각한다.

② 을은 c를 같은 방식으로 여러 차례 던질 수 없다고 주장하지만, 병은 그렇지 않다.

③ 병은 c를 다양한 방식으로 던진 동전 던지기의 결과가 A의 진위에 영향을 끼친다고 주장하지만, 정은 그렇지 않다.

④ 병과 정은 실제 세계에서 c를 같은 방식으로 던지는 사례의 수가 매우 작을 수 있다는 것에 동의한다.

⑤ 갑, 을, 정 모두 c의 물리적 특징을 안다면 A의 뜻을 결정할 수 있다는 것에 동의한다.

문 78. 다음 글에 대한 분석으로 적절한 것만을 〈보기〉에서 모두 고르면?
20 행시(나) 35번

영혼이 불멸하냐는 질문에 어떤 철학자는 다음과 같이 대답한다. 정의로움, 아름다움, 선함과 같은 ㉠ 형상은 물질적 대상이 아니다. 즉, 정의 그 자체나 선함 그 자체는 물질이 아니다. 그는 이런 사실로부터 ㉡ 이성은 물질적인 것이 아니다라는 것을 이끌어낸다. ㉢ 형상이 물질적 대상이 아니라면, 그 어떤 물질적인 것도 결코 형상을 이해할 수 없다고 그는 생각했다. 반면 이성과는 달리 육체는 물질적 대상임이 분명하다.

하지만 이성이 비물질적이라 하더라도, 그로부터 물질적 대상인 육체가 죽음으로 소멸해도 ㉣ 영혼은 불멸한다는 것이 보장되지는 않는다. 그래서 그 철학자는 ㉤ 이성과 영혼은 같다는 것, 그리고 ㉥ 만약 이성이 형상을 이해할 수 있고 형상이 불멸한다면, 이성 역시 불멸한다는 것으로부터 영혼의 불멸성을 이끌어낸다.

─────〈보 기〉─────
ㄱ. 이성이 형상을 이해할 수 있다는 것이 전제되면 ㉠과 ㉢으로부터 ㉡이 도출된다.
ㄴ. 오직 불멸하는 이성만이 비물질적이라는 것이 전제되면 ㉡으로부터 ㉣이 도출된다.
ㄷ. 불멸하는 것만이 불멸하는 것을 이해할 수 있다는 것이 전제되면 ㉤과 ㉥으로부터 ㉣이 도출된다.

① ㄱ
② ㄴ
③ ㄱ, ㄷ
④ ㄴ, ㄷ
⑤ ㄱ, ㄴ, ㄷ

문 79. 다음 글의 ㉠과 ㉡에 들어갈 내용을 〈보기〉에서 골라 적절하게 짝지은 것은?
21 행시(가) 26번

경제가 어려울수록 사람들은 경제적 재화가 똑같이 분배되는 사회를 소망한다. 하지만 이러한 단순 평등 사회가 달성된다고 하더라도 그 상태는 유지될 수 없다. 처음에 경제적 재화를 똑같이 분배받는다고 하더라도 사람들은 자신의 선택에 따라 재화를 자유롭게 사용할 것이고, 그렇게 되면 시간이 지남에 따라 결국 다시 불평등한 사회가 될 것이기 때문이다. 이러한 불평등을 반복적으로 제거하면 다시 단순 평등 사회로 되돌아갈 수 있을지도 모른다. 하지만 그것은 오직 국가의 개입과 통제가 있어야만 가능한 일이다. 문제는 누구도 개인의 자유를 억압하는 사회를 원치 않는데, 국가의 개입과 통제가 필연적으로 개인의 자유를 억압한다는 것이다. 따라서 단순 평등 사회는 [㉠]. 그렇다면 우리는 어떤 의미의 평등 사회를 지향해야 할까? 어떤 사람들이 비싼 물건을 살 능력이 있고 어떤 사람들은 그렇지 못하다는 경제적 불평등은 부정할 수 없는 현실이다. 하지만 우리는 경제적 재화 이외에도 자유, 사회적 지위, 정치권력 등의 다양한 사회적 가치들을 유용하다고 인정한다. 그래서 더욱 심각한 문제는 경제적 재화와 같은 하나의 사회적 가치가 불평등하게 분배되는 것이 정당한 이유 없이 다른 사회적 가치의 분배 문제에서까지 불평등을 유발할 수 있다는 것이다. 이런 결과를 초래하는 것은 바람직하지 않다. 재산이 많다고 정당한 이유 없이 정치권력을 소유하게 되거나, 정치권력을 가졌다고 정당한 이유 없이 높은 사회적 지위를 갖게 되는 것이 그런 예이다. 따라서 평등한 사회를 달성하기 위해서는 [㉡].

─────〈보 기〉─────
ㄱ. 개인의 자유를 억압하지 않는다면 지속 가능한 것이다
ㄴ. 지속 가능하지도 않고 개인의 자유를 희생하면서까지 원하는 것이 아니다
ㄷ. 모든 사회적 가치 각각을 공정하게 분배하는 것이 중요하다
ㄹ. 하나의 사회적 가치에 대한 불평등이 다른 영역에서의 불평등으로 이어지는 것을 막는 것이 중요하다
ㅁ. 다양한 사회적 가치를 공정하게 분배하는 방법의 출발점으로 하나의 사회적 가치를 공정하게 분배하는 것부터 시작해야 한다

	㉠	㉡
①	ㄱ	ㄹ
②	ㄱ	ㅁ
③	ㄴ	ㄷ
④	ㄴ	ㄹ
⑤	ㄴ	ㅁ

문 80. 다음 글에 대한 분석으로 적절한 것만을 〈보기〉에서 모두 고르면?

21 행시(가) 37번

"삼각형은 세 변을 갖고 있다."는 필연적으로 참인 진술로, 필연적 진리의 한 사례이다. 그런데 다음 논증을 살펴보자.

(1) 필연적 진리는 참이다.

(2) 참인 진술은 참일 가능성이 있는 진술이다.

(3) 참일 가능성이 있는 진술은 거짓일 가능성이 있는 진술이다.

따라서 (4)필연적 진리는 거짓일 가능성이 있는 진술이다.

이 논증은 전제가 모두 참이라면 결론도 반드시 참이 된다. 하지만 최종 결론 (4)는 명백히 거짓이다. "삼각형은 세 변을 갖고 있다."는 거짓일 가능성이 없는 진술이기 때문이다. 그러므로 전제 가운데 적어도 하나는 거짓일 수밖에 없다.

어떤 전제가 문제일까? (1)은 참이다. (2)도 그럴듯해 보인다. 어떤 진술이 실제로 참이라면 그것은 참일 가능성이 있다. (3)도 맞는 말처럼 보인다. 예컨대 "올해 백두산에 많은 눈이 내렸다."는 진술을 생각해보자. 이 진술은 참일 가능성이 있다. 그러나 거짓일 수도 있다. 만약 이 진술이 거짓일 수 없는 진술이라면, 그것은 필연적으로 참인 진술이어야 한다. 그러나 올해 백두산에 많은 눈이 내렸다는 것은 필연적 진리가 아니다.

어떤 전제가 문제인지를 알아보기 위해 '참인 진술'과 '거짓인 진술'을 다음과 같이 좀 더 세분해 보기로 하자.

NT	필연적으로 참인 진술	"삼각형은 세 변을 갖고 있다."
CT	우연적으로 참인 진술	"부산은 항구도시이다."
CF	우연적으로 거짓인 진술	"청주는 광역시이다."
NF	필연적으로 거짓인 진술	"삼각형은 네 변을 갖고 있다."

'참일 가능성이 있는 진술'은 위의 네 종류 가운데 어떤 것을 말할까? 그것은 '참일 가능성이 있다'는 말이 무엇을 의미하느냐에 달려 있다. 그것이 ⊙ 필연적으로 거짓인 것은 아니라는 것을 의미한다면, 참일 가능성이 있는 진술에는 NT, CT, CF가 모두 포함된다. 한편 그것이 ⓛ 우연적으로 참이거나 우연적으로 거짓이라는 것을 의미한다면, 참일 가능성이 있는 진술에는 CT와 CF만 포함된다. 이처럼 위 논증에서 핵심 구절로 사용되는 '참일 가능성이 있다'가 서로 다른 두 가지로 해석될 수 있다는 것이 문제의 근원이다.

─〈보 기〉─

ㄱ. 참일 가능성이 있다는 말을 ⊙으로 이해하면 (2)는 참인 전제가 된다.

ㄴ. 참일 가능성이 있다는 말을 ⓛ으로 이해하면 (3)은 참인 전제가 된다.

ㄷ. 참일 가능성이 있다는 말을 ⊙으로 이해하면 (3)은 거짓인 전제가 된다.

① ㄱ

② ㄷ

③ ㄱ, ㄴ

④ ㄴ, ㄷ

⑤ ㄱ, ㄴ, ㄷ

02 강화 · 약화형 필수기출 80제

문 1. 다음에 설명된 '사전조치'의 개념에 해당하지 <u>않는</u> 것은?

09 행시(경) 24번

개인이나 사회는 장기적으로 최선인 일을 의지박약, 감정, 충동, 고질적 습관, 중독 그리고 단기적 이익추구 등의 이유로 인해 수행하지 못하는 경우가 많다. 예컨대 많은 사람들이 지금 담배를 끊는 것이 자신의 건강을 위해서 장기적으로 최선이라고 판단함에도 불구하고 막상 담배를 피울 수 있는 기회에 접하게 되면 의지박약으로 인해 담배를 피우는 경우가 많다. 이런 경우 개인이나 사회는 더 합리적으로 행동하기 위해서 행위자가 가질 수 있는 객관적인 기회를 제한하거나 선택지를 줄임으로써 의지박약이나 충동 또는 단기적 이익 등에 따라 행동하는 것을 방지할 수 있다. 이런 조치를 '사전조치'라고 명명한다.

① 알콜 중독자가 금주를 목적으로 인근 수십 킬로미터 안에 술을 파는 곳이 없는 깊은 산속으로 이사를 하였다.

② 술에 취할 때마다 헤어진 애인에게 전화를 하는 남학생이 더 이상 그녀에게 전화를 하지 않기 위해 자신의 핸드폰 번호를 변경하였다.

③ 가정 내에서 TV를 통한 미성년자의 등급 외 상영물 시청을 제한하기 위해 TV에 성인물 시청 시 비밀번호를 입력하도록 하는 장치를 설치하였다.

④ 군것질 버릇이 있는 영화배우가 최근 캐스팅된 영화 촬영을 앞두고 몸 관리를 하기 위해 매니저에게 자신의 숙소에 있는 모든 군것질 거리를 치우도록 하였다.

⑤ 국회는 향후 집권당과 정부가 선거에서 유권자의 표를 구할 목적으로 단기적으로만 효과를 발휘하는 통화금융정책을 시행할 위험을 막기 위해서 이자율과 통화량에 대한 결정권을 독립된 중앙은행에 이양하는 법률을 제정하였다.

문 2. 다음 글에서 설명하는 소프트웨어 개발 방식이 적용된 사례를 〈보기〉에서 모두 고르면?

10 행시(수) 28번

자동차를 설계하거나 수리할 때 최하부 단위(예를 들면, 나사, 도선, 코일 등)의 수준에서 할 수도 있지만 그렇게 하면 일이 매우 복잡해지고 제작이나 수리도 어려워진다. 차 내부를 열어 보아도 어디서부터 어디까지가 시동장치인지 변속장치인지 알 수가 없게 온통 나사, 도선, 코일 등으로 가득 찬 경우를 상상해 보라.

실제로 차 내부를 열어 보면 변속기, 시동장치, 냉각기 등으로 확실하게 구분되어 있는 것을 볼 수 있다. 이렇게 구분해 주면 시동장치나 냉각기만을 전문으로 제작하는 회사가 생길 수 있고 차의 고장 진단이나 유지보수도 훨씬 쉬워질 것이다. 이처럼 시동장치, 변속기 등과 같은 것들은 나사, 도선, 코일 등과 같은 최하부에 일반적으로 사용되는 부품들과 달리 특정 목적을 수행할 수 있는 의미 있는 구성단위가 된다. 또한 이들 구성단위는 다시 모여서 엔진, 제동시스템과 같은 상위 구성단위의 일부가 될 수도 있다.

이러한 개념을 소프트웨어에서도 도입하였다. 즉, 전체 소프트웨어를 최하부 단위(AND, OR, Loop 등)로 표현하기보다 상위의 단위로 구성하고 표현하면 설계, 제작, 유지보수 등이 훨씬 효과적으로 이루어질 수 있다. 멀티미디어의 사용이 증가하고 좀 더 직관적이고 편리한 사용자 인터페이스가 요구됨에 따라 소프트웨어가 갈수록 복잡하고 거대해지고 있다. 따라서 소프트웨어의 제작과 유지보수 등이 얼마나 효율적인가가 소프트웨어 발전의 중요한 관건이 되고 있다.

─── 〈보 기〉 ───

ㄱ. 로봇 소프트웨어를 개발할 때 로봇 모델을 구분하지 않고 사용할 수 있는 프로그래밍 언어를 이용하면, 하부 센서와 모터를 제어하는 명령어들을 일일이 나열하게 되므로 프로그램이 길어지고 어려워진다. 차라리 특정 로봇 모델이 주어졌을 때, 그 모델의 특정 동작에 대응하는 상위 명령어들을 사용하면 복잡한 소프트웨어도 비교적 간단하게 개발할 수 있다.

ㄴ. 컴퓨터 프로그램의 동작은 어차피 컴퓨터 내의 전기 신호로 바뀌기 때문에 이 전기 신호들을 직접 제어하는 언어를 사용하여 소프트웨어를 개발하는 것이 일상 언어에 가까운 고급 프로그래밍 언어를 사용하는 것보다 유용하다.

ㄷ. 복잡한 소프트웨어를 개발하려면 상위 구성요소들에 대한 설계를 먼저 하고, 상위의 구조를 하위 구성요소들로 표현하는 방식으로 몇 단계를 거치는 과정이 필수적이다. 그렇지 않으면 작은 소프트웨어는 문제가 없지만 기업용 소프트웨어와 같이 규모가 큰 소프트웨어의 경우에는 공동 작업이 불가능해진다.

ㄹ. 멀티미디어 소프트웨어 개발에서는 워낙 그 정보량이 많기 때문에 정보의 압축이 중요하다. 멀티미디어 정보를 인터넷으로 주고받거나 컴퓨터에 저장할 때 압축하지 않으면 너무 많은 자원이 소모될 것이다. 급속도로 증가하는 멀티미디어 정보의 크기를 감안하면 압축 기술은 결코 부수적인 것이 아니다.

① ㄱ, ㄴ
② ㄱ, ㄷ
③ ㄴ, ㄷ
④ ㄴ, ㄹ
⑤ ㄷ, ㄹ

문 3. 다음 글의 '규칙'으로 적절하지 <u>않은</u> 것은?

11 민간실험(수) 14번

후각은 진화의 측면에서 가장 원시적이지만 아주 중요한 감각이다. 후각은 다른 감각보다 뇌에 이르는 보다 더 직접적인 통로를 갖고 있어 미각에 비해 10,000배나 더 예민하다. 따라서 은폐된 지역에서 숨어 있거나, 보이지 않을 만큼 멀리 떨어져 있는 적, 또는 금방 사라져 버린 적을 추적하는 데 냄새만큼 좋은 정보를 제공해 주는 것은 없다.

동물의 경우는 생활 중 많은 부분을 후각기관에 의존하기 때문에 이 기관이 매우 발달되어 있고 눈이나 귀에 못지않게 중요한 역할을 한다. 그러나 특별한 경우를 제외하고 인간의 후각기관을 훈련되지 않아 발달하지 못했다. 현대전에 있어 각종 탐지 및 관측 장비의 발달로 인하여 인간 감각기관의 전투 활용은 제한되어 있지만, 적절한 훈련을 받게 되면 적을 식별할 수 있을 뿐만 아니라 유독가스를 조기에 식별, 경고할 수 있다. 일상적인 생활에서도 가정에서의 각종 가스 누출 사고, 불의의 유독가스 살포 대비 화생방 훈련 시에 후각 훈련을 해두는 것이 인명 피해를 줄이는 데 도움이 될 것이다.

후각 훈련에 어려운 점이 있다. 현대인들의 각종 화장품이나 향수, 방취제의 사용은 후각 기능을 둔화시킨다. 또 후각기관의 단점은 너무 쉽게 냄새에 순응한다는 것이다. 약한 냄새의 경우는 1~2분만 지나면 적응되어 그 냄새를 맡을 수 없게 된다. 그래서 후각기관을 충분히 활용하려면 신선한 공기를 마시고 난 후 냄새를 맡아야 하며, 새로운 장소에 도착하면 즉시 냄새를 평가하여야 한다. 냄새에 의한 정보 수집을 담당하려는 사람은 냄새에 대한 관심을 가지고 있어야 하며, 일상생활에서 후각 기능의 향상을 위해 항상 노력해야 한다. 전장에서는 적군과 직접 관계된 냄새뿐만 아니라 적이 사용하는 가스의 식별도 중요하다. 후각 식별 병사를 운용하는 데 있어서 적절한 '규칙'이 필요하다.

① 후각 식별을 담당한 병사에게는 화장품이나 향수 제품의 사용을 금한다.
② 냄새에 대한 후각의 순응이 매우 빠르기 때문에 후각 식별 담당 병사는 수시로 맑은 공기를 흡입해야 한다.
③ 후각 기능을 떨어뜨리는 비염이나 감기 증세를 가진 병사는 가스 경보를 위한 보초 근무에서 제외시키는 것이 바람직하다.
④ 후각의 민감성을 기르기 위해서는 다른 기관의 기능이 상대적으로 떨어지는 것이 유리하므로 시각이나 청각이 떨어지는 병사를 후각 식별 상황에 배치한다.
⑤ 적의 위치를 식별하고 추적하는 상황에서 담당 병사는 인분과 같이 사람과 관계된 강력한 냄새에 특별히 주의를 기울일 필요가 있다.

문 4.　다음 글의 밑줄 친 주장을 강화하는 사례로 가장 적절한 것은?

11 민간(민) 8번

어떤 집단의 특성을 드러내고, 집단들 사이의 특성을 비교하기 위해 흔히 사용되고 있는 것이 평균값이다. 이는 우리가 일상적으로 '평균 연령', '평균 신장', '평균 점수' 등의 용어를 자주 사용하고 있는 데에서 잘 드러난다. 예를 들어 우리는 어떤 지역 사람들의 평균 수명이 다른 지역 사람들의 평균 수명보다 월등하게 높다는 것을 이유로 '장수마을'이라는 명칭을 붙이기도 하고, 이 지역 사람들은 대체로 오래 살 것이라 생각한다. 이렇게 평균값을 사용하여 어떤 집단의 특성을 드러내는 것은 편리하고 유용한 방식이라고 할 수 있다. 그러나 어떤 속성에 대한 평균값만으로 그 속성에 관한 집단의 실상을 드러내는 데에는 한계가 있다.

① A지역 사람들은 대학진학률이 높지만, B지역 사람들은 취업률이 높다.
② C지역의 평균 소득은 매우 높지만, 그 지역 사람들 대부분은 빈곤하다.
③ D지역 사람들의 평균 신장은 크지만, 그 지역 사람들 대부분은 뚱뚱하지 않다.
④ E지역 사람들의 평균 수명은 짧지만, F지역 사람들의 평균 수명은 그렇지 않다.
⑤ G지역의 평균 기온은 25도 내외지만, 그 지역 사람들 대부분은 수영을 하지 못한다.

문 5.　다음 글의 논지에 대한 평가로 가장 적절한 것은?

11 민간(민) 24번

팝아트는 대중문화를 찬양한다. 팝아트는 모든 사람이 늘 알고 있는 것을 예술로 변용시킨다. 나아가 팝아트는 순수 미술의 종언을 선언한다. 이것은 전통적 철학의 종언을 선언하는 분석철학과 유사하다. 분석철학이 플라톤에서부터 시작해 하이데거에 이르는 철학 전체와 맞섰다면, 팝아트는 일상 생활의 편에서 지금까지의 미술 전체에 맞선다.

그런데 순수 미술의 종언 이후에 예술은 어떠한 양상으로 전개되는가? 더 이상 미술이나 예술은 없는 것인가? 아니다. 어떤 목표를 추구했던 순수 미술의 역사가 종언을 고한 이후에 더 이상 일상에서 분리된 순수함이 강요될 필요는 없다. 이제 모든 것이 가능하며, 그 어떠한 것이라도 예술이 될 수 있다. 따라서 이러한 종언 이후의 예술작품은 더 이상 어떤 예술적 본질을 구현하는 것이 아니다. 가령 무엇을 모방 혹은 표현하는 본질적 기능을 수행하거나 미적 형식을 구현하기 때문에 어떤 것이 예술작품이 되는 것은 아니다. 더 이상 모든 예술작품에 공통적인 단 하나의 순수한 본질, 즉 가시적(可視的)인 어떤 본질은 요구되지 않는다.

그렇다면 예술작품에 고유한 미적 가치가 사라진 오늘날 예술작품의 기준이 무엇인가? 평범한 소변기를 『샘』이라는 제목으로 전시한 뒤샹의 예술작품은 외관상 실재 소변기와 식별 불가능하다. 그럼에도 뒤샹의 소변기는 예술작품이 된다. 분명히 뒤샹의 작품은 소변기가 갖고 있는 성질과 다른 무엇을 갖고 있어야 한다. 그것은 순수 미술이 추구했던 미적인 본질이 아니다. 그것은 오히려 뒤샹이 소변기에 부여하는 어떤 의미이다. 뒤샹의 소변기는 더 이상 소변기가 아니라 대담함, 뻔뻔함, 불경스러움, 재치 등을 담고 있는 의미 대상이다. 뒤샹의 소변기는 비가시적(非可視的) 의미 대상이기 때문에 한갓 일상적 대상이 아니라 예술작품이 되는 것이다. 따라서 미적 본질이 없기 때문에 그 어떤 일상 사물도 예술작품이 될 수 있고, 그럼에도 예술작품과 일상 사물이 구분된다는 것은 부정되지 않는다.

① 예술작품에 고유한 미적 본질이 없다는 것은 이 글의 논지를 약화시킨다.
② 소변기가 고유한 미적 가치를 갖고 있다는 것은 이 글의 논지를 강화시킨다.
③ 분석철학과 팝아트가 서로 다른 영역이라는 것은 이 글의 논지를 약화시킨다.
④ 순수 미술 대상과 일상적 대상이 명백하게 다르다는 것은 이 글의 논지를 약화시킨다.
⑤ 가시적 본질이 예술과 비예술의 구분 기준이 된다는 것은 이 글의 논지를 강화시킨다.

문 6. 다음 글에 대한 평가로 적절한 것은? 12 민간(인) 10번

김 과장은 아들 철수가 최근 출시된 '디아블로' 게임에 몰두한 나머지 학업을 소홀히 하고 있다는 것을 알았다. 그러던 중 컴퓨터 게임과 학업 성적에 대한 다음과 같은 연구 결과를 접하게 되었다. 그 연구 결과에 의하면, 하루 1시간 이내로 게임을 하는 아이들은 1시간 이상 게임을 하는 아이들보다 성적이 높았고 상위권에 속했으나, 하루 1시간 이상 게임을 하는 아이들의 경우 게임을 더 오래 하는 아이들이 성적이 더 낮은 것으로 나타났다. 연구보고서는 아이들이 게임을 하는 시간을 부모가 1시간 이내로 통제한다면, 아이들의 학교 성적이 상위권에서 유지될 것이라고 결론을 내리고 있다.

① 게임을 하는 시간보다 책 읽는 시간이 더 많은 아이들이 그렇지 않은 아이들보다 성적이 더 높았다면, 이는 위 글의 결론을 강화한다.

② 하루 1시간 이상 3시간 이내 게임을 하던 아이들의 게임 시간을 줄였으나 성적이 오르지 않았다면, 이는 위 글의 결론을 강화한다.

③ 하루에 게임을 하는 시간을 1시간 이내로 줄인 아이들이 여분의 시간을 책 읽는 데 썼다면, 이는 위 글의 결론을 약화한다.

④ 평균 이하의 성적을 보이는 아이들이 대부분 하루에 3시간 이상씩 게임을 하였다면, 이는 위 글의 결론을 약화한다.

⑤ 아이들의 게임 시간을 하루 1시간 이상으로 늘려도 성적에 변화가 없었다면, 이는 위 글의 결론을 약화한다.

문 7. 다음 글의 밑줄 친 원리를 지지하는 진술을 〈보기〉에서 모두 고르면? 12 민간(인) 19번

배리 반스와 데이빗 블로어 등이 주도한 강한 프로그램의 원리를 과학의 영역에 적용하면, 자연과학자들의 활동과 인문학자나 사회과학자들의 활동이 동일한 방식으로 설명되어야 한다. 그리고 자연과학과 인문 · 사회과학의 영역에서 동일한 설명방식을 사용하기 위해 수정해야 할 부분은 사회과학의 탐구에 대한 견해가 아니라 자연과학의 탐구에 대한 견해이다. 즉 강한 프로그램의 원리에 의하면, 우리는 자연과학이 제공하는 믿음이 특정 전문가 집단의 공동체적 활동에 의해 생산된다는 점에 유의해야 한다. 이런 공동체들은 저마다 특수한 역사와 사회적 특성을 갖고 있으며 또 그렇게 형성된 집단 내부의 의사결정 구조를 가지고 있다. 어떤 문제가 우선적으로 탐구되어야 할 중요한 문제인지, 그 문제를 어떤 방식으로 풀어야 옳은지 등에 대한 판단도 역시 이런 사회적 맥락 속에서 이루어진다. 그렇다면 주어진 문제에 대한 답으로 제안되는 이론들 가운데 어떤 것이 채택되고 당대의 정설로 자리 잡게 되는지도 마찬가지라는 것을 알 수 있다.

〈보 기〉

ㄱ. 자연과학자들의 탐구조차도 과학자들의 공동체에서 이루어지는 활동의 산물이다.

ㄴ. 어떤 연구 주제가 중요한지, 어떤 이론을 선택할지 등은 사회적 맥락 속에서 결정된다.

ㄷ. 자연과학 이론은 사회과학 이론보다 더 객관적 사실에 근거하여 형성된다.

ㄹ. 전문 학술지에 발표되는 논문의 수로 분야별 생산성을 평가하자면 자연과학 분야의 연구들이 학문의 발전을 선도하고 있다.

① ㄱ, ㄴ
② ㄱ, ㄷ
③ ㄴ, ㄷ
④ ㄴ, ㄹ
⑤ ㄷ, ㄹ

문 8. 다음 논증에 대한 평가로 적절한 것만을 〈보기〉에서 모두 고르면? 13 민간(인) 8번

눈이나 귀에는 각각 고유의 기능이 있다. 그 기능을 잘 수행하는 상태가 훌륭한 상태이고, 그 기능을 잘 수행하지 못하는 상태가 나쁜 상태이다. 혼이나 정신은 다스리는 기능을 한다. 혼이나 정신도 눈이나 귀와 마찬가지로 훌륭한 상태에서 고유의 기능을 가장 잘 수행한다. 따라서 훌륭한 상태의 혼은 잘 다스리지만 나쁜 상태에 있는 혼은 잘못 다스린다.

올바름 혹은 도덕적임은 혼이나 정신의 훌륭한 상태이지만, 올바르지 못함은 혼이나 정신의 나쁜 상태이다. 올바른 혼과 정신을 가진 사람은 훌륭하게 살지만, 그렇지 못한 사람은 잘못 산다. 또한 훌륭하게 사는 사람, 즉 도덕적인 사람은 행복할 것이며, 행복한 것은 그에게 이익을 준다. 따라서 도덕적인 것은 이익이 되는 것이다.

─── 〈보 기〉 ───

ㄱ. 도덕적으로 살고 있음에도 불행한 사람이 존재한다는 것은 이 논증을 약화한다.

ㄴ. 도덕적으로 살지 않는 것은 이익이 되지 않는다는 주장이 이 논증으로부터 추론된다.

ㄷ. 눈이나 귀가 고유의 기능을 잘 수행하더라도 눈이나 귀를 도덕적이라고 하지 않는 것은 이 논증을 강화한다.

① ㄱ
② ㄷ
③ ㄱ, ㄴ
④ ㄴ, ㄷ
⑤ ㄱ, ㄴ, ㄷ

문 9. 다음 글의 밑줄 친 주장을 강화하는 사례만을 〈보기〉에서 모두 고르면? 13 민간(인) 24번

최근에 트랜스 지방은 그 건강상의 위해 효과 때문에 주목받고 있다. 우리가 즐겨 먹는 많은 식품에는 트랜스 지방이 숨어 있다. 그렇다면 트랜스 지방이란 무엇일까?

지방에는 불포화 지방과 포화 지방이 있다. 식물성 기름의 주성분인 불포화 지방은 포화 지방에 비하여 수소의 함유 비율이 낮고 녹는점도 낮아 상온에서 액체인 경우가 많다.

불포화 지방은 그 안에 존재하는 이중 결합에서 수소 원자들의 결합 형태에 따라 시스(cis)형과 트랜스(trans)형으로 나뉘는데 자연계에 존재하는 대부분의 불포화 지방은 시스형이다. 그런데 조리와 보존의 편의를 위해 액체 상태인 식물성 기름에 수소를 첨가하여 고체 혹은 반고체 상태로 만드는 과정에서 트랜스 지방이 만들어진다. 그래서 대두, 땅콩, 면실유를 경화시켜 얻은 마가린이나 쇼트닝은 트랜스 지방의 함량이 높다. 또한 트랜스 지방은 식물성 기름을 고온으로 가열하여 음식을 튀길 때도 발생한다. 따라서 튀긴 음식이나 패스트푸드에는 트랜스 지방이 많이 들어 있다.

<u>트랜스 지방은 포화 지방인 동물성 지방처럼 심혈관계에 해롭다.</u> 트랜스 지방은 혈관에 나쁜 저밀도지방단백질(LDL)의 혈중 농도를 증가시키는 한편 혈관에 좋은 고밀도지방단백질(HDL)의 혈중 농도는 감소시켜 혈관벽을 딱딱하게 만들어 심장병이나 동맥경화를 유발하고 악화시킨다.

─── 〈보 기〉 ───

ㄱ. 쥐의 먹이에 함유된 트랜스 지방 함량을 2% 증가시키자 쥐의 심장병 발병률이 25% 증가하였다.

ㄴ. 사람들이 마가린을 많이 먹는 지역에서 마가린의 트랜스 지방 함량을 낮추자 동맥경화의 발병률이 1년 사이에 10% 감소하였다.

ㄷ. 성인 1,000명에게 패스트푸드를 일정 기간 지속적으로 섭취하게 한 후 검사해 보니, HDL의 혈중 농도가 섭취 전에 비해 20% 감소하였다.

① ㄱ
② ㄴ
③ ㄱ, ㄷ
④ ㄴ, ㄷ
⑤ ㄱ, ㄴ, ㄷ

문 10. 다음 글의 입장을 강화하는 내용으로 가장 적절한 것은?

14 민간(A) 22번

고대사회를 정의하는 기준 중의 하나로 '생계경제'가 사용되곤 한다. 생계경제 사회란 구성원들이 겨우 먹고 살 수 있는 정도의 식량만을 확보하고 있어서 식량 자원이 줄어들게 되면 자동적으로 구성원 전부를 먹여 살릴 수 없게 되고, 심하지 않은 가뭄이나 홍수 등의 자연재해에 의해서도 유지가 어렵게 될 수 있는 사회를 의미한다. 그러므로 고대사회에서의 삶은 근근이 버텨가는 것이고, 그 생활은 기아와의 끊임없는 투쟁이다. 왜냐하면 그 사회에서는 기술적인 결함과 그 이상의 문화적인 결함으로 인해 잉여 식량을 생산할 수 없기 때문이다.

고대사회에 대한 이러한 견해보다 더 뿌리 깊은 오해도 없다. 소위 생계경제의 성격을 지닌 것으로 간주되는 많은 고대사회들, 예를 들어 남아메리카에서는 종종 공동체의 연간 필요 소비량에 맞먹는 잉여 식량을 생산했다는 점에 주의를 기울일 필요가 있다. 기아와의 끊임없는 투쟁을 의미하는 생계경제가 고대사회를 특징짓는 개념이라면 오히려 프롤레타리아가 기아에 허덕이던 19세기 유럽 사회야말로 고대사회라고 할 수 있을 것이다. 사실상 생계경제라는 개념은 서구의 근대적인 이데올로기의 영역에 속하는 것으로 결코 과학적 개념도구가 아니다. 민족학을 위시한 근대 과학이 이토록 터무니없는 기만에 희생되어 왔다는 것은 역설적이며, 더군다나 산업 국가들이 이른바 저발전 세계에 대한 전략의 방향을 잡는 데 기여했다는 사실은 두렵기까지 하다.

① 고대사회가 경제적으로 풍요로웠던 것은 생계경제 체제 때문이었다.
② 산업사회로 이행하면서 경제적 잉여가 발생하였고 계급이 형성되었다.
③ 자연재해나 전쟁으로 인해 고대사회는 항상 불안정한 상황에 처해 있었다.
④ 고대사회에서 존재하였던 축제는 경제적인 잉여를 해소하는 기제로 작용했다.
⑤ 유럽의 산업 국가들에 의한 문명화 과정을 통해 저발전된 아프리카의 생활 여건이 개선되었다.

문 11. 다음 글의 〈연구결과〉에 대한 평가로 적절한 것만을 〈보기〉에서 모두 고르면?

15 민간(인) 9번

콩 속에는 식물성 단백질과 불포화지방산 등 건강에 이로운 물질들이 풍부하다. 약콩, 서리태 등으로 불리는 검은 콩 껍질에는 황색 콩 껍질에서 발견되지 않는 특수한 항암 물질이 들어 있다. 검은 콩은 항암 효과는 물론 항산화 작용 및 신장 기능과 시력 강화에도 좋은 것으로 알려져 있다. A~C팀은 콩의 효능을 다음과 같이 연구했다.

〈연구결과〉

• A팀 연구진 : 콩 속 제니스틴의 성인병 예방 효능을 실험을 통해 세계 최초로 입증했다. 또한 제니스틴은 발암 물질에 노출된 비정상 세포가 악성 종양 세포로 진행되지 않도록 억제하는 효능을 갖고 있다는 사실을 흰쥐 실험을 통해 밝혔다. 암이 발생하는 과정은 세포 내의 유전자가 손상되는 개시 단계와 손상된 세포의 분열이 빨라지는 촉진 단계로 나뉘는데 제니스틴은 촉진 단계에서 억제효과가 있다는 것이다.

• B팀 연구진 : 200명의 여성을 조사해 본 결과, 매일 흰 콩 식품을 섭취한 사람은 한 달에 세 번 이하로 섭취한 사람에 비해 폐암에 걸릴 위험이 절반으로 줄었다.

• C팀 연구진 : 식이요법으로 원형탈모증을 완치할 수 있을 것으로 보고 원형탈모증을 가지고 있는 쥐에게 콩기름에서 추출된 화합물을 투여해 효과를 관찰하는 실험을 했다. 실험 결과 콩기름에서 추출된 화합물을 각각 0.1ml, 0.5ml, 2.0ml씩 투여한 쥐에서 원형탈모증 완치율은 각각 18%, 39%, 86%를 기록했다.

〈보 기〉

ㄱ. A팀의 연구결과는 콩이 암의 발생을 억제하는 효과가 있다는 것을 뒷받침한다.
ㄴ. C팀의 연구결과는 콩기름 함유가 높은 음식을 섭취할수록 원형탈모증 발생률이 높게 나타난다는 것을 뒷받침한다.
ㄷ. 세 팀의 연구결과는 검은 콩이 성인병, 폐암의 예방과 원형탈모증 치료에 효과가 있다는 것을 뒷받침한다.

① ㄱ
② ㄴ
③ ㄱ, ㄷ
④ ㄴ, ㄷ
⑤ ㄱ, ㄴ, ㄷ

문 12. 다음 글의 결론을 지지하지 <u>않는</u> 것은?

15 민간(인) 25번

지구와 태양 사이의 거리와 지구가 태양 주위를 도는 방식은 인간의 생존에 유리한 여러 특징을 지니고 있다. 인간을 비롯한 생명이 생존하려면 행성은 액체 상태의 물을 포함하면서 너무 뜨겁거나 차갑지 않아야 한다. 이를 위해 행성은 태양과 같은 별에서 적당히 떨어져 있어야 한다. 이 적당한 영역을 '골디락스 영역'이라고 한다. 또한 지구가 태양의 중력장 주위를 도는 타원 궤도는 충분히 원에 가깝다. 따라서 연중 태양에서 오는 열에너지가 비교적 일정하게 유지될 수 있다. 만약 태양과의 거리가 일정하지 않았다면 지구는 여름에는 바다가 모두 끓어 넘치고 겨울에는 거대한 얼음 덩어리가 되는 불모의 행성이었을 것이다.

우리 우주에 작용하는 근본적인 힘의 세기나 물리법칙도 인간을 비롯한 생명의 탄생에 유리하도록 미세하게 조정되어 있다. 예를 들어 근본적인 힘인 강한 핵력이나 전기력의 크기가 현재 값에서 조금만 달랐다면, 별의 내부에서 탄소처럼 무거운 원소는 만들어질 수 없었고 행성도 만들어질 수 없었을 것이다. 최근 들어 물리학자들은 이들 힘을 지배하는 법칙이 현재와 다르다면 우주는 구체적으로 어떤 모습이 될지 컴퓨터 모형으로 계산했다. 그 결과를 보면 강한 핵력의 강도가 겨우 0.5% 다르거나 전기력의 강도가 겨우 4% 다를 경우에도 탄소나 산소는 우주에서 합성되지 않는다. 따라서 생명 탄생의 가능성도 사라진다. 결국 강한 핵력이나 전기력을 지배하는 법칙들을 조금이라도 건드리면 우리가 존재할 가능성은 사라지는 것이다.

결론적으로 지구 주위 환경뿐만 아니라 보편적 자연법칙까지도 인류와 같은 생명이 진화해 살아가기에 알맞은 범위 안에 제한되어 있다고 할 수 있다. 만일 그러한 제한이 없었다면 태양계나 지구가 탄생할 수 없었을 뿐만 아니라 생명 또한 진화할 수 없었을 것이다. 우리가 아는 행성이나 생명이 탄생할 가능성을 열어두면서 물리법칙을 변경할 수 있는 폭은 매우 좁다.

① 탄소가 없는 상황에서도 생명은 자연적으로 진화할 수 있다.

② 중력법칙이 현재와 조금만 달라도 지구는 태양으로 빨려 들어간다.

③ 원자핵의 질량이 현재보다 조금 더 크다면 우리 몸을 이루는 원소는 합성되지 않는다.

④ 별 주위의 '골디락스 영역'에 행성이 위치할 확률은 매우 낮지만 지구는 그 영역에 위치한다.

⑤ 핵력의 강도가 현재와 약간만 달라도 별의 내부에서 무거운 원소가 거의 전부 사라진다.

문 13. 다음 논증에 대한 평가로 적절한 것만을 〈보기〉에서 모두 고르면?

16 민간(5) 19번

집단 내지 국가의 청렴도를 평가하는 잣대로 종종 공공 물품을 사적으로 사용하는 정도가 활용된다. 이와 관련하여 M시의 경우 회사원들이 사내용 물품을 개인적인 용도로 사용하는 정도가 꽤 높은 것으로 밝혀졌다. 이는 M시의 대표적 회사 A에서 직원 200명을 대상으로 회사물품을 사적인 용도로 사용한 적이 있는지를 설문조사해 본 결과에 따른 것이다. 조사 결과 '늘 그랬다'는 직원은 5%, '종종 그랬다'는 직원은 15%, '가끔 그랬다'는 직원은 35%, '어쩌다 한두 번 그랬다'는 직원은 25%, '전혀 그런 적이 없다'는 직원은 10%, 응답을 거부한 직원은 10%였다. 설문조사에 응한 직원들 중에서 가끔이라도 사용한 적이 있다고 답한 직원의 비율이 절반을 넘었다. 따라서 M시의 회사원들은 낮은 청렴도를 가졌다고 평가할 수 있다.

〈보기〉

ㄱ. 설문조사에 응한 회사 A의 직원들 중 회사물품에 대한 사적 사용 정도를 실제보다 축소하여 답한 직원들이 많다는 사실은 위 논증의 결론을 강화한다.

ㄴ. M시에 있는 또 다른 대표적 회사 B에서 동일한 설문 조사를 했는데 회사 A에서와 거의 비슷한 결과가 나왔다는 사실은 위 논증의 결론을 강화한다.

ㄷ. M시에 있는 대부분의 회사들에 비해 회사 A의 직원들이 회사물품을 사적으로 사용한 정도가 심했던 것으로 밝혀졌다는 사실은 위 논증의 결론을 약화한다.

① ㄱ

② ㄷ

③ ㄱ, ㄴ

④ ㄴ, ㄷ

⑤ ㄱ, ㄴ, ㄷ

문 14. 다음 글의 ㉠～㉢을 〈정보〉로 평가한 것으로 적절한 것은?

17 민간(나) 10번

'사람 한 명당 쥐 한 마리', 즉 지구상에 사람 수만큼의 쥐가 있다는 통계에 대한 믿음은 1백 년쯤 된 것이지만 잘못된 믿음이다. 이 가설은 1909년 뵐터가 쓴 『문제』라는 책에서 비롯되었다. 영국의 지방을 순회하던 뵐터에게 문득 이런 생각이 떠올랐다. "1에이커(약 4천 제곱미터)에 쥐 한 마리쯤 있다고 봐도 별 무리가 없지 않을까?"이것은 근거가 박약한 단순한 추측에 불과했지만, 그는 무심코 떠오른 이런 추측에서 추론을 시작했다. 뵐터는 이 추측을 ㉠ 첫 번째 전제로 삼고 영국의 국토 면적이 4천만 에이커 정도라는 사실을 추가 전제로 고려하여 영국에 쥐가 4천만 마리쯤 있으리라는 ㉡ 중간 결론에 도달했다. 그런데 마침 당시 영국의 인구가 약 4천만 명이었고, 이런 우연한 사실을 발판 삼아 그는 세상 어디에나 인구 한 명당 쥐도 한 마리쯤 있을 것이라는 ㉢ 최종 결론을 내렸다. 이것은 논리적 관점에서 타당성이 의심스러운 추론이었지만, 사람들은 이 결론을 이상하리만큼 좋아했다. 쥐의 개체수를 실제로 조사하는 노고도 없이 '한 사람당 쥐 한 마리'라는 어림값은 어느새 사람들의 믿음으로 굳어졌다. 이 믿음은 국경마저 뛰어넘어, 미국의 방역업체나 보건을 담당하는 정부 기관이 이를 참고하기도 했다. 지금도 인구 약 900만인 뉴욕시에 가면 뉴욕시에 900만 마리쯤의 쥐가 있다고 믿는 사람을 어렵잖게 만날 수 있다.

───〈정 보〉───

(가) 최근 조사에 의하면 뉴욕시에는 약 30만 마리의 쥐가 있는 것으로 추정된다.

(나) 20세기 초의 한 통계조사에 의하면 런던의 주거 밀집 지역에는 가구당 평균 세 마리의 쥐가 있었다.

(다) 사람들이 자기 집에 있다고 생각하는 쥐의 수는 실제 조사를 통해 추정된 쥐의 수보다 20% 정도 더 많다.

(라) 쥐의 개체수 조사에는 특정 건물을 표본으로 취해 쥐구멍을 세고 쥐 배설물 같은 통행 흔적을 살피는 방법과 일정 면적마다 설치한 쥐덫을 활용하는 방법 등이 있는데, 다양한 방법으로 조사한 결과가 서로 높은 수준의 일치를 보인다.

① (가)는 ㉢을 약화한다.

② (나)는 ㉠을 강화한다.

③ (다)는 ㉢을 강화한다.

④ (라)는 ㉡을 약화한다.

⑤ (나)와 (다)가 참인 경우, ㉡은 참일 수 없다.

문 15. 다음 글의 논지를 지지하는 진술로 적절한 것만을 〈보기〉에서 모두 고르면?

17 민간(나) 17번

과학과 예술이 무관하다는 주장의 첫 번째 근거는 과학과 예술이 인간의 지적 능력의 상이한 측면을 반영한다는 것이다. 즉 과학은 주로 분석 · 추론 · 합리적 판단과 같은 지적 능력에 기인하는 반면에, 예술은 종합 · 상상력 · 직관과 같은 지적 능력에 기인한다고 생각한다. 두 번째 근거는 과학과 예술이 상이한 대상을 다룬다는 것이다. 과학은 인간 외부에 실재하는 자연의 사실과 법칙을 다루기에 과학자는 사실과 법칙을 발견하지만, 예술은 인간의 내면에 존재하는 심성을 탐구하며, 미적 가치를 창작하고 구성하는 활동이라고 본다. 그러나 이렇게 과학과 예술을 대립시키는 태도는 과학과 예술의 특성을 지나치게 단순화하는 것이다. 과학이 단순한 발견의 과정이 아니듯이 예술도 순수한 창조와 구성의 과정이 아니기 때문이다. 과학에는 상상력을 이용하는 주체의 창의적 과정이 개입하며, 예술 활동은 전적으로 임의적인 창작이 아니라 논리적 요소를 포함하는 창작이다. 과학 이론이 만들어지기 위해 필요한 것은 냉철한 이성과 객관적 관찰만이 아니다. 새로운 과학 이론의 발견을 위해서는 상상력과 예술적 감수성이 필요하다. 반대로 최근의 예술적 성과 중에는 과학기술의 발달에 의해 뒷받침된 것이 많다.

───〈보 기〉───

ㄱ. 과학자 왓슨과 크릭이 없었더라도 누군가가 DNA 이중나선 구조를 발견하였겠지만, 셰익스피어가 없었다면 『오셀로』는 결코 창작되지 못 하였을 것이다.

ㄴ. 물리학자 파인만이 주장했듯이 과학에서 이론을 정립하는 과정은 가장 아름다운 그림을 그려나가는 예술가의 창작 작업과 흡사하다.

ㄷ. 입체파 화가들은 수학자 푸앵카레의 기하학 연구를 자신들의 그림에 적용하고자 하였으며, 이런 의미에서 피카소는 "내 그림은 모두 연구와 실험의 산물이다."라고 말하였다.

① ㄱ

② ㄷ

③ ㄱ, ㄴ

④ ㄴ, ㄷ

⑤ ㄱ, ㄴ, ㄷ

문 16. 다음 글의 ⍟을 지지하는 것만을 〈보기〉에서 모두 고르면?

17 민간(나) 18번

카나리아의 수컷과 암컷은 해부학적으로 동일한 구조의 발성 기관을 가지고 있다. 또 새끼 때 모든 카나리아는 종 특유의 지저귀는 소리를 들으며 자란다. 그러나 성체가 되면 수컷만이 종 특유의 소리로 지저귄다. 수컷 카나리아는 다른 수컷들과 경쟁하거나 세력권을 주장할 때 이 소리를 낸다. 수컷은 암컷을 유혹할 때도 이 소리를 내는데, 이는 암컷이 종 특유의 소리를 내지는 못해도 그것을 알고 있음을 시사한다.

아비의 울음소리를 들으며 자라던 어린 카나리아는 둥지를 떠나 서식지를 이동하면서 다른 종의 새들과도 만나게 된다. 둥지를 떠난 후에도 어린 카나리아는 한동안 그들 종 특유의 울음소리를 내지 못할 뿐만 아니라 지저귀지도 않는다. 그러나 이듬해 봄이 가까워 오고 낮이 차츰 길어지면서 어린 수컷 카나리아의 몸에서는 수컷에만 있는 기관 A가 발달해 커지기 시작하고, 기관 A에서 분비되는 물질 B의 분비량도 증가한다. 이로 인해 수컷의 몸에서 물질 B의 혈중 농도가 높아지고, 그에 따라 수컷은 지저귀는 소리를 내려고 하기 시작한다. 수컷 카나리아가 처음 내는 소리는 종 특유의 울음소리가 아니다. 그러나 다른 수컷들에게서 그 소리를 배울 수 없는 상황에서도 수컷 카나리아가 내는 소리는 종 특유의 소리에 점점 가까워지고 결국 종 특유의 소리가 된다.

과학자들은 왜 카나리아의 수컷만 종 특유의 소리로 지저귀는지를 연구하였다. 그리고 ⍟ <u>그 이유가 수컷의 몸에서만 분비되는 물질 B가 종 특유의 소리를 내는 데 필요한 뇌의 특정 부분을 발달시키기 때문이라는 것</u>을 알아냈다.

─── 〈보 기〉 ───

ㄱ. 봄이 시작될 무렵부터 조금씩 양을 늘려가면서 어린 암컷 카나리아에게 물질 B를 주사하였더니 결국 종 특유의 소리로 지저귀게 되었다.

ㄴ. 어린 수컷 카나리아의 뇌에 물질 B의 효과를 억제하는 성분의 약물을 꾸준히 투여하였더니 성체가 되어도 종 특유의 울음소리를 내지 못하였다.

ㄷ. 둥지를 떠나기 직전에 어린 수컷 카나리아의 기관 A를 제거하였지만 다음 봄에는 종 특유의 소리로 지저귈 수 있었다.

① ㄱ
② ㄷ
③ ㄱ, ㄴ
④ ㄴ, ㄷ
⑤ ㄱ, ㄴ, ㄷ

문 17. 다음 글의 A의 가설을 약화하는 것만을 〈보기〉에서 모두 고르면?

17 민간(나) 25번

얼룩말의 얼룩무늬가 어떻게 생겨났는지는 과학계의 오랜 논쟁거리다. 월러스는 "얼룩말이 물을 마시러 가는 해질녘에 보면 얼룩무늬가 위장 효과를 낸다."라고 주장했지만, 다윈은 "눈에 잘 띌 뿐"이라며 그 주장을 일축했다. 검은 무늬는 쉽게 더워져 공기를 상승시키고 상승한 공기가 흰 무늬 부위로 이동하면서 작은 소용돌이가 일어나 체온조절을 돕는다는 가설도 있다. 위험한 체체파리나 사자의 눈에 얼룩무늬가 잘 보이지 않는다거나, 고유의 무늬 덕에 얼룩말들이 자기 무리를 쉽게 찾는다는 견해도 있다.

최근 A는 실험을 토대로 새로운 가설을 제시했다. 그는 얼룩말과 같은 속(屬)에 속하는 검은 말, 갈색 말, 흰 말을 대상으로 몸통에서 반사되는 빛의 특성을 살펴보았다. 검정이나 갈색처럼 짙은 색 몸통에서 반사되는 빛은 수평 편광으로 나타났다. 수평 편광은 물 표면에서 반사되는 빛의 특성이기도 한데, 물에서 짝짓기를 하고 알을 낳는 말파리가 아주 좋아하는 빛이다. 편광이 없는 빛을 반사하는 흰색 몸통에는 말파리가 훨씬 덜 꼬였다. A는 몸통 색과 말파리의 행태 간에 상관관계가 있다고 생각하고, 말처럼 생긴 일정 크기의 모형에 검은색, 흰색, 갈색, 얼룩무늬를 입힌 뒤 끈끈이를 발라 각각에 말파리가 얼마나 꼬이는지를 조사했다. 이틀간의 실험 결과 검은색 말 모형에는 562마리, 갈색에는 334마리, 흰색에 22마리의 말파리가 붙은 데 비해 얼룩무늬를 가진 모형에는 8마리가 붙었을 뿐이었다. 이것은 실제 얼룩말의 무늬와 유사한 얼룩무늬가 말파리를 가장 덜 유인한다는 결과였다. A는 이를 바탕으로 얼룩말의 얼룩무늬가 말의 피를 빠는 말파리를 피하는 방향으로 진행된 진화의 결과라는 가설을 제시했다.

─── 〈보 기〉 ───

ㄱ. 실제 말에 대한 말파리의 행동반응이 말 모형에 대한 말파리의 행동반응과 다르다는 연구결과

ㄴ. 말파리가 실제로 흡혈한 피의 99% 이상이 검은색이나 진한 갈색 몸통을 가진 말의 것이라는 연구결과

ㄷ. 얼룩말 고유의 무늬 때문에 초원 위의 얼룩말이 사자 같은 포식자 눈에 잘 띈다는 연구결과

① ㄱ
② ㄷ
③ ㄱ, ㄴ
④ ㄴ, ㄷ
⑤ ㄱ, ㄴ, ㄷ

문 18.　다음 (가)~(다)에 대한 평가로 적절한 것만을 〈보기〉에서 모두 고르면?

18 민간(가) 15번

(가) 기술의 발전 덕분에 더 풍요로운 세계를 만들 수 있다. 원료, 자본, 노동 같은 생산요소의 투입량을 줄이면서 산출량은 더 늘릴 수 있는 세계 말이다. 디지털 기술의 발전은 경외감을 불러일으키는 개선과 풍요의 엔진이 된다. 반면 그것은 시간이 흐를수록 부, 소득, 생활수준, 발전 기회 등에서 점점 더 큰 격차를 만드는 엔진이기도 하다. 즉 기술의 발전은 경제적 풍요와 격차를 모두 가져온다.

(나) 기술의 발전에 따른 풍요가 더 중요한 현상이며, 격차도 풍요라는 기반 위에 있기 때문에 모든 사람의 삶이 풍요로워지는 데 초점을 맞추어야 한다. 고도로 숙련된 노동자와 나머지 사람들과의 격차가 벌어지고 있다는 것을 인정하지만, 모든 사람들의 경제적 삶이 나아지고 있기에 누군가의 삶이 다른 사람보다 더 많이 나아지고 있다는 사실에 관심을 둘 필요가 없다.

(다) 중산층들이 과거에 비해 경제적으로 더 취약해졌기 때문에 기술의 발전에 따른 풍요보다 격차에 초점을 맞추어야 한다. 실제로 주택, 보건, 의료 등과 같이 그들의 삶에서 중요한 항목에 들어가는 비용의 증가율은 시간이 흐르면서 가계 소득의 증가율에 비해 훨씬 더 높아지고 있다. 설상가상으로 소득 분포의 밑바닥에 속한 가정에서 태어난 아이가 상층으로 이동할 기회는 점점 더 줄어들고 있다.

〈보 기〉

ㄱ. 현재의 정보기술은 덜 숙련된 노동자보다 숙련된 노동자를 선호하고, 노동자보다 자본가에게 돌아가는 수익을 늘린다는 사실은 (가)의 논지를 약화한다.

ㄴ. 기술의 발전이 전 세계의 가난한 사람들에게도 도움을 주며, 휴대전화와 같은 혁신사례들이 모든 사람들의 소득과 기타 행복의 수준을 개선한다는 연구결과는 (나)의 논지를 강화한다.

ㄷ. 기술의 발전이 가져온 경제적 풍요가 엄청나게 벌어진 격차를 보상할 만큼은 아니라는 것을 보여주는 자료는 (다)의 논지를 약화한다.

① ㄱ
② ㄴ
③ ㄱ, ㄷ
④ ㄴ, ㄷ
⑤ ㄱ, ㄴ, ㄷ

문 19.　다음 글의 주장을 강화하는 것만을 〈보기〉에서 모두 고르면?

18 민간(가) 17번

우리는 물체까지의 거리 자체를 직접 볼 수는 없다. 거리는 눈과 그 물체를 이은 직선의 길이인데, 우리의 망막에는 직선의 한쪽 끝 점이 투영될 뿐이기 때문이다. 그러므로 물체까지의 거리 판단은 경험을 통한 추론에 의해서 이루어진다고 보아야 한다. 예컨대 우리는 건물, 나무 같은 친숙한 대상들의 크기가 얼마나 되는지, 이들이 주변 배경에서 얼마나 공간을 차지하는지 등을 경험을 통해 이미 알고 있다. 우리는 물체와 우리 사이에 혹은 물체 주위에 이런 친숙한 대상들이 어느 정도 거리에 위치해 있는지를 우선 지각한다. 이로부터 우리는 그 물체가 얼마나 멀리 떨어져 있는지를 추론하게 된다. 또한 그 정도 떨어진 다른 사물들이 보이는 방식에 대한 경험을 토대로, 그보다 작고 희미하게 보이는 대상들은 더 멀리 떨어져 있다고 판단한다. 거리에 대한 이런 추론은 과거의 경험에 기초하는 것이다.

반면에 물체가 손이 닿을 정도로 아주 가까이에 있는 경우, 물체까지의 거리를 지각하는 방식은 이와 다르다. 우리의 두 눈은 약간의 간격을 두고 서로 떨어져 있다. 이에 우리는 두 눈과 대상이 위치한 한 점을 연결하는 두 직선이 이루는 각의 크기를 감지함으로써 물체까지의 거리를 알게 된다. 물체를 바라보는 두 눈의 시선에 해당하는 두 직선이 이루는 각은 물체까지의 거리가 멀어질수록 필연적으로 더 작아진다. 대상까지의 거리가 몇 미터만 넘어도 그 각의 차이는 너무 미세해서 우리가 감지할 수 없다. 하지만 팔 뻗는 거리 안의 가까운 물체에 대해서는 그 각도를 감지하는 것이 가능하다.

〈보 기〉

ㄱ. 100미터 떨어진 지점에 민수가 한 번도 본 적이 없는 대상만 보이도록 두고 다른 사물들은 보이지 않도록 민수의 시야 나머지 부분을 가리는 경우, 민수는 그 대상을 보고도 얼마나 떨어져 있는지 판단하지 못한다.

ㄴ. 아무것도 보이지 않는 캄캄한 밤에 안개 속의 숲길을 걷다가 앞쪽 멀리서 반짝이는 불빛을 발견한 태훈이가 불빛이 있는 곳까지의 거리를 어렵잖게 짐작한다.

ㄷ. 태어날 때부터 한쪽 눈이 실명인 영호가 30센티미터 거리에 있는 낯선 물체 외엔 어떤 것도 보이지 않는 상황에서 그 물체까지의 거리를 옳게 판단한다.

① ㄱ
② ㄷ
③ ㄱ, ㄴ
④ ㄴ, ㄷ
⑤ ㄱ, ㄴ, ㄷ

문 20. 다음 글에 대한 평가로 적절하지 <u>않은</u> 것은?

19 민간(나) 7번

당신은 '행복 기계'에 들어갈 것인지 망설이고 있다. 만일 들어 간다면 그 순간 당신은 기계에 들어왔다는 것을 완전히 잊게 되고, 이 기계를 만나기 전에는 맛보기 힘든 멋진 시간을 가상현실 기술을 통해 경험하게 된다. 단, 누구든 한 번 그 기계에 들어가면 삶을 마칠 때까지 거기서 나올 수 없다. 이 기계에는 고장도 오작동도 없다. 당신은 이 기계에 들어가겠는가? 우리의 삶은 고난과 좌절로 가득 차 있지만, 우리는 그것들이 실제로 사라지기를 원하지 그저 사라졌다고 믿기를 원하지 않는다. 이러한 사실은, 참인 믿음이 우리에게 아무런 이익이 되지 않거나 심지어 손해를 가져오는 경우에도 우리가 거짓인 믿음보다 참인 믿음을 가지기를 선호한다는 견해를 뒷받침한다.

돈의 가치는 숫자가 적힌 종이 자체에 있지 않다. 돈이 가치를 지니는 것은 그것이 좋은 것들을 얻는 도구로 기능하기 때문이다. 참인 믿음을 가지는 것이 유용한 경우가 많은 것은 사실이지만, 다른 것들을 얻기 위한 수단인 돈과 달리 참인 믿음은 그 자체로 가치가 있다. 그리고 행복 기계에 관한 우리의 태도는 이를 분명하게 보여준다.

다른 것에 대한 선호로는 설명될 수 없는 원초적인 선호를 '기초 선호'라고 부른다. 가령 신체의 고통을 피하려는 것은 기초 선호로 보인다. 참인 믿음은 어떤가? 만약 참인 믿음이 기초 선호의 대상이 아니라면, 참인 믿음과 거짓인 믿음이 실용적 손익에서 동등할 경우 전자를 후자보다 더 선호해야 할 이유는 없다. 여기서 확인하게 되는 결론은, 참인 믿음이 기초 선호의 대상이라는 것이다. 그렇지 않다면, 사람들이 행복 기계에 들어가 행복한 거짓 믿음 속에 사는 편을 택하지 않을 이유가 없을 것이다.

① 대부분의 사람이 행복 기계에 들어가는 편을 택할 경우, 논지는 강화된다.

② 행복 기계가 현실에 존재하지 않는다는 사실이 논지를 약화하지는 않는다.

③ 치료를 위해 신체의 고통을 기꺼이 견디는 사람들이 있다고 해도 논지는 약화되지 않는다.

④ 행복 기계에 들어가지 않는 유일한 이유가 참과 무관한 실용적 이익임이 확인될 경우, 논지는 약화된다.

⑤ 실용적 이익이 없음에도 불구하고 우리가 수학적 참인 정리를 믿는 것을 선호한다는 사실은 논지를 강화한다.

문 21. 다음 글의 ㉠과 ㉡에 대한 평가로 적절하지 <u>않은</u> 것은?

19 민간(나) 22번

미국 수정헌법 제1조는 국가가 시민들에게 진리에 대한 권위주의적 시각을 강제하는 일을 금지함으로써 정부가 다양한 견해들에 중립적이어야 한다는 중립성 원칙을 명시하였다. 특히 표현에 관한 중립성 원칙은 지난 수십 년에 걸쳐 발전해 왔다. 이 발전 과정의 초기에 미국 연방대법원은 표현의 자유를 부르짖는 급진주의자들의 요구에 선동적 표현의 위험성을 근거로 내세우며 맞섰다. 1940~50년대에 연방대법원은 수정헌법 제1조가 보호하는 표현과 그렇지 않은 표현을 구분하는 ㉠이중기준론을 표방하면서, 수정헌법 제1조의 보호 대상이 아닌 표현들이 있다고 판결했다. 추잡하고 음란한 말, 신성 모독적인 말, 인신공격이나 타인을 모욕하는 말, 즉 발언만으로도 누군가에게 해를 입히거나 사회의 양속을 해칠 말이 이에 포함되었다.

이중기준론의 비판자들은 연방대법원이 표현의 범주를 구분하는 과정에서 표현의 내용에 관한 가치 판단을 내림으로써 실제로 표현의 자유를 침해했다고 공격하였다. 1960~70년대를 거치며 연방대법원은 점차 비판자들의 견해를 수용했다. 1976년 연방대법원이 상업적 표현도 수정헌법 제1조의 보호범위에 포함된다고 판결한 데 이어, 인신 비방 발언과 음란성 표현 등도 표현의 자유에 포함되기에 이르렀다.

정부가 모든 표현에 대해 중립적이어야 한다는 원칙은 1970~80년대에 ㉡내용중립성 원칙을 통해 한층 더 또렷이 표명되었다. 내용중립성 원칙이란, 정부가 어떤 경우에도 표현되는 내용에 대한 평가에 근거하여 표현을 제한해서는 안 된다는 것이다. 다시 말해 정부는 표현되는 사상이나 주제나 내용을 이유로 표현을 제한할 수 없다. 이렇게 해석된 수정헌법 제1조에 따르면, 미국 정부는 특정 견해를 편들 수 없을 뿐만 아니라 어떤 문제가 공공의 영역에서 토론하거나 논쟁할 가치가 있는지 없는지 미리 판단하여 선택해서도 안 된다.

① 시민을 보호하기 위해 제한해야 할 만큼 저속한 표현의 기준을 정부가 정하는 것은 ㉠과 상충하지 않는다.

② 음란물이 저속하고 부도덕하다는 이유에서 음란물 유포를 금하는 법령은 ㉠과 상충한다.

③ 어떤 영화의 주제가 나치즘 찬미라는 이유에서 상영을 금하는 법령은 ㉡에 저촉된다.

④ 경쟁 기업을 비방하는 내용의 광고라는 이유로 광고의 방영을 금지하는 법령은 ㉡에 저촉된다.

⑤ 인신공격하는 표현으로 특정 정치인을 힐난하는 내용의 기획물이라는 이유로 TV 방송을 제재할 것인지에 관해 ㉠과 ㉡은 상반되게 답할 것이다.

문 22. 다음 글의 핵심 주장을 강화하는 진술로 가장 적절한 것은?

13 민간(인) 21번

뉴턴의 역학 이론은 아인슈타인의 상대성 이론으로부터 도출되는가? 상대성 이론의 핵심 법칙들을 나타내고 있는 진술들 $E_1, E_2, ...E_i, ...E_n$의 집합을 생각해보자. 이 진술들은 공간적 위치, 시간, 질량 등을 나타내는 변수들을 포함하고 있다. 그리고 이 집합으로부터 관찰에 의해서 확인할 수 있는 것들을 포함하여 상대성 이론의 다양한 진술들을 도출할 수 있다. 그리고 변수들의 범위를 제약하는 진술들을 이용하면 상대성 이론이 어떤 특수한 경우에 적용될 때 성립하는 법칙들도 도출할 수 있다. 가령, 물체의 속도가 광속에 비하여 현저하게 느린 경우에는 계산을 통하여 뉴턴의 운동 법칙, 만유인력 법칙 등과 형태가 같은 진술들 $N_1, N_2, ...N_i, ...N_m$을 도출할 수 있다.

이런 점에서 몇몇 제약 조건을 붙임으로써 뉴턴의 역학은 아인슈타인의 상대성 이론으로부터 도출되는 것으로 보인다. 그렇지만 N_i는 상대성 이론의 특수 경우에 해당하는 법칙일 뿐이지 뉴턴 역학의 법칙들이 아니다. E_i에서 공간적 위치, 시간, 질량 등을 나타냈던 변수들이 N_i에서도 나타난다. 여기서 우리는 N_i에 있는 변수들이 가리키는 것은 뉴턴 이론의 공간적 위치, 시간, 질량 등이 아니라 아인슈타인 이론의 공간적 위치, 시간, 질량 등이라는 것을 주의해야 한다. 같은 이름을 가지고 있지만, 아인슈타인의 이론 속에서 변수들이 가리키는 물리적 대상이 뉴턴 이론 속에서 변수들이 가리키는 물리적 대상과 같은 것은 아니다. 따라서 N_i에 등장하는 변수들에 대한 정의를 바꾸지 않는다면, N_i는 뉴턴의 법칙에 속할 수 없다. 그것은 단지 아인슈타인 상대성 이론의 특수 사례일 뿐이다.

① 뉴턴 역학보다 상대성 이론에 의해 태양계 행성들의 공전 궤도를 더 정확히 계산할 수 있다.

② 어떤 물체의 속도가 광속보다 훨씬 느릴 때 그 물체의 운동의 기술에서 뉴턴 역학과 상대성 이론은 서로 양립 가능하다.

③ 일상적으로 만나는 물체들의 운동을 상대성 이론을 써서 기술하면 뉴턴 역학이 내놓는 것과 동일한 결론에 도달한다.

④ 뉴턴 역학에 등장하는 질량은 속도와 무관하지만 상대성 이론에 등장하는 질량은 에너지의 일종이므로 속도에 의존하여 변할 수 있다.

⑤ 매우 빠르게 운동하는 우주선(cosmic ray)의 구성 입자의 반감기가 길어지는 현상은 상대성 이론으로는 설명되지만 뉴턴 역학으로는 설명되지 않는다.

문 23. 다음 글의 ㉠에 해당하지 않는 것은?

13 행시(인) 22번

키르케의 섬에 표류한 오디세우스의 부하들은 키르케의 마법에 걸려 변신의 형벌을 받았다. 변신의 형벌이란 몸은 돼지로 바뀌었지만 정신은 인간의 것으로 남아 자신이 돼지가 아니라 인간이라는 기억을 유지해야 하는 형벌이다. 그 기억은, 돼지의 몸과 인간의 정신이라는 기묘한 결합의 내부에 견딜 수 없는 비동일성과 분열이 담겨 있기 때문에 고통스럽다. "나는 돼지이지만 돼지가 아니다, 나는 인간이지만 인간이 아니다."라고 말해야만 하는 것이 비동일성의 고통이다.

바로 이 대목이 현대 사회의 인간을 '물화(物化)'라는 개념으로 파악하고자 했던 루카치를 전율케 했다. 물화된 현대 사회에서 인간 존재의 모습은 두 가지로 갈린다. 먼저 인간은 상품이 되었으면서도 인간이라는 것을 기억하는, 따라서 현실에서 소외당한 자신을 회복하려는 가혹한 노력을 경주해야 하는 존재이다. 자신이 인간이라는 점을 기억하고 있지 않다면 그에게 구원은 구원이 아닐 것이므로, 인간이라는 본질을 계속 기억하는 일은 그에게 구원의 첫째 조건이 된다. 키르케의 마법으로 변신의 계절을 살고 있지만, 자신이 기억을 계속 유지하면 그 계절은 영원하지 않을 것이라는 희망을 가질 수 있다. 그는 소외 없는 저편의 세계, 구원과 해방의 순간을 기다린다.

반면 ㉠ 망각의 전략을 선택하는 자는 자신이 인간이었다는 기억 자체를 포기하는 인간이다. 그는 구원을 위해 기억에 매달리지 않는다. 그는 그에게 발생한 변화를 받아들이고 그것을 새로운 현실로 인정하며 그 현실에 맞는 새로운 언어를 얻기 위해 망각의 정치학을 개발한다. 망각의 정치학에서는 인간이 고유의 본질을 갖고 있다고 믿는 것 자체가 현실적인 변화를 포기하는 것이 된다. 일단 키르케의 돼지가 된 자는 인간 본질을 붙들고 있는 한 새로운 변화를 꾀할 수 없다.

키르케의 돼지는 자신이 인간이었다는 기억을 망각하고 포기할 때 새로운 존재로 탄생할 수 있겠지만, 바로 그 때문에 그는 소외된 현실이 가져다주는 비참함으로부터 눈을 돌리게 된다. 대중소비를 신성화하는 대신 왜곡된 현실에는 관심을 두지 않는다고 비판받았던 1960년대 팝아트 예술은 망각의 전략을 구사하는 키르케의 돼지들이다.

① 물화된 세계를 비판 없이 받아들인다.

② 고유의 본질을 버리고 변화를 선택한다.

③ 왜곡된 현실을 자기합리화하여 수용한다.

④ 자신의 정체성이 분열되었음을 직시한다.

⑤ 소외된 상황에 적응할 수 있는 언어를 찾는다.

문 24. 다음 ㉠에 따를 때 도덕적으로 허용될 수 없는 것만을 〈보기〉에서 모두 고르면?

17 행시(가) 8번

우리는 어떤 행위를 그것이 가져올 결과가 좋다는 근거만으로 허용할 수는 없다. 예컨대 그 행위 덕분에 더 많은 수의 생명을 구할 수 있다는 사실만으로 그 행위를 허용할 수는 없다는 것이다. ㉠ A 원리에 따르면 어떤 행위든 무고한 사람의 죽음 자체를 의도하는 것은 언제나 그른 행위이고 따라서 도덕적으로 허용될 수 없다. 여기서 의도란 단순히 자기 행위의 결과가 어떨지 예상하고 그 내용을 이해한다는 것을 넘어서, 그 행위의 결과 자체가 자신이 그 행위를 선택하게 된 이유임을 의미한다.

예를 들어 우리가 제한된 의료 자원으로 한 명의 환자를 살리는 것과 다수의 환자를 살리는 것 사이에서 선택을 해야만 할 경우, 비록 한 명의 환자가 죽게 되더라도 다수의 환자를 살리는 것이 도덕적으로 허용될 수도 있다. 이때 그의 죽음은 피치 못할 부수적인 결과였기 때문이다. 하지만 만일 그 한 명의 환자를 치료하지 않은 이유가 그가 죽은 후 그의 장기를 장기이식을 기다리는 다른 여러 사람에게 이식하기 위한 것이었다면 그 행위는 허용될 수 없다.

─── 〈보 기〉 ───

ㄱ. 적국의 산업시설을 폭격하면 그 근처에 거주하는 다수의 민간인이 처참하게 죽게 되고 적국 시민이 그 참상에 공포심을 갖게 되어, 전쟁이 빨리 끝날 것이라는 기대감에 폭격하는 행위

ㄴ. 뛰어난 심장 전문의가 어머니의 임종을 지키기 위해 급하게 길을 가던 중 길거리에서 심장마비를 일으킨 사람을 발견했으나 그 사람을 치료하지 않고 어머니에게 가는 행위

ㄷ. 브레이크가 고장 난 채 달리고 있는 기관차의 선로 앞에 묶여 있는 다섯 명의 어린이를 구하기 위해 다른 선로에 홀로 일하고 있는 인부를 보고도 그 선로로 기관차의 진로를 변경하는 행위

① ㄱ
② ㄴ
③ ㄱ, ㄴ
④ ㄱ, ㄷ
⑤ ㄴ, ㄷ

문 25. 다음 연구 결과를 지지하는 것을 〈보기〉에서 모두 고르면?

12 행시(인) 16번

식물학자 갑은 식물 P를 대상으로 실험한 후 다음과 같은 결과를 얻었다.

• 외부자극 S에 반응하여 효소 A가 활성화된다.
• 효소 A가 활성화되면, 물질 B가 합성된다.
• 물질 B가 합성되면, 물질 C가 생성된다.
• 물질 C가 생성되면, 줄기가 두꺼워진다.
• 물질 C가 생성되면, 줄기가 휘어져 성장한다.
• 물질 C가 생성되면, 줄기의 신장 속도가 감소한다.

─── 〈보 기〉 ───

ㄱ. 외부자극 S를 주지 않은 상태에서 식물 P에 물질 C를 투입시켰더니 이 식물의 줄기 신장 속도가 감소하였다.

ㄴ. 외부자극 S를 주지 않은 상태에서 식물 P에 물질 B를 투입시켰더니 이 식물의 줄기가 두꺼워졌다.

ㄷ. 식물 P에 효소 A의 기능을 완전히 억제시킨 상태에서 외부자극 S를 주었더니 이 식물의 줄기 신장 속도는 변화가 없었다.

ㄹ. 식물 P에 효소 A의 기능을 완전히 억제시킨 상태에서 B를 투입시켰더니 이 식물의 줄기가 휘어져 성장하였다.

① ㄱ, ㄴ
② ㄱ, ㄹ
③ ㄴ, ㄷ
④ ㄴ, ㄷ, ㄹ
⑤ ㄱ, ㄴ, ㄷ, ㄹ

문 26. 다음 논증에 대한 평가로 적절한 것을 〈보기〉에서 모두 고르면?

12 행시(인) 15번

원두커피 한 잔에는 인스턴트커피의 세 배인 150mg의 카페인이 들어있다. 원두커피 판매의 요체인 커피전문점 수는 2012년 현재 9천 4백여 개로 최근 5년 새 여섯 배나 급증했다. 그런데 같은 기간 동안 우울증과 같은 정신질환과 수면장애로 병원을 찾은 사람 또한 크게 늘었다.

몸 속에 들어온 커피가 완전히 대사되기까지는 여덟 시간 정도가 걸린다. 많은 사람들이 아침, 점심뿐만 아니라 저녁식사 후 6시나 7시 전후에도 커피를 마신다. 그런데 카페인은 뇌를 각성시켜 집중력을 높인다. 따라서 많은 사람들이 잠자리에 드는 시간인 오후 10시 이후까지도 뇌는 각성상태에 있다.

카페인은 우울증이나 공황장애와도 관련이 있다. 우울증을 앓고 있는 청소년은 건강한 청소년보다 커피, 콜라 등 카페인이 많은 음료를 네 배 정도 더 섭취했다. 공황장애 환자에게 원두커피 세 잔에 해당하는 450mg의 카페인을 주사했더니 약 60%의 환자로부터 발작 현상이 나타났다. 공황장애 환자는 심장이 빨리 뛰면 극도의 공포감을 느끼기 쉬운데, 이로 인해 발작 현상이 나타난다. 카페인은 심장을 자극하여 심박수를 증가시킨다.

이러한 사실에 비추어 볼 때, 커피에 들어있는 카페인은 수면장애를 일으키고, 특히 정신질환자의 우울증이나 공황장애를 악화시킨다고 볼 수 있다.

─── 〈보 기〉 ───

ㄱ. 수면장애로 병원을 찾은 사람들이 커피를 마시지 않는다는 사실이 밝혀질 경우, 위 논증의 결론은 강화되지 않는다.

ㄴ. 건강한 청소년은 섭취하지 않는 무카페인 음료를 우울증을 앓고 있는 청소년이 많이 섭취하는 것으로 밝혀질 경우, 위 논증의 결론은 강화된다.

ㄷ. 발작 현상이 공포감과 무관하다는 사실이 밝혀질 경우, 위 논증의 결론은 강화된다.

① ㄱ

② ㄷ

③ ㄱ, ㄴ

④ ㄴ, ㄷ

⑤ ㄱ, ㄴ, ㄷ

문 27. 다음 A~C의 견해와 〈진술〉과의 관계에 대한 설명으로 가장 적절한 것은?

14 행시(A) 18번

A : 고대의 인간은 강건하고 거의 불변하는 기질로 구성되어 있으며, 인간 종족으로서 가능한 모든 활력을 발휘했다. 동물과 마찬가지로 인간은 자연스럽게 생을 마감할 때까지 살았다. 질병은 거의 존재하지 않았다. 질병은 고대 이후 과다한 노동, 나태, 행복 또는 궁핍을 낳는 문명의 부산물이었다. 고대인에게 질병이라고 할 만한 것이라고는 사고로 인한 손상뿐이었다. 그렇기에 고대인들은 후대인들에 비해 장수하는 것이 가능했다.

B : 인간의 황금시대는 18세기 후반에 본격적으로 열렸다. 문명의 진보는 세상의 원기를 회복시켰으며 미래를 향한 커다란 도약의 가능성을 열었다. 이제 인간은 새로운 인간 존재의 창조를 통해 새롭게 탈바꿈해야 했다. 인간 수명의 영역에서 혁명이 일어났다. 사회적 평등이 빈부의 극단적 차이를 종식시키며 빈자들의 환경을 개선함으로써 수명의 연장을 가능케 했다. 의학의 발달로 질병 치료의 가능성이 더 높아지고 그 결과 수명이 늘어났다. 이처럼 전반적인 진보의 속도와 보조를 맞추며 인간 수명은 꾸준히 증가한다.

C : 스트룰드브루그로 알려진 불사의 종족 이야기는 인간 수명의 증가에 대한 새로운 시각을 보여주고 있다. 이 종족의 갓 태어난 아기들은 이마에 동그라미가 찍혀 있는데 그것은 영생의 표시였다. 그런데 이 이야기에서 영생의 행운을 거머쥔 듯 보이는 섬 주민들은 오히려 고통스러운 운명에 대해 하소연한다. 이처럼 영생이 곧 행복한 삶을 의미하지는 않는다. 한순간의 젊음이 지나고 나면 그들에게 남는 것은 온갖 질병과 알 수 없는 절망에 시달려야 하는 노년의 삶뿐이었다. 그들이 갈망하는 것은 자신들이 결코 소유할 수 없는 죽음뿐이다.

─── 〈진 술〉 ───

(가) 얼마나 오래 사는가보다 얼마나 잘 사는가가 더 중요한 문제이다.

(나) 복지와 환경에 대한 적극적 투자는 수명의 연장을 가능케 한다.

(다) 문명의 진보에 따라 인간의 수명은 과거보다 길어졌다.

(라) 수명의 연장은 인간에게 행복한 삶을 가져다준다.

(마) 문명의 발달로 인간의 질병과 빈곤이 늘어났다.

① (가)는 B와 C의 견해 모두를 강화한다.

② (나)는 B와 C의 견해 모두를 강화한다.

③ (다)는 A와 B의 견해 모두를 강화한다.

④ (라)는 B의 견해를 약화하지만, C의 견해를 강화한다.

⑤ (마)는 A의 견해를 강화하지만, B의 견해를 약화한다.

문 28.　다음 글의 논지를 약화하는 것으로 적절하지 <u>않은</u> 것은?

16 행시(4) 15번

지구 곳곳에서 심각한 기후 변화가 나타나고 있고 그 원인이 인간의 활동에 있다는 주장은 일견 과학적인 것처럼 들리지만 따지고 보면 진실과는 거리가 먼, 다분히 정치적인 프로파간다에 불과하다. "자동차는 세워 두고, 지하철과 천연가스 버스 같은 대중교통을 이용합시다."와 같은, 기후 변화와 사실상 무관한 슬로건에 상당수의 시민이 귀를 기울이도록 만든 것은 환경주의자들의 성과였지만, 그 성과는 사회 전체의 차원에서 볼 때 가슴 아파해야 할 낭비의 이면에 불과하다.

희망컨대 이제는 진실을 직시하고, 현명해져야 한다. 기후 변화가 일어나는 이유는 인간이 발생시키는 온실가스 때문이 아니라 태양의 활동 때문이라고 보는 것이 합리적이다. 태양 표면의 폭발이나 흑점의 변화는 지구의 기후 변화에 막대한 영향을 미친다. 결과적으로 태양의 활동이 활발해지면 지구의 기온이 올라가고, 태양의 활동이 상대적으로 약해지면 기온이 내려간다. 환경주의자들이 말하는 온난화의 주범은 사실 자동차가 배출하는 가스를 비롯한 온실가스가 아니라 태양이다. 태양 활동의 거시적 주기에 따라 지구 대기의 온도는 올라가다가 다시 낮아지게 될 것이다.

대기화학자 브림블컴은 런던의 대기오염 상황을 16세기 말까지 추적해 올라가서 20세기까지 그 거시적 변화의 추이를 연구했는데, 그 결과 매연의 양과 아황산가스 농도가 모두 19세기 말까지 빠르게 증가했다가 그 이후 아주 빠르게 감소하여 1990년대에는 16세기 말보다도 낮은 수준에 도달했음이 밝혀졌다. 반면에 브림블컴이 연구 대상으로 삼은 수백 년의 기간 동안 지구의 평균 기온은 지속적으로 상승해 왔다. 두 변수의 이런 독립적인 행태는 인간이 기후에 미치는 영향이 거의 없다는 것을 보여준다.

① 인간이 출현하기 이전인 고생대 석탄기에 북유럽의 빙하지대에 고사리와 같은 난대성 식물이 폭넓게 서식하였다.

② 태양 활동의 변화와 기후 변화의 양상 간의 상관관계를 조사해 보니 양자의 주기가 일치하지 않았다.

③ 태양 표면의 폭발이 많아지는 시기에 지구의 평균 기온은 오히려 내려간 사례가 많았다.

④ 최근 20년 간 세계 여러 나라가 연대하여 대기오염을 줄이는 적극적인 노력을 기울인 결과 지구의 평균 기온 상승률이 완화되었다.

⑤ 최근 300년 간 태양의 활동에 따른 기후 변화의 몫보다는 인간의 활동에 의해 좌우되는 기후 변화의 몫이 더 크다는 증거가 있다.

문 29.　다음 글의 ㉠에 대한 두 비판을 평가한 것으로 적절한 것만을 〈보기〉에서 모두 고르면?

16 행시(4) 34번

경제 불평등은 어떻게 해결할 수 있을까? ㉠ '로빈후드 각본'이라고 불리는 방법은 막대한 부를 소유한 사람에게 세금을 통해 돈을 걷어 가난한 사람에게 나눠주는 것을 말한다. 가령 수조 원대의 자산가에게 10억 원을 받아 형편이 어려운 100명에게 천만 원씩 나눠준다고 가정해보자. 그 자산가에게 10억 원이라는 돈은 크게 아쉽지 않지만, 형편이 어려운 사람들에게 천만 원이라는 돈은 무척 소중하다. 따라서 이런 재분배 방식을 통해 사회 전체의 공리는 상승하여 최대화될 것이다.

이런 로빈후드 각본은 두 가지 방식으로 비판받을 수 있다. 첫 번째는 자산가들에게 많은 세금을 부과해 재분배하는 방식이 자산가의 일과 투자에 대한 의욕을 꺾어 생산성의 감소로 이어질 수 있다는 것이다. 이렇게 생산성이 감소한다면, 사회 전체의 경제 이익이 줄어 전체 공리도 감소할 것이다. 따라서 로빈후드 각본은 사회 전체의 공리를 최대화하는 데 적합하지 않다. 두 번째는 부자에게 세금을 부과해 가난한 사람들을 돕는 행위가 기본권을 침해할 수 있다는 것이다. 자산가가 동의하지 않은 상태에서 그의 돈을 가져가는 행위는 자산가의 자유를 침해하는 강압 행위이다. 자유는 조금도 침해될 수 없는 절대적 가치이며 다수를 위해 소수의 희생을 강요하는 것은 절대 불가하다. 따라서 로빈후드 각본에 의한 부의 재분배는 인간의 기본권을 훼손하는 것이다.

───────〈보 기〉───────

ㄱ. 세금을 통한 재분배 방식이 생산성을 감소시킬 뿐만 아니라 빈부격차를 심화시킨다면, 첫 번째 비판은 강화된다.

ㄴ. 부의 재분배가 기본권의 침해보다 투자 의욕 감소에 더 큰 영향을 준다면, 두 번째 비판은 약화된다.

ㄷ. 행복한 삶을 추구할 수 있는 권리를 보호하기 위한 부의 재분배가 사회 갈등을 해소시켜 생산성이 증가한다면, 첫 번째 비판은 약화되지만 두 번째 비판은 약화되지 않는다.

① ㄱ

② ㄴ

③ ㄱ, ㄷ

④ ㄴ, ㄷ

⑤ ㄱ, ㄴ, ㄷ

문 30. 다음 글의 논증에 대한 비판으로 적절하지 <u>않은</u> 것은?

16 행시(4) 35번

진화론자들은 지구상에서 생명의 탄생이 30억 년 전에 시작됐다고 추정한다. 5억 년 전 캄브리아기 생명폭발 이후 다양한 생물종이 출현했다. 인간 종이 지구상에 출현한 것은 길게는 100만 년 전이고 짧게는 10만 년 전이다. 현재 약 180만 종의 생물종이 보고되어 있다. 멸종된 것을 포함해서 5억 년 전 이후 지구상에 출현한 생물종은 1억 종에 이른다. 5억 년을 100년 단위로 자르면 500만 개의 단위로 나눌 수 있다. 이것은 새로운 생물종이 평균적으로 100년 단위마다 약 20종이 출현한다는 것을 의미한다. 하지만 지난 100년 간 생물학자들은 지구상에서 새롭게 출현한 종을 찾아내지 못했다. 이는 한 종에서 분화를 통해 다른 종이 발생한다는 진화론이 거짓이라는 것을 함축한다.

① 100년마다 20종이 출현한다는 것은 다만 평균일 뿐이다. 현재의 신생 종 출현 빈도는 그보다 훨씬 적을 수 있지만 언젠가 신생 종이 훨씬 많이 발생하는 시기가 올 수 있다.

② 5억 년 전 이후부터 지구상에 출현한 생물종이 1,000만 종 이하일 수 있다. 그러면 100년 내에 새로 출현하는 종의 수는 2종 정도이므로 신생 종을 발견하기 어려울 수 있다.

③ 생물학자는 새로 발견한 종이 신생 종인지 아니면 오래 전부터 존재했던 종인지 판단하기 어렵다. 따라서 신생 종의 출현이나 부재로 진화론을 검증하려는 시도는 성공할 수 없다.

④ 30억 년 전에 생물이 출현한 이후 5차례의 대멸종이 일어났으나 대멸종은 매번 규모가 달랐다. 21세기 현재, 알려진 종 중 사라지는 수가 크게 늘고 있어 우리는 인간에 의해 유발된 대멸종의 시대를 맞이하는 것으로 볼 수 있다.

⑤ 생물학자들이 발견한 몇몇 종은 지난 100년 내에 출현한 종이라고 판단할 이유가 있다. DNA의 구성에 따라 계통수를 그렸을 때 본줄기보다는 곁가지 쪽에 배치될수록 늦게 출현한 종임을 알 수 있기 때문이다.

문 31. 다음 글의 논지를 약화하는 것만을 〈보기〉에서 모두 고르면?

16 행시(4) 36번

M이 내린 인가처분은 학교법인 B가 법학전문대학원 설치 인가를 받기 위해 제출한 입학전형 계획을 그대로 인정함으로써 청구인 A의 헌법상의 기본권인 직업선택의 자유를 제한하는 것처럼 보인다. 그러나 학교법인 B는 헌법 제31조 제4항에 서술된 헌법상의 기본권인 '대학의 자율성'의 주체이다. 이 사건처럼 두 기본권이 충돌하는 경우, 헌법의 통일성을 유지한다는 취지에서, 상충하는 기본권이 모두 최대한 그 기능과 효력을 발휘할 수 있도록 하는 조화로운 방법이 모색되어야 한다. 따라서 해당 인가처분이 청구인 A의 직업선택의 자유를 제한하는 정도와 대학의 자율성을 보호하는 정도 사이에 적정한 비례를 유지하고 있는지를 살펴본다.

청구인 A는 해당 인가처분으로 인하여 청구인이 전체 법학전문대학원 중 B대학교 법학전문대학원 정원인 100명만큼 지원할 수 없게 되어 법학전문대학원에 진학할 기회가 줄어든다고 주장하고 있다. 그러나 여자대학이 아닌 법학전문대학원의 경우에도 여학생의 비율이 평균 40%에 달하고 있는 점으로 미루어, B대학교 법학전문대학원이 여성과 남성을 차별 없이 모집하였을 경우를 상정하더라도 청구인 A가 이 인가처분으로 인해 받는 직업선택의 자유의 제한 정도가 어느 정도인지 산술적으로 명확하게 계산하기는 어렵지만 청구인이 주장하는 2,000분의 100에는 미치지 못할 것으로 보인다. 반면 청구인 A는 B대학교 이외에 입학정원 총 1,900명의 전국 24개 여타 법학전문대학원에 지원할 수 있고 입학하여 소정의 교육을 마친 후 변호사시험을 통해 법조인이 될 수 있는 충분한 가능성이 있으므로, 이 인가처분으로 청구인이 받는 불이익이 과도하게 크다고 보기 어렵다. 따라서 이 인가처분은 청구인 A의 직업선택의 자유와 B대학교의 대학의 자율성 사이에서 적정한 비례관계를 유지하고 있다 할 것이다.

학생의 선발, 입학의 전형도 사립대학의 자율성의 범위에 속한다는 점, 여성 고등교육 기관이라는 B대학교의 정체성에 비추어 여자대학교라는 정책의 유지 여부는 대학 자율성의 본질적인 부분에 속한다는 점, 이 사건 인가처분으로 인하여 청구인 A가 받는 불이익이 크지 않다는 점 등을 고려하면, 이 사건 인가처분은 청구인의 직업선택의 자유와 대학의 자율성이라는 두 기본권을 합리적으로 조화시킨 것이며 양 기본권의 제한에 있어 적정한 비례를 유지한 것이라고 할 것이다. 따라서 이 사건 인가처분은 청구인 A의 직업선택의 자유를 침해하지 않고, 그러므로 헌법에 위반된다고 할 수 없다.

〈보 기〉

ㄱ. 청구인의 불이익은 사실상의 불이익에 불과하고 기본권의 침해에 해당하지 않는다.

ㄴ. 권리를 향유할 주체가 구체적 자연인인 경우의 기본권은 그 주체가 무형의 법인인 경우보다 우선하여 고려되어야 한다.

ㄷ. 상이한 기본권의 제한 간에 적정한 비례관계가 성립하는지를 평가하기 위해서는 비교되는 두 항을 계량할 공통의 기준이 먼저 제시되어야 한다.

① ㄱ
② ㄷ
③ ㄱ, ㄴ
④ ㄴ, ㄷ
⑤ ㄱ, ㄴ, ㄷ

문 32. 다음 글의 내용에 대한 평가로 가장 적절한 것은?

17 행시(가) 16번

우리나라는 눈부신 경제 성장을 이룩하였고 일인당 국민소득도 빠른 속도로 증가해왔다. 소득이 증가하면 더 행복해질 것이라는 믿음과는 달리, 한국사회 구성원들의 전반적인 행복감은 높지 않은 실정이다. 전반적인 물질적 풍요에도 불구하고 왜 한국 사람들의 행복감은 그만큼 높아지지 않았을까? 이 물음에 대한 다음과 같은 두 가지 답변이 있다.

(가) 일반적으로 소득이 일정한 수준에 도달한 이후에는 소득의 증가가 반드시 행복의 증가로 이어지지는 않는다. 인간이 살아가기 위해서는 물질재와 지위재가 필요하다. 물질재는 기본적인 의식주의 욕구를 충족시키는 데 필요한 재화이며, 경제 성장에 따라 공급이 늘어난다. 지위재는 대체재의 존재 여부나 다른 사람들의 요구에 따라 가치가 결정되는 비교적 희소한 재화나 서비스이며, 그 효용은 상대적이다. 경제 성장의 초기 단계에서는 물질재의 공급을 늘리면 사람들의 만족감이 커지지만, 경제가 일정 수준 이상으로 성장하면 점차 지위재가 중요해지고 물질재의 공급을 늘려서는 해소되지 않는 불만이 쌓이게 되는 이른바 '풍요의 역설'이 발생한다. 따라서 한국 사람들이 경제 수준이 높아진 만큼 행복하지 않은 이유는 소득 증가에 따른 자연스러운 현상이다.

(나) 한국 사회의 행복 수준은 단순히 풍요의 역설로 설명할 수 없다. 행복에 대한 심리학적 연구에 따르면 타인과 비교하는 성향이 강한 사람일수록 행복감이 낮아지게 된다. 비교 성향이 강한 사람은 사회적 관계에서 자신보다 우월한 사람들을 준거집단으로 삼아 비교하기 쉽고 이로 인해 상대적 박탈감이 커질 수 있기 때문이다. 한국과 같은 경쟁 사회에서는 진학이나 구직 등에서 과열 경쟁이 벌어지고 등수에 의해 승자와 패자가 구분된다. 이 과정에서 비교 우위를 차지하지 못한 사람들은 좌절을 경험하기 쉬운데, 비교 성향이 강할수록 좌절감은 더 크다. 따라서 한국 사회의 행복감이 낮은 이유는 한국 사람들이 다른 사람들과 비교하는 성향이 매우 높은 데에서 찾을 수 있다.

① 지위재에 대한 경쟁이 치열한 국가일수록 전반적인 행복감이 높다는 사실은 (가)를 강화한다.

② 경제적 수준이 비슷한 나라들과 비교하여 한국의 지위재가 상대적으로 풍부하다는 사실은 (가)를 강화한다.

③ 한국 사회는 일인당 소득 수준이 비슷한 다른 나라들과 비교하더라도 행복감의 수준이 상당히 낮다는 조사 결과는 (가)를 강화한다.

④ 한국보다 소득 수준이 높고 대학 입학을 위한 입시 경쟁이 매우 치열한 나라가 있다는 사실은 (나)를 약화한다.

⑤ 자신보다 우월한 사람들을 준거집단으로 삼는 경향이 한국보다 강함에도 불구하고 행복감이 더 높은 나라가 있다는 사실은 (나)를 약화한다.

문 33. 다음 (가)와 (나)에 대한 평가로 적절한 것만을 〈보기〉에서 모두 고르면?

17 행시(가) 17번

(가) 탄수화물은 우리 몸의 에너지원으로 쓰이는 필수 영양소이다. 건강한 신체 기능을 유지하기 위해서는 탄수화물 섭취 열량이 하루 총 섭취 열량의 55~70%가 되는 것이 이상적이다. 이에 해당하는 탄수화물의 하루 필요섭취량은 성인 기준 100~130g이다. 국민건강영양조사에 따르면, 우리나라 성인의 하루 탄수화물 섭취량은 평균 289.1g으로 필요섭취량의 약 2~3배에 가깝다. 이에 비추어 볼 때, 한국인은 탄수화물을 지나치게 많이 섭취하고 있다.

(나) 우리가 탄수화물을 계속 섭취하지 않으면 우리 몸은 에너지로 사용되던 연료가 고갈되는 상태에 이르게 된다. 이 경우 몸은 자연스레 '대체 연료'를 찾기 위해 처음에는 근육의 단백질을 분해하고, 이어 내장지방을 포함한 지방을 분해한다. 지방 분해 과정에서 '케톤'이라는 대사성 물질이 생겨나면서 수분 손실이 나타나고 혈액 내의 당분이 정상보다 줄어들게 된다. 이 과정에서 체내 세포들의 글리코겐 양이 감소한다. 특히 이러한 현상은 간세포에서 두드러지게 나타난다. 이로 인해 혈액 및 소변 등의 체액과 인체조직에서는 케톤 수치가 높아지면서 신진대사 불균형이 초래된다. 이를 '케토시스 현상'이라 부른다. 케토시스 현상이 생기면 두통, 설사, 집중력 저하, 구취 등의 불편한 증상이 나타난다. 따라서 탄수화물을 극단적으로 제한하는 식단은 바람직하지 않다.

〈보 기〉

ㄱ. 아시아의 경우 성인 기준 하루 300g 이상의 탄수화물 섭취가 필요하다는 연구결과는 (가)를 약화한다.

ㄴ. 우리나라 성인뿐 아니라 성인이 아닌 사람들의 탄수화물 섭취량 또한 과하다는 것이 밝혀지면 (가)의 설득력이 높아진다.

ㄷ. 우리 몸의 탄수화물이 충분한 상황에서 케토시스 현상이 나타나지 않는다는 연구결과는 (나)를 약화한다.

① ㄴ
② ㄷ
③ ㄱ, ㄴ
④ ㄱ, ㄷ
⑤ ㄱ, ㄴ, ㄷ

문 34. 다음 글의 내용에 대한 평가로 가장 적절한 것은?

17 행시(가) 18번

(가) 우울증을 잘 초래하는 성향은 창조성과 결부되어 있기 때문에 생존에 유리한 측면이 있었다. 따라서 우울증과 관련이 있는 유전자는 오랜 역사를 거쳐 오면서도 사멸하지 않고 살아남아 오늘날 현대인에게도 그 유전자가 상당수 존재할 가능성이 있다. 베토벤, 뉴턴, 헤밍웨이 등 위대한 음악가, 과학자, 작가들의 상당수가 우울한 성향을 갖고 있었다. 천재와 우울증은 어찌 보면 동전의 양면으로, 인류 문명의 진보를 이끈 하나의 동력이자 그 부산물이라 할 수 있을지도 모른다.

(나) 우울증은 일반적으로 자기 파괴적인 질환으로 인식되어 왔지만 실은 자신을 보호하고 미래를 준비하기 위한 보호 기제일 수도 있다. 달성할 수 없거나 달성하기 매우 어려운 목표에 도달하기 위해 엄청난 에너지를 소모하는 것은 에너지와 자원을 낭비할 뿐만 아니라, 정신과 신체를 소진시킴으로써 사회적 기능을 수행할 수 없게 하고 주위의 도움이 없으면 생명을 유지하기 어려운 상태에 이르게도 할 수 있다. 이를 막기 위한 기제가 스스로의 자존감을 낮추고 그 목표를 포기하게 만드는 것이다. 이를 통해 고갈된 에너지를 보충하고 다시 도전할 수 있는 기회를 모색할 수 있다.

(다) 오늘날 우울증은 왜 이렇게 급격하게 늘어나는 것일까? 창조성이란 그 사회에 존재하고 있는 기술이나 생각에 대한 도전이자 대안 제시이며, 기존의 기술이나 생각을 엮어서 새로운 조합을 만들어 내는 것이다. 과거에 비해 현대 사회는 경쟁이 심화되고 혁신들이 더 가치를 인정받기 때문에 창조성이 있는 사람은 상당히 큰 선택적 이익을 갖게 된다. 그렇지만 현대 사회처럼 기존에 존재하는 기술이나 생각이 엄청나게 많아 우리의 뇌가 그것을 담기에도 벅찬 경우에는 새로운 조합을 만들어 내는 일은 무척이나 많은 에너지를 요한다. 또한 지금과 같은 경쟁 사회는 새로운 기술이나 생각에 대한 사회적 요구가 커지기 때문에 정신적 소진 상태를 초래하기 쉬운 환경이 되고 있다. 결국 경쟁은 창조성을 발휘하게 하지만 지나친 경쟁은 정신적 소진을 초래하기 때문에 우울증이 많이 발생할 수 있다.

① 창조적인 사람들은 정서적으로 불안정하고 우울증에 걸릴 수 있는 유전자를 가질 확률이 높다는 사실은 (가)를 강화한다.

② 우울증에 걸린 사람 중에 어려운 목표를 포기하지 못하는 사람들이 많다는 사실은 (나)를 강화한다.

③ 정신적 소진은 우울증을 초래할 가능성이 높다는 사실은 (다)를 약화한다.

④ 유전적 요인이 환경에 적응하는 과정에서 정신질환이 생겨난다는 사실은 (가)와 (나) 모두를 약화한다.

⑤ 과거에 비해 현대 사회에서 창조적인 아이디어를 만들어내기 어렵다는 사실은 (가)를 강화하고 (다)를 약화한다.

문 35. 다음 글의 내용을 평가한 것으로 가장 적절한 것은?

17 행시(가) 36번

갑국에서는 소셜미디어 상에서 진보 성향의 견해들이 두드러지게 나타난다. 이러한 현상은 다음 두 가설에 의해서 설명될 수 있다.

A 가설은 이러한 현상이 일어나는 이유가 진보 이념에서 전통적으로 중시되는 참여 민주주의의 가치가 쌍방향 의사소통을 주요 특징으로 하는 소셜미디어와 잘 부합하기 때문이라고 본다. 진보 성향을 가진 사람들은 일반적으로 엘리트에 의한 통제보다는 시민들이 가지는 영향력과 정치 활동에 지지를 표하고, 참여를 통해 자신들의 입장이 정당함을 보여주려는 경향이 강하다. 갑국의 소셜미디어 사용자들의 다수가 진보적인 젊은 유권자들이라는 사실은 이러한 A 가설을 뒷받침한다. 최근 갑국의 트위터 사용자에 대한 연구에서도 진보적인 유권자들이 트위터와 같은 소셜미디어를 더 자주 이용하는 것으로 나타났다.

한편 소셜미디어가 가지는 대안 매체로서의 가능성에 관련한 B 가설에 따르면, 소셜미디어는 기존의 주류 언론에서 상대적으로 소외된 집단에 의해 주도적으로 활용될 가능성이 높다. 가령 트위터는 140자의 트윗이라는 형식을 통해 누구든지 팔로워들에게 원하는 메시지를 전파할 수 있고, 이 메시지는 리트윗을 통해 더 많은 사람들에게 전달될 수 있다. 이러한 트위터의 작동방식은 사용자들로 하여금 더 이상 주류 언론에 의한 매개 과정을 거치지 않고 독자적인 언론인으로 활동하며 다수에게 자신들의 견해를 전달할 수 있게 해준다. B 가설은 주류 언론이 가지는 이념적 성향이 소셜미디어의 이념적 편향성의 방향을 결정하는 주요 요인이 되리라는 예측을 가능케 한다. 즉 어떤 이념적 성향을 가진 집단이 주류 언론에 대해 상대적 소외감을 더 크게 느끼느냐에 따라 누가 이 대안 매체의 활용가치를 더 크게 느끼는지 결정되리라는 것이다.

① 갑국에 적용한 것과 동일한 방식으로 분석했을 때, 을국의 경우 트위터 사용자들은 진보 성향보다 보수 성향이 많았다는 사실은 A 가설을 약화하지 않는다.

② 갑국의 주류 언론은 보수적 이념 성향이 강하다는 사실은 B 가설을 강화한다.

③ 갑국의 젊은 사람들 중에 진보 성향의 비율이 높다는 사실은 A 가설을 강화하고 B 가설은 약화한다.

④ 갑국에서 주류 언론보다 소셜미디어의 영향력이 강하다는 사실은 A 가설과 B 가설을 모두 강화한다.

⑤ 갑국에서는 정치 활동을 많이 하는 사람들이 소셜미디어를 더 많이 사용한다는 사실은 A 가설과 B 가설을 모두 약화한다.

문 36. 다음 글의 논지를 약화하는 것으로 가장 적절한 것은?

18 행시(나) 35번

온갖 사물이 뒤섞여 등장하는 사진들에서 고양이를 틀림없이 알아보는 인공지능이 있다고 해보자. 그러한 식별 능력은 고양이 개념을 이해하는 능력과 어떤 관계가 있을까? 고양이를 실수 없이 가려내는 능력이 고양이 개념을 이해하는 능력의 필요충분조건이라고 할 수 있을까?

먼저, 인공지능이든 사람이든 고양이 개념에 대해 이해하면서도 영상 속의 짐승이나 사물이 고양이인지 정확히 판단하지 못하는 경우는 있을 수 있다. 예를 들어, 누군가가 전형적인 고양이와 거리가 먼 희귀한 외양의 고양이를 보고 "좀 이상하게 생긴 족제비로군요."라고 말했다고 해보자. 이것은 틀린 판단이지만, 그렇다고 그가 고양이 개념을 이해하지 못하고 있다고 평가하는 것은 부적절한 일일 것이다.

이번에는 다른 예로 누군가가 영상자료에서 가을에 해당하는 장면들을 실수 없이 가려낸다고 해보자. 그는 가을 개념을 이해하고 있다고 보아야 할까? 그 장면들을 실수 없이 가려낸다고 해도 그가 가을이 적잖은 사람들을 왠지 쓸쓸하게 하는 계절이라든가, 농경문화의 전통에서 수확의 결실이 있는 계절이라는 것, 혹은 가을이 지구 자전축의 기울기와 유관하다는 것 등을 반드시 알고 있는 것은 아니다. 심지어 가을이 지구의 1년을 넷으로 나눈 시간 중 하나를 가리킨다는 사실을 모르고 있을 수도 있다. 만일 가을이 여름과 겨울 사이에 오는 계절이라는 사실조차 모르는 사람이 있다면 우리는 그가 가을 개념을 이해하고 있다고 인정할 수 있을까? 그것은 불합리한 일일 것이다.

가을이든 고양이든 인공지능이 그런 개념들을 충분히 이해하는 것은 영원히 불가능하다고 단언할 이유는 없다. 하지만 우리가 여기서 확인한 점은 개념의 사례를 식별하는 능력이 개념을 이해하는 능력을 함축하는 것은 아니고, 그 역도 마찬가지라는 것이다.

① 인간 개념과 관련된 모든 지식을 가진 사람은 아무도 없겠지만 우리는 대개 인간과 인간 아닌 존재를 어렵지 않게 구별할 줄 안다.

② 어느 정도의 훈련을 받은 사람은 병아리의 암수를 정확히 감별하지만 그렇다고 암컷과 수컷 개념을 이해하고 있다고 볼 이유는 없다.

③ 자율주행 자동차에 탑재된 인공지능이 인간 개념을 이해하고 있지 않다면 동물 복장을 하고 횡단보도를 건너는 인간 보행자를 인간으로 식별하지 못한다.

④ 정육면체 개념을 이해할 리가 없는 침팬지도 다양한 형태의 크고 작은 상자들 가운데 정육면체 모양의 상자에만 숨겨둔 과자를 족집게같이 찾아낸다.

⑤ 10월 어느 날 남반구에서 북반구로 여행을 간 사람이 그곳의 계절을 봄으로 오인한다고 해서 그가 봄과 가을의 개념을 잘못 이해하고 있다고 할 수는 없다.

문 37. 다음 글의 ㉠을 약화하지 않는 것은?

19 행시(가) 18번

쾌락주의자들은 우리가 쾌락을 욕구하고, 이것이 우리 행동의 원인이 된다고 주장한다. 하지만 반쾌락주의자들은 쾌락을 느끼기 위한 우리 행동의 원인은 음식과 같은 외적 대상에 대한 욕구이지 다른 것이 아니라고 말한다. 이에, 외적 대상에 대한 욕구 이외의 것, 가령, 쾌락에 대한 욕구는 우리 행동의 원인이 될 수 없다. 그럼 반쾌락주의자들이 말하는 욕구에서 행동, 그리고 쾌락으로 이어지는 인과적 연쇄는 다음과 같을 것이다.

음식에 대한 욕구 → 먹는 행동 → 쾌락

이런 인과적 연쇄를 보았을 때 쾌락이 우리 행동의 원인이 아니라는 것은 분명하다. 왜냐하면 쾌락은 행동 이후 생겨났고, 나중에 일어난 것이 이전에 일어난 것의 원인일 수 없기 때문이다.

그러나 이런 반쾌락주의자들의 주장은 두 개의 욕구, 즉 음식에 대한 욕구와 쾌락에 대한 욕구 사이의 관계를 고려하지 않고 있다. 즉 무엇이 음식에 대한 욕구의 원인인지를 고려하지 않은 것이다. 하지만 ㉠ 쾌락주의자들의 주장에 따르면 위의 인과적 연쇄에 음식에 대한 욕구의 원인인 쾌락에 대한 욕구를 추가해야 한다.

사람들이 음식을 원하는 이유는 그들이 쾌락을 욕구하기 때문이다. 반쾌락주의자들의 주장이 범하고 있는 실수는 두 개의 사뭇 다른 사항들, 즉 욕구가 만족되어 경험하는 쾌락과 쾌락에 대한 욕구를 혼동하는 데에서 기인한다. 쾌락의 발생이 행위자가 쾌락 이외의 어떤 것을 원했기 때문이더라도, 쾌락에 대한 욕구는 다른 어떤 것에 대한 욕구를 발생시키는 원인이다.

① 어떤 욕구도 또 다른 욕구의 원인일 수 없다.

② 사람들은 쾌락에 대한 욕구가 없더라도 음식을 먹는 행동을 하기도 한다.

③ 음식에 대한 욕구로 인해 쾌락에 대한 욕구가 생겨야만 행동으로 이어진다.

④ 외적 대상에 대한 욕구는 다른 것에 의해서 야기되지 않고 그저 주어진 것일 뿐이다.

⑤ 맛없는 음식보다 맛있는 음식을 욕구하는 것은 맛있는 음식을 먹어 얻게 될 쾌락에 대한 욕구가 맛없는 음식을 먹어 얻게 될 쾌락에 대한 욕구보다 강하기 때문이다.

문 38.　다음 ㉠을 지지하는 관찰 결과로 가장 적절한 것은?

18 행시(나) 36번

멜라토닌은 포유동물의 뇌의 일부분인 송과선이라는 내분비 기관에서 분비되는 호르몬이다. 멜라토닌은 밤에 많이 생성되고 낮에는 덜 생성된다. 이러한 특성을 이용하여 포유동물은 멜라토닌에 의해 광주기의 변화를 인지한다. 포유동물은 두부(頭部)의 피부나 망막에 들어오는 빛의 양을 감지하여 멜라토닌의 생성을 조절하는 방식으로 생체 리듬을 조절한다. 일몰과 함께 멜라토닌의 생성이 증가하면서 졸음이 오게 된다. 동이 트면 멜라토닌의 생성이 감소하면서 잠이 깨고 정신을 차리게 된다. 청소년기에는 멜라토닌이 많이 생성되기 때문에 청소년은 성인보다 더 오래 잠을 자려는 경향이 있다. 또한 ㉠ 멜라토닌은 생식 기관의 발달과 성장을 억제한다. 멜라토닌이 시상하부에 작용하여 생식선자극호르몬방출호르몬(LHRH)의 분비를 억제하면, 난자와 정자의 생성이나 생식 기관의 성숙을 일으키는 테스토스테론과 에스트로겐의 분비가 억제되어 생식 기관의 성숙이 억제된다.

① 송과선을 제거한 포유동물이 비정상적으로 성적 성숙이 더뎌졌다.

② 봄이 되면 포유동물의 혈액 속 멜라토닌의 평균 농도가 높아지고 번식과 짝짓기가 많아진다.

③ 성숙한 포유동물을 지속적으로 어둠 속에서 키웠더니 혈액 속 멜라토닌의 평균 농도가 낮아졌다.

④ 어린 포유동물을 밤마다 긴 시간 동안 빛에 노출하였더니 생식 기관이 비정상적으로 조기에 발달하였다.

⑤ 생식 기관의 발달이 비정상적으로 저조한 포유동물 개체들이 생식 기관의 발달이 정상적인 같은 종의 개체들보다 혈액 속 멜라토닌의 평균 농도가 낮았다.

문 39.　다음 토론에 드러난 두 사람의 주장을 적절하게 평가한 것을 〈보기〉에서 모두 고르면?

12 행시(인) 37번

A : 저는 인간의 신체 질병을 순전히 자연현상으로만 이해합니다. 이것은 인체 질병을 자동차의 오작동과 비슷한 방식으로 이해하는 것입니다.

B : 자동차의 구조와 기능은 모두 알려져 있지만 인간 신체는 그렇지 않습니다. 정량적 수치만으로 질병 유무를 판단할 수 없다고 생각합니다.

A : 저는 질병을 종의 전형적인 상태를 기준으로 판단합니다. 예컨대 보통 사람들을 조사하여 이들 가운데 95% 사람들이 공유하는 신체 상태를 질병에 걸리지 않은 정상 상태라고 규정하는 것이죠. 이 95%에서 벗어난 사람들은 비정상 상태에 있는 것입니다. 다시 말해 한 개인이 질병에 걸렸다는 것은 그가 통계적 정상 상태에서 벗어났다는 것을 의미해요.

B : 그럼 건강한 사람이 비정상 상태에 있는 사람으로 분류될 수도 있겠군요.

A : 그럴 가능성이 있죠. 하지만 질병은 대개 신체의 기능 결손과 관련되어 있습니다. 결국 건강 상태와 질병 상태를 구분하는 선은 생물통계학을 통해 설정됩니다.

B : 설사 그 기준이 생물통계학을 통해 설정된다 하더라도, 사람들은 자신이 아프다고 느끼기 때문에 병원에 가서 의사에게 조언을 구하지 않나요? 만일 개인이 자기 신체의 기능 결손을 스스로 느낄 수 없고, 이런 결손이 그의 안녕과 행복에 아무런 영향도 주지 않는다면, 그 결손이 질병이라는 생물학의 판단은 개인에게 아무런 의미가 없습니다.

A : 아프다는 느낌조차도 생물현상일 뿐입니다. 아픔은 신체의 기능 결손을 반영하고 있습니다.

B : 신체의 기능 결손이 반영되지 않는 주관적 고통이 있을 수 있고 이런 고통도 질병의 일부로 보아야 합니다. 이것도 치료의 대상이기 때문입니다.

A : 주관적 고통을 느끼는 사람들은 대개 통계적 비정상 상태에 있습니다.

〈보 기〉

ㄱ. 서유럽 중년남자의 동맥경화증은 통계적으로 정상이지만 동맥경화증이 엄연히 질병이라는 사실은 A의 주장을 강화한다.

ㄴ. 십이지장 궤양 환자들이 느끼는 고통은 서로 다르며 이에 대한 치료도 다르다는 사실은 A의 주장을 강화한다.

ㄷ. 신체의 기능 결손은 없지만 단순히 통증이 발생한다는 이유에서 질병으로 분류되는 증상이 있다는 사실은 B의 주장을 강화한다.

① ㄱ

② ㄷ

③ ㄱ, ㄴ

④ ㄱ, ㄷ

⑤ ㄴ, ㄷ

문 40. 다음 논쟁에 대한 평가로 적절한 것만을 〈보기〉에서 모두 고르면?
18 행시(나) 17번

A : '거문고'라는 이름은 어디에서 유래했다고 생각하니?

B : 흥미로운 쟁점이야. 그에 관해서는 여러 가지 설이 있지만, 그 가운데 어느 것이 옳은가에 대해선 지금도 논란이 분분하지.

A : 내 주장은 '거문고'에서 '거문'은 색깔을 가리키는 말에서 유래했다는 것이야. '거문'은 '검다'로 해석되고, 한자로는 '玄'이라 쓰지. 김부식의 『삼국사기』에 따르면, 고구려의 왕산악이 진나라의 칠현금을 개량해 새 악기를 만들고, 겸해서 백여 곡을 지어 연주했다고 해. 그러자 현학(玄鶴) 즉 검은 학이 날아와 춤을 추었고, 이로부터 악기의 이름을 '현학금'이라고 지었대. '현학금'이 훗날 '현금'으로 변했고, 다시 우리말 '검은고(거문고)'로 바뀐 것이지.

B : 내 주장은 '거문고'에서 '거문'은 나라 이름을 가리키는 말에서 유래했다는 것이야. 원래 '거문'은 '거무' 혹은 'ㄱ 무'로 발음되기도 하는데, 옛날에는 '고구려'를 '거무'나 'ㄱ 무'라고 불렀고, 이 말들은 '개마'라는 용어와도 쓰임이 같거든. '개마'는 고대 한민족이 부족사회를 세웠던 장소의 명칭이잖아. 일본인들은 고구려를 '고마'라고 발음하기도 해. 따라서 '거문고'는 '고구려 현악기' 혹은 '고구려 악기'라고 정의될 수 있어.

〈보 기〉

ㄱ. '단군왕검'에서 '검'이 '신(神)'을 뜻하는 옛말로 '금', '감' 등과 통용되었다는 사실은 A와 B의 주장을 모두 강화한다.

ㄴ. 현악기를 지칭할 때 '고'와 '금(琴)'을 혼용하였다는 사실은 B의 주장을 약화한다.

ㄷ. '가얏고(가야+고)'의 사례에서 보듯이 악기의 이름 맨 앞에 국명을 붙이는 관습이 있었다는 사실은 A의 주장을 강화하지 않는다.

---

① ㄴ

② ㄷ

③ ㄱ, ㄴ

④ ㄱ, ㄷ

⑤ ㄱ, ㄴ, ㄷ

문 41. 다음 글을 토대로 〈사례〉를 바르게 평가한 것은?
14 행시(A) 37번

결정론이란, 만일 한 시점에서 우주의 전체 상태가 완전히 기술된다면 법칙의 도움을 받아 미래의 어떤 사건도 모두 예측할 수 있다는 입장이다. 이것은 뉴턴에 의해 주장되었고 라플라스에 의해 상세하게 분석되었다.

결정론의 문제는 철학사에서 자유의지의 문제와 밀접하게 관련되어 있다. 만일 모든 사건이 선행하는 원인사건에 의해 결정된다면, '선택'이란 아무런 의미도 갖지 못한다고 라플라스는 주장한다. 그에 따르면 자유의지란 환상에 불과하다. 우리는 선택을 한다고 생각하지만, 그 선택은 선행하는 사건에 의해 이미 결정되어 있으며, 실제로는 그런 선택에 따르도록 강요되어 있다는 것이다.

라플라스는 하나의 사건이 이미 일어난 선행사건과 법칙에 의해서 결정된다는 이론적 의미에서의 '결정'을 '강요'와 혼동하고 있다. 만일 특정한 순간의 우주의 상태가 주어지고, 그러한 상태에 대한 완전한 기술과 모든 법칙들을 알고 있는 사람이 있다면, 그는 미래의 어떠한 사건도 예측해 낼 수 있을 것이다. 그러나 이러한 엄격한 의미에서의 결정론이 성립한다 하더라도, 사람들의 행위를 예측할 수 있다는 것으로부터 그 행위가 강요되었다는 결론은 나오지 않는다. 예측 가능성과 강요는 별개의 것이다.

〈사 례〉

바흐의 작품을 대단히 좋아하는 친구가 있다. 나는 세계 정상의 음악가들이 바흐의 작품들을 연주하는 연주회에 초대를 받았고 다른 사람을 데려가도 된다. 내가 그 친구에게 연주회에 가자고 한다면, 그는 확실히 갈 것이다. 내가 그렇게 예측하는 이유는 그의 성격을 알고 심리학의 법칙들을 알고 있기 때문이다. 내가 예측한 대로 그가 나와 함께 간다면, 그는 강요받아서 가는 것인가? 아니다. 비록 내가 그의 행위를 예측했을지라도 그는 강요받은 것이 아니다.

---

① 이 사례는 글의 논지를 강화하고, 라플라스의 견해와 양립 가능하다.

② 이 사례는 글의 논지를 강화하고, 라플라스의 견해와 양립 불가능하다.

③ 이 사례는 글의 논지를 약화하고, 라플라스의 견해와 양립 불가능하다.

④ 이 사례는 글의 논지를 강화하지도 약화하지도 않고, 라플라스의 견해와 양립 가능하다.

⑤ 이 사례는 글의 논지를 강화하지도 약화하지도 않고, 라플라스의 견해와 양립 불가능하다.

문 42. 다음 논증에 대한 설명으로 옳은 것만을 〈보기〉에서 모두 고르면?

15 행시(인) 38번

과거에는 실제로 존재한다고 간주되던 것들이 오늘날에는 허구적인 것으로 취급받게 된 경우들이 있다. 잘 알려져 있는 것처럼, 과거의 과학자들은 나무가 타는 것과 같은 연소 현상을 설명하기 위해서 플로지스톤 이론을 만들어냈다.

당시 과학자들은 '플로지스톤'이라는 개념을 이용해서 연소현상을 설명했으며, 플로지스톤이 실제로 존재한다고 생각했다. 하지만 오늘날 플로지스톤이 실제로 존재한다는 것을 믿는 자연과학자는 없으며, 그런 개념은 현대 자연과학에서 사라져 버렸다. 이는 표준적인 현대 화학이론이 '플로지스톤'이라는 개념을 동원하지 않고서도 연소 현상을 플로지스톤 이론보다 더 잘 설명하기 때문이다. 가령 현대 화학이론은 플로지스톤 이론이 설명할 수 있는 현상은 물론, 그보다 훨씬 많은 연소 현상들을 설명해낸다.

우리는 '믿음', '욕구' 등과 같은 통속 심리이론 속 개념들도 동일한 운명에 처할 것이라는 점을 알 수 있다. 일상적으로 우리는 행동 현상을 설명하기 위해서 '믿음', '욕구' 등 통속 심리이론에서 다루는 개념들을 사용한다. 예를 들어, 영화관으로 향하는 행동 현상은 영화감상에 대한 '욕구'와 '믿음' 등 통속 심리이론의 개념을 이용해 설명된다. 그런데 오늘날 신경과학이론은 통속 심리이론과 전혀 다른 방식으로 행동 현상을 설명한다. 즉 최근 신경과학이론은 '믿음', '욕구' 등에 호소하지 않고 신경들 사이의 연결과 그 구조를 통해서 인간의 행동 현상을 설명한다. 그렇다면 '믿음', '욕구' 등도 '플로지스톤'과 비슷한 운명을 겪게 될 것이다. 즉 우리는 통속 심리이론의 '믿음', '욕구'와 같은 개념들을 사용할 필요가 없게 될 것이며, 결국 그런 것들은 과학에서 사라져 버릴 것이다.

〈보 기〉

ㄱ. 위 논증은 통속 심리이론보다 신경과학이론이 행동 현상을 더 잘 설명할 수 있게 될 것이라는 점을 전제한다.

ㄴ. 행동 현상과 자연 현상 사이의 근본적인 차이가 밝혀진다면 위 논증은 강화된다.

ㄷ. 통속 심리이론에 의해 설명되는 행동 현상 중 신경과학이론에 의해서는 설명될 수 없는 행동 현상이 많이 있다면 위 논증은 약화된다.

① ㄱ
② ㄴ
③ ㄱ, ㄷ
④ ㄴ, ㄷ
⑤ ㄱ, ㄴ, ㄷ

문 43. 다음 글의 ㉠을 지지하는 것으로 적절한 것은?

16 행시(4) 14번

공상과학 소설가였던 허버드는 1950년에 펴낸 그의 책 『다이어네틱스 현대 정신 치료학』에서 하나의 정신 이론이자 정신 질환을 치료하는 방법으로서 다이어네틱스를 제안했다. 이것은 사이언톨로지의 교의가 됐다. 그런데 ㉠ 다이어네틱스는 신뢰할 만하지 않다는 평가를 받았다. 다음은 다이어네틱스의 주요 내용이다.

정신은 '분석정신'과 '반응정신' 두 부분을 가지고 있다. 반응정신은 생각하는 기능을 수행할 수 없다. 반응정신이 할 수 있는 것은, 수면상태에서처럼 분석정신이 작동하지 않을 때 감각에 입력된 내용을 뇌의 특정 부위에 기록하는 것뿐이다. 그럼에도 불구하고 그것은 청각, 후각 등 오감을 통해 입력된 모든 것을 기록하는 아주 성능 좋은 기록기이다. 이렇게 기록된 것을 엔그램이라고 한다.

예를 들어 어떤 사람이 머리를 부딪쳐서 정신을 잃었다고 해보자. 그때 근처에 있던 모터가 시끄럽게 돌아가고 있었다. 자신도 모르게 반응정신이 작동하여 이 소음이 기록된 하나의 엔그램이 탄생하게 된다. 그런데 나중에 비슷한 환경에서 정신을 잃을 정도는 아니지만 머리를 세게 부딪쳤을 때 예전에 기록된 엔그램으로 인해 주위에 모터가 없는데도 시끄러운 모터 소리 비슷한 소음을 듣는 경험을 하게 된다. 이처럼 어떤 사람이 엔그램이 기록될 때와 비슷한 경험을 하게 되면 그 사람은 그때와 비슷한 일을 겪는 느낌을 받는다. 바로 이러한 엔그램의 작용이 정신 질환의 원인이 된다. 한편 반응정신은 출생 전 태아 상태에서부터 작동하며, 따라서 인간은 이미 상당히 축적된 엔그램을 지니고 태어난다.

이러한 이론에 입각해 다이어네틱스 치료법은 다음과 같이 진행된다. 조용한 공간에서 청취자 역할을 하는 치료사가 질의응답 과정을 통해 치료를 받는 사람의 엔그램에 접근한다. 이 중 문제가 있는 엔그램을 치료 받는 사람의 분석정신 앞으로 끌어내면 그 엔그램은 완전히 삭제되어 더 이상 문제를 일으키지 않게 된다. 정신을 망가뜨리는 엔그램들이 모두 제거된 사람은 정신적으로 깨끗한 상태가 된다.

허버드의 책이 출판된 후 약 6년 동안 수백 명이나 되는 사람들이 치료사가 되는 훈련을 받았으며, 미국 전역의 수십 곳에 다이어네틱스 치료 센터가 세워졌다. 그리고 대부분의 센터가 이 치료 방법을 통해 다양한 유형의 정신 질환을 치료했다고 주장했다.

① 엔그램은 영구적인 것이 아니며 삭제되기도 한다는 것이 밝혀졌다.
② 상당수의 정신 질환이 태아 시절의 경험에서 비롯되었다는 것이 밝혀졌다.
③ 엔그램의 기억에는 의식하지 못한 상태에서 기록된 것이 많이 있다는 것이 밝혀졌다.
④ 다이어네틱스 치료 센터는 프라이버시 보호 규정에 따라 환자의 신상 정보를 공개하지 않았다.
⑤ 뇌기능 검사를 통해 반응정신의 작동 결과를 기록하는 뇌 부위가 없다는 결과를 얻었다.

문 44. 다음 ㉠의 사례로 가장 적절한 것은?　17 행시(가) 10번

보통 '관용'은 도덕적으로 바람직한 것으로 간주된다. 관용은 특정 믿음이나 행동, 관습 등을 잘못된 것이라고 여김에도 불구하고 용인하거나 불간섭하는 태도를 의미한다. 여기서 관용이란 개념의 본질적인 두 요소를 발견할 수 있다. 첫째 요소는 관용을 실천하는 사람이 관용의 대상이 되는 믿음이나 관습을 거짓이거나 잘못된 것으로 여긴다는 점이다. 이런 요소가 없다면, 우리는 '관용'을 말하고 있는 것이 아니라 '무관심'이나 '승인'을 말하는 셈이다. 둘째 요소는 관용을 실천하는 사람이 관용의 대상을 용인하거나 최소한 불간섭해야 한다는 점이다. 하지만 관용을 이렇게 이해하면 역설이 발생할 수 있다.

자국 문화를 제외한 다른 문화는 모두 미개하다고 생각하는 사람을 고려해보자. 그는 모든 문화가 우열 없이 동등하다는 생각이 틀렸다고 확신하고 있다. 하지만 그는 그런 자신의 믿음에도 불구하고 전략적인 이유로, 예를 들어 동료들의 비난을 피하기 위해 자신이 열등하다고 판단하는 문화를 폄하하려는 욕구를 억누르고 있다고 하자. 다른 문화를 폄하하고 싶은 그의 욕구가 크면 클수록, 그리고 그가 자신의 이런 욕구를 성공적으로 자제하면 할수록, 우리는 그가 더 관용적이라고 말해야 할 것 같다. 하지만 이는 받아들이기 어려운 역설적 결론이다.

이번에는 자신이 잘못이라고 믿는 수많은 믿음을 모두 용인하는 사람을 생각해 보자. 이 경우 이 사람이 용인하는 믿음이 많으면 많을수록 우리는 그가 더 관용적이라고 말해야 할 것 같다. 그런데 그럴 경우 우리는 인종차별주의처럼 우리가 일반적으로 잘못인 것으로 판단하는 믿음까지 용인하는 경우에도 그 사람이 더 관용적이라고 말해야 한다. 하지만 도덕적으로 잘못된 것을 용인하는 것은 그 자체가 도덕적으로 잘못이라고 보는 것이 마땅하다. 결국 우리는 관용적일수록 도덕적으로 잘못을 저지르게 될 가능성이 높아지게 되는데 이는 역설적이다.

이상의 논의를 고려하면 종교에 대한 관용처럼 비교적 단순해 보이는 사안에 대해서조차 ㉠ 역설이 발생한다. 이로부터 우리는 관용의 맥락에서, 용인하는 믿음이나 관습의 내용에 일정한 한계가 있어야 함을 알 수 있다.

① 종교적 문제에 대해 별다른 의견이 없는 사람을 관용적이라고 평가하게 된다.
② 모든 종교적 믿음은 거짓이라고 생각하고 배척하는 사람을 관용적이라고 평가하게 된다.
③ 자신의 종교가 주는 가르침만이 유일한 진리라고 믿는 사람일수록 덜 관용적이라고 평가하게 된다.
④ 보편적 도덕 원칙에 어긋나는 가르침을 주장하는 종교까지 용인하는 사람을 더 관용적이라고 평가하게 된다.
⑤ 자신이 유일하게 참으로 믿는 종교 이외의 다른 종교적 믿음에 대해서도 용인하는 사람일수록 더 관용적이라고 평가하게 된다.

문 45. 다음 논증에 대한 평가로 적절한 것만을 〈보기〉에서 모두 고르면?　17 행시(가) 35번

평범한 사람들은 어떤 행위가 의도적이었는지의 여부를 어떻게 판단할까? 다음 사례를 생각해보자.

사례 1 : "새로운 사업을 시작하면 수익을 창출할 것이지만, 환경에 해를 끼치게 될 것입니다"라는 보고를 받은 어느 회사의 사장은 다음과 같이 대답했다. "환경에 해로운지 따위는 전혀 신경 쓰지 않습니다. 가능한 한 많은 수익을 내기를 원할 뿐입니다. 그 사업을 시작합시다." 회사는 새로운 사업을 시작했고, 환경에 해를 입혔다.

사례 2 : "새로운 사업을 시작하면 수익을 창출할 것이고, 환경에 도움이 될 것입니다"라는 보고를 받은 어느 회사의 사장은 다음과 같이 대답했다. "환경에 도움이 되는지 따위는 전혀 신경 쓰지 않습니다. 가능한 한 많은 수익을 내기를 원할 뿐입니다. 그 사업을 시작합시다." 회사는 새로운 사업을 시작했고, 환경에 도움이 되었다.

위 사례들에서 사장이 가능한 한 많은 수익을 내는 것을 의도했다는 것은 분명하다. 그렇다면 사례 1의 사장은 의도적으로 환경에 해를 입혔는가? 사례 2의 사장은 의도적으로 환경에 도움을 주었는가? 일반인을 대상으로 한 설문조사 결과, 사례 1의 경우 '의도적으로 환경에 해를 입혔다'고 답한 사람은 82%에 이르렀지만, 사례 2의 경우 '의도적으로 환경에 도움을 주었다'고 답한 사람은 23%에 불과했다. 따라서 특정 행위 결과를 행위자가 의도했는가에 대한 사람들의 판단은 그 행위 결과의 도덕성 여부에 대한 판단에 의존한다고 결론 내릴 수 있다.

─〈보 기〉─

ㄱ. 위 설문조사에 응한 사람들의 대부분이 환경에 대한 영향과 도덕성은 무관하다고 생각한다는 사실은 위 논증을 약화한다.
ㄴ. 위 설문조사 결과는, 부도덕한 의도를 가지고 부도덕한 결과를 낳는 행위를 한 행위자가 그런 의도 없이 같은 결과를 낳는 행위를 한 행위자보다 그 행위 결과에 대해 더 큰 도덕적 책임을 갖는다는 것을 지지한다.
ㄷ. 두 행위자가 동일한 부도덕한 결과를 의도했음이 분명한 경우, 그러한 결과를 달성하지 못한 행위자는 도덕적 책임을 갖지 않지만 그러한 결과를 달성한 행위자는 도덕적 책임을 갖는다고 판단하는 사람이 많다는 사실은 위 논증을 강화한다.

① ㄱ
② ㄴ
③ ㄱ, ㄷ
④ ㄴ, ㄷ
⑤ ㄱ, ㄴ, ㄷ

문 46. 다음 A의 견해를 약화하는 진술로 적절하지 않은 것은?

17 행시(가) 38번

어떤 사람들은 특별히 길을 잘 기억하고 찾아가는 반면 다른 이들은 길을 찾는 데 어려움을 호소한다. A는 뇌신경에 대한 연구를 통해 이러한 차이가 나타나는 이유의 실마리를 찾았다. A는 해마에 있는 신경세포의 하나인 장소세포를 발견하였다. 해마는 대뇌의 좌 · 우 측두엽 안쪽 깊숙이 자리한 기관으로 기억을 저장하고 상기시켜 기억의 제조 공장으로 불린다. A는 장소세포가 공간을 탐색하고 기억하는 역할을 하며, 우리가 장소를 옮기면 이 신경세포가 활성화되어 우리가 어디에 있는지 인식할 수 있다고 보고 있다. A는 이런 장소세포의 기능을 쥐 실험을 통해 확인하였다. 미로상자에 쥐를 가둔 뒤 행동을 관찰한 결과, 쥐는 처음에는 이리저리 돌아다니다가 시간이 흐를수록 지나갔던 장소에 가면 멈칫거리는 행동을 보였고 그 때마다 특정 장소세포의 활성화가 관찰되었다. A는 쥐가 지나갔던 장소의 시각적 정보가 해마 속 장소세포에 저장되어 해당 지점에 도달했을 때, 장소세포가 신호를 보내 쥐가 이런 행동을 보인 것으로 분석했다.

A는 장소세포와 더불어, 뇌의 내비게이션 시스템을 구성하는 데 있어 핵심적인 역할을 할 것으로 추측되는 격자세포를 발견했다. 쥐가 상자 안에서 먹이를 찾아다닐 때의 뇌 신호를 분석한 결과 해마 바로 옆 내후각피질의 신경세포인 격자세포가 집단적으로 반응했다는 것이 A의 연구결과 내용이다. 격자세포의 반응은 특정한 지점에서만 나타났는데, 이 지점들을 모아서 그려보면 일정한 간격을 가진 격자 모양으로 나타났다. 상자 속 쥐가 아무런 규칙 없이 움직인 것으로 보이지만 실제로는 자기만의 좌표를 가지고 어느 지점을 지나고 있는지 알고 행동했다는 의미다. 쥐를 이용한 동물 실험의 연구결과를 토대로 A는 해마의 장소세포가 특정 지점의 모양새에 관한 기억을 보관하고, 격자세포는 공간과 거리에 관한 정보를 저장하며 이를 장소세포에 효율적으로 제공함으로써 사람이 길을 찾아가도록 도와주는 것으로 본다.

① 해마의 신경세포가 거의 활성화되지 않아도 쥐가 길을 잘 찾는 연구 사례가 보고되었다.

② 사람의 장소세포는 쥐와 달리 해마뿐만 아니라 소뇌에서도 발견된다는 연구 사례가 보고되었다.

③ 공간과 거리에 대한 정보량은 산술적으로 매우 크기 때문에 신경세포가 저장할 수 있는 양을 초과한다.

④ 미로상자 속의 쥐가 멈칫거리는 행동은 이미 지나간 장소에 있던 냄새를 기억했기 때문이라는 것이 밝혀졌다.

⑤ 쥐에는 있지만 사람에게는 없는 세포 구성 성분이 발견된 것에 비추어 볼 때, 사람의 세포가 쥐의 세포와 유사하지 않다.

문 47. 다음 글의 A~C의 주장에 대한 평가로 적절한 것만을 〈보기〉에서 모두 고르면?

19 행시(가) 38번

같은 양의 50℃의 물과 30℃의 물을 얼렸을 때 30℃의 물이 먼저 얼 것이라는 예상과는 달리 50℃의 물이 먼저 어는 현상이 발견되었다. 이 현상의 원인에 대해 A, B, C는 다음과 같이 주장하였다.

A : 이러한 현상은 물의 대류로 설명할 수 있다. 물을 얼릴 때 처음에는 전체적으로 온도가 같던 물이라도 외부에 접촉한 곳이 먼저 식고 그렇지 않은 곳은 여전히 따뜻한 상태로 있다. 이러한 온도차가 물 내부에 흐름을 만들어 내는데 이를 대류라 한다. 대류 현상이 활발하게 일어나면 윗부분과 아랫부분의 물이 섞여 온도 차이가 작아지고, 물이 빨리 식을 것이다. 대류 현상은 차가운 물보다 따뜻한 물에서 더 활발하다. 따라서 차가운 물보다 따뜻한 물이 외부로 열을 더 빨리 뺏겨 따뜻한 물이 차가운 물보다 빨리 얼게 된 것이다.

B : 따뜻한 물의 물 분자들은 차가운 물의 물 분자들보다 더 활발하게 활동하기 때문에, 차가운 물보다 따뜻한 물에서 물의 증발이 더 잘 일어난다. 따라서 따뜻한 물의 질량이 차가운 물의 질량보다 상대적으로 작아져 따뜻한 물이 차가운 물보다 더 빨리 얼게 된 것이다.

C : 따뜻한 물에는 차가운 물보다 용해기체가 덜 녹아 있다. 용해기체가 많으면 어는점이 더 많이 떨어진다. 따라서 따뜻한 물보다 용해기체가 더 많은 차가운 물의 어는점이 상대적으로 낮아 따뜻한 물이 먼저 얼게 된 것이다.

〈보 기〉

ㄱ. 다른 조건은 동일하고 용기 내부에서 물의 대류를 억제하여 실험을 했을 때도 따뜻한 물이 먼저 언다면 A의 주장은 강화된다.

ㄴ. 따뜻한 물과 차가운 물을 얼리는 과정에서 차가운 물에서 증발한 물의 질량보다 따뜻한 물에서 증발한 물의 질량이 더 크다면 B의 주장은 강화된다.

ㄷ. 차가운 물을 얼린 얼음에 포함되어 있는 용해기체의 양이 따뜻한 물을 얼린 얼음에 포함되어 있는 용해기체의 양보다 많다면 C의 주장은 약화된다.

① ㄱ

② ㄴ

③ ㄱ, ㄷ

④ ㄴ, ㄷ

⑤ ㄱ, ㄴ, ㄷ

문 48. 다음 ⊙의 사례로 적절한 것만을 〈보기〉에서 모두 고르면?

17 행시(가) 27번

적혈구는 일정한 수명을 가지고 있어서 그 수와 관계없이 총 적혈구의 약 0.8% 정도는 매일 몸 안에서 파괴된다. 파괴된 적혈구로부터 빌리루빈이라는 물질이 유리되고, 이 빌리루빈은 여러 생화학적 대사 과정을 통해 간과 소장에서 다른 물질로 변환된 후에 대변과 소변을 통해 배설된다.

적혈구로부터 유리된 빌리루빈은 강한 지용성 물질이어서 혈액의 주요 구성물질인 물에 녹지 않는다. 이런 빌리루빈을 비결합 빌리루빈이라고 하며, 혈액 내에서 비결합 빌리루빈은 알부민이라는 혈액 단백질에 부착된 상태로 혈류를 따라 간으로 이동한다. 간에서 이 비결합 빌리루빈은 담즙을 만드는 간세포에 흡수되고 글루쿠론산과 결합하여 물에 잘 녹는 수용성 물질인 결합 빌리루빈으로 바뀌게 된다. 결합 빌리루빈의 대부분은 간세포에서 만들어져 담관을 통해 분비되는 담즙에 포함되어 소장으로 배출되지만 일부는 다시 혈액으로 되돌려 보내져 혈액 내에서 알부민과 결합하지 않고 혈류를 따라 순환한다.

간세포에서 분비된 담즙을 통해 소장으로 들어온 결합 빌리루빈의 절반은 장세균의 작용에 의해 소장에서 흡수되어 혈액으로 이동하는 유로빌리노젠으로 전환된다. 나머지 절반의 결합 빌리루빈은 소장에서 흡수되지 않고 대변에 포함되어 배설된다. 혈액으로 이동한 유로빌리노젠의 일부분은 혈액이 신장을 통과할 때 혈액으로부터 여과되어 신장으로 이동한 후 소변으로 배설된다. 하지만 대부분의 혈액 내 유로빌리노젠은 간으로 이동하여 간세포에서 만든 담즙을 통해 소장으로 배출되어 대변을 통해 배설된다.

빌리루빈의 대사와 배설에 장애가 있을 때 여러 임상 증상이 나타날 수 있다. 따라서 빌리루빈이나 빌리루빈 대사물의 양을 측정한 후, 그 값을 정상치와 비교하면 임상 증상을 일으키는 원인이 되는 질병이나 문제를 ⊙ 추측할 수 있다.

〈보 기〉

ㄱ. 소변 내 유로빌리노젠의 양이 정상치보다 높으면, 혈액의 적혈구 파괴 비율이 증가하는 용혈성 질병이 있을 수 있다.

ㄴ. 혈액 내 비결합 빌리루빈의 양이 정상치보다 높으면, 담즙을 만드는 간세포의 기능이 망가진 간경화가 있을 수 있다.

ㄷ. 대변 내 결합 빌리루빈이 발견되지 않으면, 담석에 의해 담관이 막혀 담즙이 배출되지 않은 담관폐쇄증이 있을 수 있다.

① ㄱ
② ㄴ
③ ㄱ, ㄷ
④ ㄴ, ㄷ
⑤ ㄱ, ㄴ, ㄷ

문 49. 다음 글에 서술된 연구결과에 대한 판단으로 가장 적절한 것은?

12 민간(인) 6번

320여 년 전 아일랜드의 윌리엄 몰리눅스가 제기했던 이른바 '몰리눅스의 물음'에 답하기 위한 실험이 최근 이루어졌다. 몰리눅스는 철학자 로크에게 보낸 편지에서 다음과 같이 물었다. "태어날 때부터 시각장애인인 사람이 둥근 공 모양과 정육면체의 형태 등을 단지 손으로 만져서 알게 된 후 어느 날 갑자기 눈으로 사물을 볼 수 있게 된다면, 그 사람은 손으로 만져보지 않고도 눈앞에 놓인 물체가 공 모양인지 주사위 모양인지 알아낼 수 있을까요?"

경험론자들은 인간이 아무것도 적혀 있지 않은 '빈 서판' 같은 마음을 가지고 태어나며 모든 관념과 지식은 경험에 의해 형성된다고 주장한 반면, 생득론자들은 인간이 태어날 때 이미 외부의 정보를 처리하는 데 필요한 관념들을 가지고 있다고 주장했다. 만일 인간의 정신 속에 그런 관념들이 존재한다면, 눈으로 보든 손으로 만지든 상관없이 사람들은 해당되는 관념을 찾아낼 것이다. 따라서 몰리눅스의 물음이 명확히 답변될 수 있다면 이런 양편의 주장에 대한 적절한 판정이 내려질 것이다.

2003년에 인도의 한 연구팀이 뉴델리의 슈로프 자선안과병원과 협력하여 문제의 실험을 수행하였다. 실험은 태어날 때부터 시각장애인이었다가 수술을 통해 상당한 시력을 얻게 된 8세부터 17세 사이의 남녀 환자 6명을 대상으로 진행되었다. 연구자들은 수술 후 환자의 눈에서 붕대를 제거한 후 주변이 환히 보이는지 먼저 확인하고, 레고 블록 같은 물건을 이용해서 그들이 세밀한 시각 능력을 충분히 회복했음을 확인했다. 또 그들이 여전히 수술 이전 수준의 촉각 능력을 갖고 있음도 확인했다. 이제 연구자들은 일단 환자의 눈을 가리고 특정한 형태의 물체를 손으로 만지게 한 뒤, 서로 비슷하지만 뚜렷이 구별될 만한 두 물체를 눈앞에 내놓고 조금 전 만졌던 것이 어느 쪽인지 말하도록 했다. 환자가 촉각을 통해 인지한 형태와 시각만으로 인지한 형태를 성공적으로 연결할 수 있는지를 시험한 것이다. 그런데 이 실험에서 각 환자들이 답을 맞힌 비율은 50%, 즉 둘 중 아무 것이나 마구 고른 경우와 거의 차이가 없었다. 한편 환자들은 눈으로 사물을 읽는 법을 빠르게 배우는 것으로 나타났다. 연구팀은 그들이 대략 한 주 안에 정상인과 똑같이 시각만으로 사물의 형태를 정확히 읽을 수 있게 되었다고 보고하였다. 이로 인해 경험론자들과 생득론자들의 견해 중 한 입장이 강화되었다.

① 몰리눅스의 물음에 부정적인 답변이 나와 경험론자들의 견해가 강화되었다.

② 몰리눅스의 물음에 부정적인 답변이 나와 생득론자들의 견해가 강화되었다.

③ 몰리눅스의 물음에 긍정적인 답변이 나와 경험론자들의 견해가 강화되었다.

④ 몰리눅스의 물음에 긍정적인 답변이 나와 생득론자들의 견해가 강화되었다.

⑤ 몰리눅스의 물음에 긍정적인 답변이 나왔지만, 어느 견해를 강화할 수 있는지는 판명되지 않았다.

문 50. 다음 글의 〈가설〉을 강화하는 사례가 아닌 것만을 〈보기〉에서 모두 고르면?　16 민간(5) 8번

성염색체만이 개체의 성(性)을 결정하는 요소는 아니다. 일부 파충류의 경우에는 알이 부화되는 동안의 주변 온도에 의해 개체의 성이 결정된다. 예를 들어, 낮은 온도에서는 일부 종은 수컷으로만 발달하고, 일부 종은 암컷으로만 발달한다. 또 어떤 종에서는 낮은 온도와 높은 온도에서 모든 개체가 암컷으로만 발달하는 경우도 있다. 그 사이의 온도에서는 특정 온도에 가까워질수록 수컷으로 발달하는 개체의 비율이 증가하다가 결국 그 특정 온도에 이르러서는 모든 개체가 수컷으로 발달하기도 한다.

다음은 온도와 성 결정 간의 상관관계를 설명하기 위해 제시된 가설이다.

〈가설〉

파충류의 성 결정은 물질 B를 필요로 한다. 물질 B는 단백질 '가'에 의해 물질 A로, 단백질 '나'에 의해 물질 C로 바뀐다. 이때 물질 A와 물질 C의 비율은 단백질 '가'와 단백질 '나'의 비율과 동일하다. 파충류의 알은 단백질 '가'와 '나' 모두를 가지고 있지만 온도에 따라 각각의 양이 달라진다. 암컷을 생산하는 온도에서 배양된 알에서는 물질 A의 농도가 더 높고, 수컷을 생산하는 온도에서 배양된 알에서는 물질 C의 농도가 더 높다. 온도의 차에 의해 알의 내부에 물질 A와 C의 상대적 농도 차이가 발생하고, 이것이 파충류의 성을 결정하는 것이다.

〈보 기〉

ㄱ. 수컷만 생산하는 온도에서 부화되고 있는 알은 단백질 '가'보다 훨씬 많은 양의 단백질 '나'를 가지고 있다.

ㄴ. 물질 B의 농도는 수컷만 생산하는 온도에서 부화되고 있는 알보다 암컷만 생산하는 온도에서 부화되고 있는 알에서 더 높다.

ㄷ. 수컷만 생산하는 온도에서 부화되고 있는 알에 고농도의 물질 A를 투여하여 물질 C보다 그 농도를 높였더니 암컷이 생산되었다.

① ㄱ
② ㄴ
③ ㄷ
④ ㄱ, ㄷ
⑤ ㄴ, ㄷ

문 51. 다음 글의 ㉠에 해당하는 것은?　11 민간(민) 18번

시각도란 대상물의 크기가 관찰자의 눈에 파악되는 상대적인 각도이다. 대상의 윤곽선으로부터 관찰자 눈의 수정체로 선을 확장시킴으로써 시각도를 측정할 수 있는데, 대상의 위아래 또는 좌우의 최외각 윤곽선과 수정체가 이루는 두 선 사이의 예각이 시각도가 된다. 시각도는 대상의 크기와 대상에서 관찰자까지의 거리 두 가지 모두에 의존하며, 대상이 가까울수록 그 시각도가 커진다. 따라서 ㉠ 다른 크기의 대상들이 동일한 시각도를 만들어 내는 사례들이 생길 수 있다.

작은 원이 관찰자에게 가까이 위치하도록 하고, 큰 원이 멀리 위치하도록 해서 두 원이 1도의 시각도를 유지하도록 하는 실험을 한다고 가정해보자. 이 실험에서 눈과 원의 거리를 가늠할 수 있게 하는 모든 정보를 제거하면 두 원의 크기가 같다고 판단된다. 즉 두 원은 관찰자의 망막에 동일한 크기의 영상을 낳기 때문에 다른 정보가 없는 한 동일한 크기의 원으로 인식된다. 왜냐하면 관찰자의 크기 지각이 대상의 실제 크기에 의해 결정되지 않고 관찰자의 망막에 맺힌 영상의 크기에 의해 결정되기 때문이다.

① 어떤 물체의 크기가 옆에 같이 놓인 연필의 크기를 통해 지각된다.

② 고공을 날고 있는 비행기에서 지상에 있는 사물은 매우 작게 보인다.

③ 가까운 화분의 크기가 멀리 떨어진 고층 빌딩과 같은 크기로 지각된다.

④ 차창 밖으로 보이는 집의 크기를 이용해 차와 집과의 거리를 지각한다.

⑤ 빠르게 달리는 차 안에서 보면 가까이 있는 물체는 멀리 있는 물체에 비해 빠르게 지나간다.

문 52. 다음 글의 논증을 약화하는 것만을 〈보기〉에서 모두 고르면?

19 민간(나) 18번

인간 본성은 기나긴 진화 과정의 결과로 생긴 복잡한 전체다. 여기서 '복잡한 전체'란 그 전체가 단순한 부분들의 합보다 더 크다는 의미이다. 인간을 인간답게 만드는 것, 즉 인간에게 존엄성을 부여하는 것은 인간이 갖고 있는 개별적인 요소들이 아니라 이것들이 모여 만들어내는 복잡한 전체이다. 또한 인간 본성이라는 복잡한 전체를 구성하고 있는 하부 체계들은 상호 간에 극단적으로 밀접하게 연관되어 있다. 따라서 그중 일부라도 인위적으로 변경하면, 이는 불가피하게 전체의 통일성을 무너지게 한다. 이 때문에 과학기술을 이용해 인간 본성을 인위적으로 변경하여 지금의 인간을 보다 향상된 인간으로 만들려는 시도는 금지되어야 한다. 이런 시도를 하는 사람들은 인간이 가져야 할 훌륭함이 무엇인지 스스로 잘 안다고 생각하며, 거기에 부합하지 않는 특성들을 선택해 이를 개선하고자 한다. 그러나 인간 본성의 '좋은' 특성은 '나쁜' 특성과 밀접하게 연결되어 있기 때문에, 후자를 개선하려는 시도는 전자에 대해서도 영향을 미칠 수밖에 없다. 예를 들어, 우리가 질투심을 느끼지 못한다면 사랑 또한 느끼지 못하게 된다는 것이다. 사랑을 느끼지 못하는 인간들이 살아가는 사회에서 어떤 불행이 펼쳐질지 우리는 가늠조차 할 수 없다. 즉 인간 본성을 선별적으로 개선하려 들면, 복잡한 전체를 무너뜨리는 위험성이 불가피하게 발생하게 된다. 따라서 우리는 인간 본성을 구성하는 어떠한 특성에 대해서도 그것을 인위적으로 개선하려는 시도에 반대해야 한다.

〈보 기〉

ㄱ. 인간 본성은 인간이 갖는 도덕적 지위와 존엄성의 궁극적 근거이다.
ㄴ. 모든 인간은 자신을 포함하여 인간 본성을 지닌 모든 존재가 지금의 상태보다 더 훌륭하게 되길 희망한다.
ㄷ. 인간 본성의 하부 체계는 상호 분리된 모듈들로 구성되어 있기 때문에 인간 본성의 특정 부분을 인위적으로 변경하더라도 그 변화는 모듈 내로 제한된다.

① ㄱ
② ㄷ
③ ㄱ, ㄴ
④ ㄴ, ㄷ
⑤ ㄱ, ㄴ, ㄷ

문 53. (가)와 (나)에 대한 평가로 적절한 것만을 〈보기〉에서 모두 고르면?

13 민간(인) 23번

(가) 어린 시절 과학 선생님에게 가을에 단풍이 드는 까닭을 물어본 적이 있다면, 단풍은 "나무가 겨울을 나려고 잎을 떨어뜨리다 보니 생기는 부수적인 현상"이라는 답을 들었을 것이다. 보통 때는 초록빛을 내는 색소인 엽록소가 카로틴, 크산토필 같은 색소를 가리므로 우리는 잎에서 다른 빛깔을 보지 못한다. 가을이 오면, 잎을 떨어뜨리고자 잎자루 끝에 떨켜가 생기면서 가지와 잎 사이의 물질 이동이 중단된다. 이에 따라 엽록소가 파괴되면서 감춰졌던 다른 색소들이 자연스럽게 드러나서 잎이 노랗거나 주홍빛을 띠게 된다. 요컨대 단풍은 나무가 월동 준비 과정에서 우연히 생기는 부산물이다.

(나) 생물의 내부를 들여다보면 화려한 색은 거의 눈에 띄지 않는다. 물론 척추동물의 몸 속에 흐르는 피는 예외이다. 상처가 난 당사자에게 피의 강렬한 색이 사태의 시급성을 알려준다면, 피의 붉은 색깔은 특정한 목적을 가지고 진화적으로 출현했다고 볼 수 있다. 마찬가지로 타는 듯한 가을 단풍은 나무가 해충에 보내는 경계 신호라고 볼 수 있다. 진딧물처럼 겨울을 나기 위해 가을에 적당한 나무를 골라서 알을 낳는 곤충들을 향해 나무가 자신의 경계 태세가 얼마나 철저한지 알려 주는 신호가 가을 단풍이라는 것이다. 단풍의 색소를 만드는 데는 적지 않은 비용이 따르므로, 오직 건강한 나무만이 진하고 뚜렷한 가을 빛깔을 낼 수 있다. 진딧물은 이러한 신호들에 반응해서 가장 형편없이 단풍이 든 나무에 내려앉는다. 휘황찬란한 단풍은 나무와 곤충이 진화하면서 만들어 낸 적응의 결과물이다.

〈보 기〉

ㄱ. 단풍이 드는 나무 중에서 떨켜를 만들지 않는 종이 있다는 연구 결과는 (가)의 주장을 강화한다.
ㄴ. 식물의 잎에서 주홍빛을 내는 색소가 가을에 새롭게 만들어진다는 연구 결과는 (가)의 주장을 강화한다.
ㄷ. 가을에 인위적으로 어떤 나무의 단풍색을 더 진하게 만들었더니 그 나무에 알을 낳는 진딧물의 수가 줄었다는 연구 결과는 (나)의 주장을 강화한다.

① ㄱ
② ㄷ
③ ㄱ, ㄴ
④ ㄴ, ㄷ
⑤ ㄱ, ㄴ, ㄷ

문 54. 다음 글의 ㉠에 대한 평가로 적절한 것만을 〈보기〉에서 모두 고르면?

표현은 속성을 나타낸다. 가령 "붉다"라는 표현은 붉음이라는 속성을 나타낸다. "붉다"라는 표현을 우리가 잘 이해하고 사용한다면 우리는 붉음이라는 속성을 아는 것이다. 그런데 사람들은 통상적으로, 비교 가능한 속성 P와 그것의 비교급에 해당하는 관계 R에 대해서, P를 아는 것이 R을 아는 것에 선행해야 한다고 여긴다. 그들은 좋음을 알 수 있어야 a가 b보다 더 좋음을 알 수 있으며, 훌륭함을 알아야 c가 d보다 더 훌륭함을 알 수 있다고 생각한다. 예를 들어 붉음이라는 비교 가능한 속성에 대해서, 저 사과가 이 사과보다 더 붉음을 알 수 있는 이유는, 이 사과보다 저 사과가 붉음이라는 속성을 더 많이 갖고 있음을 알기 때문이다. 이러한 견해에 따르면, 표현 "더 좋다"가 어휘의 진화과정에서 "좋다" 다음에 등장했고 "훌륭하다"가 "더 훌륭하다"에 앞서 사용되었다.

하지만 비교 가능한 속성을 아는 것이 비교급 관계를 아는 것보다 선행하며, 표현의 등장에서도 그와 같은 선행이 있다는 이러한 견해에 대해서는 ㉠ 다음의 두 가지 반박이 있다. 첫째, 비교급 관계를 아는 것이 속성을 아는 것보다 선행하는 명백한 사례들이 있다. 빠름이라는 속성과 더 빠름이라는 관계를 생각해 보자. 한 대상이 다른 대상보다 더 빠르다는 것을 알기 위해서 빠름 그 자체가 무엇인지를 알아야 할 필요는 없다. 거꾸로 우리는 더 빠름이라는 관계를 대상들에 적용함으로써 "빠름"의 의미를 이해한다. 둘째, 속성을 나타내는 표현이 언제나 그 속성의 비교급 관계를 나타내는 표현보다 먼저 나타나는 것도 아니다. 어떤 언어에는 비교 가능한 속성 Q의 비교 관계를 나타내는 표현만 있고 정작 Q를 나타내는 표현은 존재한 적이 없다. 이 경우, Q를 나타내는 표현의 등장은 Q의 비교급 표현의 등장에 앞설 수 없다.

─〈보기〉─

ㄱ. a가 b보다 c에 더 유사함과 같은 관계를 이해하지 않고서는 "유사하다"라는 표현을 사용할 수 없다는 것은 ㉠을 강화한다.

ㄴ. 우리가 두 사람 중 어느 사람이 더 훌륭한지 판단할 수 없더라도 "훌륭하다"라는 표현을 안다는 것은 ㉠을 강화한다.

ㄷ. 인간임이라는 속성을 정의하기란 불가능하지만 "인간이다"와 같은 표현은 모든 언어에 존재한다는 것은 ㉠을 강화한다.

① ㄱ

② ㄷ

③ ㄱ, ㄴ

④ ㄴ, ㄷ

⑤ ㄱ, ㄴ, ㄷ

문 55. 다음 글의 ㉠에 대한 평가로 적절한 것만을 〈보기〉에서 모두 고르면?

지금까지 알려진 적이 없는 어느 부족의 언어를 최초로 번역해야 하는 번역자 S를 가정하자. S가 사용할 수 있는 자료는 부족민들의 언어 행동에 관한 관찰 증거뿐이다. S는 부족민들의 말을 듣던 중에 여러 번 '가바가이'라는 말소리를 알아들었는데, 그때마다 항상 눈앞에 토끼가 있다는 사실을 관찰했다. 이에 S는 '가바가이'를 하나의 단어로 추정하면서 그에 대한 몇 가지 가능한 번역어를 생각했다. 그것은 '한 마리의 토끼'라거나 '살아있는 토끼' 등 여러 상이한 의미로 번역될 수 있었다. 관찰 가능한 증거들은 이런 번역 모두와 어울렸기 때문에 S는 어느 번역이 옳은지 결정할 수 없었다.

이 문제를 해결하는 방안으로 제시된 ㉠ 이론 A는 전체의 의미로부터 그 구성요소의 의미를 결정하고자 한다. 즉, 문제의 단어를 포함하는 문장들을 충분히 모아 각 문장의 의미를 확정한 후에 이것을 기반으로 각 문장의 구성요소에 해당하는 단어의 의미를 결정하려는 것이다. 이런 점은 과학에서 단어의 의미를 확정하는 사례를 통해서 분명하게 드러난다. 예를 들어, '분자'의 의미는 "기체의 온도는 기체를 구성하는 분자들의 충돌에 의한 것이다."와 같은 문장들의 의미를 확정함으로써 결정할 수 있다. 그리고 이 문장들의 의미는 수많은 문장들로 구성된 과학 이론 속에서 결정될 것이다. 결국 과학의 단어가 지니는 의미는 과학 이론에 의존하게 되는 것이다.

─〈보기〉─

ㄱ. "고래는 포유류이다."의 의미를 확정하기 위해서는 먼저 '포유류'의 의미를 결정해야 한다는 점은 ㉠을 강화한다.

ㄴ. 뉴턴역학에서 사용되는 '힘'이라는 단어의 의미가 뉴턴역학에 의거하여 결정될 수 있다는 점은 ㉠을 강화한다.

ㄷ. 토끼와 같은 일상적인 단어는 언어 행위에 대한 직접적인 관찰 증거만으로 그 의미를 결정할 수 있다는 점은 ㉠을 약화한다.

① ㄱ

② ㄴ

③ ㄱ, ㄷ

④ ㄴ, ㄷ

⑤ ㄱ, ㄴ, ㄷ

문 56. 다음 글의 ㉠~㉢에 대한 평가로 적절한 것만을 〈보기〉에서 모두 고르면? 20 행시(나) 36번

종소리를 울린다고 개가 침을 흘리지는 않지만, 먹이를 줄 때마다 종소리를 내면 종소리만으로도 개가 침을 흘리게 된다. 이처럼 원래 반응을 일으키지 않는 '중립적 자극'과 무조건 반응을 일으키는 '무조건 자극'을 결합하여 중립적 자극만으로도 반응이 일어나게 되는 과정을 '조건화'라고 한다. 조건화의 특성에 관하여 다음과 같은 주장이 있다. 첫째, ㉠ 조건화가 이루어지려면 중립적 자극과 무조건 자극이 여러 차례 연결되어야 한다. 둘째, ㉡ 조건화가 이루어지려면 중립적 자극과 무조건 자극 간의 간격이 0~1초 정도로 충분히 짧아야 한다. 셋째, ㉢ 무조건 자극과 중립적 자극이 각각 어떤 종류의 자극인지는 조건화의 정도에 영향을 미치지 않는다.

조건화의 특성을 확인하기 위해 쥐를 가지고 두 가지 실험을 했다. 실험에는 사카린을 탄 '단물'과 빛을 쬐어 밝게 빛나는 '밝은 물'을 이용하였다. 방사능을 쬔 쥐는 무조건 반응으로 구토증을 일으키고, 전기 충격을 받은 쥐는 무조건 반응으로 쇼크를 경험한다.

〈실험 A〉

쥐들을 두 집단으로 나누어 실험군에 속한 쥐들에게는 단물을 주고 30분 후 한 차례 방사능에 노출했다. 한편, 대조군에 속한 쥐들에게는 맹물을 주고 30분 후 한 차례 방사능에 노출했다. 사흘 뒤 두 집단의 쥐들에게 단물을 주었더니 물맛을 본 실험군의 쥐들은 구토 증상을 나타냈지만 대조군의 쥐들은 그러지 않았다.

〈실험 B〉

쥐들을 네 집단으로 나누었다. 집단 1의 쥐들에게 단물을 주면서 방사능에 노출했고, 집단 2의 쥐들에게는 단물을 주면서 전기 충격을 가했다. 집단 3의 쥐들에게 밝은 물을 주면서 방사능에 노출했고, 집단 4의 쥐들에게는 밝은 물을 주면서 전기 충격을 가했다. 이런 과정을 여러 차례 반복하고 사흘 뒤 자극에 대한 반응을 조사했다. 단물을 주자 일부 쥐들에서 미미한 쇼크 반응이 나타난 집단 2와 달리 집단 1의 쥐들은 확연한 구토 반응을 보였다. 또 밝은 물을 주었을 때, 미미한 구토 반응을 보인 집단 3과 달리 집단 4의 쥐들은 몸을 떨며 쇼크에 해당하는 반응을 보였다.

〈보 기〉

ㄱ. 〈실험 A〉는 ㉠을 약화하지만 ㉢을 약화하지 않는다.
ㄴ. 〈실험 B〉는 ㉠을 약화하지 않지만 ㉢을 약화한다.
ㄷ. 〈실험 A〉는 ㉡을 약화하지만 〈실험 B〉는 ㉡을 약화하지 않는다.

① ㄱ
② ㄴ
③ ㄱ, ㄷ
④ ㄴ, ㄷ
⑤ ㄱ, ㄴ, ㄷ

문 57. 다음 글의 ㉠에 대한 주장을 약화하는 진술만을 〈보기〉에서 모두 고르면? 20 행시(나) 37번

동물이 단위 시간당 소모하는 에너지의 양을 물질대사율이라고 한다. 동물들은 세포 유지, 호흡, 심장박동 같은 기본적인 기능들을 위한 최소한의 물질대사율, 즉 최소대사율을 유지해야 한다. ㉠ 동물의 물질대사율은 다음과 같은 특성을 지닌다.

먼저, 최소대사율은 동물의 종에 따라 달라지고, 특히 내온동물과 외온동물은 뚜렷한 차이를 나타낸다. 신체 내 물질대사로 생성된 열에 의해 체온을 유지하는 내온동물에는 포유류 등이, 체온 유지에 필요한 열을 외부에서 얻는 외온동물에는 양서류와 파충류 등이 포함된다. 최소 수준 이상으로 열의 생성이나 방출이 요구되지 않는 환경에서 스트레스 없이 가만히 쉬고 있는 상태의 내온동물의 최소대사율을 기초대사율이라고 한다. 외온동물의 최소대사율은 내온동물과 달리 주변 온도에 따라 달라지는데, 이는 주변 온도가 물질대사와 체온을 변화시키기 때문이다. 어떤 온도에서 스트레스 없이 쉬고 있는 상태의 외온동물의 최소대사율을 그 온도에서의 표준대사율이라고 한다. 기본적인 신체 기능을 유지하는 데 필요한 에너지의 양은 외온동물보다 내온동물에서 더 크다.

내온동물의 물질대사율은 다양한 요인에 의해 영향을 받는데, 몸의 크기가 그 중 하나다. 몸집이 큰 포유동물은 몸집이 작은 포유동물보다 물질대사율이 크다. 몸집이 클수록 일반적으로 더 무겁다는 사실을 고려하면, 물질대사율은 몸무게가 클수록 크다고 볼 수 있다. 한편 포유동물에서 단위 몸무게당 기초대사율은 몸무게에 반비례하는 경향을 나타낸다. 이는 내온동물의 몸이 작을수록 안정적인 체온을 유지하는 에너지 비용이 커진다는 가설을 통해 설명될 수 있다. 이 가설은 동물의 몸집이 작을수록 부피 대비 표면적이 커져서 주변으로 열을 더 쉽게 빼앗기기 때문에 체온 유지를 위해 더 많은 에너지를 생산해야 할 필요가 있다는 생각에 근거를 두고 있다.

〈보 기〉

ㄱ. 툰드라 지역에 서식하는 포유류 중, 순록의 몸무게 1kg당 기초대사율은 같은 지역의 토끼의 그것보다 크다.
ㄴ. 양서류에 속하는 어떤 동물의 최소대사율이 주변 온도에 따라 뚜렷이 달라졌다.
ㄷ. 몸 크기가 서로 비슷한 악어와 성인 남성을 비교하였을 때, 전자의 표준대사율의 최댓값이 후자의 기초대사율의 1/20 미만이었다.

① ㄱ
② ㄷ
③ ㄱ, ㄴ
④ ㄴ, ㄷ
⑤ ㄱ, ㄴ, ㄷ

문 58. 다음 글의 논지를 강화하는 것만을 〈보기〉에서 모두 고르면?

20 행시(나) 38번

인간이 발전시켜온 생각이나 행동의 역사를 놓고 볼 때, 인간이 지금과 같이 놀라울 정도로 이성적인 방향으로 발전해올 수 있었던 것은 이성적이고 도덕적 존재로서 자신의 잘못을 스스로 시정할 수 있는 능력 덕분이다. 인간은 토론과 경험에 힘입을 때에만 자신의 과오를 고칠 수 있다. 단지 경험만으로는 부족하다. 경험을 해석하기 위해서는 토론이 반드시 있어야 한다. 인간이 토론을 통해 내리는 판단의 힘과 가치는, 판단이 잘못되었을 때 그것을 고칠 수 있다는 사실로부터 비롯되며, 잘못된 생각과 관행은 사실과 논쟁 앞에서 점차 그 힘을 잃게 된다. 따라서 민주주의 국가에서는 자유로운 토론이 보장되어야 한다. 자유로운 토론이 없다면 잘못된 생각의 근거뿐 아니라 그러한 생각 자체의 의미에 대해서도 모르게 되기 때문이다.

어느 누구에게도 다른 사람들의 의사 표현을 통제할 권리는 없다. 다른 사람의 생각을 표현하지 못하게 억누르려는 권력은 정당성을 갖지 못한다. 가장 좋다고 여겨지는 정부일지라도 그럴 자격을 갖고 있지 않다. 흔히 민주주의 국가에서는 여론을 중시한다고 한다. 하지만 그 어떤 정부라 하더라도 여론의 힘을 빌려 특정 사안에 대한 토론의 자유를 제한하려 하는 행위를 해서는 안 된다. 그런 행위는 여론에 반(反)해 사회 구성원 대다수가 원하는 토론의 자유를 제한하려는 것만큼이나 나쁘다. 인류 전체를 통틀어 단 한 사람만이 다른 생각을 가지고 있다고 해도, 그 사람에게 침묵을 강요하는 것은 옳지 못하다. 이는 어떤 한 사람이 자신과 의견이 다른 나머지 사람 모두에게 침묵을 강요하는 것만큼이나 용납될 수 없는 일이다. 권력을 동원해서 억누르려는 의견은 옳은 것일 수도, 옳지 않은 것일 수도 있다. 그런데 정부가 자신이 옳다고 가정함으로써 다른 사람들이 그 의견을 들어볼 기회까지 봉쇄한다면 그것은 사람들이 토론을 통해 잘못을 드러내고 진리를 찾을 기회를 박탈하는 것이다. 설령 그 의견이 잘못된 것이라 하더라도 그 의견을 억압하는 것은 토론을 통해 틀린 의견과 옳은 의견을 대비시킴으로써 진리를 생생하고 명확하게 드러낼 수 있는 대단히 소중한 기회를 놓치는 결과를 낳게 된다.

─〈보 기〉─

ㄱ. 축적된 화재 사고 기록들에 대해 어떠한 토론도 이루어지지 않았음에도 불구하고 화재 사고를 잘 예방하였다.

ㄴ. 정부가 사람들의 의견 표출을 억누르지 않는 사회에서 오히려 사람들이 가짜 뉴스를 더 많이 믿었다.

ㄷ. 갈릴레오의 저서가 금서가 되어 천문학의 과오를 드러내고 진리를 찾을 기회가 한동안 박탈되었다.

① ㄱ
② ㄷ
③ ㄱ, ㄴ
④ ㄴ, ㄷ
⑤ ㄱ, ㄴ, ㄷ

문 59. 다음 글의 ㉠에 대한 평가로 가장 적절한 것은?

21 행시(가) 17번

우리나라에서 주먹도끼가 처음 발견된 곳은 경기도 연천이다. 첫 발견 이후 대대적인 발굴조사를 통해 연천의 전곡리 유적이 세상에 그 존재를 드러내게 되었고 그렇게 발견된 주먹도끼는 단숨에 세계 학자들의 주목 대상이 되었다. 그동안 동아시아에서는 찍개만 발견되었을 뿐 전기 구석기의 대표적인 석기인 주먹도끼는 발견되지 않았기 때문이었다.

찍개는 초기 인류부터 사용했으며 세계 곳곳에서 발견되었다. 반면 프랑스의 아슐에서 처음 발견된 주먹도끼는 양쪽 면을 갈아 만든 거의 완벽에 가까운 좌우대칭 형태의 타원형 도구이다. 사냥감의 가죽을 벗겨 내고, 구멍을 뚫고, 빻거나 자르는 등 다양한 작업에 사용된 다용도 도구였다. 학계가 주먹도끼에 주목했던 것은 그것이 찍개에 비해 복잡한 가공작업을 거쳐 만든 것이므로 인류의 진화 과정을 풀 열쇠라고 보았기 때문이다. 주먹도끼를 만들기 위해서는 만들 대상을 결정하고 그에 따른 모양을 설계한 뒤, 적합한 재료를 선택해 제작하는 복잡한 과정을 거쳐야 했다. 이는 구석기인들의 지적 수준이 계획과 실행이 가능한 수준으로 도약했다는 것을 확인해 주는 부분이다. 아동 심리발달 단계에 따르면 12세 정도가 되면 형식적 조작기에 도달하게 되는데, 주먹도끼처럼 3차원적이며 대칭적인 물건을 만들 수 있으려면 이런 형식적 조작기 수준의 인지 능력, 즉 추상적 개념에 대하여 논리적 · 체계적 · 연역적으로 사고할 수 있을 정도의 인지 능력을 갖추어야 한다. 더 나아가 형식적 조작 능력을 갖추었을 때 비로소 언어적 지능이 발달하게 된다. 즉 주먹도끼를 제작할 수 있다는 것은 추상적 사고를 할 수 있으며 그런 추상적 개념을 언어로 표현하고 대화할 수 있다는 것을 의미한다.

전곡리에서 주먹도끼가 발견되었을 당시 학계는 ㉠ 모비우스 학설이 지배하고 있었다. 이 학설은 주먹도끼가 발견되지 않은 인도 동부를 기준으로 모비우스 라인이라는 가상선을 긋고, 그 서쪽 지역인 유럽이나 아프리카는 주먹도끼 문화권으로, 그 동쪽인 동아시아는 찍개 문화권으로 구분하였다. 더불어 모비우스 라인 동쪽 지역은 서쪽 지역보다 인류의 지적 · 문화적 발전 속도가 뒤떨어졌다고 하였다.

① 주먹도끼를 만들어 사용한 인류가 찍개를 만들어 사용한 인류보다 두개골이 더 컸다는 것이 밝혀진다면 ㉠이 강화된다.

② 형식적 조작기 수준의 인지 능력을 가진 인류가 구석기 시대에 동아시아에서 유럽으로 이동했다는 것이 밝혀진다면 ㉠이 강화된다.

③ 계획과 실행을 할 수 있는 지적 수준의 인류가 거주했던 증거가 동아시아 전기 구석기 유적에서 발견되고 추상적 개념을 언어로 표현하며 소통했던 증거가 유럽의 전기 구석기 유적에서 발견된다면 ㉠이 강화된다.

④ 학술 연구를 통해 전곡리 유적이 전기 구석기 시대의 유적으로 확증된다면 ㉠이 약화된다.

⑤ 동아시아에서는 주로 열매를 빻기 위해 석기를 제작하였고 모비우스 라인 서쪽에서는 주로 짐승 가죽을 벗기기 위해 석기를 제작하였다는 것이 밝혀진다면 ㉠이 약화된다.

문 60. 다음 글의 〈논증〉을 강화하는 것만을 〈보기〉에서 모두 고르면?　　　　　　　　　　　　　　　21 행시(가) 18번

우리에게는 어떤 행위를 해야만 하는지에 관한 도덕적 의무가 있는 것으로 보인다. 그럼, 어떤 믿음을 믿어야만 하는지에 관한 인식적 의무도 있을까? 이 물음을 해결하기 위해 먼저 도덕적 의무에 대해 생각해 보자. 우리가 어떤 행위 A에 대해 도덕적 의무를 갖는다면 우리는 A를 자신의 의지만으로 행할 수 있어야 한다. 물론 A는 행하기 힘든 것일 수도 있고, A를 행하지 않고 다른 행위를 했다고 비난받을 수도 있다. 그러나 우리에게 그 행위를 행할 능력이 아예 없다면 우리는 그 행위에 대해 의무를 갖지 않을 것이다. 인식적 의무의 경우도 마찬가지이다. 우리가 어떤 믿음에 대해 옳고 그름을 판단해야 하는 인식적 의무를 갖는다면 우리는 의지만으로 그 믿음을 가질 수도 있고 갖지 않을 수도 있어야 한다. 우리가 그 믿음을 갖는다면 인식적 의무를 다한 것이고, 갖지 않는다면 인식적 의무를 다하지 않은 것이다. 이런 생각에 기초해 우리에게 인식적 의무가 없다는 것을 다음과 같이 논증할 수 있다.

〈논증〉

전제 1 : 만약 우리에게 인식적 의무가 있다면, 종종 우리는 자신의 의지만으로 어떤 믿음을 가질지 정할 수 있다.

전제 2 : 대부분의 경우 우리는 자신의 의지만으로 결코 어떤 믿음을 가질지 정할 수 없다.

결　론 : 우리에게 인식적 의무가 없다.

〈보 기〉

ㄱ. 인간에게 인식적 의무가 없다는 것과 어떤 경우에는 자신의 의지만으로 어떤 믿음을 가질지 정할 수 있다는 것은 양립할 수 없다. 가령 내 의지만으로 오늘 눈이 온다고 믿을 수 있다면, 그 믿음을 가져야 하는지 그렇게 하지 않아도 되는지를 나는 구분해야 한다.

ㄴ. 내 의지로는 믿고 싶지 않음에도 불구하고 믿을 수밖에 없는 경우들이 있다. 가령 나의 가장 친한 친구가 나의 차를 훔쳤다는 것을 증명하는 강력한 증거를 내가 확보했다고 하자. 이러한 상황에서 나는 나의 가장 친한 친구가 나의 차를 훔쳤다는 것을 믿고 싶지 않겠지만 결국 믿을 수밖에 없다. 왜냐하면 나에게는 그것을 증명하는 강력한 증거가 있기 때문이다.

ㄷ. 인간에게 인식적 의무가 있다는 것과 항상 우리가 자신의 의지만으로 어떤 믿음을 가질지 정할 수 있다는 것은 양립할 수 없다. 가령 오늘 나의 우울한 감정을 해소하기 위해 다음 주에 승진한다는 믿음을 가질 수 있다는 주장과 그러한 믿음에 대해 옳고 그름을 따져야 한다는 주장이 동시에 참일 수는 없다.

① ㄱ
② ㄴ
③ ㄱ, ㄴ
④ ㄱ, ㄷ
⑤ ㄴ, ㄷ

문 61. 다음 글의 ㉠~㉢에 들어갈 내용을 〈보기〉에서 골라 적절하게 나열한 것은?　　　　　　　　　　　21 행시(가) 32번

촛불의 연소와 동물의 호흡이 지속되기 위해서는 산소가 포함된 공기가 제공되어야 한다는 공통점이 있다. 즉 촛불의 연소는 공기 중 산소를 사용하며 이는 이산화탄소로 바뀐다. 동물의 호흡도 체내로 흡수된 공기 내 산소가 여러 대사 과정에 사용된 후 이산화탄소로 바뀌어 호흡기를 통해 공기 중으로 배출된다. 공기 내 산소가 줄어들어 이산화탄소가 일정 수준 이상이 되면 촛불은 꺼지고 동물은 호흡을 할 수 없어서 죽는다.

이런 사실을 근거로 A는 식물의 광합성과 산소 발생에 관한 세 가지 실험을 실시하였다. 또한 실험을 통제하여 산소 부족만이 촛불이 꺼지거나 쥐가 죽는 환경요인이 되도록 하였다. 그리하여 식물에서 광합성이 일어나기 위해서는 빛과 이산화탄소가 모두 필요하다는 것과 식물의 산소 생산에 빛이 필요하다는 결론을 얻었다.

실험1 : [　　　㉠　　　] 이로부터 식물이 산소를 생산한다는 것을 알 수 있었다.

실험2 : [　　　㉡　　　] 이로부터 식물이 산소를 생산하기 위해서는 빛이 필요하다는 것을 알 수 있었다.

실험3 : [　　　㉢　　　] 이로부터 식물에서 광합성이 일어나기 위해서는 빛과 이산화탄소가 모두 있어야 한다는 것을 알 수 있었다.

〈보 기〉

ㄱ. 빛이 있는 곳에서 밀폐된 유리 용기에 쥐와 식물을 넣어두면 일정 시간이 지나도 쥐는 죽지 않지만, 빛이 없는 곳에서 밀폐된 유리 용기에 쥐와 식물을 넣어두면 그 시간이 지나기 전에 쥐는 죽는다.

ㄴ. 밀폐된 용기에 촛불을 넣고 일정 시간이 지나면 촛불이 꺼지지만, 식물과 함께 촛불을 넣어두면 동일한 시간이 지나도 촛불은 꺼지지 않는다.

ㄷ. 빛이 없는 곳에 있는 식물에 이산화탄소를 공급하거나 빛이 있는 곳의 식물에 이산화탄소를 공급하지 않으면 광합성이 일어나지 않지만, 빛이 있는 곳의 식물에 이산화탄소를 공급하면 광합성이 일어난다.

	㉠	㉡	㉢
①	ㄱ	ㄴ	ㄷ
②	ㄴ	ㄱ	ㄷ
③	ㄴ	ㄷ	ㄱ
④	ㄷ	ㄱ	ㄴ
⑤	ㄷ	ㄴ	ㄱ

문 62. 다음 글의 ㉠과 ㉡에 들어갈 내용을 적절하게 짝지은 것은?

21 행시(가) 33번

당신은 사람들로 붐비는 해변에서 즐거운 시간을 보내고 집으로 돌아가려 한다. 당신은 쓰레기를 집으로 가져갈지 아니면 해변에 버리고 갈지를 고민하고 있다. 이때 당신은 다음과 같은 네 경우를 생각할 수 있다.

(가) 당신은 X를 하고, 다른 사람들은 모두 X를 한다.
(나) 당신은 X를 하고, 다른 사람들은 모두 Y를 한다.
(다) 당신은 Y를 하고, 다른 사람들은 모두 X를 한다.
(라) 당신은 Y를 하고, 다른 사람들은 모두 Y를 한다.

(가)로 인한 해변의 상태는 (다)로 인한 해변의 상태와 별반 다르지 않을 것이다. 마찬가지로 (나)의 결과는 (라)의 결과와 별반 다르지 않을 것이다. 이제 다음과 같은 물음을 던져 보자.

(1) 다른 사람들이 X를 행할 경우, 당신은 X와 Y 중 어떤 것을 행하는 것을 선호하는가?
(2) 다른 사람들이 Y를 행할 경우, 당신은 X와 Y 중 어떤 것을 행하는 것을 선호하는가?

아마도 당신은 물음 (1)에 ⎡ ㉠ ⎤, (2)에 Y라고 답할 것이다. 이러한 답변에는 쓰레기를 집으로 가지고 가는 번거로운 행동이 해변의 상태에 유의미한 변화를 가져오지 않는다면 그 번거로운 행동을 피하는 것을 선호하는 생각이 전제되어 있다. 또한 당신이 다른 조건이 모두 동등할 경우 해변이 버려진 쓰레기로 난장판이 되는 것보다 그렇게 되지 않는 것을 선호한다면, 당신은 (가)~(라) 중에서 ⎡ ㉡ ⎤를 가장 선호하게 될 것이다.

	㉠	㉡
①	X	(나)
②	X	(다)
③	X	(라)
④	Y	(가)
⑤	Y	(다)

문 63. 다음 글의 ㉠~㉢에 대한 평가로 적절한 것만을 〈보기〉에서 모두 고르면?

21 행시(가) 38번

개구리와 거북의 성(性)은 배아에 있는 성염색체에 따라 결정되는 것으로 알려져 있다. 여기서 중요한 작용을 하는 것이 아로마테이즈인데, 이는 개구리와 거북에서 성결정호르몬인 호르몬 A를 또 다른 성결정호르몬인 호르몬 B로 바꾸는 효소이다. 따라서 아로마테이즈 발현량이 많아지거나 활성이 커지면 호르몬 A에서 호르몬 B로의 전환이 더 많이 나타난다.

성 분화가 이루어지지 않은 배아의 초기 생식소(生殖巢)에서 아로마테이즈의 발현이 증가하면 생식소 내 호르몬 구성의 변화가 일어나 유전자 X의 발현이 억제되어, 초기 생식소가 난소로 분화된다. 또한 초기 생식소에서 만들어진 성결정호르몬이 혈액으로 분비되어 개구리와 거북의 배아는 암컷 성체로 발달한다. 이와 반대로 초기 생식소 내에서 아로마테이즈의 발현에 변화가 없으면 그 개구리와 거북의 배아는 수컷 성체로 발달한다. 성체의 생식소에서 만들어진 성결정호르몬은 혈액으로 분비되어 성적 특성을 유지하는 역할을 한다. 또한 성체 수컷과 성체 암컷 모두 아로마테이즈의 발현량이 많아질수록 혈중 호르몬 A의 양은 줄어들고 호르몬 B의 양은 늘어난다.

그런데 환경오염물질 α와 β가 성 결정에 영향을 줄 수 있다는 주장에 대한 연구가 진행되었다. 수컷이 될 성염색체를 가지고 있는 거북의 배아가 성체로 발달하는 동안, α에 노출되었을 때 난소와 암컷 생식기를 가지고 있는 암컷 거북이 되었다. 또한 거북 배아가 성체로 발달하는 동안 생식소 내에서 생성되는 호르몬 A의 양과 아로마테이즈의 발현량은 α에 노출되지 않은 거북 배아에 비해 별다른 차이가 없었다. α에 노출된 배아는 발달과정에서 성결정호르몬에 의한 효과인 암컷 생식기 발달의 정도가 매우 높았다. β에 노출된 염색체상 수컷 개구리 배아를 키우면 난소를 가지고 있는 암컷이 되었다. 심지어 성체 수컷 개구리를 β에 수십 일 동안 노출시키면, 이 개구리의 혈중 호르몬 A의 양은 노출되지 않은 암컷 개구리와 비슷했고 노출되지 않은 수컷 개구리보다 매우 적었다.

이 연구 결과로부터 다음 세 가지 가설을 얻었다. ㉠ α가 수컷 거북의 배아를, β가 수컷 개구리의 배아를 여성화한다. ㉡ β가 성체 수컷 개구리의 혈중 성결정호르몬에 변화를 준다. ㉢ 거북의 배아에서 성체로 발달하는 동안 α가 생성되는 호르몬 A의 양에 영향을 미치지 못한다.

〈보 기〉

ㄱ. α가 염색체상 수컷인 거북 배아의 미분화 생식소 내에서 유전자 X의 발현을 억제한 것을 보여주는 후속 연구 결과는 ㉠을 강화한다.

ㄴ. β가 성체 수컷 개구리에서 아로마테이즈의 발현량을 늘린 것을 보여주는 후속 연구 결과는 ㉡을 강화한다.

ㄷ. 염색체상 수컷인 거북 배아와 암컷인 거북 배아 모두 α에 노출되면, 노출되지 않은 거북 배아보다 호르몬 A가 만들어지는 양이 감소한다는 후속 연구 결과는 ㉢을 약화한다.

① ㄱ
② ㄷ
③ ㄱ, ㄴ
④ ㄴ, ㄷ
⑤ ㄱ, ㄴ, ㄷ

문 64. 다음 글의 ㉠에 대한 평가로 적절하지 <u>않은</u> 것은?

16 행시(4) 33번

중생대의 마지막 시기인 백악기(K)와 신생대의 첫 시기인 제3기(T) 사이에 형성된, 'K/T경계층'이라고 불리는 점토층이 있다. 이 지층보다 아래쪽에서는 공룡의 화석이 발견되지만 그 위에서는 전혀 발견되지 않는다. 도대체 그 사이에 무슨 일이 벌어진 것일까? 우리는 물리학자 앨버레즈가 1980년에 『사이언스』에 게재한 논문 덕분에 이 물음에 대한 유력한 답을 알게 되었다.

앨버레즈는 동료들과 함께 지층이 퇴적된 시간을 정확히 읽어 내는 방법을 연구하고 있었다. 일반적으로 지층의 두께는 퇴적 시간과 비례하지 않는다. 얇은 지층이 수백 년에 걸쳐 서서히 퇴적된 것일 수도 있고, 수십 미터가 넘는 두께의 지층이라도 며칠, 심지어 몇 시간의 격변에 의해 형성될 수 있기 때문이다. 앨버레즈는 이 문제를 이리듐 측정을 통해 해결하려 했다. 이리듐은 아주 무거운 금속으로, 지구가 생성되던 때 핵 속으로 가라앉아 지구 표면에는 거의 남아 있지 않다. 오늘날 지표면에서 미량이나마 검출되는 이리듐은 우주 먼지나 운석 등을 통해 오랜 시간에 걸쳐 지구 표면에 내려앉아 생긴 것이다. 앨버레즈는 이리듐 양의 이러한 증가 속도가 거의 일정하다고 보고, 이리듐이 지구 표면에 내려앉는 양을 기준으로 삼아 지층이 퇴적되는 데 걸린 시간을 측정하려 했다.

조사 결과 지표면의 평균 이리듐 농도는 0.3ppb이었고 대체로 일정했다. 그런데 이탈리아 북부의 어느 지역을 조사했을 때 그곳의 K/T경계층에서 특이한 점이 발견되었다. 평균보다 무려 30배나 많은 이리듐이 검출된 것이다. 원래 이 경우 다른 지층이 형성될 때보다 K/T경계층의 퇴적이 30분의 1 정도의 속도로 아주 느리게 진행되었다고 결론을 내려야 했지만, 다른 증거들을 종합할 때 이 지층의 형성이 그렇게 오래 걸렸다고 볼 이유가 없었다. 그래서 이들은 다른 결론을 선택했다. 이 시기에 지구 밖에서 한꺼번에 대량의 이리듐이 왔다는 것이었다. 이리듐의 농도를 가지고 역산한 결과, 앨버레즈는 ㉠ <u>약 6,500만 년 전 지름 10킬로미터 크기의 소행성이 지구와 충돌했고 이 충돌에서 생긴 소행성과 지각의 무수한 파편들이 대기를 떠돌며 지구 생태계를 교란함으로써 대멸종이 일어나 공룡이 멸종했다는 결론에 도달</u>했다. 공룡 멸종의 원인에 대한 이런 견해는 오늘날 과학계가 수용하고 있는 최선의 가설이다.

① 만일 신생대 제3기(T) 이후에 형성된 지층에서 공룡 화석이 대량으로 발견될 경우 약화된다.

② 고생대 페름기에 일어난 대멸종이 소행성 충돌과 무관하게 진행되었다는 사실이 입증되더라도 강화되지 않는다.

③ 동일한 시간 동안 우주먼지로 지구에 유입되는 이리듐의 양이 일정하지 않고 큰 변화폭을 지닌다는 사실이 입증되면 약화된다.

④ 앨버레즈가 조사한 이탈리아 북부의 지층이 K/T경계층이 아니라 다른 시기에 형성된 지층이었음이 밝혀질 경우 약화된다.

⑤ K/T경계층 형성 시기 이외에 공룡이 존재했던 다른 시기에도 지름 10킬로미터 규모의 소행성이 드물지 않게 지구에 충돌했음이 입증될 경우 강화된다.

문 65. 다음 글의 논지를 강화하는 것만을 〈보기〉에서 모두 고르면?

16 행시(4) 13번

인간의 복잡하고 정교한 면역계는 세균이나 바이러스 같은 병원체의 침입에 맞서서 우리를 지켜 주지만, 병원체가 몸 안으로 들어오고 난 다음에야 비로소 침입한 병원체를 제거하는 과정을 시작한다. 이 과정은 염증이나 발열 같은 적잖은 생물학적 비용과 위험을 동반한다. 인류의 진화 과정은 개체군의 번영을 훼방하는 이런 비용을 치러야 할 상황을 미리 제거하거나 줄이는 방향으로 진행되었다. 이 과정은 인류에게 병원체를 옮길 만한 사람과 어울리지 않고 거리를 두려는 자연적인 성향을 만들어냈다. 그 결과 누런 콧물이나 변색된 피부처럼 병원체에 감염되었음을 암시하는 단서를 보이는 대상에 대해 혐오나 기피의 정서가 작동하여 감염 위험이 줄어들게 된다.

그러나 이와 비슷한 위험은 병에 걸린 것으로 보이지 않는 대상에도 있다. 기생체와 숙주 사이에 진행된 공진화의 과정은 지역에 따라 상이한 병원체들과 그것들에 대한 면역력을 지닌 거주민들을 만들어냈다. 처음에는 광범위한 지역에 동일한 기생체와 숙주들이 분포했더라도 지역에 따라 상이한 기생체가 숙주의 방어를 깨고 침입하는 데 성공하고 숙주는 해당 기생체에 대한 면역을 갖게 되면서 지역에 따라 기생체의 성쇠와 분포가 달라지고 숙주의 면역계도 다르게 진화한다. 결과적으로 그 지역의 토착 병원균들을 다스리는 면역 능력을 비슷하게 가진 사람들이 한 곳에 모여 살게 되었다. 그러므로 다른 지역의 토착 병원균에 적응하여 살아온 외지인과 접촉했다가는 자신의 면역계로 감당할 수 없는 낯선 병원균에 무방비로 노출될 수 있고, 이런 위험은 피하는 것이 상책이다. 그래서 앞서 언급한 질병의 외형적 단서들에 대해서 뿐만이 아니라 단지 어떤 사람이 우리 집단에 속하지 않는 외지인임을 알려주는 단서, 예컨대 이곳 사람들과 다른 문화나 가치관을 가졌다고 보이는 경우 그런 사람을 배척하거나 꺼리는 기제가 작동한다. 외지인을 배척하고 같은 지역 사람들끼리 결속하는 성향은 전염성 질병으로부터 스스로를 보호하는 효율적인 장치였다.

〈보 기〉

ㄱ. 문화와 가치체계의 동질성을 기준으로 한 지역 간 경계가 토착성 전염성 병원균의 지리적 분포의 경계와 일치하였다.

ㄴ. 병원체의 분포 밀도가 낮아 생태적으로 질병의 감염 위험이 미미한 지역일수록 배타적인 집단주의 성향이 더 강하게 나타났다.

ㄷ. 특정 지역의 거주민들을 대상으로 한 심리 실험에서 사람들은 원전사고나 기상이변으로 인한 위험에 보편적으로 민감하게 반응한 반면, 전염병의 감염으로 인한 위험을 평가할 때는 뚜렷한 개인차를 보였다.

① ㄱ
② ㄴ
③ ㄱ, ㄷ
④ ㄴ, ㄷ
⑤ ㄱ, ㄴ, ㄷ

위험은 우리의 안전을 위태롭게 하는 실제 사건의 발생과 진행의 총체라고 할 수 있다. 위험에 대해 사람들이 취하는 태도에 대해서는 여러 관점이 존재한다.

관점 A에 따르면, 위험 요소들은 보편타당한 기준에 따라 계산 가능하고 예측 가능하기 때문에 객관적이고 중립적인 것으로 인식될 수 있다. 그 결과, 각각의 위험에 대해 개인이나 집단이 취하게 될 태도 역시 사고의 확률에 대한 객관적인 정보에 의해서만 결정된다. 하지만 이 관점은 객관적인 발생가능성이 높지 않은 위험을 민감하게 받아들이는 개인이나 사회가 있다는 것을 설명하지 못한다.

한편 관점 B는 위험에 대한 태도가 객관적인 요소뿐만 아니라 위험에 대한 주관적 인지와 평가에 의해 좌우된다고 본다. 예를 들어 위험이 발생할 객관적인 가능성은 크지 않더라도, 그 위험의 발생을 스스로 통제할 수 없는 경우에 사람들은 더욱 민감하게 반응한다. 그뿐만 아니라 위험을 야기하는 사건이 자신에게 생소한 것이어서 그에 대한 지식이 부족할수록 사람들은 그 사건을 더 위험한 것으로 인식하는 경향이 있다. 하지만 이것은 동일한 위험에 대해 서로 다른 문화와 가치관을 가지고 있는 사회 또는 집단들이 다른 태도를 보이는 이유를 설명하지 못한다.

이와 관련해 관점 C는 위험에 대한 태도가 개인의 심리적인 과정에 의해서만 결정되는 것이 아니라, 개인이 속한 집단의 문화적 배경에도 의존한다고 주장한다. 예를 들어 숙명론이 만연한 집단은 위험을 통제 밖의 일로 여겨 위험에 대해서 둔감한 태도를 보이게 되며, 구성원의 안전 문제를 다른 무엇보다도 우선시하는 집단은 그렇지 않은 집단보다 위험에 더 민감한 태도를 보이게 될 것이다.

─────〈보 기〉─────

ㄱ. 관점 A와 달리 관점 B는 위험에 대한 사람들의 태도가 객관적인 요소에 영향을 받지 않는다고 주장한다.

ㄴ. 관점 B와 관점 C는 사람들이 동일한 위험에 대해서 다른 태도를 보이는 사례를 설명할 수 있다.

ㄷ. 관점 A는 민주화 수준이 높은 사회일수록 사회 구성원들이 기후변화의 위험에 더 민감한 태도를 보인다는 것을 설명할 수 있지만, 관점 C는 그렇지 않다.

① ㄱ
② ㄴ
③ ㄱ, ㄷ
④ ㄴ, ㄷ
⑤ ㄱ, ㄴ, ㄷ

쥐는 암수에 따라 행동양상을 다르게 나타낸다. 쥐가 태어날 때 쥐의 뇌는 무성화되어 있다. 그런데 출생 후 성체가 되기 전에 쥐의 뇌가 에스트로겐에 노출되면 뇌가 여성화되고 테스토스테론에 노출되면 뇌가 남성화된다. 만약 출생 후 성체가 될 때까지 쥐의 뇌가 에스트로겐이나 테스토스테론에 노출되지 않으면, 외부 생식기의 성 정체성과는 다르게 뇌는 무성화된 상태로 남아 있다.

행동 A와 행동 B는 뇌의 성 정체성에 의해 나타나며, 행동 A는 암컷 성체에서 에스트로겐에 의해 유발되는 행동이고, 행동 B는 수컷 성체에서 테스토스테론에 의해 유발되는 행동으로 알려져 있다. 생체 내에서 에스트로겐은 암컷 쥐의 난소에서만 만들어지고, 테스토스테론은 수컷 쥐의 정소에서만 만들어진다.

생리학자는 행동 A와 행동 B가 나타나는 조건을 알아보고자 실험을 하여 다음과 같은 실험 결과를 얻었다.

─────〈실험 결과〉─────

• 성체 암컷 쥐는 난소를 제거하더라도 에스트로겐을 투여하면 행동 A가 나타났지만, 테스토스테론을 투여하면 행동 B가 나타나지 않았다.

• 출생 직후 정소나 난소가 제거된 후 성체로 자란 쥐에게 에스트로겐을 투여하면 행동 A가 나타났지만, 테스토스테론을 투여하면 행동 B가 나타나지 않았다.

• 출생 직후 쥐의 정소를 제거한 후 테스토스테론을 투여하였다. 이 쥐가 성체로 자란 후, 에스트로겐을 투여하면 행동 A가 나타나지 않았지만 테스토스테론을 투여하면 행동 B가 나타났다.

─────〈보 기〉─────

ㄱ. 무성화된 뇌를 가진 성체 쥐에서 행동 A는 유발할 수 있지만 행동 B는 유발할 수 없다.

ㄴ. 뇌가 남성화된 경우 테스토스테론을 투여하면 행동 B가 나타난다.

ㄷ. 뇌가 여성화된 경우라도 난소를 제거하면 행동 A를 유발할 수 없다.

① ㄱ
② ㄷ
③ ㄱ, ㄴ
④ ㄴ, ㄷ
⑤ ㄱ, ㄴ, ㄷ

문 68. 다음 ㉠을 약화하는 것만을 〈보기〉에서 모두 고르면?

17 행시(가) 37번

2001년 인간 유전체 프로젝트가 완료된 후, 영국의 일요신문 『옵저버』는 "드디어 밝혀진 인간 행동의 비밀, 열쇠는 유전자가 아니라 바로 환경"이라는 제목의 기사를 실었다. 유전체 연구 결과, 인간의 유전자 수는 애당초 추정치인 10만 개에 크게 못 미치는 3만 개로 드러났다. 해당 기사는 인간 유전체 프로젝트의 핵심 연구자였던 크레이그 벤터 박사의 ㉠ 주장을 다음과 같이 인용하였다. "유전자 결정론이 옳다고 보기에는 유전자 수가 턱없이 부족합니다. 인간 행동과 형질의 놀라운 다양성은 우리의 유전자 속에 들어있지 않다는 것이죠. 환경에 그 열쇠가 있습니다. 우리의 행동 양식은 유전자가 환경과 상호작용함으로써 비로소 결정되죠. 인간은 유전자의 지배를 받는 존재가 아닌 것이죠. 우리는 자유의지를 발휘할 수 있는 존재인 것입니다." 여러 신문들이 같은 기사를 실었다. 이를 계기로, 본성 대 양육이라는 해묵은 논쟁은 인간의 행동을 결정하는 것이 유전인지 아니면 환경인지 하는 논쟁의 형태로 재점화되었다. 인간이란 결국 신체를 구성하는 물질에 의해 구속받는 존재인지 아니면 인간에게 자유의지가 허락되는지를 놓고도 열띤 토론이 벌어졌다.

〈보 기〉

ㄱ. 자유의지가 없는 동물 중에는 인간보다 더 많은 유전자 수를 가지고 있는 경우도 있다.

ㄴ. 유전자에게 지배되지 않더라도 인간의 행동이 유전자와 환경의 상호작용으로 결정된다면, 그 행동은 인간 스스로의 자유로운 의지에 따라 행한 것이라고 볼 수 없다.

ㄷ. 다양한 인간 행동은 일정한 수의 유형화된 행동 패턴들의 중층적 조합으로 분석될 수 있고, 발견된 인간 유전자의 수는 유형화된 행동 패턴들을 모두 설명하기에 적지 않다.

① ㄱ

② ㄴ

③ ㄱ, ㄷ

④ ㄴ, ㄷ

⑤ ㄱ, ㄴ, ㄷ

문 69. 다음 글의 논지를 약화하는 것으로 가장 적절한 것은?

18 행시(나) 16번

과학 연구는 많은 자원을 소비하지만 과학 연구에 사용할 수 있는 자원은 제한되어 있다. 따라서 우리는 제한된 자원을 서로 경쟁적인 관계에 있는 연구 프로그램들에 어떻게 배분하는 것이 옳은가라는 물음에 직면한다. 이 물음에 관해 생각해 보기 위해 상충하는 두 연구 프로그램 A와 B가 있다고 해보자. 현재로서는 A가 B보다 유망해 보이지만 어떤 것이 최종적으로 성공하게 될지 아직 아무도 모른다. 양자의 관계를 고려하면, A가 성공하고 B가 실패하거나, A가 실패하고 B가 성공하거나, 아니면 둘 다 실패하거나 셋 중 하나이다. 합리적 관점에서 보면 A와 B가 모두 작동할 수 있을 정도로, 그리고 그것들이 매달리고 있는 문제가 해결될 확률을 극대화하는 방향으로 자원을 배분해야 한다. 그렇게 하려면 자원을 어떻게 배분해야 할까?

이 물음에 답하려면 구체적인 사항들에 대한 세세한 정보가 필요하겠지만, 한 쪽에 모든 자원을 투입하고 다른 쪽에는 아무 것도 배분하지 않는 것은 어떤 경우에도 현명한 방법이 아니다. 심지어 A가 B보다 훨씬 유망해 보이는 경우라도 A만 선택하여 지원하는 '선택과 집중' 전략보다는 '나누어 걸기' 전략이 더 바람직하다. 이유는 간단하다. 현재 유망한 연구 프로그램이 쇠락의 길을 걷게 될 수도 있고 반대로 현재 성과가 미미한 연구 프로그램이 얼마 뒤 눈부신 성공을 거둘 가능성이 있기 때문이다. 따라서 현명한 사회에서는 대부분의 자원을 A에 배분하더라도 적어도 어느 정도의 자원은 B에 배분할 것이다. 다른 조건이 동일하다고 가정하면, 현재 시점에서 평가된 각 연구 프로그램의 성공 확률에 비례하는 방식으로 자원을 배분하는 것이 합리적일 것이다. 이런 원칙은 한 영역에 셋 이상 다수의 상충하는 연구 프로그램이 경쟁하고 있는 경우에도 똑같이 적용될 수 있다. 물론 적절한 주기로 연구 프로그램을 평가하여 자원 배분의 비율을 조정하는 일은 잊지 않아야 한다.

① '선택과 집중' 전략은 기업의 투자 전략으로 바람직하지 않다.

② 연구 프로그램들에 대한 현재의 비교 평가 결과는 몇 년 안에 확연히 달라질 수도 있다.

③ 상충하는 연구 프로그램들이 모두 작동하기 위해서는 배분 가능한 것 이상의 자원이 필요한 경우가 발생할 수 있다.

④ 연구 프로그램이 아무리 많다고 하더라도 그것들 중에 최종적으로 성공하게 되는 것이 하나도 없을 가능성이 존재한다.

⑤ 과학 연구에 투입되는 자원의 배분은 사회의 성패와 관련된 것이므로 한 사람이나 몇몇 사람의 생각으로 결정해서는 안 된다.

문 70. 다음 ㉠을 약화하는 진술로 가장 적절한 것은?

18 행시(나) 37번

침팬지, 오랑우탄, 피그미 침팬지 등 유인원도 자신이 다른 개체의 입장이 됐을 때 어떤 생각을 할지 미루어 짐작해 보는 능력이 있다는 연구 결과가 나왔다. 그동안 다른 개체의 입장에서 생각을 미루어 짐작해 보는 능력은 사람에게만 있는 것으로 여겨져 왔다. 연구팀은 오랑우탄 40마리에게 심리테스트를 위해 제작한 영상을 보여주었다. 그들은 '시선 추적기'라는 특수 장치를 이용하여 오랑우탄들의 시선이 어디를 주목하는지 조사하였다. 영상에는 유인원의 의상을 입은 두 사람 A와 B가 싸우는 장면이 보인다. A와 싸우던 B가 건초더미 뒤로 도망친다. 화가 난 A가 문으로 나가자 B는 이 틈을 이용해 옆에 있는 상자 뒤에 숨는다. 연구팀은 몽둥이를 든 A가 다시 등장하는 장면에서 피험자 오랑우탄들의 시선이 어디로 향하는지를 분석하였다. 이 장면에서 오랑우탄 40마리 중 20마리는 건초더미 쪽을 주목했다. B가 숨은 상자를 주목한 오랑우탄은 10마리였다. 이 결과를 토대로 연구팀은 피험자 오랑우탄 20마리는 B가 상자 뒤에 숨었다는 사실을 모르는 A의 입장이 되어 건초더미를 주목했다는 ㉠ 해석을 제시하였다. 이 실험으로 오랑우탄에게도 다른 개체의 생각을 미루어 짐작하는 능력이 있는 것으로 볼 수 있으며, 이러한 점은 사람과 유인원의 심리 진화 과정을 밝히는 실마리가 될 것으로 보인다.

① 상자를 주목한 오랑우탄들은 A보다 B와 외모가 유사한 개체들임이 밝혀졌다.

② 사람 40명을 피험자로 삼아 같은 실험을 하였더니 A의 등장 장면에서 30명이 건초더미를 주목하였다.

③ 새로운 오랑우탄 40마리를 피험자로 삼고 같은 실험을 하였더니 A의 등장 장면에서 21마리가 건초더미를 주목하였다.

④ 오랑우탄 20마리는 단지 건초더미가 상자보다 자신들에게 가까운 곳에 있었기 때문에 건초더미를 주목한 것임이 밝혀졌다.

⑤ 건초더미와 상자 중 어느 쪽도 주목하지 않은 나머지 오랑우탄 10마리는 영상 속의 유인원이 가짜라는 것을 알고 있었다.

문 71. 다음 글의 논증을 약화하는 것만을 〈보기〉에서 모두 고르면?

18 행시(나) 38번

나는 계통수 가설을 지지한다. 그것은 모든 유기체들이 같은 기원을 갖는다고 말한다. 지구상의 식물과 동물이 공통의 조상을 갖는다고 생각하는 이유는 무엇인가?

이 물음에 답하는 데 사용되는 표준 증거는 유전 암호가 보편적이라는 점이다. DNA 암호를 전사받은 메신저 RNA는 뉴클레오타이드 3개가 코돈을 이루고 하나의 코돈이 하나의 아미노산의 유전 정보를 지정한다. 예를 들어 코돈 UUU는 페닐알라닌의 정보를, 코돈 AUA는 아이소류신의 정보를, 코돈 GCU는 알라닌의 정보를 지정한다. 각각의 아미노산의 정보를 지정하기 위해 사용되는 암호는 모든 생명체에서 동일하다. 이것은 모든 지상의 생명체가 연결되어 있다는 증거이다.

생물학자들은 유전 암호가 임의적이어서 어떤 코돈이 특정한 아미노산의 정보를 지정해야 할 기능적인 이유가 없다고 한다. 우리가 관찰하는 유전 암호가 가장 기능적으로 우수한 물리적 가능성을 갖는다면 모든 생물 종들이 각각 별도의 기원들을 갖고 있다고 하더라도 그 암호를 사용했으리라고 기대할 것이다. 그러나 유전 암호가 임의적인데도 그것이 보편적이라는 사실은 모든 생명이 공통의 기원을 갖는다는 가설을 옹호한다.

왜 언어학자들은 상이한 인간 언어들이 서로 이어져 있다고 믿는지 생각해 보자. 모든 언어가 수에 해당하는 단어를 포함한다는 사실은 그 언어들이 공통의 기원을 갖는다는 증거가 될 수 없다. 숫자는 명백한 기능적 효용성을 갖기 때문이다. 반면에 몇 종류의 언어들이 수에 비슷한 이름을 부여하고 있다는 사실은 놀라운 증거가 된다. 가령, 2를 의미하는 프랑스어 단어는 'deux', 이탈리아어 단어는 'due', 스페인어 단어는 'dos'로 유사하다. 수에 대한 이름들은 임의적으로 선택되기 때문에 이런 단어들의 유사성은 이 언어들이 공통의 기원을 갖는다는 강력한 증거가 된다. 이렇게 적응으로 생겨난 유사성과 달리 임의적 유사성은 생명체가 공통의 조상을 가지고 있다는 강력한 증거가 된다.

─── 〈보 기〉 ───

ㄱ. UUU가 페닐알라닌이 아닌 다른 아미노산의 정보를 지정하는 것이 기능적으로 불가능한 이유가 있다.

ㄴ. 사람은 유아기에 엄마가 꼭 필요하기 때문에 엄마를 의미하는 유아어가 모든 언어에서 발견된다.

ㄷ. 코돈을 이루는 뉴클레오타이드가 4개인 것이 3개인 것보다 기능이 우수하다.

① ㄱ

② ㄴ

③ ㄱ, ㄷ

④ ㄴ, ㄷ

⑤ ㄱ, ㄴ, ㄷ

※ 다음 글을 읽고 물음에 답하시오. [문 72.~문 73.]

갑 : 사람이 운전하지 않고 자동차 스스로 운전을 하는 세상이 조만간 현실이 될 거야. 운전 실수로 수많은 사람이 목숨을 잃는 비극은 이제 종말을 맞게 될까?

을 : 기술이 가능하다는 것과 그 기술이 상용화되는 것은 별개의 문제지. 현재까지 자동차 운전이란 인간이 하는 자발적인 행위라고 할 수 있고, 바로 그 때문에 교통사고에서 실수로 사고를 낸 사람에게 그 사고에 대한 책임을 물을 수 있는 것 아니겠어? 자율주행 자동차가 사고를 낸다고 할 때 그 책임을 누구에게 물을 수 있지?

갑 : 모든 기계가 그렇듯 오작동이 있을 수 있지. 만약 오작동으로 인해서 사고가 났는데 그 사고가 제조사의 잘못된 설계 때문이라면 제조사가 그 사고에 대한 책임을 지는 것이 당연하잖아. 자율주행 자동차에 대해서도 똑같이 생각하면 되지 않을까?

을 : 그런데 문제는 자율주행 자동차를 설계하는 과정에서 어떤 것을 잘못이라고 볼 것인지 하는 거야. ㉠ 이런 상황을 생각해 봐. 달리고 있는 자율주행 자동차 앞에 갑자기 아이 두 명이 뛰어들었는데 거리가 너무 가까워서 자동차가 아이들 앞에 멈출 수는 없어. 자동차가 직진을 하면 교통 법규는 준수하겠지만 아이들은 목숨을 잃게 되지. 아이들 목숨을 구하기 위해서 교통 법규를 무시하고 왼쪽으로 가면, 자동차는 마주 오는 오토바이와 충돌하여 오토바이에 탄 사람 한 명을 죽게 만들어. 오른쪽으로 가면 교통 법규는 준수하겠지만 정차 중인 트럭과 충돌하여 자율주행 자동차 안에 타고 있는 탑승자 모두 죽게 된다고 해. 자동차가 취할 수 있는 다른 선택은 없고 각 경우에서 언급된 인명 피해 말고 다른 인명 피해는 없다고 할 때, 어떤 결정을 하도록 설계하는 것이 옳다고 할 수 있을까?

갑 : 그건 어느 쪽이 옳다고 단정할 수 없는 문제이기 때문에 오히려 쉬운 문제라고 할 수 있지. 그런 상황에서 최선의 선택은 없으므로 어느 쪽으로 설계하더라도 괜찮다는 거야. 예를 들어, ㉡ 다음 규칙을 어떤 우선순위로 적용할 것인지를 합의하기만 하면 되는 거지. 규칙 1, 자율주행 자동차에 탄 탑승자를 보호하라. 규칙 2, 인명 피해를 최소화하라. 규칙 3, 교통 법규를 준수하라. '규칙 1-2-3'의 우선순위를 따르게 한다면, 규칙 1을 가장 먼저 지키고, 그 다음 규칙 2, 그 다음 규칙 3을 지키는 것이지. 어떤 순위가 더 윤리적으로 옳은지에 대해 사회적으로 합의만 된다면 그에 맞춰 설계한 자율주행 자동차를 받아들일 수 있을 거야.

병 : 지금 당장 도로를 다니는 자동차가 모두 자율주행을 한다면, 훨씬 사고가 줄어들겠지. 자동차끼리 서로 정보를 주고받을 테니 자동차 사고가 일어나더라도 인명 피해를 크게 줄일 수 있을 거야. 하지만 문제는 교통 환경이 그런 완전 자율주행 상태로 가기 전에 사람들이 직접 운전하는 자동차와 자율주행 자동차가 도로에 뒤섞여 있는 상태를 먼저 맞게 된다는 거야. 이런 상황에서 발생할 수 있는 문제를 해결

하도록 자율주행 자동차를 설계하는 일은 자율주행 자동차만 도로를 누비는 환경에 적합한 자율주행 자동차를 설계하는 일보다 훨씬 어렵지. 쉬운 문제를 만나기 전에 어려운 문제를 만나게 되는, 이른바 '문지방' 문제가 있는 거야. 그런데 ㉢ 자율주행 자동차를 대하는 사람들의 이율배반적 태도는 이 문지방 문제를 해결하는 데 더 많은 시간이 걸리게 만들어. 이 때문에 완전 자율주행 상태를 실현하기는 매우 어렵다고 봐야지.

문 72. ㉠에서 ㉡을 고려하여 만들어진 자율주행 자동차가 오른쪽으로 방향을 바꿔 트럭과 충돌하는 사건이 일어났다면, 이 사건이 일어날 수 있는 경우에 해당하는 것은? _{18 행시(나) 39번}

① 자율주행 자동차에는 1명이 탑승하고 있었고, 우선순위는 규칙 3-1-2이다.

② 자율주행 자동차에는 2명이 탑승하고 있었고, 우선순위는 규칙 3-2-1이다.

③ 자율주행 자동차에는 1명이 탑승하고 있었고, 우선순위는 규칙 2-3-1이다.

④ 자율주행 자동차에는 2명이 탑승하고 있었고, 우선순위는 규칙 2-3-1이다.

⑤ 자율주행 자동차에는 2명 이상이 탑승하고 있었고, 우선순위는 규칙 3-1-2이다.

문 73. 다음 사실이 ⓒ을 강화할 때, 빈칸에 들어갈 물음으로 가장 적절한 것은?

18 행시(나) 40번

> 광범위한 설문 조사 결과 대다수 사람들은 가급적 가까운 미래에 인명 피해를 최소화하도록 설계된 자율주행 자동차가 도로에 많아지는 것을 선호하는 것으로 나타났다. 하지만 '⎯⎯⎯⎯⎯⎯⎯' 라는 질문을 받으면, 대다수의 사람들은 '아니다'라고 대답했다.

① 자동차 대부분이 자율주행을 한다고 해도 여전히 직접 운전하길 선호하는가?

② 자율주행 자동차가 낸 교통사고에 대한 책임은 그 자동차에 탑승한 사람에게 있는가?

③ 자동차 탑승자의 인명을 희생하더라도 보다 많은 사람의 목숨을 구하도록 설계된 자동차를 살 의향이 있는가?

④ 인명 피해를 최소화하도록 설계된 자율주행 자동차보다 탑승자의 인명을 최우선으로 지키도록 설계된 자율주행 자동차를 선호하는가?

⑤ 탑승자의 인명을 최우선으로 지키도록 설계된 자율주행 자동차보다 교통법규를 최우선으로 준수하도록 설계된 자율주행 자동차를 선호하는가?

문 74. 다음 갑~병의 주장에 대한 평가로 적절한 것만을 〈보기〉에서 모두 고르면?

20 민간(가) 22번

> 갑 : 어떤 나라의 법이 불공정하거나 악법이라고 해도 그 나라의 시민은 그것을 준수해야 한다. 그 나라의 시민으로 살아간다는 것이 법을 준수하겠다는 암묵적인 합의를 한 것이나 마찬가지이기 때문이다. 우리에게는 약속을 지켜야 할 의무가 있다. 만일 우리의 법이 마음에 들지 않았다면 처음부터 이 나라를 떠나 이웃 나라로 이주할 수 있는 자유가 언제나 있었던 것이다. 이 나라에서 시민으로 일정 기간 이상 살았다면 법을 그것의 공정 여부와 무관하게 마땅히 지켜야만 하는 것이 우리 시민의 의무이다.
>
> 을 : 법을 지키겠다는 암묵적 합의는 그 법이 공정한 것인 한에서만 유효한 것이다. 만일 어떤 법이 공정하지 않다면 그런 법을 지키는 것은 오히려 타인의 인권을 침해할 소지가 있고, 따라서 그런 법의 준수를 암묵적 합의의 일부로 간주해서는 안 될 것이다. 그러므로 공정한 법에 대해서만 선별적으로 준수의 의무를 부과하는 것이 타당하다.
>
> 병 : 법은 정합적인 체계로 구성되어 있어서 어떤 개별 법 조항도 다른 법과 무관하게 독자적으로 주어질 수 없다. 모든 법은 상호 의존적이어서 어느 한 법의 준수를 거부하면 반드시 다른 법의 준수 여부에도 영향을 미칠 수밖에 없다. 예를 들어, 조세법이 부자에게 유리하고 빈자에게 불리한 불공정한 법이라고 해서 그것 하나만 따로 떼어내어 선별적으로 거부한다는 것은 불가능하다. 그렇게 했다가는 결국 아무 문제가 없는 공정한 법의 준수 여부에까지 영향을 미치게 될 것이다. 따라서 법의 선별적 준수는 전체 법체계의 유지에 큰 혼란을 불러올 우려가 있으므로 받아들여서는 안 된다.

〈보 기〉
> ㄱ. 예외적인 경우에 약속을 지키지 않아도 된다면 갑의 주장은 강화된다.
> ㄴ. 법의 공정성을 판단하는 별도의 기준이 없다면 을의 주장은 약화된다.
> ㄷ. 이민자를 차별하는 법이 존재한다면 병의 주장은 약화된다.

① ㄱ

② ㄴ

③ ㄱ, ㄷ

④ ㄴ, ㄷ

⑤ ㄱ, ㄴ, ㄷ

문 75. 다음 글에 비추어 볼 때, 〈실험〉에 대한 분석으로 적절한 것만을 〈보기〉에서 모두 고르면?

통계학자들은 오직 두 가설, 즉 영가설과 대립가설만을 고려하는 경우가 있다. 여기서 영가설이란 취해진 조치가 조치의 대상에 아무런 영향을 주지 않는다는 가설이고, 대립가설이란 영향을 준다는 가설이다. 예컨대 의사의 조치가 특정 질병 치료에 아무런 효과도 없다는 가설은 영가설이고, 의사의 조치가 그 질병을 치료하는 데 효과가 있다는 가설은 대립가설이다.

─────〈실 험〉─────

A는 다음의 두 가설과 관련하여 아래 실험을 수행하였다.
• 가설 1 : 쥐가 동일한 행동을 반복할 때 이전 행동에서 이루어진 강제조치가 다음 번 행동에 영향을 준다.
• 가설 2 : 쥐가 동일한 행동을 반복할 때 이전 행동에서 이루어진 강제조치가 다음 번 행동에 영향을 주지 않는다.

왼쪽 방향 또는 오른쪽 방향으로 갈 수 있는 갈림길이 있는 미로가 있다. 실험자는 쥐 1마리를 이 미로의 입구에 집어넣었다. 미로에 들어간 쥐가 갈림길에 도달하면 실험자가 개입하여 쥐가 한 쪽 방향으로 가도록 강제조치했다. 그런 다음 실험자는 미로의 출구 부분에서 쥐를 꺼내 다시 미로의 입구에 집어넣고 쥐가 갈림길에서 어느 방향으로 가는지를 관찰하였다. 100마리의 쥐를 대상으로 이러한 실험을 실시한 결과 대부분의 쥐들은 이전에 가지 않았던 방향으로 갔다.

─────〈보 기〉─────

ㄱ. 가설 1은 대립가설이고 가설 2는 영가설이다.
ㄴ. 〈실험〉의 결과는 대립가설을 강화한다.
ㄷ. 〈실험〉에서 미로에 처음 들어간 쥐들에게 갈림길에서 50마리의 쥐들은 왼쪽 방향으로, 나머지 50마리의 쥐들은 오른쪽 방향으로 가도록 실험자가 강제조치하였다는 사실이 밝혀진다면 영가설은 강화된다.

① ㄱ
② ㄷ
③ ㄱ, ㄴ
④ ㄴ, ㄷ
⑤ ㄱ, ㄴ, ㄷ

문 76. 다음 글의 ㉠을 강화하는 것만을 〈보기〉에서 모두 고르면?

동물의 감각이나 반응을 일으키는 최소한의 자극을 '식역'이라고 한다. 인간의 경우 일반적으로 40밀리 초 이하의 시각적 자극은 '보았다'고 답하는 경우가 거의 없다. 그렇다면 식역 이하의 시각적 자극은 우리에게 아무런 영향도 주지 않는 것일까?

연구자들은 사람들에게 식역 이하의 짧은 시간 동안 문자열을 먼저 제시한 후 뒤이어 의식적으로 지각할 수 있을 만큼 문자열을 제시하는 실험을 진행했다. 이 실험에서 연구자들은 먼저 제시된 문자열을 '프라임'으로, 뒤이어 제시된 문자열을 '타깃'으로 불렀다. 프라임을 식역 이하로 제시한 후 뒤이어 타깃을 의식적으로 볼 수 있을 만큼 제시했을 때 피험자들은 타깃 앞에 프라임이 있었다는 사실조차 알아차리지 못했다.

거듭된 실험을 통해 밝혀진 사실 가운데 하나는 피험자가 비록 보았다고 의식하지 못한 낱말일지라도 제시된 프라임이 타깃과 동일한 낱말인 경우 처리속도가 빨라진다는 것이었다. 예컨대 'radio' 앞에 'house'가 제시되었을 때보다 'radio'가 제시되었을 때 반응이 빨라졌다. 동일한 낱말의 반복이 인지 반응을 촉진한 것이었다. 식역 이하로 제시된 낱말임에도 불구하고 뒤이어 나온 낱말의 처리속도에 영향을 미친 이런 효과를 가리켜 '식역 이하의 반복 점화'라고 부른다.

흥미로운 점은, 프라임이 소문자로 된 낱말 'radio'이고 타깃이 대문자로 된 낱말 'RADIO'일 때 점화 효과가 나타났다는 것이다. 시각적으로 그 둘의 외양은 다르다. 그렇다면 두 종류의 표기에 익숙한 언어적, 문화적 관습에 따라 'radio'와 'RADIO'를 같은 낱말로 인지한 것으로 볼 수 있다. 이에 비추어 볼 때, ㉠ 식역 이하의 반복 점화는 추상적인 수준에서 나타나는 것으로 보인다.

─────〈보 기〉─────

ㄱ. 같은 낱말을 식역 이하로 반복하여 여러 번 눈앞에 제시해도 피험자들은 그 낱말을 인지하지 못하였다.
ㄴ. 샛별이 금성이라는 것을 아는 사람에게 프라임으로 '금성'을 식역 이하로 제시한 후 타깃으로 '샛별'을 의식적으로 볼 수 있을 만큼 제시했을 때, 점화 효과가 나타나지 않았다.
ㄷ. 한국어와 영어에 능숙한 사람에게 'five'만을 의식적으로 볼 수 있을 만큼 제시한 경우보다 프라임으로 '다섯'을 식역 이하로 제시한 후 타깃으로 'five'를 의식적으로 볼 수 있을 만큼 제시했을 때, 'five'에 대한 반응이 더 빨랐다.

① ㄱ
② ㄷ
③ ㄱ, ㄴ
④ ㄴ, ㄷ
⑤ ㄱ, ㄴ, ㄷ

확률적으로 가능성이 희박한 사건이 우리 주변에서 생각보다 자주 일어나는 것처럼 보인다. 왜 이러한 현상이 발생하는지를 설명하는 다음과 같은 두 입장이 있다.

(가) 만일 당신이 가능한 모든 결과들의 목록을 완전하게 작성한다면, 그 결과들 중 하나는 반드시 나타난다. 표준적인 정육면체 주사위를 던지면 1에서 6까지의 수 중 하나가 나오거나 어떤 다른 결과, 이를테면 주사위가 탁자 아래로 떨어져 찾을 수 없게 되는 일 등이 벌어질 수 있다. 동전을 던지면 앞면 또는 뒷면이 나오거나, 동전이 똑바로 서는 등의 일이 일어날 수 있다. 아무튼 가능한 결과 중 하나가 일어나리라는 것만큼은 확실하다.

(나) 한 사람에게 특정한 사건이 발생할 확률이 매우 낮더라도, 충분히 많은 사람에게는 그 사건이 일어날 확률이 매우 높을 수 있다. 예컨대 어떤 불행한 사건이 당신에게 일어날 확률은 낮을지 몰라도, 지구에 현재 약 70억 명이 살고 있으므로, 이들 중 한두 사람이 그 불행한 일을 겪고 있다는 것은 이상한 일이 아니다.

〈보 기〉

ㄱ. 로또 복권 1장을 살 경우 1등에 당첨될 확률은 낮지만, 모든 가능한 숫자의 조합을 모조리 샀을 때 추첨이 이루어진다면 무조건 당첨된다는 사례는 (가)로 설명할 수 있다.

ㄴ. 어떤 사람이 교통사고를 당할 확률은 매우 낮지만, 대한민국에서 교통사고는 거의 매일 발생한다는 사례는 (나)로 설명할 수 있다.

ㄷ. 주사위를 수십 번 던졌을 때 1이 연속으로 여섯 번 나올 확률은 매우 낮지만, 수십만 번 던졌을 때는 이런 사건을 종종 볼 수 있다는 사례는 (가)로 설명할 수 있으나 (나)로는 설명할 수 없다.

① ㄱ
② ㄷ
③ ㄱ, ㄴ
④ ㄴ, ㄷ
⑤ ㄱ, ㄴ, ㄷ

A : 현실적으로 과학 연구를 위해서는 상당한 규모의 연구비가 필요하기 때문에, 연구자들에게 공공 자원을 배분하는 역할을 하는 사람들은 자신들의 결정이 해당 분야의 발전에 큰 영향을 미친다는 사실을 유념해야 한다. 그들의 의사결정에서 가장 중요한 문제는 공공 자원을 어떤 원칙에 따라 배분할 것인가이다. 각 분야의 주류 견해를 형성하고 있는 연구자들에게만 자원이 편중되어 비주류 연구들이 고사된다면, 그 결과 해당 분야 전체의 발전은 저해될 것이다.

B : 과학 연구에 공공 자원을 배분하는 기준으로는 무엇보다 연구 성과가 우선되어야 한다. 객관적으로 드러난 연구 성과가 가장 우수한 연구자에게 자원을 우선 배분하는 것이 공정성에도 부합할 뿐 아니라, 투자의 사회적 효율성도 높일 수 있다.

A : 그와 같은 원칙으로는 한 분야의 주류 연구자들이 자원을 독점하게 될 가능성이 높다. 비주류 연구에서 우수한 연구 성과가 나오는 일은 상대적으로 드물거나 오랜 시간이 걸리기 때문이다. 특정 분야 내에 상충되는 내용을 가진 연구들이 많을수록 그 분야의 발전 가능성도 커진다. 이는 한 연구의 문제점을 파악하는 것이 자체 시각만으로는 쉽지 않으며, 문제가 감지되더라도 다른 연구자의 관점이 개입되어야 그 문제의 성격이 명확히 파악될 수 있다는 것을 뜻한다.

B : 우수한 연구에 자원을 집중하는 것이 효율성 측면에서 바람직하다. 최근의 과학 연구에서는 연구비 규모가 큰 과제일수록 더 우수한 성과를 얻는 경향이 강해지고 있기 때문이다. 과학의 발전을 위해 성과가 저조한 연구자들이 난립하는 것보다 우수한 연구자에게 자원을 집중적으로 투입하는 것이 낫다.

〈보 기〉

ㄱ. 공공 자원을 연구 성과에 따라 배분하지 않으면 도덕적 해이가 발생할 가능성이 커진다는 사실은 A의 주장을 강화한다.

ㄴ. 연구 성과에 대한 평가가 시간이 지나 뒤집히는 경우가 자주 있다는 사실은 B의 주장을 강화한다.

ㄷ. 성과만을 기준으로 연구자들을 차등 대우하면 연구자들의 사기가 저하되어 해당 분야 전체의 발전이 저해된다는 사실은 A의 주장을 강화하지만 B의 주장은 강화하지 않는다.

① ㄴ
② ㄷ
③ ㄱ, ㄴ
④ ㄱ, ㄷ
⑤ ㄱ, ㄴ, ㄷ

문 79. 다음 글의 〈실험 결과〉에 대한 판단으로 적절한 것만을 〈보기〉에서 모두 고르면? 21 민간(가) 21번

박쥐 X가 잡아먹을 수컷 개구리의 위치를 찾기 위해 사용하는 방법에는 두 가지가 있다. 하나는 수컷 개구리의 울음소리를 듣고 위치를 찾아내는 '음탐지' 방법이다. 다른 하나는 X가 초음파를 사용하여, 울음소리를 낼 때 커졌다 작아졌다 하는 울음주머니의 움직임을 포착하여 위치를 찾아내는 '초음파탐지' 방법이다. 울음주머니의 움직임이 없으면 이 방법으로 수컷 개구리의 위치를 찾을 수 없다.

〈실험〉

한 과학자가 수컷 개구리를 모방한 두 종류의 로봇개구리를 제작했다. 로봇개구리 A는 수컷 개구리의 울음소리를 내고, 커졌다 작아졌다 하는 울음주머니도 가지고 있다. 로봇개구리 B는 수컷 개구리의 울음소리만 내고, 커졌다 작아졌다 하는 울음주머니는 없다. 같은 수의 A 또는 B를 크기는 같지만 서로 다른 환경의 세 방 안에 같은 위치에 두었다. 세 방의 환경은 다음과 같다.

• 방1 : 로봇개구리 소리만 들리는 환경
• 방2 : 로봇개구리 소리뿐만 아니라, 로봇개구리가 있는 곳과 다른 위치에서 로봇개구리 소리와 같은 소리가 추가로 들리는 환경
• 방3 : 로봇개구리 소리뿐만 아니라, 로봇개구리가 있는 곳과 다른 위치에서 로봇개구리 소리와 전혀 다른 소리가 추가로 들리는 환경

각 방에 같은 수의 X를 넣고 실제로 로봇개구리를 잡아먹기 위해 공격하는 데 걸리는 평균 시간을 측정했다. X가 로봇개구리의 위치를 빨리 알아낼수록 공격하는 데 걸리는 시간은 짧다.

〈실험 결과〉

• 방1 : A를 넣은 경우는 3.4초였고 B를 넣은 경우는 3.3초로 둘 사이에 유의미한 차이는 없었다.
• 방2 : A를 넣은 경우는 8.2초였고 B를 넣은 경우는 공격하지 않았다.
• 방3 : A를 넣은 경우는 3.4초였고 B를 넣은 경우는 3.3초로 둘 사이에 유의미한 차이는 없었다.

〈보 기〉

ㄱ. 방1과 2의 〈실험 결과〉는, X가 음탐지 방법이 방해를 받는 환경에서는 초음파탐지 방법을 사용한다는 가설을 강화한다.
ㄴ. 방2와 3의 〈실험 결과〉는, X가 소리의 종류를 구별할 수 있다는 가설을 강화한다.
ㄷ. 방1과 3의 〈실험 결과〉는, 수컷 개구리의 울음소리와 전혀 다른 소리가 들리는 환경에서는 X가 초음파탐지 방법을 사용한다는 가설을 강화한다.

① ㄱ   ② ㄷ
③ ㄱ, ㄴ   ④ ㄴ, ㄷ
⑤ ㄱ, ㄴ, ㄷ

문 80. 다음 글의 ㉠과 ㉡에 대한 평가로 적절한 것만을 〈보기〉에서 모두 고르면? 21 민간(가) 24번

연역과 귀납, 이 두 종류의 방법은 지적 작업에서 사용될 수 있는 모든 추론을 포괄한다. 철학과 과학을 비롯한 모든 지적 작업에 연역적 방법이 필수적이라는 것을 부정하는 사람은 아무도 없다. 귀납적 방법의 경우 사정은 크게 다르다. 귀납적 방법이 철학적 작업에 들어설 여지가 없다고 믿는 사람이 있는가 하면, 한 걸음 더 나아가 어떠한 지적 작업에도 귀납적 방법이 불필요하다고 주장하는 사람들도 있다.

㉠ 귀납적 방법이 철학이라는 지적 작업에서 불필요하다는 견해는 독단적인 철학관에 근거한다. 이런 견해에 따르면 철학적 주장의 정당성은 선험적인 것으로, 경험적 지식을 확장하기 위해 사용되는 귀납적 방법에 의존할 수 없다. 그러나 이런 견해는 철학적 주장이 경험적 가설에 의존해서는 안 된다는 부당하게 편협한 철학관과 '귀납적 방법'의 모호성을 딛고 서 있다. 실제로 철학사에 나타나는 목적론적 신 존재 증명이나 외부 세계의 존재에 관한 형이상학적 논증 가운데는 귀납적 방법인 유비 논증과 귀추법을 교묘히 적용하고 있는 것도 있다.

㉡ 모든 지적 작업에서 귀납적 방법의 필요성을 부정하는 견해는 중요한 철학적 성과를 낳기도 하였다. 포퍼의 철학이 그런 사례 가운데 하나이다. 포퍼는 귀납적 방법의 정당화 가능성에 관한 회의적 결론을 받아들이고, 과학의 탐구가 귀납적 방법으로 진행된다는 견해는 근거가 없음을 보인다. 그에 따르면, 과학의 탐구 과정은 연역 논리 법칙에 따라 전개되는 추측과 반박의 작업으로 이루어진다. 이런 포퍼의 이론은 귀납적 방법의 필요성에 대한 전면적인 부정이 낳을 수 있는 흥미로운 결과 가운데 하나라고 할 수 있다.

〈보 기〉

ㄱ. 과학의 탐구가 귀납적 방법에 의해 진행된다는 주장은 ㉠을 반박한다.
ㄴ. 철학의 일부 논증에서 귀추법의 사용이 불가피하다는 주장은 ㉡을 반박한다.
ㄷ. 연역 논리와 경험적 가설 모두에 의존하는 지적 작업이 있다는 주장은 ㉠과 ㉡을 모두 반박한다.

① ㄱ
② ㄴ
③ ㄱ, ㄷ
④ ㄴ, ㄷ
⑤ ㄱ, ㄴ, ㄷ

PART **03**

유형별
필수기출 160제
정답 및 해설

01 전제 · 결론형 필수기출 80제 정답 및 해설

01	02	03	04	05	06	07	08	09	10
⑤	④	①	③	①	③	③	③	①	④
11	12	13	14	15	16	17	18	19	20
②	③	③	⑤	②	①	②	②	⑤	⑤
21	22	23	24	25	26	27	28	29	30
⑤	⑤	④	②	①	③	①	②	①	①
31	32	33	34	35	36	37	38	39	40
⑤	②	⑤	③	②	③	④	③	⑤	①
41	42	43	44	45	46	47	48	49	50
⑤	⑤	①	⑤	②	⑤	②	⑤	①	②
51	52	53	54	55	56	57	58	59	60
①	⑤	④	②	④	①	④	②	②	④
61	62	63	64	65	66	67	68	69	70
②	①	④	③	①	③	⑤	②	③	③
71	72	73	74	75	76	77	78	79	80
④	①	①	⑤	①	④	④	①	④	⑤

01
답 ⑤

난도 ★★

정답해설

⑤ 제시문은 일상적 행위의 대부분이 무의식으로 연결되어 있는데, 구체적으로는 언어 사용과 사유 모두가 무의식 즉, 자동화된 프로그램에 의해 나타난다고 하였으므로 옳은 내용이다.

오답해설

① 제시문은 인간의 사고 능력과 언어 능력의 연관성을 입증하는 글이 아니므로 옳지 않은 내용이다.

② 제시문에서 사례로 든 내용에 불과할 뿐 이것이 중심 내용이라고 보기는 어렵다. 따라서 옳지 않은 내용이다.

③ 제시문은 정보가 인간의 우뇌에 저장되어 있는 것과 좌뇌에 저장되어 있는 것이 서로 독립적임을 입증하는 것이 아니므로 옳지 않은 내용이다.

④ 제시문에서는 인간의 언어 사용 역시 무의식, 즉 자동화된 프로그램의 비중이 크다고 하였으므로 옳지 않은 내용이다.

02
답 ④

난도 ★★

정답해설

④ 제시문은 풀맨 마을의 예에서 볼 수 있듯 정치적 문제에 민주주의 원리가 적용되는 것처럼 공장에서 발생하는 정치적 문제에도 민주주의 원리를 적용해야 한다고 하였다. 따라서 이를 반박하기 위해서는 마을 운영이 정치적인 문제에 속하는 것과 달리 공장 운영은 경제적 문제에 속하여 서로 그 성질을 달리한다는 언급이 있어야 하므로 타당한 반박이라고 볼 수 있다.

오답해설

① 일리노이 최고법원이 풀맨에 대한 판결을 내렸다는 언급이 있으나 이는 배경을 설명하기 위해서일뿐 이에 근거한 논증이 진행된 것이 아니다. 따라서 반박으로 적절하지 않다.

② 제시문의 논증은 풀맨 마을과 같은 마을을 경영하는 것에 대해 주안점을 둔 것이 아니라 그러한 사례를 통해 소유권과 정치적 권력이 분리되어야 한다는 점을 강조하고 있다. 따라서 선택지의 문장은 반박으로 적절하지 않다.

③ 자신의 거주지 안에서 자유롭게 살 수 있는 권리와 제시문의 내용은 연관성이 없는 것이므로 반박으로 적절하지 않다.

⑤ 제시문을 통해 공장에서는 소유와 경영이 제대로 분리되고 있지 않다고 볼 수 있으나 풀맨 마을과 같은 공동체에서는 분리가 되고 있음을 추론할 수 있다. 따라서 선택지의 내용은 이를 뒤바꾸어놓은 것이며 더 나아가 반박으로서도 적절하지 못하다.

03
답 ①

난도 ★

정답해설

① 대한민국 정부는 울릉도와 우산도를 별개의 섬으로, 우산도와 독도를 같은 섬으로 인정하며, 일본 정부는 우산국과 울릉도, 우산과 울릉은 모두 하나라고 하여 울릉도와 우산도, 독도 이 3개의 명칭이 모두 같은 섬이라고 하고 있다. 따라서 대한민국정부가 우산도와 독도는 별개의 섬이라고 한 ①은 옳지 않다.

04
답 ③

난도 ★

정답해설

제시문의 논증이 매우 복잡하게 보이지만 이를 간단히 기호화하면 다음과 같이 정리할 수 있다.

ⅰ) C×
ⅱ) (E∘ ∧ D∘) → B∘
ⅲ) E∘
∴ D∘

이와 같은 논증이 성립하기 위해서는 반드시 D가 성립할 수밖에 없는 추가적인 조건이 있어야 하는데 이를 만족하는 조건은 ③뿐이다. C전략과 D전략밖에 방법이 없는 상황에서 이미 C전략이 실행 불가능하다고 하였기 때문이다. 반면, ④는 D전략이 실행되지 않더라도 참이 되는 전제이기 때문에 타당하지 않다.

05

답 ①

난도 ★

정답해설

주어진 논증을 정리하면 다음과 같다.

> ⅰ) 테러 증가 → 국방비 증가ㅇ
>
> ⅱ) 국방비 증가× ∨ 증세
>
> ⅲ) 증세 → 침체
>
> ∴ 침체

이와 같은 결론을 얻기 위해서 논증을 역으로 분석해 보면, 세계 경제가 침체한다는 결론이 나오기 위해서는 A국이 증세 정책을 실행한다는 조건이 필요하다. 그런데 두 번째 조건에서 증세 정책의 실행을 필연적으로 이끌어내기 위해서는 국방비 지출이 늘어나야 함을 알 수 있다. 그리고 첫 번째 조건에서 국방비 지출 증가가 있기 위해서는 국제적으로 테러가 증가한다는 전제가 주어져야 함을 확인할 수 있다.

06

답 ③

난도 ★★

정답해설

제시된 논증을 정리하면 다음과 같다.

> ⅰ) 갑순ㅇ ∨ 정순ㅇ
>
> ⅱ) 갑순× → 병순ㅇ
>
> ∴ 병순ㅇ

'병순'이 급식 지원을 받게 된다는 결론이 도출되기 위해서는 ⅱ)에 따라 '갑순'이 지원을 받지 못한다는 중간 결론이 필요하며, 이것이 성립한다면 결과적으로 ⅰ)에 의해 '정순'도 급식 지원을 받게 된다는 것을 알 수 있다. 이 같은 내용과 선택지를 결합하여 '갑순'이 지원을 받지 못한다는 중간 결론을 도출하기 위해서 선택지들을 살펴보면 아래와 같다.

ㄴ·ㄷ. 두 전제가 결합될 경우 '갑순'이 급식 지원을 받지 못한다는 중간 결론이 도출되므로 옳다.

오답해설

ㄱ. '갑순'이 급식 지원을 받지 못한다는 내용이 필요하므로 옳지 않다.

ㄹ. 이미 위에서 '갑순'이 지원을 받지 못할 경우 '병순'은 지원을 받게 된다고 하였으므로 이에 모순되는 전제이다.

🔖 합격생 가이드

통상 추가해야 하는 전제를 찾는 경우는 주어진 조건들과 결론을 통해 생략된 하나의 전제를 찾는 형태로 출제되지만 이 문제는 두 가지의 전제를 요구하고 있다. 일부 수험생의 경우 이러한 문제를 풀 때 백지상태, 즉 선택지를 참고하지 않고 생략된 전제를 찾으려고 하는 경향이 있는데 매우 바람직하지 못하다. 이 문제의 경우는 어찌 되었든 '갑순이가 급식 지원을 받지 않는다'는 결론을 끌어내야 하는 것이 종착역이니만큼 선택지를 통해 이 전제를 끌어낼 수 있게 만들면 그만이다. 숨겨진 전제 찾기는 시작도 끝도 선택지이다.

07

답 ③

난도 ★

정답해설

C팀의 전산 시스템에 오류가 발생하기 위해서는 다음의 두 가지 중 최소한 한 가지가 충족되어야 한다.

> ⅰ) C팀의 보안 시스템에 오류가 있는 경우
>
> ⅱ) B팀의 전원 공급 장치에 결함이 있는 경우

먼저 첫 번째 조건이 충족되기 위해서는 A팀이 제작하는 운영체제를 C팀의 전산 시스템에 설치하여야 하며, 두 번째 조건이 충족되기 위해서는 5%의 결함률을 가지는 B팀의 전원 공급 장치가 C팀에 제공되어야 한다.

08

답 ③

난도 ★★

정답해설

ㄷ. 제시문의 내용은 어떠한 사고과정을 가지느냐가 사회적 권력에 영향을 준다는 것으로 정리할 수 있다. 그런데 이 사고과정이라는 것이 결국은 문자체계의 이해방식과 연결되는 만큼 글을 읽고 이해하는 능력이 사회적 권력에 영향을 미친다는 전제가 추가되어야 매끄러운 논리전개가 될 것이다.

오답해설

ㄱ. 제시문에서는 그림문자와 표음문자가 서로 상반된 특성을 가지고 있다고 볼 수 있으므로, 그림문자를 쓰는 사회에서 남성의 사회적 권력이 여성보다 우월하였다면 반대로 표음문자 체계가 보편화될 경우에는 여성의 사회적 권력이 남성보다 우월하다는 결론을 추론할 수 있다. 그런데 제시문의 결론은 이와 반대로 여성의 권력이 약화되는 결과를 초래한다고 하였으므로 추가될 전제로 적절하지 않다.

ㄴ. 제시문의 내용은 그림문자와 표음문자를 해석하는 방식의 차이가 성별에 따른 사고과정의 차이를 가져오고 그것이 사회적 권력에까지 영향을 준다는 것이다. 하지만 사고과정 차이가 있다고 해서 그것이 의사소통의 난이도에 영향을 준다고 판단하는 것은 지나친 비약이다.

09

답 ①

난도 ★★

정답해설

제시문의 내용을 조건식으로 정리하면 다음과 같다.

> ⅰ) (젊다 ∧ 섬세하다 ∧ 유연하다) → 아름답다
>
> ⅱ) 덕을 가졌다 → 훌륭하다
>
> ⅲ) (아름답다 ∧ 훌륭하다) → 행복하다
>
> ※ '아름다운 자가 모두 훌륭한 것은 아니다'라는 조건은 기호화하기가 복잡하므로 일단 체크만 해두고 넘어가도록 함

이 조건식에서 '행복하다'가 결론으로 주어지는 ⅲ)에 주목해 보자. 여기서 아테나가 행복하다는 결론을 도출하기 위해서는 아테나가 아름답고 훌륭해야 한다는 조건을 끌어내면 된다. 일단 제시문에서 아테나는 덕을 가졌다고 했으므로 ⅱ)를 통해 아테나는 훌륭하다는 것을 알 수 있다.

다음으로, 아테나가 아름답다는 조건을 끌어내기 위해서는 ⅰ)을 살펴보아야 한다. ⅰ)에서는 젊고 섬세하고 유연하면 아름답다고 하였는데, 제시문에서 아테나는 섬세하고 유연하다고 하였으므로 '아테나가 젊다'는 조건만 추가되면 아테나가 아름답다는 결론을 이끌어 낼 수 있다.

10

답 ④

난도 ★★

오답해설

① 태학의 명륜당은 종학으로 만들어 종실의 자제 및 공경의 적자가 다니게 하고, 비천당은 백성들이 다니는 학교로 만들어 별도로 운영하는 것이 합당할 것이라고 하였으므로 옳지 않은 내용이다.

② 옛날 태학에서 사람들에게 풍악을 가르쳤기 때문에 명칭을 성균관이라 하였다는 것은 언급되어 있지만 이러한 전통을 회복해야 한다는 내용은 언급되어 있지 않으므로 옳지 않은 내용이다.

③ 옛날에 사람을 가르치는 법들 중 하나인 향학이 서민들을 교육하기 위한 기관이라는 것은 언급되어 있지만 이 내용만으로 향학의 설립을 통해 백성에 대한 교육을 강화해야 한다는 내용을 추론하기는 어려우므로 옳지 않은 내용이다.

⑤ 제시문에서는 종실의 자제 및 공경의 적자와 백성들을 별도로 교육해야 한다고 주장하고 있으므로 이들을 통합하는 교육과정이 필요하다는 것은 옳지 않은 내용이다.

11

답 ②

난도 ★★

정답해설

ㄴ. 사실 여부를 따져 보지도 않고 중국의 책들을 그대로 끌어다 인용하였다고 하였고 이의 사례로 각 종족들의 명칭과 지명의 예를 들고 있다. 따라서 역사서를 저술할 때에는 지역의 위치, 종족과 지명의 변천 등의 사실을 확인해야 한다고 주장하고 있으므로 옳은 내용이다.

오답해설

ㄱ. 우리나라 고대사의 기록은 근거를 댈 수 없는 경우가 많은데도 A는 그 기록을 자료로 역사서를 저술하였다고 하면서 이것에 대해 비판하고 있다. 따라서 제시문은 우리 역사서를 기준으로 역사서를 저술해야 한다는 것을 주장하는 것이 아니라 정확한 사실을 기반으로 해야 한다고 주장하고 있으므로 옳지 않은 내용이다.

ㄷ. 제시문에서는 중국의 역사서를 인용하여 역사서를 저술했다는 내용은 언급하고 있지만 이러한 내용만으로 역사서를 저술할 때 중국의 역사서에서 우리나라와 관계된 것들을 찾아 내어 반영해야 한다는 것을 추론할 수는 없으므로 옳지 않은 내용이다.

12

답 ③

난도 ★★★

정답해설

③ 인터넷상의 명예훼손행위는 그 특성상 해당 악플의 내용이 인터넷 곳곳에 퍼져 있을 수 있어 명예감정의 훼손 정도가 피해자의 정보수집량에 좌우될 수 있다고 하였으므로 옳은 내용이다.

오답해설

① 악플 대상자의 외적 명예가 침해되었다고 하더라도 이는 악플에 의한 것이 아니라 악플을 유발한 기사에 의한 것으로 보아야 한다고 하였으므로 옳지 않은 내용이다.

② 인터넷 기사 등에 악플이 달린다고 해서 즉시 악플 대상자의 인격적 가치에 대한 평가가 하락하는 것은 아니므로 내적 명예가 그만큼 더 많이 침해되는 것으로 보기 어렵다고 하였으므로 옳지 않은 내용이다.

④ 인터넷상의 명예훼손이 통상적 명예훼손보다 더 심하다고 보기 어렵다고 하였다. 따라서 인터넷상의 명예훼손행위에 대한 가중처벌에는 반대할 것이므로 옳지 않은 내용이다.

⑤ 세 종류의 명예 중 명예감정에 대해서는 구태여 자신에 대한 부정적 평가를 모을 필요가 없음에도 부지런히 수집·확인하여 명예감정의 훼손을 자초한 피해자에 대해서 국가가 보호해줄 필요성이 없다고 하여 보호해야 할 법익으로 삼기 어렵다고 하였으므로 옳지 않은 내용이다.

13

답 ③

난도 ★★

정답해설

③ 인을 해친 자를 적이라 하고, 의를 해친 자를 잔이라 하며, 잔적한 자를 일부라 하는데, 일부인 '걸'과 '주'를 죽인 것을 인과 의를 실천한 것으로 여긴다고 하였으므로 옳지 않은 내용이다.

오답해설

①·② 인의에 의한 정치를 펼쳤던 '탕'과 '무'는 왕이 되었을 때 백성들을 수고롭게 했지만, 그 지위에 요구되는 역할을 온전히 다하는 정치를 행했기 때문에 오히려 최대의 이익을 누릴 수 있었다고 하였으므로 옳은 내용이다.

④ '걸'과 '주'는 자신의 이익만을 추구했는데, 군주란 이와 반대로 백성의 부모로서 그 도리와 역할을 다하는 인의의 정치를 해야 하는 공적 자리라고 하였으므로 옳은 내용이다.

⑤ '걸'과 '주'는 자신의 역할을 저버리고 사익만을 추구하였는데, 이러한 행위를 일삼던 '걸'과 '주'를 '탕'과 '무'가 죽인 것을 인을 실천한 것으로 여겼다고 하였다. 따라서 선택지의 내용 역시 정당하다고 여길 수 있으므로 옳은 내용이다.

14

답 ⑤

난도 ★★

정답해설

⑤ 인문학이 자연과학처럼 객관적 지식을 추구하는 학문이 되면서 인문학은 인격을 변화시키고 삶의 의미를 제공해주던 전통적 기능이 상실되었다고 하였으므로 옳은 내용이다.

오답해설

① 제시문에서는 인문학자가 단지 하나의 전문 직업인이 된 것에 대해 비판적인 입장이므로 옳지 않은 내용이다.

② 현대 인문학은 이미 자연과학처럼 객관적 지식을 추구하는 방법론을 추구하고 있다고 하였으므로 옳지 않은 내용이다.

③ 현대 인문학이 인간적 활동에 대한 연구와 논의를 하는 이차적 활동이라는 점은 언급되어 있으나 그것이 자연과학적 지식과 변별되는지는 알 수 없다. 따라서 옳지 않은 내용이다.

④ 인간이 의식주라는 생물학적 욕구와 물질적 가치의 추구 외에 정신적 가치들을 추구하며 사는 존재라고는 하였지만 생물학적 욕구와 물질적 가치가 정신적 가치보다 중시되고 있다는 내용은 제시문을 통해서는 알 수 없는 내용이므로 옳지 않은 내용이다.

15

답 ②

난도 ★★★

정답해설

② 농민운동을 근대 이행을 방해하는 역사의 반역으로 왜곡할 소지가 있다고 하였으므로 옳은 내용이다.

오답해설

① 제시문은 근대 이행의 절대적 특징으로 공론장의 형성을 드는 것이 옳지 않다는 것일 뿐, 『독립신문』이 근대적 공론장의 역할을 하지 못하였음을 말하고자 하는 것은 아니다. 따라서 옳지 않은 내용이다.

③ 근대적 공론장에 기반한 근대국가가 수립되었을지라도 제국주의 열강들의 위협을 극복할 수 있었겠는지 의문이라고 하였지만, 제국주의 열강의 위협이 한국의 근대 공론장 형성을 가속화하였다고는 하지 않았으므로 옳지 않은 내용이다.

④ 고종이 만민공동회의 주장을 수용하여 입헌군주제나 공화제를 채택했더라면 국권박탈이라는 비극은 면할 수 있었으리라는 것을 비약이라고 하였으므로 옳지 않은 내용이다.

⑤ 제시문에서는 근대적 공론장 이론의 한국적 적용이 한계들로 인해 근대 이행의 문제를 설득력 있게 답하지 못하고 있다고 하였으므로 옳지 않은 내용이다.

16

답 ①

난도 ★★

정답해설

① 제시문에서는 '서울에 거주하는 초등학생' 등 준거집합을 변화시킬 때 철수의 휴대전화 보유확률이 달라짐을 알 수 있다. 이는 준거집합을 규정하는 방식이 달라질 경우, 이전 준거집합을 대상으로 한 표본조사 결과만으로는 현재의 결과를 예측할 수 없다는 것을 의미한다. 이같은 상황이 발생하는 이유는 동일인이 다양한 준거집합에 속해있기 때문이므로 옳은 내용이다.

오답해설

②·③ 표본조사의 신뢰도에 대한 내용은 제시문의 내용과 연관성이 없으므로 옳지 않은 내용이다.

④ 제시문의 사례에서는 '앞서의 표본 조사'와 같은 표현을 통해 표본의 크기가 변하지 않는다는 것을 알려주고 있으므로 옳지 않은 내용이다.

⑤ 표본의 추출 방법이 얼마나 무작위적이었는지의 여부는 제시문을 통해서는 알 수 없는 내용이므로 옳지 않은 내용이다.

17

답 ②

난도 ★

정답해설

② 제시문은 현재의 정치, 경제적 구조로는 제로섬적인 요소를 지니는 경제 문제에 전혀 대처할 수 없다고 하였다. 그리고 이러한 특성 때문에 평균적으로는 사회를 더 잘살게 해주는 해결책이라고 할지라도 사람들은 자신이 패자가 될 경우에 줄어들 수입을 보호하기 위해 경제적 변화가 일어나는 것을 막거나 이러한 정책이 시행되는 것을 막기 위해 싸울 것이라는 내용을 담고 있다. 따라서 이 글이 비판의 대상으로 삼는 것은 앞서 언급한 '평균적으로 사회를 더 잘살게 해주는 해결책'을 지지하는 것이 되어야 하므로 ②가 가장 적절하다.

18

답 ②

난도 ★

정답해설

② 제시문의 논지는 붕당이 아니라 그가 가진 재능에 따라 인재를 등용해야 한다는 것이며 이는 '붕당을 그대로 둔다면 군자를 모을 수 없고 소인을 교화시킬 수 없다'고 한 데에서도 알 수 있다.

19

답 ⑤

난도 ★★

정답해설

⑤ 제시문은 물리학의 근본 법칙들이 사실을 정확하게 기술하기 위해 조건을 추가할 경우 오히려 일반적인 상황이 아닌 특수한 상황만을 설명하게 되는 문제점을 서술하고 있으므로 논지로 적합하다.

20

답 ⑤

난도 ★★

정답해설

⑤ 글의 구조를 살펴보면, 과거의 상류층의 과시소비 행태를 설명한 후, 현대 대중사회에서는 더 이상 명품 소비가 아닌 소박한 소비, 소비하지 않기를 통해 과시한다고 하였다. 하지만 사치품은 처한 상황에 따라 소비의 여부가 달라진다고 하였다. 따라서 ⑤가 제시문의 논지로 가장 적절하다.

21

답 ⑤

난도 ★★

정답해설

⑤ 글의 구조를 살펴보면, 먼저 양측이 서로 불일치하는 지점을 찾아 이를 올바르고 정확하게 분석해야 한다고 하였고, 불일치하는 지점이 불평등 해소에 대한 사회경제 이론의 차이이므로, 결론적으로 두 진영이 협력하는 첫걸음은 불평등이 어떻게 해서 일어나고 이를 어떻게 해소해야 하는지를 정확하게 분석하는 것임을 알 수 있다.

22

답 ⑤

난도 ★★

정답해설

⑤ 의무적으로 해야 하는 일을 하지 않았다면 도덕적으로 비난 받아야 할 행위라고 하였다. 따라서 이 조건명제의 대우를 생각해본다면, 김희생 일병의 행동과 동일한 행동을 하지 않았던 동료들이 도덕적으로 비난받지 않았다면 그 행동은 의무적으로 해야 하는 것이 아닌 의무 이상의 행위라는 결론을 도출할 수 있게 된다. 따라서 편지의 주장을 논박하는 진술로 적절하다.

오답해설

① · ② 편지의 주장은 김희생 일병의 행동은 의무 이상의 행동이 아니라는 것이므로 이를 논박하기 위해서는 김희생 일병의 행동이 의무 이상의 행동이라는 것과 같이 그 행동의 성격에 대해 언급해야 한다. 하지만 선택지의 내용은 이와 무관하므로 옳지 않은 내용이다.

③ 김희생 일병의 행동이 의무 이상의 행동이므로 보상받을 권리가 있다고 논박해야 하는데, 오히려 선택지는 김희생 일병의 행동이 옳지 않다는 의미를 내포하고 있다. 따라서 옳지 않은 내용이다.

④ 선택지의 내용은 어떠한 행동이 의무 이상의 것이라고 할지라도 부대 전체의 이익을 위해 모든 것을 헌신해야 한다는 것이므로 오히려 편지의 내용을 지지하고 있다. 따라서 옳지 않은 내용이다.

---

23 답 ④

난도 ★★★

정답해설

ㄴ. 암석에서 발견된 산소가 지구의 암석에 있는 것과 동위원소 조성이 다르다는 것을 통해 이 암석이 다른 행성에서 유래한 것이라는 것을 추론해내기 위해서는 산소의 동위원소 조성이 행성마다 모두 다르게 나타난다는 것이 전제되어야 하므로 옳은 내용이다.

ㄷ. A 종류의 박테리아가 생성하는 자철석의 결정형과 순도가 유지되는 것을 통해 이 암석이 있었던 화성에도 생명체가 있었음을 추론하고 있으므로, A 종류의 박테리아가 아니면 해당 자철석이 나타나지 않음이 전제되어야 다른 원인이 아닌 A 종류의 박테리아의 영향임을 알 수 있다. 따라서 옳은 내용이다.

오답해설

ㄱ. 크기가 100나노미터 이하의 구조는 생명체로 볼 수 없다는 것이 전제가 되면, 암석에서 발견된 구조를 가지고 생명체의 존재 여부를 논할 수 없다.

---

24 답 ②

난도 ★★★

정답해설

② 원시 생식소로부터 정소와 난소가 형성된 후 성호르몬이 분비되게 되고 이것은 배아가 성적인 차이를 보이기 시작할 때 작용하게 되는데, 실험에서는 원시 생식소를 배아가 성적인 차이를 보이기 전에 제거하였으므로 성호르몬이 작용할 수 없다. 따라서 성호르몬이 작용할 수 없는 상황에서 외부생식소는 염색체와 상관없이 모두 암컷으로 결정된다.

오답해설

① 원시 생식소를 제거한 경우 염색체가 다름에도 불구하고 외부생식기의 성별이 모두 암컷으로 결정되었으므로 염색체에 의해 외부생식기의 성별이 결정된다고 볼 수 없다.

③ 포유동물에서 수컷과 암컷의 성별은 나중에 외부생식기로 발달할 전구체인 기관 A에 성호르몬이 작용하는 데서 결정된다고 하여 외부생식기의 성별은 정소와 난소로부터 분비된 성호르몬이 작용하여 결정되는 것을 알 수 있다.

④ 호르몬의 비율은 성별에 따라 매우 다르며, 이 비율의 차이가 사춘기 남성과 여성의 성징을 나타내는 데 중요한 역할을 하는 것으로 알려져 있다고 하여 성호르몬의 비율 차이가 사춘기 남성과 여성의 성징을 나타내는 데 중요한 역할을 하는 것을 알 수 있다.

⑤ 기관 A는 외부생식기로 발달할 전구체이며 정소 또는 난소로 발달되는 기관이 아니다.

---

25 답 ①

난도 ★

정답해설

제시문의 첫 번째 문단에서는 '사회적 자본'이 늘어나면 정치 참여도가 높아진다는 주장을 하였고, 두 번째 문단에서는 '사회적 자본'의 개념을 사이버공동체에 도입하였으나 현실과 잘 맞지 않는다고 하면서 '사회적 자본'의 한계를 서술했다. 그리고 마지막 문단에서는 이 같은 사회적 자본만으로는 정치 참여가 늘어나기 어렵고 이른바 '정치적 자본'의 매개를 통해서만이 가능하다는 주장을 하고 있다. 따라서 이 같은 내용을 잘 포괄하고 있는 ①이 제시문의 논지로 가장 적절하다.

---

26 답 ③

난도 ★★★

정답해설

제시문의 논증을 간략하게 도식화하면 다음과 같다.

먼저 제시문을 정리해 보면 ⓐ를 근거로 '과학의 역사가 바람직한 방향으로 발전하지 않았거나(발전 ×, 도식에서의 표현-이하 동일)' 또는 '과학적 탐구 방법의 특징을 드러내는 데 실패했다(실패)'라는 소결론을 이끌어 냈다는 것을 알 수 있다. 이는 위의 도식에서 알 수 있듯이 '귀납이 과학의 역사에서 사용된 경우가 드물다(드물다)'를 근거로 할 때 도출될 수 있는 결론이므로 ⓐ에는 ㄱ이 들어가야 가장 적절하다는 것을 알 수 있다.

다음으로 이를 통한 최종결론은 위의 도식에서 알 수 있듯이 '귀납주의에서는 수많은 과학적 지식이 정당화되지 않은 것으로 간주해야 하거나' 또는 '귀납주의가 과학적 탐구 방법에 대한 잘못된 이론이다'가 되어야 한다. 이 결론이 선언적 형식을 가져야 하는 이유는 앞에서 언급한 것처럼 '귀납이 과학의 역사에서 사용된 경우가 드물다'를 근거로 한 소결론이 선언의 형태였기 때문이다. 따라서 "(A ∨ B)=(~A → B)"에 따라 논리적으로 이와 동치인 ㅁ이 ⓑ에 들어가기에 가장 적절한 문장이 된다. 선택지 ㄷ은 두 명제를 선언이 아닌 연언의 형식으로, ㄹ은 조건문의 형식으로 진술하였기에 답이 될 수 없다.

🏆 합격생 가이드

이른바 '꼬리에 꼬리를 무는' 논증 유형이다. 이러한 유형은 키워드만 잘 잡고 이를 연결하면 아무리 복잡한 논증구조를 가지고 있더라도 쉽게 정답을 찾아낼 수 있다. 다행히 이 문제의 경우는 키워드들이 모두 동일한 단어로 주어졌지만, 이는 얼마든지 같은 의미를 지니는 단어 내지는 어구로 변환하여 출제될 수 있다. 이럴 때에는 주어진 단어들을 그대로 사용하지 말고 위의 도식처럼 간단한 단어 하나로 통일한 후 과감하게 단순화시키는 것이 중요하다. 각각의 단어의 의미가 조금은 다르다고 생각하여 별개의 논증으로 놓으면 그 어떤 명제도 연결되지 않는 상황이 생기고 만다.

27

답 ①

난도 ★★

정답해설

제시문의 내용을 단락별로 정리하면 다음과 같다.

> ⅰ) 남성 사회의 관객들은 여성들의 단결을 좋아하지 않는다.
> ⅱ) 현실세계에서 인간성을 박탈당하고 열등한 자로 낙인찍힌 사람이 고문당하는 경우 쾌락을 느낀다면, 권력 있고 존경받는 사람이 고문당할 때 심한 불쾌감으로 다가온다.
> ⅲ) 남성은 일본, 제국주의, 군인, 성폭력 가해자이고 여성은 한국인, 순진하고 겁먹은 처녀, 피해자라는 코드가 더해져 남성 권력을 극대화했다.
> ⅳ) 이러한 포르노의 쾌락은 여성이 벗었기 때문이 아니라 여성이 응시의 대상, 폭력의 대상으로 재현되어 남성 소비자가 자신에게 권력이 있다는 느낌과 의식이 충족될 때 발생한다.
> ⅴ) 이 사건에 대한 가장 중요한 질문은 왜 인간의 감성이 평등이나 정의보다 지배와 폭력을 에로틱하게 느끼는지를 묻는 것이다.

따라서 이 내용을 종합하면 필자가 말하고자 하는 것은 '남성적인 입장에서의 권력과 폭력성'이므로 이와 의미가 상통하는 것은 ①이다.

28

답 ②

난도 ★★

정답해설

주어진 실험 결과를 정리하면 다음과 같다.

(가)	적색광1	80% 이상
(나)	적색광1+근적외선4	2%
(다)	적색광1+근적외선4+적색광1	80% 이상
(라)	적색광1+근적외선4+적색광1+근적외선2	3%
대조군	없음	3%

② 발아율이 80% 이상으로 높게 나타난 (가)와 (다) 모두 적색광을 마지막에 조사한 것들이므로 타당한 가설이다.

오답해설

① 근적외선을 조사하지 않은 (가)를 설명하지 못하므로 타당하지 않다.
③ 적색광과 근적외선을 번갈아가며 조사한 경우는 (나)와 (다), (라)인데 (다)의 경우는 발아율이 높은 반면 나머지는 그렇지 않다.
④ 만약 근적외선의 효과가 적색광의 효과를 상쇄하는 경우 발아율이 더 높아진다고 한다면, (나)의 발아율이 (가)보다 커야 하지만 실제는 그렇지 않다.
⑤ 적색광을 조사한 횟수가 근적외선을 조사한 횟수보다 더 적은 경우는 없다. 따라서 이 가설로는 (가)와 (다)의 발아율이 높은 이유를 설명할 수 없다.

29

답 ①

난도 ★

정답해설

① 제시문의 내용은 죽은 뒤에도 지각이 있을 경우에만 윤회설이 맞고, 지각이 없다고 한다면 제사를 드리는 것에 실질적 근거가 없다고 하였다. 정기가 흩어지고 나면 지각이 있을 수 없으므로 결국 불가의 윤회설은 저절로 무너지게 된다고 한다. 하지만 죽은 뒤에는 지각이 없다고 할지라도 이치를 통해 제사를 지낼 수 있다고 하였다. 따라서 이를 포괄하는 것으로 ①이 가장 적절하다.

30

답 ①

난도 ★

정답해설

① 제시문의 내용은 20세기 중반, 정보의 생산 및 분배 메커니즘이 우리들을 영원한 정보처리 결손 상태로 남겨두었는데, 이를 데이터 스모그라 하며, 이에 대처하는 강력한 처방을 고안할 필요가 있다는 것이다. 따라서 데이터 스모그 상태를 해소하기 위한 방법에 대해 서술한 ①이 제시문의 결론으로 가장 적절하다.

31

답 ⑤

난도 ★★

정답해설

⑤ 제시문에서는 역사적 사건의 경과 과정이 의미를 지닐 수 있도록 서술하는 양식을 이야기식 서술이라 하는데, 이에 따르면 역사적 서술의 타당성은 결코 논증에 의해 결정되지 않으며 사건은 원래 가지고 있지 않던 발단·중간·결말이라는 성격을 부여받는다고 하였다. 이를 통해 역사적 사건의 경과 과정에 특정한 문학적 형식을 부여할 뿐만 아니라 의미도 함께 부여한다는 것을 알 수 있다. 따라서 이 내용과 가장 부합하는 것은 ⑤임을 알 수 있다.

32

답 ②

난도 ★

정답해설

② 제시문에서는 돼지를 먹기 위해 먼저 그 돼지를 죽여야 하는 모순된 함축을 부정적으로 바라보고 있으며 이것이 제시문 전체를 관통하는 중심 주제라고 할 수 있다.

오답해설

① 종의 다양성을 보존하기 위한 목적으로 생명체를 죽인다는 내용은 제시문에 나타나 있지 않은 내용이다.
③ 글쓴이의 주장이 아닌 폴란 내지는 울프의 주장에 근거한 내용이므로 옳지 않다.
④ '종들 사이의 상호주의'를 입증하기 위해 늑대와 개의 사례를 들었으나 이 정보가 잘못된 것이라는 주장은 제시문에 언급되어 있지 않다.
⑤ 제시문은 '어떤 생명체가 태어나도록 하는 것이 항상 좋은 일인가?'라고 반문하며 결과적으로 돼지의 번성에 도움이 된다고 할지라도 살해가 함축되어 있는 출생은 올바르지 않다고 보고 있다.

33

답 ⑤

난도 ★

정답해설

흄이 가장 중요하게 생각하는 것은 '당사자 간의 합의 여부'이다. 즉, 아무리 그러한 작업이 필요했더라도 합의가 있지 않았다면 그에 대한 대가를 지불할 필요가 없다는 것이다. ⑤는 제시문에 등장하는 수리업자의 논리이며 흄은 그의 논리를 반대하고 있다.

34
답 ③

난도 ★★

정답해설

ㄱ. 탈리도마이드의 사례를 들어 동물 실험 결과 안전성이 입증되었더라도 사람에게는 안전하지 않은 경우가 있다고 하였으므로 이를 통해 선택지의 주장을 반박할 수 있다.

ㄴ. 페니실린의 경우 일부 설치류에게는 치명적인 독성을 지니지만 사람에게는 널리 사용되는 항생제라고 하였으므로 선택지의 주장을 반박할 수 있다.

ㄷ. 임상 시험에서 독성이 나타나더라도 내성이 있는 사람에게는 투여 가능한 경우가 있다고 하였으므로 선택지의 주장을 반박할 수 있다.

오답해설

ㄹ. 제시문에서는 내성이 있는 사람에게 부작용이 나타난 경우는 언급하고 있지 않으므로 선택지의 주장을 반박할 수 없다.

35
답 ②

난도 ★★

정답해설

제시문은 복지란 각 시민이 갖고 있는 현재의 선호들만 만족시키는 것이라는 이론 P를 제시하고, 그 이론 P가 기초하고 있는 두 개의 근거를 서술하고 있다. 그리고 그 근거들을 반박하면서 이론 P에 허점이 많음을 보이고 있으므로 이와 내용적으로 가장 유사한 ②가 적절하다.

❖ 합격생 가이드

> 이 문제와 같이 결론 내지는 중심내용을 찾는 제시문의 경우는 세부적인 내용을 꼼꼼히 살피는 독해보다는 뼈대를 중심으로 크게 읽어나가는 독해가 바람직하다. 제시문의 경우는 '첫째, 둘째' 그리고 '첫째(둘째) 근거에 대해 이런 반론을 제기할 수 있다'와 같은 표현들이 가장 큰 뼈대가 되는 것들이다. 어찌 보면, 전체적인 내용을 파악하는 것보다 이 표현들을 찾는 것이 더 중요할 수 있다.

36
답 ③

난도 ★★

정답해설

제시문의 첫 번째 문단에서는 다도해 지역이 개방성의 측면과 고립성의 측면에서 모두 조명될 수 있다는 점을 언급하였고, 두 번째 문단에서는 그중 고립성의 측면이 강조되는 사례들을 서술하였다. 그러나 마지막 문단에서는 고립성을 나타내는 것으로 여겨지는 사례들도 육지와의 연결 속에서 발전한 것이라는 주장을 하면서 다도해의 문화적 특징을 일방적인 관점에서 접근해서는 안 된다고 하였다. 따라서 제시문의 논지는 개방성의 측면을 간과해서는 안 된다는 내용을 담은 ③이 가장 적절하다.

37
답 ④

난도 ★★

정답해설

도덕적 딜레마 논증은 어린이를 대상으로 한 임상실험이 없게 된다는 점, 제한된 동의능력만을 가진 경우 실험 대상에 포함시키는 것은 도덕적으로 올바르지 않다는 것을 근거로 하고 있다. 따라서 이를 비판하기 위해서는 ⅰ) 어린이를 대상에서 배제시키는 것이 어린이를 꼭 위험에 몰아넣는 것은 아니라는 점을 보이거나, ⅱ) 제한된 동의능력만을 가졌다고 하여도 반드시 도덕적으로 실험 대상에 포함시키는 것이 잘못된 것은 아니라는 점을 들면 된다.

그런 의미에서 ㄴ은 ⅰ)에 해당하며 ㄷ은 ⅱ)에 해당하므로 적절한 비판이라고 할 수 있다. 그러나 ㄱ은 제시문의 두 번째 논증과 같은 의미이기 때문에 논증을 비판하는 것이 아니라 오히려 강화하는 것이라고 할 수 있다.

38
답 ③

난도 ★★

정답해설

제시문의 내용은 결국 보에티우스가 모르는 것 내지는 잘못 알고 있는 것을 제대로 알게 해주면 건강을 회복할 수 있다는 것이다. 즉, 운명의 본모습, 만물의 궁극적인 목적이 선을 지향한다는 것 그리고 정의에 의해 세상이 다스려진다는 것을 알지 못하고 있기에 이를 알게 되면 건강이 회복된다고 말하고 있다. 반면 선택지 ㄷ과 같이 자신이 모든 것을 박탈당했다고 생각하는 것은 그 자체가 잘못된 전제에서 출발한 것이므로 이를 되찾아야 한다는 것 역시 올바른 방법이 될 수 없다.

39
답 ⑤

난도 ★★

정답해설

제시문은 공화제적 원리가 1948년 제정된 대한민국 헌법에 의해서 갑작스럽게 등장한 것이 아니라 19세기 후반부터 공공 영역의 담론 및 정치적 실천 차원에서 표명되고 있었다고 하였다. 그리고 이를 독립협회, 만민공동회, 관민공동회의 구체적인 사례를 들어 설명하고 있다. 따라서 이를 가장 잘 포괄하는 핵심 내용은 ⑤라고 할 수 있다.

40
답 ①

난도 ★★★

정답해설

① 제시문의 논지는 자신의 인지 능력이 다른 도구로 인해 보완되는 경우, 그 보강된 인지 능력도 자신의 것이라는 입장이다. 그런데 선택지의 진술은 메모라는 다른 도구로 기억력을 보완했다고 하더라도 그것은 자신의 인지 능력이 향상된 것으로 볼 수 없다는 의미이므로 제시문의 논지를 반박한다고 볼 수 있다.

오답해설

② 종이와 연필은 인지 능력을 보완하는 것이 아니라 두뇌에서 일어나는 판단을 시각적으로 드러내보이는 것에 불과하여 인지 능력 자체에 어떤 영향을 미친다고 보기 어렵다. 따라서 제시문의 논지와는 무관하다.

③ 원격으로 접속하여 스마트폰의 정보를 알아낼 수 있다는 것은 단순히 원격 접속의 도움을 받았다는 것일 뿐 이것과 인지 능력의 변화 여부는 무관하다.

④ 제시문의 내용은 스마트폰의 기능으로 인한 인지 능력의 향상을 사용자의 능력향상으로 볼 수 있느냐에 대한 것이다. 따라서 스마트폰의 기능이 두뇌의 밖에 있는지 안에 있는지의 여부와는 무관하다.

⑤ ①과는 반대의 논리이다. 선택지의 논리는 스마트폰이라는 도구의 사용이 인지 능력을 향상시킨다고 보는 견해로서 이는 제시문의 논지를 지지하는 것이다.

41

정답 ⑤

난도 ★★

정답해설

⑤ 제시문 후반부의 '기다리지 못함도 삼가고 아무것도 안 함도 삼가야 한다'라는 문장이 이 글의 주제라고 할 수 있다. 여기서 기다리지 못한다는 것은 의도적인 개입을 의미하며, 아무것도 안 한다는 것은 방관적인 태도를 뜻하므로 제시문의 주제로 가장 적절하다.

오답해설

① 제시문에서는 개입하고 힘을 쏟고자 하는 대신에 이 잠재력을 발휘할 수 있도록 하는 것이 중요하다고 하였으므로 '인위적 노력'과는 거리가 멀다.

② 싹을 잡아당겨서도 안 되지만 그렇다고 단지 싹이 자라는 것을 지켜만 봐서도 안 된다고 하였으므로 옳지 않은 내용이다.

③ 명확한 목적성을 설정하는 것과 제시문의 내용과는 크게 관계가 없다.

④ 기다리지 못함도 삼가고 아무것도 안 함도 삼가야 한다고 하면서 작동 중에 있는 자연스런 성향이 발휘되도록 기다리면서도 전력을 다할 수 있도록 돕는 노력, 즉 어느 정도의 개입도 해야 한다고 하였으므로 옳지 않은 내용이다.

42

정답 ⑤

난도 ★★

정답해설

제시문은 '학교는 우리 아이들에게 무엇을 가르쳐야 할까?'라고 질문하면서 가장 먼저 고려되어야 할 것이 '변화하는 직업 환경에 성공적으로 대응하는 능력에 초점을 맞추는 일'이라고 하였다. 그리고 이러한 관점에서 교육을 개혁하고 있는 사례를 들면서 우리 교육도 개혁을 생각하지 않으면 안 된다고 하였다. 따라서 이와 가장 근접한 의미를 가지는 ⑤가 이 글의 중심 내용이라고 판단할 수 있다.

43

정답 ①

난도 ★★

정답해설

ㄱ. 동물실험을 옹호하는 사람들은 동물이 자극에 대해 반응하고 행동하는 양상이 인간과 유사하다고 하면서 인간과 동물이 다르기 때문에 실험에서 동물을 이용해도 된다고 하는 모순적인 근거를 제시하고 있으므로 옳은 내용이다.

오답해설

ㄴ·ㄷ. 영장류를 대상으로 한 실험은 인간과 동물이 심리적으로도 유사하다는 것이 기본 전제로 깔려 있기 때문에 심리적 유사성이 불확실하다는 표현은 옳지 않으며, 그럼에도 '사람에게는 차마 하지 못할 잔인한 행동을 동물에게 하고 있다'고 하여 윤리적으로 비판적인 입장을 취하고 있다.

44

정답 ⑤

난도 ★

정답해설

⑤ 이 실험은 A를 합성하지 못하는 세균과 B를 합성하지 못하는 세균을 섞으면 정상 세균이 되지만, 직접 접촉하지 못하면 정상 세균이 되지 못한다는 것을 보여준다. 결국 돌연변이 세균이 정상 세균이 되기 위해서는 직접적 접촉이 있어야 한다는 것을 알 수 있다.

45

정답 ②

난도 ★

정답해설

정상 초파리는 약물 B 투여 여부와 무관하게 위로 올라가는 성질을 보였다. 반면 유전자 A가 돌연변이 된 초파리는 약물 B를 넣지 않는 경우에만 위로 올라갔다.

② 유전자 A가 돌연변이 된 초파리가 약물 B를 섭취한 경우에만 위로 올라가지 못했다. 이는 초파리가 파킨슨씨병에 걸린다는 가설로 설명할 수 있다.

오답해설

① 정상 초파리는 약물 B를 섭취하더라도 위로 올라갔다.

③ 유전자 A가 돌연변이 된 초파리가 약물 B를 섭취할 경우 운동성이 결여된다.

④ 정상 초파리는 약물 B를 섭취하더라도 운동성을 유지한다.

⑤ 유전자 A가 돌연변이 된 초파리가 약물 B를 섭취하면 파킨슨씨병에 걸리는 것이다. 물리적 자극에 대한 운동성이 비정상인 것은 파킨슨씨병의 증상이다.

46

정답 ⑤

난도 ★★

정답해설

(가)는 개화에 부정적이며, 기존의 아름다운 문화를 지켜야 한다고 본다. 반면 (나)는 개화를 통해 문화가 발전할 것이라고 본다.

⑤ (가)는 외국문물 수용이 자국문화에 부정적인 영향을 줄 것으로 본다. 반면 (나)는 외국문물을 수용함으로써 자국문화가 더욱 발전할 것이라고 본다.

오답해설

① (가)는 개화가 나라를 망칠 것이라고 주장한다. 또한 개화와 백성의 물질적 풍요에 대해서 언급하고 있지도 않다.

② (가)는 민족의 독립을 이야기하고 있지도 않고, 기존 중국 문화를 지켜야 한다는 것을 볼 때 자주적인 정부를 지향하는 것도 아니다.

③ (나)는 외래문명을 받아들임으로써 민족이 융성해질 수 있다고 주장하고 있다.

④ (가)는 기존 체제와 문화를 지키고자 한다. 자주독립국을 지향하거나, 이를 위해 제도를 개선해야 한다고 말하고 있지 않다.

47

답 ②

난도 ★★

정답해설

② 이 글에 따르면 자연의 소리는 대부분 1/f의 패턴을 따른다. 그리고 대중에게 호감을 주는 음악이 대개 1/f 음악인 이유는 이러한 음악이 자연의 소리와 구조적으로 유사하기 때문이다. 이러한 논증이 성립하기 위해서는 사람들이 자연의 소리에 호감을 느낀다는 전제가 필요하다.

("자연이 1/f" + "사람들이 자연의 소리에 호감을 느낌" → "1/f 음악을 자연스럽다고 생각하며 호감을 느낌")

오답해설

① 1/f 음악이 대중적으로 인기를 끌 만한 특성을 지닌다는 것은 이 글의 결론이다.

③ 우선 사람들에게 안도감을 주는 소리인지에 대해서 전혀 언급이 없다. 만일 안도감을 호감이라고 해석하더라도, 이는 글에 명시적으로 제시된 내용이다.

④ 작곡가의 의도는 글과 전혀 무관하다.

⑤ 음악과 자연의 음향이 항상 구조적으로 동질성을 가지는 것은 아니다. 일부 대중적으로 인기 있는 음악이 자연의 음향과 유사한 것이다.

48

답 ⑤

난도 ★★★

정답해설

⑤ 여성들이 정원을 가꾸면서 지식과 경험을 쌓을 수 있었다는 것이 이 글의 주제이다.

오답해설

① 정원은 반(反) 야생의 자연이다.

② 여성들이 정원을 자신의 자존심으로 여겼으나, 여기에 자연을 통제하고자 하는 이룰 수 없는 욕구가 반영되어 있다는 것은 나타나지 않는다.

③ 정원은 자연과 분명한 경계를 긋기 위해 울타리를 설치한 공간이다.

④ 정원은 여성 제후를 포함한 여성들이 경험을 쌓은 공간이다. 그 과정에서 모든 종류의 식물들이 서로 잘 지내지는 않는다는 통찰이 이루어지기도 한다. 그러나 여성 제후들이 의도적으로 식물 생태학의 기초를 다진 것은 아니다.

49

답 ①

난도 ★★★

정답해설

• 〈실험 1〉에서는 방향을 유지했을 때 줄기 끝 쪽 줄기 조각 부위에 뿌리 쪽 줄기 조각 끝 부위로 물질 A가 이동했다.

• 〈실험 2〉에서는 방향을 유지하고 농도를 달리했을 때 뿌리 쪽 줄기 조각 끝 부위로 물질 A가 이동했다.

• 〈실험 3〉에서는 방향을 유지하고 농도를 일정하게 했을 때 뿌리 쪽 줄기 조각 끝 부위로 물질 A가 이동했다.

• 〈실험 4〉에서는 방향을 거꾸로 했을 때 뿌리 쪽 줄기 조각 끝 부위로 물질 A가 이동했다.

결국, 방향 및 농도 등을 달리한 모든 상황에서 물질 A가 뿌리 끝 방향으로 이동했음을 알 수 있다.

50

답 ②

난도 ★★

정답해설

(가) 제시된 논증을 구조화하면 다음과 같다.

ⅰ) (가)

ⅱ) B이다.

∴ 결론 : A이다.

따라서 가장 단순한 삼단논법의 구조를 이용한다면 (가)에는 'B이면 A이다'가 들어가야 한다. 이를 제시문의 표현으로 바꾸면, '달은 지구를 항상 따라다닌다'면 '지구는 공전하지 않는다'로 나타낼 수 있는데 ㄱ은 이의 대우명제이므로 논리적으로 타당하다.

(라), (마)의 ⓑ에는 '밤에 금성을 관찰할 때 망원경을 사용하면 빛 번짐 현상을 없앨 수 있다는 것'과 관련된 내용이 들어가야 한다. 이와 함께 당시 학자들은 육안을 통한 관찰을 신뢰하며, 밤보다 낮에 관찰한 것이 더 정확하다는 것을 결합한 ㅁ이 논리적으로 타당하다.

51

답 ①

난도 ★★

정답해설

① S는 자신의 연구 결과를 토대로 가족 구성원이 많은 집에 사는 아이들은 가족 구성원들이 집안으로 끌고 들어오는 병균들에 의한 잦은 감염 덕분에 장기적으로 알레르기 예방에 유리하다고 주장하고 있다. 결국 이는 알레르기에 걸릴 확률은 병균들에 얼마나 많이 노출되었는지에 달려 있으므로 이와 의미가 가장 유사한 ①이 적절하다고 볼 수 있다.

52

답 ⑤

난도 ★★

정답해설

먼저 빈칸의 뒤 문장인 '세셸리아초파리의 Ir75a 유전자도 후각수용체 단백질을 만든다는 것인데'라는 부분을 살펴보자. 첫 단락과 이 문장의 내용을 종합하면 결국 빈칸에는 노랑초파리의 어떠한 성질이 들어가야 하고 그 성질에서 ' ' 안의 결론을 유추할 수 있어야 한다.

그런데 그 성질이라는 것은 결국 바로 앞 문장에서 알 수 있듯이 프로피온산 냄새를 맡을 수 있다는 것이며 이것이 빈칸 뒤 문장의 Ir75a 유전자와 연관이 있어야 한다. 따라서 이 같은 내용이 적절하게 포함된 것은 ⑤이다.

53

답 ④

난도 ★★

정답해설

④ '우리는 알고리즘을 둘러싼 많은 문제들을 열거하고 나서, 그렇기 때문에 사람들은 결코 알고리즘을 신뢰하지 않을 거라고 결론 내릴 수도 있다. 하지만 그것은 민주주의의 모든 결점들을 나열한 후에 '제정신인 사람이라면 그런 체제는 지지하려 들지 않을 것'이라고 결론짓는 것과 비슷하다.'에서 알 수 있듯이 필자는 결국 알고리즘의 긍정적 측면을 주장하고 있다.

오답해설

① 알고리즘의 모든 결점을 제거하는 것은 불가능하다.

② 우리가 자신이 무엇을 원하는지를 알기 위해서 점점 더 알고리즘에 의존한다는 내용은 없다.

③ 데이터를 가진 기업이 다수의 사람을 은밀히 감시하는 사례는 직접적으로 언급되거나 추론되지 않는다. 다만 우리가 텔레비전을 보는 동안 텔레비전이 우리를 감시할 것이며 텔레비전에 영상을 공급하는 기업은 더 정확한 맞춤형 알고리즘을 구현하려 할 것이라는 내용이 언급되어 있다.

⑤ 제시문으로부터 유추되지 않는 내용이다.

합격생 가이드

전체적인 글의 맥락이 주제를 긍정하는 글인지 부정하는 글인지를 파악하는 것이 논설문 읽기에서 가장 우선되어야 할 점이다. 글의 서두에서 알고리즘은 부족하기는 하지만 긍정적 역할이 있다는 점을 말하고 있고 중간 부분에선 그에 대한 논거를 서술하고 있으므로 결론은 알고리즘에 대한 긍정적 내용이 와야 한다. 또한 결론으로 나오는 문장이므로 화자의 주장을 최종적으로 표현하는 문장을 찾아야 한다.

54

답 ②

난도 ★★

정답해설

② 1~3그룹과 4~6그룹의 실험 조건 중 가장 큰 차이는 1~3그룹의 개미들은 둥지에서 먹이통까지 이동 한 후에 다리 길이를 조절했고 4~6그룹의 개미들은 처음부터 다리 길이를 조절한 후에 둥지에서 먹이통까지 이동 후 돌아오는 조건으로 실험한 데 있다. 즉, 1~3그룹의 개미들은 둥지에서 먹이통까지 갔다가 되돌아오는 과정에 다리 길이의 변화가 있었고 이는 필연적으로 걸음 수에 변화가 있었음을 알 수 있다. 따라서 주어진 조건을 통해 '개미는 걸음 수에 따라 이동 거리를 판단한다.'는 결론을 내릴 수 있다.

55

답 ④

난도 ★★

정답해설

④ 두 번째 문단에서 '사법형 ADR 활성화 정책은 법관의 증원 없이 과도한 사건 부담 문제를 해결하려는 미봉책일 뿐이다.', 세 번째 문단에서 '사법형 ADR 활성화 정책은 민간형 ADR이 활성화되는 것을 저해한다.'고 하고 있다. 이를 통해 화자는 사법형 ADR에 반대한다는 것을 알 수 있고 또 마지막 문단에서 '법원은 본연의 임무인 재판을 통해 당사자의 응어리를 풀어주겠다는 의식으로 접근해야 할 것이다.'라고 주장하고 있다. 따라서 빈칸에는 '법원은 재판에 주력하여야 하며 그것이 결과적으로 민간형 ADR의 활성화에도 도움이 된다.'가 오는 것이 타당하다.

합격생 가이드

논설문의 경우 단락간의 관계가 순접인지 역접인지를 파악해보고 화자의 논거는 주장하는 내용을 강조하기 위해 체계를 가지므로 이를 염두에 두고 지문을 파악하면 결론을 쉽게 도출할 수 있다. 또한 보기지문을 먼저 읽고 제시문을 보는 방법도 시간을 줄이는 데 도움이 된다. ①, ②, ③, ⑤는 법원의 재판보다(또는 못지않게) 민간형 ADR의 강화가 중요하다고 보는 시각이다.

56

답 ①

난도 ★

정답해설

① 제시문의 실험에서 두 번째 실험에서 솔방울의 모양을 원형에서 삼각형으로 만들었을 때 말벌들은 원형모양의 돌멩이가 있는 곳을 둥지로 오해했으므로 말벌이 방향을 찾는 것은 '모양'에 의존한다는 것을 알 수 있다. 만일 솔방울이라는 '재질'을 판단기준으로 삼았다면 삼각형 모양의 솔방울이 놓인 둥지를 바로 찾아갈 것이기 때문이다. 따라서 이 실험을 통해서 말벌은 '물체의 재질보다 물체로 만든 모양에 의존하여 방향을 찾는다.'는 결론을 내릴 수 있다.

57

답 ④

난도 ★★★

정답해설

④ 1문단에 따르면 기독교적 전통에 속하는 이들은 속하지 않는 이들과 자신을 구별하려 했다는 정보가 제시되어 있고, 2문단에 따르면 기독교와 구별되는 적그리스도를 외설스럽거나 추악하게 나타냈다는 정보가 제시되어 있다. 3문단에 따르면 기독교인들과 구별되는 이교도들의 얼굴, 의복, 음식을 추악하거나 끔찍한 모습으로 묘사했다는 정보가 제시되어 있으며, 4문단에 따르면 건강한 사람과 나병이나 흑사병에 걸린 환자들을 구별하기 위해 실제 여부와 무관하게 뒤틀어지고 흉측한 모습으로 형상화했다는 정보가 제시되어 있다. 그러므로 추악한 형상은 기독교적 전통과 그 전통에 속하지 않는 대상 간 구분을 위해 사용되었다고 할 수 있다.

오답해설

① 1문단에 따르면 전통에 속하지 않는 이들의 대표적인 예시로 적그리스도, 이교도들, 나병과 흑사병에 걸린 환자들을 제시하고 있고, 이들을 전통 바깥의 존재라고 표현하여 이방인이라고 해석할 여지가 있다고 할 수 있다. 제시문에 따르면 구분의 주체로 기독교적 전통에 속하는 이들이 제시되고 있다. 그러나 기독교적 전통에 속하는 이들이 서구의 종교인과 예술가들을 의미한다는 정보는 제시되어 있지 않다. 그러므로 서구의 종교인과 예술가들이 이미지 각인 과정에서 중심적인 역할을 하였는지에 대해 알 수 없다.

② 3문단에 따르면 기독교인들은 이교도들의 얼굴을 악마로 묘사하고 그들의 의복이나 음식을 끔찍하게 묘사하여 구별했다는 정보가 제시되어 있다. 그러나 이교도들이 기독교인들보다 강한 존재였는지에 대한 정보나 기독교인들의 심리적인 우월감에 대한 정보는 제시되어 있지 않다.

③ 제시문에 따르면 서구사회의 기독교적 전통하에서 정상과 비정상을 구별하려는 노력이 나타났다는 정보가 제시되어 있다. 그러나 이러한 노력이 동양 사회에서 나타났다는 정보나 서구의 현대사회나 기독교적 전통 이전 사회에서 나타났다는 정보 등은 제시되어 있지 않다.

⑤ 3문단에 따르면 서유럽과 동유럽의 기독교인들이 이교도들을 추악하게 묘사했다는 정보가 제시되어 있다. 그러나 묘사의 이유가 종교 침해의 두려움 때문이라는 정보는 제시되어 있지 않다.

합격생 가이드

빈칸 채우기 유형의 경우 정답 선지는 제시문 전체에 비추어 뒷받침된다고 할 수 있다. 반대로 오답 선지는 제시문 일부에 의해서만 뒷받침되거나 보다 확실한 오답이 되기 위해 제시문에서 주어지지 않은 정보를 포함하고 있다. 따라서 빈칸 채우기 유형 풀이 시 제시문과 관련 있어 보이지만 제시되지 않은 내용을 근거로 판단하지 않도록 주의해야 한다.

58
답 ①

난도 ★★★

정답해설

① 2문단에 따라 A가 참가하는 것이 성립하기 위해서는 빈칸에는 갑이나 을이 수석대표를 맡는다는 사실을 뒷받침할 내용이 필요하다. 갑이 고전음악 지휘자이며 전체 세대를 아우를 수 있다면 1문단에 따라 갑은 수석대표를 맡는다. 따라서 갑이나 을이 수석대표를 맡는다는 것은 참이다. 그러므로 2문단 세 번째 문장에 따라 A가 공연예술단에 참가하게 된다.

오답해설

② 2문단에 따라 A가 참가하는 것이 성립하기 위해서는 빈칸에는 갑이나 을이 수석대표를 맡는다는 사실을 뒷받침할 내용이 필요하다. 1문단에 따르면 갑이나 을이 수석대표를 맡기 위해서는 전체 세대를 아우를 수 있는 사람이어야 한다. 그러나 갑이나 을이 대중음악 제작자 또는 고전음악 지휘자라는 명제만으로는 갑이나 을이 전체 세대를 아우를 수 있는 사람인지 알 수 없다.

③ 2문단에 따라 A가 참가하는 것이 성립하기 위해서는 빈칸에는 갑이나 을이 수석대표를 맡는다는 사실을 뒷받침할 내용이 필요하다. 1문단에 따르면 정부 관료 가운데 고전음악 지휘자나 대중음악 제작자는 없다. 그러나 이는 정부 관료가 아니라면 고전음악 지휘자이거나 대중음악 제작자라는 의미하지 않고, 오직 고전음악 지휘자이거나 대중음악 제작자라면 정부 관료가 아니라는 것만을 의미한다.

④ 2문단에 따라 A가 참가하는 것이 성립하기 위해서는 빈칸에는 갑이나 을이 수석대표를 맡는다는 사실을 뒷받침할 내용이 필요하다. 선지의 을이 수석대표를 맡기 위해서는 을이 전체 세대를 아우를 수 있다는 정보가 추가로 제시되어야 한다.

⑤ 2문단에 따라 A가 참가하는 것이 성립하기 위해서는 빈칸에는 갑이나 을이 수석대표를 맡는다는 사실을 뒷받침할 내용이 필요하다. 선지의 내용은 갑이나 을에 대한 아무런 정보도 제시하고 있지 않다.

합격생 가이드

2문단의 '갑이나 을이 수석대표' → 'A 참가', 'A 참가'가 타당하기 위해서는 빈칸에 '갑이나 을이 수석대표'를 도출할 수 있는 내용이 필요하다는 것을 확인한 후 선지의 내용에 접근한다면 문제해결이 신속히 이루어지지만 이를 명확하게 정리하지 못하고 선지 해결을 시도하는 경우 시간을 많이 소모하거나 틀릴 가능성이 충분한 만큼 빈칸 주변의 내용 및 주요 내용의 기호화에 유의할 필요가 있다.

59
답 ②

난도 ★★

정답해설

② 1문단에 따르면 실험군1의 쥐에게는 학습 위주 경험을 하도록 하였고, 실험군2의 쥐에게는 운동 위주 경험을 하도록 훈련시켰다. 실험군3의 쥐는 통제군이다. 실험 결과 1에 따르면 실험군1의 쥐에서 뇌의 신경세포당 시냅스의 수 증가가 관측됐다. 실험 결과 2에 따르면 실험군2의 쥐에서 뇌의 신경세포당 모세혈관의 수 증가가 관측됐다. 그러므로 학습 위주 경험은 뇌의 신경세포당 시냅스의 수를 증가시키고, 운동 위주 경험은 뇌의 신경세포당 모세혈관의 수를 증가시킨다고 할 수 있다.

오답해설

① 실험 결과 3에 따르면 실험군1의 쥐에서는 대뇌 피질의 지각 영역에서 구조 변화가, 실험군2의 쥐에서는 대뇌 피질의 운동 영역에서 구조 변화가 나타났다. 그러나 어느 구조 변화가 더 크게 나타난 것인지에 대한 정보는 제시되어 있지 않다.

③ 실험 결과 3에 따르면 실험군1과 2의 쥐에서 대뇌 등의 구조 변화가 관측됐다. 그러나 신경세포의 수 증가에 대한 정보는 제시되어 있지 않다.

④ 각 실험군별 구조 변화와 신경세포 등의 변화 간 인과관계에 대한 정보는 제시되어 있지 않다.

⑤ 뇌의 구조상 이유나 경험 등과 관련된 인과관계에 대한 정보는 제시되어 있지 않다.

합격생 가이드

추론형 문제의 정답 선지 역시 명확한 근거가 제시되어 있어야 하기 때문에 지나치게 확장해서 사고할 필요가 없다고 생각한다. 위 문제의 정답 선지는 실험 결과의 해석을 통해, 오답 선지는 모두 정보 없음을 이유로 추론할 수 없다는 식으로 구성되어 있다는 점에 유념하여 문제에 접근한다면 더 편한 해결이 가능하다고 할 수 있다.

60
답 ④

난도 ★★

정답해설

ㄴ. 주어진 〈논증〉에서 (6)은 (4)와 (5)로부터 도출되며, (4)는 (2)와 (3)으로부터 도출된다. 만약 (2)의 내용이 '전통적 인식론은 첫째 목표를 달성할 수 없거나 둘째 목표를 달성할 수 없다.'로 바뀐다고 가정하자. 이에 따라 첫째와 둘째 목표 모두 달성할 수 없는 기존의 경우 외에 첫째 목표만 달성할 수 없는 경우와 둘째 목표만 달성할 수 없는 경우가 추가된다. 그러나 어떤 경우에도 '두 가지 목표 중 어느 하나라도 달성할 수가 없다면'이란 (3)의 전건은 충족된다. 그러므로 (2)의 내용이 바뀌더라도 여전히 (6)이 도출된다고 할 수 있다.

ㄷ. (4)는 (2)와 (3)의 결론일 뿐만 아니라 (6)의 전제라고 할 수 있다.

오답해설

ㄱ. (1)은 (2) 등에서 나타나는 목표의 내용을 담고 있으나 〈논증〉 내 지지관계에 영향을 끼치지 않는다. 그러므로 (1)에 '두 가지 목표' 외에 '세계에 관한 믿음이 형성되는 과정을 규명하는 것'이 추가된다고 하더라도 (6)의 도출 과정에 영향을 끼치지 않는다.

논증이 순서대로 주어져 있는 만큼 정확한 지지 관계만 파악한다면 쉽게 해결할 수 있는 문제라고 생각한다. ㄴ과 같이 연언 관계인지 선언 관계인지 여부와 관계없이 결론 도출이 가능한 경우도 있지만, 가능하지 않을 수도 있으므로 유사한 유형에 있어 연언, 선언의 구별 등에 유념하는 것이 문제 해결에 중요하다.

61
답 ②

난도 ★

정답해설

ㄴ. 이 글은 ⓒ를 정당화하는 사례로 숫자 '3'만을 들고 있다. 얼마든지 반례를 제시할 수 있으므로, 이러한 귀납 논증은 ⓒ를 충분히 정당화하지 못한다.

오답해설

ㄱ. ⓐ는 '소멸 가능하다면, 구성요소들로 이루어진 결합물이다.'로 바꾸어 표현할 수 있다. ⓐ의 대우 명제는 '구성요소들로 이루어진 결합물이 아니라면, 소멸 가능하지 않다.'가 된다. 따라서 ⓐ, ⓑ, ⓒ를 모두 받아들인다면 우리가 일상적으로 볼 수 없는 것들은 소멸하지 않는다는 것이 도출된다.

ㄷ. ⓐ, ⓑ, ⓒ를 받아들이면 우리가 일상적으로 볼 수 없는 것들은 소멸하지 않는다는 것이 도출된다. 그리고 ⓓ를 받아들이면 영혼은 일상적으로 볼 수 있는 것이 아니므로, 결국 영혼은 소멸하지 않는다는 것이 도출된다.

62
답 ①

난도 ★★★

정답해설

아인슈타인은 태양의 큰 질량으로 인해 태양 주위에 시공간의 왜곡이 발생해서 태양 주위를 지나가는 광자의 경로가 태양 쪽으로 휘어진다고 예측했다. 즉, 태양과 광자 사이에 중력이 작용한 것이다.

하지만 빈칸의 사실을 고려하면 뉴턴의 중력이론의 관점에서는 이렇게 될 이유가 없다. 즉, 뉴턴의 중력이론상에서는 태양과 광자 사이에 중력이 작용하지 않는다. 뉴턴의 중력이론은 $F=G(m_1m_2)/r^2$으로 표현되는데 중력이 작용하지 않기 위해서는 m_1이나 m_2가 0이 되면 된다. 이때, 태양은 큰 질량을 가지고 있으므로 광자의 질량이 0이라는 내용이 빈칸에 들어와야 한다. 따라서 정답은 ①로, '광자는 질량을 갖지 않는다.'이다.

63
답 ④

난도 ★★★

정답해설

첫 번째 문단에서는 유교에서 '천지만물을 자기와 하나로 여기는 인(仁)'을 강조하였다는 내용을 서술하고 있다. 또한 유교의 도에 따르면 만물을 해치고 없애는 것은 하지 않는다는 내용이 등장한다. 하지만 이후 두 번째 문단에서는 '그렇지만'이라는 연결어를 통해 첫 번째 문단과 두 번째 문단의 내용이 상반됨을 시사하고 있다. 즉, 공자와 맹자 역시 생물을 해치는 경우가 있었다는 사례를 들어 첫 번째 문단에서 강조되는 유교의 이상이 완전히 실천된 것은 아니라는 점을 이야기 하고 있다.

④ 인의 도가 지향하는 이상은 천지만물을 해치지 않는 것이지만, 유교에서는 이를 철저히 실천하지 못하고 생물을 해치는 경우가 있었다는 내용이므로 빈칸에 들어갈 진술로 적절하다.

오답해설

① 천지만물을 죽일 때도 있었으므로 인의 도를 잘 실천하고 있다고 말하기 어렵다.

② 살생하였으므로 불교의 계율을 이미 잘 실천하고 있다고 말하기 어렵다.

③ 동물을 인간처럼 대하였다고 보기 어렵다.

⑤ 유교에 따르면 천지와 사물의 관계가 부모와 자식의 관계와 같으며 인간과 동물은 자식들 간의 관계라고 할 수 있다. 따라서 틀린 진술이다.

64
답 ③

난도 ★

정답해설

마지막 문단에서 ㉠ 결과가 포함된 문장 바로 앞 문장의 '인지부조화 이론에 따라 현명한 사람을 자기 편, 우매한 사람을 다른 편이라 생각할 때 마음이 편안해질 것이다'라는 내용에 주목하면 쉽게 답을 찾을 수 있다. 이 내용으로부터 인종차별에 관한 글을 읽는 실험 결과 사람들은 논리적인 글이 자신의 입장과 동일한 경우, 그리고 억지스러운 글이 자신의 반대 입장과 동일한 경우에 마음이 편안해질 것이라는 것을 예상할 수 있다. 따라서 실험 결과로 올바른 것은 사람들이 자신의 입장에 동의하는 논리적인 글과 반대편의 입장에 동의하는 터무니없고 억지스러운 글을 기억할 것이라는 ③의 내용이다.

오답해설

모든 글을 기억한다는 내용이 포함되어 있는 ②, ⑤의 경우 지문에서 제시된 내용과 관계가 없으므로 오답이며, ①, ④의 경우도 마지막 문단의 내용에 부합하지 않는 진술을 하고 있으므로 오답이다. 따라서 마지막 문단 내용을 통해 예상할 수 있는 적절한 실험 결과는 ③이다.

◆ 합격생 가이드

1, 2문단에서 인지부조화 이론의 의미와 한계에 대해 진술하고 있으나 문제 풀이와는 크게 관련이 없는 부분이라는 것을 인지해야 한다. ㉠ 결과가 포함된 문장의 바로 앞 문장만 잘 읽더라도 바로 정답 도출이 가능한 문제이므로, 난이도는 매우 낮은 편이다. 이러한 유형의 경우 선지 구성만 보더라도 '자신의 의견에 동의/반대하는~', '논리적/터무니없는 글을 기억할 것이다'의 구조가 반복되고 있으므로, 선지를 대충 읽어보는 것만으로도 지문에서 파악해야 하는 핵심 내용이 무엇인지 예측할 수 있다.

65
답 ①

난도 ★★

정답해설

우선 ⓐ는 전제와 결론 간의 관계를 설명하고 있다. 한편 ⓑ는 우리의 합리적인 신념과 신비주의자의 신념의 '증거'가 유사함을, ⓒ는 우리와 신비적 경험을 겪은 사람의 신념의 '증거'는 모두 '경험'임을 제시하고 있다. 따라서 ⓒ가 ⓑ를 함축한다. 다음으로, ⓓ는 '경험'이 '살아갈 힘'이 된다고 설명한다. ⓑ에서 '증거'는 곧 '경험'이므로, ⓑ와 ⓓ를 결합하면 '경험'은 '살아갈 힘'이 됨(ⓔ)이 도출된다. ⓔ와 ㉠는 각각 ⓐ의 전제와 결론에 해당하므로, ⓐ와 ⓔ를 결합하면 ㉠가 도출된다.

🔷 **합격생 가이드**

선지를 보면 마지막에 배치되어야 하는 문장은 ⓐ 혹은 ⓕ이다. 그런데 ⓐ는 전제와 결론 간의 관계를 설명하고 있으므로 (내용과 무관하게) 마지막에 배치되기에는 부적절하다. 결국 ⓕ를 결론으로 두고, 이를 도출하기 위한 재료들을 역산하여 도출하면 된다.

66

답 ③

난도 ★★

정답해설

'증거 E가 가설 H를 확증한다'는 것은 '가설 H가 참인 조건에서 증거 E가 참일 확률이 가설 H가 거짓인 조건에서 증거 E가 참일 확률보다 더 크다'는 것을 의미한다. 증거 R이 두 해석을 확증하는지에 대해 살펴보면 다음과 같다.

- ST가 참인 조건에서 증거 R이 참일 확률 = 1/2
  ST가 거짓인 조건에서 증거 R이 참일 확률 = 1
  ∴ 증거 R은 ST를 확증하지 못한다.
- MW가 참인 조건에서 증거 R이 참일 확률 = 1
  MW가 거짓인 조건에서 증거 R이 참일 확률 = 1/2
  ∴ 증거 R은 MW를 확증한다.

따라서 빈칸에 들어갈 진술은 R은 ST를 확증하지 못하지만 MW를 확증한다는 ③이다.

67

답 ⑤

난도 ★★

정답해설

증거 L이 ST와 MW 중 어떤 것을 확증하는지를 살펴보면 다음과 같다.

- ST가 참인 조건에서 증거 L이 참일 확률 = 1/2
  ST가 거짓인 조건에서 증거 L이 참일 확률 = 1
  ∴ 증거 L은 ST를 확증하지 못한다.
- MW가 참인 조건에서 증거 L이 참일 확률 = 1
  MW가 거짓인 조건에서 증거 L이 참일 확률 = 1/2
  ∴ 증거 L은 MW를 확증한다.

위 논의에 따르면 증거가 R일 때와 L일 때 모두 두 가지 해석 중 MW 하나만을 확증하고 있음을 알 수 있다. 따라서 어떤 경험을 하든지 우리의 경험은 하나의 해석만을 확증한다는 ⑤가 정답이 된다.

68

답 ②

난도 ★★

정답해설

두 번째 문단에 따르면 우리는 한 사건을 설명하기 위해 그 사건 이전에 일어났던 사건에서 원인을 찾는다. 그런데 빅뱅 이전에는 아무 것도 없었다면, 빅뱅의 원인을 찾을 수 없게 된다. 따라서 ㉠에는 '왜 우주가 탄생하게 되었는지를'이 와야 한다.

세 번째 문단에 따르면 ㉡이라고 해석하면 '빅뱅 이전'이라는 개념 자체가 성립하지 않게 되며, 시간의 시작은 빅뱅의 시작으로 정의된다. 즉, 빅뱅으로 비로소 시간이라는 개념이 성립하게 된 것이다. 따라서 ㉡에는 '빅뱅 이전에는 시간도 없었다.'가 와야 한다.

69

답 ③

난도 ★★

정답해설

기분조정 이론의 핵심 내용을 기분관리 이론과의 비교를 통해 설명하는 지문이다. 기분관리 이론이 '현재 시점에만 초점을 맞추고 있음'을 지적하고, 기분조정 이론으로 이를 보완하려는 것이므로 빈칸의 내용에는 기분조정 이론이 '현재 시점 이외에 다른 시점을 고려한다'는 내용이 들어갈 가능성이 높다는 것을 첫 번째 문단의 내용을 통해 유추할 수 있다. 집단 1과 집단 2의 실험 결과를 모두 설명할 수 있는 선지를 찾아야 한다.

③ 집단 1의 경우, 재미있는 놀이를 하기 전 최적 상태 수준에서 즐거운 기분을 유지하기 위해 다소 흥겨운 음악을 선택하였고, 집단 2의 경우 과도하게 흥겨운 음악을 선택했다가 심각한 과제 수행이 임박함에 따라 기분이 가라앉을 것을 예상하여, 차분한 음악으로 바꾸었다고 설명할 수 있다.

오답해설

① 집단 2의 경우 과도하게 흥겨운 음악을 선택했다가 과제 시간이 임박하면서 차분한 음악으로 선택을 바꾸었다는 사례에서, 집단 2의 사람들이 현재의 기분을 유지하는 데 도움이 되는 음악을 선택한다고 볼 수 없다.

② 이 선지는 집단 2의 경우 과제 시간이 다가옴에 따라 차분한 음악을 선택했다는 실험 결과를 설명할 수 없다.

④ 지문의 내용에서 사람들의 선호와 음악 선택과의 관련성은 확인할 수 없다.

⑤ 집단 1의 경우, 재미있는 놀이를 하게 된다는 말을 들은 이후 최적 상태 수준에서 즐거운 기분 상태였으나, 다소 즐거운 음악을 선택했으므로 기분이 즐거운 경우 그와 반대되는 음악을 선택한다는 것은 옳지 않다.

🔷 **합격생 가이드**

빈칸의 바로 앞뒤 문장만으로는 곧바로 정답을 도출하기 어려운 문제이다. 최근 출제 경향은 이러한 문제와 같이 시간을 절약하기 위해 빈칸 또는 밑줄의 앞뒤 문장만 읽고 곧바로 선지를 보기보다 지문 전체 내용을 파악해야 확실한 정답을 찾을 수 있는 문제가 출제된다는 점에 유의하도록 하자.

70

답 ③

난도 ★★

정답해설

㉠ [x]를 들어도 [y]로 인식한다면 [x]는 [y]의 변이음이다.

지문의 내용에 따르면, 변별적으로 인식할 수 있는 소리를 음소, 변별적으로 인식하지 못하는 소리를 이음 또는 변이음이라고 한다. ㉠의 바로 앞 문장에서 [x]와 [y] 가운데 하나는 음소이고 다른 하나가 음소가 아니라면, 두 가지를 서로 변별적으로 인식하지 못한다고 하였다. 이때 음소만이 변별적으로 인식될 수 있는 소리이므로, 서로 유사하게 들리는 변이음인 음성과 음소인 음성을 각각 듣게 되면, 두 가지 소리 모두 동일한 음소인 음성으로 인식할 것이라고 예상할 수 있다. 따라서 ㉠에는 '[x]를 들어도 [y]로 인식한다면 [x]는 [y]의 변이음이다.'가 들어가야 한다.

㉡ 그 소리를 모국어에 존재하는 음소 중의 하나로 인식하게 된다.

㉡의 경우, '모국어의 음소 목록에 포함되어 있지 않은 소리를 들었다면' 이후에 들어갈 내용을 추측해야 한다. 지문의 내용에 따라, 모국어의 음소 목록에 포함되어 있지 않은 소리를 들었다면, 청자는 해당 소리를 변별하지 못할 것이고, 음소만이 변별적으로 인식될 수 있으므로, 그 소리를 자신이 알고 있는 음소 중 하나로 치환하여 듣게 될 것이다. 따라서 ㉡에는 '그 소리를 모국어에 존재하는 음소 중의 하나로 인식하게 된다.'가 들어가야 한다.

71

답 ④

난도 ★★★

정답해설

④ ⓞ은 언어에 대해, ⓑ은 사고에 대해 이야기하고 있다. 언어와 사고가 모두 체계성과 생산성을 가지고 있다고 해서, 반드시 사고도 언어처럼 구조를 가진다고 볼 수 없다. 즉, ⓞ과 ⓑ에서 ⓧ이 논리적으로 도출되지 않는다.

오답해설

① ㉠은 "A이면 B이다.", ㉡은 "B이면 C이다."로 치환할 수 있다. ㉠과 ㉡은 지지나 반박 관계가 아니다.

② ⓞ은 언어에 대해, ⓑ은 사고에 대해 이야기하고 있다. ⓞ, ⓑ은 어떠한 논리적 관계를 가지고 있지 않다.

③ ㉢은 언어의 체계성이 언어가 구조를 가지고 있을 때에만 보장됨을, ㉣은 언어의 생산성이 언어가 구조를 가지고 있을 때에만 보장됨을 말하고 있다. 따라서 ㉢, ㉣에서 언어의 체계성과 생산성이 언어가 구조를 가지고 있을 때에만 보장된다는 것이 도출된다. 결국 ㉢과 ㉣이 참이면 ⓞ이 참이다.

⑤ ⓧ과 ⓞ은 각각 사고의 체계성과 생산성을 보여준다. 따라서 ⓑ이 참이라면, ⓧ과 ⓞ은 참이다.

💠 **합격생 가이드**

밑줄 친 문장의 수가 많고, 밑줄 친 문장 외에도 글 전체를 읽어야 선지를 고를 수 있다. 또한 기호화하여 치환하기도 어렵다. 특히 "XX는 XX인 경우에만 보장된다."를 기호로 치환하려면 더 헷갈릴 수 있다. 오히려 단순하게 내용만 이해하고 넘어갔다면 쉽게 답을 고를 수 있다. 글의 구조를 묻는 문제에 대해 기본적인 전략은 세워두되, 때로는 유연하게 접근할 수 있어야 한다.

72

답 ①

난도 ★

정답해설

지문에서 매우 불명료하고 엄밀하게 정의될 수 없는 용어들을 발롱엔이라고 하며, 발롱엔이 과학적 이론이나 가설을 검사하는 과정에 개입하는 경우 증거와 가설 사이의 논리적 관계가 무엇인지 결정하기 어려워진다고 하였다. 또한 마지막 문단에서, 논리실증주의자들이나 포퍼는 증거와 가설 사이의 관계를 논리적으로 정확히 판단할 수 있다고 했으나, 지문의 필자는 그에 대해 반박하고 있다. 지문에 따르면 증거와 가설의 논리적 관계에 대한 판단을 위해서는 증거가 의미하는 것이 무엇인지 파악하는 것이 선행되어야 한다. 따라서 ㉠에는 발롱엔의 존재를 염두에 둔다면 이것이 불가능하다는 내용이 들어가는 것이 자연스럽다. 따라서 답은 ①이다.

73

답 ①

난도 ★★★

정답해설

a) C시에 도시철도가 건설된다.

b) 도시철도는 무인운전 방식으로 운행된다.

선지를 정리하면 다음과 같다.

구분	참	거짓
(가)	a & b	~a or ~b
(나)	a → b	a & ~b
(다)	a → b	a & ~b
(라)	b → a	~a & b

㉠ (가) C시에 도시철도를 건설하지 않기로 한 경우(~a) 해당 문장이 거짓이 되어야 한다. 곧, 두 번째 문단에서 제시된 원리는 해당 문장을 a & b로 해석하는 것이다.

㉡ (다) 세 번째 문단에 따르면 ㉡을 ~(a & ~b)으로 이해한다. 이를 정리하면 ~(a & ~b) ⇒ ~a or b ⇒ a → b가 된다.

💠 **합격생 가이드**

반드시 보기를 일일이 기호로 치환할 필요는 없다. 논리 문제에서 가장 좋은 방법은 (가능하다면) 기호를 전혀 쓰지 않는 것이다. 혼자 풀었을 때 당연하게 답을 고를 수 있었다면 굳이 해설을 따라가지 않아도 좋다.

74

답 ⑤

난도 ★★

정답해설

ㄱ. ㉡은 "진리 표현은 명제가 속한 영역에 따라서 다른 진리를 나타낸다면, 진리가 진정한 속성이다."(A이면 B이다)라고 바꾸어 표현할 수 있다. ㉠은 "서로 다른 영역에 속한 두 명제들의 진리 표현은 서로 다른 진리를 나타낸다."(A이다)로 바꾸어 표현할 수 있다. 따라서 ㉠, ㉡에서 ㉢ "진리가 진정한 속성이다."(B이다)가 도출된다.

ㄴ. 언어 사용을 통해 진리에 관한 모든 것을 알 수 있으므로, 진리는 진정한 속성이 아니다. 따라서 ㉣, ㉤은 진리가 진정한 속성이라는 ㉢을 반박한다.

ㄷ. ㉠, ㉡에서 진리가 진정한 속성이라는 것이 도출된다(C이다). 한편 ㉣의 대우 명제는 "진정한 속성이라면, 언어 사용을 통해 그 속성에 대한 모든 것을 알 수 없다."가 된다.(C이면 ~D이다) 따라서 ㉠, ㉡, ㉣에서 "언어 사용을 통해 진리에 관한 모든 것을 알 수 없다."(~D이다)가 도출된다. 이는 ㉤과 상충된다.

💠 **합격생 가이드**

다른 부분은 문제를 푸는 데에 큰 도움이 되지 않으니 밑줄 친 문장 간 논리적 관계만 보면 된다. 문제가 복잡할수록 해설처럼 기호화하여 푸는 것이 도움이 된다.

75

답 ①

난도 ★

정답해설

① 을의 마지막 주장에서 마지막 문장과 갑의 마지막 주장에서 첫 번째 문장을 통해 확인할 수 있다.

오답해설

② 갑의 당나귀 예시에서 진실을 말하지 않고 이야기 기술만 가지고도 사람들을 설득하는 경우 이어지는 부정적 결과에 대해 언급하고 있으므로, 갑이 이야기 기술만으로 사람들을 설득하는 경우가 가능하다는 것에 동의하지 않는다고 보기 어렵다.
③ 을은 설득은 진실을 말한다고 해서 반드시 성취될 수 있는 것이 아니고, 사람들에게 중요한 것은 이야기 기술이라고 주장하고 있다.
④ 글을 통해 알 수 없는 내용이다.
⑤ 을이 이에 대해 부정하는지는 글을 통해 명확하게 알 수 없다.

합격생 가이드

이러한 유형의 경우 글에서 알 수 있는 것과 그렇지 않은 것을 정확히 구분할 수 있어야 한다. 글을 통해 알 수 없는 것을 잘못된 추측 또는 임의적인 논리적 비약을 통해 알 수 있는 내용으로 착각하는 경우 문제의 함정에 빠질 수 있으므로 주의하자.

76

답 ④

난도 ★

정답해설

④ 병은 연구의 내적 타당성 확보를 위해 선택 요인과 관련된 타당성을 검토해야 한다고 주장하고 있다.

오답해설

① 갑은 연구의 외적 타당성을 확보하기 위해 연구 대상의 대표성 확보에 관한 타당성을 검토하자는 것이다.
②·③ 을은 연구의 내적 타당성 확보를 위해 역사 요인과 관련된 타당성을 검토하자는 것이다.
⑤ 병은 연구의 내적 타당성 확보를 위해 비교 집단 선정에 대한 타당성을 검토하자는 것이다.

합격생 가이드

글의 첫 번째 문단에 제시된 순서대로 갑, 을, 병이 각각 외적 타당성, 내적 타당성 중 역사 요인과 선택 요인에 관련된 주장을 하고 있으므로 선지에서 이에 부합하는 내용을 찾기만 하면 되는 어렵지 않은 문제이다.

77

답 ④

난도 ★★

정답해설

④ 병은 c를 같은 방식으로 던지는 것이 거의 불가능하다고 보고, 정 역시 c를 같은 방식으로 던지는 실제 세계 사례의 수는 무척 작을 것이라는 데에 동의하고 있다.

오답해설

① 병이 진술 A의 참거짓 여부에 대해 어떻게 생각하는지는 글의 내용을 통해 확정할 수 없다.
② 병 역시 c를 같은 방식으로 여러 차례 던지는 것이 불가능하다는 것에 동의한다.
③ 정 역시 c를 던진 결과가 A의 진위에 영향을 끼친다고 본다.
⑤ 갑의 경우 c의 물리적 특징을 조사한다고 하더라도, 진술 A에 포함된 '50%의 확률'에 대응하는 특징을 찾을 수 없다고 주장하고 있다.

합격생 가이드

각 진술에서 발화자가 참 거짓에 대해 확실한 입장을 밝히고 있지 않은 부분은 알 수 없는 정보라는 점에 주의해야 한다. 가령 병의 진술에서 병이 '우리는 진술 A가 거짓이라고 말해야 한다. 하지만 이는 받아들일 수 없다'는 내용으로부터, 병이 진술 A의 진위 여부에 대해 어떠한 견해를 가지고 있는지 확정할 수 있다고 착각하지 않아야 한다.

78

답 ①

난도 ★★★

정답해설

ㄱ. ㉠과 ㉢으로부터 형상은 물질적 대상이 아니므로 물질적 대상은 형상을 이해할 수 없다는 것이 도출되고, 따라서 형상을 이해할 수 있다면 물질적인 것이 아니라는 것을 알 수 있다. 따라서 이성이 형상을 이해할 수 있다는 것이 전제된다면, 이성은 물질적인 것이 아니라는 사실을 도출할 수 있다.

오답해설

ㄴ. 이성은 물질적인 것이 아니라는 사실과 불멸하는 이성만이 비물질적이라는 사실이 전제되어도, 영혼은 불멸한다는 사실이 도출되지 않는다. 영혼이 불멸한다는 사실이 도출되기 위해서는 영혼과 이성이 같다는 전제가 추가되어야 한다.
ㄷ. ㉤과 ㉥으로부터 ㉣을 도출하기 위해서는 불멸하는 것만이 불멸하는 것을 이해할 수 있다는 것 외에 이성이 형상을 이해할 수 있다는 사실이 추가로 전제되어야 한다.

합격생 가이드

각 보기들이 서로 독립적인 경우라는 것에 주의해야 하는 문제이다. 글에서 ㉠~㉥의 내용이 제시되어 있으나 각 보기에서 '실제로 성립한다고' 제시하는 것은 별개라는 것에 주의하자. 가령 보기 ㄴ의 경우, 글에서는 ㉥이 제시되어 있으나 보기 ㄴ에서는 영혼과 이성이 같은 경우를 가정하는지 확정적으로 주어지지 않았으므로 임의로 ㉥이 성립한다고 착각하여 보기 ㄴ이 옳다고 잘못 판단하지 않도록 한다.

79
답 ④

난도 ★★

정답해설

ㄴ. 1문단에 따르면 단순 평등 사회에 대한 소망이 존재하지만 단순 평등 사회를 유지하기 위해서는 반복적인 국가의 개입과 통제가 필요하다. 선지의 '지속 가능하지도 않고'에 해당한다고 할 수 있다. 또한 1문단에 따르면 '누구도 개인의 자유를 억압하는 사회를 원치 않'고 하며 이것이 문제라고 지적하고 있다. 선지의 '개인의 자유를 희생하면서까지 원하는 것이 아니다'에 해당한다고 할 수 있다.

ㄹ. 2문단에 따르면 평등 사회 달성의 심각한 문제로서 '하나의 사회적 가치가 불평등하게 분배되는 것이 정당한 이유 없이 다른 사회적 가치의 분배 문제에서까지 불평등을 유발할 수 있다는 것'을 제시하고 있다. 이후 그 예시로 경제적 재화가 정치권력에, 또 정치권력이 사회적 지위에 영향을 미치는 경우를 제시하고 있다. 그러므로 ⓒ의 내용에 이러한 심각한 문제에 대한 대응이 될 수 있는 '하나의 사회적 가치에 대한 불평등이 다른 영역에서의 불평등으로 이어지는 것을 막는 것'이 적절하다고 할 수 있다.

오답해설

ㄱ. 1문단에 따르면 단순 평등 사회에 대한 소망이 존재하지만 단순 평등 사회를 유지하기 위해서는 반복적인 국가의 개입과 통제가 필요하다. 그러므로 단순 평등 사회는 지속가능하지 않다고 할 수 있다.

ㄷ. 선지의 '모든 사회적 가치 각각을 공정하게 분배하는 것'은 1문단의 단순 평등 사회에 대한 내용이라고 할 수 있다.

ㅁ. 2문단에 따르면 '경제적 불평등은 부정할 수 없는 현실'이라고 한다. 선지의 '하나의 사회적 가치를 공정하게 분배하는 것'은 이러한 부정할 수 없는 현실에 대한 내용이라고 할 수 있다. 나아가 2문단상 하나의 공정 분배로부터 전체의 공정성을 보장하는 내용을 찾아볼 수 없다.

합격생 가이드

문제의 빈칸들은 모두 '따라서~' 이후에 위치해 있다. 지문의 구성상 빈칸은 각 문단의 주제 또는 핵심 내용에 대한 요약이라는 것을 쉽게 유추할 수 있다. 그러므로 각 문단에 대한 독해가 이루어지기만 한다면 큰 어려움 없이 적절한 선지를 고를 수 있을 것이라고 생각한다.

80
답 ⑤

난도 ★★★

정답해설

[기호화]

(1) NT → NT ∨ (CT ∧ 참이다)

(2) NT ∨ (CT ∧ 참이다) → 참일 가능성이 있는 진술

(3) 참일 가능성이 있는 진술 → 거짓일 가능성이 있는 진술

(4) NT → 거짓일 가능성이 있는 진술

㉠ 참일 가능성이 있는 진술 ↔ NT ∨ CT ∨ CF

㉡ 참일 가능성이 있는 진술 ↔ CT ∨ CF

ㄱ. ㉠으로 이해하는 경우 (2)의 주장은 다음과 같이 나타낼 수 있다. NT ∨ (CT ∧ 참이다) → NT ∨ CT ∨ CF. 전건이 참이면서 후건이 거짓이 되는 경우를 상상할 수 없다. 그러므로 (2)는 참인 전제가 된다고 할 수 있다.

ㄴ. ㉡으로 이해하는 경우 (3)의 주장은 다음과 같이 나타낼 수 있다. CT ∨ CF → 거짓일 가능성이 있는 진술. CT와 CF 모두 필연적으로 참이거나 거짓인 경우가 아니다. 상황에 따라 거짓인 경우를 상상할 수 있다. 그러므로 (3)은 참인 전제가 된다고 할 수 있다.

ㄷ. ㉠으로 이해하는 경우 (3)의 주장은 다음과 같이 나타낼 수 있다. NT ∨ CT ∨ CF → 거짓일 가능성이 있는 진술. NT인 경우 즉, 필연적으로 참인 진술을 가정하자. (3)에 따르면 이 필연적으로 참인 진술은 거짓일 가능성이 있는 진술이다. 2문단에 따르면 필연적으로 참인 진술은 거짓일 가능성이 없는 진술이다.

합격생 가이드

제시문상 논증이 가지고 있는 문제의식이 참, 거짓의 세분화된 표와 어떻게 연계되는지 파악하는 것이 중요하다. 특히 기호화 과정에서 선언이 가지고 있는 언어적 의미를 바탕으로 (3) 선지와 같은 주장을 헷갈리지 않고 처리하는 정확한 문제 해결에 주효하다고 생각한다.

02 강화 · 약화형 필수기출 80제 정답 및 해설

01	02	03	04	05	06	07	08	09	10
②	②	④	②	④	⑤	①	①	⑤	④
11	12	13	14	15	16	17	18	19	20
①	①	⑤	①	④	③	①	②	①	①
21	22	23	24	25	26	27	28	29	30
②	④	④	①	⑤	①	⑤	①	③	④
31	32	33	34	35	36	37	38	39	40
④	⑤	③	①	②	③	⑤	④	②	②
41	42	43	44	45	46	47	48	49	50
②	②	⑤	④	①	②	②	⑤	①	②
51	52	53	54	55	56	57	58	59	60
③	②	②	①	④	⑤	①	②	④	②
61	62	63	64	65	66	67	68	69	70
②	⑤	⑤	⑤	①	④	③	④	③	④
71	72	73	74	75	76	77	78	79	80
①	③	③	④	③	②	③	②	③	②

01

답 ②

난도 ★

정답해설
② 자신의 휴대폰 번호를 바꿨다고 해서 헤어진 애인에게 전화를 하는 기회가 제한되거나 선택 가능성이 줄어드는 것이 아니므로 사전조치에 해당하지 않는다.

오답해설
① 음주의 기회를 제한하는 것이므로 사전조치에 해당한다.
③ 성인물을 시청할 기회를 제한하는 것이므로 사전조치에 해당한다.
④ 군것질할 기회를 제한하는 것이므로 사전조치에 해당한다.
⑤ 정부가 통화금융정책을 시행할 기회를 제한하는 것이므로 사전조치에 해당한다.

02

답 ②

난도 ★★

정답해설
ㄱ. 로봇 소프트웨어를 개발할 때 로봇 모델을 상부단위로 인식해 프로그래밍 언어보다 효율의 기준으로 삼고 있으므로 적절하게 적용된 사례로 볼 수 있다.
ㄷ. 복잡한 소프트웨어의 개발을 위한 상위 구성요소의 우선 설계와 하위 구성요소들의 단계적 표현 방식 역시 효율을 중시하는 것이므로 적절하게 적용된 사례로 볼 수 있다.

오답해설
ㄴ. 컴퓨터 프로그램의 동작에 있어 전기 신호들을 직접 제어하는 언어는 일상 언어에 가까운 고급 프로그래밍 언어보다 하부단위에 속하므로 부적절하게 적용된 사례로 볼 수 있다.
ㄹ. 멀티미디어 소프트웨어 개발의 압축 기술만을 언급하고 있으므로 부적절하게 적용된 사례로 볼 수 있다.

03

답 ④

난도 ★★

정답해설
④ 다른 기관의 기능이 상대적으로 떨어지는 것과 후각의 민감성과의 상관성을 추론하기 어려우므로 옳지 않은 내용이다.

오답해설
① 화장품이나 향수, 방취제의 사용은 후각 기능을 둔화시키므로 옳은 내용이다.
② 후각기관을 충분히 활용하려면 신선한 공기를 마시고 난 후 냄새를 맡아야 하므로 옳은 내용이다.
③ 비염이나 감기 증세를 가진 병사는 후각 기능이 현저히 저하되어 있는 상태이므로 옳은 내용이다.
⑤ 적절한 훈련을 받게 되면 적을 식별할 수 있으므로 옳은 내용이다.

04

답 ②

난도 ★

정답해설
② 제시된 논증에서는 주어진 속성에 대한 평균값은 그 속성에 대한 집단의 실상을 드러내는 데 한계가 있다고 하였다. 선택지의 사례는 평균값이 C지역 소득의 실상을 나타내는 데 한계가 있음을 잘 보여주고 있으므로 주장을 강화하는 사례에 해당한다.

오답해설
① · ③ · ④ · ⑤ 제시된 논증에 영향을 주기 위해서는 먼저 동일한 집단에 대한 판단이 이루어져야 하며, 다음으로 동일한 속성에 대한 평가가 있어야 한다. 하지만 ①과 ④는 집단이 서로 다르고 ③은 신장과 몸무게, ⑤는 기온과 수영 가능 여부를 비교하고 있어 제시된 논증에 아무런 영향을 주지 못한다.

05

답 ④

난도 ★★

정답해설

④ 제시문에서는 어떤 일상사물도 예술작품이 될 수 있다고 하였지만 선택지의 진술에서는 예술작품과 일상 사물이 구분된다고 하였으므로 이는 글의 논지를 약화시킨다고 볼 수 있다.

오답해설

① 뒤샹의 소변기의 예를 들면서 이에는 미적 본질이 없음에도 예술작품이 된다고 하였으므로 선택지의 진술은 논증을 강화한다.

② ①에서 소변기에는 미적 본질이 없다고 하였으나, 실제로는 소변기가 고유한 미적 가치를 가지고 있다고 주장한다면 이는 주어진 논증을 약화시키는 것이다.

③ 분석철학과 팝아트는 예시로 든 것뿐이며 이것이 전체 논증에 어떠한 영향을 미치는 것은 아니므로 논지를 강화시키지도 약화시키지도 않는다.

⑤ 더 이상 모든 예술작품에 공통적인 단 하나의 순수한 본질, 즉 가시적인 어떤 본질은 요구되지 않는다고 하였다. 그런데 선택지와 같이 이를 반박하기 위해 가시적 본질이 예술작품에 필요한 것이라고 주장한다면 주어진 논증은 약화될 수밖에 없다.

06

답 ⑤

난도 ★★

정답해설

⑤ 이 선택지를 판단하기 위해서는 ④를 먼저 이해하는 것이 좋다. ④에서 언급한 것과 같이 1시간 이상 게임을 하는 경우 게임을 더 오래 하는 아이들의 성적이 더 낮아야 한다. 하지만 선택지의 진술은 이에 위배되는 것으로서 결론을 약화하게 된다.

오답해설

① 책 읽는 시간은 제시된 논증과 무관하므로 선택지의 진술이 추가된다고 해서 결론이 강화되거나 약화되지 않는다.

② 제시문은 게임을 하는 시간을 1시간 이내로 통제할 경우 성적이 상위권에서 유지될 것이라고 결론지었다. 그런데 선택지의 논증만으로는 게임 시간이 1시간 이내로 줄어들었는지의 여부가 불확실하다. 따라서 최소한 결론이 강화된다고는 볼 수 없다.

③ 게임을 하는 시간이 1시간 이내로 줄어들었다는 것까지는 좋으나 그 줄어든 시간에 독서를 한 것이 성적이 상승하는 것과 어떻게 연결되는지는 알 수 없다.

④ 하루에 1시간 이상 게임을 하는 경우 게임을 더 오래 하는 아이들의 성적이 더 낮다고 하였다. 그런데 평균 이하의 성적을 보이는 아이들이 대부분 하루에 3시간 이상씩 게임을 하였다면 이 결론을 논리적으로 지지하는 것이 되므로 결론을 강화하게 된다.

07

답 ①

난도 ★

정답해설

ㄱ. 강한 프로그램의 원리에 의하면 자연과학이 제공하는 믿음이 특정 전문가 집단의 공동체적 활동에 의해 생산된다고 하였으므로 옳은 내용이다.

ㄴ. 어떤 문제가 우선적으로 탐구되어야 할 중요한 문제인지, 그 문제를 어떤 방식으로 풀어야 옳은지 등에 대한 판단도 사회적 맥락 속에서 이루어진다고 하였으므로 옳은 내용이다.

오답해설

ㄷ. 강한 프로그램의 원리에 의하면 자연과학의 원리들이 공동체 간의 특수성, 의사결정 구조, 사회적 맥락 등에 의해 형성된다고 하였으므로 객관적인 것과는 다소 거리가 멀다고 판단할 수 있다.

ㄹ. 강한 프로그램의 원리에 의하면 자연과학의 탐구에 대한 견해가 객관성과는 거리가 멀기 때문에 수정이 필요하다고 본다. 하지만 논문의 수를 통한 생산성은 객관성과는 연관성이 없는 별도의 내용이므로 원리를 지지하지도 약화시키지도 않는다.

08

답 ①

난도 ★★

정답해설

ㄱ. 제시문의 논증에 의하면 훌륭하게 사는 사람, 즉 도덕적인 사람은 행복하다고 하였다. 그러나 도덕적으로 살고 있음에도 불행하게 사는 사람이 존재한다면 이 논증에 반하는 것으로서 논증을 약화시키게 된다.

오답해설

ㄴ. 제시문의 논증에 의하면 도적적으로 사는 것은 이익이 됨을 알 수 있다. 그러나 도덕적으로 살지 않는다고 해서 이익이 되지 않는다는 보장은 없다. 이는 본 명제의 이(異)에 해당하는 것으로서 논리적으로 동치라고 할 수 없다.

ㄷ. 제시문에서 '눈이나 귀'와 '혼이나 정신'은 각각 별개의 범주로 논의되고 있으며 이 둘 사이에는 어떠한 연관관계도 찾을 수 없다. 따라서 눈이나 귀가 고유의 기능을 수행하지 않는 것과 눈이나 귀가 도덕적인 것은 서로 무관한 것이어서 선택지와 같은 추가 논증이 주어진다고 해서 전체 논증이 약화되거나 강화되는 것은 아니다.

📖 합격생 가이드

> 강화 · 약화 문제를 만나게 되면 논리식을 복잡하게 세울 것이 아니라 결론을 끌어내기 위해 어떤 방향으로 논증이 흘러가는지를 정리하는 것을 최우선으로 해야 한다. 그리고 선택지를 이 흐름에 대입시켜 전개 방향이 옳게 가는 것인지 반대로 가는 것인지를 파악한 후 정오를 판단하면 된다. PSAT의 강화 · 약화 문제는 어떤 의미에서는 그다지 엄밀해 보이지 않는 일종의 '감'으로 풀어나가는 것이 효율적일 수 있으며 대부분의 문제는 그 수준에서 풀이가 가능하다.

09

답 ⑤

난도 ★

정답해설

ㄱ. 트랜스 지방이 심혈관계에 해롭다는 것이 밑줄 친 부분의 주장이다. 따라서 쥐의 먹이에 함유된 트랜스 지방 함량이 증가함에 따라 심장병 발병률이 높아졌다는 실험결과는 이 주장을 강화하는 것이라고 볼 수 있다.

ㄴ. 마가린이나 쇼트닝은 트랜스 지방의 함량이 높은 식품이다. 그런데 마가린의 트랜스 지방 함량을 낮추자 심혈관계질환인 동맥경화의 발병률이 감소했다는 실험결과가 있었다면 이는 밑줄 친 주장을 강화하는 것이라고 볼 수 있다.

ㄷ. 패스트푸드나 튀긴 음식에 많은 트랜스 지방은 혈관에 좋은 고밀도지방단백질(HDL)의 혈중 농도를 감소시켜 심장병이나 동맥경화를 유발한다고 하였다. 따라서 선택지의 실험결과가 있었다면 이는 밑줄 친 주장을 강화하는 것이라고 볼 수 있다.

10

정답 ④

난도 ★★

정답해설

④ 제시문의 입장을 강화하기 위해서는 고대사회도 경제적 잉여가 존재하는, 즉 생계경제 상태가 아니었다는 내용이 필요하다. 선택지의 내용은 이와 연결되는 내용이므로 논지를 강화한다고 볼 수 있다.

오답해설

① 제시문의 논지는 고대사회를 생계경제로 표현될 수 있는 빈곤한 상태로 보아서는 안 된다는 것이다. 따라서 이를 강화하기 위해서는 고대사회를 생계경제 체제로 규정하는 것이 맞지 않다는 명제가 필요한데 선택지의 내용은 이와 반대되는 내용이다. 따라서 오히려 논지를 약화시킨다고 볼 수 있다.

② 제시문은 고대 남아메리카의 예를 들면서 고대에도 경제적 잉여가 발생했다는 입장인데 선택지는 산업사회에 들어와서야 경제적 빈곤상태에서 벗어났다는 내용이다. 따라서 논지를 약화시킨다고 볼 수 있다.

③ 자연재해 등으로 인해 사회가 불안정한 상황에 놓이는 것은 생계경제의 한 측면이다. 제시문은 고대사회를 생계경제로 규정짓는 것에 반대하는 입장이므로 이와 같은 논리는 제시문의 입장을 약화시킨다고 볼 수 있다.

⑤ 제시문은 산업국가들이 저발전 세계에 대한 발전 전략을 잡는 데 생계경제의 개념이 기여했다고 하고 있으나 이를 '두렵기까지 하다'고 하여 부정적으로 보고 있다. 따라서 논지를 강화하기 위해서는 산업국가 주도의 문명화 과정이 실패했거나 적어도 부정적인 영향을 끼쳤다는 명제가 필요하다. 그러나 선택지의 내용은 그와 반대되는 내용이므로 논지를 약화시키거나 최소한 영향을 미치지 않는다고 볼 수 있다.

◆ 합격생 가이드

입장의 강화·약화 문제는 반드시 핵심논지와 연결되어야 하는 것은 아니며 논지를 전개해 나가는 데 언급되었던 세부적인 논증들 모두가 대상이 될 수 있다. 따라서 논지와 직접 연결되지 않는다고 하여 무조건 영향을 미치지 않는다고 판단하는 실수를 범하지 말기 바란다.

11

정답 ①

난도 ★

정답해설

ㄱ. 암이 발생하는 과정은 개시 단계와 촉진 단계로 나누어지는데, A팀의 연구 결과는 콩 속에 들어있는 제니스틴이 촉진 단계에서 억제 효과가 있는 것을 보여주고 있으므로 옳은 내용이다.

오답해설

ㄴ. C팀의 실험은 콩기름에서 추출된 화합물이 원형탈모증을 완치하는 데에 도움을 준다는 것을 뒷받침하고 있는 것이지 원형탈모증이 발생하는 데 영향을 준다는 것을 보여주는 것이 아니다.

ㄷ. B팀의 실험은 흰 콩의 효과를 다룬 것이고 A와 C는 검은 콩에 특정된 것이 아닌 콩의 효능을 다룬 것이다.

12

정답 ①

난도 ★★

정답해설

① 제시문은 핵력이나 전기력과 같은 근본적인 힘이 현재보다 조금이라도 달랐더라면 별의 내부에서 탄소가 만들어질 수 없었고 행성도 만들어질 수 없다고 주장하고 있으며, 더 나아가 생명 탄생의 가능성도 사라질 수밖에 없다고 하였다. 그러나 선택지의 내용은 이와 상반된 내용이므로 결론을 지지하지 않는다.

오답해설

②·③ 중력의 법칙과 원자핵의 질량 등은 제시문에서 직접 언급되지는 않고 있으나 결국 근본적인 물리법칙이 현재와 조금이라도 달라진다면 행성도 존재하지 않고 생명도 존재할 수 없다는 내용과 일맥상통한다.

④ 제시문의 내용은 골디락스 영역에 행성이 존재하고 있어야 생명체가 존재할 수 있다고 하였는데 실제 지구는 이 영역 안에 위치하고 있으며 생명이 존재하고 있다. 따라서 결론을 지지한다고 볼 수 있다.

⑤ 제시문에서 핵력이 조금만 달랐다면 별의 내부에서 탄소처럼 무거운 원소가 만들어질 수 없었을 것이라고 언급하고 있으므로 결론을 지지한다고 볼 수 있다.

13

정답 ⑤

난도 ★

정답해설

ㄱ. 회사 A의 직원들의 설문조사 결과가 실제보다 축소된 것이라면 실제는 회사 A의 청렴도가 더 낮다는 것을 의미한다. 또한 회사 A는 M시의 대표적인 기업이므로 이와 같은 사실은 M시의 청렴도가 낮다는 결론을 강화한다.

ㄴ. 회사 A뿐만 아니라 회사 B에서도 동일한 설문 결과가 나왔다면 주어진 결론을 보다 더 일반화할 수 있으므로 결론을 강화한다.

ㄷ. 〈보기〉의 내용은 결국 회사 A의 결과가 예외적인 현상이라는 것을 의미하며 이것은 결국 이에 근거하여 결론처럼 일반화하는 것은 무리가 있다는 것을 의미한다. 따라서 논증의 결론을 약화한다.

14

정답 ①

난도 ★★

정답해설

① ⓒ에 의한다면 뉴욕시의 인구가 900만 명이므로 뉴욕시의 쥐가 900만 마리이어야 한다. 그런데 실제 조사 결과 30만 마리의 쥐가 있는 것으로 추정되었다면 ⓒ을 약화시키는 것이 된다.

오답해설

② ㉠은 약 4천 제곱미터에 쥐가 한 마리 정도 있어야 한다는 것인데 (나)에 언급된 가구당 평균 세 마리라는 것은 그 가구의 면적이 어느 정도인지에 대한 자료가 없는 상황이기에 논증에 영향을 주지 못한다고 볼 수 있다. 물론 주거 밀집 지역이라는 것이 이에 대한 단서를 제공한다고도 할 수 있으나 그러한 추론은 논리적으로 엄밀하지 못하다.

③ ⓒ의 최종 결론은 어떤 실험 내지는 조사 결과를 토대로 도출된 것이 아니라 단지 빌터의 추측에서 나온 것일 뿐이다. 따라서 (다)와 같이 자기 집에 있다고 생각하는 쥐의 수가 실제 조사를 통한 쥐의 수보다 20% 정도 많다는 것이 제시된 논증에 어떤 영향을 미치는 것은 아니다.

④ ⓒ의 중간 결론은 쥐의 개체수를 어떻게 조사하였는지와 무관하게 단지 빌터가 자신의 추측에 영국의 국토면적을 고려하여 도출된 것이다. 따라서 다른 방법으로 조사한 결과가 높은 수준의 일치를 보인다고 하여 제시된 논증에 어떤 영향을 미치는 것이 아니다.

⑤ (나)와 (다)의 내용이 참이라고 할 지라도 그것은 런던에 대한 것일 뿐 영국 전체의 쥐가 4천만 마리인 것과 직접적인 논리관계는 없으므로 참 거짓을 확정지을 수 없다.

🏅 합격생 가이드

강화 · 약화를 따지는 문제를 지나치게 어렵게 접근하려는 수험생이 있다. 사실 강화 · 약화 문제는 논리적으로 엄밀하게 분석한다면 밑도 끝도 없이 어려워지는 유형이다. 하지만 PSAT에서는 그러한 풀이를 요구하는 것이 아니라 전체 논증과 방향성이 일치하는지의 여부를 판정하는 수준으로 출제된다. 크게 보아 강화 · 약화 유형은 추론형과 일치 · 부합형 문제를 섞어 놓은 것이다. 딱 그만큼의 수준으로 풀이하면 된다. 또한 답이 아닌 선택지를 놓고 이것이 약화인지 무관인지를 따지는 일은 정말 무의미한 행동이다. 선택지 5개가 모두 논리적으로 딱딱 맞아떨어지는 경우는 없다. 대부분의 오답 선택지는 그야말로 무의미한 말의 향연에 불과한데 무엇을 위해 그것을 분석한단 말인가?

15

정답 ④

난도 ★

정답해설

ㄴ. 과학에서 이론을 정립하는 과정은 예술가의 창작 작업과 흡사하다고 하였으므로 과학과 예술이 서로 연관된 것이라는 제시문의 내용을 지지한다.

ㄷ. 입체파 화가들이 기하학 연구를 자신들의 그림에 적용하고, 피카소 역시 자신의 그림이 모두 연구와 실험의 산물이라고 하였으므로 과학과 예술이 서로 연관된 것이라는 제시문의 내용을 지지한다.

오답해설

ㄱ. 제시문의 내용은 과학과 예술이 전혀 동떨어진 분야가 아닌 서로 연관된 것이라는 것이다. 하지만 선택지는 예술은 특정인만의 독특한 속성에 의해서 창조되는 것이지만, 과학은 그렇지 않다고 하여 서로 연관성이 없는 분야라고 서술하고 있다. 따라서 선택지의 내용은 논지를 지지하지 않거나 아니면 논지와는 전혀 무관한 진술이라고 할 수 있다.

16

정답 ③

난도 ★★

정답해설

먼저 ⊙에 의하면 카나리아가 종 특유의 소리를 내는 이유는 물질 B 때문인데. 이 물질 B가 수컷의 몸에만 있는 기관 A에서 분비되기 때문에 결과적으로 수컷만 종 특유의 소리를 내게 된 것이다. 이를 통해 선택지를 분석해보면 다음과 같다.

ㄱ. ⊙의 결론에서 중요한 것은 수컷 카나리아 종 특유의 소리는 성별이 원인이 아니라 카나리아의 기관 A에서 분비되는 물질 B때문이다. 따라서 암컷 카나리아에 물질 B가 주입되어 결국 종 특유의 소리로 지저귀게 되었다면 이는 ⊙를 지지하는 것이 된다.

ㄴ. ㄱ과 반대의 결과이다. 즉, 수컷이라고 하더라도 물질 B의 효과를 억제하는 조치를 취하였을 때 종 특유의 울음소리를 내지 못했다면 이는 ⊙을 지지하는 것이 된다.

오답해설

ㄷ. ⊙이 옳다면 기관 A가 제거되면 물질 B도 분비되지 않을 것이므로 수컷이든 암컷이든 상관없이 종 특유의 소리로 지저귀지 못하게 될 것이다. 그런데 선택지의 내용은 이를 뒤집는 것으로서 기관 A 내지는 물질 B가 종 특유의 소리를 내는 것과 무관함을 나타내므로 ⊙을 반박하는 것이 된다.

🏅 합격생 가이드

실험 유형의 지문에서 가장 중요한 것은 가설을 정확하게 정리하는 것, 즉 인과관계를 명확하게 하는 것과 선택지의 내용들이 이 가설의 어느 부분을 흔들고 있는지를 확실히 하는 것이다. 다른 유형의 문제는 선택지를 먼저 읽고 제시문으로 올라가는 전략이 가능하지만 실험 유형은 그렇게 할 경우 전혀 엉뚱한 방향으로 답을 선택할 가능성이 높아진다. 따라서 제시문을 확실하게 정리하지 않은 상태에서는 선택지로 내려가는 것을 삼가는 것이 좋다.

17

정답 ①

난도 ★

정답해설

ㄱ. A의 가설은 말 모형에 대한 실험결과를 토대로 얼룩말의 얼룩무늬가 말의 피를 빠는 말파리를 피하는 방향으로 진행된 진화의 결과라는 가설을 제시했다. 따라서 전제가 되는 말 모형에 대한 실험결과가 실제 말에 대한 반응과 다르다면 이 가설은 약화될 수밖에 없다.

오답해설

ㄴ. A의 가설을 도출하기 위해 시행된 실험에서 대부분의 말파리가 검은색 또는 갈색 모형에 붙어있었는데 실제 흡혈한 피의 결과도 이와 유사한 결과를 보였다면 이러한 연구결과는 A의 가설을 강화한다고 볼 수 있다.

ㄷ. A의 가설은 말파리와의 관계를 통해 얼룩무늬의 생성원인을 밝히려고 하는 것인데, 이는 사자와 같은 포식자와의 관계와는 무관하므로 선택지의 연구결과는 A의 가설을 강화하지도 약화하지도 않는다.

18

정답 ②

난도 ★

정답해설

ㄴ. (나)는 풍요와 함께 격차가 발생하는 것을 인정하는 입장이지만 그 중에서도 풍요를 더 중시하는 입장이다. 그런데 선택지에서 제시된 진술은 결국 기술의 발전에 따른 풍요가 모든 사람들에게 그 혜택을 돌아가게 한다는 점에서 (나)와 일맥상통한다고 볼 수 있으므로 논지를 강화한다고 볼 수 있다.

오답해설

ㄱ. 숙련된 노동자, 자본가에 유리한 방향으로 진행된다는 것은 결국 기술의 발전으로 인해 경제적 격차가 더 커진다는 의미이므로 디지털 기술의 발전이 경제적 풍요와 격차를 모두 가져온다는 (가)의 논지를 강화한다고 볼 수 있다.

ㄷ. (다)는 풍요보다 격차를 더 중시하는 입장이다. 그런데 선택지의 진술은 풍요로 인한 긍정적 효과가 격차에 의해 발생하는 부정적 효과를 상쇄할 수 없기에 격차를 더 중시해야 한다는 의미를 내포하고 있으므로 논지를 강화한다고 볼 수 있다.

19 답 ①

난도 ★

정답해설

ㄱ. 제시문에 따르면 물체까지의 거리가 먼 경우에는 주변의 물체들에 대한 과거의 경험에 기초하여 거리를 추론한다고 하였다. 그런데 해당 물체에 대한 경험도 없고 다른 사물들을 보이지 않도록 한 상태라면 이 추론과정이 작동하지 않아 거리를 판단할 수 없다. ㄱ의 진술은 이 같은 입장을 반영하고 있으므로 제시문의 주장을 강화한다.

오답해설

ㄴ. 제시문의 주장에 의한다면 선택지와 같이 경험적 판단기준이 없는 상황에서는 거리를 짐작할 수 없어야 한다. 그러나 ㄴ의 진술은 이와 상반된 내용을 담고 있으므로 제시문의 주장을 약화한다고 볼 수 있다.

ㄷ. 한쪽 눈이 실명이라면 두 직선이 이루는 각의 크기를 감지할 수 없으므로 거리를 파악할 수 없어야 하지만 ㄷ의 진술은 그 반대로 나타나고 있다. 따라서 제시문의 주장을 약화시킨다.

20 답 ①

난도 ★★

정답해설

① 제시된 논증은 사람들은 고난과 좌절이 사라지기를 원하며, 그것들이 그저 사라졌다고 믿기를 원하지 않는 것을 전제하고 있다. 즉, 사람들은 행복 기계에 들어가 거짓 믿음 속에 사는 것을 원하지 않는다는 것인데, 만약 선택지와 같이 대부분의 사람이 행복 기계에 들어가는 것을 선호한다면 이 같은 논지를 약화시키는 결과를 가져오게 된다.

오답해설

② 제시문의 행복 기계는 제시된 논증을 전개하기 위해 도입된 가상의 개념일 뿐이다. 따라서 이것이 실존하는지의 여부는 논증의 전개에 아무런 영향을 주지 못한다.

③ 치료를 위해 신체의 고통을 견딘다는 것은 그 고통보다 더 심한 질병을 치료하기 위한 것이며, 결국 그 질병을 피하려는 것을 '기초 선호'로, 고통을 견디는 것을 이를 위한 '수단'으로 이해할 수도 있다. 그렇게 본다면 선택지의 진술이 참이라고 하여도 논지는 약화되지 않을 것이다.

④ 제시문의 논증에 따르면 참인 믿음과 거짓인 믿음이 실용적 손익에서 동등할 경우 전자를 후자보다 더 선호해야 할 이유가 없다고 하였다. 즉, 참인 믿음을 선호하는 이유는 실용적 이익이 아닌 참인 믿음이 '기초 선호'이기 때문인데 만약 선택지의 진술이 입증된다면 이 주장을 뒤집는 것이 되어 논지를 약화하게 된다.

⑤ 제시문의 논증에 따르면 참인 믿음을 선호하는 것은 실용적 이익 때문이 아닌 참인 믿음이 '기초 선호'이기 때문이라고 하였다. 따라서 수학적 참인 정리를 실용적 이익이 없음에도 믿는 것이 사실이라면 이는 논지를 강화한다고 볼 수 있다.

21 답 ②

난도 ★★

정답해설

② '이중기준론'에 의하면 음란한 표현은 수정헌법 제1조의 보호 대상이 아니다. 따라서 음란물 유포를 금하는 법령은 '이중기준론'의 입장과 상충되지 않는다.

오답해설

① '이중기준론'에서는 추잡하고 음란한 말 등은 수정헌법 제1조의 보호 대상이 아니라고 하였는데 이를 위해서는 추잡하고 음란한 말 등에 대한 기준이 정해져야 할 것이다. 따라서 시민을 보호하기 위해 제한해야 할 만큼 저속한 표현의 기준을 정부가 정하는 것은 '이중기준론'의 입장과 상충되지 않는다.

③·④ '내용중립성 원칙'에 의하면 정부가 어떤 경우에도 표현되는 내용에 대한 평가에 근거하여 표현을 제한해서는 안 된다. 따라서 어떤 영화의 주제가 나치즘을 찬미한다는 이유, 경쟁 기업을 비방하는 내용의 광고라는 이유로 상영 내지는 방영을 금하게 하는 법령이 존재한다면 이는 '내용중립성 원칙'의 입장과 대치된다.

⑤ TV 방송의 내용이 특정 정치인을 인신공격하는 내용인 경우 '이중기준론'의 입장에서는 그것이 수정헌법이 보호하지 않는 표현이라는 이유로 해당 방송을 제재할 것을 주장할 것이고, '내용중립성 원칙'의 입장에서는 어떤 경우에도 표현되는 내용에 대한 평가에 근거하여 표현을 제한해서는 안 된다는 이유로 해당 방송을 제재하는 것은 잘못이라고 주장할 것이다.

22 답 ④

난도 ★★★

정답해설

제시문의 핵심 주장은 두 이론에서 같은 이름을 가지고 있다고 할지라도 물리적으로 같은 대상이라고 할 수는 없다는 것이다. 이를 근거로 선택지를 분석하면 다음과 같다.

④ 제시문은 두 이론에서 다루는 변수들이 명칭은 같을지라도 그 대상은 다르다는 것에 근거한 주장을 제기하고 있다. 선택지의 내용은 두 이론에서 모두 사용하는 '질량'이라는 대상이 이름은 동일하지만 '속도'라는 또 다른 변수를 고려하면 실상은 다른 대상이라는 것으로 정리할 수 있으며 이는 제시문의 핵심 주장이 근거하고 있는 내용이다. 따라서 선택지의 문장은 글의 핵심 주장을 강화한다고 볼 수 있다.

오답해설

① 상대성 이론이 뉴턴 역학보다 정확하다는 것과 두 이론이 다루는 대상이 서로 다르다는 것은 논리적인 연관관계가 없다. 따라서 이 진술이 추가된다고 하여도 전체 논증을 강화하지는 않는다.

②·③ 제시문은 두 이론에서 사용되는 변수들이 서로 다르기 때문에 설사 제약조건을 붙여 상대성 이론으로부터 뉴턴의 역학을 도출할 수 있다고 하더라도 그것은 상대성 이론의 특수 사례에 불과할 뿐이라고 하였다. 이는 극단적으로 말해 두 이론은 서로 별개의 이론이라고 단순화시킬수 있으며 이에 따르면 두 이론에 따른 결과가 서로 동일하거나 양립 가능하다고 하더라도 이는 유의미하지 않다는 결론에 도달하게 된다. 따라서 선택지들과 같은 진술이 주어지더라도 전체 논증을 강화하지는 않는다.

⑤ ①과 마찬가지로 제시문의 내용은 어느 하나의 이론이 설명력이 뛰어나다는 것과는 논리적으로 연관관계가 없다. 따라서 이 진술이 추가된다고 하여도 전체 논증을 강화하지는 않는다.

📖 합격생 가이드

많은 수험생들이 '강화 · 약화' 유형의 문제를 매우 어려워한다. 이는 정답이 아닌 선택지를 놓고 이것이 약화인지, 무관한 것인지를 따지기 때문이다. 문제의 특성상 정답 선택지를 제외한 나머지는 어느 하나로 딱 떨어지지 않는 경우가 대부분이며 보는 시각에 따라 다른 평가를 내릴 가능성이 매우 높다(사실 그 평가들 모두가 다 맞을 수 있다). 따라서 '강화 · 약화' 문제의 경우는 만약 '강화'를 찾는 것이라면 '강화인 것'과 '강화가 아닌 것'의 범주로 나누는 것으로 충분하다. 즉, 명확하게 확인이 되는 것이면 모르겠지만 그렇지 않은 '강화가 아닌 것'을 굳이 '약화'와 '무관'으로 나누려고 하지 말라는 것이다.

23 답 ④

난도 ★★

정답해설

④ 망각의 전략을 선택하는 자는 자신이 인간이었다는 기억 자체를 포기하는 인간이라고 하였으므로 자신의 정체성이 분열되었다는 것 자체를 인식하지 못할 것이다.

오답해설

① · ② · ③ · ⑤ '그는 그에게 발생한 변화를 받아들이고 그것을 새로운 현실로 인정하며 그 현실에 맞는 새로운 언어를 얻기 위해 망각의 정치학을 개발한다'고 하였으므로 모두 '망각의 전략'에 해당한다.

24 답 ①

난도 ★

정답해설

ㄱ. 적국의 산업시설 근처에 거주하는 다수의 민간인, 즉 무고한 사람의 죽음 자체를 의도하는 것이므로 도덕적으로 허용될 수 없는 행위이다.

오답해설

ㄴ. 어머니의 임종을 지키기 위해 심장마비를 일으킨 사람을 치료하지 않은 것은 무고한 사람의 죽음 자체를 의도하는 것이라고 볼 수 없으므로 도덕적으로 허용될 수 있는 행위이다.

ㄷ. 홀로 일하고 있는 인부를 죽음에 이르게 한 것은 피치 못할 부수적인 결과라고 볼 수 있으므로 도덕적으로 허용될 수 있는 행위이다.

25 답 ⑤

난도 ★

정답해설

제시된 연구 결과를 정리하면 다음과 같다.

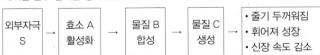

ㄱ. 물질 C가 줄기 신장 속도를 감소시킨다는 연구 결과를 지지한다.

ㄴ. 물질 B가 줄기를 두껍게 한다는 연구 결과를 지지한다.

ㄷ. 줄기 신장 속도에 효소 A가 영향을 준다는 연구 결과를 지지한다.

ㄹ. 물질 B가 줄기를 휘어져 성장하게 한다는 연구 결과를 지지한다.

26 답 ①

난도 ★★

정답해설

ㄱ. 제시된 논증에서는 커피에 들어있는 카페인이 수면장애를 일으킨다고 하였는데, 수면장애로 병원을 찾은 사람들이 커피를 마시지 않는다는 사실은 이 논증을 약화시키므로 옳은 내용이다.

오답해설

ㄴ. 제시된 논증에서는 카페인이 우울증을 악화시킨다고 하였는데, 무카페인 음료를 많이 섭취하는 것이 우울증의 원인이라는 사실이 밝혀진다면 이는 논증을 강화시키지는 않으므로 옳지 않은 내용이다.

ㄷ. 공황장애 환자는 심장이 빨리 뛰면 극도의 공포감을 느끼기 쉬운데, 이로 인해 발작 현상이 일어난다고 하였고, 이를 통해 카페인이 공황장애를 악화시킨다고 하였다. 그런데 발작 현상과 공포감이 무관하다면 논증의 전제가 흔들리게 되는 것이므로 논증을 약화시킨다고 볼 수 있다. 따라서 옳지 않은 내용이다.

27 답 ⑤

난도 ★★

정답해설

⑤ (마)는 인간의 질병과 빈곤이 늘어난 것은 문명의 발달로 인한 것이라고 하였는데 이는 질병이 고대 이후 문명의 부산물이라는 A의 견해를 강화하지만, 문명의 진보가 수명 연장을 가능하게 했다는 B의 견해를 약화하므로 옳은 내용이다.

오답해설

① (가)는 얼마나 오래사는가보다 얼마나 잘 사는가가 더 중요한 문제라고 하였는데 이는 문명의 진보가 수명 연장을 가능하게 했다는 B의 견해와는 무관하지만, 영생이 곧 행복한 삶을 의미하지는 않는다는 C의 견해는 강화하므로 옳지 않은 내용이다.

② (나)는 수명의 연장은 복지와 환경에 대한 적극적 투자로 가능하다고 하였는데, 이는 문명의 진보가 수명 연장을 가능하게 했다는 B의 견해를 강화하지만, 영생이 곧 행복한 삶을 의미하지는 않는다는 C의 견해와는 무관하므로 옳지 않은 내용이다.

③ (다)는 문명의 진보에 따라 인간의 수명이 과거보다 길어졌다고 하였는데, 이는 질병이 고대 이후 문명의 부산물이라는 A의 견해를 약화시키지만, 문명의 진보가 수명 연장을 가능하게 했다는 B의 견해를 견화하므로 옳지 않은 내용이다.

④ (라)는 수명의 연장으로 인해 인간이 행복한 삶을 살게 되었다고 하였는데, 이는 문명의 진보가 수명 연장을 가능하게 했다는 B의 견해와는 무관하지만, 영생이 곧 행복한 삶을 의미하지는 않는다는 C의 견해를 약화시키므로 옳지 않은 내용이다.

28

답 ①

난도 ★★

정답해설

① 인간이 출현하기 이전인 고생대 석탄기에 빙하지대에 고사리와 같은 난대성 식물이 서식하였다는 사실이 밝혀진다면 이는 기후 변화가 인간의 활동 때문이 아니라 태양의 활동 때문이라는 것을 나타내주는 것이므로 논지를 약화하지 않는다.

오답해설

② · ③ 태양 활동 주기와 기후 변화의 패턴이 유사하다면 기후 변화의 원인이 태양의 활동에 의한 것이 된다. 그런데 이들의 주기가 일치하지 않는다거나 태양 표면의 폭발이 많아지는 시기에 지구의 평균 기온이 오히려 내려갔다면 태양의 활동으로 인해 기후 변화가 일어났다는 제시문의 논지를 약화시킨다.

④ 세계 여러 나라가 연대하여 대기오염을 줄이는 노력을 한 결과 지구의 평균 기온 상승률이 완화되었다면 이는 역으로 인간의 활동이 기후 변화의 원인이라는 것을 나타내주는 것이므로 제시문의 논지를 약화시킨다.

⑤ 선택지의 내용은 인간의 활동이 태양의 활동보다 더 큰 영향을 미친다는 것이므로 제시문의 논지를 약화시킨다.

29

답 ③

난도 ★★

정답해설

ㄱ. 첫 번째 비판은 로빈후드 각본이 사회 전체의 공리를 최대화하는 데 적합하지 않은 이유로 생산성의 감소를 들고 있다. 따라서 세금을 통한 재분배 방식이 생산성을 감소시켜 빈부격차를 심화시킨다는 것은 첫 번째 비판을 강화시키게 된다.

ㄷ. 부의 재분배가 생산성을 증가시킨다면 첫 번째 비판은 약화되겠지만, 자산가의 자유는 여전히 침해되는 상황이므로 두 번째 비판은 약화되지 않는다.

오답해설

ㄴ. 두 번째 비판은 로빈후드 각본에 의한 부의 재분배는 인간의 기본권을 훼손하는 것이기 때문에 바람직하지 않다는 것이다. 그런데 부의 재분배가 기본권의 침해보다 투자 의욕 감소에 더 큰 영향을 준다는 것은 로빈후드 각본에 의해 기본권이 침해된다는 것을 인정하고 있는 것이므로 두 번째 비판을 약화시키지 못한다.

30

답 ④

난도 ★★★

정답해설

④ 제시문의 논증은 진화론에 대한 비판인데 선택지는 대멸종을 다루고 있어 이 둘은 서로 연관되지 않는다. 따라서 이것이 논증에 대한 비판이라고 보기는 어렵다.

오답해설

① 제시된 논증은 지난 100년 간 지구상에서 새롭게 출현한 종이 없기 때문에 진화론이 거짓이라는 것인데 언젠가 신생 종이 훨씬 많이 발생하는 시기가 온다는 것은 논증을 약화시키게 된다.

② 제시된 논증은 5억 년 전 캄브리아기 생명폭발 이후 지구상에 출현한 생물종이 1억 종에 이른다고 하였고, 이를 통해 100년 단위마다 약 20종이 새롭게 출현한다고 하였다. 그런데 5억 년 전 이후부터 지구상에 출현한 생물종이

1,000만 종 이하라면 100년 단위마다 새로 출현하는 종이 2종 정도에 불과하여 신생 종의 발견이 어려울 가능성이 있으므로 논증을 약화시키게 된다.

③ 제시된 논증은 지난 100년 간 새롭게 출현한 종을 찾아지 못했기 때문에 진화론이 거짓이라고 하였는데, 만약 발견된 종이 신생 종인지 그렇지 않은지를 판단하기 어렵다면 논증 자체가 성립하지 않게 되므로 논증을 약화시키게 된다.

⑤ 생물학자들이 발견한 몇몇 종이 지난 100년 내에 출현한 것이라면 제시된 논증의 핵심 내용을 흔드는 것이므로 논증을 약화시키게 된다.

31

답 ④

난도 ★★

정답해설

ㄴ. 권리를 향유할 주체가 구체적 자연인인 경우의 기본권은 그 주체가 무형의 법인인 경우보다 우선하여 고려되어야 한다면 A의 직업선택의 자유가 B의 자율성보다 우선적으로 고려되어야 하므로 해당 처분이 헌법에 위반된다는 결론에 이르게 된다. 따라서 논지를 약화하게 된다.

ㄷ. 상이한 기본권의 제한 간에 적정한 비례관계가 성립하는지를 평가하기 위해서 비교되는 두 항을 계량할 공통의 기준이 먼저 제시되어야 한다는 주장에 의한다면 이같은 기준이 제시되지 않은 논증은 적절한 평가를 한 것이 아닌 것이 되므로 논지를 약화하게 된다.

오답해설

ㄱ. 청구인의 불이익은 사실상의 불이익에 불과하고 기본권의 침해에 해당하지 않는다면, 헌법상의 기본권인 대학의 자율성이 우위를 가지는 것이 되므로 인가 처분은 합헌이 된다. 따라서 논지를 강화하게 된다.

32

답 ⑤

난도 ★★★

정답해설

⑤ (나)는 한국 사람들의 행복 수준이 낮은 이유가 다른 사람들과의 비교하려는 성향이 높다는 것이라고 하고 있다. 비교 성향이 강하다면 상대적 박탈감이 커질 수 있는데, 이 때문에 좌절을 경험하기 쉽다는 것이다. 그런데 선택지와 같이 한국보다 비교 성향이 강한 나라이면서 행복감도 더 높은 나라가 존재한다면 (나)를 약화하게 된다.

오답해설

① (가)는 경제 수준이 어느 수준 이상으로 성장하면 지위재가 중요해지고 물질재의 공급으로는 해소되지 않는다는 이른바 '풍요의 역설'을 언급하고 있는 것이지, 지위재간의 경쟁에 대해서는 언급되어 있지 않다. 따라서 선택지의 내용은 (가)를 강화하지 않는다.

② (가)는 한국의 높은 경제 수준에도 불구하고 구성원들의 행복감이 높지 않은 이유는 지위재가 부족하기 때문이라고 보고 있다. 다시 말해, 물질재의 양이 풍부하더라도 지위재가 부족하다면 외적인 경제 수준이 높더라도 행복하지 않을 가능성이 있다는 것이다. 하지만 오히려 한국이 보유한 지위재의 양이 경제적 수준이 비슷한 국가들보다 많다면 (가)는 약화된다고 볼 수 있다.

③ (가)는 물질재가 어느 정도 충족되었다면 행복감을 결정짓는 요소는 지위재라는 것을 강조한다. 따라서 선택지와 같이 한국과 소득수준이 비슷한 나라와 비교할 때 한국의 행복감이 낮다는 결과가 발표되었다는 것은 (가)를 강화하지 못한다.

④ (나)의 논증에 영향을 주기 위해서는 비교 대상이 되는 나라의 행복도가 한국보다 높거나 낮다는 사례가 제시되어야 한다. 하지만 단순히 한국보다 소득수준이 높고 입시 경쟁이 치열한 나라가 존재한다는 사실만으로는 (나)를 약화시키지 못한다.

33

답 ③

난도 ★★

정답해설

ㄱ. 아시아의 성인의 하루 탄수화물 필요섭취량이 300g 이상이라고 할 때, 한국 성인의 하루 탄수화물 섭취량은 289.1g으로 필요섭취량에 미치지 못한다. 따라서 이같은 사실은 (가)를 약화시킨다.

ㄴ. (가)에서 제시된 탄수화물 섭취량 조사결과는 성인을 대상으로 한 것이므로 한국인 전체로 일반화시키기에는 무리가 있다. 만약 한국의 성인이 아닌 사람들의 탄수화물 섭취량이 과도하다는 것이 추가로 제시된다면 (가)를 강화시키게 된다.

오답해설

ㄷ. (나)에서는 탄수화물을 충분히 섭취할 경우 케토시스 현상을 예방할 수 있다고 하고 있다. 따라서 탄수화물이 충분한 상황에서 케토시스 현상이 나타나지 않는다면 (나)는 강화된다.

34

답 ①

난도 ★★

정답해설

① (가)에서는 창조성과 우울증에 잘 걸리는 성향이 밀접하게 연관되어 있다고 주장하고 있다. 따라서 선택지와 같이 창조적인 사람들이 정서적으로 불안하고 우울증에 걸릴 수 있는 유전자를 가질 확률이 높다는 사실은 (가)를 강화한다.

오답해설

② (나)에서는 우울증은 어려운 목표를 포기하게 함으로써 고갈된 에너지를 보충하고 다시 도전할 수 있는 기회를 모색할 수 있게 한다고 하였다. 따라서 선택지와 같이 우울에 걸린 사람 중에 어려운 목표를 포기하지 못하는 사람들이 많다는 사실은 (나)를 약화한다.

③ (다)는 우울증의 원인 중 하나가 지나친 경쟁으로 인한 정신적 소진 상태라고 하고 있다. 따라서 선택지와 같이 정신적 소진이 우울증을 초래할 가능성이 높다는 것은 (다)를 강화한다.

④ (가)는 우울증으로 인해 생존에 유리한 측면이 있었다고 하였으므로 선택지와 같이 유전적 요인이 환경에 적응하는 과정에서 정신질환이 생겨난다는 것은 (가)를 강화한다. 그리고 (나)는 우울증은 자신을 보호하기위한 기제로 발생한다고 하고 있으므로 선택지의 내용은 (나)와는 무관하다.

⑤ 선택지와 같이 과거에 비해 현대 사회에서 창조적인 아이디어를 만들어내기 어렵다는 것은 (가)와는 무관하다. 그리고 이는 과도한 경쟁을 통해 정신적 소진의 상태에 도달하게 할 수도 있으므로 (다)를 강화한다고 볼 수 있다.

35

답 ②

난도 ★

정답해설

② 어떤 이념적 성향을 가진 집단이 주류 언론에 대해 상대적 소외감을 더 크게 느끼느냐에 따라 누가 이 대안 매체의 활용가치를 더 크게 느끼는지 결정되리라는 것이라고 하였다. 따라서 선택지와 같이 갑국의 주류 언론이 보수적 이념 성향이 강하다는 사실은 B 가설을 강화한다.

오답해설

① 갑국의 소셜미디어 사용자들의 다수가 진보적인 젊은 유권자들이라는 사실은 이러한 A 가설을 뒷받침한다고 하였다. 따라서 선택지와 같이 트위터 사용자들의 경우 보수 성향이 많다는 사실은 A 가설을 약화한다.

③ 갑국의 젊은 사람들 중에 진보 성향이 비율이 높다는 사실은 A 가설을 강화하지만 B 가설과는 무관하다.

④ 갑국에서 주류 언론보다 소셜미디어의 영향력이 강하다는 사실은 A 가설과는 무관하지만 B 가설을 약화한다.

⑤ 정치 활동을 많이 하는 사람들이라고 해서 그들이 진보적인 젊은 유권자라고 할 수는 없으므로 A 가설을 약화시키지 않는다. 그리고 정치 활동을 많이 하는 사람들이 반드시 주류 언론에서 상대적으로 소외된 집단이라고 단정할 수는 없으므로 B 가설을 약화시키지 않는다.

36

답 ③

난도 ★★

정답해설

③ 어떤 것의 개념을 이해하지 못하면 식별 능력이 없다는 것인데, 이는 식별 능력이 개념 이해 능력을 함축한다는 제시문의 논지를 반박하는 내용이다. 따라서 제시문의 논지를 약화하는 것이므로 적절한 내용이다.

오답해설

① 인간 개념과 관련된 모든 지식을 가지고 있지 않더라도 인간과 인간 아닌 존재를 구별하는 능력이 있을 수 있다면 제시문의 논지를 강화하는 것이므로 적절하지 않은 내용이다.

② 암수에 대한 모든 지식을 가지고 있지 않더라도 암수를 구별하는 능력이 있을 수 있다면 제시문의 논지를 강화하는 것이므로 적절하지 않은 내용이다.

④ 어떤 것의 개념에 대한 모든 지식을 가지고 있지 않더라도 이를 식별하는 능력이 있을 수 있다면 제시문의 논지를 강화하는 것이므로 적절하지 않은 내용이다.

⑤ 계절을 식별하는 능력이 없다고 하더라도 그 개념을 이해하는 능력이 없다고 단정할 수는 없다는 내용이며 이는 제시문의 논지를 강화하는 것이므로 적절하지 않은 내용이다.

37

답 ⑤

난도 ★

정답해설

⑤ 쾌락주의자에 따르면 쾌락에 대한 욕구로 인해 음식에 대한 욕구가 생긴다고 하였으므로 선택지의 내용은 쾌락주의자의 논리를 강화하게 된다.

오답해설

① 쾌락주의자에 따르면 쾌락에 대한 욕구는 다른 어떤 것에 대한 욕구를 발생시키는 원인이라고 하였으므로 어떤 욕구도 또 다른 욕구의 원인일 수 없다면 쾌락주의자의 논리를 약화하게 된다.

② 쾌락주의자에 따르면 음식에 대한 욕구를 일으키는 것은 쾌락에 대한 욕구라고 하였으므로 쾌락에 대한 욕구 없이 음식을 먹는 행동을 하였다면 쾌락주의자의 논리를 약화하게 된다.

③ 쾌락주의자에 따르면 쾌락에 대한 욕구로 인해 음식에 대한 욕구가 생겨난다고 하였으므로 이와 반대로 음식에 대한 욕구로 인해 쾌락에 대한 욕구가 생긴다면 쾌락주의자의 논리를 약화하게 된다.

④ 쾌락주의자에 따르면 쾌락에 대한 욕구는 다른 어떤 것에 대한 욕구를 발생시키는 원인이라고 하였으므로 외적 대상에 대한 욕구가 다른 것에 의해서 야기되지 않는 것이라면 쾌락주의자의 논리를 약화하게 된다.

38 답 ④

난도 ★

정답해설

④ 긴 시간 빛에 노출되었다면 멜라토닌의 생성이 억제되고 이는 생식 기관의 발달과 성장을 촉진하므로 옳은 내용이다.

오답해설

① 송과선을 제거하면 멜라토닌이 생성되지 않으며 따라서 생식 기관의 발달과 성장을 촉진하므로 옳지 않은 내용이다.

② 멜라토닌이 많아지면 생식 기관의 발달이 억제되므로 번식과 짝짓기가 줄어들어야 한다. 하지만 선택지의 내용은 이를 반박하는 내용이므로 옳지 않은 내용이다.

③ 어둠 속에서는 멜라토닌 생성이 증가하여야 하는데 선택지의 내용은 이와 반대이므로 옳지 않은 내용이다.

⑤ 멜라토닌의 농도가 낮다면 생식 기관이 더 발달해야 하지만 선택지의 내용은 이와 반대이므로 옳지 않은 내용이다.

39 답 ②

난도 ★

정답해설

ㄷ. B는 신체의 기능 결손이 반영되지 않는 주관적 고통이 있을 수 있고 이런 고통도 질병의 일부로 보아야 한다고 하였으므로 선택지의 사실은 B의 주장을 강화한다고 볼 수 있다.

오답해설

ㄱ. A에 따르면 통계적으로 정상 상태에 있다면 그 사람은 질병에 걸리지 않은 정상 상태에 있다고 하였는데, 통계적으로 정상이지만 동맥경화증이 질병이라는 사실이 밝혀진다면 이는 A의 주장을 약화하게 된다.

ㄴ. 사람마다 고통과 치료방법이 다르다는 것과 A의 주장은 무관하다.

40 답 ②

난도 ★

정답해설

ㄷ. A는 악기의 이름 앞부분이 색깔에서 유래했다고 하였다. 따라서 악기의 이름 맨 앞에 국명을 붙이는 관습이 있었다고 하더라도 이는 A의 주장을 강화하지 않는다.

오답해설

ㄱ. 단군왕검에서 검이 신을 뜻했다는 것은 거문고라는 이름과 연관이 없으며, 검이 옛말로 곰, 감이라고 통용되었다는 것 또한 A와 B 모두 거문고라는 이름의 유래를 찾는 데 근거로 사용되지 않았으므로 A와 B의 주장을 강화하지 않는다.

ㄴ. A와 B의 논쟁의 핵심은 거문고라는 단어의 '거문'이라는 부분이 어디서 유래했는지에 대한 것이다. 따라서 '고'와 '금'이 혼용되었다는 사실은 B의 주장을 약화하는 것이 아니다.

41 답 ②

난도 ★

정답해설

② 사례의 내용은 바흐의 작품을 좋아하는 친구의 행동을 내가 정확히 예측했다고 하더라도 친구의 행동은 강요받은 것이 아니라는 것이다. 그리고 제시문에서는 결정과 강요를 혼동하지 말 것을 주장하고 있으므로 이 사례의 내용은 제시문의 논지를 강화한다. 또한 라플라스가 이미 결정된 선택을 따르도록 강요된다고 지적한 것을 감안하면, 선택이 강요되지 않는다는 내용의 사례는 라플라스의 견해와 양립 불가능하다.

42 답 ③

난도 ★

정답해설

ㄱ. 신경과학이론이 통속 심리이론보다 행동 현상을 더 잘 설명할 수 있게 될 것이라는 전제가 있기 때문에, 통속 심리이론의 '믿음', '욕구' 등이 사라질 것이라고 본다.

ㄷ. 통속 심리이론이 신경과학이론이 설명하지 못하는 것을 많이 설명한다면 현대 과학에서 통속 심리이론이 사라지기는 어려울 것이다.

오답해설

ㄴ. 행동 현상을 설명하는 데 플로지스톤과 유사하다는 것을 근거로 통속 심리이론이 사라질 것을 예측하는 상황이기 때문에 이들 간의 근본적인 차이가 있다면 플로지스톤처럼 사라진다는 예측을 하기가 어려워질 것이다.

43 답 ⑤

난도 ★

정답해설

⑤ 뇌기능 검사를 통해 반응정신의 작동 결과를 기록하는 뇌부위가 없다는 것이 밝혀진다면 이는 엔그램의 발생 자체를 부정하는 것이므로 ㉠을 지지하는 것이다. 따라서 옳은 내용이다.

오답해설

① 다이어네틱스에서는 문제가 있는 엔그램을 치료 받는 사람의 분석 정신 앞으로 끌어내면 그 엔그램은 완전히 삭제되어 더 이상 문제를 일으키지 않게 된다고 하였는데, 만약 엔그램이 삭제되기도 한다는 것이 밝혀졌다면 이는 다이어네틱스를 지지하는 것이 되므로 옳지 않은 내용이다.

② 반응정신은 출생 전 태아 상태에서부터 작동하며, 인간은 이미 상당히 축적된 엔그램을 지니고 태어난다고 하였다. 이 엔그램의 작용이 정신 질환의 원인이라고 하는 것이 다이어네틱스의 주장인데 상당수의 정신질환의 원인이 태아 시절의 경험에서 비롯되었다는 것은 이러한 다이어네틱스의 주장을 지지한다. 따라서 옳지 않은 내용이다.

③ 반응정신이 수면상태에서처럼 분석정신이 작동하지 않을 때 오감을 통해 입력된 내용을 뇌의 특정 부위에 기록한 것을 엔그램이라고 하였다. 선택지의 내용은 이를 달리 표현한 것으로 다이어네틱스의 주장과 일치하므로 ㉠을 지지하지 않는다. 따라서 옳지 않은 내용이다.

④ 프라이버시 보호 규정에 따라 환자의 신상 정보를 공개하지 않은 것과 다이어네틱스의 신뢰성에 문제가 있다는 것은 무관하므로 옳지 않은 내용이다.

44

답 ④

난도 ★

정답해설

④ 어떠한 가르침을 주장하는 종교가 보편적 도덕 원칙에 어긋나는 것으로 여기고 있으므로 관용의 첫 번째 요소를 충족시키며, 이러한 종교를 용인하고 있으므로 두 번째 요소를 충족시키고 있다. 그런데 이러한 경우를 더 관용적으로 평가하게 된다면 도덕원칙에 어긋나는 것을 용인하는 결과가 초래되어 역설이 발생한다. 따라서 옳은 내용이다.

오답해설

① 관용의 첫 번째 요소는 관용을 실천하는 사람이 관용의 대상이 되는 믿음이나 관습을 거짓이거나 잘못된 것으로 여겨야 한다는 것이다. 그런데 선택지의 사례는 이 요소를 갖추고 있지 않으므로 관용에 해당하지 않는다. 따라서 옳지 않은 내용이다.

② 관용의 두 번째 요소는 관용을 실천하는 사람이 관용의 대상을 용인하거나 최소한 불간섭해야 한다는 것이다. 그런데 선택지의 사례는 이 요소를 갖추고 있지 않으므로 관용에 해당하지 않는다. 따라서 옳지 않은 내용이다.

③ 자신의 종교가 주는 가르침만이 유일한 진리라고 믿는 사람일수록 더 관용적이라고 평가되는 경우에 관용의 역설이 성립한다. 하지만 선택지의 내용은 이와 반대이므로 역설이 성립되지 않는다. 따라서 옳지 않은 내용이다.

⑤ 자신이 믿는 종교적 믿음만이 유일하게 참이라고 여긴다면 다른 종교적 믿음은 거짓이므로 첫 번째 요소를 충족한다. 그리고 다른 종교적 믿음에 대해서도 용인한다면 이는 두 번째 요소를 충족한다. 하지만 역설이 성립하기 위해서는 관용적일수록 도덕적으로 잘못을 저지르게 될 가능성이 높아져야 하는데 선택지의 진술은 그런 상황은 아니므로 역설로 보기 어렵다. 따라서 옳지 않은 내용이다.

45

답 ①

난도 ★

정답해설

ㄱ. 제시문은 특정 행위의 결과를 행위자가 의도했는지에 대한 설문조사는 행위 결과의 도덕성 여부에 대한 판단에 의존한다고 하였다. 따라서 환경에 대한 영향과 도덕성이 무관하다고 생각하는 사실은 제시문의 주장을 약화시키게 되므로 옳은 내용이다.

오답해설

ㄴ. 제시문에서는 부도덕한 의도를 가지고 부도덕한 결과를 낳는 행위를 한 행위자가 제시되지 않는다. 단지, 같은 의도를 가지고 도덕적인 결과인지에 대해 차이가 나타날 뿐이다. 따라서 지문을 통해, 부도덕한 의도를 가지고 부도덕한 결과를 낳는 행위를 한 행위자와 의도 없이 부도덕한 결과를 낳는 행위를 한 행위자의 결과에 대한 책임 정도는 비교할 수 없다. 따라서 옳지 않은 내용이다.

ㄷ. 제시문의 두 행위자는 동일한 부도덕한 결과를 의도하지 않았으며 또한, 그 결과를 달성하지 못한 행위자를 다루는 사례가 아니므로 옳지 않은 내용이다.

46

답 ②

난도 ★

정답해설

② 해마의 신경세포는 길을 잘 찾아가게 하는 데 도움이 된다는 주장을 부정하지 않았고, 추가로 소뇌에서도 발견된다는 것을 다룰 뿐이다. 따라서 A의 견해를 약화시키지 않는다.

오답해설

① 해마의 신경세포인 장소세포가 활성화될 필요가 없다는 것이므로 A의 견해를 약화시킨다.

③ 신경세포로는 용량이 부족해 공간과 거리에 대한 정보를 담을 수 없다는 것이므로 A의 견해를 약화시킨다.

④ 쥐가 장소를 찾는 행동을 신경세포가 아닌 냄새로 설명할 수 있다는 것이므로 A의 견해를 약화시킨다.

⑤ 쥐를 통해서 신경세포의 기능 가능성을 제시했지만, 사람은 그렇지 않다는 것이므로 A의 견해를 약화시킨다.

47

답 ②

난도 ★

정답해설

ㄴ. 물이 어는 과정에서 따뜻한 물에서 증발한 물의 질량이 더 크다는 것은 B의 주장을 지지한다. 따라서 B의 주장을 강화하므로 옳은 내용이다.

오답해설

ㄱ. 물의 대류를 억제하여 기존의 실험과 같은 결과가 나타난다는 것은 그것의 원인이 대류가 아니라는 것을 나타내는 것이므로 A의 주장을 약화시킨다. 따라서 옳지 않은 내용이다.

ㄷ. C는 용해기체의 양이 차가운 물에 더 많다고 하였으므로 C의 주장을 강화시킨다. 따라서 옳지 않은 내용이다.

48

답 ⑤

난도 ★★

정답해설

ㄱ. 파괴된 적혈구의 비중이 높아지면 그로부터 유리되는 빌리루빈의 비중이 늘어난다. 빌리루빈이 많을수록 담즙에 포함되어 소장으로 배출되는 비중이 늘어나는데, 그렇다면 소장에서 흡수되어 혈액으로 이동하는 유로빌리노젠으로 전환되는 비중이 늘어나고, 이는 소변으로 배출되는 양이 늘어나는 결과를 가져온다. 따라서 옳은 내용이다.

ㄴ. 비결합 빌리루빈의 정상치 보다 양이 많다는 것은 간세포로 흡수된 비결합 빌리루빈이 글루쿠론산과 결합하여 결합 빌리루빈으로 잘 바뀌지 않는다는 것이다. 이는 담즙을 만드는 간세포의 기능이 망가진 간경화가 원인이 될 수도 있으므로 옳은 내용이다.

ㄷ. 대변 내 결합 빌리루빈이 발견되려면, 결합 빌리루빈이 담관을 통해 분비되는 담즙에 포함되어 소장으로 배출되고, 그렇게 들어온 결합 빌리루빈이 소장에서 흡수되지 않고 대변에 포함되어 배설되어야 한다. 그런데 결합 빌리루빈이 발견되지 않았다는 것은 담관이 막혀있을 수 있다는 것이므로 옳은 내용이다.

49

답 ①

난도 ★

정답해설

실험에서 각 환자들이 답을 맞힌 비율이 50%에 불과하여 아무 것이나 마구 고른 경우와 거의 차이가 없었다는 결과는 몰리눅스의 물음에 대한 답변이 부정적이었다는 것을 의미한다. 즉, 아무리 촉각을 통해 형태를 인지할 수 있었더라도 시각에 의한 형태를 경험한 적이 없기 때문에 둘의 형태를 성공적으로 연결시킬 수 없었던 것이다. 이는 결국 경험론자들의 논리를 강화하게 된다. 만약 생득론자들의 논리가 타당했다면 아무리 시각에 의한 형태를 경험한 적이 없었더라도 태어날 때부터 가지고 있는 관념을 이용해 시각적인 형태도 인식할 수 있어야 하기 때문이다.

50

답 ②

난도 ★★

정답해설

ㄴ. 파충류의 성을 결정하는 데에 영향을 미치는 것은 물질 B가 온도의 변화에 의해 물질 A와 물질 C로 분화되는 것이지 물질 B 자체의 농도가 영향을 미치는 것은 아니다. 따라서 선택지의 사례는 주어진 〈가설〉을 강화하지도 약화하지도 않는다.

오답해설

ㄱ. 수컷을 생산하는 온도에서 배양된 알에서는 물질 C의 농도가 더 높으며, 물질 A와 물질 C의 비율은 단백질 '가'와 단백질 '나'의 비율과 동일하다고 하였다. 따라서 단백질 '가'보다 많은 양의 단백질 '나'를 가지고 있다는 사실은 주어진 〈가설〉을 강화한다.

ㄷ. 〈가설〉에서 온도의 영향이란 어디까지나 물질 B를 물질 A와 C로 바꾸게 하는 역할을 할 뿐이다. 즉, 중요한 것은 물질 A와 C의 농도이므로 온도가 어떤 상태에 있든지 간에 물질 A의 농도가 C보다 더 높아진다면 암컷이 생산될 것이므로 주어진 〈가설〉을 강화한다.

51

답 ③

난도 ★★★

정답해설

실제 크기는 다르지만 거리가 다른 이유로 인해 동일한 시각도로 인식되는 사례를 찾으면 되는데 이에 해당하는 것은 ③뿐이다. 나머지는 이와는 직접적인 관련이 없는 사례들이다.

52

답 ②

난도 ★★

정답해설

ㄷ. 제시된 논증의 가장 중요한 전제는 인간 본성의 '좋은' 특성이 '나쁜' 특성과 밀접하게 연결되어 있다는 것이며, 때문에 인간의 본성을 선별적으로 개선하려고 하면 그와 연결된 '좋은' 특성에도 영향을 미치게 된다는 것이다. 그런데 선택지의 진술은 이와 반대의 내용으로 '좋은' 특성과 '나쁜' 특성이 서로 분리되어 있어 선별적으로 변경하더라도 영향을 끼치지 못한다고 하였으므로 전체 논증을 약화한다고 볼 수 있다.

오답해설

ㄱ. 인간 본성이 인간이 갖는 도덕적 지위와 존엄성의 궁극적 근거이므로 인간 본성을 무너뜨릴 위험성이 있는 시도를 하지 말아야 한다는 것이다. 따라서 선택지의 진술은 전체 논증을 강화한다고 볼 수 있다.

ㄴ. 인간 본성을 지닌 모든 존재가 지금의 상태보다 더 훌륭하게 되길 희망하는 것은 전체적인 논증과는 직접적인 연관관계가 없다. 따라서 전체 논증을 강화하지도 약화하지도 않는다고 볼 수 있다.

53

답 ②

난도 ★★

정답해설

ㄷ. (나)에 의하면 단풍색은 일종의 경계 신호로서 진하고 뚜렷한 색깔을 보일수록 경계가 철저한 것이고 그렇지 않은 것일수록 경계가 허술한 것이다. 따라서 진딧물은 가장 형편없이 단풍이 든 나무에 알을 낳게 된다. 그러므로 선택지의 진술과 같은 연구 결과가 나왔다면 이는 (나)의 주장을 강화하게 되므로 옳은 내용이라고 할 수 있다.

오답해설

ㄱ. (가)에 의하면 가을이 되었을 때 잎을 떨어뜨리기 위해 잎자루 끝에 떨켜가 생기면서 가지와 잎 사이의 물질 이동이 중단된다고 하였다. 즉, 떨켜의 발생으로 인해 단풍이 생기게 되는 것이라고 볼 수 있다. 하지만 떨켜를 만들지 않았음에도 단풍이 드는 나무가 있다면 이것은 (가)의 주장을 약화하게 되므로 옳지 않은 내용이다.

ㄴ. (가)에 의하면 주홍빛의 색소는 새롭게 생기는 것이 아니라 엽록소로 인해 감춰졌던 것이다. 그러나 선택지의 내용과 같이 주홍빛을 내는 색소가 새롭게 생긴다는 연구 결과가 나왔다면 이는 (가)의 주장을 약화하게 되므로 옳지 않은 내용이다.

54

답 ①

난도 ★

정답해설

ㄱ. ⊙의 핵심 논지는 비교 가능한 속성을 아는 것이 비교급 관계를 아는 것에 대해 반드시 선행하지는 않는다는 것이다. '더 유사함'이라는 비교급 관계를 이해하지 않고서는 '유사하다'라는 비교 가능한 속성을 사용할 수 없다는 것은 비교급 관계를 아는 것이 속성을 아는 것보다 선행하는 사례이므로 ⊙을 강화한다.

오답해설

ㄴ. '더 훌륭하다'는 비교급 관계를 판단하지 않고도 '훌륭하다'는 비교 가능한 속성을 알 수 있다는 것은 ⊙의 주장과 무관하다.

ㄷ. 글의 내용과 무관한 내용이다.

◈ 합격생 가이드

⊙의 핵심 논지를 정확히 이해하면 쉽게 풀이할 수 있는 내용이다. 보기 중 글의 내용과 무관한 것들이 섞여 있으므로 이를 복잡하게 생각하여 잘못된 답을 고르는 실수를 범하지 않도록 한다.

55

난도 ★★

[정답해설]

ㄴ. 뉴턴역학이라는 과학이론은 문장들로 구성되고, 문장이라는 전체의 의미로부터 '힘'이라는 구성요소의 의미가 결정될 수 있다는 것은 ㉠을 강화한다.

ㄷ. 특정 단어가 문장 전체의 의미로부터 결정되는 것이 아니라 직접적 관찰 증거만으로 의미를 결정할 수 있다는 것은 ㉠을 약화한다.

[오답해설]

ㄱ. "고래는 포유류이다"는 문장의 의미를 확정하기 위해 '포유류'라는 구성요소의 의미를 먼저 결정해야 한다는 것은 ㉠에 배치된다.

📖 합격생 가이드

㉠은 관찰 가능한 증거들이 여러 번역과 어울려서 어느 번역이 옳은지 결정할 수 없는 문제를 해결하는 방안으로 제시되었으며, 문장 전체의 의미로부터 그 구성요소의 의미를 결정하고자 하는 이론이라는 핵심 내용을 정확히 이해해야 한다. 보기 ㄷ의 경우 ㉠과 달리 전체의 의미에 대한 이해 없이도 부분인 구성요소의 의미가 도출되는 사례이므로 ㉠의 주장을 약화하는 것임을 파악할 수 있어야 한다.

56

난도 ★★

[정답해설]

ㄱ. 〈실험 A〉는 중립적 자극에 해당하는 단물 먹기와 무조건 자극인 방사능 노출이 한 차례밖에 연결되지 않았음에도 조건화가 이루어졌다는 사실을 알 수 있으므로 ㉠을 약화하나, ㉡을 약화하는 내용은 포함되어 있지 않다.

ㄴ. 〈실험 B〉는 중립적 자극과 무조건 자극을 여러 차례 연결한 후 조건화를 관찰한 실험이므로 ㉠을 약화하지 않지만 방사능 노출은 단물 먹기와 전기 충격은 밝은 물과 상대적으로 더 강한 조건화를 형성한다는 실험 결과는 ㉡을 약화한다.

ㄷ. 〈실험 A〉는 중립적 자극과 무조건 자극 간 간격이 충분히 짧지 않았음에도 조건화가 이루어졌으므로 ㉡을 약화하나, 〈실험 B〉는 중립적 자극과 무조건 자극을 거의 동시에 주고 조건화를 관찰했으므로 ㉡을 약화하지 않는다.

📖 합격생 가이드

글에서 조건화의 특성에 관해 주어진 내용들을 〈실험〉 내용에 적절하게 적용할 수 있는지를 확인하는 문항이다. 문두에서 '~에 대한 평가로 적절한 것은?'과 같이 묻는 경우 기본적으로 특정 내용에 대한 강화 혹은 약화 여부에 대해 질문하는 일이 많으므로 글을 읽을 때 이에 주의하며 읽도록 한다. 특히, 밑줄 친 부분을 강화하지 않으나 약화하지도 않는 내용의 경우 강화가 아니므로 약화라고 착각하는 실수를 범하지 않도록 주의한다.

57

난도 ★

[정답해설]

ㄱ. 토끼에 비해 순록의 몸무게가 더 많이 나갈 것이므로, 단위 몸무게당 기초대사율은 글의 내용에 따르면 순록보다 토끼의 경우 더 커야 할 것이나, 이에 반하는 사례이므로 ㉠을 약화한다.

[오답해설]

ㄴ. 외온동물에 해당하는 양서류의 최소대사율이 주변 온도에 따라 달라지는 것은 ㉠의 내용에 부합한다.

ㄷ. 외온동물인 악어의 표준대사율 최대값이 내온동물인 성인 남성의 기초대사율 최대값보다 작다는 것은 기본적 신체 기능을 유지하는 데 필요한 에너지 양이 외온동물보다 내온동물에서 더 크다는 글 내용에 부합한다.

📖 합격생 가이드

크게 어렵지 않은 강화 약화 유형의 문제이다. 다만 최소대사율, 표준대사율, 기초대사율 등 용어가 혼재되어 헷갈릴 수 있으므로 각 용어의 개념을 정확하게 이해하고 글을 읽도록 한다.

58

난도 ★

[정답해설]

ㄷ. 권력을 통해 특정 의견을 억누른 결과 과오 시정과 진리 탐색의 기회가 한동안 박탈되었다는 내용이므로, 글의 논지를 강화한다.

[오답해설]

ㄱ. 토론을 통해 의견의 잘잘못을 드러내고, 과오를 시정할 수 있는 기회를 제공해야 한다는 것이 글의 핵심 논지이다. 화재 사고 기록들에 대한 토론 없이 사고를 잘 예방할 수 있었다는 내용은 글의 논지를 강화하지 않는다.

ㄴ. 정부가 사람들의 자유로운 의견 교환을 허용했더니 사회적으로 진리를 찾는 데서 더 멀어졌다는 내용이므로, 글의 내용을 강화하지 않는다.

📖 합격생 가이드

비교적 긴 글의 형태로 제시되어 있으나, 전 문단을 통틀어 거의 유사한 주장을 하고 있으므로 핵심 논지를 파악하기가 상대적으로 용이한 형태의 글이다. 문두에서 다음 글의 논지를 강화하는 것에 대해 묻고 있으므로, 글 전체를 꼼꼼히 읽기보다 핵심 논지만을 파악하고 바로 보기에 대한 정오판단을 하는 것이 시간 절약에 유리하다.

59 　　　　　　　　　　 답 ④

난도 ★★

정답해설

④ 1문단에 따르면 연천의 전곡리 유적은 주먹도끼가 우리나라에서 처음 발견된 유적지이다. 또한 1문단에 따르면 주먹도끼는 전기 구석기 시대의 대표적인 석기이다. ㉠은 모비우스 라인 동쪽에서는 주먹도끼가 나타나지 않은 찍개 문화권으로 서쪽보다 인류의 지적 · 문화적 발전 속도가 뒤떨어졌다는 주장이다. 그러므로 선지의 '학술 연구를 통해 전곡리 유적이 전기 구석기 시대의 유적으로 확증'이 이루어진다면 ㉠의 모비우스 라인 동쪽에서 주먹도끼가 발견된 것으로 찍개 문화권이라는 주장을 반증한다고 할 수 있다.

오답해설

① ㉠은 모비우스 라인 동쪽에서는 주먹도끼가 나타나지 않은 찍개 문화권으로 서쪽보다 인류의 지적 · 문화적 발전 속도가 뒤떨어졌다는 주장이다. 그러나 두개골 크기에 대한 논의는 ㉠이나 지문에서 찾을 수 없다.

② 2문단에 따르면 주먹도끼를 만들기 위해서는 형식적 조작기 수준의 인지 능력이 필요하다. ㉠은 모비우스 라인 동쪽에서는 주먹도끼가 나타나지 않은 찍개 문화권으로 서쪽보다 인류의 지적 · 문화적 발전 속도가 뒤떨어졌다는 주장이다. 두 정보를 결합하면 ㉠은 모비우스 라인 동쪽에는 형식적 조작기 수준의 인지 능력을 갖춘 인류가 부족했다고 할 수 있다. 그러므로 선지의 '형식적 조작기 수준의 인지 능력을 가진 인류가 구석기 시대에 동아시아에서 유럽으로 이동했다는 것'은 오히려 ㉠을 약화한다고 할 수 있다.

③ 2문단에 따르면 주먹도끼를 만들기 위한 과정을 고려할 때 '구석기인들의 지적 수준이 계획과 실행이 가능한 수준으로 도약했다는 것을 확인해 주는 부분'이라는 정보가 제시되어 있다. 또한 2문단에 따르면 '주먹도끼를 제작할 수 있다는 것은 추상적 사고를 할 수 있으며 그런 추상적 개념을 언어로 표현하고 대화할 수 있다는 것을 의미한다.'는 정보가 제시되어 있다. ㉠은 모비우스 라인 동쪽에서는 주먹도끼가 나타나지 않은 찍개 문화권으로 서쪽보다 인류의 지적 · 문화적 발전 속도가 뒤떨어졌다는 주장이다. 선지의 '계획과 실행을 할 수 있는 지적 수준의 인류가 거주했던 증거가 동아시아 전기 구석기 유적에서 발견되고'는 오히려 ㉠을 약화한다고 할 수 있다.

⑤ 2문단에 따르면 주먹도끼의 용도로 '사냥감의 가죽을 벗겨 내고, 구멍을 뚫고, 빻거나 자르는 등 다양한 작업'이라고 제시하고 있다. ㉠은 모비우스 라인 동쪽에서는 주먹도끼가 나타나지 않은 찍개 문화권으로 서쪽보다 인류의 지적 · 문화적 발전 속도가 뒤떨어졌다는 주장이다. ㉠은 용도에 따른 지역간 차이에 대한 주장을 하고 있지 않다고 할 수 있다. 그러므로 선지의 '동아시아에서는 주로 열매를 빻기 위해 석기를 제작하였고 모비우스 라인 서쪽에서는 주로 짐승 가죽을 벗기기 위해 석기를 제작하였다는 것'은 ㉠과 무관한 내용이라고 할 수 있다.

합격생 가이드

강화 · 약화 유형 문제를 해결하기 위해 가장 주목해야 할 대상은 강화 및 약화의 대상이 되는 주장이다. ㉠과 같이 대상이 지문의 뒷부분에 제시되어 있는 경우에는 우선 ㉠ 등이 정확히 어떤 주장이고 본문 나머지 부분과 어떻게 대응되는지 유의하면서 독해한다면 보다 정확한 문제 해결이 가능하다.

60 　　　　　　　　　　 답 ②

난도 ★★★

정답해설

[논증의 기호화]

A : 인간에게 인식적 의무가 있다.

B : 자신의 의지만으로 어떤 믿음을 가질지 정할 수 있다.

전제1 : A → B

전제2 : ~B

결론 : ~A

ㄴ. 〈보기〉상 ㄴ의 '내 의지로는 믿고 싶지 않음에도 불구하고 믿을 수밖에 없는 경우들이 있다.'는 전제 2와 같은 주장을 내용으로 하는 선지라고 할 수 있다(~B).

오답해설

ㄱ. 〈보기〉상 ㄱ의 '인간에게 인식적 의무가 없다는 것과 어떤 경우에는 자신의 의지만으로 어떤 믿음을 가질지 정할 수 있다는 것은 양립할 수 없다.'는 '인간에게 인식적 의무가 있다는 명제와 자신의 의지만으로 어떤 믿음을 가질지 정할 수 없다는 명제가 거짓이라는 명제는 동시에 참일 수 없다.'라고 표현할 수 있다. 이를 기호화하면 다음과 같다; (~(~A ∧ B)). 이는 (A ∨ ~B)와 동치라고 할 수 있는데 인간에게 인식적 의무가 있다라고 주장하는 경우 논증을 약화하는 한편 ㄱ과 양립할 수 있다.

ㄷ. 〈보기〉상 ㄷ의 '인간에게 인식적 의무가 있다는 것과 항상 우리가 자신의 의지만으로 어떤 믿음을 가질지 정할 수 있다는 것은 양립할 수 없다.' 는 '인간에게 인식적 의무가 있다는 명제와 자신의 의지만으로 어떤 믿음을 가질지 정할 수 있다는 명제가 동시에 참일 수 없다.'라고 표현할 수 있다. 이를 기호화한다면 다음과 같다; (~(A∧B)). 이는 (~A ∨ ~B)와 동치이다. 인식적 의무가 있다는 명제가 거짓인 경우 전제1 또는 전제2를 강화하지 않으면서 ㄷ과 양립할 수 있다.

합격생 가이드

논증의 형식으로 강화 및 약화의 대상이 제시되어 있을 때에는 ㄷ과 같은 선지에 주의를 기울여야 한다. 전제와의 내용적 일치가 없이 결론과 동치인 경우 논증을 강화한다고 주장할 수가 없기 때문에 ㄷ은 논증을 강화한다고 할 수 없다. 똑같은 결론을 얘기한다고 해서 논리적 과정이 상이한 두 주장이 서로를 강화한다고 얘기할 수 없다는 점에서 알 수 있다.

61 　　　　　　　　　　 답 ②

난도 ★★

정답해설

㉠ 촛불의 연소와 동물의 호흡이 지속되기 위해서는 산소가 포함된 공기가 제공되어야 한다는 정보가 제시되어 있다. 그러므로 산소가 생산된다는 결론을 얻기 위해서는 연소 또는 호흡의 지속이 필요하다고 할 수 있다. 이에 해당하는 것이 ㄱ과 ㄴ이다. ㄱ의 경우 ㉡에 적절하다고 할 수 있으므로 ㄴ이 ㉠에 적절하다.

㉡ ㄱ, ㄴ 이후의 내용에 따라 ㉡에는 산소 생산에 대한 내용과 더불어 빛의 제공여부에 따라 비교집단과 대상집단이 나뉘는 실험이 들어오는 것이 적절하다. ㄱ의 쥐와 식물의 생존은 산소 생성 여부에 대한 내용이라고 할 수 있으며 빛의 제공 여부에 대한 차이를 두었다는 것을 알 수 있다.

㉢ ㄷ 이후의 내용에 따라 빛과 이산화탄소 유무에 따른 광합성 여부에 대한 내용이 들어오는 것이 적절하다. ㄷ의 경우 빛이 있고 이산화탄소가 없는 경우, 빛이 없고 이산화탄소가 있는 경우, 둘 다 있는 경우를 비교하는 내용을 제시하고 있다.

62

답 ⑤

난도 ★★

정답해설

㉠ 1문단에 따르면 X 또는 Y의 내용은 쓰레기를 집으로 가져가는 것과 쓰레기를 해변에 버리고 가는 것이다. 3문단에 따르면 '쓰레기를 집으로 가지고 가는 번거로운 행동이 해변의 상태에 유의미한 변화를 가져오지 않는다면 그 번거로운 행동을 피하는 것을 선호하는 생각이 전제되어 있다.'라는 정보가 제시되어 있다. Y가 쓰레기를 집으로 가져가는 것이라고 가정하자. 이 경우 다른 사람들이 Y를 행할 경우 2문단에 따라 선택자의 행위와 상관없이 해변에는 쓰레기가 없을 것이다. 그러므로 선택자의 행위는 유의미한 변화를 가져오지 않아 번거로운 Y를 피하고 쓰레기를 버리는 X를 선택할 것이다. 그러나 질문 (2)에 대한 대답으로 Y가 제시되어 있다. 그러므로 Y는 쓰레기를 해변에 버리고 가는 것이며, ㉠에 적절한 것도 번거로운 행동을 피하는 선택인 Y가 적절하다고 할 수 있다.

㉡ 1, 2, 3 문단에 따라 X는 쓰레기를 집으로 가져가는 것, Y는 쓰레기를 해변에 버리고 가는 것이라는 사실을 알 수 있다. 3문단에 따라 '당신이 다른 조건이 모두 동등할 경우 해변이 버려진 쓰레기로 난장판이 되는 것보다 그렇게 되지 않는 것을 선호한다면' 해변의 상태가 쓰레기가 없는 한편 3문단에 따라 번거로운 행동인 X를 하지 않는 경우를 가장 선호하게 되며 그 내용이 ㉡에 적합하다는 것을 알 수 있다. 그러므로 (다)가 가장 적절하다고 할 수 있다.

63

답 ⑤

난도 ★★

정답해설

ㄱ. 2문단에 따르면 유전자 X의 발현이 억제된다면 초기 생식소가 난소로 분화되고 암컷 성체로 발달한다. 선지의 'α가 염색체상 수컷인 거북 배아의 미분화 생식소 내에서 유전자 X의 발현을 억제'한다면 α가 염색체상 수컷인 거북 배아를 여성화한다.

ㄴ. 1문단에 따르면 아로마테이즈 발현량이 많아지거나 활성이 커지면 호르몬 A에서 호르몬 B로의 전환이 더 많이 나타난다. 3문단에 따르면 β에 수십 일 동안에 노출된 성체 수컷 개구리는 '혈중 호르몬 A의 양은 노출되지 않은 암컷 개구리와 비슷했고 노출되지 않은 수컷 개구리보다 매우 적게' 된다는 정보를 알 수 있다.

ㄷ. 3문단에 따르면 '거북 배아가 성체로 발달하는 동안 생식소 내에서 생성되는 호르몬 A의 양과 아로마테이즈의 발현량은 에 노출되지 않은 거북 배아에 비해 별다른 차이가 없었다.'는 정보가 제시되어 있다. 그러나 호르몬 A가 만들어지는 양이 감소한다는 결과가 나타난다면 ㉢의 반례에 해당한다고 할 수 있다.

64

답 ⑤

난도 ★★★

정답해설

⑤ K/T경계층 형성 시기가 아닌 다른 시기에도 소행성이 드물지 않게 지구에 충돌했다면, 소행성과 지각의 무수한 파편들도 빈번하게 나타났을 것이다. 따라서 소행성 충돌은 공룡 대멸종의 원인이라고 볼 수 없으며 그에 따라 ㉠은 약화된다.

오답해설

① 신생대 제3기(T) 이후에 형성된 지층은 K/T경계층 위에 위치한다. 해당 지층에서 공룡화석이 대량으로 발견되었다면, 이는 K/T경계층이 생성된 시기 이후에도 공룡이 있었다는 것을 의미한다. 따라서 K/T 경계층이 생성되던 시기에 공룡이 멸종했음을 전제하는 ㉠은 약화된다.

② ㉠은 중생대와 신생대 사이에 일어난 멸종이 소행성 충돌로 인해 발생하였다고 결론 내리고 있으므로, 고생대에 일어난 멸종은 이와 무관하여 ㉠을 강화하지 않는다.

③ 앨버레즈는 이리듐의 증가속도가 일정하다고 보아, 이리듐의 양과 퇴적에 걸린 시간이 비례관계에 놓여 있는 것을 도출하였다. 따라서 이리듐의 증가 속도가 일정하지 않다면 앨버레즈의 전제가 틀린 것이 되며 그에 따라 도출된 ㉠도 약화된다.

④ 만약 이리듐의 농도가 다량으로 검출된 지층이 K/T경계층이 아니라 다른 지층이었다면, 공룡이 멸종된 시기도 K/T경계층 형성 시기가 아니라 다른 지층의 형성 시기라고 보아야 할 것이다. 따라서 K/T경계층 형성 시기에 공룡이 멸종했다는 ㉠은 약화된다.

65

답 ①

난도 ★★

정답해설

ㄱ. 이는 토착 병원균들을 다스리는 면역 능력을 비슷하게 가진 사람들이 한 곳에 모여 살게 된 사례이므로 위 글의 논지를 강화한다.

오답해설

ㄴ. 위 글에 따르면 외지인을 배척하는 성향은 전염성 질병으로부터 스스로를 보호하는 효율적인 장치였기 때문에 전염성 질병 감염 위험이 높은 지역일수록 배타적 성향이 높아야 하고 그렇지 않은 경우에는 배타적 성향이 낮아야 한다. 만약 따라서 감염 위험이 미미함에도 불구하고 외지인을 배척하는 성향이 강하게 나타난다면 위 글의 논지는 약화된다.

ㄷ. 특정 지역에 거주하는 사람들이 전염병 감염의 위험에 대해 평가할 때 뚜렷한 개인차를 보인다면, 전염성 질병으로부터 스스로를 보호하기 위해 외지인을 배척하고 같은 지역 사람끼리 결속하는 성향이 생기기 어려워진다. 따라서 위 글의 논지를 강화하지 않는다.

66

답 ②

난도 ★

정답해설

ㄴ. 관점 B는 객관적인 요소와 개인의 주관적 인지에 의해서 위험에 대한 태도가 결정된다고 보고 있다. 관점 C는 개인의 인지와 집단의 문화적 배경에 의해서 위험에 대한 태도가 결정된다고 보고 있다. 따라서 두 관점 모두 객관적인 요소 외의 주관적 요소를 반영하고 있으므로 동일한 위험에 대해서 다른 태도를 보이는 사례를 설명할 수 있다.

오답해설

ㄱ. 관점 B는 객관적 요소뿐만 아니라 위험에 대한 주관적인 인지와 평가 역시 위험에 대한 태도에 영향을 미친다고 보고 있다. 따라서 관점 B 역시 위험에 대한 사람들의 태도가 객관적인 요소에 영향을 받는다는 점을 인정한다.

ㄷ. '사회의 민주화 수준'은 관점 C의 '개인이 속한 집단의 문화적 배경'의 일종이다. 따라서 관점 C는 이러한 태도를 설명할 수 있지만 위험에 대한 태도는 객관적인 정보에 의해서만 결정된다는 관점 A는 이러한 태도를 설명하지 못한다.

67

답 ③

난도 ★★

정답해설

ㄱ. 두 번째 실험결과는 무성화된 뇌를 가진 성체 쥐에서 행동 A는 유발할 수 있지만 행동 B는 유발할 수 없다는 것을 시사한다. 따라서 실험결과와 양립 가능하다.

ㄴ. 세 번째 실험결과는 성체가 되기 전에 뇌가 테스토스테론에 노출되어 뇌가 남성화된 성체 쥐에서 행동 A는 유발할 수 없지만 테스토스테론을 투여하면 행동 B를 유발할 수 있다는 것을 시사한다. 따라서 실험결과와 양립 가능하다.

오답해설

ㄷ. 첫 번째 실험결과는 뇌가 여성화된 성체 쥐는 이후 난소를 제거하더라도 행동 A를 유발할 수 있다는 것을 시사한다. 따라서 실험결과와 양립할 수 없다.

68

답 ④

난도 ★★★

정답해설

박사의 주장을 도식화하여 정리하면 다음과 같다.

① ~유전자 수↑

② ∴ ~유전자 결정론 (①과의 결합을 통해 '유전자 결정론 → 유전자 수↑'를 전제하고 있음을 알 수 있음)

③ 인간의 행동은 유전자와 환경의 상호작용에 의해 결정됨

④ 자유의지 (③과의 결합을 통해, '유전자와 환경의 상호작용 결정 → 자유의지'를 전제하고 있음을 알 수 있음)

ㄴ. 유전자와 환경의 상호작용으로 결정된 행동은 자유의지에 따른 행동으로 볼 수 없다면, 이는 박사가 전제하고 있는 '유전자와 환경의 상호작용결정 → 자유의지'와 부합하지 않아 ㉠을 약화한다.

ㄷ. 박사는 '유전자 결정론이 옳다고 보기에는 유전자 수가 턱없이 부족하다'고 하여 유전자 수를 근거로 유전자 결정론을 부정하고 있다. 하지만 만약 보기 ㄷ대로 인간의 유전자수가 턱없이 부족한 것이 아니라면, 유전자 결정론이 옳을 가능성도 여전히 남게 된다. 따라서 유전자 결정론을 부정하는 ㉠을 약화한다.

오답해설

ㄱ. '유전자 결정론 → 유전자 수↑'이 거짓이 되는 유일한 경우는 전건인 유전자 결정론이 참이면서 후건인 유전자 수↑가 거짓인 경우다. 따라서 유전자 수↑인 해당 사례는 후건을 긍정하고 있기 때문에 박사의 주장을 거짓으로 만들 수 없다. 따라서 ㉠을 약화하지 않는다.

📖 합격생 가이드

강화·약화의 유형에서는 논증형식으로 된 문장이 많기 때문에 문장을 곧바로 이해하려고 하면 어렵고 헷갈리기 쉽다. 따라서 최대한 문장을 도식화하여 이해하려는 노력이 필요하다. 또한 보기 ㄱ해설과 같이 도식화된 문장에 기호논리의 진리치 개념을 사용하여 접근한다면, 문제 해결이 보다 용이하다. 진리치란 전건과 후건의 참, 거짓에 따라 전체 명제의 참, 거짓을 판단하는 방식으로 P → Q라는 명제가 있을 때, P → Q라는 명제의 참과 거짓은 다음과 같이 결정된다.

• T T : 명제 T
• T F : 명제 F
• F T : 명제 T
• F F : 명제 T

따라서 진리치로 명제의 참거짓을 판단하는 연습을 지속적으로 해두면, 논리 퀴즈 유형에서뿐만 아니라, 강화·약화 유형에서도 큰 도움을 받을 수 있다.

69

답 ③

난도 ★

정답해설

이 글의 논지는 '선택과 집중'보다는 여러 대상에 자원을 나누어 배분해야 한다는 것이다.

③ 여러 연구 프로그램들을 모두 작동하기 위해서는 보유한 것 이상의 자원이 필요할 수 있고, 이 경우에는 '선택과 집중'이 필요하다. 따라서 이 글의 논지를 약화한다.

오답해설

① 이 글은 '선택과 집중'을 반박하고 있으므로 이 선지는 이 글을 강화한다.

② 연구 프로그램들에 대한 비교 평가 결과가 몇 년 안에 확연히 달라진다면 여러 방향으로 자원을 배분하는 전략이 타당성을 얻는다.

④ 연구 프로그램의 실패 가능성을 고려한다면, 하나에 집중하는 것보다는 여러 프로그램에 분산하는 것이 낫다고 볼 수 있다. 이 선지는 이 글을 강화한다.

⑤ 일부의 생각으로 자원 배분을 결정해서는 안 된다는 이 선지는 이 글과 무관하다.

70

답 ④

난도 ★

정답해설

④ ㉠은 오랑우탄들에게는 다른 개체의 생각을 유추할 수 있는 능력이 있기 때문에 건초더미를 주목한 것이라고 설명하고 있다. 하지만 단지 오랑우탄들은 자신들에게 가까운 것에 주목했기 때문에 해당 결과가 나온 것으로 밝혀진다면 ㉠과 양립할 수 없기 때문에 ㉠을 약화하게 된다.

오답해설

① 오랑우탄이 외모유사성에 따라 판단한다는 것은 글의 내용과 관련이 없으므로 ㉠을 약화하지 않는다.

② ㉠의 해석은 오랑우탄의 행동에 관한 것으로, 사람에 대해 동일한 실험을 진행한다고 하더라도 ㉠을 강화한다.

③ 새로운 실험에서 21마리의 오랑우탄들이 건초더미를 주목한 이유를 알 수 없으므로, 새로운 실험의 결과는 ㉠을 강화한다.

⑤ ㉠은 건초더미에 더 많은 오랑우탄들이 주목하게 된 원인을 제시하고 있는 것이기 때문에 건초더미와 상자 중 어느 쪽도 주목하지 않은 나머지 오랑우탄에 대한 진술은 ㉠과 무관하여 약화하지 않는다.

합격생 가이드

㉠은 해당 실험결과가 나타나게 된 원인을 제시하고 있다. 즉, 더 많은 오랑우탄이 건초더미에 주목한 이유를 미루어 짐작해 보는 능력에서 찾고 있는 것이다. 그에 따라 해당 실험결과를 설명할 수 있는 또 다른 원인이 있다면, 이는 ㉠과 경쟁관계에 있는 진술로서, ㉠을 약화시킨다. 따라서 실험결과에 대한 새로운 원인을 제시하고 있는 ④가 ㉠을 약화하게 된다.

71

답 ①

난도 ★★

정답해설

ㄱ. 이 글의 논지는 유전자나 언어가 기능적인 이유가 없음에도 불구하고 같은 형태를 띠고 있다는 것은 유기체(인간)들이 같은 기원을 갖고 있음을 지지한다는 것이다. 만일 유전암호가 동일한 형태로 나타나는 것이 기능적 측면에서 이유가 있다면, 이 글의 논지는 약화된다.

오답해설

ㄴ. 마지막 문단에서 숫자가 명백한 기능적 효용을 가지므로 모든 언어에 수에 해당하는 단어가 존재한다는 것이 언어들이 공통의 기원을 갖는다는 증거가 될 수 없다고 인정하고 있다.

ㄷ. 뉴클레오타이드가 4개인 것이 우수함에도 모든 생물의 코돈은 뉴클레오타이드 3개로 이루어져 있다면, 이는 계통수 가설을 지지나 약화와 관련이 없다.

72

답 ③

난도 ★★★

정답해설

규칙 1 : 탑승자 보호
규칙 2 : 인명 피해 최소화
규칙 3 : 교통 법규 준수

1) 자율주행 자동차가 오른쪽으로 방향을 바꿔 트럭과 충돌하면 탑승자가 사망하게 된다. 따라서 규칙 1이 최우선으로 적용될 수는 없다.

2-1) 규칙 2가 최우선으로 적용되는 상황을 생각해 보자. 직진을 하면 아이 두 명이 목숨을 잃는다. 왼쪽으로 가면 오토바이에 탄 사람 한 명이 죽는다. 오른쪽으로 가면 자율주행 자동차 탑승자가 죽는다. 자율주행 자동차 탑승자가 2명 이상이라면 인명 피해를 최소화하기 위해 왼쪽으로 갔을 것이다. 따라서 자율주행 자동차 탑승자는 1명이어야 한다.

2-2) 규칙 1이 두 번째로 적용되는 경우를 생각해 보자. 탑승자를 보호하는 경우 왼쪽으로 가서 오토바이와 충돌할 것이므로 규칙 2가 그다음으로 적용될 수는 없다. 따라서 규칙 3이 두 번째로 적용되어야 한다.

2-3) 규칙 3이 두 번째로 적용되면 교통 법규를 준수하기 위해 오른쪽으로 갈 것이다. 따라서 답은 ③이 된다.

합격생 가이드

각 선지의 규칙을 적용하기 위해서는 ㉠의 상황을 빠르게 이해하는 것이 중요하다. 글로 생각하면 헷갈리기 쉽다. 처음 읽을 때 시각화해 두자.

73

답 ③

난도 ★★

정답해설

㉢을 강화하려면 사람들이 '인명 피해를 최소화하는' 자율주행 자동차를 선택하지 않는 태도가 나타나야 한다. 그리고 빈칸에 들어갈 물음에 사람들이 부정적으로 대답했다.

③ 탑승자의 인명을 희생하더라도 보다 많은 사람의 목숨을 구하도록 설계된 자율주행 자동차를 살 의향이 없다면, 설문 조사 결과와 달리 실제로 자율주행 자동차를 구입하지 않을 것이다. 이 경우 자율주행 자동차 보급이 더뎌질 것이다.

오답해설

① 직접 운전하길 선호하지 않는다면 자율주행 자동차 보급이 늘어날 것이다.

② 탑승자에게 책임이 없다고 생각한다면 자율주행 자동차를 타는 데에 대한 부담이 줄어든다. 그렇다면 자율주행 자동차 보급이 늘어날 것이다.

④ 인명 피해를 최소화하도록 설계된 자율주행 자동차를 선호한다는 것은 앞선 설문 조사 결과에 부합한다.

⑤ 탑승자의 인명과 교통법규 중 무엇을 우선시하느냐는 자율주행 자동차를 구입하는 것과 무관하다.

74

답 ②

난도 ★

정답해설

ㄱ. 예외적인 경우에 약속을 지키지 않아도 된다면 경우에 따라 법은 지킬 수도 어길 수도 있다는 것이고 이는 어떠한 경우에도 법은 지켜야 한다는 갑의 주장과 배치된다. 따라서 ㄱ은 갑의 주장을 약화한다.

ㄴ. 을의 주장은 공정한 법만 준수의무가 있다는 것인데 공정을 판단할 기준이 없다면 지켜야 할 법과 어겨도 좋은 법을 구분할 수 없으므로 을의 주장은 약화된다.

ㄷ. 병은 법의 선별적 준수를 인정할 수 없다는 주장이므로 이민자를 차별하는 법이 존재한다 해도 병의 입장에서는 그러한 법 역시도 준수해야 할 것이므로 주장을 약화하는 논거가 될 수 없다.

75　답 ③

난도 ★★

정답해설

ㄱ. 영가설은 취해진 조치가 조치의 대상에 아무런 영향을 주지 않는다는 가설이고, 대립가설이란 영향을 준다는 가설이므로 '가설 1 : 쥐가 동일한 행동을 반복할 때 이전 행동에서 이루어진 강제조치가 다음 번 행동에 영향을 준다.'는 대립가설이고 '가설 2 : 쥐가 동일한 행동을 반복할 때 이전 행동에서 이루어진 강제조치가 다음 번 행동에 영향을 주지 않는다.'는 영가설이다.

ㄴ. 〈실험〉의 결과는 '미로에 들어간 쥐가 갈림길에 도달하면 실험자가 개입하여 쥐가 한 쪽 방향으로 가도록 강제조치했고 다음 실험자는 미로의 출구 부분에서 쥐를 꺼내 다시 미로의 입구에 집어넣고 쥐가 갈림길에서 어느 방향으로 가는지를 관찰하였는데 100마리의 쥐를 대상으로 이러한 실험을 실시한 결과 대부분의 쥐들은 이전에 가지 않았던 방향으로 갔다.'를 통해 선행 강제조치가 후행 행동에 영향을 미쳤음이 입증되었으므로 실험은 대립가설을 강화한다.

오답해설

ㄷ. 50마리씩 나눠 각각 왼쪽과 오른쪽으로 강제조치를 했다는 사실이 밝혀졌어도 그 다음 실험에서 쥐들은 이전에 가지 않았던 방향으로 갔으므로 선행 강제조치가 후행 행동에 영향을 미쳤다는 결론을 얻을 수 있다. 따라서 이는 영가설이 아닌 대립가설을 강화하는 논거에 해당한다.

📖 **합격생 가이드**

> 1. 대립가설 → 조치 ㅇ 대상은 영향 ㅇ → 이전 행동의 강제조치 ㅇ 행동에 영향 ㅇ
>
> 2. 영가설 → 조치 ㅇ 대상은 영향 × → 이전 행동의 강제조치 ㅇ 다음 번 행동에 영향 ×
>
> 대립되는 개념의 확장, 적용 예를 구분해두면 실수 없이 빠르게 풀 수 있다.

76　답 ②

난도 ★★

정답해설

ㄷ. "프라임이 소문자로 된 낱말 'radio'이고 타깃이 대문자로 된 낱말 'RADIO'일 때 점화 효과가 나타났다는 것"에서 알 수 있듯이 '식역 이하의 반복 점화'는 시각적으로 외양이 다른 추상적 수준에서 나타난다. 따라서 "한국어와 영어에 능숙한 사람에게 'five'만을 의식적으로 볼 수 있을 만큼 제시한 경우보다 프라임으로 '다섯'을 식역 이하로 제시한 후 타깃으로 'five'를 의식적으로 볼 수 있을 만큼 제시했을 때, 'five'에 대한 반응이 더 빨랐다."는 제시문의 주장을 강화하는 내용이다.

오답해설

ㄱ. '식역 이하의 반복 점화는 추상적인 수준에서 나타나는 것으로 보인다.'는 주장을 강화하기 위해서는 프라임과 의미는 같고 형태가 다른 낱말이 타깃으로 제시되어야 하며 ㄱ만으로는 앞의 주장을 강화하는 논거가 될 수 없다.

ㄴ. "샛별이 금성이라는 것을 아는 사람에게 프라임으로 '금성'을 식역 이하로 제시한 후 타깃으로 '샛별'을 의식적으로 볼 수 있을 만큼 제시했을 때, 점화 효과가 나타나지 않았다."는 제시문의 주장과는 상반되는 내용으로 ㉠의 진술을 강화하는 논거가 될 수 없고 약화하는 주장이다.

77　답 ③

난도 ★★

정답해설

ㄱ. (가)에 따르면 가능한 모든 결과의 목록을 완전하게 작성한다면 어떤 사건이 발생하더라도 목록의 결과 중 하나가 일어날 것이 확실하다고 할 수 있다. 그러므로 로또 복권 구매 시 모든 가능한 숫자의 조합을 산다면 무조건 당첨된다는 사례 역시 가능한 모든 결과의 목록을 작성하고 목록의 결과 중 하나가 일어나는 (가)의 맥락과 같다고 할 수 있다.

ㄴ. (나)에 따르면 개인의 확률과 개인의 집합인 집단의 확률 사이 차이가 존재하고 같은 사건에 대한 집단의 확률이 더 크다고 할 수 있다. 그러므로 한 개인인 사람의 교통사고 확률이 작더라도 대한민국이라는 집단의 교통사고 확률이 더 크다고 하는 것은 (나)의 맥락과 같다고 할 수 있다.

오답해설

ㄷ. (나)에 따르면 개인의 확률과 개인의 집합인 집단의 확률 사이 차이가 존재하고 같은 사건에 대한 집단의 확률이 더 크다고 할 수 있다. 그러므로 던지는 횟수가 수십번에서 수십만 번으로 확대되었을 때 1이 연속으로 여섯 번 나올 확률이 증가한다는 것은 (나)에 의해 설명할 수 있다. (가)에 의해 설명할 수 있는 정보는 제시되어 있지 않으므로 해당 사례는 (가)로는 설명할 수 없으나 (나)로 설명할 수 있다고 할 수 있다.

📖 **합격생 가이드**

> 주사위나 동전 등 친숙하고 단순한 소재를 바탕으로 (가)와 (나)를 대입해 본다면 〈보기〉 등을 판단하는 데 더욱 편하다고 할 수 있다. 예컨대 (가)의 경우 주사위의 예시가 이미 주어져 있고, (나)의 경우 ㄷ 등을 상정한다면 덜 혼란스러울 수 있다.

78　답 ②

난도 ★★

정답해설

ㄷ. A의 첫 번째 및 두 번째 발언에 따르면 연구 성과를 원칙으로 한 공공 자원의 배분은 비주류 연구의 약화로 이어져 해당 분야 전체의 발전이 저하되는 한편 문제 파악을 어렵게 하는 등 부작용을 가져올 우려가 있다. 반면 B의 첫 번째 및 두 번째 발언에 따르면 연구 성과를 원칙으로 한 공공 자원의 배분은 공정하고 효율적이며 연구 성과 측면에서도 일관적인 배분 방식이라고 할 수 있다. 그러므로 성과만을 기준으로 연구자들을 차등 대우하면 연구자들의 사기가 저하되어 해당 분야 전체의 발전이 저해된다는 사실은 A의 주장을 강화한다고 할 수 있는 한편, B의 주장은 강화하지 않는다고 할 수 있다.

오답해설

ㄱ. A의 두 번째 발언에 따르면 연구 성과를 원칙으로 한 공공 자원의 배분은 주류 연구자들이 자원을 독점하는 결과를 가져올 수 있다. A의 첫 번째 발언에 따르면 주류 견해에의 자원 편중은 비주류 연구의 고사로 이어지고 분야 전체의 발전 저해를 가져올 수 있다. 그러므로 A의 주장은 연구 성과에 따라서만 배분하는 것이 적절하지 않다는 내용이라고 할 수 있다. 따라서 공공 자원을 연구 성과에 따라 배분하지 않으면 도덕적 해이가 발생할 가능성이 커진다는 사실은 A의 주장을 강화한다고 할 수 없다.

ㄴ. B의 첫 번째 발언에 따르면 공공 자원 분배의 기준으로 연구 성과가 우선되어야 한다. 또한 B의 두 번째 발언에 따르면 성과가 우수한 연구에 자원을 집중할 경우 더 우수한 성과를 얻는 경향이 강해지고 있다는 정보가 제시되어 있다. 그러므로 B의 주장은 연구 성과가 연구비 등 공공 자원 분배에 대한 일관성 있는 기준이 될 수 있다는 내용이라고 할 수 있다. 따라서 연구 성과에 대한 평가가 시간이 지나 뒤집히는 경우가 자주 있다는 사실은 B의 주장을 강화한다고 할 수 없다.

⟐ 합격생 가이드

두 가지 견해가 제시되어 있고 양자가 충돌하고 있는 상황이 제시되고 있는 만큼, 그 쟁점을 바탕으로 독해한다면 제시문 분석에 유리하다고 할 수 있다. 또한 강화 및 약화 여부에 대한 판단에 있어 특정 주장을 강화하기 위해서는 주장의 구조를 그대로 뒷받침 할 수 있는 논거가, 약화하기 위해서는 구조를 그대로 받고 있으나 결론이 다른 논거가 필요하다는 사실을 유념할 필요가 있다. 예컨대 B의 주장 중 일부를 "연구 성과 기준 분배 → 배당받은 연구의 성과 개선"이라고 나타낸다면 강화하는 논거는 연구 성과에 따라 분배하는 경우 실제로 연구의 성과가 개선되었다는 내용을 담고 있어야 하고, 반면 약화하는 논거의 경우 연구성과에 따라 분배했으나 연구 성과가 약화되었거나 변화가 없었다는 내용이 있어야 한다고 할 수 있다.

79

답 ③

난도 ★★★

정답해설

ㄱ. 1문단에 따르면 박쥐 X는 개구리의 울음소리를 이용하는 '음탐지' 방법과 울음주머니의 움직임을 이용하는 '초음파탐지' 방법을 사용해 수컷 개구리의 위치를 찾는다. 〈실험〉에 따르면 로봇개구리 A는 울음소리와 울음주머니의 움직임이 있는 로봇, B는 울음소리만 있는 로봇이며, 방1은 방해 요인이 없는 환경, 방2는 음탐지 방해가 있는 환경이라고 할 수 있다. 방1과 2의 〈실험 결과〉에 따르면 방해 요인이 없는 경우 초음파탐지 가능성 여부와 무관하게 공격까지의 시간에 유의미한 차이가 없었지만 음탐지 방해요인이 있는 경우 초음파탐지가 가능한 A의 경우 공격했지만, 가능하지 않은 B의 경우 공격하지 않았다. 그러므로 음탐지 방법이 방해를 받는 환경에서 초음파탐지 방법을 사용한다고 할 수 있다.

ㄴ. 〈실험〉에 따르면 A는 울음소리와 울음주머니의 움직임이 있는 로봇, B는 울음소리만 있는 로봇이며, 방2는 로봇개구리 울음소리와 같은 소리의 음탐지 방해가 있는 환경, 방3은 로봇개구리 울음소리와 다른 소리의 음탐지 방해가 있는 환경이라고 할 수 있다. 방2와 3의 〈실험 결과〉에 따르면 같은 소리의 음탐지 방해가 있는 환경에서는 공격까지 시간이 지연되거나 공격하지 않는 반면, 다른 소리의 음탐지 방해가 있는 경우 방해가 없는 환경과 유사한 공격 속도를 보였다. 그러므로 X는 소리의 종류를 구별할 수 있다고 할 수 있다.

오답해설

ㄷ. 〈실험〉에 따르면 A는 울음소리와 울음주머니의 움직임이 있는 로봇, B는 울음소리만 있는 로봇이며, 방1은 방해 요인이 없는 환경, 방3은 울음소리와 다른 소리의 음탐지 방해가 있는 환경이라고 할 수 있다. 방1과 방3의 〈실험 결과〉에 따르면 환경 및 로봇의 종류와 상관없이 공격 시간의 유의미한 차이가 없었다. 그러므로 방1과 방3의 〈실험 결과〉로부터 유의미한 결론 내지 특정 가설에 대한 강화 또는 약화를 이끌어 낼 수 없다고 할 수 있다.

⟐ 합격생 가이드

주어진 실험에서 주된 장치는 로봇과 각 방이라고 할 수 있다. 그러므로 주어진 방의 조합에 따라 어떤 변수가 통제되고 어떤 변수가 비교되고 있는지를 정확히 파악하는 게 문제해결의 핵심이라고 생각한다.

80

답 ②

난도 ★★

정답해설

ㄴ. 1문단에 따르면 철학은 지적 작업에 포함된다. 2문단에 따르면 귀추법은 귀납적 방법의 하나이다. 3문단에 따르면 포퍼는 귀납적 방법의 정당화를 부정하는 등 지적 작업에서 귀납적 방법이 필요 없다는 주장을 취하고 있다. 그러므로 철학의 일부 논증에서 귀추법의 사용이 불가피하다는 주장은 ⓒ을 반박한다고 할 수 있다.

오답해설

ㄱ. 2문단에 따르면 ⊙은 철학이라는 지적 작업에 대한 논의라고 할 수 있다. 1, 3문단에 따르면 과학은 철학이라는 지적 작업과 구별된다고 할 수 있다. 그러므로 과학의 탐구가 귀납적 방법에 의해 진행된다는 주장은 ⊙을 반박한다고 할 수 없다.

ㄷ. 2문단에 따르면 ⊙은 철학이라는 지적 작업에서 귀납적 방법의 필요성에 대한 부정이라고 할 수 있다. 3문단에 따르면 ⓒ은 모든 지적 작업에서 귀납적 방법의 필요성에 대한 부정이라고 할 수 있다. 연역 논리와 경험적 가설 모두에 의존하는 지적 작업이 있다고 가정하자. ⓒ은 가정에 의해 반박된다고 할 수 있다. 그러나 ⊙은 해당 지적 작업이 철학이 아닌 이상 반박된다고 할 수 없다. 그러므로 특정 지적 작업에 대한 주장이 ⊙과 ⓒ을 모두 반박한다고 할 수 없다.

⟐ 합격생 가이드

철학과 지적 작업 사이 포함 관계를 활용한 문제라고 할 수 있다. 더 큰 범주인 지적 작업에 대하여 지지하는 주장의 집합이 철학에 대한 주장을 지지하는 집합보다는 크다고 할 수 있겠지만 반대로 반박하는 주장의 집합 또는 각 주장 지지 근거의 여집합은 철학의 경우가 더 크다는 점을 유념하고 문제 풀이에 들어갈 필요가 있다고 생각한다.

나에 대한

자신감을 잃으면

온 세상이 나의 적이 된다.

-랄프 왈도 에머슨(Ralph Waldo Emerson)-

부록

5·7급 PSAT
언어논리
최신기출문제

01 2022년 5급 PSAT 언어논리 기출문제

문 1.   다음 글에서 알 수 있는 것은?

조선의 군역제는 양인 모두가 군역을 담당하는 양인개병제였다. 그러나 양인 중 양반이 관료 혹은 예비 관료라는 이유로 군역에서 빠져나가고 상민 또한 군역 부담을 회피하는 풍조가 일었다.

군역 문제가 심각해지자 이에 대한 여러 대책이 제기되었다. 크게 보면 균등한 군역 부과를 실현하려는 대변통(大變通)과 상민의 군역 부담을 줄임으로써 폐단을 완화하려는 소변통(小變通)으로 나눌 수 있다. 전자의 예로는 호포론(戶布論)·구포론(口布論)·결포론(結布論)이 있고, 후자로는 감필론(減疋論)과 감필결포론이 있다. 호포론은 신분에 관계없이 식구 수에 따라 가호를 몇 등급으로 나누고 그 등급에 따라 군포를 부과하자는 주장이었다. 이는 신분에 관계없이 부과한다는 점에서 파격적인 것이었으나, 가호의 등급을 적용한다 하더라도 가호마다 부담이 균등할 수 없다는 문제가 있었다. 구포론은 귀천을 막론하고 16세 이상의 모든 남녀에게 군포를 거두자는 주장이었다. 결포론은 토지를 소유한 자에게만 토지 소유 면적에 따라 차등 있게 군포를 거두자는 것이었다. 결포론은 경제 능력에 따라 군포를 징수하여 조세 징수의 합리성을 기할 수 있음은 물론 공평한 조세 부담의 이상에 가장 가까운 방안이었다.

그러나 대변통의 실시는 양반의 특권을 폐지하는 것이었으므로 양반층이 강력히 저항하였다. 이에 상민이 내는 군포를 줄여주어 그들의 고통을 완화시켜 주자는 감필론이 대안으로 떠올랐다. 그런데 감필론의 경우 국가의 군포 수입이 줄어들게 되어 막대한 재정 결손이 수반되므로, 이에 대한 대책이 마련되어야 하였다. 이에 상민이 부담해야 하는 군포를 2필에서 1필로 감축하고 그 재정 결손에 대해서만 양반에게서 군포를 거두자는 감필결포론이 제기되었다. 양반들도 이에 대해 일정 정도 긍정적이었으므로, 1751년 감필결포론을 제도화하여 균역법을 시행하였다. 그러나 균역법은 양반층을 군역 대상자로 온전하게 포괄한 것이 아니었다. 양반이 지게 된 부담은 상민과 동등한 군역 대상자로서가 아니라 민생의 개선에 책임을 져야 할 지배층으로서 재정 결손을 보충하기 위한 양보에 불과한 것이었다. 결국 균역법은 불균등한 군역 부담에서 야기된 폐단을 근본적으로 해결하는 개혁이 될 수 없었다.

① 구포론보다 결포론을 시행하는 것이 양인의 군포 부담이 더 컸다.

② 양반들은 호포론이나 구포론에 비해 감필결포론에 우호적인 입장을 보였다.

③ 균역법은 균등 과세의 원칙 아래 군포에 대한 양반의 면세 특권을 폐지하였다.

④ 결포론은 공평한 조세 부담의 이상에, 호포론은 균등한 군역 부과의 이상에 가장 충실한 개혁안이었다.

⑤ 구포론은 16세 이상의 양인 남녀를 군포 부과 대상으로 규정한 반면, 호포론은 모든 연령의 사람에게서 군포를 거두자고 주장하였다.

문 2. 다음 글에서 알 수 있는 것은?

조선 후기에 백성의 작은 살림집을 짓는 목재 정도는 민간 목재 상인인 목상에게 사서 쓰면 되었지만, 궁궐이나 성곽 건설처럼 대규모 관영 공사에 사용되는 재료는 그럴 수가 없었다. 목상은 대개 수요가 많은 작은 목재만 취급했기 때문이다. 관영 공사에 필요한 재료는 임시건설 본부격인 도감에서 직접 구하거나 나라에 물자를 납품하는 공인으로부터 공급받았다. 공인은 전인과 도고 상인으로 나누어지는데, 선혜청에서 물건 값을 선불로 지급하고 납품받는 방식인 원공은 전인이, 호조에서 후불로 지급하는 방식인 별무는 도고 상인이 담당했다. 원공은 시가보다 물건 값을 많이 받을 수 있었지만 1768년에 폐지되었다. 이후 목재를 비롯한 건축 재료 납품은 도고 상인이 전담하였다. 도고 상인은 시가보다 낮은 비용을 받으면서 과중한 세금을 감내했는데, 그 이유는 벌목권을 얻기 위해서였다. 그러나 운송 기술 발달과 민간 상업 발전에 따라 공인의 경쟁력은 점점 약화됐고, 19세기부터는 주로 민간 목재 상인이 관영 공사의 목재를 공급했다.

산지의 목재는 수로를 통해 배로 운송되었다. 수로 운송을 맡았던 배는 시기별로 달랐다. 17세기에는 세곡을 운송하는 조세선이 주로 쓰이고 군선이 동원되기도 했다. 그러나 18세기에는 조세선보다는 군선과 개인이 소유한 사선의 비중이 커졌다. 군선은 조세선보다 크고 튼튼했기 때문에 자주 동원되었다. 그럼에도 조세선에 의한 건축 재료 운송이 완전히 사라지지 않은 것은, 원거리 운항 기술이 축적되어 있었고 항해술이 노련하여 군선보다는 사고 위험이 덜했기 때문이다. 이에 원거리 운송은 조세선이 담당했다.

17세기까지 건축 재료의 하역과 각 창고까지의 운송은 백성들의 부역 노동으로 해결하였지만, 1707년에 마계를 창설하여 이를 전담시켰다. 한편 관영 공사에 필요한 건축 재료를 구하고 운송하는 책임은 영역부장에게 있었는데, 1789년에 패장이 설치되어 이를 대신하였다. 영역부장은 도감의 최하위 관리직으로 작업소별로 몇 명씩 배정되어 실무를 맡았다. 영역부장 위의 도청은 재료의 반입 및 공사장의 검수 등 행정 전반을 진두지휘했다. 하지만 지방의 관영 공사에 필요한 재료 구입은 지방 감영 소속의 군수나 만호가 담당했다.

① 선혜청에 목재를 납품하는 것보다 도감에 납품하는 것이 보다 큰 수익을 올릴 수 있었다.

② 19세기부터 관영 공사의 목재 공급과 운송을 주로 목상이 담당하면서 영역부장이 폐지되었다.

③ 만호가 지방 관영 공사에 사용하기 위해 구입한 목재는 도청의 책임하에 마계가 창고까지 운송하였다.

④ 건축 재료 값을 관청에서 선불로 지급하고 납품받는 방식이 폐지된 해의 원거리 운송은 조세선이 담당하였다.

⑤ 17세기에 이루어진 관영 공사에서 도감의 영역부장은 전인으로부터 목재를 구입하여 운송할 책임이 있었다.

문 3. 다음 글에서 알 수 있는 것은?

'수치심'과 '죄책감'의 유발 원인과 상황들을 살펴보면, 두 감정은 그것들을 발생시키는 내용이나 상황에 있어서 그다지 차이가 나지 않는다. 발달심리학자 루이스에 따르면, 이 두 감정은 '자의식적이며 자기 평가적인 2차 감정'이며, 내면화된 규범에 비추어 부정적으로 평가받는 일을 했거나 그러한 상황에 처한 것을 공통의 조건으로 삼는다. 두 감정이 다른 종류의 감정들과 경계를 이루며 함께 묶일 수 있는 이유이다.

그러나 이 두 가지 감정은 어떤 측면에서는 확연히 구분된다. 먼저, 두 감정의 가장 근본적인 차이는 부정적 자기 평가에 직면한 상황에서 부정의 범위가 어디까지인지, 그리고 이 상황을 어떻게 심리적으로 처리하는지 등에서 극명하게 드러난다. 수치심은 부정적인 자신을 향해, 죄책감은 자신이 한 부정적인 행위를 향해 심리적 공격의 방향을 맞춘다. 그러다 보니 자아의 입장에서 볼 때 수치심은 자아에 대한 전반적인 공격이 되어 충격도 크고 거기에서 벗어나기도 어렵다. 이에 반해 죄책감은 자신이 한 그 행위에 초점이 맞춰져 자아에 대한 전반적인 문제가 아닌 행위와 관련된 자아의 부분적인 문제가 되므로 타격도 제한적이고 해결 방안을 찾는 것도 상대적으로 용이하다.

위와 같은 두 감정의 서로 다른 자기 평가 방식은 자아의 사후(事後) 감정 상태 및 행동 방식에도 상당히 다른 양상을 낳게 한다. 죄책감은 부정적 평가의 원인이 된 특정한 잘못이나 실수 등을 숨기지 않고 교정, 보상, 원상 복구하는 데에 집중하며, 다른 사람에게 자신의 잘못을 상담하기도 하는 등 적극적인 방식을 통해 부정된 자아를 수정하고 재구성한다. 반면 자신의 정체성과 존재 가치가 부정적으로 노출되어서 감당하기 어려울 정도의 심적 부담을 느끼는 수치심의 주체는 강한 심리적 불안 상태에 놓이게 된다. 그러므로 자신에 대한 부정적 평가를 만회하기보다 은폐나 회피를 목적으로 하는 심리적 방어기제를 동원하여 자신에 대한 스스로의 부정이 더 이상 진행되는 것을 차단하기도 한다.

① 수치심을 느끼는 사람과 죄책감을 느끼는 사람 중 잘못을 감추려는 사람은 드러내는 사람보다 자기 평가에서 부정하는 범위가 넓다.

② 자아가 직면한 부정적 상황에서 자의식적이고 자기 평가적인 감정들이 작동시키는 심리적 방어기제는 동일하다.

③ 부정적 상황을 평가하는 자아는 심리적 불안 상태에서 벗어나기 위해 행위자와 행위를 분리한다.

④ 수치심은 부정적 상황에서 심리적 충격을 크게 받는 성향의 사람이 느끼기 쉬운 감정이다.

⑤ 죄책감은 수치심과 달리 외부의 규범에 반하는 부정적인 일을 했을 때도 발생한다.

문 4. 다음 글에서 알 수 없는 것은?

봉수란 낮에는 연기를, 밤에는 불빛을 이용하여 변경의 상황에 대한 정보를 중앙에 알렸던 우리나라의 옛 통신 수단이다. 아궁이 5개로 이루어졌으며 각각의 아궁이에 불을 지핌으로써 연기나 불빛을 만들어 먼 곳까지 신호를 보낸다. 봉수는 이렇게 송신 지점에서 정보를 물리적인 형태로 변환시켜 보내고, 수신 지점에서는 송신측에서 보낸 정보를 정해진 규약에 따라 복원해내는 통신 방식이다. 이러한 방식은 현대 디지털 통신과 유사한 점이 많다.

정보를 송신하기 위해서는 먼저 보내려고 하는 정보를 송수신자가 합의한 일정한 규칙에 의거하여 부호로 변환시켜야 하는데, 이를 부호화 과정이라 한다. 디지털 통신에서는 정보를 불연속적인 신호 체계를 통해 보내기 때문에, 부호화는 표본화 및 이산화 두 단계의 과정을 통해 이루어진다. 여기에서 표본화는 정보에서 주요한 대목만을 추려내어 불연속적인 것으로 바꾸는 과정이다. 이산화란 표본화 과정을 거친 정보를 이진수 또는 자연수 등 불연속적 신호 체계에 대응시키는 과정이다. 이렇게 부호화된 정보는 또다시 전송 매체의 성질에 맞는 형태로 바꾸는 과정이 필요하며, 이를 변조라 한다.

봉수의 송신 체계도 이와 비슷한 과정을 거친다. 먼저 전달하고자 하는 정보를 위급한 정도에 따라 '아무 일도 없음', '적이 출현했음', '적이 국경에 다가오고 있음', '국경을 넘었음', '피아간에 전투가 벌어지고 있음'으로 표본화한다. 표본화 과정을 거친 5개의 정보는 위급한 순서에 따라 가장 덜 위급한 것부터 1, 2, 3, 4, 5의 수에 대응시켜 이산화한다. 그리고 봉수의 신호는 불빛이나 연기의 형태로 전송되므로 이산화된 수만큼 불을 지피는 것으로 변조한다.

봉수의 신호 체계에서는 표본화된 정보를 아궁이에 불을 지핀 숫자에 대응하는 자연수로 이산화했지만, 이산화하는 방법이 이것만 있는 것은 아니다. 현대 디지털 통신 체계와 같이 이진 부호 체계를 도입하여 각각의 아궁이에 불을 지핀 경우를 1로, 지피지 않은 경우를 0으로 하여 이산화한다면 봉수에서도 원리상 5가지 이상의 정보를 전송할 수 있다.

① 봉수의 신호 전송 체계에서 아궁이에 불을 지피는 것은 변조 과정이다.

② 이산화 방법을 달리하면 봉수는 최대 10가지 정보를 전송할 수 있다.

③ 봉수 신호의 부호화 규칙을 알지 못한다면 수신자는 올바른 정보를 복원할 수 없다.

④ 봉수대에서 변조된 신호의 형태는 낮과 밤이 다르다.

⑤ 봉수를 이용한 신호 전송에서, 연기가 두 곳에서 피어오른 봉수 신호는 '적이 출현했음'을 나타낸다.

문 5. 다음 글의 핵심 논지로 가장 적절한 것은?

지식에 대한 상대주의자들은 한 문화에서 유래한 어떤 사고방식이 있을 때, 다른 문화가 그 사고방식을 수용하게 만들 만큼 논리적으로 위력적인 증거나 논증은 있을 수 없다고 주장한다. 왜냐하면 문화마다 사고방식의 수용 가능성에 대한 서로 다른 기준을 가지고 있기 때문이다. 이를 바탕으로 그들은 서로 다른 문화권의 과학자들이 이론적 합의에 합리적으로 이를 수 없다고 주장한다. 이러한 주장은 한 문화의 기준과 그 문화에서 수용되는 사고방식이 함께 진화하여 분리 불가능한 하나의 덩어리를 형성한다고 믿기 때문에 나타난다.

예를 들어 문화적 차이가 큰 A와 B의 두 과학자 그룹이 있다고 하자. 그리고 A그룹은 수학적으로 엄밀하고 놀라운 예측에 성공하는 이론만을 수용하고, B그룹은 실제적 문제에 즉시 응용 가능한 이론만을 수용한다고 하자. 그렇다면 각 그룹은 어떤 이론을 만들 때, 자신들의 기준을 만족할 수 있는 이론만을 만들 것이다. 그 결과 A그룹에서 만든 이론은 엄밀하고 놀라운 예측을 제공하겠지만, 응용 가능성의 기준에서 보면 B그룹에서 만든 이론보다 못할 것이다. 즉 A그룹이 만든 이론은 A그룹만이 수용할 것이고, B그룹이 만든 이론은 B그룹만이 수용할 것이다. 이처럼 문화마다 다른 기준은 자신의 문화에서 만들어진 이론만 수용하도록 만들 것이다. 이것이 상대주의자의 주장이다.

그러나 한 사람이 특정 문화나 세계관의 기준을 채택한다고 해서 그 사람이 반드시 그 문화나 세계관의 특정 사상이나 이론을 고집하는 것은 아니다. 다음과 같은 상상을 해 보자. A그룹이 어떤 이론을 만들었는데, 그 이론이 고도로 엄밀하고 놀라운 예측에 성공함과 동시에 즉각적으로 응용할 수 있는 것이라 하자. 그렇다면 A그룹뿐 아니라 B그룹도 그 이론을 받아들일 것이다. 실제로 데카르트주의자들은 뉴턴 물리학이 데카르트 물리학보다 데카르트적인 기준을 잘 만족했기 때문에 결국 뉴턴 물리학을 받아들였다.

① 과학 이론 중에는 다양한 문화의 평가 기준을 만족하는 것이 있다.

② 과학의 발전 과정에서 이론 선택은 문화의 상대적인 기준에 따라 이루어진다.

③ 과학자들은 당대의 다른 이론보다 탁월한 이론에 대해서는 자기 문화의 기준으로 평가하지 않는다.

④ 과학의 발전 과정에서 엄밀한 예측 가능성과 실용성을 판단하는 기준이 항상 고정된 것은 아니다.

⑤ 문화마다 다른 평가 기준을 따르더라도 자기 문화에서 형성된 과학 이론만을 수용하는 것은 아니다.

문 6.　다음 글의 ㉠~㉢에 들어갈 말로 적절하지 않은 것은?

　한국어 특수조사 중 '은/는'은 그 의미를 추출하기가 가장 어려운 종류에 속한다. 특히 주어 자리에 쓰였을 때 주격조사 '이/가'와 그 용법이 어떻게 다른지를 가려내는 일은 만만치 않다. 일단, 주어 자리가 아닐 때 '은/는'의 의미는 비교적 선명하게 드러난다. 예컨대 "이 꽃이 그늘에서는 잘 자란다."는 이 꽃이 그늘이 아닌 곳에서는 잘 자라지 않는다는 전제를 깔고 있음을 나타낸다. ＿＿＿＿＿㉠＿＿＿＿＿가 그 예이다.

　주어 자리에 쓰이는 '은/는' 역시 대조의 의미를 나타내기도 한다. ＿＿＿＿＿㉡＿＿＿＿＿에서 주어 자리에 쓰인 것들은 의미상 대조된다. 그러나 이러한 경우를 제외하고서 주어 자리의 '은/는'이 그 의미가 항상 잘 파악되는 것은 아니다. 앞의 예에서처럼 대조되는 두 항을 한 문장에서 말한다면 상대적으로 쉽게 파악되지만, 그렇지 않은 경우에는 말하지 않은 나머지 한쪽에 무엇이 함축되어 있는지가 주어 이외의 자리에서만큼 쉽게 떠오르지 않기 때문이다.

　주격조사 '이/가'는 특수조사가 아니기 때문에 어떤 특별한 의미를 대표할 필요가 없다. 다른 것은 전혀 고려하지 않고 단지 바람 부는 현상을 말할 때 ＿＿＿＿＿㉢＿＿＿＿＿라고 해서는 안 되는 것이다. '은/는'의 경우 특별한 의미를 지니는데, 그 의미는 궁극적으로 '대조'와 관련되어 있겠지만 그것으로 모두 설명되지는 않는다. 그래서 관점을 달리하여 '알려진 정보'의 관점에서 설명하기도 하는데, 새로 등장하는 대상이 아니라 이미 알려진 대상일 경우에 '은/는'을 쓴다는 것이다. 이렇게 볼 때 ＿＿＿＿＿㉣＿＿＿＿＿는 어색하다.

　'은/는'과 주격조사의 차이를 초점에서 찾기도 한다. 발화의 상황에서 이미 알려진 정보는 초점의 대상이 아닐 테니, '은/는'의 경우 서술어 쪽에 초점이 놓인다는 것이다. "소나무는 상록수이다."라고 하면 "여러분이 아는 소나무로 말할 것 같으면"의 뜻으로 하는 말이므로 소나무는 이미 초점의 대상에서 벗어나 있고 '상록수이다'에 초점이 놓인다. ＿＿＿＿＿㉤＿＿＿＿＿에서는 서술어 대신 '영미'에 초점이 놓이며 "여러 아이 중에서"의 뜻이 함축되어 있다.

① ㉠ : "그 작가는 원고를 만년필로는 쓰지 않는다."
② ㉡ : "소나무는 상록수이고, 낙엽송은 그렇지 않다."
③ ㉢ : "바람은 분다."
④ ㉣ : "그 사람이 결국 시험에 합격하였다."
⑤ ㉤ : "영미는 노래를 잘 한다."

문 7.　다음 글의 ㉠과 ㉡에 들어갈 말로 적절한 것은?

　우리말의 어휘는 그 기원에 따라 가장 아래에 고유어가 있고, 그 위를 한자어가 덮고 있으며, 맨 위에는 한자어 이외의 외래어가 얹혀 있다. 토박이말이라고도 하는 고유어는 말 그대로 바깥에서 들어온 말이 아닌 한국어 고유의 말이다. 하늘 · 아들 · 나라 따위의 낱말들이 그 예이다. 고유어는 기초 어휘에 속하는 말들이 많고, 한자어나 외래어에 견주어 정서적 호소력이 크다. 그러나 낱말의 기원이 분명하지 않은 경우가 많아 그 범위를 엄밀하게 확정하기 힘들다는 문제도 있다. 그래서 현실적으로 고유어는 한자어와 외래어를 뺀 나머지 어휘 전체를 범위로 삼는다.

　이렇게 느슨하게 정의된 고유어에는 많은 차용어들이 포함된다. 예컨대 보라매의 '보라'는 몽골어에서, '스라소니'는 여진어에서 차용한 것이다. 이보다 더 흔한 것은 한자어에서 차용한 낱말들이다. ＿＿＿＿＿㉠＿＿＿＿＿. 벼락 · 서랍 · 썰매 같은 낱말들은 지금은 고유어가 맞지만 처음부터 고유어는 아니었고, 벽력(霹靂) · 설합(舌盒) · 설마(雪馬) 같은 한자어를 사용하다 형태가 변한 것들이다. 이런 유형의 낱말 가운데는 괴이하고 흉악하기 짝이 없다는 '괴악(怪惡)하다'에서 온 '고약하다'처럼 그 형태뿐 아니라 의미가 달라진 것들도 있다.

　한국어 어휘의 두 번째 층인 한자어는 한자로 표기될 수 있다는 점에서 고유어와 구분된다. ＿＿＿＿＿㉡＿＿＿＿＿. 한자어에는 신체(身體) · 처자(妻子)처럼 중국에서 차용한 말들 이외에, 철학(哲學) · 분자(分子)처럼 일본에서 만들어져 수입된 한자어도 있고, 또 어중간(於中間) · 양반(兩班)처럼 우리나라에서 만들어진 한자어도 포함된다.

① ㉠ : 본디 한자어였던 것이 고유어의 발음과 유사해서 고유어로 바뀐 것이다
　㉡ : 한자어가 한자로 표기된다고 해서 모두 중국에서 유래된 것은 아니다
② ㉠ : 본디 한자어였던 것이 고유어의 발음과 유사해서 고유어로 바뀐 것이다
　㉡ : 언어 간 차용 이후 우리말에 동화된 정도는 낱말의 기원이 어디인지에 따라 다르다
③ ㉠ : 본디 한자어였던 것이 형태가 바뀌어 한자 표기를 할 수 없게 된 것이다
　㉡ : 한자어가 한자로 표기된다고 해서 모두 중국에서 유래된 것은 아니다
④ ㉠ : 본디 한자어였던 것이 형태가 바뀌어 한자 표기를 할 수 없게 된 것이다
　㉡ : 언어 간 차용 이후 우리말에 동화된 정도는 낱말의 기원이 어디인지에 따라 다르다
⑤ ㉠ : 본디 한자어였던 것이 기존의 고유어를 밀어내고 고유어의 지위를 차지한 것이다
　㉡ : 한자어가 한자로 표기된다고 해서 모두 중국에서 유래된 것은 아니다

문 8. 다음 글에서 추론할 수 있는 것만을 〈보기〉에서 모두 고르면?

기계식 한글 타자기를 구현하는 것이 어려운 이유는 크게 두 가지이다.

첫째, 영문 타자기는 한 알파벳을 찍을 때마다 종이가 한 칸씩 움직인다. 그러나 한글은 자음과 모음을 조합하여 초성, 중성, 종성을 한 음절로 모아쓰는 문자이므로 타자기가 하나의 자음 또는 모음을 찍을 때마다 종이가 한 칸씩 움직인다면 받침을 제자리에 찍을 수 없다. 따라서 한글 타자기는 영문 타자기처럼 하나의 자음이나 모음을 찍을 때마다 종이가 움직이는 '움직글쇠'로만 구성되어서는 안 되며, 글쇠 중 일부는 자음 또는 모음이 찍혀도 종이가 움직이지 않는 '안움직글쇠'여야 한다.

둘째, 모아쓰는 과정에서 낱글자들의 모양이 조금씩 바뀌는 문제이다. 'ㄱ'이 초성으로 쓰일 때, 종성으로 쓰일 때는 물론, 어떤 모음과 어울려 쓰는지, 받침이 있는지 없는지에 따라 다른 모양을 갖는다. 중성에서 쓰이는 모음도 두 가지 이상의 다른 모양을 갖는다. 이러한 모양을 다 구현하는 타자기를 만들려면 적어도 300여 개의 글쇠가 필요하다.

이런 문제로 인해 한글 타자기는 적절한 글쇠의 수를 결정할 필요가 있었다. 다섯벌식 타자기의 경우, 'ㅗ'나 'ㅜ'처럼 가로로 긴 모음과 어울려 쓰는 초성 자음 한 벌, 나머지 모음('ㅣ'나 'ㅏ'처럼 세로로 긴 모음과 이 모음이 들어간 이중모음)과 어울려 쓰는 초성 자음 한 벌, 받침이 있을 때 쓰는 모음 한 벌, 받침이 없을 때 쓰는 모음 한 벌, 종성 자음 한 벌이 있다.

네벌식의 경우, 세로로 긴 모음과 어울려 쓰는 초성 자음 한 벌, 세로로 긴 모음이 들어간 이중모음과 어울려 쓰는 초성 자음 한 벌, 모음 한 벌이 있다. 가로로 긴 모음과 어울려 쓰는 초성 자음 한 벌은 다섯벌식 타자기와 같은 글쇠를 사용한다. 종성 자음은 가로로 긴 모음과 어울려 쓰는 초성 자음 글쇠를 기계적인 방법을 통해 글쇠가 찍히는 위치를 조정하는 방식으로 활용한다.

─〈보 기〉─

ㄱ. 한글 타자기의 받침이 있는 글자의 모음에 대한 글쇠는 움직글쇠이다.

ㄴ. 다섯벌식 한글 타자기에서 '밤'이라는 글자의 'ㅏ'를 쓰기 위해 사용하는 글쇠와 '나'라는 글자의 'ㅏ'를 쓰기 위해 사용하는 글쇠는 다르다.

ㄷ. 다섯벌식 한글 타자기에서 '꿈'이라는 글자의 'ㅁ'을 쓰기 위해 사용하는 글쇠와 '목'이라는 글자의 'ㅁ'을 쓰기 위해 사용하는 글쇠는 다르지만, 네벌식 한글 타자기에서는 같다.

① ㄱ
② ㄴ
③ ㄱ, ㄷ
④ ㄴ, ㄷ
⑤ ㄱ, ㄴ, ㄷ

문 9. 다음 글의 ㉠을 이끌어내기 위하여 추가해야 할 전제로 가장 적절한 것은?

사진작가 슬레이터는 '나루토'라는 이름의 원숭이에게 카메라를 빼앗긴 일이 있었는데 다시 찾은 그의 카메라에는 나루토의 모습이 찍힌 사진이 저장되어 있었다. 슬레이터는 나루토가 찍은 사진을 자신의 책을 통해 소개하였는데, 이 사진이 인터넷에 무단으로 돌아다니면서 나루토의 사진이 저작권의 대상이 되느냐가 논란이 되었다.

논란의 초점은 나루토의 사진이 과연 '셀카'인가 하는 것이었다. 셀카는 자신의 모습을 담으려는 의도로 스스로 찍은 사진이며, 그렇기에 셀카는 저작권의 대상이 된다는 것이 통념이다. 나루토가 찍은 사진이 셀카가 아니라면 저작권의 대상이 되지 않을 것이다. 나루토가 찍은 사진이 셀카로 인정받으려면, 그가 카메라를 사용하여 그 자신의 사진을 찍었을 뿐 아니라 찍을 때 자기 모습을 찍으려는 의도가 있어야 하고 그 의도를 실현할 능력이 있어야 한다. 슬레이터는 나루토가 이런 의미의 셀카를 찍었다고 주장한다. 하지만 이는 인간의 행위를 원숭이에 투사하는 바람에 빚어진 오해이다. 자아가 없는 나루토가 한 일은 단지 카메라를 조작하는 인간의 행위를 흉내 낸 것뿐이기 때문이다. 따라서 ㉠ 나루토의 사진은 저작권의 대상이 될 수 없다. 나루토는 그저 카메라를 특별히 잘 다루는 원숭이였을 뿐이다.

① 자아를 가지지 않으면서 인간의 행위를 흉내 낼 수는 없다.
② 자기 모습을 찍으려는 의도가 있다는 것은 자아를 가졌다는 것이다.
③ 자기 모습을 찍으려는 의도를 실현할 능력이 있는 경우에만 자아를 가진다.
④ 자기 모습을 찍으려는 의도가 있다는 것은 그 사진에 대한 저작권이 있다는 것이다.
⑤ 자기 모습을 찍으려는 의도를 실현할 능력이 없으면서 인간의 행위를 흉내 낼 수는 없다.

문 10. 다음 대화의 ㉠과 ㉡에 들어갈 말을 적절하게 나열한 것은?

갑 : 당뇨 환자에게 처방할 약품 A~G를 어떤 방식으로 사용해야 할지 고민하고 있는데, 정말 난감한 상황이야. A를 사용하지 않으면 C를 사용해야 하고, B를 사용하지 않으면 D를 사용해야 해서 말이야.

을 : 그게 걱정이 되는 이유는 뭐야?

갑 : 결국 C나 D 중 적어도 하나를 사용할 수밖에 없게 되잖아. 그런데 지난달부터 C와 D가 금지 약물로 지정되어서 C나 D를 사용할 수 없게 되었어.

을 : 그렇게 걱정하는 걸 보니, 너는 [㉠]고 생각하고 있구나? 그렇다면 걱정할 필요 없어.

병 : 실은 나도 그것 때문에 걱정인데. 어째서 걱정할 필요가 없어?

을 : E와 F를 모두 사용하지 않을 경우에는 A와 B를 모두 사용해야 하거든.

병 : 그래? 그럼 너는 E도 F도 모두 사용하지 않게 될 것이라고 생각하는구나?

을 : 맞아.

병 : 네 말이 모두 참이라면 정말 금지 약물을 걱정할 필요가 없겠네.

갑 : 아니야. 을이 잘못 알고 있는 게 있어. F는 필수적으로 사용해야 하거든.

을 : 그래도 걱정할 필요는 없어. 왜냐하면 [㉡]고 하거든.

갑 : 그래? 그럼 걱정할 필요가 없겠네. G를 사용할 필요는 없으니까.

① ㉠ : A와 B 중 적어도 하나는 사용해야 한다
   ㉡ : A와 B를 모두 사용할 경우 F는 사용해야 한다
② ㉠ : A와 B 중 적어도 하나는 사용하지 않아야 한다
   ㉡ : A와 B를 모두 사용할 경우 F는 사용해야 한다
③ ㉠ : A와 B 중 적어도 하나는 사용하지 않아야 한다
   ㉡ : A와 B를 모두 사용할 경우 G를 사용하지 않아야 한다
④ ㉠ : A와 B 중 적어도 하나는 사용해야 한다
   ㉡ : F를 사용하고 G를 사용하지 않을 경우, A와 B를 모두 사용해야 한다
⑤ ㉠ : A와 B 중 적어도 하나는 사용하지 않아야 한다
   ㉡ : F를 사용하고 G를 사용하지 않을 경우, A와 B를 모두 사용해야 한다

문 11. 다음 글의 내용이 참일 때 반드시 참인 것만을 〈보기〉에서 모두 고르면?

행복대학교 학생은 매 학기 성적, 봉사, 외국어, 윤리, 체험이라는 다섯 영역에 관해 평가 받는다. 이 중 두 영역은 동창회 장학금과 재단 장학금 수혜자를 선정할 때 고려하는 영역이기도 하다. 그 두 영역 중에서 어느 쪽이든 한 영역의 기준만 충족하면 동창회 장학금을 받고, 두 영역의 기준을 모두 충족하면 재단 장학금을 받는다. 그 외의 경우에는 둘 중 어느 것도 받지 못한다. 단, 두 장학금을 동시에 받을 수는 없다.

이 학교 학생 갑, 을, 병에 관하여 다음과 같은 사실이 알려져 있다.

• 갑은 봉사 영역과 외국어 영역 기준을 충족하지 못하고 성적 영역 기준은 충족했는데, 동창회 장학금 수혜자가 아니다.
• 을은 성적 영역 기준을 충족하지 못하고 나머지 네 영역 기준은 충족했는데, 재단 장학금 수혜자가 아니다.
• 병은 성적 영역과 윤리 영역 기준을 충족했는데, 동창회 장학금 수혜자이다.

── 〈보 기〉 ──

ㄱ. 성적 영역 기준만 충족한 행복대학교 학생은 동창회 장학금 수혜자가 된다.
ㄴ. 체험 영역 기준을 충족하지 못한 행복대학교 학생은 재단 장학금 수혜자가 되지 못한다.
ㄷ. 봉사 영역과 외국어 영역 기준만 충족한 행복대학교 학생은 동창회 장학금과 재단 장학금 중 어느 쪽 수혜자도 되지 못한다.

① ㄱ
② ㄴ
③ ㄱ, ㄷ
④ ㄴ, ㄷ
⑤ ㄱ, ㄴ, ㄷ

문 12. 다음 글의 내용이 참일 때 반드시 참인 것은?

수습 사무관 갑, 을, 병, 정을 A, B, C, D 네 도시 중 필요한 도시에 배치해 연수 프로그램을 시행하였다. 이와 관련해 다음과 같은 사실이 알려져 있다.

- 세 명 이상의 수습 사무관이 배치되는 도시는 없다.
- 두 도시 이상에 배치되는 수습 사무관은 아무도 없다.
- 갑이 A시에 배치되면, 을은 C시에 배치되지 않는다.
- 갑은 B시에 배치되지 않는다.
- 을과 병은 같은 시에 배치된다.
- 병이 B시에 배치되면, 갑은 D시에 배치되지 않는다.
- D시에는 한 명이 배치된다.

① 갑이 C시에 배치되면, 병은 A시에 배치된다.

② 을이 B시에 배치되지 않으면, 정은 D시에 배치된다.

③ 병이 C시에 배치되면, 갑은 D시에 배치되지 않는다.

④ 정이 D시에 배치되면, 갑은 A시에 배치된다.

⑤ 정이 D시에 배치되지 않으면, 을은 B시에 배치되지 않는다.

문 13. 다음 글의 〈논증〉에 대한 분석으로 적절한 것만을 〈보기〉에서 모두 고르면?

철학자 A에 따르면, "오늘 비가 온다."와 같이 참, 거짓을 판단할 수 있는 문장만 의미가 있다. A는 이러한 문장과 달리 신의 존재에 대한 문장은 진위를 판단할 수 없고 따라서 무의미하다고 말한다. 하지만 그는 자신이 무신론자도 불가지론자도 아니라고 한다. 다음은 이와 관련된 A의 논증이다.

〈논증〉

무신론자에 따르면 ⊙ "신이 존재하지 않는다."가 참이다. 불가지론자는 신의 존재 여부를 알 수 없다고 말한다. 무신론자의 견해는 신의 존재를 주장하는 문장이 무의미하다는 것과 양립할 수 없다. ⓒ "신이 존재한다."가 무의미하다면, "신이 존재하지 않는다."도 마찬가지로 무의미하다. 그 이유는 ⓒ 의미가 있는 문장이어야만 그 문장의 부정문도 의미가 있다는 것이 성립하기 때문이다. 따라서 "신이 존재한다."가 무의미하다면, "신이 존재하지 않는다."가 참이라는 무신론자의 주장은 받아들일 수 없다. 한편 불가지론자는 ② "신이 존재한다."가 참인지 거짓인지 알 수 없다고 주장한다. 이 주장은 "신이 존재한다."가 의미가 있다는 것을 전제하고 있다. 그러므로 불가지론자의 주장도 "신이 존재한다."가 무의미하다는 것과 양립할 수 없다.

〈보 기〉

ㄱ. ⓒ과 ⓒ으로부터 "신이 존재하지 않는다."가 무의미하다는 것이 도출된다.

ㄴ. ⓒ의 부정으로부터 ⊙과 ② 중 적어도 하나가 도출된다.

ㄷ. "의미가 없는 문장은 참인지 거짓인지 알 수 없다."라는 전제가 추가되면 ⓒ으로부터 ②이 도출된다.

① ㄴ

② ㄷ

③ ㄱ, ㄴ

④ ㄱ, ㄷ

⑤ ㄱ, ㄴ, ㄷ

문 14. 다음 글의 실험 결과를 가장 잘 설명하는 것은?

최근 A지역은 과도한 사냥으로 대형 포유류가 감소하였다. 이러한 대형 포유류의 감소는 식물과 동물 간의 상호작용 감소로 이어져 식물 생태계에 부정적인 영향을 줄 수 있다는 주장이 제기되었다. 식물 생태계 유지에 중요한 상호작용 중 하나는 식물 이외의 생물에 의한 씨앗 포식이다. 여기서 '포식'은 동물이 씨앗을 먹는 행위뿐만 아니라 곤충과 같이 작은 동물이 일부를 갉아먹는 행위, 진균류 등에 의한 감염까지 포함한다. 포식된 씨앗은 외피의 일부가 손상되는 효과 등으로 인해 발아할 가능성이 높아진다. 이렇게 씨앗 포식은 발아율을 결정하는 주된 원인이므로 발아율은 씨앗 포식의 정도를 알려주는 지표이다.

한 과학자는 대형 포유류, 소형 포유류, 곤충, 진균류 등 총 네 종류의 씨앗 포식자가 서식하는 A지역에서 같은 종류의 씨앗을 1~6그룹으로 나눈 뒤 일정한 넓이를 가진, 서로 인접한 6개의 구역에 뿌렸다. 이때 1그룹은 아무 울타리도 하지 않은 구역에 뿌려 모든 생물이 접근 가능하도록 하였다. 2그룹은 성긴 울타리만 친 구역에 뿌려 대형 포유류의 접근이 불가능하도록 하였다. 3~6그룹은 소형 포유류와 대형 포유류의 접근이 불가능하도록 촘촘한 울타리를 친 구역에 뿌리되, 4와 6그룹에는 살충제 처리를 하여 곤충이 접근하지 못하게 하였으며, 5와 6그룹에는 항진균제 처리를 하여 진균류의 접근을 차단하였다. 살충제와 항진균제는 씨앗 발아에 영향을 미치지 않는 것만을 사용하였다. 일정 시간 후에 각 그룹에 대해 조사하였다. 포유류에 의한 씨앗 포식량은 1그룹과 2그룹에서 각각 전체 씨앗 포식량의 25%와 7%였고, 발아율은 1~5그룹 사이에서 차이가 없었으며 6그룹에서는 다른 그룹에 비해 현저히 낮았다.

① 한 종류의 씨앗 포식자가 사라지면 남은 씨앗 포식자의 씨앗 포식량이 증가하여 전체 씨앗 포식량은 변화하지 않는다.
② 한 종류의 씨앗 포식자가 사라지더라도 남은 씨앗 포식자의 씨앗 포식량은 변화하지 않는다.
③ 씨앗 포식자 중 포유류가 사라지면 남은 씨앗 포식자의 씨앗 포식량이 변화한다.
④ 씨앗 포식자의 종류가 늘어나면 기존 포식자의 씨앗 포식량이 변화한다.
⑤ 포식자의 유무와 관계없이 씨앗 발아율은 변화하지 않는다.

문 15. 다음 글의 ㉠에 대한 평가로 적절한 것만을 〈보기〉에서 모두 고르면?

지식 귀속 문제는 한 사람이 특정 지식을 가졌는지를 다른 사람이 판단하는 것과 관련된 문제이다. 이와 관련해 두 가지 입장이 있다. 입장 X는 평가자가 평가 대상자(이하 대상자)에게 지식을 귀속시킬지 여부를 판단하는 데 있어서, 대상자와 관련된 이해관계가 중요할수록 평가자는 대상자에게 더 엄격한 기준을 적용한다는 것이다. 입장 Y는 평가자의 대상자에 대한 지식 귀속 여부 판단은 대상자의 이해관계와 무관하다는 것이다. 이 두 입장과 관련해 ㉠ X가 Y보다 대상자에 대한 평가자의 지식 귀속 판단을 더 잘 설명한다는 가설을 검증하기 위해 다음 두 사례를 이용한 실험이 진행되었다.

사례1 : 희수는 한자를 병용해야 하는 글쓰기 과제를 마무리했다. 담당교수는 잘못된 한자 표기를 싫어한다. 희수는 이번 과제에서 꼭 90점 이상을 받아야 할 동기가 없지만, 틀린 한자 표기가 하나도 없기를 바란다. 희수는 한자사전을 사용해서 과제를 꼼꼼히 검토할 예정이다.

사례2 : 서현도 같은 과목의 같은 과제를 마무리했다. 서현은 이 과제에서 90점 이상을 받아야만 A 학점을 받을 수 있고, A 학점을 받지 못하면 장학금을 받지 못해 학교를 계속 다닐 수 없게 된다. 서현도 한자사전을 사용해서 과제를 꼼꼼히 검토할 예정이다.

이 실험에서 귀속되는 지식은 "내 과제에는 한자 표기에 오류가 없다."이다. 이 사례를 제시한 뒤 평가자에게 희수와 서현이 몇 번이나 과제를 검토해야 이들에게 이 지식을 귀속시킬지 물었다. 평가자가 추정한 희수의 검토 횟수와 서현의 검토 횟수를 각각 m과 n이라고 하자.

〈보 기〉

ㄱ. m이 n보다 훨씬 더 작다면 ㉠이 강화된다.
ㄴ. 평가자의 이해관계가 중요할수록 m이 커지면 ㉠이 강화된다.
ㄷ. 서현이 이 과목에서 받을 학점과 상관없이 장학금을 받게 된다고 사례2의 내용을 변경하더라도, 평가자가 응답한 n에 변화가 없다면 ㉠이 약화된다.

① ㄱ
② ㄴ
③ ㄱ, ㄷ
④ ㄴ, ㄷ
⑤ ㄱ, ㄴ, ㄷ

문 16. 다음 글의 A~C에 대한 분석으로 적절한 것만을 〈보기〉에서 모두 고르면?

응보주의에 따르면, 정의에 합치하는 형벌은 평등의 원리에 기초해야 한다. 응보주의의 전통적인 입장인 A는 범죄와 동일한 유형의 행위로 처벌해야 정의롭다고 주장한다. 이 입장은 '눈에는 눈으로'라는 경구로도 널리 알려져 있다. 그러나 이 입장은 동일한 유형의 행위로 처벌할 수 없는 범죄들이 존재하기 때문에 현실적으로 적용할 수 없다는 비판을 받는다.

A의 기본적 관점을 수용하면서도 이러한 비판에 대응하기 위한 입장 B는, 범죄가 발생시킨 고통의 양과 정확히 동일한 고통의 양을 부과하는 형벌로도 정의를 달성할 수 있다고 주장한다. 예를 들어 방화범은 동일한 유형의 행위로 처벌할 수 없지만, 방화로 발생한 고통의 총량과 동일한 고통의 양을 부과하는 형벌로 처벌하는 것으로 정의를 달성할 수 있다. 그러나 B는 고문과 같은 극악무도한 범죄의 경우 동일한 유형의 행위로 처벌하지 않으면 범죄가 유발한 고통의 양에 상응하는 처벌을 할 수 없다는 비판을 받는다.

이런 문제점을 극복하기 위해 나온 입장 C는 형벌이 범죄가 초래한 고통의 양에 의존할 필요는 없다고 본다. 범죄의 엄중함에 비례하는 무거운 형벌로 처벌하는 것만으로도 충분하다는 것이다. 즉 한 사회의 모든 형벌을 무거운 것에서 가벼운 것 순으로 나열하고 범죄의 경중을 따져 배열된 순서대로 적용하여 처벌하면 정의가 달성될 수 있다.

───── 〈보 기〉 ─────

ㄱ. 범죄와 정확히 동일한 유형의 행위로 처벌하는 것이 정의롭다는 것에 대해서 A는 동의하지만 B는 동의하지 않는다.

ㄴ. 범죄가 야기한 고통의 양과 형벌이 부과하는 고통의 양을 측정하기 어렵다면, B는 약화되고 C는 약화되지 않는다.

ㄷ. 살인이 가장 큰 고통을 유발하고 죽음 이외에는 같은 양의 고통을 유발할 수 없다면, A, B, C는 모두 사형제를 받아들여야 한다.

① ㄱ
② ㄴ
③ ㄱ, ㄷ
④ ㄴ, ㄷ
⑤ ㄱ, ㄴ, ㄷ

문 17. 다음 글의 갑~병에 대한 평가로 적절한 것만을 〈보기〉에서 모두 고르면?

에스키모는 노쇠한 부모를 벌판에 유기하는 관습을 가지고 있었다. 반면에 로마인은 노쇠한 부모를 정성을 다해 모셨다. 도덕 상대주의는 이와 같은 인류학적 사실에 근거하고 있다. 도덕 상대주의에 따르면, 사회마다 다른 도덕적 관습을 가지며 옳고 그름에 대한 신념 체계는 사회마다 상이하다. 또한 다양한 도덕적 관습과 신념 체계 중 어떤 것이 옳은지 판별할 수 있는 객관적인 기준은 없다.

다음은 도덕 상대주의에 대한 비판들이다.

갑 : 에스키모와 로마인의 관습상 차이는 서로 다른 도덕원리에서 기인한 것처럼 보일 수 있다. 그러나 하나의 도덕원리가 각기 다른 상황에 적용되면서 서로 다른 관습을 초래한 것일 수 있다. 부모와 자식 간의 애정에 근거한 동일한 도덕원리가 에스키모와 로마인에게서 다른 관습을 초래할 수 있다.

을 : 도덕 상대주의가 맞다면, 다른 사회의 관습과 신념 체계를 평가할 수 있는 객관적 기준은 존재하지 않는다. 그래서 다른 사회의 관습과 신념 체계에 대한 평가는 불가능하며 이에 대해 '침묵'해야 한다. 이런 침묵의 의무는 어떤 사회를 막론하고 모든 사회의 구성원에게 절대적인 구속력을 갖는다. 결국 도덕 상대주의는 도덕 절대주의의 이념을 수용해야 하는 역설에 빠지게 된다.

병 : 도덕 상대주의는 시간적 차원에도 적용된다. 따라서 도덕 상대주의를 받아들이면 사회 관습이나 신념 체계의 진보를 말할 수 없게 된다. 과거의 것과 달라졌을 뿐이지 더 낫거나 못하다고 말할 수 없기 때문이다. 그러나 사회 관습이나 신념 체계가 진보했다고 말할 수 있는 사례가 존재한다. 예를 들어 과거와는 달리 노예제를 받아들이는 도덕적 관습이나 신념 체계를 가진 사회는 없다.

───── 〈보 기〉 ─────

ㄱ. "두 사회의 관습이 같다면 그 사회들의 도덕원리가 같다."라는 것이 사실이면 갑의 주장은 약화된다.

ㄴ. 우월한 도덕 체계와 열등한 도덕 체계를 객관적으로 구분할 수 있다면 을의 주장은 약화되지 않는다.

ㄷ. 현재의 관습과 신념 체계가 과거의 것보다 퇴보한 사회가 있다면 병의 주장은 약화된다.

① ㄱ
② ㄴ
③ ㄱ, ㄷ
④ ㄴ, ㄷ
⑤ ㄱ, ㄴ, ㄷ

문 18. 다음 글의 ㉠~㉢에 대한 평가로 적절한 것만을 〈보기〉에서 모두 고르면?

오줌을 생산하는 포유류 신장의 능력은 신장의 수질에 있는 헨리 고리와 관련 있다. 헨리 고리의 오줌 농축 방식을 탐구한 과학자들은 헨리 고리의 길이가 길수록 더 농축된 오줌을 생산한다는 ㉠ 가설을 세웠다. 동물은 몸의 크기가 클수록 체중이 무겁고 신장의 크기가 더 커서 헨리 고리가 더 길다. 그래서 코끼리와 같이 큰 포유류는 뾰족뒤쥐와 같은 작은 포유류에 비해 훨씬 더 농축된 오줌을 생산할 수 있어야 한다는 것이다. 그렇지만 지구에서 가장 건조한 환경에 사는 일부 포유류는 몸집이 매우 작은데도 몸집이 큰 포유류보다 더 농축된 오줌을 생산한다.

이런 문제점을 해결하기 위해, 과학자들은 몸의 크기와 비교한 헨리 고리의 상대적인 길이가 길수록 오줌의 농도가 높다는 ㉡ 가설을 제시하였다. 헨리 고리의 길이와 수질의 두께는 비례하므로 과학자들은 크기가 다른 포유류로부터 얻은 자료를 비교하기 위해 새로운 측정값으로 수질의 두께를 몸의 크기로 나눈 값을 '상대적인 수질의 두께(RMT)'로 제시하였다.

추가 연구를 통해 여러 종들에서 헨리 고리는 유형 A와 유형 B 두 종류로 구성되어 있고, 유형 A가 유형 B보다 오줌 농축 능력이 뛰어나다는 것이 밝혀졌다. 이러한 연구 결과를 토대로 과학자들은 헨리 고리 중 유형 B가 차지하는 비중이 작을수록 더 농축된 오줌을 만들어낸다는 ㉢ 가설을 제시했다.

과학자들은 다른 환경에 사는 다양한 크기의 동물들에 대해 측정을 수행했다. 오줌은 농축될수록 어는점이 더 낮아진다. 과학자들은 측정 대상 동물의 체중(W), RMT, 헨리 고리 중 유형 B가 차지하는 비중(R), 오줌의 어는점(FP)을 각각 측정하였고 다음은 그 결과의 일부이다.

종	W(kg)	RMT	R(%)	FP(℃)
돼지	120	1.6	97	−2
개	20	4.3	0	−4.85
캥거루쥐	0.3	8.5	73	−10.4

〈보 기〉

ㄱ. 돼지와 개의 측정 결과는 ㉠을 약화한다.

ㄴ. 개와 캥거루쥐의 측정 결과는 ㉡을 약화하지 않는다.

ㄷ. 돼지와 캥거루쥐의 측정 결과는 ㉢을 약화한다.

① ㄱ

② ㄷ

③ ㄱ, ㄴ

④ ㄴ, ㄷ

⑤ ㄱ, ㄴ, ㄷ

※ 다음 글을 읽고 물음에 답하시오. [19~20]

㉠ 역관계 원리(IRP)란 임의의 진술 P가 참일 확률과 P가 전달하는 정보량 사이의 역관계에 관한 것이다. IRP에 따르면 정보란 예측 불가능성과 관계가 있다. 동전 던지기에서 동전의 앞면이 나올 가능성이 더 커지게 조작할수록 '그 동전의 앞면이 나올 것이다.'라는 진술 H의 정보량은 적어진다. 그렇게 가능성이 점점 커진 끝에 만약 그 동전을 어떻게 던져도 무조건 앞면만 나오게 될 정도까지 조작을 가한다면 결국 동전 던지기와 관련하여 예측 불가능성이 완전히 사라지게 되는 것이고, 그럴 때 진술 H의 정보량은 0이 된다. 하지만 이런 원리는 두 가지 문제에 직면한다.

IRP에 따르면 P가 참일 확률이 더 커질수록 정보의 양은 더 줄어든다. 만약 누군가가 '언젠가는 코로나 바이러스가 퇴치될 것'이라고 말한다면, '코로나 바이러스가 한 달 내에 퇴치될 것'이라고 말하는 것보다 정보량이 적다. 왜냐하면, 후자의 메시지가 더 많은 상황을 배제하기 때문이다. 이제 P가 항상 참인 진술이라고 해 보자. 이 경우 P가 참일 확률은 가장 높은 100%가 된다. 그리고 IRP에 따르면 P가 항상 참인 진술이라면 그것의 정보량은 0이다. 만약 누군가에게 '코로나 바이러스가 미래에 퇴치된다면, 코로나 바이러스는 미래에 퇴치될 것이다.'라고 들었다면, 어떤 상황도 배제하지 않는 진술을 들은 것이다.

여기서 논리학에서 중요시되는 '논리적 타당성' 개념을 고려해 보자. 전제 X₁, X₂, …, Xₙ으로부터 결론 Y로의 추론이 논리적으로 타당하다는 것은 전제들이 모두 참이면 결론도 반드시 참이라는 것이다. 이것을 달리 말하면 'X₁이고 X₂이고 … Xₙ이면, Y이다.'라는 조건문이 그 어떤 경우에도 항상 참이 되는 진술이라는 것이다. 항상 참인 진술의 정보량은 0이므로, 논리적으로 타당한 모든 추론이 제공하는 정보량이 0이라는 결론이 나오게 된다. 이는 우리의 직관에 들어맞지 않는다. 이것이 소위 '연역의 스캔들'이라고 불리는 문제이다.

또 다른 문제를 살펴보자. IRP에 따르면 P가 참일 확률이 낮을수록 P는 더 많은 정보량을 지닌다. 누군가에게 '코로나 바이러스가 호흡기 질환을 일으킨다.'라는 말을 듣는 것이 '코로나 바이러스가 소화기 질환을 일으키거나 호흡기 질환을 일으킨다.'라는 말을 듣는 것보다 정보량이 더 많다. 그 이유는 전자를 만족시키는 상황들이 후자보다 더 적기 때문이다. 그렇다면 우리가 P의 확률을 계속해서 떨어뜨린다고 해 보자. 그러면 우리는 P의 확률이 0%가 되는 단계에 도달할 것이다. 이것은 P가 항상 거짓인 진술이 되었다는 의미이다. 하지만 IRP에 따르면, 이때가 P가 최대의 정보량을 지니는 상황이다. 이처럼 또 다른 반직관적 결론에 도달하게 되는 문제를 소위 '바−힐렐−카르납 역설'이라고 부른다.

문 19. 위 글의 ㉠에 따른 판단으로 적절한 것은?

① P가 참일 확률이 Q가 참일 확률보다 크다면, Q가 제공하는 정보량은 P보다 더 많지만 예측 불가능성은 P가 Q보다 더 크다.

② 어떤 추론의 전제들이 모두 참이면서 결론이 거짓인 것이 불가능하다면, 그 추론은 최대의 정보량을 제공한다.

③ P가 배제하는 상황은 Q도 모두 배제한다면, Q의 정보량은 P의 정보량보다 적지 않다.

④ P의 정보량이 0보다 크기 위해서는 P의 예측 불가능성이 완전히 사라져야 한다.

⑤ 논리적으로 타당하지 않은 추론의 정보량은 0보다 클 수 없다.

문 20. 다음 〈조건〉을 받아들일 때, 〈사례〉에 대해 적절하게 평가한 것만을 〈보기〉에서 모두 고르면?

───── 〈조 건〉 ─────

IRP를 받아들이되, 임의의 진술이 0보다 큰 정보량을 갖기 위해서는 그것이 참일 수 있어야 한다.

───── 〈사 례〉 ─────

저녁 식사에 손님들이 오기로 했으나 정확히 몇 명이 올지는 아직 모르는 상태에서 다음과 같은 진술들을 듣는다.

A : 적어도 손님 한 명이 오거나 아무도 오지 않을 것이다.

B : 적어도 손님 세 명이 올 것이다.

C : 손님이 두 명 이상 올 것이다.

D : 손님이 다섯 명 이하로 올 것이다.

E : 적어도 손님 한 명이 오고 또한 아무도 오지 않을 것이다.

───── 〈보 기〉 ─────

ㄱ. 0보다 큰 정보량을 지닌 진술의 개수는 3이다.

ㄴ. 전제가 B이고 결론이 C인 추론과 "D이면 A이다."라는 조건문의 정보량은 다르다.

ㄷ. "C이고 D이다."라는 진술의 정보량은 E의 정보량과 같다.

① ㄱ

② ㄴ

③ ㄱ, ㄷ

④ ㄴ, ㄷ

⑤ ㄱ, ㄴ, ㄷ

문 21. 다음 글에서 알 수 있는 것은?

일본은 청일전쟁으로 타이완을 차지한 뒤 러일전쟁을 통해 조선과 남만주 일부를 지배하는 대륙국가가 되었다. 일본은 언제부터 대륙 침략의 길을 지향했을까? 이 문제에 대한 한·중·일 3국의 견해는 다음과 같다.

종래 일본에서는 일본의 근대화와 대륙 침략은 불가분의 것이었다고 보았다. 다만 조선으로의 팽창 정책이 기본 노선이었지 중국은 팽창 대상이 아니라고 보았다. 언제부터 대륙으로의 팽창을 기본 방침으로 삼았는지에 대해서는 류큐 분도 교섭 이후와 임오군란 이후로 견해가 나뉘어 있다. 그러나 최근에 청일전쟁까지만 하더라도 일본은 제국주의 국가의 길 말고도 다른 선택지가 있었다는 견해가 대두되었다. 즉 일본의 근대화에서 팽창주의·침략주의는 필연이 아니었는데 청일전쟁이 전환점이 되었다는 것이다.

이에 대해 중국은, 일본의 대륙 침략 목표는 처음부터 한반도와 만주를 차지하는 것이었으며, 이 정책을 수립하기까지 일련의 과정을 거쳤다고 본다. 그에 따르면 메이지 정부는 1868년 천황의 이름으로 대외 확장 의지를 표명하고, 기도 다카요시의 정한론, 오가와 마타지의 청국정벌책안 등에서 대륙 침략의 대상을 명확히 했다. 1890년에는 내각총리대신이 일본의 주권선은 일본 영토, 이익선은 일본과 긴밀한 관계를 갖는 구역인 조선이라고 규정하고, 곧이어 조선, 만주, 러시아 연해주를 영유해야 한다고 했다. 이러한 대륙 침략 방침이 제국의회와 내각의 인가를 얻어 일본의 침략 정책으로 이어졌으며, 청일전쟁, 러일전쟁, 한국병합, 만주사변, 중일전쟁에 이르는 과정은 모두 이 방침을 지속적이고 철저하게 실행에 옮긴 결과라는 것이다.

한편 한국은 일본의 대륙 침략에 있어 정한론에 주목하고 있다. 메이지 정부가 수차례에 걸쳐 조선에 보낸 국서에는 전통적인 교린 관계에서 볼 수 없던 '천황', '황실' 따위의 용어가 있었고, 조선은 규범에 어긋난다며 접수하지 않았다. 정한론은 이를 빌미로 널리 확산되고 주창되었는데, 이에는 자국의 내란을 방지하기 위해 조선과 전쟁을 벌이고 이를 통해 대외 팽창을 꾀하겠다는 메이지 정부의 의도가 담긴 것이라고 한국은 보았다. 1875년 운요호의 강화도 침공은 이를 구체적으로 실행에 옮긴 것이며, 이후로도 일본의 대한국 정책은 이전과 마찬가지로 한결같이 대륙 침략의 방침하에 수행되었다고 한국은 파악하고 있다.

① 한국과 중국은 일본의 대륙 침략이 메이지 정부 이래로 일관된 방침이었다고 본다.

② 최근 일본은 일본이 조선을 침략하지 않았어도 근대화된 대륙국가가 될 수 있었다고 본다.

③ 한국은 조선이 일본과의 전통적 교린 관계를 고수하자 일본 내에서 정한론이 발생했다고 본다.

④ 중국은 일본이 주권선으로 규정한 지역이 정한론에서 이미 침략 대상으로 설정되었다고 본다.

⑤ 기존 일본은 일본이 추진한 조선으로의 팽창 정책이 임오군란 이후 기본 노선으로 결정되었다고 본다.

문 22. 다음 글에서 추론할 수 있는 것은?

영조 3년 6월 2일, 좌부승지 신택이 왕에게 주청하기를, "국경을 지키며 감시하는 파수는 무엇보다 중요한 일입니다. 그런데 압록강 중류에 위치한 강계(江界) 경내에서 국경 파수꾼들이 근무하는 파수보는 백여 곳이나 됩니다. 그곳의 파수는 평안도 지역에 거주하는 백성 중에서 군역을 져야 하는 사람들이 순번을 돌아가며 담당하는데, 파수는 5월부터 9월까지만 하고 겨울 추위가 오기 전에 철수합니다. 파수꾼이 복무하는 달은 다섯 달에 불과하지만, 그 기간 동안 식량도 제공되지 않고, 호랑이의 습격을 받기도 합니다. 그런 까닭에 파수보에 나가는 것을 마치 죽을 곳에 가는 것처럼 꺼리는 사람이 많습니다. 그나마 백성들이 파수를 나갈 때 위안으로 삼는 것은 선왕 때부터 산삼을 캘 수 있도록 허락했다는 사실 하나입니다. 선왕께서는 파수보에 배치된 파수꾼 중 파졸 2명과 지휘자인 파장만 파수보에 남고, 나머지는 부근의 산지에서 산삼을 캘 수 있도록 허락했습니다. 그 후 파졸들은 캐낸 산삼 중 일부는 세금으로 내고, 남은 것을 팔아 파수보에 있는 동안 사용할 식량이나 의복을 마련했습니다. 그런데 평안병사로 임명된 김수는 그런 사정도 모른 채 올해 3월 부임하자마자 파수보에 배치된 어떤 사람도 보를 떠나서는 안 되며 모든 인원은 보에서 소임을 다하라고 명령하고, 그 명령을 어긴 사람을 처벌했습니다. 이런 조치가 취해지니 민심이 동요하고, 몰래 파수보를 벗어나 사라지는 파졸까지 생겨나고 있습니다. 이는 아주 난처한 일이니, 제 소견으로는 규정에 정해진 파수보 정원 9명 중 파장을 제외한 파졸 8명은 절반씩 나누어 한 무리는 파수보를 지키게 하고, 나머지 한 무리는 산삼을 캐게 하되 저녁에는 반드시 파수보로 돌아와 다음날 교대로 근무할 수 있도록 하는 것이 좋을 듯합니다."라고 하였다.

이 말을 듣고 왕이 말하기를, "평안병사가 올 초에 내린 조치를 몇 달 지나지 않아 거두어들이도록 하는 것은 참 난감한 일이다. 하지만 좌부승지가 이렇게 간곡하게 말하니 거절할 수 없겠다."라고 하고 비변사에 명령하여 좌부승지의 의견대로 즉시 시행하게 조치하였다. 이후 강계 파수보에 관한 제반 사항은 영조 대에 그대로 유지되었다.

① 영조 4년 한 해 동안 파졸 1인이 파수보에 있는 시간은 영조 2년보다 2배로 늘었을 것이다.

② 강계의 파수보에 배치된 파졸은 평안도 지역의 군역 대상자 중에서 평안병사가 선발하였을 것이다.

③ 영조 4년 한 해 동안 강계 지역에서 채취된 산삼의 수량은 2년 전에 비해 절반으로 줄었을 것이다.

④ 김수의 부임 이전에 강계에 배치된 파졸들의 최대 사망 원인은 굶주림과 호랑이에 의한 피해였을 것이다.

⑤ 영조 3년 5월에 비해 다음 해 5월 강계의 파수보에서 파수 근무해야 하는 1일 인원수가 줄어들었을 것이다.

문 23. 다음 글에서 알 수 없는 것은?

21세기 들어 서울을 비롯한 아시아의 도시들은 이전 세기와는 또 다른 변화를 겪고 있다. 인문 · 예술 분야의 종사자들이 한 장소에 터를 잡거나 장소를 오가면서 종전과 다른 새로운 미학과 감정을 부여하여 그 장소들의 전반적 성격을 변화시키고 있기 때문이다. 이들은 오래된 기존의 장소를 재생시키거나 새로운 장소로 만들어 냈다. 개발로부터 소외되었던 장소의 오래된 건물이나 좁은 골목길 등을 재발견하고 새로운 감각, 서사, 감정을 끌어냈다. 그런데 얼마 지나지 않아 이 새로운 변화를 만들어 낸 사람들이 원주민들과 함께 이곳에서 쫓겨나 다른 곳으로 옮겨가는 현상이 나타났다. 이를 함축적으로 지칭하는 용어가 '젠트리피케이션'이다. 이는 흔히 '도심의 노동계급 거주 지역이나 비어 있던 지역이 중간계급의 거주 및 상업 지역으로 변환되는 것'을 의미한다.

서양 도시의 젠트리피케이션에서 기존 도시 공간이 중간계급의 주택가와 편의 시설로 전환되는 과정은 구역별로 점진적으로 진행된다. 반면 아시아 도시의 젠트리피케이션은 다소 다른 양상을 띤다. 기존 도시 공간이 대량의 방문객을 동반하는, 소비와 여가를 위한 인기 장소를 갖춘 상권으로 급격하게 전환되는 형태이다. 임대료가 상대적으로 싸지만 독특한 매력을 갖춘 문화 · 예술 관련 장소가 많던 곳에 점차 최신 유행의 카페, 레스토랑 등이 들어선다. 주택가의 상권 전환과 더불어 기존 상권의 성격 전환이 일어나는 것이다.

이런 상업적 전치(轉置)의 부정적 양상은 부동산 중개업자의 기획, 임대업주의 횡포, 프랜차이즈 업체의 진출로 정점을 찍는다. 부동산 가격과 임대료의 상승으로 그곳에서 거주하거나 사업을 하던 문화 · 예술인과 원주민들이 다른 곳으로 밀려난다. 임대료를 감당하지 못하거나 재계약을 거부당하기도 하고 건물이 철거되어 재건축되기도 한다. 이런 상업적 전치는 다양한 모습으로 나타나지만 과정이 자발적이지 않다는 점은 공통된다. 창의적 발상으로 만들어지고 운영되면서 그저 상업적이라고만 부르기 힘들었던 곳들이 체계적 전략을 가진 최신의 전문적 비즈니스 공간으로 대체된다. 그리고 이곳에서 밀려날까봐 불안한 사람들이 불만, 좌절, 분노 등이 집약된 감정에 사로잡힌다.

① 21세기 들어 서양의 도시에서는 중간계급이 도심 지역으로 이주하는 현상이 활발하게 나타났다.

② 상업적 전치 과정에서 원주민의 비자발적인 이주가 초래될 뿐 아니라 원주민의 감정적 동요가 발생한다.

③ 서양 도시의 젠트리피케이션에 비해 아시아의 도시에서 발생한 젠트리피케이션은 상권 개발에 집중되는 경향을 띤다.

④ 한국의 젠트리피케이션으로 인한 도시 변화의 속도는 서양의 젠트리피케이션으로 일어난 도시 변화의 속도보다 빠르다.

⑤ 21세기의 한국에서 일어난 기존 장소의 재생이나 재창조와 같은 도시 변화는 인문 · 예술 분야 종사자가 촉발하고 이끌었다.

문 24. 다음 글에서 알 수 있는 것은?

'가짜 뉴스'란 허위의 사실을 고의적으로 유포하기 위해 언론 보도의 형식을 차용해 작성한 정보이다. 사람들이 가짜 뉴스의 수용 여부를 정할 때 그 뉴스가 자신의 신념에 얼마나 부합하는지가 영향을 미친다. 이는 자신의 신념을 보호하기 위해 그것에 부합하는 정보는 긍정적으로 평가하되, 부합하지 않는 정보는 부정적으로 평가하는 편향적인 정보 처리의 결과이다. 특히, 자신의 신념과 부합하지 않는 가짜 뉴스의 경우 그것이 언론 보도의 외피를 두르고 있어서 인지부조화를 발생시키는데, 이로 인해 해당 뉴스를 부정적으로 평가함으로써 인지부조화를 해소하려는 경향이 있다.

이러한 편향적 사고는 가짜 뉴스가 가짜임을 밝힌 팩트체크의 효과에도 영향을 미친다. 자신의 신념이 가짜 뉴스와 부합할 때와 부합하지 않을 때 팩트체크 효과의 양상은 다르게 나타난다. 우선, 자신의 신념에 부합하지 않는 가짜 뉴스에 대해서는 원래부터 해당 뉴스가 가짜일 것이라는 생각을 가졌을 것이므로 가짜임을 판명하는 팩트체크의 결과를 접하더라도 인지부조화로 인한 내적 갈등의 발생 여지가 크지 않다. 오히려 팩트체크 전에 채 해소되지 않았던 인지부조화가 팩트체크를 통해 해소된다. 따라서 체계적인 정보 처리 대신 피상적인 정보 처리가 주로 이루어지게 된다. 이 경우 팩트체크에서 활용한 정보의 품질이 얼마나 우수한가보다는 정보의 출처가 얼마나 신뢰할 만하다고 생각하는지가 팩트체크의 효과에 더 영향을 미친다.

반면, 자신의 신념에 부합하는 가짜 뉴스의 경우에는 그 뉴스가 가짜라는 팩트체크의 결과를 접하게 되면 자신의 신념과 팩트체크의 결과가 다른 데에서 심각한 인지부조화가 발생하게 되어 오히려 팩트체크의 진실성을 의심하게 된다. 또한 인지부조화에 따른 내적 갈등을 해소하기 위한 의도적 노력의 일환으로 어떻게든 팩트체크의 결과를 부정할 수 있는 근거를 찾아내기 위해 체계적이고 논리적인 정보 처리를 시도하게 된다. 그 결과 자신의 신념이 가짜 뉴스와 부합하지 않을 때와는 달리, 이 경우에는 팩트체크 자체가 얼마나 우수한 품질의 정보를 확보하고 있는지가 팩트체크의 효과에 더 큰 영향을 미친다.

① 가짜 뉴스로 인해 인지부조화가 발생한 사람이 그 뉴스에 대한 팩트체크 결과를 판단하려 할 경우는 팩트체크에서 활용한 정보 출처의 신뢰도에 주로 관심을 둔다.

② 사람들은 자신의 신념에 부합하지 않는 가짜 뉴스가 가짜라는 팩트체크 결과를 접하게 되면 주로 정보의 품질에 의존하여 인지부조화를 해소하려 한다.

③ 가짜 뉴스가 자신의 신념에 부합하는 사람이 그렇지 않은 사람보다 팩트체크에서 활용한 정보의 출처를 더 중시한다.

④ 가짜 뉴스로 인해 인지부조화가 발생한 경우 그 뉴스에 대한 팩트체크의 결과에 의해서도 인지부조화가 발생한다.

⑤ 정보 출처의 신뢰도보다 정보의 품질이 팩트체크의 효과에 더 영향을 미친다.

문 25. 다음 글의 ㉠~㉤을 문맥에 맞게 수정한 것으로 가장 적절한 것은?

가상의 물질 X에 대한 두 가설을 생각해 보자. 첫 번째는 'X는 1,000℃ 미만에서 붉은빛을 내며, 1,000℃ 이상에서는 푸른빛을 낸다.'라는 가설이다. 두 번째는 'X는 1,000℃ 미만에서 붉은빛을 내며, 1,000℃ 이상에서는 푸른빛을 내지 않는다.'라는 가설이다. ㉠ 이 두 가설은 동시에 참일 수는 없지만 동시에 거짓일 수는 있다. 이제 'X가 700℃에서 붉은빛을 낸다.'라는 사실이 관찰되었다고 하자. 이는 X에 대한 두 가설의 예측과 일치한다. 따라서 이 관찰 결과는 두 가설 모두에 긍정적인 증거라고 할 수 있다. 이렇듯 하나의 관찰 결과가 서로 양립불가능한 가설 모두에 긍정적인 증거가 될 수 있는데, 증거관계의 이러한 특징을 '증거관계 제1성질'이라고 하자.

한편, 위의 첫 번째 가설은 'X는 1,000℃ 미만에서 붉은빛을 내거나 푸른빛을 내지 않는다.'라는 가설을 함축한다. 첫 번째 가설이 참일 때 이 가설 역시 참일 수밖에 없기 때문이다. 'X가 700℃에서 붉은빛을 낸다.'라는 관찰 결과는 첫 번째 가설의 긍정적 증거이므로 이 가설에 대해서도 긍정적인 증거가 된다. 이런 점에서 '어떤 관찰 결과가 가설의 긍정적인 증거라면, 그 관찰 결과는 ㉡ 해당 가설이 함축하고 있는 다른 가설에도 긍정적인 증거이다.'라는 진술은 충분히 받아들일 수 있는 것으로 보인다. 이를 '증거관계 제2성질'이라고 하자.

마지막으로 우리는 '어떤 관찰 결과가 가설의 긍정적인 증거라면, 그 관찰 결과는 그 가설이 거짓이라는 것에 대한 부정적인 증거이다.'라는 진술도 받아들일 수 있다. 위에서 언급한 관찰 결과는 'X는 1,000℃ 미만에서 붉은빛을 낸다.'라는 것의 긍정적인 증거이다. 그렇다면 그 관찰 결과가 '㉢ X는 1,000℃ 미만의 어떤 온도에서는 붉은빛을 내지 않는다.'의 부정적인 증거인 것은 분명하다. 이런 특징을 '증거관계 제3성질'이라고 하자.

이 증거관계의 세 가지 성질은 설득력이 있어 보인다. 하지만 이 성질들은 서로 충돌한다. 예를 들어, 가설 H1과 H2가 양립불가능하며, 관찰 결과 O가 가설 H1의 긍정적 증거라고 가정하자. 그렇다면 ㉣ H2가 거짓이라는 것은 H1을 함축하기 때문에, 증거관계 제2성질에 의해서 O는 H2가 거짓이라는 것에 대한 긍정적 증거가 된다. 그리고 증거관계 제3성질에 의해서 ㉤ O는 H2가 거짓이 아니라는 것에 대한 부정적 증거일 수밖에 없게 된다. 이러한 결과는 증거관계 제1성질이 제3성질과 충돌한다는 것을 보여준다. 이렇게 볼 때 위에서 언급한 증거관계의 세 성질이 동시에 성립할 수 없다고 결론 내려야 한다.

① ㉠을 "이 두 가설은 동시에 참일 수 없으며 동시에 거짓일 수도 없다"로 바꾼다.

② ㉡을 "해당 가설을 함축하고 있는 다른 가설에도 긍정적인"으로 바꾼다.

③ ㉢을 "X는 1,000℃ 이상에서도 붉은빛을 낸다"로 바꾼다.

④ ㉣을 "H1은 H2가 거짓이라는 것을 함축"으로 바꾼다.

⑤ ㉤을 "O는 H2가 거짓이 아니라는 것에 대한 긍정적 증거일 수밖에 없게 된다"로 바꾼다.

문 26. 다음 글의 빈칸에 들어갈 내용으로 가장 적절한 것은?

어떤 수를 나누어떨어지게 하는 수를 약수라고 한다. 예를 들어 20의 약수는 1, 2, 4, 5, 10, 20이다. 소수는 자연수 중에서 1과 자신 이외의 수로는 나누어떨어지지 않는 수를 말한다. 이때 1은 소수가 아니라고 본다. 수학자들은 '1을 제외한 모든 자연수가 소수이거나 소수를 약수로 가진다.'라는 것을 증명했다. 더 나아가 수학자들은 '소수는 무한히 많다.'라는 명제를 증명하고 싶어 했다. 그런데 소수를 일일이 꼽아보는 과정을 통해서는 원하는 증명을 얻을 수 없다. 대신 수학자들은 논증을 통해 이 명제를 증명했는데, 이는 '임의의 소수 N에 대해서 N보다 큰 소수가 존재한다.'라는 것을 보임으로써 이루어진다.

우선 1부터 자연수 N 사이의 모든 자연수를 곱한 수, 1×2×3×···×N, 즉 N!을 생각해 보자. 이 수는 N까지의 모든 자연수로 나누어떨어진다. 그렇다면 N!에 1을 더한 수, (N!+1)은 어떤가? 이 수는 2로 나누어도 1이 남고, 3으로 나누어도 1이 남고, N으로 나누어도 1이 남는다. 따라서 (N!+1)은 2에서 N까지의 어떤 소수로도 나누어떨어지지 않는다. 그렇다면 ⬚⬚⬚⬚⬚⬚⬚. (N!+1)이 소수일 경우에는 (N!+1)은 N보다 크므로 N보다 큰 소수가 존재한다. (N!+1)이 그보다 작은 소수로 나누어떨어지는 경우에도, 그 소수는 N보다 클 수밖에 없다. 따라서 이런 경우에도 N보다 큰 소수가 존재한다. 이는 임의의 자연수에 대해서 참이므로, N이 소수인 경우에도 참이다. 즉 임의의 소수 N에 대해서, N보다 큰 소수가 존재한다는 것을 알 수 있다.

① (N!+1)은 소수이다
② (N!+1)은 소수이거나, N보다 작은 소수를 약수로 갖는다
③ (N!+1)은 소수이거나, N보다 크고 (N!+1)보다 작은 소수를 약수로 갖는다
④ (N!+1)은, N보다 크고 (N!+1)보다 작은 소수를 약수로 갖는다
⑤ (N!+1)은 소수가 아니고, N보다 크고 (N!+1)보다 작은 소수를 약수로 갖는다

문 27. 다음 글의 ㉠~㉣에 들어갈 말을 적절하게 나열한 것은?

"미래에 받기로 되어 있는 100만 원을 앞당겨 현재에 받는다면 얼마 이상이어야 수용할까?" 만일 누군가 미래 100만 원의 가치가 현재 100만 원의 가치보다 작다고 평가하면, 현재에 받아야 되는 금액은 100만 원보다 적어도 된다. 이때 현재가치는 미래가치를 할인하여 계산된다. 반대로 미래 100만 원이 현재 100만 원보다 가치가 크다고 판단하면 현재에 받는 금액은 100만 원보다 많아야 하고, 현재가치는 미래가치를 할증하여 계산된다.

이와 같이 현재가치를 계산하기 위한 미래가치의 할인 혹은 할증의 개념은 시간선호와 밀접하게 관련되어 있다. 시간선호는 선호하는 시점에 따라 현재선호가 될 수도 있고 미래선호가 될 수도 있다. 만일 누군가가 미래보다 현재를 선호한다면 그는 현재선호 성향을 가진 사람이고, 이들은 현재가치를 계산할 때 미래가치를 할인한다. 반대로 현재보다 미래를 선호한다면 미래선호 성향이라고 하고, 이 경우 현재가치를 계산할 때 미래가치를 할증한다.

그러나 시간 자체에 대한 선호 여부와 상관없이 가치를 할인하거나 할증할 수도 있다. 예컨대 현재보다 미래를 선호하는 성향을 가졌음에도 예상치 못한 사고가 발생하여 큰돈이 필요하다면 미래가치의 ⬚⬚⬚㉠⬚⬚⬚을 선택할 수밖에 없다. 요컨대 현재선호는 할인의 ⬚⬚⬚㉡⬚⬚⬚이 아닌 것이다.

이제 누군가가 1년 뒤의 100만 원과 현재의 90만 원을 동일하게 평가한다고 가정해 보자. 이와 같은 선택의 결과만 보았을 때는 그 사람은 할인을 하고 있는 것이 분명하지만, 이 선택의 결과가 현재선호 때문이라고 확언할 수는 없다. 그 사람이 1년 뒤의 물가가 변동할 것으로 예상한다면, 물가와 반대 방향으로 움직이는 화폐가치의 변동이 그 사람의 의사결정에 영향을 미칠 수도 있다. 물가가 큰 폭으로 ⬚⬚⬚㉢⬚⬚⬚ 것으로 예상하면서도 1년 뒤보다 낮은 수준의 현재 금액을 1년 뒤와 동일하게 평가한다면, 이는 현재선호 때문일 가능성이 크다. 반면 그 사람이 물가가 크게 ⬚⬚⬚㉣⬚⬚⬚ 것으로 확신하여 1년 뒤보다 낮은 수준의 현재 금액을 1년 뒤와 동일하게 평가한다면, 현재선호 때문일 가능성은 위의 상황보다 상대적으로 작아진다.

	㉠	㉡	㉢	㉣
①	할인	필요조건	내릴	오를
②	할인	필요조건	오를	내릴
③	할인	충분조건	내릴	오를
④	할증	필요조건	내릴	오를
⑤	할증	충분조건	오를	내릴

문 28. 다음 글에 비추어 볼 때, 〈사례〉에 대해 추론한 것으로 적절한 것만을 〈보기〉에서 모두 고르면?

우리는 여러 대상들에 대하여 다른 선호를 가지고 있다. 그러면 이 선호를 어떻게 비교할 수 있을까? 예를 들어 생각해보자. 갑은 한식, 중식, 일식, 양식 각각에 대한 선호도를 정량화할 수는 없지만, 그 좋아하는 정도는 한식이 제일 크고 일식이 제일 작다는 것은 분명히 알고 있다. 그러면 실제로 한식과 일식을 좋아하는 정도와 상관없이, 이를 각각 1과 0으로 둔다. 그리고 다음의 두 가지 대안을 놓고 선택하게 하면, 한식 · 일식에 비추어 다른 음식을 좋아하는 순위도 알 수 있다.

A : 무조건 중식을 먹는다.
B : 한식을 먹을 확률이 0.7, 일식을 먹을 확률이 0.3인 추첨을 한다.

B를 선택할 때 갑이 느끼는 만족의 기댓값은 0.7이다. 따라서 갑이 A와 B 가운데 어떤 선택이라도 상관없다고 생각한다면, 그가 중식을 좋아하는 정도는 0.7이 된다. 한편, 갑이 둘 중 B를 선택한다면 그가 중식을 좋아하는 정도는 0.7보다 작고, A를 선택한다면 그 정도는 0.7보다 크다.

이와 같은 방식을 다른 음식에도 적용하면, 모든 음식의 선호를 비교할 수 있다. 우리가 어떤 음식을 얼마나 좋아하는지 비록 그 절대적 정도를 알 수는 없어도, 다른 음식을 통하여 선호의 순위를 따져볼 수는 있는 것이다.

── 〈사 례〉 ──

을이 한식, 중식, 일식, 양식 중 좋아하는 정도는 양식이 제일 크고 중식이 제일 작다. 을은 C와 D 중 D를 선택하고, E와 F 중 어떤 대안을 선택해도 상관하지 않는다.

C : 무조건 한식을 먹는다.
D : 양식을 먹을 확률이 0.8, 중식을 먹을 확률이 0.2인 추첨을 한다.
E : 무조건 일식을 먹는다.
F : 양식을 먹을 확률이 0.3, 중식을 먹을 확률이 0.7인 추첨을 한다.

── 〈보 기〉 ──

ㄱ. 을은 일식보다 한식을 더 좋아할 것이다.
ㄴ. 을은 E보다 "양식을 먹을 확률이 0.5, 중식을 먹을 확률이 0.5인 추첨을 한다."라는 대안을 선택할 것이다.
ㄷ. 을의 음식 선호도가 중식이 제일 높고 양식이 제일 낮은 것으로 바뀌고 각 대안에 대한 선택 결과는 〈사례〉와 동일하다면, 을은 한식보다 일식을 더 좋아할 것이다.

① ㄱ
② ㄴ
③ ㄱ, ㄷ
④ ㄴ, ㄷ
⑤ ㄱ, ㄴ, ㄷ

문 29. 다음 대화에 대한 분석으로 적절한 것만을 〈보기〉에서 모두 고르면?

A : 용기라는 덕목에 대해서 생각해 봅시다. 당신은 용기 있는 사람이라면 누구나 대담하다고 생각하나요?
B : 그럼요. 그런 사람은 많은 사람이 두려워하는 일들을 대담하게 수행하지요.
A : 높은 전봇대에 올라가 고압 전류를 다루는 전기 기사나 맹수를 길들이는 조련사는 모두 대담한 사람들이 맞겠죠?
B : 그럼요. 당연하지요.
A : 그럼 그들이 그렇게 대담할 수 있는 이유가 뭘까요?
B : 그것은 전기 기사는 전기에 대해서, 조련사는 맹수에 대해서 풍부한 지식을 지닌 지혜로운 사람들이기 때문이라고 생각합니다. 지혜로운 사람들이란 누구나 자연스럽게 대담해지지요.
A : 저도 동의합니다. 그런데 혹시 어떤 일에 완전히 무지해서 지혜라고는 전혀 없으면서도 대담하다는 것은 인정할 수밖에 없는 사람을 본 적이 있으십니까?
B : 물론이죠. 있고 말고요.
A : 그럼 그런 사람도 용기가 있다고 해야 할까요?
B : 글쎄요. 그랬다간 용기가 아주 추한 것이 되겠지요. 그런 자라면 용기 있는 사람이 아니라 정신 나간 사람입니다.
A : 그렇다면 [㉠   ]라고 추론할 수 있겠군요.

── 〈보 기〉 ──

ㄱ. "용기 있는 사람은 누구나 지혜롭다."라는 진술은 ㉠에 들어가기에 적절하다.
ㄴ. B의 견해에 따르면, 지혜롭기는 하지만 용기가 없는 사람은 있을 수 없다.
ㄷ. 만약 B가 마지막 진술만 번복하여 '대담한 사람은 모두 용기가 있다.'라고 인정한다면, 세종대왕이 지혜로운 사람이라는 추가 정보를 통해 그가 용기 있는 사람이라고 추론할 수 있다.

① ㄱ
② ㄴ
③ ㄱ, ㄷ
④ ㄴ, ㄷ
⑤ ㄱ, ㄴ, ㄷ

문 30. 다음 글의 내용이 참일 때 반드시 거짓인 것은?

갑, 을, 병 세 사람이 A, B, C, D, E, F, G, H의 총 8권의 고서를 나누어 소장하고 있다. 이와 관련해 다음과 같은 사실이 알려져 있다.

- 갑이 가장 많은 고서를 소장하고 있으며, 그 다음은 을이며, 병은 가장 적은 수의 고서를 소장하고 있다.
- A, B, C, D, E는 서양서이며, F, G, H는 동양서이다.
- B를 소장한 이는 D도 소장하고 있으나 C는 소장하고 있지 않다.
- E를 소장한 이는 F도 소장하고 있으나 그 외 다른 동양서를 소장하고 있지는 않다.
- G를 소장한 이는 서양서를 소장하고 있지 않다.
- H는 갑이 소장하고 있다.

① 갑은 A와 D를 소장하고 있다.
② 을은 3권의 책을 소장하고 있다.
③ 병은 G를 소장하고 있다.
④ C를 소장한 이는 E도 소장하고 있다.
⑤ D를 소장한 이는 F도 소장하고 있다.

문 31. 다음 글의 내용이 참일 때 반드시 참인 것은?

프랜차이즈 회사 갑은 올해 우수매장을 선정했는데 선정 과정에 본사 경영진이 개입했다는 주장이 있지만 이는 아직 불분명하다. 본사 경영진이 우수매장 선정에 개입했다면, A매장이 선정되었을 것이다. 한편 B매장이 선정되었다면, 우수매장 선정에 본사 경영진이 개입했다는 주장이 거짓임이 밝혀진 셈이다. 최종 선정된 우수매장 후보는 A와 B매장 둘뿐이며 이 중 한 군데만이 선정될 상황이었다. 만약 A매장이 우수매장으로 선정되었다면, 갑의 매장 대부분이 본사 직영점이라는 주장이 거짓임이 밝혀졌을 것이다. 또한, B매장이 우수매장으로 선정되었다면, 갑의 매장은 모두 방역 클린 매장이라는 주장과 모두 친환경 매장이라는 주장이 둘 다 거짓인 것은 아니다. 10년째 영업 중인 갑의 B매장은 방역 클린 매장이지만 친환경 매장은 아니다.

① 갑의 올해 우수매장 선정에 본사 경영진의 개입이 없었다면, A매장이 선정되었을 것이다.
② 갑의 매장 대부분이 본사 직영점이라면, 갑의 매장은 모두 방역 클린 매장이다.
③ 갑의 매장 중에는 본사 직영점도 아니고 친환경 매장도 아닌 곳이 있다.
④ 우수매장으로 선정된 곳은 방역 클린 매장이자 친환경 매장이다.
⑤ 갑의 매장 중 방역 클린 매장이 아닌 곳도 있다.

문 32. 다음 글에 대한 분석으로 적절한 것만을 〈보기〉에서 모두 고르면?

㉠ 힘센 국가나 조직이 지구의 기상을 마음대로 조작하고 있다는 음모론은 수십 년 전부터 사람들의 입에 오르내려 왔다. 이에 따르면 수십 년 전부터 강대국들은 군사적 목적으로 기류의 흐름을 조종하고 폭풍우를 임의로 만들어내고, 적국에 한파나 폭염을 불러일으키는 등의 날씨를 조작하는 환경전(環境戰)을 펼쳐왔다. 이들 중 특히 C단체에 따르면 ㉡ 산업 현장 등에서 배출하는 과다한 온실 기체 때문에 지구온난화 현상이 일어나는 것이 아니다. 이들은 ㉢ 강대국 정부가 군사적 목적에서 행하는 비밀스러운 기상조작 활동 때문에 지구온난화 현상이 일어난다고 주장한다.

C단체가 이렇게 주장하는 근거는 무엇인가? 이와 관련하여 이들은 ㉣ 기상조작 기술을 군사적 혹은 상업적으로 이용 및 수출하는 것을 금지하는 국제 통상 조항이 있다는 사실에 주목한다. 바로 이것이 ㉤ 기상조작 기술을 실제로 군사적 혹은 상업적으로 이용하고 있다는 증거라는 것이다. 그리고 C단체는 재해 예방을 위한 인공강우 활용 사례들이 보여주는 것처럼 기상조작 기술은 이미 실용화된 기술이라는 점도 지적한다. 이 때문에 이들은 ㉥ 기상조작 기술이 손쉽게 군사적으로 전용될 수 있다고 여긴다. 이에 더해 ㉦ 강대국 정부들은 자국의 기업들이 지구온난화의 책임으로 납부하는 거액의 세금을 환영한다는 사실 역시 정부가 실제로 기상조작 행위를 수행하고 있음을 보여준다고 C단체는 말한다.

그러나 지구온난화 현상이 일으키는 국가적 비용은 음모론자들이 말하는 환경전을 통해 얻을 수 있는 재정상의 이익을 압도한다. 그렇기에 정부가 그런 비용을 치르면서까지 기상조작을 수행할 이유가 없다. 따라서 기상조작 음모론은 터무니없다.

〈보 기〉

ㄱ. ㉠에 동의해도 ㉡에 동의할 필요는 없다.
ㄴ. ㉤, ㉥, ㉦에 모두 동의한다면 ㉢에 동의해야 한다.
ㄷ. 무언가가 실제로 행해지고 있을 때만 그것을 금지하는 규정이 존재한다고 전제하면 ㉣로부터 ㉤이 도출된다.

① ㄱ
② ㄴ
③ ㄱ, ㄷ
④ ㄴ, ㄷ
⑤ ㄱ, ㄴ, ㄷ

문 33. 다음 글에 비추어 볼 때, 〈실험〉에 대한 판단으로 적절한 것만을 〈보기〉에서 모두 고르면?

벼농사를 짓던 농부들은 어떤 어린 벼가 정상 벼에 비해 지나치게 빠르게 생장하여 낟알을 형성하기도 전에 죽는 것을 목격하였다. 과학자들은 이 질병이 특히 곰팡이 A의 감염으로 유발됨을 밝혀내었다. 과학자들은 이 곰팡이를 배양한 배양액을 여과한 후 충분히 끓여 배양액 속에 있던 곰팡이를 모두 제거하였다. 이렇게 멸균된 배양액이 여전히 어린 벼의 빠른 생장을 유도한다는 사실로부터 과학자들은 곰팡이가 만든 물질 B에 의해 식물의 생장이 촉진된다는 것을 밝혀내었는데, 이후에는 정상 식물에서도 물질 B가 발견되었다.

물질 B가 식물 생장에 영향을 미치는 유일한 경로가 과학자들의 추가 연구를 통해 밝혀졌다. 정상 식물에서 단백질 P는 식물의 생장을 촉진하는 물질의 유전자 발현을 일으킨다. 세포 내 단백질 Q는 단백질 P에 결합해 단백질 P의 생장 촉진 기능을 억제한다. 한편 물질 B가 세포 외부에서 내부로 들어오게 되면 물질 B는 복합체 M을 형성한다. 그리고 이 복합체 M은 P-Q 결합체에 작용하여 단백질 Q를 단백질 P에서 분리시킨다. 그러면 단백질 P는 단백질 Q와의 결합으로 억제되었던 원래 기능, 즉 식물의 생장을 촉진하는 물질의 유전자 발현을 일으키는 기능을 회복한다.

─────〈실 험〉─────

• 실험1 : 식물 C_1은 돌연변이 때문에 키가 정상보다 크게 자라는 식물인데, 물질 B를 주입해도 생장에는 특별한 변화가 없었다.

• 실험2 : 식물 C_2는 돌연변이 때문에 키가 정상보다 작게 자라는 식물인데, 물질 B를 주입해도 생장에는 특별한 변화가 없었다.

─────〈보 기〉─────

ㄱ. 식물 C_1에서 물질 B가 세포 외부에서 세포 내부로 들어갈 수 없게 되었다는 것은 C_1의 돌연변이 현상과 실험1의 결과를 모두 설명할 수 있다.

ㄴ. 식물 C_1에서 단백질 P에 대한 단백질 Q의 작용이 일어나지 않게 되었다는 것은 C_1의 돌연변이 현상과 실험1의 결과를 모두 설명할 수 있다.

ㄷ. 식물 C_2에서 P-Q 결합체에 대한 복합체 M의 작용이 일어나지 않게 되었다는 것은 C_2의 돌연변이 현상과 실험2의 결과를 모두 설명할 수 있다.

① ㄱ
② ㄴ
③ ㄱ, ㄷ
④ ㄴ, ㄷ
⑤ ㄱ, ㄴ, ㄷ

문 34. 다음 글의 A와 B에 대한 분석으로 적절한 것만을 〈보기〉에서 모두 고르면?

기체에 고전역학의 운동방정식을 직접 적용해야 하는지에 대하여 물리학자 A와 B는 다음과 같은 의견을 제시했다.

A : 기체 상태 변화를 예측하기 위해서 고전역학을 직접 적용할 필요가 없다. 작은 부피의 기체에도 엄청나게 많은 수의 분자가 포함되어 있고, 이들은 복잡하게 운동하므로 개별 분자의 운동을 예측하기 위해서는 방대한 양의 고전역학의 운동방정식을 풀어야 한다. 반면, 기체 상태 변화를 예측하는 데 쓰이는 거시적 지표인 온도, 압력, 밀도 등의 물리량은 평균적 분자운동에 관한 것이기 때문에, 그것들을 얻기 위해 각 분자의 운동을 분석할 필요가 없다. 개별 분자의 운동을 정확히 알지 못하더라도 분자의 집단적인 운동은 통계적 방법만으로 분석할 수 있다.

B : 모든 개별 분자의 운동 상태를 결정하는 것은 어렵지만 필요하다. 기체와 관련된 대부분의 현상에서, 개별 분자가 아닌 분자 집단에 대한 분석을 통해 평균속도를 포함한 기체 상태 변화에 대한 정보를 알아낼 수 있다는 사실에는 동의한다. 하지만 통계적 방법을 적용하기 어려운 상황에서는 기체 상태 변화를 정확히 예측할 수 없는 경우가 있다는 것에 주목해야 한다. 이때에는 분자와 분자의 충돌이나 각 분자의 운동에 대한 개별 방정식을 푸는 것이 필요하다. 외부에서 주어지는 힘 등의 조건을 이용하여 운동방정식을 계산하면 어떤 경우라도 개별 분자들의 위치와 속도를 포함하여 기체에 대한 완전한 정보를 얻을 수 있으므로, 이런 상황을 설명하는 데에도 아무 문제가 없다. 이런 정보들을 종합하면 모든 기체 상태 변화와 관련된 거시적 지표의 변화를 예측할 수 있다.

─────〈보 기〉─────

ㄱ. A는 개별 기체 분자의 운동을 완전히 예측하는 것이 불가능하다는 것에 동의한다.

ㄴ. B는 개별 기체 분자의 운동과 관련된 값을 계산하는 것보다는 이들의 집단적 운동을 탐구하는 것이 더 다양한 기체 상태 변화를 예측할 수 있다는 것에 동의한다.

ㄷ. 기체 분자 집단의 운동을 통계적 방법으로 분석하는 것으로는 기체 상태 변화 예측이 불가능한 경우가 있다는 것에 A는 동의하지 않지만, B는 동의한다.

① ㄴ
② ㄷ
③ ㄱ, ㄴ
④ ㄱ, ㄷ
⑤ ㄱ, ㄴ, ㄷ

문 35. 다음 논쟁에 대한 분석으로 적절한 것만을 〈보기〉에서 모두 고르면?

갑 : 신의 존재는 확신할 수 없지만, 신을 믿는 선택을 하지 않는 것은 비합리적이다. 신을 믿는 선택을 한다고 해 보자. 신이 존재한다면 사후에 무한한 행복을 얻게 될 것이고, 신이 존재하지 않는다면 생전에 얻은 행복이 전부이며 그 양은 유한할 것이다. 신이 존재할 확률은 적어도 0보다는 클 것이다. 그렇다면 신을 믿는 선택을 통해 얻게 될 행복의 기댓값은 무한대가 될 것이다. 이제 신을 믿지 않는 선택을 한다고 해 보자. 그러면 행복은 생전에 얻은 것이 전부일 것이며 그 값은 유한하므로 신을 믿지 않는 선택을 통해 얻게 될 행복의 기댓값은 유한하다. 우리는 기댓값이 최대가 아닌 선택을 하는 것은 비합리적이라는 일반 원칙을 받아들인다. 따라서 신을 믿는 선택을 하지 않는 것은 비합리적이다.

을 : 그 일반 원칙은 나도 받아들인다. 하지만 신을 믿는 선택을 하지 않는 것이 늘 비합리적인 것은 아니다. 동전을 던져 앞면이 나오면 신의 존재를 믿고, 뒷면이 나오면 믿지 않는 식으로 신의 존재에 관한 믿음 여부를 결정한다고 해 보자. 이때 앞면이 나오면, 신을 믿게 되고 행복의 기댓값은 무한대가 될 것이다. 뒷면이 나오면, 신을 믿지 않게 될 것이고 행복의 기댓값은 유한할 것이다. 앞면이 나올 확률은 1/2이므로 1/2의 확률로 무한한 기댓값을 얻게 된다. 무한한 기댓값을 얻을 확률이 0보다 높기만 하면 결과적으로 신의 존재에 대한 믿음을 동전 던지기로 결정하는 선택의 최종 기댓값 역시 무한대가 된다. 그렇다면 동전 던지기로 신을 믿을지 안 믿을지 결정하는 것이 비합리적이라고 말할 수 없다.

〈보 기〉

ㄱ. 갑과 을은 합리적인 사람은 최대의 기댓값을 가지는 선택을 할 것이라는 점에 동의한다.

ㄴ. 갑은 신을 믿는 선택을 하지 않는 것이 비합리적이라는 것에 동의하지만 을은 그렇지 않다.

ㄷ. 을의 논증에 따르면, 당첨 확률이 매우 낮지만 0보다는 큰 로또 복권에 당첨되면 신을 믿고, 그렇지 않으면 신을 믿지 않기로 하는 것은 신을 믿는 선택만큼 합리적이다.

① ㄱ

② ㄷ

③ ㄱ, ㄴ

④ ㄴ, ㄷ

⑤ ㄱ, ㄴ, ㄷ

문 36. 다음 글의 ㉠을 약화하는 것만을 〈보기〉에서 모두 고르면?

고대 아테네에서는 공적 기관에서 일할 공직자를 추첨으로 선발하였다. 이는 오늘날의 민주정과 구분되는 아테네 민주정의 핵심 특징이다. 아테네가 추첨으로 공직자를 뽑은 이유는 그들의 자유와 평등 개념에서 찾을 수 있다.

아테네 민주정의 고유한 정의 개념은 공직을 포함한 사회적 재화들이 모든 자유 시민에게 고루 배분되어야 한다는 것이다. 이러한 점에서 평등은 시민들이 통치 업무에서 동등한 몫을 갖는다는 의미로서 원칙상 공직을 맡을 기회가 균등할 때 실현가능하다. 바로 추첨이 이러한 평등을 보장해 주는 것이다. 자유의 측면에서도 추첨의 의미를 조명할 수 있다. 아테네에서 자유란 한 개인이 정치체제의 근본 원칙을 수립하는 통치 주체가 되는 것이다. 추첨 제도 덕분에 아테네의 모든 시민은 자유를 누리고 있었다고 볼 수 있다. 공적 업무의 교대 원칙과 결합한 추첨 제도를 시행함으로써 아테네 시민은 누구나 일생에 적어도 한 번은 공직을 맡게 될 것이었기 때문이다.

또한 아리스토텔레스가 말한 것처럼, '통치하고 통치받는 일을 번갈아 하는 것'은 민주정의 기본 원칙 가운데 하나이고, 그렇게 통치와 복종을 번갈아 하는 것이 민주 시민의 덕성이기도 했다. 명령에 복종하던 시민이 명령을 내리는 통치자가 되면 자신의 결정과 명령에 영향을 받게 될 시민의 입장을 더 잘 참작할 수 있을 것이다. 자신의 통치가 피지배자에게 어떤 영향을 미칠지 생생하게 예측할 수 있게 되면서 정의로운 결정을 위해 더욱 신중하게 숙고할 것이기 때문에, 시민들이 통치와 복종을 번갈아 한다는 것은 좋은 정부를 만드는 훌륭한 수단이 되는 것이다.

결국 ㉠ 이런 점들을 고려할 때, 추첨식 민주정은 자유와 평등의 이념과 공동체 호혜의 정신을 실천하는 데 적합한 제도였다고 평가할 수 있다.

〈보 기〉

ㄱ. 추첨이 아닌 다른 제도를 통해서도 사실상 공직을 맡을 기회가 모든 시민에게 균등하게 배분될 수 있다.

ㄴ. 사람마다 능력과 적성이 다르며, 능력과 적성에 맞지 않는 일을 하는 사람은 그 일의 진정한 주체가 될 수 없다.

ㄷ. 도덕적 소양을 갖춘 사람이 아니라면, "내가 싫어하는 것은 남들에게 하지 말아야겠어!"라고 생각하기보다 "나도 당했으니 너도 당해봐!"라고 생각하는 경우가 더 흔하다.

① ㄱ

② ㄴ

③ ㄱ, ㄷ

④ ㄴ, ㄷ

⑤ ㄱ, ㄴ, ㄷ

문 37. 다음 글의 A와 B에 대한 평가로 적절한 것만을 〈보기〉에서 모두 고르면?

다음은 적조의 발생을 설명하는 두 가설이다.

A : 적조는 초여름 장마철에 하천으로부터 영양염류가 해양에 유입되어야만 발생한다. 육지의 영양염류는 비가 내리지 않는 기간에는 바다로 유입되지 않으나 장마에 의해 많은 비가 내리면서 바다로 유입된다. 이때는 바닷물이 따뜻하고 영양염류는 충분하지만 충분한 빛이 없어 식물성 플랑크톤의 성장이 활발하게 이루어지지 못한다. 그러다가 장마가 끝나거나 장마 중이라도 비가 멈추고 충분한 일사량이 며칠간 확보되면, 식물성 플랑크톤이 급속한 성장을 하여 적조가 발생하게 된다.

B : 적조는 유기오염 물질이 해양에 누적되어야만 발생한다. 인간에 의해 만들어진 유기오염 물질이 지속적으로 바다로 흘러들면 가라앉아 해저에 퇴적된다. 온도가 낮은 겨울에는 미생물 활성이 제한되어 유기오염 물질의 무기화 과정이 활발하지 않다. 계절이 바뀌어 기온이 상승하고 일사량이 증가하면 퇴적층의 미생물 활성이 점차 높아지게 된다. 그러면 유기오염 물질에서 영양염류가 용출되어 퇴적층 위에 쌓인다. 본래 퇴적층은 수온약층에 의해 해수면과 격리된 상태이므로 해저의 영양염류가 해수면으로 이동할 수 없다. 하지만 해당 해역에 식물성 편모조류가 있다면 영양염류를 해수면으로 운반할 수 있다. 식물성 편모조류는 운동기관인 편모를 가지고 있어 하루에 수십 미터를 이동할 수 있다. 이 방식으로 영양염류가 따뜻한 해수면에 모이고, 이후 충분한 일사량이 며칠간 확보되면 식물성 플랑크톤이 크게 번성하여 적조가 발생한다.

〈보 기〉

ㄱ. 직전 여름에 비가 많이 내린 차가운 겨울 바다에서 적조가 발생하였다면 A와 B 모두 약화된다.

ㄴ. 유기오염 물질이 해저에 퇴적되지 않은 바다에서 적조가 발생하였다면 A와 B 모두 약화된다.

ㄷ. 식물성 편모조류가 서식하지 않고 며칠간 햇빛이 잘 든 바다에서 적조가 발생하였다면 A는 약화되지 않지만 B는 약화된다.

---

① ㄱ

② ㄴ

③ ㄱ, ㄷ

④ ㄴ, ㄷ

⑤ ㄱ, ㄴ, ㄷ

문 38. 다음 글의 ㉠과 ㉡에 대한 평가로 적절한 것만을 〈보기〉에서 모두 고르면?

A국의 어업 규제는 일정 정도의 크기에 이르지 못한 개체는 잡을 수 없게 하고 있다. 이러한 규제는 ㉠ 큰 개체를 보호하면 그렇지 않은 경우보다 개체 수의 회복이 느리고, 작은 개체를 보호하면 그렇지 않은 경우보다 개체 수의 회복이 빠르다는 가설에 근거하고 있다. 이 가설을 받아들인다면 작은 개체를 많이 잡게 되면 개체 수의 회복이 어려울 것이다. 반면 큰 개체를 많이 잡게 되면, 그 후 작은 개체가 성장하고 번식하여 개체 수가 더 빨리 회복될 수 있을 것이다. 그러나, A국의 생태학자들은 크기를 이용한 이러한 규제가 인위적 선택에 의한 진화적 부작용을 유발할 수 있다는 우려를 나타내고 있다. 이들은 진화이론에 기반하여 도출한 ㉡ 정해진 크기에 해당하는 개체만 잡으면 세대가 지날수록 집단에서 그와 다른 크기의 개체의 비율이 점차 증가한다는 가설을 적용해야 한다고 주장한다. 이 가설을 바탕으로 생태학자들은 현재의 어업 규제와 같이 일정 크기 이상의 개체만 잡게 되면 결국 크기가 작은 개체만 남게 되어, 어족 자원의 질은 나빠질 것이라고 말한다.

이러한 쟁점과 관련하여 한 어류 생태학자는 연안에 서식하는 어류 X를 이용해 실험하였다. 그는 3개의 큰 물탱크를 준비하여 각 탱크에 1,000마리의 X를 넣고, 탱크 각각에 다음 처리를 하였다.

처리1 : 크기가 작은 순으로 900마리의 개체를 제거한다.
처리2 : 크기가 큰 순으로 900마리의 개체를 제거한다.
처리3 : 900마리의 개체를 무작위로 선택하여 제거한다.

이런 처리 이후, 각 탱크에서 개체 수가 회복되기까지 기다렸다. 그런 다음 같은 방식으로 각 탱크의 개체 중 90%를 제거하였다. 이런 식의 시도를 총 4번 반복하였다.

〈보 기〉

ㄱ. 탱크 속 개체 수가 회복되는 시간과 개체의 평균 크기를 비교했을 때, 처리1을 한 탱크와 처리3을 한 탱크 간의 유의미한 차이가 없었다면, ㉠은 강화되지만 ㉡은 약화된다.

ㄴ. 처리2를 한 탱크 속 개체의 수가 처리3을 한 탱크 속 개체의 수보다 빠르게 회복되었지만, 처리2를 한 탱크 속 개체의 평균 크기는 처리3을 한 탱크 속 개체의 평균 크기보다 작아졌다면, ㉠과 ㉡ 모두 강화된다.

ㄷ. 처리3을 한 탱크 속 개체의 수가 처리1을 한 탱크 속 개체의 수보다 빠르게 회복되었지만, 처리3을 한 탱크 속 개체의 평균 크기는 처리1을 한 탱크 속 개체의 평균 크기보다 커졌다면, ㉠은 강화되지만 ㉡은 약화된다.

---

① ㄱ   ② ㄴ

③ ㄱ, ㄷ   ④ ㄴ, ㄷ

⑤ ㄱ, ㄴ, ㄷ

※ 다음 글을 읽고 물음에 답하시오. [39~40]

갑은 ⊙ 환원 개념을 통해 과학 이론들의 통일과 진보를 설명할 수 있다고 제안한다. 그에 따르면, 이론 S1이 이론 S2로 환원된다는 것은 S1을 구성하는 모든 법칙을 S2를 구성하는 법칙들로 설명할 수 있다는 것이다. 여기서 설명 가능성이란 환원되는 이론 S1의 법칙들이 환원하는 이론 S2의 법칙들로부터 연역적으로 도출될 수 있어야 한다는 도출 가능성을 의미한다.

연역적 도출로서의 환원은 과학 이론들의 통일에 대해 설득력 있는 그림을 제공한다. 통일 과학을 구성하는 다양한 과학 분야들은 층위를 달리하는 계층 질서를 형성하게 되고, 이 계층 질서의 위쪽에 있는 상부 과학은 기저 역할을 하는 하부 과학으로 환원된다. 즉, (가) 과학의 법칙들로부터 (나) 과학의 법칙들이 연역적으로 도출되는 것이다. 연역적 도출이라는 관계를 부분과 전체의 관계로 이해하면, 전체에서 부분이 도출되어야 하므로 (다) 과학은 (라) 과학의 부분이 된다. 또한 이런 그림을 시차를 두고 등장한 과학 이론들에 적용함으로써 과학의 진보를 설명할 수도 있다. 역사 속의 선행 이론과 후행 이론 사이에 연역적 도출로서의 환원 관계가 성립함으로써 과학 변동의 형태가 선행 이론이 후행 이론에 포함되는 관계를 드러낼 때, 그것을 과학의 진보라 부를 수 있다는 것이다.

환원되는 이론 S1과 환원하는 이론 S2 사이에 일부 공유되지 않는 이론적 어휘가 있어서 온전한 포함관계가 성립할 수 없어 보이는 경우도 이런 환원 개념을 적용할 수 있을까? 갑은 그런 경우에는 (마) 에서는 사용하지 않지만 (바) 에서는 사용하는 용어를 연결해 주는 소위 '교량 원리'를 도입하면 된다고 주장한다. 예를 들어, 고전역학을 양자역학으로 환원할 때, 양자역학에서 사용하지 않는 고전역학 용어인 '입자'를 양자역학에서 사용하는 '양자 파동함수'라는 용어로 바꾸어주는 가교 역할로서 '입자란 양자 파동함수가 뭉쳐 있는 상태이다.'라는 교량 원리를 도입하면 된다는 것이다.

하지만 을은 ⓒ 위와 같은 환원 개념으로는 과학의 통일과 진보를 온전히 설명할 수 없다고 비판한다. 그에 따르면, 갑처럼 어떤 이론을 다른 이론으로 환원한다고 할 때 후자의 법칙으로부터 전자의 법칙을 연역적으로 도출해 낸 결과물이 전자의 법칙과 같아 보이지만, 실은 결코 같을 수가 없다. 연역적 도출은 단지 형식 논리에 따른 계산의 결과물일 뿐이기 때문이다. 예를 들어, 뉴턴 역학의 법칙에서 갈릴레오의 자유 낙하 운동 법칙이 연역적으로 도출된다고 하더라도 그 둘이 같은 것은 아니다. 갈릴레오의 자유 낙하 운동 법칙에서는 가속도가 일정하다고 간주하지만, 뉴턴 역학의 법칙으로부터 도출되는 자유 낙하 운동 법칙에서는 낙하 과정에서 가속도가 미세하나마 꾸준히 변화하는 것으로 간주하기 때문이다. 두 법칙에 따른 계산 결과의 차이가 측정하기 어려울 정도로 미세하다 할지라도 두 법칙의 개념적 내용은 엄연히 다른 것이다.

을에 따르면, 교량 원리에도 마찬가지 문제가 있다. '입자란 양자 파동함수가 뭉쳐 있는 상태이다.'와 같은 모범적인 교량 원리가 제시되더라도, 고전역학의 입자 개념과 양자 파동함수가 뭉쳐 있는 상태로 정의되는 입자 개념이 결코 동일시될 수 없다는 것이다. 심지어 두 이론이 공유하는 용어들도 저마다 그 의미가 다를 수 있다. 예를 들어, 고전역학과 상대성이론은 '질량'이라는 용어를 공유하지만, 질량은 고전역학에서는 각 물체가 지닌 고유한 상수인 반면, 상대성이론에서는 물체의 운동에 따라 바뀌는 변수이기 때문이다.

문 39. 위 글의 (가)~(바)에 들어갈 말을 적절하게 나열한 것은?

	(가)	(나)	(다)	(라)	(마)	(바)
①	하부	상부	상부	하부	S1	S2
②	하부	상부	하부	상부	S1	S2
③	상부	하부	하부	상부	S1	S2
④	하부	상부	상부	하부	S2	S1
⑤	상부	하부	하부	상부	S2	S1

문 40. 위 글의 ⊙과 ⓒ에 대한 평가로 적절한 것만을 〈보기〉에서 모두 고르면?

〈보 기〉

ㄱ. 두 이론 사이에 연역적 도출을 통한 환원 관계가 성립했다는 판단은 그 두 이론이 공유하는 용어들의 개념적 내용이 같다는 것을 함축한다는 주장이 받아들여지면, ⊙은 강화되고 ⓒ은 약화된다.

ㄴ. 뉴턴 역학에는 중세 운동 이론에 등장하는 '임페투스'라는 용어를 연결할 수 있는 원리가 존재하지 않음에도 불구하고 후행 이론인 뉴턴 역학을 선행 이론인 중세 운동 이론으로부터의 과학적 진보로 평가한다는 주장이 받아들여지면, ⊙은 약화되고 ⓒ은 강화된다.

ㄷ. 원래는 별개의 영역을 다루는 것으로 알려져 있던 두 이론이 나중에 교량 원리를 이용한 제3의 이론으로부터 둘 다 연역적으로 도출됨으로써 그 세 이론 사이에 포함 관계를 형성하게 된 역사적 사례가 다수 존재한다는 주장이 받아들여지면, ⊙은 강화되고 ⓒ은 약화된다.

① ㄱ

② ㄷ

③ ㄱ, ㄴ

④ ㄴ, ㄷ

⑤ ㄱ, ㄴ, ㄷ

02 2022년 7급 PSAT 언어논리 기출문제

문 1. 다음 글의 내용과 부합하는 것은?

979년 송 태종은 거란을 공격하러 가는 길에 고려에 원병을 요청했다. 거란은 고려가 참전할 수도 있다는 염려에서 크게 동요했다. 하지만 고려는 송 태종의 요청에 응하지 않았다. 이후 거란은 송에 보복할 기회를 엿보는 한편, 송과 다시 싸우기 전에 고려를 압박해 앞으로도 송을 군사적으로 돕지 않겠다는 약속을 받아내고자 했다.

당시 거란과 고려 사이에는 압록강이 있었는데, 그 하류 유역에는 여진족이 살고 있었다. 이 여진족은 발해의 지배를 받았었지만, 발해가 거란에 의해 멸망한 후에는 어느 나라에도 속하지 않은 채 독자적 세력을 이루고 있었다. 거란은 이 여진족이 사는 땅을 여러 차례 침범해 대군을 고려로 보내는 데 적합한 길을 확보했다. 이후 993년에 거란 장수 소손녕은 군사를 이끌고 고려에 들어와 몇 개의 성을 공격했다. 이때 소손녕은 "고구려 옛 땅은 거란의 것인데 고려가 감히 그 영역을 차지하고 있으니 군사를 일으켜 그 땅을 찾아가고자 한다."라는 내용의 서신을 보냈다. 이 서신이 오자 고려 국왕 성종과 대다수 대신은 "옛 고구려의 영토에 해당하는 땅을 모두 내놓아야 군대를 거두겠다는 뜻이 아니냐?"라며 놀랐다. 하지만 서희는 소손녕이 보낸 서신의 내용은 핑계일 뿐이라고 주장했다. 그는 고려가 병력을 동원해 거란을 치는 일이 없도록 하겠다는 언질을 주면 소손녕이 철군할 것이라고 말했다. 이렇게 논의가 이어지고 있을 때 안융진에 있는 고려군이 소손녕과 싸워 이겼다는 보고가 들어왔다.

패배한 소손녕은 진군을 멈추고 협상을 원한다는 서신을 보내왔다. 이 서신을 받은 성종은 서희를 보내 협상하게 했다. 소손녕은 서희가 오자 "실은 고려가 송과 친하고 우리와는 소원하게 지내고 있어 침입하게 되었다."라고 했다. 이에 서희는 압록강 하류의 여진족 땅을 고려가 지배할 수 있게 묵인해 준다면, 거란과 국교를 맺을 뿐 아니라 거란과 송이 싸울 때 송을 군사적으로 돕지 않겠다는 뜻을 내비쳤다. 이 말을 들은 소손녕은 서희의 요구를 수용하기로 하고 퇴각했다. 이후 고려는 북쪽 국경 너머로 병력을 보내 압록강 하류의 여진족 땅까지 밀고 들어가 영토를 넓혔으며, 그 지역에 강동 6주를 두었다.

① 거란은 압록강 유역에 살던 여진족이 고려의 백성이라고 주장하였다.

② 여진족은 발해의 지배에서 벗어나기 위해 거란과 함께 고려를 공격하였다.

③ 소손녕은 압록강 유역의 여진족 땅을 빼앗아 강동 6주를 둔 후 그곳을 고려에 넘겼다.

④ 고려는 압록강 하류 유역에 있는 여진족의 땅으로 세력을 확대한 거란을 공격하고자 송 태종과 군사동맹을 맺었다.

⑤ 서희는 고려가 거란에 군사적 적대 행위를 하지 않겠다고 약속하면 소손녕이 군대를 이끌고 돌아갈 것이라고 보았다.

문 2. 다음 글에서 알 수 있는 것은?

세종이 즉위한 이듬해 5월에 대마도의 왜구가 충청도 해안에 와서 노략질하는 일이 벌어졌다. 이 왜구는 황해도 해주 앞바다에도 나타나 조선군과 교전을 벌인 후 명의 땅인 요동반도 방향으로 북상했다. 세종에게 왕위를 물려주고 상왕으로 있던 태종은 이종무에게 "북상한 왜구가 본거지로 되돌아가기 전에 대마도를 정벌하라!"라고 명했다. 이에 따라 이종무는 군사를 모아 대마도 정벌에 나섰다.

남북으로 긴 대마도에는 섬을 남과 북의 두 부분으로 나누는 중간에 아소만이라는 곳이 있는데, 이 만의 초입에 두지포라는 요충지가 있었다. 이종무는 이곳을 공격한 후 귀순을 요구하면 대마도주가 응할 것이라 보았다. 그는 6월 20일 두지포에 상륙해 왜인 마을을 불사른 후 계획대로 대마도주에게 서신을 보내 귀순을 요구했다. 하지만 대마도주는 이에 반응을 보이지 않았다. 분노한 이종무는 대마도주를 사로잡아 항복을 받아내기로 하고, 니로라는 곳에 병력을 상륙시켰다. 하지만 그곳에서 조선군은 매복한 적의 공격으로 크게 패했다. 이에 이종무는 군사를 거두어 거제도 견내량으로 돌아왔다.

이종무가 견내량으로 돌아온 다음 날, 태종은 요동반도로 북상했던 대마도의 왜구가 그곳으로부터 남하하던 도중 충청도에서 조운선을 공격했다는 보고를 받았다. 이 사건이 일어난 지 며칠 지나지 않았음을 알게 된 태종은 왜구가 대마도에 당도하기 전에 바다에서 격파해야 한다고 생각하고, 이종무에게 그들을 공격하라고 명했다. 그런데 이 명이 내려진 후에 새로운 보고가 들어왔다. 대마도의 왜구가 요동반도에 상륙했다가 크게 패배하는 바람에 살아남은 자가 겨우 300여 명에 불과하다는 것이었다. 이 보고를 접한 태종은 대마도주가 거느린 병사가 많이 죽어 그 세력이 꺾였으니 그에게 다시금 귀순을 요구하면 응할 것으로 판단했다. 이에 그는 이종무에게 내린 출진 명령을 취소하고, 측근 중 적임자를 골라 대마도주에게 귀순을 요구하는 사신으로 보냈다. 이 사신을 만난 대마도주는 고심 끝에 조선에 귀순하기로 했다.

① 해주 앞바다에 나타나 조선군과 싸운 대마도의 왜구가 요동반도를 향해 북상한 뒤 이종무의 군대가 대마도로 건너갔다.

② 조선이 왜구의 본거지인 대마도를 공격하기로 하자 명의 군대도 대마도까지 가서 정벌에 참여하였다.

③ 이종무는 세종이 대마도에 보내는 사절단에 포함되어 대마도를 여러 차례 방문하였다.

④ 태종은 대마도 정벌을 준비하였지만, 세종의 반대로 뜻을 이루지 못하였다.

⑤ 조선군이 대마도주를 사로잡기 위해 상륙하였다가 패배한 곳은 견내량이다.

문 3. 다음 글에서 알 수 없는 것은?

인간에 대한 혐오의 감정을 긍정적으로 바라보는 인식을 바탕으로, 이를 사회 안정의 도구로 활용해야 한다거나 법적 판단의 근거로 삼아야 한다는 주장은 영미법의 오래된 역사에서 그리 낯설지 않다. 그러나 혐오의 감정이 특정 개인과 집단을 배척하기 위한 강력한 무기로 이용되었다는 사실을 고려하면 이러한 주장이 얼마나 그릇된 것인지 이해할 수 있다.

일반적으로 우리는 분비물이나 배설물, 악취 등에 대해 그리고 시체와 같이 부패하고 퇴화하는 것들에 대해 혐오의 감정을 갖는다. 인간은 타자를 공격하는 데 이러한 오염물의 이미지를 사용한다. 이때 혐오는 특정 집단을 오염물인 것처럼 취급하고 자신은 오염되지 않은 쪽에 속함으로써 얻게 되는 심리적인 우월감 및 만족감과 연결되어 있다. 역사적으로 볼 때 이런 과정을 거쳐 오염물로 취급된 집단 중 하나가 유대인이다.

중세 이후 반유대주의 세력이 유대인에게 부여한 부정적 이미지는 점액성, 악취, 부패, 불결함과 같은 혐오스러운 것들과 결부되어 있다. 히틀러는 유대인을 깨끗하고 건강한 독일 민족의 몸속에 숨겨진, 썩어 가는 시체 속의 구더기라고 표현했다. 혐오스러운 적대자를 설정함으로써 자신의 야욕을 달성하려 했던 것이다. 불행하게도 대다수의 독일인은 이러한 야만적인 정치적 선동에 동의를 표했다. 심지어 유대인을 암세포, 종양, 세균 등으로 묘사하면서 이들을 비인간적 존재로 전락시키는 의학적 담론이 유행하기도 했다. 비인간적으로 묘사되는 유대인의 이미지는 나치가 만든 허상이었음에도 불구하고, 유대인과 연관된 혐오의 이미지는 아이들이 보는 당대의 동화 속에 담겨 있을 정도로 널리 퍼져 있었다.

① 혐오는 정치적 선동의 도구로 이용되지 않았다.

② 개인뿐만 아니라 집단도 혐오의 대상이 될 수 있다.

③ 혐오의 대상이 되는 집단은 비인간적으로 묘사되기도 한다.

④ 혐오의 감정을 법적 판단의 근거로 삼아야 한다는 입장이 있었다.

⑤ 인간에 대한 혐오의 감정은 타자를 혐오함으로써 주체가 얻을 수 있는 심리적인 만족감과 연관되어 있다.

문 4. 다음 글에서 알 수 없는 것은?

'계획적 진부화'는 의도적으로 수명이 짧은 제품이나 서비스를 생산함으로써 소비자들이 새로운 제품을 구매하도록 유도하는 마케팅 전략 중 하나이다. 여기에는 단순히 부품만 교체하는 것이 가능함에도 불구하고 새로운 제품을 구매하도록 유도하는 것도 포함된다.

계획적 진부화의 이유는 무엇일까? 첫째, 기업이 기존 제품의 가격을 인상하기 곤란한 경우, 신제품을 출시한 뒤 여기에 인상된 가격을 매길 수 있기 때문이다. 특히 제품의 기능은 거의 변함없이 디자인만 약간 개선한 신제품을 내놓고 가격을 인상하는 경우도 쉽게 볼 수 있다. 둘째, 중고품 시장에서 거래되는 기존 제품과의 경쟁을 피할 수 있기 때문이다. 자동차처럼 사용 기간이 긴 제품의 경우, 기업은 동일 유형의 제품을 팔고 있는 중고품 판매 업체와 경쟁해야만 한다. 그러나 기업이 새로운 제품을 출시하면, 중고품 시장에서 판매되는 기존 제품은 진부화되고 그 경쟁력도 하락한다. 셋째, 소비자들의 취향이 급속히 변화하는 상황에서 계획적 진부화로 소비자들의 만족도를 높일 수 있기 때문이다. 전통적으로 제품의 사용 기간을 결정짓는 요인은 기능적 특성이나 노후화·손상 등 물리적 특성이 주를 이루었지만, 최근에는 심리적 특성에도 많은 영향을 받고 있다. 이처럼 소비자들의 요구가 다양해지고 그 변화 속도도 빨라지고 있어, 기업들은 이에 대응하기 위해 계획적 진부화를 수행하기도 한다.

기업들은 계획적 진부화를 통해 매출을 확대하고 이익을 늘릴 수 있다. 기존 제품이 사용 가능한 상황에서도 신제품에 대한 소비자들의 수요를 자극하면 구매 의사가 커지기 때문이다. 반면, 기존 제품을 사용하는 소비자 입장에서는 크게 다를 것 없는 신제품 구입으로 불필요한 지출과 실질적인 손실이 발생할 수 있다는 점에서 계획적 진부화는 부정적으로 인식된다. 또한 환경이나 생태를 고려하는 거시적 관점에서도, 계획적 진부화는 소비자들에게 제공하는 가치에 비해 에너지나 자원의 낭비가 심하다는 비판을 받고 있다.

① 계획적 진부화로 소비자들은 불필요한 지출을 할 수 있다.
② 계획적 진부화는 기존 제품과 동일한 중고품의 경쟁력을 높인다.
③ 계획적 진부화는 소비자들의 요구에 대응하기 위하여 수행되기도 한다.
④ 계획적 진부화를 통해 기업은 기존 제품보다 비싼 신제품을 출시할 수 있다.
⑤ 계획적 진부화로 인하여 제품의 실제 사용 기간은 물리적으로 사용 가능한 수명보다 짧아질 수 있다.

문 5. 다음 글에서 알 수 없는 것은?

재화나 용역 중에는 비경합적이고 비배제적인 방식으로 소비되는 것들이 있다. 먼저 재화나 용역이 비경합적으로 소비된다는 말은, 그것에 대한 누군가의 소비가 다른 사람의 소비 가능성을 줄어들게 하지 않는다는 것을 뜻한다. 예컨대 10개의 사탕이 있는데 내가 8개를 먹어 버리면 다른 사람이 그 사탕을 소비할 가능성은 그만큼 줄어들게 된다. 반면에 라디오 방송 서비스 같은 경우는 내가 그것을 이용한다고 해서 다른 사람의 소비 가능성이 줄어들게 되지 않는다는 점에서 비경합적이다.

재화나 용역이 비배제적으로 소비된다는 말은, 그것이 공급되었을 때 누군가 그 대가를 지불하지 않았다고 해서 그 사람이 그 재화나 용역을 소비하지 못하도록 배제할 수 없다는 것을 뜻한다. 이러한 의미에서 국방 서비스는 비배제적으로 소비된다. 정부가 국방 서비스를 제공받는 모든 국민에게 그 비용을 지불하도록 하는 정책을 채택했다고 하자. 이때 어떤 국민이 이런 정책에 불만을 표하며 비용 지불을 거부한다고 해도 정부는 그를 국방 서비스의 수혜에서 배제하기 어렵다. 설령 그를 구속하여 감옥에 가두더라도 그는 국방 서비스의 수혜자 범위에서 제외되지 않는다.

비경합적이고 비배제적인 방식으로 소비되는 재화와 용역의 생산과 배분이 시장에서 제대로 이루어질 수 있을까? 국방의 예를 이어나가 보자. 대부분의 국민은 자신의 생명과 재산을 보호받고자 하는 욕구가 있고 국방 서비스에 대한 수요도 있기 마련이다. 그러나 만약 국방 서비스를 시장에서 생산하여 판매한다면, 경제적으로 합리적인 국민은 국방 서비스를 구매하지 않을 것이다. 왜냐하면 다른 이가 구매하는 국방 서비스에 자신도 무임승차할 수 있기 때문이다. 결과적으로 국방 서비스는 과소 생산되는 문제가 발생하고, 그 피해는 모든 국민에게 돌아가게 될 것이다. 따라서 이와 같은 유형의 재화나 용역을 사회적으로 필요한 만큼 생산하기 위해서는 국가가 개입해야 하기에 이런 재화나 용역에는 공공재라는 이름을 붙이는 것이다.

① 유료 공연에서 일정한 돈을 지불하지 않은 사람의 공연장 입장을 차단한다면, 그 공연은 배제적으로 소비될 수 있다.
② 국방 서비스를 소비하는 모든 국민에게 그 비용을 지불하도록 한다면, 그 서비스는 비경합적으로 소비될 수 없다.
③ 이용할 수 있는 수가 한정된 여객기 좌석은 경합적으로 소비될 수 있다.
④ 무임승차를 쉽게 방지할 수 없는 재화나 용역은 과소 생산될 수 있다.
⑤ 라디오 방송 서비스는 여러 사람이 비경합적으로 소비할 수 있다.

문 6. 다음 글의 핵심 논지로 가장 적절한 것은?

독일 통일을 지칭하는 '흡수 통일'이라는 용어는 동독이 일방적으로 서독에 흡수되었다는 인상을 준다. 그러나 통일 과정에서 동독 주민들이 보여준 행동을 고려하면 흡수 통일은 오해의 여지를 주는 용어일 수 있다.

1989년에 동독에서는 지방선거 부정 의혹을 둘러싼 내부 혼란이 발생했다. 그 과정에서 체제에 환멸을 느낀 많은 동독 주민들이 서독으로 탈출했고, 동독 곳곳에서 개혁과 개방을 주장하는 시위의 물결이 일어나기 시작했다. 초기 시위에서 동독 주민들은 여행 · 신앙 · 언론의 자유를 중심에 둔 내부 개혁을 주장했지만 이후 "우리는 하나의 민족이다!"라는 구호와 함께 동독과 서독의 통일을 요구하기 시작했다. 그렇게 변화하는 사회적 분위기 속에서 1990년 3월 18일에 동독 최초이자 최후의 자유총선거가 실시되었다.

동독 자유총선거를 위한 선거운동 과정에서 서독과 협력하는 동독 정당들이 생겨났고, 이들 정당의 선거운동에 서독 정당과 정치인들이 적극적으로 유세 지원을 하기도 했다. 초반에는 서독 사민당의 지원을 받으며 점진적 통일을 주장하던 동독 사민당이 우세했지만, 실제 선거에서는 서독 기민당의 지원을 받으며 급속한 통일을 주장하던 독일동맹이 승리하게 되었다. 동독 주민들이 자유총선거에서 독일동맹을 선택한 것은 그들 스스로 급속한 통일을 지지한 것이라고 할 수 있다. 이후 동독은 서독과 1990년 5월 18일에 「통화 · 경제 · 사회보장동맹의 창설에 관한 조약」을, 1990년 8월 31일에 「통일조약」을 체결했고, 마침내 1990년 10월 3일에 동서독 통일을 이루게 되었다.

이처럼 독일 통일의 과정에서 동독 주민들의 주체적인 참여를 확인할 수 있다. 독일 통일을 단순히 흡수 통일이라고 부른다면, 통일 과정에서 중요한 역할을 담당했던 동독 주민들을 배제한다는 오해를 불러일으킬 수 있다. 독일 통일의 과정을 온전히 이해하기 위해서는 동독 주민들의 활동에도 주목할 필요가 있다.

① 자유총선거에서 동독 주민들은 점진적 통일보다 급속한 통일을 지지하는 모습을 보여주었다.

② 독일 통일은 동독이 일방적으로 서독에 흡수되었다는 점에서 흔히 흡수 통일이라고 부른다.

③ 독일 통일은 분단국가가 합의된 절차를 거쳐 통일을 이루었다는 점에서 의의가 있다.

④ 독일 통일 전부터 서독의 정당은 물론 개인도 동독의 선거에 개입할 수 있었다.

⑤ 독일 통일의 과정에서 동독 주민들의 주체적 참여가 큰 역할을 하였다.

문 7. 다음 글의 (가)와 (나)에 들어갈 말을 적절하게 나열한 것은?

서양 사람들은 옛날부터 신이 자연 속에 진리를 감추어 놓았다고 믿고 그 진리를 찾기 위해 노력했다. 그들은 숨겨진 진리가 바로 수학이며 자연물 속에 비례의 형태로 숨어 있다고 생각했다. 또한 신이 자연물에 숨겨 놓은 수많은 진리 중에서도 인체 비례야말로 가장 아름다운 진리의 정수로 여겼다. 그래서 서양 사람들은 예로부터 이러한 신의 진리를 드러내기 위해서 완벽한 인체를 구현하는 데 몰두했다. 레오나르도 다빈치의 「인체 비례도」를 보면, 원과 정사각형을 배치하여 사람의 몸을 표현하고 있다. 가장 기본적인 기하 도형이 인체 비례와 관련 있다는 점에 착안하였던 것이다. 르네상스 시대 건축가들은 이러한 기본 기하 도형으로 건축물을 디자인하면 ___(가)___ 위대한 건물을 지을 수 있다고 생각했다.

건축에서 미적 표준으로 인체 비례를 활용하는 조형적 안목은 서양뿐 아니라 동양에서도 찾을 수 있다. 고대부터 중국이나 우리나라에서도 인체 비례를 건축물 축조에 활용하였다. 불국사의 청운교와 백운교는 3 : 4 : 5 비례의 직각삼각형으로 이루어져 있다. 이와 같은 비례로 건축하는 것을 '구고현(勾股弦)법'이라 한다. 뒤꿈치를 바닥에 대고 무릎을 직각으로 구부린 채 누우면 바닥과 다리 사이에 삼각형이 이루어지는데, 이것이 구고현법의 삼각형이다. 짧은 변인 구(勾)는 넓적다리에, 긴 변인 고(股)는 장딴지에 대응하고, 빗변인 현(弦)은 바닥의 선에 대응한다. 이 삼각형은 고대 서양에서 신성불가침의 삼각형이라 불렸던 것과 동일한 비례를 가지고 있다. 동일한 비례를 아름다움의 기준으로 삼았다는 점에서 ___(나)___ 는 것을 알 수 있다.

① (가): 인체 비례에 숨겨진 신의 진리를 구현한
  (나): 조형미에 대한 동서양의 안목이 유사하였다

② (가): 신의 진리를 넘어서는 인간의 진리를 구현한
  (나): 인체 실측에 대한 동서양의 계산법이 동일하였다

③ (가): 인체 비례에 숨겨진 신의 진리를 구현한
  (나): 건축물에 대한 동서양의 공간 활용법이 유사하였다

④ (가): 신의 진리를 넘어서는 인간의 진리를 구현한
  (나): 조형미에 대한 동서양의 안목이 유사하였다

⑤ (가): 인체 비례에 숨겨진 신의 진리를 구현한
  (나): 인체 실측에 대한 동서양의 계산법이 동일하였다

문 8.　다음 글의 ㉠~㉤에서 문맥에 맞지 않는 곳을 찾아 적절하게 수정한 것은?

반세기 동안 지속되던 냉전 체제가 1991년을 기점으로 붕괴되면서 동유럽 체제가 재편되었다. 동유럽에서는 연방에서 벗어나 많은 국가들이 독립하였다. 이 국가들은 자연스럽게 자본주의 시장경제를 받아들였는데, 이후 몇 년 동안 공통적으로 극심한 경제 위기를 경험하게 되었다. 급기야 IMF(국제통화기금)의 자금 지원을 받게 되는데, 이는 ㉠ 갑작스럽게 외부로부터 도입한 자본주의 시스템에 적응하는 일이 결코 쉽지 않다는 점을 보여준다.

이 과정에서 해당 국가 국민의 평균 수명이 급격하게 줄어들었는데, 이는 같은 시기 미국, 서유럽 국가들의 평균 수명이 꾸준히 늘었다는 것과 대조적이다. 이러한 현상에 대해 ㉡ 자본주의 시스템 도입을 적극적으로 지지했던 일부 경제학자들은 오래전부터 이어진 ㉢ 동유럽 지역 남성들의 과도한 음주와 흡연, 폭력과 살인 같은 비경제적 요소를 주된 원인으로 꼽았다. 즉 경제 체제의 변화와는 관련이 없다는 것이다.

이러한 주장에 의문을 품은 영국의 한 연구자는 해당 국가들의 건강 지표가 IMF의 자금 지원 전후로 어떻게 달라졌는지를 살펴보았다. 여러 사회적 상황을 고려하여 통계 모형을 만들고, ㉣ IMF의 자금 지원을 받은 국가와 다른 기관에서 자금 지원을 받은 국가를 비교하였다. 같은 시기 독립한 동유럽 국가 중 슬로베니아만 유일하게 IMF가 아닌 다른 기관에서 돈을 빌렸다. 이때 두 곳의 차이는, IMF는 자금을 지원받은 국가에게 경제와 관련된 구조조정 프로그램을 실시하게 한 반면, 슬로베니아를 지원한 곳은 그렇게 하지 않았다는 점이다. IMF 구조조정 프로그램을 실시한 국가들은 ㉤ 실시 이전부터 결핵 발생률이 크게 증가했던 것으로 나타났다. 그러나 슬로베니아는 같은 기간에 오히려 결핵 사망률이 감소했다. IMF 구조조정 프로그램의 실시 여부는 국가별 결핵 사망률과 일정한 상관관계가 있었던 것이다.

① ㉠을 "자본주의 시스템을 갖추지 않고 지원을 받는 일"로 수정한다.

② ㉡을 "자본주의 시스템 도입을 적극적으로 반대했던"으로 수정한다.

③ ㉢을 "수출입과 같은 국제 경제적 요소"로 수정한다.

④ ㉣을 "IMF의 자금 지원 직후 경제 성장률이 상승한 국가와 하락한 국가"로 수정한다.

⑤ ㉤을 "실시 이후부터 결핵 사망률이 크게 증가했던 것"으로 수정한다.

문 9.　다음 글에서 추론할 수 없는 것은?

감염병 우려로 인해 △△시험 관리본부가 마련한 대책은 다음과 같다. 먼저 모든 수험생을 확진, 자가격리, 일반 수험생의 세 유형으로 구분한다. 그리고 수험생 유형별로 시험 장소를 안내하고 마스크 착용 규정을 준수하도록 한다.

〈표〉 수험생 유형과 증상에 따른 시험장의 구분

수험생	시험장	증상	세부 시험장
확진 수험생	생활치료센터	유·무 모두	센터장이 지정한 센터 내 장소
자가격리 수험생	특별 방역 시험장	유	외부 차단 1인용 부스
		무	회의실
일반 수험생	최초 공지한 시험장	유	소형 강의실
		무	중대형 강의실

모든 시험장에 공통적으로 적용되는 마스크 착용 규정은 다음과 같다. 첫째, 모든 수험생은 입실부터 퇴실 시점까지 의무적으로 마스크를 착용해야 한다. 둘째, 마스크는 KF99, KF94, KF80의 3개 등급만 허용한다. 마스크 등급을 표시하는 숫자가 클수록 방역 효과가 크다. 셋째, 마스크 착용 규정에서 특정 등급의 마스크 의무 착용을 명시한 경우, 해당 등급보다 높은 등급의 마스크 착용은 가능하지만 낮은 등급의 마스크 착용은 허용되지 않는다.

시험장에 따라 달리 적용되는 마스크 착용 규정은 다음과 같다. 첫째, 생활치료센터에서는 각 센터장이 내린 지침을 의무적으로 따라야 한다. 둘째, 특별 방역 시험장에서는 KF99 마스크를 의무적으로 착용해야 한다. 셋째, 소형 강의실과 중대형 강의실에서는 각각 KF99와 KF94 마스크 착용을 권장하지만 의무 사항은 아니다.

① 일반 수험생 중 유증상자는 KF80 마스크를 착용하고 시험을 치를 수 없다.

② 일반 수험생 중 무증상자는 KF80 마스크를 착용하고 시험을 치를 수 있다.

③ 자가격리 수험생 중 유증상자는 KF99 마스크를 착용하고 시험을 치를 수 있다.

④ 자가격리 수험생 중 무증상자는 KF94 마스크를 착용하고 시험을 치를 수 없다.

⑤ 확진 수험생은 생활치료센터장이 허용하는 경우 KF80 마스크를 착용하고 시험을 치를 수 있다.

문 10. 다음 글의 〈표〉를 수정한 것으로 적절한 것만을 〈보기〉에서 모두 고르면?

○○부는 철새로 인한 국내 야생 조류 및 가금류 조류인플루엔자(Avian Influenza, AI) 바이러스 감염 확산 여부를 추적 조사하고 있다. AI 바이러스는 병원성 정도에 따라 고병원성과 저병원성 AI 바이러스로 구분한다. 발표 자료에 따르면, 2020년 10월 25일 충남 천안시에서는 야생 조류 분변에서 고병원성 AI 바이러스가 검출되었으며 이는 2018년 2월 1일 충남 아산시에서 검출된 이래 2년 8개월 만의 검출 사례였다.

최근 야생 조류 고병원성 AI 바이러스 검출 사례는 2020년 10월 25일부터 11월 21일까지 경기도에서 3건, 충남에서 2건이 발표되었고, 가금류 고병원성 AI 바이러스 검출 사례는 전국에서 총 3건이 발표되었다. 같은 기간에 야생 조류 저병원성 AI 바이러스 검출 후 발표된 사례는 전국에 총 8건이다. 또한 채집된 의심 야생 조류의 분변 검사 결과, 고병원성·저병원성 AI 바이러스 모두에 해당하지 않아 바이러스 미분리로 분류된 사례는 총 7건이다. 야생 조류 AI 바이러스 검출 현황은 고병원성 AI, 저병원성 AI, 검사 중으로 분류하고 바이러스 미분리는 야생 조류 AI 바이러스 검출 현황에 포함하지 않는다. 야생 조류 AI 바이러스가 검출되고 나서 고병원성 여부를 확인하기 위해 정밀 검사를 하는 데 상당한 기간이 소요되므로, 아직 검사 중인 것이 9건이다. 그중 하나인 제주도 하도리의 경우 11월 22일 고병원성 AI 바이러스 검출 여부를 발표할 예정이다.

○○부 주무관 갑은 2020년 10월 25일부터 11월 21일까지 발표된 야생 조류 AI 바이러스 검출 현황을 아래와 같이 〈표〉로 작성하였으나 검출 현황을 적절히 반영하지 않아 수정이 필요하다.

〈표〉 야생 조류 AI 바이러스 검출 현황
(기간: 2020년 10월 25일~2020년 11월 21일)

고병원성 AI	저병원성 AI	검사 중	바이러스 미분리
8건	8건	9건	7건

─── 〈보 기〉 ───
ㄱ. 고병원성 AI 항목의 "8건"을 "5건"으로 수정한다.
ㄴ. 검사 중 항목의 "9건"을 "8건"으로 수정한다.
ㄷ. "바이러스 미분리" 항목을 삭제한다.

① ㄱ
② ㄴ
③ ㄱ, ㄷ
④ ㄴ, ㄷ
⑤ ㄱ, ㄴ, ㄷ

문 11. 다음 글의 A~C에 대한 평가로 적절한 것만을 〈보기〉에서 모두 고르면?

인간 존엄성은 모든 인간이 단지 인간이기 때문에 갖는 것으로서, 인간의 숭고한 도덕적 지위나 인간에 대한 윤리적 대우의 근거로 여겨진다. 다음은 인간 존엄성 개념에 대한 A~C의 비판이다.

A: 인간 존엄성은 그 의미가 무엇인지에 대해 사람마다 생각이 달라서 불명료할 뿐 아니라 무용한 개념이다. 가령 존엄성은 존엄사를 옹호하거나 반대하는 논증 모두에서 각각의 주장을 정당화하는 데 사용된다. 어떤 이는 존엄성이란 말을 '자율성의 존중'이라는 뜻으로, 어떤 이는 '생명의 신성함'이라는 뜻으로 사용한다. 결국 쟁점은 존엄성이 아니라 자율성의 존중이나 생명의 가치에 관한 문제이며, 존엄성이란 개념 자체는 그 논의에서 실질적으로 중요한 기여를 하지 않는다.

B: 인간의 권리에 대한 문서에서 존엄성이 광범위하게 사용되는 것은 기독교 신학과 같이 인간 존엄성을 언급하는 많은 종교적 문헌의 영향으로 보인다. 이러한 종교적 뿌리는 어떤 이에게는 가치 있는 것이지만, 다른 이에겐 그런 존엄성 개념을 의심할 근거가 되기도 한다. 특히 존엄성을 신이 인간에게 부여한 독특한 지위로 생각함으로써 인간이 스스로를 지나치게 높게 보도록 했다는 점은 비판을 받아 마땅하다. 이는 인간으로 하여금 인간이 아닌 종과 환경에 대해 인간 자신들이 원하는 것을 마음대로 해도 된다는 오만을 낳았다.

C: 인간 존엄성은 인간이 이성적 존재임을 들어 동물이나 세계에 대해 인간 중심인 견해를 옹호해 온 근대 휴머니즘의 유산이다. 존엄성은 인간종이 그 자체로 다른 종이나 심지어 환경 자체보다 더 큰 가치가 있다고 생각하는 종족주의의 한 표현에 불과하다. 인간 존엄성은 우리가 서로를 가치 있게 여기도록 만들기도 하지만, 인간 외의 다른 존재에 대해서는 그 대상이 인간이라면 결코 용납하지 않았을 폭력적 처사를 정당화하는 근거로 활용된다.

─── 〈보 기〉 ───
ㄱ. 많은 논란에도 불구하고 존엄사를 인정한 연명의료결정법의 시행은 A의 주장을 약화시키는 사례이다.
ㄴ. C의 주장은 화장품의 안전성 검사를 위한 동물실험의 금지를 촉구하는 캠페인의 근거로 활용될 수 있다.
ㄷ. B와 C는 인간에게 특권적 지위를 부여하는 인간 중심적인 생각을 비판한다는 점에서 공통적이다.

① ㄱ
② ㄷ
③ ㄱ, ㄴ
④ ㄴ, ㄷ
⑤ ㄱ, ㄴ, ㄷ

문 12. 다음 글의 〈논증〉에 대한 분석으로 적절한 것만을 〈보기〉에서 모두 고르면?

우리는 죽음이 나쁜 것이라고 믿는다. 죽고 나면 우리가 존재하지 않기 때문이다. 루크레티우스는 우리가 존재하지 않기 때문에 죽음이 나쁜 것이라면 우리가 태어나기 이전의 비존재도 나쁘다고 말해야 한다고 생각했다. 그러나 우리는 태어나기 이전에 우리가 존재하지 않았다는 사실에 대해서 애석해 하지 않는다. 따라서 루크레티우스는 죽음 이후의 비존재에 대해서도 애석해 할 필요가 없다고 주장했다. 다음은 이러한 루크레티우스의 주장을 반박하는 논증이다.

〈논 증〉

우리는 죽음의 시기가 뒤로 미루어짐으로써 더 오래 사는 상황을 상상해 볼 수 있다. 예를 들어, 50살에 교통사고로 세상을 떠난 누군가를 생각해 보자. 그 사고가 아니었다면 그는 70살이나 80살까지 더 살 수도 있었을 것이다. 그렇다면 50살에 그가 죽은 것은 그의 인생에 일어날 수 있는 여러 가능성 중에 하나였다. 그런데 ㉠ 내가 더 일찍 태어나는 것은 상상할 수 없다. 물론, 조산이나 제왕절개로 내가 조금 더 일찍 세상에 태어날 수도 있었을 것이다. 하지만 여기서 고려해야 할 것은 나의 존재의 시작이다. 나를 있게 하는 것은 특정한 정자와 난자의 결합이다. 누군가는 내 부모님이 10년 앞서 임신할 수 있었다고 주장할 수도 있다. 그러나 그랬다면 내가 아니라 나의 형제가 태어났을 것이다. 그렇기 때문에 '더 일찍 태어났더라면'이라고 말해도 그것이 실제로 내가 더 일찍 태어났을 가능성을 상상한 것은 아니다. 나의 존재는 내가 수정된 바로 그 특정 정자와 난자의 결합에 기초한다. 그러므로 ㉡ 내가 더 일찍 태어나는 일은 불가능하다. 나의 사망 시점은 달라질 수 있지만, 나의 출생 시점은 그렇지 않다. 그런 의미에서 출생은 내 인생 전체를 놓고 볼 때 하나의 필연적인 사건이다. 결국 죽음의 시기를 뒤로 미뤄 더 오래 사는 것은 가능하지만, 출생의 시기를 앞당겨 더 오래 사는 것은 불가능하다. 따라서 내가 더 일찍 태어나지 않은 것은 나쁜 일이 될 수 없다. 즉 죽음 이후와는 달리 ㉢ 태어나기 이전의 비존재는 나쁘다고 말할 수 없다.

〈보 기〉

ㄱ. 냉동 보관된 정자와 난자가 수정되어 태어난 사람의 경우를 고려하면, ㉠은 거짓이다.

ㄴ. ㉠에 "어떤 사건이 가능하면, 그것의 발생을 상상할 수 있다."라는 전제를 추가하면, ㉡을 이끌어 낼 수 있다.

ㄷ. ㉢에 "태어나기 이전의 비존재가 나쁘다면, 내가 더 일찍 태어나는 것이 가능하다."라는 전제를 추가하면, ㉡의 부정을 이끌어 낼 수 있다.

① ㄱ

② ㄷ

③ ㄱ, ㄴ

④ ㄴ, ㄷ

⑤ ㄱ, ㄴ, ㄷ

※ 다음 글을 읽고 물음에 답하시오. [13~14]

인간은 지구상의 생명이 대량 멸종하는 사태를 맞이하고 있지만, 다른 한편으로는 실험실에서 인공적으로 새로운 생명체를 창조하고 있다. 이런 상황에서, 자연적으로 존재하는 종을 멸종으로부터 보존해야 한다는 생물 다양성의 보존 문제를 어떤 시각으로 바라보아야 할까? A는 생물 다양성을 보존해야 한다고 주장한다. 이를 위해 A는 다음과 같은 도구적 정당화를 제시한다. 우리는 의학적, 농업적, 경제적, 과학적 측면에서 이익을 얻기를 원한다. '생물 다양성 보존'은 이를 위한 하나의 수단으로 간주될 수 있다. 바로 그 수단이 우리가 원하는 이익을 얻는 최선의 수단이라는 것이 A의 첫 번째 전제이다. 그리고 ____(가)____ 는 것이 A의 두 번째 전제이다. 이 전제들로부터 우리에게는 생물 다양성을 보존할 의무와 필요성이 있다는 결론이 나온다.

이에 대해 B는 생물 다양성 보존이 우리가 원하는 이익을 얻는 최선의 수단이 아님을 지적한다. 특히 합성 생물학은 자연에 존재하는 DNA, 유전자, 세포 등을 인공적으로 합성하고 재구성해 새로운 생명체를 창조하는 것을 목표로 한다. B는 우리가 원하는 이익을 얻고자 한다면, 자연적으로 존재하는 생명체들을 대상으로 보존에 애쓰는 것보다는 합성 생물학을 통해 원하는 목표를 더 합리적이고 체계적으로 성취할 수 있을 것이라고 주장한다. 인공적인 생명체의 창조가 우리가 원하는 이익을 얻는 더 좋은 수단이므로, 생물 다양성 보존을 지지하는 도구적 정당화는 설득력을 잃는다는 것이다. 그래서 B는 A가 제시하는 도구적 정당화에 근거하여 생물 다양성을 보존하자고 주장하는 것은 옹호될 수 없다고 말한다.

한편 C는 모든 종은 보존되어야 한다고 주장하면서 생물 다양성 보존을 옹호한다. C는 대상의 가치를 평가할 때 그 대상이 갖는 도구적 가치와 내재적 가치를 구별한다. 대상의 도구적 가치란 그것이 특정 목적을 달성하는 데 얼마나 쓸모가 있느냐에 따라 인정되는 가치이며, 대상의 내재적 가치란 그 대상이 그 자체로 본래부터 갖고 있다고 인정되는 고유한 가치를 말한다. C에 따르면 생명체는 단지 도구적 가치만을 갖는 것이 아니다. 생명체를 오로지 도구적 가치로만 평가하는 것은 생명체를 그저 인간의 목적을 위해 이용되는 수단으로 보는 인간 중심적 태도이지만, C는 그런 태도는 받아들일 수 없다고 본다. 생명체의 내재적 가치 또한 인정해야 한다는 것이다. 그 생명체들이 속한 종 또한 그 쓸모에 따라서만 가치가 있는 것이 아니다. 그리고 내재적 가치를 지니는 것은 모두 보존되어야 한다. 이로부터 모든 종은 보존되어야 한다는 결론에 다다른다. 왜냐하면 ____(나)____ 때문이다.

문 13. 위 글의 (가)와 (나)에 들어갈 내용을 적절하게 나열한 것은?

① (가): 어떤 것이 우리가 원하는 이익을 얻는 최선의 수단이라면 우리에게는 그것을 실행할 의무와 필요성이 있다

    (나): 생명체의 내재적 가치는 종의 다양성으로부터 비롯되기

② (가): 어떤 것이 우리가 원하는 이익을 얻는 최선의 수단이 아니라면 우리에게는 그것을 실행할 의무와 필요성이 없다

    (나): 생명체의 내재적 가치는 종의 다양성으로부터 비롯되기

③ (가): 어떤 것이 우리가 원하는 이익을 얻는 최선의 수단이라면 우리에게는 그것을 실행할 의무와 필요성이 있다

    (나): 모든 종은 그 자체가 본래부터 고유의 가치를 지니기

④ (가): 어떤 것이 우리가 원하는 이익을 얻는 최선의 수단이 아니라면 우리에게는 그것을 실행할 의무와 필요성이 없다

    (나): 모든 종은 그 자체가 본래부터 고유의 가치를 지니기

⑤ (가): 우리에게 이익을 제공하는 수단 가운데 생물 다양성의 보존보다 더 나은 수단은 없다

    (나): 모든 종은 그 자체가 본래부터 고유의 가치를 지니기

문 14. 위 글에 대한 분석으로 적절한 것만을 〈보기〉에서 모두 고르면?

─── 〈보 기〉 ───

ㄱ. A는 생물 다양성을 보존해야 한다고 주장하지만, B는 보존하지 않아도 된다고 주장한다.

ㄴ. B는 A의 두 전제가 참이더라도 A의 결론이 반드시 참이 되지는 않는다고 비판한다.

ㄷ. 자연적으로 존재하는 생명체가 도구적 가치를 가지느냐에 대한 A와 C의 평가는 양립할 수 있다.

① ㄱ

② ㄷ

③ ㄱ, ㄴ

④ ㄴ, ㄷ

⑤ ㄱ, ㄴ, ㄷ

문 15. 다음 논쟁에 대한 분석으로 적절한 것만을 〈보기〉에서 모두 고르면?

갑: 입증은 증거와 가설 사이의 관계에 대한 것이다. 내가 받아들이는 입증에 대한 입장은 다음과 같다. 증거 발견 후 가설의 확률 증가분이 있다면, 증거가 가설을 입증한다. 즉 증거 발견 후 가설이 참일 확률에서 증거 발견 전 가설이 참일 확률을 뺀 값이 0보다 크다면, 증거가 가설을 입증한다. 예를 들어보자. 사건 현장에서 용의자 X의 것과 유사한 발자국이 발견되었다. 그럼 발자국이 발견되기 전보다 X가 해당 사건의 범인일 확률은 높아질 것이다. 그렇다면 발자국 증거는 X가 범인이라는 가설을 입증한다. 그리고 증거 발견 후 가설의 확률 증가분이 클수록, 증거가 가설을 입증하는 정도가 더 커진다.

을: 증거가 가설이 참일 확률을 높인다고 하더라도, 그 증거가 해당 가설을 입증하지 못할 수 있다. 가령, X에게 강력한 알리바이가 있다고 해보자. 사건이 일어난 시간에 사건 현장과 멀리 떨어져 있는 X의 모습이 CCTV에 포착된 것이다. 그러면 발자국 증거가 X가 범인일 확률을 높인다고 하더라도, 그가 범인일 확률은 여전히 높지 않을 것이다. 그럼에도 불구하고 갑의 입장은 이러한 상황에서 발자국 증거가 X가 범인이라는 가설을 입증한다고 보게 만드는 문제가 있다. 이 문제는 내가 받아들이는 입증에 대한 다음 입장을 통해 해결될 수 있다. 증거 발견 후 가설의 확률 증가분이 있고 증거 발견 후 가설이 참일 확률이 1/2보다 크다면, 그리고 그런 경우에만 증거가 가설을 입증한다. 가령, 발자국 증거가 X가 범인일 확률을 높이더라도 증거 획득 후 확률이 1/2보다 작다면 발자국 증거는 X가 범인이라는 가설을 입증하지 못한다.

─── 〈보 기〉 ───

ㄱ. 갑의 입장에서, 증거 발견 후 가설의 확률 증가분이 없다면 그 증거가 해당 가설을 입증하지 못한다.

ㄴ. 을의 입장에서, 어떤 증거가 주어진 가설을 입증할 경우 그 증거 획득 이전 해당 가설이 참일 확률은 1/2보다 크다.

ㄷ. 갑의 입장에서 어떤 증거가 주어진 가설을 입증하는 정도가 작더라도, 을의 입장에서 그 증거가 해당 가설을 입증할 수 있다.

① ㄴ

② ㄷ

③ ㄱ, ㄴ

④ ㄱ, ㄷ

⑤ ㄱ, ㄴ, ㄷ

문 16. 다음 글에서 추론할 수 있는 것은?

국제표준도서번호(ISBN)는 전세계에서 출판되는 각종 도서에 부여하는 고유한 식별 번호이다. 2007년부터는 13자리의 숫자로 구성된 ISBN인 ISBN-13이 부여되고 있지만, 2006년까지 출판된 도서에는 10자리의 숫자로 구성된 ISBN인 ISBN-10이 부여되었다.

ISBN-10은 네 부분으로 되어 있다. 첫 번째 부분은 책이 출판된 국가 또는 언어 권역을 나타내며 1~5자리를 가질 수 있다. 예를 들면, 대한민국은 89, 영어권은 0, 프랑스어권은 2, 중국은 7 그리고 부탄은 99936을 쓴다. 두 번째 부분은 국가별 ISBN 기관에서 그 국가에 있는 각 출판사에 할당한 번호를 나타낸다. 세 번째 부분은 출판사에서 그 책에 임의로 붙인 번호를 나타낸다. 마지막 네 번째 부분은 확인 숫자이다. 이 숫자는 0에서 10까지의 숫자 중 하나가 되는데, 10을 써야 할 때는 로마 숫자인 X를 사용한다. 부여된 ISBN-10이 유효한 것이라면 이 ISBN-10의 열 개 숫자에 각각 순서대로 10, 9, …, 2, 1의 가중치를 곱해서 각 곱셈의 값을 모두 더한 값이 반드시 11로 나누어 떨어져야 한다. 예를 들어, 어떤 책에 부여된 ISBN-10인 '89 - 89422 - 42 - 6'이 유효한 것인지 검사해 보자. $(8 \times 10)+(9 \times 9)+(8 \times 8)+(9 \times 7)+(4 \times 6)+(2 \times 5)+(2 \times 4)+(4 \times 3)+(2 \times 2)+(6 \times 1)=352$ 이고, 이 값은 11로 나누어 떨어지기 때문에 이 ISBN-10은 유효한 번호이다. 만약 어떤 ISBN-10의 숫자 중 어느 하나를 잘못 입력했다면 서점에 있는 컴퓨터는 즉시 오류 메시지를 화면에 보여줄 것이다.

① ISBN-10의 첫 번째 부분에 있는 숫자가 같으면 같은 나라에서 출판된 책이다.

② 임의의 책의 ISBN-10에 숫자 3자리를 추가하면 그 책의 ISBN-13을 얻는다.

③ ISBN-10이 '0 - 285 - 00424 - 7'인 책은 해당 출판사에서 424번째로 출판한 책이다.

④ ISBN-10의 두 번째 부분에 있는 숫자가 같은 서로 다른 두 권의 책은 동일한 출판사에서 출판된 책이다.

⑤ 확인 숫자 앞의 아홉 개의 숫자에 정해진 가중치를 곱하여 합한 값이 11의 배수인 ISBN-10이 유효하다면 그 확인 숫자는 반드시 0이어야 한다.

문 17. 다음 글의 내용이 참일 때, 갑이 반드시 수강해야 할 과목은?

갑은 A~E 과목에 대해 수강신청을 준비하고 있다. 갑이 수강하기 위해 충족해야 하는 조건은 다음과 같다.

• A를 수강하면 B를 수강하지 않고, B를 수강하지 않으면 C를 수강하지 않는다.

• D를 수강하지 않으면 C를 수강하고, A를 수강하지 않으면 E를 수강하지 않는다.

• E를 수강하지 않으면 C를 수강하지 않는다.

① A
② B
③ C
④ D
⑤ E

문 18. 다음 글의 내용이 참일 때, 반드시 참인 것만을 〈보기〉에서 모두 고르면?

△△처에서는 채용 후보자들을 대상으로 A, B, C, D 네 종류의 자격증 소지 여부를 조사하였다. 그 결과 다음과 같은 사실이 밝혀졌다.

• A와 D를 둘 다 가진 후보자가 있다.

• B와 D를 둘 다 가진 후보자는 없다.

• A나 B를 가진 후보자는 모두 C는 가지고 있지 않다.

• A를 가진 후보자는 모두 B는 가지고 있지 않다는 것은 사실이 아니다.

─── 〈보 기〉 ───

ㄱ. 네 종류 중 세 종류의 자격증을 가지고 있는 후보자는 없다.

ㄴ. 어떤 후보자는 B를 가지고 있지 않고, 또 다른 후보자는 D를 가지고 있지 않다.

ㄷ. D를 가지고 있지 않은 후보자는 누구나 C를 가지고 있지 않다면, 네 종류 중 한 종류의 자격증만 가지고 있는 후보자가 있다.

① ㄱ
② ㄷ
③ ㄱ, ㄴ
④ ㄴ, ㄷ
⑤ ㄱ, ㄴ, ㄷ

문 19. 다음 글의 내용이 참일 때, 반드시 참인 것만을 〈보기〉에서 모두 고르면?

신입사원을 대상으로 민원, 홍보, 인사, 기획 업무에 대한 선호를 조사하였다. 조사 결과 민원 업무를 선호하는 신입사원은 모두 홍보 업무를 선호하였지만, 그 역은 성립하지 않았다. 모든 업무 중 인사 업무만을 선호하는 신입사원은 있었지만, 민원 업무와 인사 업무를 모두 선호하는 신입사원은 없었다. 그리고 넷 중 세 개 이상의 업무를 선호하는 신입사원도 없었다. 신입사원 갑이 선호하는 업무에는 기획 업무가 포함되어 있었으며, 신입사원 을이 선호하는 업무에는 민원 업무가 포함되어 있었다.

〈보 기〉

ㄱ. 어떤 업무는 갑도 을도 선호하지 않는다.
ㄴ. 적어도 두 명 이상의 신입사원이 홍보 업무를 선호한다.
ㄷ. 조사 대상이 된 업무 중에, 어떤 신입사원도 선호하지 않는 업무는 없다.

① ㄱ
② ㄷ
③ ㄱ, ㄴ
④ ㄴ, ㄷ
⑤ ㄱ, ㄴ, ㄷ

문 20. 다음 글에서 추론할 수 있는 것만을 〈보기〉에서 모두 고르면?

식물의 잎에 있는 기공은 대기로부터 광합성에 필요한 이산화탄소를 흡수하는 통로이다. 기공은 잎에 있는 세포 중 하나인 공변세포의 부피가 커지면 열리고 부피가 작아지면 닫힌다.

그렇다면 무엇이 공변세포의 부피에 변화를 일으킬까? 햇빛이 있는 낮에, 햇빛 속에 있는 청색광이 공변세포에 있는 양성자 펌프를 작동시킨다. 양성자 펌프의 작동은 공변세포 밖에 있는 칼륨이온과 염소이온이 공변세포 안으로 들어오게 한다. 공변세포 안에 이 이온들의 양이 많아짐에 따라 물이 공변세포 안으로 들어오고, 그 결과로 공변세포의 부피가 커져서 기공이 열린다. 햇빛이 없는 밤이 되면, 공변세포에 있는 양성자 펌프가 작동하지 않고 공변세포 안에 있던 칼륨이온과 염소이온은 밖으로 빠져나간다. 이에 따라 공변세포 안에 있던 물이 밖으로 나가면서 세포의 부피가 작아져서 기공이 닫힌다.

공변세포의 부피는 식물이 겪는 수분스트레스 반응에 의해 조절될 수도 있다. 식물 안의 수분량이 줄어듦으로써 식물이 수분스트레스를 받는다. 수분스트레스를 받은 식물은 호르몬 A를 분비한다. 호르몬 A는 공변세포에 있는 수용체에 결합하여 공변세포 안에 있던 칼륨이온과 염소이온이 밖으로 빠져나가게 한다. 이에 따라 공변세포 안에 있던 물이 밖으로 나가면서 세포의 부피가 작아진다. 결국 식물이 수분스트레스를 받으면 햇빛이 있더라도 기공이 열리지 않는다.

또한 기공의 여닫힘은 미생물에 의해 조절되기도 한다. 예를 들면, 식물을 감염시킨 병원균 는 공변세포의 양성자 펌프를 작동시키는 독소 B를 만든다. 이 독소 B는 공변세포의 부피를 늘려 기공이 닫혀 있어야 하는 때에도 열리게 하고, 결국 식물은 물을 잃어 시들게 된다.

〈보 기〉

ㄱ. 한 식물의 동일한 공변세포 안에 있는 칼륨이온의 양은, 햇빛이 있는 낮에 햇빛의 청색광만 차단하는 필름으로 식물을 덮은 경우가 덮지 않은 경우보다 적다.
ㄴ. 수분스트레스를 받은 식물에 양성자 펌프의 작동을 못하게 하면 햇빛이 있는 낮에 기공이 열린다.
ㄷ. 호르몬 A를 분비하는 식물이 햇빛이 있는 낮에 보이는 기공 개폐 상태와 병원균 에 감염된 식물이 햇빛이 없는 밤에 보이는 기공 개폐 상태는 다르다.

① ㄱ
② ㄴ
③ ㄱ, ㄷ
④ ㄴ, ㄷ
⑤ ㄱ, ㄴ, ㄷ

문 21. 다음 글의 ㉠과 ㉡에 대한 평가로 적절한 것만을 〈보기〉에서 모두 고르면?

진화론에 따르면 개체는 배우자 선택에 있어서 생존과 번식에 유리한 개체를 선호할 것으로 예측된다. 그런데 생존과 번식에 유리한 능력은 한 가지가 아니므로 합리적 선택은 단순하지 않다. 예를 들어 배우자 후보 α와 β가 있는데, 사냥 능력은 α가 우수한 반면, 위험 회피 능력은 가 우수하다고 하자. 이 경우 개체는 더 중요하다고 판단하는 능력에 기초하여 배우자를 선택하는 것이 합리적이다. 이를테면 사냥 능력에 가중치를 둔다면 α를 선택하는 것이 합리적이라는 것이다. 그런데 α와 β보다 사냥 능력은 떨어지나 위험 회피 능력은 β와 α의 중간쯤 되는 새로운 배우자 후보 γ가 나타난 경우를 생각해 보자. 이때 개체는 애초의 판단 기준을 유지할 수도 있고 변경할 수도 있다. 즉 애초의 판단 기준에 따르면 선택이 바뀔 이유가 없음에도 불구하고, 새로운 후보의 출현에 의해 판단 기준이 바뀌어 위험 회피 능력이 우수한 를 선택할 수 있다.

한 과학자는 동물의 배우자 선택에 있어 새로운 배우자 후보가 출현하는 경우, ㉠ 애초의 판단 기준을 유지한다는 가설과 ㉡ 판단 기준에 변화가 발생한다는 가설을 검증하기 위해 다음과 같은 실험을 수행하였다.

〈실 험〉

X 개구리의 경우, 암컷은 두 가지 기준으로 수컷을 고르는데, 수컷의 울음소리 톤이 일정할수록 선호하고 울음소리 빈도가 높을수록 선호한다. 세 마리의 수컷 A~C는 각각 다른 소리를 내는데, 울음소리 톤은 C가 가장 일정하고 B가 가장 일정하지 않다. 울음소리 빈도는 A가 가장 높고 C가 가장 낮다. 과학자는 A~C의 울음소리를 발정기의 암컷으로부터 동일한 거리에 있는 서로 다른 위치에서 들려주었다. 상황 1에서는 수컷 두 마리의 울음소리만을 들려주었으며, 상황 2에서는 수컷 세 마리의 울음소리를 모두 들려주고 각 상황에서 암컷이 어느 쪽으로 이동하는지 비교하였다. 암컷은 들려준 울음소리 중 가장 선호하는 쪽으로 이동한다.

〈보 기〉

ㄱ. 상황 1에서 암컷에게 들려준 소리가 A, B인 경우 암컷이 A로, 상황 2에서는 C로 이동했다면, ㉠은 강화되지 않지만 ㉡은 강화된다.

ㄴ. 상황 1에서 암컷에게 들려준 소리가 B, C인 경우 암컷이 B로, 상황 2에서는 A로 이동했다면, ㉠은 강화되지만 ㉡은 강화되지 않는다.

ㄷ. 상황 1에서 암컷에게 들려준 소리가 A, C인 경우 암컷이 C로, 상황 2에서는 A로 이동했다면, ㉠은 강화되지 않지만 ㉡은 강화된다.

① ㄱ 　　　　　　② ㄷ
③ ㄱ, ㄴ 　　　　④ ㄴ, ㄷ
⑤ ㄱ, ㄴ, ㄷ

문 22. 다음 글의 ㉠과 ㉡에 대한 평가로 적절한 것만을 〈보기〉에서 모두 고르면?

18세기에는 빛의 본성에 관한 두 이론이 경쟁하고 있었다. ㉠ 입자이론은 빛이 빠르게 운동하고 있는 아주 작은 입자들의 흐름으로 구성되어 있다고 설명한다. 이에 따르면, 물속에서 빛이 굴절하는 것은 물이 빛을 끌어당기기 때문이며, 공기 중에서는 이런 현상이 발생하지 않기 때문에 결과적으로 물속에서의 빛의 속도가 공기 중에서보다 더 빠르다. 한편 ㉡ 파동이론은 빛이 매질을 통하여 파동처럼 퍼져 나간다는 가설에 기초한다. 이에 따르면, 물속에서 빛이 굴절하는 것은 파동이 전파되는 매질의 밀도가 달라지기 때문이며, 밀도가 높아질수록 파동의 속도는 느려지므로 결과적으로 물속에서의 빛의 속도가 공기 중에서보다 더 느리다.

또한 파동이론에 따르면 빛의 색깔은 파장에 따라 달라진다. 공기 중에서는 파장에 따라 파동의 속도가 달라지지 않지만, 물속에서는 파장에 따라 파동의 속도가 달라진다. 반면 입자이론에 따르면 공기 중에서건 물속에서건 빛의 속도는 색깔에 따라 달라지지 않는다.

두 이론을 검증하기 위해 다음과 같은 실험이 고안되었다. 두 빛이 같은 시점에 발진하여 경로 1 또는 경로 2를 통과한 뒤 빠른 속도로 회전하는 평면거울에 도달한다. 두 개의 경로에서 빛이 진행하는 거리는 같으나, 경로 1에서는 물속을 통과하고, 경로 2에서는 공기만을 통과한다. 평면거울에서 반사된 빛은 반사된 빛이 향하는 방향에 설치된 스크린에 맺힌다. 평면거울에 도달한 빛 중 속도가 빠른 빛은 먼저 도달하고 속도가 느린 빛은 나중에 도달하게 되는데, 평면거울이 빠르게 회전하고 있으므로 먼저 도달한 빛과 늦게 도달한 빛은 반사 각도에 차이가 생기게 된다. 따라서 두 빛이 서로 다른 속도를 가진다면 반사된 두 빛이 도착하는 지점이 서로 달라지며, 더 빨리 평면거울에 도달한 빛일수록 스크린의 오른쪽에, 더 늦게 도달한 빛일수록 스크린의 왼쪽에 맺히게 된다.

〈보 기〉

ㄱ. 색깔이 같은 두 빛이 각각 경로 1과 2를 통과했을 때, 경로 1을 통과한 빛이 경로 2를 통과한 빛보다 스크린의 오른쪽에 맺힌다면 ㉠은 강화되고 ㉡은 약화된다.

ㄴ. 색깔이 다른 두 빛 중 하나는 경로 1을, 다른 하나는 경로 2를 통과했을 때, 경로 1을 통과한 빛이 경로 2를 통과한 빛보다 스크린의 왼쪽에 맺힌다면 ㉠은 약화되고 ㉡은 강화된다.

ㄷ. 색깔이 다른 두 빛이 모두 경로 1을 통과했을 때, 두 빛이 스크린에 맺힌 위치가 다르다면 ㉠은 약화되고 ㉡은 강화된다.

① ㄱ
② ㄴ
③ ㄱ, ㄷ
④ ㄴ, ㄷ
⑤ ㄱ, ㄴ, ㄷ

문 23.   다음 대화의 빈칸에 들어갈 내용으로 가장 적절한 것은?

갑: 2022년에 A 보조금이 B 보조금으로 개편되었다고 들었습니다. 2021년에 A 보조금을 수령한 민원인이 B 보조금의 신청과 관련하여 문의하였습니다. 민원인이 중앙부처로 바로 연락하였다는데 B 보조금 신청 자격을 알 수 있을까요?

을: B 보조금 신청 자격은 A 보조금과 같습니다. 해당 지자체에 농업경영정보를 등록한 농업인이어야 하고 지급 대상 토지도 해당 지자체에 등록된 농지 또는 초지여야 합니다.

갑: 네. 민원인의 자격 요건에 변동 사항은 없다는 것을 확인했습니다. 그 외에 다른 제한 사항은 없을까요?

을: 대상자 및 토지 요건을 모두 충족하더라도 전년도에 A 보조금을 부정한 방법으로 수령했다고 판정된 경우에는 B 보조금을 신청할 수가 없어요. 다만 부정한 방법으로 수령했다고 해당 지자체에서 판정하더라도 수령인은 일정 기간 동안 중앙부처에 이의를 제기할 수 있습니다. 이의 제기 심의 기간에는 수령인이 부정한 방법으로 수령하지 않은 것으로 봅니다.

갑: 우리 중앙부처의 2021년 A 보조금 부정 수령 판정 현황이 어떻게 되죠?

을: 2021년 A 보조금 부정 수령 판정 이의 제기 신청 기간은 만료되었습니다. 부정 수령 판정이 총 15건이 있었는데, 그중 11건에 대한 이의 제기 신청이 들어왔고 1건은 심의 후 이의 제기가 받아들여져 인용되었습니다. 9건은 이의 제기가 받아들여지지 않아 기각되었고 나머지 1건은 아직 이의 제기 심의 절차가 진행 중입니다.

갑: 그렇다면 제가 추가로 [   ]만 확인하고 나면 다른 사유를 확인하지 않고서도 민원인이 현재 B 보조금 신청 자격이 되는지를 바로 알 수 있겠네요.

① 민원인의 부정 수령 판정 여부, 민원인의 이의 제기 여부, 이의 제기 심의 절차 진행 중인 건이 민원인이 제기한 건인지 여부

② 민원인의 부정 수령 판정 여부, 민원인의 이의 제기 여부, 이의 제기 기각 건에 민원인이 제기한 건이 포함되었는지 여부

③ 민원인의 농업인 및 농지 등록 여부, 민원인의 이의 제기 여부, 이의 제기 심의 절차 진행 중인 건의 심의 완료 여부

④ 민원인의 부정 수령 판정 여부, 민원인의 이의 제기 여부, 이의 제기 인용 건이 민원인이 제기한 건인지 여부

⑤ 민원인의 농업인 및 농지 등록 여부, 민원인의 부정 수령 판정 여부, 민원인의 이의 제기 여부

문 24.   다음 대화의 빈칸에 들어갈 내용으로 가장 적절한 것은?

갑: 안녕하십니까? 저는 공립학교인 A 고등학교 교감입니다. 우리 학교의 교육 방침을 명확히 밝히는 조항을 학교 규칙(이하 '학칙')에 새로 추가하려고 합니다. 이때 준수해야 할 것이 무엇입니까?

을: 네. 학교에서 학칙을 제정하고자 할 때에는 「초 · 중등교육법」(이하 '교육법')에 어긋나지 않는 범위에서 제정이 이루어져야 합니다.

갑: 그렇군요. 그래서 교육법 제8조제1항의 학교의 장은 '법령'의 범위에서 학칙을 제정할 수 있다는 규정에 근거해서 학칙을 만들고 있습니다. 그런데 최근 우리 도(道) 의회에서 제정한 「학생인권조례」의 내용을 보니, 우리 학교에서 만들고 있는 학칙과 어긋나는 것이 있습니다. 이러한 경우에 법적 판단은 어떻게 됩니까?

을: [   ].

갑: 교육법 제8조제1항에서는 '법령'이라는 용어를 사용하고, 제10조제2항에서는 '조례'라는 용어를 사용하고 있으니 교육법에서는 법령과 조례를 구분하는 것으로 보입니다.

을: 그것은 다른 문제입니다. 교육법 제10조제2항의 조례는 법령의 위임을 받아 제정되는 위임 입법입니다. 제8조제1항에서의 법령에는 조례가 포함된다고 해석하고 있으며, 이 경우에 제10조제2항의 조례와는 그 성격이 다르다고 할 수 있습니다.

갑: 교육법 제8조제1항은 초 · 중등학교 운영의 자율과 책임을 위한 것인데 이러한 조례로 인해서 오히려 학교 교육과 운영이 침해당하는 것 아닙니까?

을: 교육법 제8조제1항의 목적은 학교의 자율과 책임을 당연히 존중하는 것입니다. 다만 학칙을 제정할 때에도 국가나 지자체에서 반드시 지킬 것을 요구하는 최소한의 한계를 법령의 범위라는 말로 표현한 것입니다. 더욱이 학생들의 학습권, 개성을 실현할 권리 등은 헌법에서 보장된 기본권에서 나오고 교육법 제18조의4에서도 학생의 인권을 보장하도록 규정하고 있습니다. 최근 「학생인권조례」도 이러한 취지에서 제정되었습니다.

① 학칙의 제정을 통하여 학교 운영의 자율과 책임뿐 아니라 학생들의 학습권과 개성을 실현할 권리가 제한될 수 있습니다

② 법령에 조례가 포함된다고 해석할 여지는 없지만 교육법의 체계상 「학생인권조례」를 따라야 합니다

③ 교육법 제10조제2항에 따라 조례는 입법 목적이나 취지와 관계없이 법령에 포함됩니다

④ 「학생인권조례」에는 교육법에 어긋나는 규정이 있지만 학칙은 이 조례를 따라야 합니다

⑤ 법령의 범위에 있는 「학생인권조례」의 내용에 반하는 학칙은 교육법에 저촉됩니다

문 25. 다음 글의 〈논쟁〉에 대한 분석으로 적절한 것만을 〈보기〉에서 모두 고르면?

갑과 을은 △△국 「주거법」 제○○조의 해석에 대해 논쟁하고 있다. 그 조문은 다음과 같다.

> 제○○조(비거주자의 구분) ① 다음 각 호에 해당하는 △△국 국민은 비거주자로 본다.
> 1. 외국에서 영업활동에 종사하고 있는 사람
> 2. 2년 이상 외국에 체재하고 있는 사람. 이 경우 일시 귀국하여 3개월 이내의 기간 동안 체재한 경우 그 기간은 외국에 체재한 기간에 포함되는 것으로 본다.
> 3. 외국인과 혼인하여 배우자의 국적국에 6개월 이상 체재하는 사람
> ② 국내에서 영업활동에 종사하였거나 6개월 이상 체재하였던 외국인으로서 출국하여 외국에서 3개월 이상 체재 중인 사람의 경우에도 비거주자로 본다.

〈논 쟁〉

쟁점 1: △△국 국민인 A는 일본에서 2년 1개월째 학교에 다니고 있다. A는 매년 여름방학과 겨울방학 기간에 일시 귀국하여 2개월씩 체재하였다. 이에 대해, 갑은 A가 △△국 비거주자로 구분된다고 주장하는 반면, 을은 그렇지 않다고 주장한다.

쟁점 2: △△국과 미국 국적을 모두 보유한 복수 국적자 B는 △△국 C 법인에서 임원으로 근무하였다. B는 올해 C 법인의 미국 사무소로 발령받아 1개월째 영업활동에 종사 중이다. 이에 대해, 갑은 B가 △△국 비거주자로 구분된다고 주장하는 반면, 을은 그렇지 않다고 주장한다.

쟁점 3: △△국 국민인 D는 독일 국적의 E와 결혼하여 독일에서 체재 시작 직후부터 5개월째 길거리 음악 연주를 하고 있다. 이에 대해, 갑은 D가 △△국 비거주자로 구분된다고 주장하는 반면, 을은 그렇지 않다고 주장한다.

〈보 기〉

ㄱ. 쟁점 1과 관련하여, 일시 귀국하여 체재한 '3개월 이내의 기간'이 귀국할 때마다 체재한 기간의 합으로 확정된다면, 갑의 주장은 옳고 을의 주장은 그르다.

ㄴ. 쟁점 2와 관련하여, 갑은 B를 △△국 국민이라고 생각하지만 을은 외국인이라고 생각하기 때문이라고 하면, 갑과 을 사이의 주장 불일치를 설명할 수 있다.

ㄷ. 쟁점 3과 관련하여, D의 길거리 음악 연주가 영업활동이 아닌 것으로 확정된다면, 갑의 주장은 그르고 을의 주장은 옳다.

① ㄱ
② ㄷ
③ ㄱ, ㄴ
④ ㄴ, ㄷ
⑤ ㄱ, ㄴ, ㄷ

03 2021년 5급 PSAT 언어논리 기출문제

문 1. 다음 글의 내용과 부합하는 것은?

화원(畫員)이란 조선시대의 관청인 도화서 소속의 직업 화가를 말한다. 화원은 임금의 초상화인 어진과 공신초상, 의궤와 같은 궁중기록화, 궁중장식화, 각종 지도, 청화백자의 그림, 왕실 행사를 장식하는 단청 등 왕실 및 조정이 필요로 하는 모든 종류의 회화를 제작하고 여러 도화(圖畫) 작업을 담당하였다. 그림과 관련된 온갖 일을 한 화원들은 사실상 거의 막노동에 가까운 일을 했던 사람들이다.

고된 노역과 적은 녹봉에도 불구하고 이들은 왜 어려서부터 그림 공부를 하여 도화서에 들어가려고 한 것일까? 그림에 재능이 있는 사람이 화원이 되려고 한 이유는 생각보다 간단하다. 화원이 된다는 것은 국가가 인정한 20~30명의 최상급 화가 중 한 사람이 된다는 것을 의미한다. 비록 중인이지만 화원이 되면 종9품에서 종6품 사이의 벼슬을 받는 하급 관료가 되는 것이다. 따라서 화원이 된 사람은 국가가 인정한 최상급 화가라는 자격과 함께, 경제적으로는 별 도움이 되는 것은 아니지만 관료라는 지위를 갖게 된다.

실상 화원은 국가가 주는 녹봉으로 생활했던 사람들이 아니었다. 이들은 낮에는 국가를 위해 일했으나 퇴근 후에는 사적으로 주문을 받아 작품을 제작하였다. 화원들은 벌어들이는 돈의 대부분을 사적 주문에 의한 그림 제작을 통해 획득하였다. 국가 관료라는 지위와 최상급 화가라는 명예는 그림 시장에서 그들의 작품에 보다 높은 가치를 부여하였고, 녹봉에만 의지하는 다른 하급 관료보다 경제적으로 풍요롭게 만들었다. 반면 도화서에 들어가지 못한 일반 화가들은 경제적으로 곤궁하였다. 이들은 일정한 수입이 없었으며 그때그때 값싼 그림을 팔아 생활하였다. 따라서 화원과 비교해 볼 때 시정(市井)의 직업 화가들의 경제 여건은 늘 불안정하였다. 이런 이유로 화원 집안에서는 대대로 화원을 배출하려고 노력했고, 조선 후기에는 몇몇 가문이 도화서 화원직을 거의 독점하게 되었다.

① 일반 직업 화가들은 화원 밑에서 막노동에 가까운 일을 담당하였으나 신분은 중인이었다.

② 화원은 국가 관료라는 지위를 가졌으나 경제적 여건은 일반 하급 관료에 비해 좋지 않은 편이었다.

③ 임금의 초상화를 그리는 도화서 소속 화가는 다른 화원에 비해 국가가 인정한 최상급 화가라는 자격을 부여받았다.

④ 도화서 소속 화가는 수입의 가장 많은 부분을 사적으로 주문된 그림을 제작하는 데서 얻었다.

⑤ 적은 녹봉에도 불구하고 화원이 되려는 경쟁이 치열했으므로 화원직의 세습은 힘들었다.

문 2. 다음 글의 내용과 부합하는 것은?

『정원일기』는 조선시대 왕의 비서 기관인 승정원의 업무 일지이다. 승정원에서 처리한 업무는 당시 최고의 국가 기밀이었으므로 『승정원일기』에는 중앙과 지방에서 수집된 주요한 정보와 긴급한 국정 사항이 생생하게 기록되었다. 『승정원일기』가 왕의 통치 기록으로서 주요한 자리를 차지할 수 있었던 것은 조선의 통치 구조와 관련이 있다. 조선은 모든 국가 조직이 왕을 중심으로 짜여 있는 중앙집권제 국가였다. 국가 조직은 크게 여섯 분야로 나뉘어져 이, 호, 예, 병, 형, 공의 육조가 이를 담당하였다. 승정원도 육조에 맞추어 육방으로 구성되었고, 육방에는 담당 승지가 한 명씩 배치되었다. 중앙과 지방의 모든 국정 업무는 육조를 통해 수합되었고, 육조는 이를 다시 승정원의 해당 방의 승지에게 보고하였다. 해당 승지는 이를 다시 왕에게 보고하였고, 왕의 명령이 내려지면 담당 승지가 받아 해당 부서에 전하였다.

승정원에 보고된 육조의 모든 공문서는 승정원의 주서가 받아서 기록하였는데, 상소문이나 탄원서 등의 문서도 마찬가지였다. 만약 사헌부, 사간원, 홍문관 등에서 특정 관료나 사안에 대해 비판하는 경우 주서가 그 내용을 기록하였으며, 왕과 신료가 만나 국정을 의논하거나 경연을 할 때 주서는 반드시 참석하여 그 대화 내용을 기록하였다. 즉 주서는 사관의 역할도 겸하였으며, 주서가 사관으로서 기록한 것을 사초라 하였다. 하루 일과가 끝나면 주서는 자신이 기록한 사초를 정리하여 이것을 승정원에서 처리한 공문서나 상소문과 함께 모두 모아 매일 『승정원일기』를 작성하였다. 한 달이 되면 이를 한 책으로 엮어 왕에게 보고하였고, 왕의 결재를 받은 다음 자신이 근무하는 승정원 건물에 보관하였다.

『승정원일기』는 오직 한 부만 작성되었으므로 궁궐의 화재로 원본 자체가 소실되기도 하였다. 임진왜란 전에 승정원은 경복궁 근정전 서남쪽에 위치하였는데, 왜란으로 경복궁이 불타면서 『승정원일기』도 함께 소실되었다. 이후에도 여러 차례 궁궐에 화재가 발생하였다. 영조 23년에는 창덕궁에 불이 나 『승정원일기』가 거의 타버렸으나 영조는 이를 복원하도록 하였다.

① 주서는 사초에 근거하여 육조의 국정 업무 자료를 선별해 수정한 뒤 책으로 엮어 왕에게 보고하였다.

② 형조에서 수집한 지방의 공문서는 승정원의 형방 승지를 통해 왕에게 보고되었다.

③ 왕이 사간원에 내리는 공문서는 사간원에 배치된 승지를 통해 전달되었다.

④ 사관의 역할을 겸하였던 주서와 승지는 함께 『승정원일기』를 작성하였다.

⑤ 경복궁에 보관되어 있던 『승정원일기』는 영조 대의 화재로 소실되었다.

문 3. 다음 글에서 알 수 있는 것은?

15~16세기에 이질은 사람들을 괴롭히는 가장 주요한 질병이 되었다. 조선은 15세기부터 냇둑을 만들어 범람원(汎濫原)을 개간하기 시작하였고, 『농사직설』을 편찬하여 적극적으로 벼농사를 보급하였다. 이질은 이처럼 벼농사를 중시하여 냇가를 개간한 조선이 감당하여야 하는 숙명이었다.

벼농사를 짓는 논은 밭 위에 물을 가두어 농사를 짓는 농업 시설이었다. 새로 생긴 논 주변의 구릉에는 마을들이 생겨났다. 하지만 사람들이 쏟아내는 오물이 도랑을 통해 논으로 흘러들었고, 사람의 눈에 보이지 않는 미생물 중 수인성(水因性) 병균이 번성하였다. 그중 위산을 잘 견디는 시겔라균은 사람의 몸에 들어오면 적은 양이라도 대장까지 곧바로 도달하였고, 어김없이 이질을 일으켰다.

이질은 15세기 초반 급증하기 시작하여 17세기 이후에는 크게 감소하였다. 이러한 변화의 원인은 생태환경의 측면에서 찾을 수 있다. 15~16세기 냇둑에 의한 농지 개간은 범람원을 논으로 바꾸었다. 장마나 강우에 의해 일시적으로 범람하여 발생하는 짧은 침수 기간을 제외하면 범람원은 나머지 대부분의 시간 동안 건조한 상태를 유지하는 벌판을 형성한다. 이곳은 홍수에 잘 견디는 나무로 구성된 숲이 발달하였던 곳이다. 한반도의 하천 변에 분포하는 넓은 범람원의 숲이 논으로 개발되면서 뜨거운 여름 동안 습지로 바뀌었고 건조한 환경에 적합한 미생물 생태계가 습한 환경에 적합한 새로운 미생물 생태로 바뀌었다. 수인성 세균인 병원성 살모넬라균과 시겔라균은 이러한 습지의 생태계에서 번성하여 장티푸스와 이질의 발병률을 크게 높였다.

그런데 17세기 이후 농지 개간의 중심축이 범람원 개간에서 산간 지역 개발로 이동하였다. 이는 수인성 전염병 발생을 크게 줄이는 결과를 낳았다. 농법의 측면에서도 17세기 이후에는 남부지역의 벼농사에서 이모작과 이앙법이 확대되었고, 이는 마을에 인접한 논의 사용법을 변화시켰다. 특히 논에 물을 가둬두는 기간이 줄어서 이질 등 수인성 질병 발생의 감소를 가져왔다.

① 『농사직설』을 통한 벼농사 보급 이전의 조선에는 수인성 병균에 의한 질병이 발견되지 않았다.

② 15~16세기 조선의 하천에서 번성하던 시겔라균이 17세기 이후 감소하였다.

③ 17세기 이후 조선에서는 논의 미생물 생태계가 변화되어 이질 감소에 기여하였다.

④ 17세기 이후 조선에서 개간 대상 지역이 바뀌어 인구 밀집지역이 점차 하천 주변에서 산간 지역으로 바뀌었다.

⑤ 17세기 이후 조선 농법의 변화는 건조한 지역에도 농지를 개간할 수 있도록 하여 이질과 장티푸스 발병률을 낮추었다.

문 4. 다음 글에서 알 수 있는 것은?

통제되지 않는 자연재해와 지배자의 요구에 시달리면서 겨우 생계를 유지하는 전(前)자본주의 농업사회 농민들에게, 신고전주의 경제학에서 말하는 '이윤의 극대화'를 위한 계산의 여지는 거의 없다. 정상적인 농민이라면 큰 벌이는 되지만 모험적인 것을 시도하기보다는 자신과 자신의 가족들을 파멸시킬 수도 있는 실패를 피하려고 하기 마련이다. 이와 같은 악조건은 농민들에게 삶의 거의 모든 측면에서 안전 추구를 최우선으로 여기는 성향을 체득하도록 한다. 이러한 '안전 제일의 원칙'을 추구하기 위해, 농민들은 경험 축적을 바탕으로 하는 종자의 다양화, 경작지의 분산화, 재배 기술 개선 등 생계 안정성을 담보하는 기술적 장치를 필요로 한다. 또한 마을 내에서 이루어지는 다양한 유형의 호혜성, 피지배층이 지배층에 기대하는 관대함, 그리고 토지의 공동체적 소유 및 공동 노동 등 절박한 농민들에게 최소한의 생존을 보장하는 사회적 장치도 필요로 한다.

이런 측면에서 지주와 소작인 간의 소작제도 역시 흥미롭다. 소작인이 지주에게 납부하는 지대의 종류에는 수확량의 절반씩을 나누어 갖는 분익제와 일정액을 지대로 지불하는 정액제가 있다. 분익제에서는 수확이 없으면 소작료를 요구하지 않지만, 정액제에서는 벼 한 포기 자라지 않아도 의무 수행을 요구한다. 생존을 위협할 정도의 흉년이 자주 있던 것이 아니라는 점을 감안하면, 정액제는 분익제에 비해 소작인의 이윤을 극대화할 수도 있는 방법이었지만 전자본주의 농업사회에서 보다 일반적인 방식은 분익제였다.

이러한 상황은 필리핀 정부가 벼 생산 분익농들을 정액 소작농으로 전환시키고자 시도한 루손 지역에서도 관찰되었다. 정부는 소작농들에게 분익제하에서 부담하던 평균 지대의 1/4에 해당하는 수치를 정액제 지대로 제시하였다. 새로운 체제에서 소작인은 대략적으로 이전 연평균 수입의 두 배, 새로운 종자를 채택할 경우는 그 이상의 수입을 실현할 수 있으리라는 기대를 가질 수 있었다. 그러나 새로운 체제가 제시하는 기대 수입에서의 상당한 이득에도 불구하고, 많은 농민들은 정액제 자체에 내포되어 있는 생계에 관련된 위험성 때문에 전환을 꺼렸다.

① 안전 제일의 원칙은 신고전주의 경제학에서 말하는 이윤 극대화를 위한 계산 논리에 부합한다.

② 전자본주의 농업사회 농민들은 모험적인 시도가 큰 벌이로 이어질 수 있다는 사실을 인식하지 못했다.

③ 안전 추구를 최우선으로 여기는 전자본주의 농업사회의 기술적 장치는, 사회적 장치들이 최소한의 생존을 보장하는 환경 하에 발달했다.

④ 루손 지역의 농민들이 정액제로의 전환을 꺼렸던 것은 정액제를 택했을 때 생계에 관련된 위험성이 분익제를 택했을 때보다 작다고 느꼈기 때문이다.

⑤ 어느 농가의 수확량이 이전 연도보다 두 배로 늘었을 경우, 이전 연도 수확량의 절반을 내기로 계약하는 정액제를 택하는 것이 분익제를 택하는 것보다 이윤이 크다.

문 5. 다음 글의 내용과 부합하는 것은?

'공공 미술'이란 공개된 장소에 설치되고 전시되는 작품으로서, 공중(公衆)을 위해 제작되고 공중에 의해 소유되는 미술품을 의미한다. 공공 미술의 역사는 세 가지 서로 다른 패러다임의 변천으로 설명할 수 있다. 첫 번째는 '공공장소 속의 미술' 패러다임으로, 1960년대 중반부터 1970년대 중반까지 대부분의 공공 미술이 그에 해당한다. 이것은 미술관이나 갤러리에서 볼 수 있었던 미술 작품을 공공장소에 설치하여 공중이 미술 작품을 접하기 쉽게 한 것이다. 두 번째는 '공공 공간으로서의 미술' 패러다임으로, 공공 미술 작품의 개별적인 미적 가치보다는 사용가치에 주목하고 공중이 공공 미술을 더 가깝게 느끼고 이해할 수 있도록 미술과 실용성 사이의 구분을 완화하려는 시도이다. 이에 따르면 미술 작품은 벤치나 테이블, 가로등, 맨홀 뚜껑을 대신하면서 공공장소에 완전히 동화된다. 세 번째인 '공공의 이익을 위한 미술' 패러다임은 사회적인 쟁점과 직접적 접점을 만들어냄으로써 사회 정의와 공동체의 통합을 추구하는 활동이다. 이것은 거리 미술, 게릴라극, 페이지 아트 등과 같은 비전통적 매체뿐만 아니라 회화, 조각을 포함하는 다양한 전통 매체를 망라한 행동주의적이며 공동체적인 활동이라고 할 수 있다.

첫 번째와 두 번째 패러다임은 둘 다 공적인 공간에서 시각적인 만족을 우선으로 한다는 점에서 하나의 틀로 묶을 수 있다. 공적인 공간에서 공중의 미적 향유를 위해서 세워진 조형물이나 쾌적하고 심미적인 도시를 만들기 위해 디자인적 요소를 접목한 공공 편의 시설물은 모두 공중에게 시각적인 만족을 제공하기 위해 제작된 활동이라는 의미에서 '공공장소를 미화하는 미술'이라 부를 수 있다. 세 번째 패러다임인 '공공의 이익을 위한 미술'은 사회 변화를 위한 공적 관심의 증대를 목표로 하고 있어서 공공 공간을 위한 미술이라기보다는 공공적 쟁점에 주목하는 미술이다. 이 미술은 해당 주제가 자신들의 삶에 중요한 쟁점이 되는 특정한 공중 일부에게 집중한다. 그런 점에서 이러한 미술 작업은 공중 모두에게 공공장소에 대한 보편적인 미적 만족을 제공하려는 활동과는 달리 '공적인 관심을 증진하는 미술'에 해당한다.

① 공공 공간으로서의 미술은 다양한 매체를 활용하여 사회 정의와 공동체 통합을 추구하는 활동이다.

② 공공장소를 미화하는 미술은 공공 미술 작품의 미적 가치보다 사용가치에 주목하는 시도를 포함한다.

③ 공적인 관심을 증진하는 미술은 공중이 공유하는 문화 공간을 심미적으로 디자인하여 미술과 실용성을 통합하려는 활동이다.

④ 공공장소 속의 미술은 사회 변화를 위한 공적 관심의 증대를 목표로 공중 모두에게 공공장소에 대한 보편적 미적 만족을 제공한다.

⑤ 공공의 이익을 위한 미술은 공간적 제약을 넘어서 공중이 미술을 접할 수 있도록 작품이 존재하는 장소를 미술관에서 공공장소로 확대하는 활동이다.

문 6. 다음 글에서 알 수 있는 것은?

요리의 좋은 맛을 내는 조리 과정에서는 수많은 분자를 만들어내는 화학반응이 일어난다. 많은 화학반응 중 가장 돋보이는 화학반응은 '마이야르 반응'이다. 마이야르 반응은 온도가 약 섭씨 140도에 도달할 때 일어나기 시작한다. 이 온도에서는 당 분자가 단백질을 이루는 요소들 중 하나인 아미노산과 반응한다. 음식에 들어 있는 당 분자들은 흔히 서로 결합하여 둘씩 짝을 이루거나 긴 사슬 구조를 만든다. 마찬가지로 단백질도 수백 개의 아미노산이 서로 연결된 긴 사슬로 이루어져 있다. 마이야르 반응은 그 긴 사슬 끝에 있는 당이 다른 사슬 끝에 있는 아미노산과 만나 반응하며 시작된다. 당과 아미노산이 만나 새로운 화학물질이 생겨나며, 반응한 화학물질은 자연스럽게 재정렬된다.

초기 반응에 관여한 아미노산과 당의 특성에 따라 다음에 일어날 일이 달라진다. 마이야르 반응에 관여할 수 있는 당은 적어도 6가지이며, 아미노산은 20가지가 넘는다. 따라서 어떠한 종류의 당과 아미노산이 반응에 참여하느냐에 따라 생성되는 화학물질의 종류는 천차만별이다. 또 주변의 산도와 온도, 수분의 양에 따라서도 반응이 달라지는데, 여러 조건에 따라 반응 속도뿐만 아니라 반응을 통해 생성되는 화학물질이 달라진다. 마이야르 반응을 통해 생성되는 분자 중 일부는 사람이 섭취했을 때 흥미로운 맛을 낸다. 예를 들면 포도당이 아미노산의 한 종류인 시스테인과 반응할 때 생성되는 아크릴피리딜은 크래커와 유사한 맛을 내고, 아미노산의 한 종류인 아르기닌과 반응할 때 생성되는 아세틸피롤린은 팝콘향을 낸다. 여기에 더해 갈색빛을 띠는 멜라노이딘 계열 분자들도 생성되는데, 이들은 음식이 갈색을 띠게 만든다. 마이야르 반응을 통해 여러 맛 분자들뿐 아니라, 발암물질의 하나인 아세틸아미드와 같은 분자들도 소량이나마 생성된다.

① 약 섭씨 140도에서 포도당과 단백질 사슬 끝에 있는 아미노산이 반응하면 팝콘향을 내는 물질을 생성할 수 있다.

② 마이야르 반응으로 생성되는 화학물질의 종류는 아미노산과 당의 종류보다는 주변 조건에 따라 결정된다.

③ 아크릴피리딜은 당 분자의 사슬 구조 끝에 있는 포도당과 아르기닌이 반응함으로써 생성된다.

④ 멜라노이딘 계열 분자는 요리의 색을 결정할 뿐, 암을 유발하는 데 관여하지 않는다.

⑤ 마이야르 반응 과정에서 생성되는 발암물질의 양은 반응 속도에 따라 결정된다.

문 7. 다음 글의 흐름에 맞지 않는 곳을 ㉠~㉤에서 찾아 수정할 때 가장 적절한 것은?

진화 과정에서 빛을 방출하는 일부 원생생물은 그렇지 않은 원생생물보다 어떤 점에서 생존에 더 유리했을까? 요각류라고 불리는 동물이 밤에 발광하는 원생생물인 와편모충을 먹는다는 사실은 이러한 의문을 풀어줄 실마리를 제공한다. 와편모충이 만든 빛은 요각류를 잡아먹는 어류를 유인할 수 있다. 이때 ㉠ <u>발광하는 와편모충을 잡아먹는 요각류가 발광하지 않는 와편모충만을 잡아먹는 요각류보다 그들의 포식자인 육식을 하는 어류에게 잡아먹힐 위험성이 더 높아질 것이다.</u>

연구자들은 실험실의 커다란 수조 속에 요각류와 요각류의 포식자 중 하나인 가시고기를 같이 두어 이 가설을 검증하였다. 수조의 절반에는 발광하는 와편모충을 넣고 다른 절반에는 발광하지 않는 와편모충을 넣었다. 연구자들은 방을 어둡게 한 상태에서 요각류는 와편모충을, 그리고 가시고기는 요각류를 잡아먹게 하였다. 몇 시간 후 ㉡ <u>연구자들은 수조 속 살아남은 요각류의 수를 세었다.</u>

그 결과는 예상과 같았다. 가시고기는 수조에서 ㉢ <u>빛을 내지 않는 와편모충이 있는 쪽보다 빛을 내는 와편모충이 있는 쪽에서 요각류를 더 적게 먹었다.</u> 이러한 결과는 원생생물이 자신을 잡아먹는 동물에게 포식 위협을 증가시킴으로써 잡아먹히는 것을 회피할 수 있음을 시사한다. ㉣ <u>요각류에게는 빛을 내는 와편모충을 계속 잡는 것보다 도망치는 편이 더 이익이다.</u> 이때 발광하는 와편모충은 요각류의 저녁 식사가 될 확률이 낮아지므로, 자연선택은 이들 와편모충에서 생물발광이 유지되도록 하였다.

만약 우리가 생물발광하는 원생생물이 자라고 있는 해변을 밤에 방문한다면 원생생물이 내는 불빛을 보게 될 것이다. 원생생물이 내는 빛은 ㉤ <u>포식자인 육식동물들에게 원생생물을 잡아먹는 동물이 근처에 있을 수 있다는 신호가 된다.</u>

① ㉠을 "발광하지 않는 와편모충을 잡아먹는 요각류가 발광하는 와편모충만을 잡아먹는 요각류보다"로 고친다.

② ㉡을 "연구자들은 수조 속 살아남은 와편모충의 수를 세었다."로 고친다.

③ ㉢을 "빛을 내지 않는 와편모충이 있는 쪽보다 빛을 내는 와편모충이 있는 쪽에서 요각류를 더 많이 먹었다."로 고친다.

④ ㉣을 "요각류에게는 도망치는 것보다 빛을 내는 와편모충을 계속 잡는 편이 더 이익이다."로 고친다.

⑤ ㉤을 "포식자인 육식동물들에게 자신들의 먹이가 되는 원생생물이 많이 있음을 알려주는 신호가 된다."로 고친다.

문 8. 다음 글의 ㉠과 ㉡에 들어갈 내용을 적절하게 짝지은 것은?

우리는 전체 집단에서 특정 표본을 추출할 때 표본이 무작위로 선정되었을 것이라 기대하지만, 실제로 항상 그런 것은 아니다. 이 같은 표본 선정의 쏠림 현상, 즉 표본의 편향성은 종종 올바른 판단을 저해한다. 2차 세계대전 중 전투기의 보호 장비 개선을 위해 미국의 군 장성들과 수학자들 사이에서 이루어졌던 논의는 그 좋은 사례이다. 미군은 전투기가 격추되는 것을 막기 위해 전투기에 철갑을 둘렀다. 기체 전체에 철갑을 두르면 너무 무거워지기에 중요한 부분에만 둘러야 했다. 교전을 마치고 돌아온 전투기에는 많은 총알구멍이 있었지만, 기체 전체에 고르게 분포된 것은 아니었다. 총알구멍은 동체 쪽에 더 많았고 엔진 쪽에는 그다지 많지 않았다. 군 장성들은 철갑의 효율을 높일 수 있는 기회를 발견했다. ▢▢▢㉠▢▢▢ 생각이었다.

반면, 수학자들은 이와 같은 장성들의 생각에 반대하면서 다음과 같은 주장을 펼쳤다. 만일 피해가 전투기 전체에 골고루 분포된다면 분명히 엔진 덮개에도 총알구멍이 났을 텐데, 돌아온 전투기의 엔진 부분에는 총알구멍이 거의 없었다. 왜 이러한 현상이 발생한 것일까? 총알구멍이 엔진에 난 전투기는 대부분 격추되어 돌아오지 못한다. 엔진에 총알을 덜 맞은 전투기가 많이 돌아온 것은, 엔진에 총알을 맞으면 귀환하기 어렵기 때문이다. 병원 회복실을 가보면, 가슴에 총상을 입은 환자보다 다리에 총상을 입은 환자가 더 많다. 이것은 가슴에 총상을 입은 사람들이 회복하지 못했기 때문이다.

이 사례에서 군 장성들은 자신도 모르게 복귀한 전투기에 관한 어떤 가정을 하고 있었다. 그것은 기지로 복귀한 전투기가 ▢▢▢㉡▢▢▢ 것이었다. 군 장성들은 복귀한 전투기를 보호 장비 개선 연구를 위한 중요한 자료로 사용하고자 했다. 그러나 만약 잘못된 표본에 근거하여 정책을 결정한다면, 오히려 전투기의 생존율을 낮추는 결과를 초래할 수 있다.

① ㉠ : 전투기에서 가장 중요한 엔진 쪽에만 철갑을 둘러도 충분한 보호 효과를 볼 수 있다는

   ㉡ : 출격한 전투기 일부에서 추출된 편향된 표본이라는

② ㉠ : 전투기에서 총알을 많이 맞는 동체 쪽에 철갑을 집중해야 충분한 보호 효과를 볼 수 있다는

   ㉡ : 출격한 전투기 일부에서 추출된 편향된 표본이라는

③ ㉠ : 전투기에서 가장 중요한 엔진 쪽에만 철갑을 둘러도 충분한 보호 효과를 볼 수 있다는

   ㉡ : 출격한 전투기 전체에서 무작위로 추출된 표본이라는

④ ㉠ : 전투기에서 총알을 많이 맞는 동체 쪽에 철갑을 집중해야 충분한 보호 효과를 볼 수 있다는

   ㉡ : 출격한 전투기 전체에서 무작위로 추출된 표본이라는

⑤ ㉠ : 전투기의 철갑 무게를 감당할 만큼 충분히 강력한 엔진을 달아야 한다는

   ㉡ : 출격한 전투기 전체에서 무작위로 추출된 표본이라는

문 9.   다음 글에서 추론할 수 없는 것은?

조직 구성원의 발언은 조직과 구성원 양측에 긍정적 효과를 가져올 수 있다. 구성원들은 발언을 함으로써 스스로 통제할 수 있다는 느낌을 가지게 되어 직무 스트레스가 줄고 조직에 대해 긍정적 태도를 가질 수 있다. 동시에 발언은 발언자의 조직 내 이미지를 실추시키거나 다양한 보복을 불러올 우려가 없지 않다. 한편 침묵은 조직의 발전 기회를 놓치게 하거나 조직을 위기에 처하게 할 수 있을 뿐만 아니라, 구성원 자신들에게도 부정적 영향을 미칠 수 있다. 침묵은 구성원들로 하여금 스스로를 가치 없는 존재로 느끼게 만들고, 관련 상황을 통제하지 못한다는 인식을 갖게 함으로써, 구성원들의 정신건강과 신체에 악영향을 미칠 수 있다. 구성원들은 조직에서 우려되는 이슈들을 인지하였을 때, 이를 발언으로 표출할지 아니면 침묵으로 표출하지 않을지 선택할 수 있는데, 해당 조직의 문화 아래에서 보복과 관련한 안전도와 변화 가능성에 대한 실효성 등을 고려하여 판단한다.

침묵의 유형들은 다음과 같다. 먼저, 묵종적 침묵은 조직의 부정적 이슈 등과 관련된 정보나 의견 등을 가지고 있지만 이를 알리거나 표출할 행동 유인이 없어 표출하지 않는 행위를 가리킨다. 이러한 침묵은 문제 있는 현실을 바꾸려는 의지를 상실한 체념의 의미를 내포하고 있어, 방관과 유사하다. 묵종적 침묵은 발언을 해도 소용이 없을 것이라는 조직에 대한 불신으로부터 나오는 행위이다.

방어적 침묵은 외부 위협으로부터 자신을 보호하거나 자신을 향한 보복을 당하지 않기 위해 조직과 관련된 부정적인 정보나 의견을 억누르는 적극적인 성격의 행위를 가리킨다. 기존에 가진 것을 지키기 위한 것뿐만 아니라, 침묵함으로써 추가적인 이익을 보고자 하는 것도 방어적 침묵의 행동 유인으로 포함하여 보기 때문에 자기보신적 행위라고 할 수 있다.

친사회적 침묵은 조직이나 다른 구성원의 이익을 보호하려는 목적에서 조직과 관련된 부정적 정보나 의견 등을 표출하지 않고 억제하는 행위로서, 다른 사람을 배려한 이타주의적인 침묵을 가리킨다. 이는 본인의 사회적 관계를 위한 경우에는 해당되지 않고, 철저하게 '나'를 배제한 판단 아래에서 이뤄지는 행위이다.

① 구성원들의 발언이 조직의 의사결정에 반영되는 정도가 커질수록, 조직의 묵종적 침묵은 감소할 것이다.

② 발언의 영향으로 자신의 안전이 걱정되어 침묵하는 경우는 방어적 침묵에 해당한다.

③ 발언의 실효성이 낮을 것으로 판단하여 침묵하는 경우는 묵종적 침묵에 해당한다.

④ 발언자에 대한 익명성을 보장하는 경우, 조직의 친사회적 침묵은 감소할 것이다.

⑤ 발언의 안전도와 실효성이 낮은 조직일수록 구성원의 건강은 악화될 수 있다.

문 10.   다음 글에 비추어 볼 때, 〈실험〉에서 추론한 것으로 적절한 것만을 〈보기〉에서 모두 고르면?

A식물은 머리카락 모양의 털을 잎 표피에서 생산한다. 어떤 A식물은 털에서 당액을 분비하여 잎이 끈적하다. 반면 다른 A식물의 잎은 털의 모양은 비슷하지만 당액이 분비되지 않으므로 매끄럽다. 만약 자연에서 두 표현형이 같은 장점을 갖고 있다면 끈적한 A식물과 매끄러운 A식물은 1 : 1의 비율로 나타나야 한다. 하지만 A식물의 잎을 갉아먹는 B곤충이 있는 환경에서는 끈적한 식물과 매끄러운 식물이 1 : 1로 발견되는 반면, B곤충이 없는 환경에서는 끈적한 식물보다 매끄러운 식물이 더 많이 발견된다. 끈적한 식물은 종자 생산에 사용해야 할 광합성 산물의 일정량을 끈적한 당액의 분비에 소모한다. B곤충이 잎을 갉아먹으면 A식물의 광합성 산물의 생산량이 줄어든다. A식물이 만들어 내는 종자의 수는 광합성 산물의 양에 비례한다. 한 표현형이 다른 표현형보다 종자를 많이 생산하면 그 표현형을 가진 개체가 더 많이 나타난다.

───── 〈실 험〉 ─────

B곤충으로부터 보호되는 환경에서 끈적한 A식물과 매끄러운 A식물을, 종자를 생산할 수 있을 만큼 성장시킨다. 그렇게 기른 두 종류의 A식물을 각각 절반씩 나누어, 절반은 B곤충의 침입을 허용하는 환경에, 나머지 절반은 B곤충을 차단하는 환경에 두었다. B곤충이 침입하는 조건에서 매끄러운 개체는 끈적한 개체보다 잎이 더 많이 갉아먹혔다. 매끄러운 개체와 끈적한 개체가 생산한 종자의 수 사이에 의미 있는 차이는 나타나지 않았다. 한편 B곤충이 없는 조건에서는 끈적한 개체가 매끄러운 개체보다 종자를 45% 더 적게 생산했다.

───── 〈보 기〉 ─────

ㄱ. B곤충이 없는 환경에 비해 B곤충이 있는 환경에서, 매끄러운 식물의 종자 수가 감소한 정도는 끈적한 식물의 종자 수가 감소한 정도보다 컸다.

ㄴ. B곤충이 있는 환경에서 매끄러운 식물이 생산하는 광합성 산물은, B곤충이 없는 환경에서 매끄러운 식물이 생산하는 광합성 산물보다 양이 더 많았다.

ㄷ. B곤충이 있는 환경에서, 끈적한 식물이 매끄러운 식물보다 종자 생산에 소모한 광합성 산물의 양이 더 많았다.

① ㄱ
② ㄴ
③ ㄱ, ㄷ
④ ㄴ, ㄷ
⑤ ㄱ, ㄴ, ㄷ

문 11. 다음 글에서 추론할 수 있는 것만을 〈보기〉에서 모두 고르면?

물질을 구성하는 작은 입자들의 배열 상태는 어떻게 생겼을까? 이것은 '부피를 최소화시키려면 입자들을 어떻게 배열해야 하는가?'의 문제와 관련이 있다. 모든 입자들이 구형이라고 가정한다면 어떻게 쌓는다고 해도 사이에는 빈틈이 생긴다. 문제는 이 빈틈을 최소한으로 줄여서 쌓인 공이 차지하는 부피를 최소화시키는 것이다.

이 문제를 해결하기 위해 케플러는 여러 가지 다양한 배열 방식에 대하여 그 효율성을 계산하는 방식으로 연구를 진행하였다. 그가 제안했던 첫 번째 방법은 인접입방격자 방식이었다. 이것은 수평면(제1층) 상에서 하나의 공이 여섯 개의 공과 접하도록 깔아 놓은 후, 움푹 들어간 곳마다 공을 얹어 제1층과 평행한 면 상에 제2층을 쌓는 방식이다. 이 경우 제2층의 배열 상태는 제1층과 동일하지만 단지 전체적인 위치만 약간 이동하게 된다. 이러한 방식의 효율성은 74%이다.

다른 방법으로는 단순입방격자 방식이 있다. 이것은 공을 바둑판의 격자 모양대로 쌓아가는 방식으로, 이 배열에서는 수평면 상에서 하나의 공이 네 개의 공과 접하도록 배치된다. 그리고 제2층의 배열 상태를 제1층과 동일한 상태로 공의 중심이 같은 수직선 상에 놓이도록 배치한다. 이 방식의 효율성은 53%이다. 이 밖에 6각형격자 방식이 있는데, 이것은 각각의 층을 인접입방격자 방식에 따라 배열한 뒤에 층을 쌓을 때는 단순입방격자 방식으로 쌓는 것이다. 이 방식의 효율성은 60%이다.

이러한 규칙적인 배열 방식에 대한 검토를 통해, 케플러는 인접입방격자 방식이 알려진 규칙적인 배열 중 가장 효율이 높은 방식임을 주장했다.

〈보 기〉

ㄱ. 배열 방식 중에서 제1층만을 따지면 인접입방격자 방식의 효율성이 단순입방격자 방식보다 크다.

ㄴ. 단순입방격자 방식에서 하나의 공에 접하는 공은 최대 6개이다.

ㄷ. 어느 층을 비교하더라도 단순입방격자 방식이 6각형격자 방식보다 효율성이 크다.

① ㄱ
② ㄷ
③ ㄱ, ㄴ
④ ㄴ, ㄷ
⑤ ㄱ, ㄴ, ㄷ

문 12. 다음 글의 ㉠~㉤에 대한 판단으로 적절한 것은?

어떤 음성이나 부호가 무의미하다는 것은 '드룰'이나 '며문'과 같은 무의미한 음절들처럼 단순히 의미를 결여했다는 것으로 여겨진다. 그런데 철학자 A는 ㉠ 모든 의미 있는 용어는 그 용어가 지칭하는 대상이 존재한다고 여긴다. 그는 '비물질적 실체'와 같은 용어는 의미가 없다고 주장하는데, 그 이유는 오직 물질적 실체만이 존재하며 ㉡ '비물질적 실체'라는 용어가 지칭하는 대상이 존재하지 않는다는 것이다.

이에 철학자 B는 A의 입장이 터무니없다고 주장한다. ㉢ '비물질적 실체'라는 용어가 의미가 없다면, 우리는 비물질적 실체가 존재하는가에 대해 긍정도 부정도 할 수 없다. 그러나 ㉣ 우리는 그것이 존재하는가에 대해 긍정이나 부정을 할 수 있다. 실제로 ㉤ 우리의 어휘 중에는 의미를 지니고 그것이 지칭하는 대상이 존재하지 않는 용어들이 있다. 이 세상에 오직 물질적 실체만이 존재해서 비물질적 실체가 존재하지 않더라도 '비물질적 실체'라는 용어가 의미가 없다는 것은 지나친 주장이다.

① ㉠이 참이면, ㉤이 반드시 참이다.
② ㉠과 ㉢이 참이면, ㉤이 반드시 참이다.
③ ㉢과 ㉤이 참이면, ㉣이 반드시 거짓이다.
④ ㉠, ㉡, ㉢이 참이면, ㉣이 반드시 참이다.
⑤ ㉠, ㉢, ㉣이 참이면, ㉡이 반드시 거짓이다.

문 13. 다음 글의 내용이 참일 때, 반드시 참인 것만을 〈보기〉에서 모두 고르면?

　도청에서는 올해 새로 온 수습사무관 7명 중 신청자를 대상으로 요가 교실을 운영할 계획이다. 규정상 신청자가 3명 이상일 때에만 요가 교실을 운영한다. 새로 온 수습사무관 A, B, C, D, E, F, G와 관련해 다음과 같은 사실이 알려져 있다.
- F는 신청한다.
- C가 신청하면 G가 신청한다.
- D가 신청하면 F는 신청하지 않는다.
- A나 C가 신청하면 E는 신청하지 않는다.
- G나 B가 신청하면 A나 D 중 적어도 한 명이 신청한다.

〈보 기〉

ㄱ. 요가 교실 신청자는 최대 5명이다.
ㄴ. G와 B 중 적어도 한 명이 신청하는 경우에만 요가 교실이 운영된다.
ㄷ. A가 신청하지 않으면 F를 제외한 어떤 수습사무관도 신청하지 않는다.

① ㄱ
② ㄷ
③ ㄱ, ㄴ
④ ㄴ, ㄷ
⑤ ㄱ, ㄴ, ㄷ

문 14. 다음 글의 내용이 참일 때 반드시 참인 것은?

　A, B, C, D는 출산을 위해 산부인과에 입원하였다. 그리고 이 네 명은 이번 주 월, 화, 수, 목요일에 각각 한 명의 아이를 낳았다. 이 아이들의 이름은 각각 갑, 을, 병, 정이다. 이 아이들과 그 어머니, 출생일에 관한 정보는 다음과 같다.
- 정은 C의 아이다.
- 정은 갑보다 나중에 태어났다.
- 목요일에 태어난 아이는 을이거나 C의 아이다.
- B의 아이는 을보다 하루 먼저 태어났다.
- 월요일에 태어난 아이는 A의 아이다.

① 을, 병 중 적어도 한 아이는 수요일에 태어났다.
② 병은 을보다 하루 일찍 태어났다.
③ 정은 을보다 먼저 태어났다.
④ A는 갑의 어머니이다.
⑤ B의 아이는 화요일에 태어났다.

문 15. 다음 대화의 ㉠과 ㉡에 들어갈 내용을 적절하게 짝지은 것은?

갑 : 현재 개발 중인 백신 후보 물질 모두를 A~D그룹을 대상으로 임상실험을 한 결과, A그룹에서 항체를 생성한 후보 물질은 모두 B그룹에서도 항체를 생성했습니다. 후보 물질 모두를 대상으로 한 또 다른 실험에서는, D그룹에서 항체를 생성하지 않은 후보 물질은 모두 C그룹에서 항체를 생성했습니다.

을 : 흥미롭네요. 제가 다른 실험의 결과도 들었는데, C그룹에서 항체를 생성했지만 B그룹에서는 항체를 생성하지 않은 후보 물질도 있다고 합니다.

갑 : 그렇군요. 아, 그리고 추가로 임상실험이 진행 중입니다. 실험 결과는 다음의 둘 중 하나로 나올 예정입니다. 한 가지 경우는 "_____㉠_____"는 결과입니다.

을 : 지금까지 우리가 언급한 실험 결과가 모두 사실이라면, 그 경우에는 C그룹에서만 항체를 생성하는 후보 물질이 있다는 결론이 나오는군요.

갑 : 그리고 다른 한 경우는 "_____㉡_____"는 결과입니다.

을 : 그 경우에는, D그룹에서 항체를 생성하는 후보 물질이 있다는 결론이 나오는군요.

① ㉠ : B그룹에서 항체를 생성한 후보 물질은 없다.
　㉡ : C그룹에서 항체를 생성한 후보 물질은 모두 A그룹에서 항체를 생성했다.

② ㉠ : B그룹에서 항체를 생성한 후보 물질은 없다.
　㉡ : D그룹에서 항체를 생성한 후보 물질은 모두 C그룹에서 항체를 생성했다.

③ ㉠ : D그룹에서 항체를 생성한 후보 물질은 모두 A그룹에서 항체를 생성했다.
　㉡ : B그룹과 C그룹에서 항체를 생성한 후보 물질이 있다.

④ ㉠ : D그룹에서 항체를 생성한 후보 물질은 모두 A그룹에서 항체를 생성했다.
　㉡ : C그룹에서 항체를 생성하지 않은 후보 물질이 있다.

⑤ ㉠ : D그룹에서 항체를 생성한 후보 물질은 모두 B그룹에서 항체를 생성했다.
　㉡ : C그룹에서 항체를 생성한 후보 물질은 모두 D그룹에서 항체를 생성하지 않았다.

문 16.　다음 논쟁에 대한 분석으로 가장 적절한 것은?

> 갑 : 인과관계를 규정하는 방법은 확률을 이용하는 것이다. 사건 A가 사건 B의 원인이라는 말은 "A가 일어날 때 B가 일어날 확률이, A가 일어나지 않을 때 B가 일어날 확률보다 더 크다."로 규정되는 상관관계를 의미한다. 이 규정을 '확률 증가 원리'라 한다.
>
> 을 : 확률 증가 원리가 인과관계를 어느 정도 설명하지만 충분한 규정은 아니다. 아이스크림 소비량이 증가할 때 일사병 환자가 늘어날 확률은 아이스크림 소비량이 증가하지 않을 때 일사병 환자가 늘어날 확률보다 크다. 하지만 아이스크림 소비량의 증가는 결코 일사병 환자 증가의 원인이 아니다. 그 둘은 그저 상관관계만 있을 뿐이다.
>
> 병 : 그 문제는 해결할 수 있다. 날씨가 무더워졌다는 것은 아이스크림 소비량 증가와 일사병 환자 증가 모두의 공통 원인이다. 이 공통 원인 때문에 아이스크림 소비량 증가와 일사병 환자 증가 사이에 상관관계가 나타난 것이다. 상관관계만으로 인과관계를 추론할 수 없는 가장 중요한 이유는 바로 이러한 공통 원인의 존재 가능성 때문이다. 나는 공통 원인이 존재하지 않는다는 전제 아래에서는 인과관계를 확률 증가 원리로 규정할 수 있다고 본다.

① 갑과 병에 따르면, 인과관계가 성립하면 상관관계가 성립한다.

② 병에 따르면, 상관관계가 성립하면 인과관계가 성립한다.

③ 병에 따르면, 확률 증가 원리가 성립하면 언제나 인과관계가 성립한다.

④ 인과관계가 성립한다고 인정하는 사례는 갑보다 을이 더 많다.

⑤ 인과관계가 성립한다고 인정하는 사례는 갑보다 병이 더 많다.

문 17.　다음 글의 ㉠에 대한 평가로 가장 적절한 것은?

> 우리나라에서 주먹도끼가 처음 발견된 곳은 경기도 연천이다. 첫 발견 이후 대대적인 발굴조사를 통해 연천의 전곡리 유적이 세상에 그 존재를 드러내게 되었고 그렇게 발견된 주먹도끼는 단숨에 세계 학자들의 주목 대상이 되었다. 그동안 동아시아에서는 찍개만 발견되었을 뿐 전기 구석기의 대표적인 석기인 주먹도끼는 발견되지 않았기 때문이었다.
>
> 찍개는 초기 인류부터 사용했으며 세계 곳곳에서 발견되었다. 반면 프랑스의 아슐에서 처음 발견된 주먹도끼는 양쪽 면을 갈아 만든 거의 완벽에 가까운 좌우대칭 형태의 타원형 도구이다. 사냥감의 가죽을 벗겨 내고, 구멍을 뚫고, 빻거나 자르는 등 다양한 작업에 사용된 다용도 도구였다. 학계가 주먹도끼에 주목했던 것은 그것이 찍개에 비해 복잡한 가공작업을 거쳐 만든 것이므로 인류의 진화 과정을 풀 열쇠라고 보았기 때문이다. 주먹도끼를 만들기 위해서는 만들 대상을 결정하고 그에 따른 모양을 설계한 뒤, 적합한 재료를 선택해 제작하는 복잡한 과정을 거쳐야 했다. 이는 구석기인들의 지적 수준이 계획과 실행이 가능한 수준으로 도약했다는 것을 확인해 주는 부분이다. 아동 심리발달 단계에 따르면 12세 정도가 되면 형식적 조작기에 도달하게 되는데, 주먹도끼처럼 3차원적이며 대칭적인 물건을 만들 수 있으려면 이런 형식적 조작기 수준의 인지 능력, 즉 추상적 개념에 대하여 논리적 · 체계적 · 연역적으로 사고할 수 있을 정도의 인지 능력을 갖추어야 한다. 더 나아가 형식적 조작 능력을 갖추었을 때 비로소 언어적 지능이 발달하게 된다. 즉 주먹도끼를 제작할 수 있다는 것은 추상적 사고를 할 수 있으며 그런 추상적 개념을 언어로 표현하고 대화할 수 있다는 것을 의미한다.
>
> 전곡리에서 주먹도끼가 발견되었을 당시 학계는 ㉠ 모비우스 학설이 지배하고 있었다. 이 학설은 주먹도끼가 발견되지 않은 인도 동부를 기준으로 모비우스 라인이라는 가상선을 긋고, 그 서쪽 지역인 유럽이나 아프리카는 주먹도끼 문화권으로, 그 동쪽인 동아시아는 찍개 문화권으로 구분하였다. 더불어 모비우스 라인 동쪽 지역은 서쪽 지역보다 인류의 지적 · 문화적 발전 속도가 뒤떨어졌다고 하였다.

① 주먹도끼를 만들어 사용한 인류가 찍개를 만들어 사용한 인류보다 두개골이 더 컸다는 것이 밝혀진다면 ㉠이 강화된다.

② 형식적 조작기 수준의 인지 능력을 가진 인류가 구석기 시대에 동아시아에서 유럽으로 이동했다는 것이 밝혀진다면 ㉠이 강화된다.

③ 계획과 실행을 할 수 있는 지적 수준의 인류가 거주했던 증거가 동아시아 전기 구석기 유적에서 발견되고 추상적 개념을 언어로 표현하며 소통했던 증거가 유럽의 전기 구석기 유적에서 발견된다면 ㉠이 강화된다.

④ 학술 연구를 통해 전곡리 유적이 전기 구석기 시대의 유적으로 확증된다면 ㉠이 약화된다.

⑤ 동아시아에서는 주로 열매를 빻기 위해 석기를 제작하였고 모비우스 라인 서쪽에서는 주로 짐승 가죽을 벗기기 위해 석기를 제작하였다는 것이 밝혀진다면 ㉠이 약화된다.

문 18. 다음 글의 〈논증〉을 강화하는 것만을 〈보기〉에서 모두 고르면?

우리에게는 어떤 행위를 해야만 하는지에 관한 도덕적 의무가 있는 것으로 보인다. 그럼, 어떤 믿음을 믿어야만 하는지에 관한 인식적 의무도 있을까? 이 물음을 해결하기 위해 먼저 도덕적 의무에 대해 생각해 보자. 우리가 어떤 행위 A에 대해 도덕적 의무를 갖는다면 우리는 A를 자신의 의지만으로 행할 수 있어야 한다. 물론 A는 행하기 힘든 것일 수도 있고, A를 행하지 않고 다른 행위를 했다고 비난받을 수도 있다. 그러나 우리에게 그 행위를 행할 능력이 아예 없다면 우리는 그 행위에 대해 의무를 갖지 않을 것이다. 인식적 의무의 경우도 마찬가지이다. 우리가 어떤 믿음에 대해 옳고 그름을 판단해야 하는 인식적 의무를 갖는다면 우리는 의지만으로 그 믿음을 가질 수도 있고 갖지 않을 수도 있어야 한다. 우리가 그 믿음을 갖는다면 인식적 의무를 다한 것이고, 갖지 않는다면 인식적 의무를 다하지 않은 것이다. 이런 생각에 기초해 우리에게 인식적 의무가 없다는 것을 다음과 같이 논증할 수 있다.

〈논증〉

전제 1 : 만약 우리에게 인식적 의무가 있다면, 종종 우리는 자신의 의지만으로 어떤 믿음을 가질지 정할 수 있다.

전제 2 : 대부분의 경우 우리는 자신의 의지만으로 결코 어떤 믿음을 가질지 정할 수 없다.

결 론 : 우리에게 인식적 의무가 없다.

〈보 기〉

ㄱ. 인간에게 인식적 의무가 없다는 것과 어떤 경우에는 자신의 의지만으로 어떤 믿음을 가질지 정할 수 있다는 것은 양립할 수 없다. 가령 내 의지만으로 오늘 눈이 온다고 믿을 수 있다면, 그 믿음을 가져야 하는지 그렇게 하지 않아도 되는지를 나는 구분해야 한다.

ㄴ. 내 의지로는 믿고 싶지 않음에도 불구하고 믿을 수밖에 없는 경우들이 있다. 가령 나의 가장 친한 친구가 나의 차를 훔쳤다는 것을 증명하는 강력한 증거를 내가 확보했다고 하자. 이러한 상황에서 나는 나의 가장 친한 친구가 나의 차를 훔쳤다는 것을 믿고 싶지 않겠지만 결국 믿을 수밖에 없다. 왜냐하면 나에게는 그것을 증명하는 강력한 증거가 있기 때문이다.

ㄷ. 인간에게 인식적 의무가 있다는 것과 항상 우리가 자신의 의지만으로 어떤 믿음을 가질지 정할 수 있다는 것은 양립할 수 없다. 가령 오늘 나의 우울한 감정을 해소하기 위해 다음 주에 승진한다는 믿음을 가질 수 있다는 주장과 그러한 믿음에 대해 옳고 그름을 따져야 한다는 주장이 동시에 참일 수는 없다.

① ㄱ
② ㄴ
③ ㄱ, ㄴ
④ ㄱ, ㄷ
⑤ ㄴ, ㄷ

※ 다음 글을 읽고 물음에 답하시오. [19~20]

행위의 도덕적 옳고 그름을 평가하는 대표적인 입장 중의 하나는 공리주의이다. 공리주의는 행위의 유용성을 평가하여 도덕적 옳고 그름을 판단하려는 입장이다. 이 중 양적으로 유용성을 고려하여 도덕적 옳고 그름을 판단하려 하는 여러 세부 입장들이 있다. X는 유용성을 판단함에 있어서 "＿＿＿＿＿＿ ⊙ ＿＿＿＿＿＿"라는 입장이다. 하지만 이러한 입장은 설득력이 없다. 왜냐하면 X의 입장을 받아들일 경우 도덕적으로 올바른 행위가 무엇인지 적절하게 판단할 수 없는 상황이 존재하기 때문이다. 예를 들어, 어떤 행위자가 선택할 수 있는 행위가 총 셋인데 그 행위 각각이 산출하는 사회 전체의 행복의 양과 고통의 양이 다음과 같다고 해 보자.

행위 선택지	행복의 양	고통의 양
A1	100	99
A2	90	10
A3	10	9

어떤 행위를 선택하는 것이 올바른 것일까? 사람들 대부분은 A2를 선택하는 것이 올바르다고 답한다. 그러나 X의 입장은 A2를 선택하는 것이 올바르다는 것을 보여주지 못한다. 왜냐하면 A2의 행복의 양은 A1의 행복의 양보다 적고, A2의 고통의 양은 A3의 고통의 양보다 많아서 A2는 X의 입장을 충족시켜 주는 행위가 아니기 때문이다. 그뿐만 아니라 X의 입장을 따를 경우 A1이나 A3도 도덕적으로 올바른 행위가 아니게 된다. 결국 세 선택지 중 어떤 것을 선택해도 도덕적으로 올바르지 않게 되는 셈이다.

반면 Y의 입장은 X의 입장이 처하게 되는 위와 같은 문제를 해결할 수 있는 방법으로 제시되었다. 이 입장에 따르면, 어떤 행위자가 행한 행위가 도덕적으로 올바른 것일 필요충분조건은 그 행위가 그 행위자가 선택할 수 있는 다른 모든 행위보다 큰 유용성을 갖는다는 것이며 여기서 유용성이란 행복의 양에서 고통의 양을 뺀 결과를 나타낸다. 세 행위 선택지 중 행복의 양에서 고통의 양을 뺀 결과값이 A2가 가장 크기 때문에, Y의 입장에 따르면 A2를 선택하는 것이 올바른 것이라고 결론지을 수 있다. 따라서 X의 입장보다 Y의 입장이 더 낫다고 할 수 있다.

문 19. 위 글의 ㉠에 들어갈 내용으로 가장 적절한 것은?

① 어떤 행위자가 행한 행위가 산출하는 행복의 양이 그 행위가 산출하는 고통의 양보다 항상 많다면, 그 행위는 도덕적으로 옳다.

② 어떤 행위자가 행한 행위가 그 행위자가 선택할 수 있는 다른 행위에 비해 많은 행복을 산출하거나 적은 고통을 산출한다면, 그 행위는 도덕적으로 옳다.

③ 어떤 행위자가 행한 행위가 도덕적으로 올바른 것일 필요충분조건은 그 행위가 산출하는 행복의 양이 그 행위가 산출하는 고통의 양보다 항상 많다는 것이다.

④ 어떤 행위자가 행한 행위가 도덕적으로 올바른 것일 필요충분조건은 그 행위가 그 행위자가 선택할 수 있는 다른 모든 행위에 비해 많은 행복을 산출하거나 적은 고통을 산출한다는 것이다.

⑤ 어떤 행위자가 행한 행위가 도덕적으로 올바른 것일 필요충분조건은 그 행위가 그 행위자가 선택할 수 있는 다른 모든 행위에 비해 많은 행복을 산출하고 동시에 적은 고통을 산출한다는 것이다.

문 20. 다음 갑~병 중 Y의 입장에 대한 반박으로 적절한 것만을 모두 고르면?

> 갑 : 가능한 행위 선택지가 A1, A2, A3일 때 A1의 행복의 양이 90이고 고통의 양이 50, A2의 행복의 양이 50이고 고통의 양이 10, A3의 행복의 양이 70이고 고통의 양이 30인 상황을 고려해 보자. Y의 입장은 X의 입장과 비슷한 문제에 부딪힌다. 그 점에서 Y의 입장은 적절하지 않다.
>
> 을 : 도덕적 행위, 즉 유용성이 가장 크다고 판단하여 한 행위를 나중에 되돌아보면 행위자는 언제나 미처 생각하지 못한 선택지가 가장 큰 유용성을 지닌다는 것을 깨닫는다. 이는 우리가 이미 선택한 행위는 올바르지 않다는 것을 함축하고 이를 통해 우리는 도덕적으로 올바른 행위를 한 번도 할 수 없다는 불합리한 결론에 도달하도록 한다. 불합리한 결론을 도출하는 입장은 잘못된 이론이기 때문에 Y의 입장은 적절하지 않다.
>
> 병 : 행복의 양에서 고통의 양을 뺀 유용성이 음수로 나올 경우도 많다. 그러한 경우에는 Y의 입장에 근거해도 주어진 선택지 중 어떤 것이 도덕적으로 올바른 것인지 판단할 수 없다. 그 점에서 Y의 입장은 적절하지 않다.

① 갑   ② 병
③ 갑, 을   ④ 을, 병
⑤ 갑, 을, 병

문 21. 다음 글에서 알 수 있는 것은?

> 조선 왕조는 가난하고 굶주린 백성을 보살피기 위한 진휼 사업에 힘썼다. 진휼의 방법에는 무상으로 곡식을 지급하는 진제와 이자를 받고 유상으로 곡식을 대여해 주는 환곡이 있었다. 18세기 후반 잦은 흉년으로 백성들을 구제할 필요성이 높아지자, 조선 왕조는 이전보다 진제를 체계화하여 공진, 사진, 구급으로 구분해 실시하였다.
>
> 공진은 국가가 비축해 놓은 관곡을 지급하는 것으로서, 국가의 재정적 부담을 고려해 재해 피해가 극심한 지역에 한정하여 실시하였다. 사진은 관곡을 사용하지 않고 지방 수령이 직접 마련한 자비곡이나 부유한 백성으로부터 기부받은 곡식으로 실시하는 것이었다. 사진은 그 실시 여부를 수령이 재량으로 결정하되 공진과 같은 방식으로 지급하였다. 한편 구급은 당장 구제하지 않으면 생명을 보전하기 어려운 백성을 긴급 구제하는 것으로 수령의 자비곡으로 충당하였다.
>
> 진제의 실시에 있어 대상자 선정은 매우 중요한 문제였다. 이에 대상자를 선정함에 앞서 지역 실정을 잘 아는 향임이나 감고에게 백성들의 토지 소유 여부, 생활 수준 등을 조사하도록 했다. 조사를 하면서 본래 가계가 넉넉한 사람은 초실, 경작 규모나 경제 형편과 관계없이 금년에 이앙을 마친 사람은 작농, 농사 이외의 다른 직업으로 생계를 유지하는 사람은 자활, 지극히 가난한 사람은 빈궁, 구걸로 연명하는 사람은 구걸로 구별해 이 중 하나로 기록하였다. 빈궁이나 구걸로 기록되는 사람이라도 형제나 친척 중에 초실이 있으면 그들의 거주지와 인적사항을 함께 기록하였다.
>
> 이러한 사전 조사를 바탕으로 상·중·하 3등급으로 백성을 구분하여 대상자를 최종 선정하였다. 스스로 살아갈 수 있는 사람은 상, 환곡을 받아야 살아갈 수 있는 사람은 중, 구걸로도 끼니를 해결하지 못해 무상으로 지급되는 곡식 없이는 목숨 보전도 힘든 사람을 하로 구분하였다. 최종적으로 하로 분류된 사람들이 진제의 대상자가 되었으며, 그 안에서 다시 굶주림의 정도에 따라 지급 시기를 구분하여 곡식을 지급하였다. 지급되는 곡식의 양은, 장년 남자는 10일에 쌀 5되, 노인 남녀와 장년의 여자는 10일에 쌀 4되, 어린아이는 10일에 쌀 3되였다.

① 진제 대상자의 선정 과정에서 초실과 자활은 3등급 중에서 상으로 분류되었다.

② 지방 수령이 자신의 판단으로 진제를 실시하는 경우에는 관곡을 지급하지 않았다.

③ 조사하는 해에 이앙을 마친 농민이 지극히 가난한 소작농이면 빈궁으로 기록되었다.

④ 진제 대상자로 선정된 경우 굶주림의 정도가 심할수록 더 이른 시기에 더 많은 곡식을 지급받았다.

⑤ 자력으로 생계를 전혀 유지할 수 없는 사람이라도 친척 중에 초실이 있으면 진제 대상자에서 제외되었다.

문 22. 다음 글에서 알 수 있는 것은?

젊은이를 가리키는 말로 조선 시대에는 '소년', '약년', '자제', '청년' 등 다양한 표현이 사용되었다. 일반적으로 소년과 자제를 가장 흔히 사용하였으나, 약년이나 청년이라는 표현도 젊은이를 가리키는 말로 간혹 쓰였다. 약년은 스무 살 즈음을 칭하는 표현이다. 실제 사료에서도 20대를 약년이나 약관으로 칭한 사례가 많다. 1508년 우의정 이덕형은 상소문에서 자신이 약년에 벼슬길에 올랐다고 하였다. 그런데 이 약년은 훨씬 더 어린 나이에도 사용되었다. 1649년 세손의 교육 문제를 논한 기록에는 만 8세의 세손을 약년이라고 하였다.

조선 후기에는 젊은이를 일반적으로 소년이라고 하였다. 오늘날 소년은 청소년기 이전의 어린이를 지칭하는 말로 그 의미가 변하였지만, 전통 사회의 소년은 나이가 적은 자, 즉 젊은이를 의미하는 말이었다. 적어도 조선 후기 사회에서는 아이와 구분되는 젊은이를 소년이라고 부르는 것이 일반적이었다. 신분과 계층 그리고 시기에 따라 다르지만, 연령으로는 최대 15세까지 아이로 보았던 듯하다.

소년이 유년이나 장년과 구분되기는 하였지만, 상대적으로 젊은 사람을 뜻하는 경우도 많았다. 40대나 50대 사람이더라도 상대에 따라 젊은 사람으로 표현되기도 하였다. 소년이 장년, 노년과 구분되는 연령 중심의 지칭이었음에 비해, 자제는 부로(父老), 부형(父兄)으로 표현되는 연장자가 이끌고 가르쳐서 그 뒤를 이어가게 하는 '다음 세대'라는 의미로 사용되었다. 일반적으로 자제는 막연한 후손이라는 의미보다는 특정한 신분에 있는 각 가문의 젊은 세대라는 의미로 통하였다. 고려시대 공민왕이 젊은이를 뽑아 만들었다는 자제위도 단순히 잘생긴 젊은이가 아니라 명문가의 자제를 선발한 것이었다. 자제가 소년보다는 가문의 지체나 신분을 반영하는 지칭이었으므로, 교육과 인재 양성 면에서 젊은이를 칭할 때는 거의 자제라고 표현하였다.

또한 소년이란 아직 성숙하지 못한 나이, 다소간 치기에서 벗어나지 못한 어린 또는 젊은 사람이라는 의미를 가지는 경우도 많았다. 연륜을 쌓은 노성(老成)함에 비해 나이가 적고 젊다는 것은 부박하고 상황의 판단이 아직 충분히 노련하지 못하다는 의미로 사용되었다. 마찬가지로 자제 역시 어른 세대에게 가르침을 받아야 하는 존재, 즉 아직 미숙한 존재로 인식되었다.

젊은 시절을 의미하는 말로 쓰인 청년은 그 자체가 찬미의 대상이 되기보다는 대체로 노년과 짝을 이루어 늙은이가 과거를 회상하는 표현으로 사용되는 경우가 많았다.

① 소년으로 불리는 대상 중 자제로 불리지 않는 경우가 있었다.
② 젊은이를 지시하는 말 중 청년이 가장 부정적으로 쓰였다.
③ 약년은 충분히 노련하지 못한 어른을 지칭하기도 하였다.
④ 약년은 소년과 자제의 의미를 포괄하여 사용되었다.
⑤ 명문가의 후손을 높여 부를 때 자제라고 하였다.

문 23. 다음 글에서 알 수 있는 것은?

주식회사의 이사는 주주총회에서 선임된다. 1주 1의결권 원칙이 적용되는 주주총회에서 주주는 본인이 보유하고 있는 주식 비율에 따라 의결권을 갖는다. 예를 들어 5%의 주식을 가진 주주는 전체 의결권 중에서 5%의 의결권을 갖는다.

주주총회에서 이사를 선임할 때에는 각 이사 후보자별 의결이 별도로 이루어진다. 예를 들어 2인의 이사를 선임하는 주주총회에서 3인의 이사 후보가 있다면, 각 후보를 이사로 선임하는 세 건의 안건을 올려 각각 의결한다. 즉, 총 세 번의 의결 후 찬성수를 가장 많이 얻은 2인을 이사로 선임하는 것이다. 이를 단순투표제라 한다. 단순투표제에서 발행주식 총수의 50%를 초과하는 지분을 가진 주주는 모든 이사를 자신이 원하는 사람으로 선임할 수 있게 되고, 그럴 경우 50% 미만을 보유하고 있는 주주는 자신이 원하는 사람을 한 명도 이사로 선임하지 못하게 된다.

집중투표제는 이러한 문제를 해결하기 위해 고안된 방안이다. 이는 복수의 이사를 한 건의 의결로 선임하는 방법으로 단순투표제와 달리 행사할 수 있는 의결권이 각 후보별로 제한되지 않는다. 예를 들어 회사의 발행주식이 100주이고 선임할 이사는 5인, 후보는 8인이라고 가정해 보자. 집중투표제를 시행한다면 25주를 가진 주주는 선임할 이사가 5인이기 때문에 총 125개의 의결권을 가지며 75주를 가진 지배주주는 총 375개의 의결권을 가진다. 각 주주는 자신의 의결권을 자신이 원하는 후보에게 집중하여 배분할 수 있다. 125개의 의결권을 가진 주주는 자신이 원하는 이사 후보 1인에게 125표를 집중 투표하여 이사로 선임될 가능성을 높일 수 있다. 최종적으로 5인의 이사는 찬성 수를 많이 얻은 순서에 따라 선임된다.

주주가 집중투표를 청구하기 위해서는 주식회사의 정관에 집중투표를 배제하는 규정이 없어야 한다. 이러한 방식을 옵트아웃 방식이라고 한다. 정관에서 명문으로 규정해야 제도를 시행할 수 있는 옵트인 방식과는 반대되는 것이다. 하지만 현재 우리나라 전체 상장회사의 90% 이상은 집중투표를 배제하는 정관을 가지고 있어 집중투표제의 활용이 미미한 상황이다.

① 한 안건에 대해 단순투표제와 집중투표제 모두 1주당 의결권의 수는 그 의결로 선임할 이사의 수와 동일하다.
② 집중투표제에서 대주주는 한 건의 의결로 선임될 이사의 수가 가능한 한 많아지기를 원할 것이다.
③ 집중투표제로 이사를 선임하는 경우 소액주주는 본인이 원하는 최소 1인의 이사를 선임할 수 있다.
④ 정관에 집중투표제에 관한 규정이 없다면 주주는 이사를 선임할 때 집중투표를 청구할 수 없다.
⑤ 단순투표제에서는 전체 의결권의 과반수를 얻어야만 이사로 선임된다.

문 24. 다음 글에서 알 수 있는 것은?

국제노동기구(ILO)의 노동기준에 관한 협약들은 그 중요성과 특성을 기준으로 하여 핵심협약, 거버넌스협약, 일반협약으로 나뉜다.

핵심협약은 1998년의 '노동에 있어서 기본적 원칙들과 권리에 관한 선언'에서 열거한 4개 원칙인 결사·자유원칙, 강제노동 금지원칙, 아동노동 금지원칙, 차별 금지원칙과 관련된 협약들을 말한다. ILO는 각국이 비준한 핵심협약 이행 현황에 대한 감시·감독 체계를 갖추고 있으며, 핵심협약을 비준하지 않고 있는 회원국에게는 미비준 이유와 비준 전망에 관한 연례 보고서 제출 의무를 부과하고 있다.

거버넌스협약은 노동정책 결정과 노동기준 집행 등 거버넌스와 관련된 협약으로 2008년의 '공정한 세계화를 위한 사회적 정의에 관한 선언'에서 열거한 근로감독 협약, 고용정책 협약, 노사정 협의 협약 등이 있다. ILO는 미비준한 거버넌스협약에 대해 회원국에 별도의 보고 의무를 부과하지 않는 대신, 회원국들과 외교적 협의를 통해 거버넌스협약 비준 확대에 노력하고 있다.

일반협약은 핵심협약과 거버넌스협약을 제외한 ILO의 노동기준에 관한 모든 협약을 가리키는데, 일반협약은 핵심협약과 거버넌스협약의 세부 주제별 기준들을 구체적으로 규정한다. 예를 들어 핵심협약에서 차별 금지원칙을 선언하거나 그 대강을 규정하면 일반협약에서는 각 산업별, 직역별에서의 근로시간 관련 구체적 차별 금지 및 그 예외를 규정하는 방식이다. 다만 일반협약은 ILO 내 다른 협약에 대해 우선 적용되지 않는다는 특성을 지닌다.

우리나라는 1991년 12월 ILO에 가입한 이후 순차적으로 ILO 노동기준에 관한 협약들을 비준하고 있다. 최근까지 아동노동 금지원칙 및 차별 금지원칙 관련 협약을 비준하였고 2021년 2월에는 결사·자유원칙 관련 협약에 대한 비준 절차가 진행 중이다. 거버넌스협약은 근로감독 협약을 제외하고는 모두 비준되었고, 비준된 핵심협약과 관련된 일반협약은 대부분 비준되었다.

① 우리나라는 고용정책 협약 및 그 세부 주제에 관한 일반협약을 모두 비준하였다.

② 우리나라는 매년 ILO에 강제노동 금지원칙에 관한 협약의 미비준 이유와 비준 전망에 대하여 보고서를 제출하여야 한다.

③ 우리나라에서 2021년 2월에 비준 절차가 진행 중인 협약은 공정한 세계화를 위한 사회적 정의에 관한 선언에 열거되어 있다.

④ ILO의 2008년 선언문에 포함된 근로감독 협약은 ILO의 다른 협약에 대해 우선 적용되지 않는다.

⑤ ILO는 노사정 협의 협약을 비준하지 않은 국가들에 대해 미비준 이유와 비준 전망에 대한 연례 보고서를 제출하도록 요구한다.

문 25. 다음 글에서 알 수 없는 것은?

의사는 치료를 시작하기 전에 환자의 동의를 얻어야 한다. 다른 말로 환자의 동의 없이 환자의 복지에 영향을 끼치는 처방을 하는 것은 의사에게 허용되지 않는다. 그런데 단순히 동의를 얻는 것만으로는 충분하지 않다. 환자가 결정하기에 충분한 정보, 즉 치료에 따르는 위험과 다른 치료법에 관한 정보가 제공되어야 한다. 치료를 허락한 환자의 결정은 무지로 인한 것이어서는 안 된다. 동의의 의무는 의사가 환자를 기만해서는 안 된다는 기만 금지 의무의 연장선에 있다. 둘 다, 자신에게 영향을 끼칠 치료에 관해 스스로가 결정할 기회를 환자에게 제공해야 한다는 자율성 존중 원리에 기반을 두고 있다.

그러나 수 세기 동안, 심지어 20세기 초까지도 의사가 때로는 환자를 속여도 된다고 여겼다. 환자의 복지에 해가 될 수 있는 것을 행하면 안 된다는 악행 금지의 원리에 근거해서, 환자에게 진실을 말하는 것이 환자의 복지에 해가 될 수 있다는 생각으로 기만이 정당화되었다. 오늘날에는 더 이상 이러한 생각을 받아들이지 않는다. 실제로 '의사와 환자 상호교류 규제법'은 의사의 기만 사례를 금지하고 있다. 오늘날 사람들은 환자가 진실 때문에 자신의 자율성이 침해되거나 해를 입게 될 것이라고는 생각하지 않는다. 따라서 사람들은 진실 말하기에 관한 한, 악행 금지의 원리가 자율성 존중 원리와 서로 충돌하지 않는다고 생각한다.

그런데 자율성 존중 원리를 지키기 위해서는 단순히 기만을 삼가는 것만으로는 부족하다. 예컨대 의사가 환자를 실제로 속이지는 않지만 환자가 특정 결정을 하도록 유도하기 위해 관련 정보 제공을 보류하거나 직접적 관련성이 작은 정보를 필요 이상으로 제공하는 경우를 상상할 수 있다. 이처럼 의사가 정보 제공을 조종하는 것은 환자의 자율성을 존중하지 않는 것이다. 한편 의사가 관련된 정보를 환자에게 모두 밝히면 환자는 조종된 결정이 아닌 자신의 결정을 하게 될 것이고, 환자의 자율성은 존중될 것이다.

① 환자의 동의는 치료를 하기 위한 필요조건 중 하나이다.

② 악행 금지의 원리가 환자의 자율성을 침해한 때가 있었다.

③ 기만 금지 의무와 동의의 의무는 동일한 원리에 기반을 둔다.

④ 의사가 환자에게 제공하는 정보의 양이 많을수록 환자의 자율성은 더 존중된다.

⑤ 의사가 복지를 위해 환자를 기만하는 행위는 오늘날에는 윤리적으로 정당화되지 않는다.

문 26. 다음 글의 ㉠과 ㉡에 들어갈 내용을 〈보기〉에서 골라 적절하게 짝지은 것은?

경제가 어려울수록 사람들은 경제적 재화가 똑같이 분배되는 사회를 소망한다. 하지만 이러한 단순 평등 사회가 달성된다고 하더라도 그 상태는 유지될 수 없다. 처음에 경제적 재화를 똑같이 분배받는다고 하더라도 사람들은 자신의 선택에 따라 재화를 자유롭게 사용할 것이고, 그렇게 되면 시간이 지남에 따라 결국 다시 불평등한 사회가 될 것이기 때문이다. 이러한 불평등을 반복적으로 제거하면 다시 단순 평등 사회로 되돌아갈 수 있을지도 모른다. 하지만 그것은 오직 국가의 개입과 통제가 있어야만 가능한 일이다. 문제는 누구도 개인의 자유를 억압하는 사회를 원치 않는데, 국가의 개입과 통제가 필연적으로 개인의 자유를 억압한다는 것이다. 따라서 단순 평등 사회는 [㉠   ].

그렇다면 우리는 어떤 의미의 평등 사회를 지향해야 할까? 어떤 사람들이 비싼 물건을 살 능력이 있고 어떤 사람들은 그렇지 못하다는 경제적 불평등은 부정할 수 없는 현실이다. 하지만 우리는 경제적 재화 이외에도 자유, 사회적 지위, 정치권력 등의 다양한 사회적 가치들을 유용하다고 인정한다. 그래서 더욱 심각한 문제는 경제적 재화와 같은 하나의 사회적 가치가 불평등하게 분배되는 것이 정당한 이유 없이 다른 사회적 가치의 분배 문제에서까지 불평등을 유발할 수 있다는 것이다. 이런 결과를 초래하는 것은 바람직하지 않다. 재산이 많다고 정당한 이유 없이 정치권력을 소유하게 되거나, 정치권력을 가졌다고 정당한 이유 없이 높은 사회적 지위를 갖게 되는 것이 그런 예이다. 따라서 평등한 사회를 달성하기 위해서는 [㉡   ].

〈보 기〉

ㄱ. 개인의 자유를 억압하지 않는다면 지속 가능한 것이다

ㄴ. 지속 가능하지도 않고 개인의 자유를 희생하면서까지 원하는 것이 아니다

ㄷ. 모든 사회적 가치 각각을 공정하게 분배하는 것이 중요하다

ㄹ. 하나의 사회적 가치에 대한 불평등이 다른 영역에서의 불평등으로 이어지는 것을 막는 것이 중요하다

ㅁ. 다양한 사회적 가치를 공정하게 분배하는 방법의 출발점으로 하나의 사회적 가치를 공정하게 분배하는 것부터 시작해야 한다

	㉠	㉡
①	ㄱ	ㄹ
②	ㄱ	ㅁ
③	ㄴ	ㄷ
④	ㄴ	ㄹ
⑤	ㄴ	ㅁ

문 27. 다음 글에서 추론할 수 있는 것은?

푄 현상은 바람이 높은 산을 넘을 때 고온 건조하게 변하는 것을 가리킨다. 공기가 상승하게 되면 기압이 낮아져 공기가 팽창하는 단열팽창 현상 때문에 공기 온도가 내려간다. 공기가 상승할 때 고도에 따른 온도 하강률을 기온감률이라 한다. 공기는 수증기를 포함하고 있는데, 공기가 최대한 가질 수 있는 수증기량은 온도가 내려갈수록 줄어들고, 공기의 수증기가 포화상태에 이르는 온도인 이슬점 온도보다 더 낮은 온도에서는 수증기가 응결하여 구름이 생성되거나 비가 내리게 된다. 공기의 수증기가 포화상태일 경우에는 습윤 기온감률이 적용되고, 불포화상태일 경우에는 건조 기온감률이 적용되는데, 건조 기온감률은 습윤 기온감률에 비해 고도 차이에 따라 온도가 더 크게 변한다. 이러한 기온감률의 차이 때문에 푄 현상이 발생하는 것이다.

가령, 높은 산이 있는 지역의 해수면 고도에서부터 어떤 공기 덩어리가 이 산을 넘는다고 할 때, 이 공기의 온도는 건조 기온감률에 따라 내려가다가 공기가 일정 높이까지 상승하여 온도가 이슬점 온도에 도달한 후에는 공기 내 수증기가 포화하면 습윤 기온감률에 따라 온도가 내려간다. 공기의 상승 과정에서 공기 속 수증기는 구름을 형성하거나 비를 내리며 소모되고, 이는 산 정상에 이를 때까지 계속된다. 이 공기가 산을 넘어 건너편 사면을 타고 하강할 때는 공기가 건조하기 때문에 건조 기온감률에 따라 온도가 올라가게 된다. 따라서 산을 넘은 공기가 다시 해수면 고도에 도달하면 산을 넘기 전보다 더 뜨겁고 건조해진다. 이 건조한 공기가 푄 현상의 결과물이다.

우리나라에도 대표적인 푄 현상으로 높새바람이 있다. 이는 강원도 영동지방에 부는 북동풍과 같은 동풍류의 바람에 의해 푄 현상이 일어나 영서지방에 고온 건조한 바람이 부는 것을 의미한다. 늦은 봄에서 초여름에 한랭 다습한 오호츠크해 고기압에서 불어오는 북동풍이 태백산맥을 넘을 때 푄 현상을 일으키게 된다. 이 높새바람의 고온 건조한 성질은 영서지방의 농작물에 피해를 주기도 하고 산불을 일으키기도 한다.

① 공기가 상승하여 공기의 온도가 이슬점 온도에 도달한 이후부터는 공기가 상승할수록 공기 내 수증기량은 줄어든다.

② 공기가 상승할 때 공기의 온도가 이슬점 온도에 도달하는 고도는 공기 내 수증기량과 상관없이 일정하다.

③ 높새바람을 따라 이동한 공기 덩어리가 지닌 수증기량은 이동하기 전보다 증가한다.

④ 공기 내 수증기량이 증가하면 습윤 기온감률이 적용되기 시작하는 고도가 높아진다.

⑤ 동일 고도에서 공기의 온도는 공기가 상승할 때가 하강할 때보다 높다.

문 28. 다음 글에서 추론할 수 있는 것만을 〈보기〉에서 모두 고르면?

모든 구조물은 두 가지 종류의 하중을 지탱해야 한다. 정적 하중은 구조물 자체에 작용하는 중력과 함께 구조물에 늘 작용하는 모든 추가적인 힘을 말한다. 동적 하중은 교통, 바람, 지진 등 구조물에 일시적으로 작용하거나 순간순간 변하는 다양한 힘을 일컫는다. 예를 들어 댐은 평상시 가두어진 물의 압력에 의한 정적 하중을 주로 지탱하지만, 홍수가 나면 급류에 의한 동적 하중을 추가로 지탱해야 한다.

일시적으로 가해진 하중은 진동의 원인이다. 스프링을 예로 들어보자. 추가 매달린 스프링을 살짝 당기면 진동하는데, 이때 스프링 내부에서 변형에 저항하기 위해 생기는 저항력인 응력이 작용한다. 만약 스프링이 감당할 수 없을 만큼 세게 당기면 스프링은 다시 진동하지만 원래 상태로 돌아올 수 없게 된다. 구조물의 경우도 마찬가지로, 일시적으로 가한 동적 하중이 예상하지 못한 정도로 크게 작용하면 구조물에 매우 큰 진동이 발생하여 구조물이 응력의 한계를 벗어나 약해진 상태로 변형된다. 이때 구조물이 변형에 저항하는 한계를 '응력한계'라 한다.

구조물의 안전성을 확보하기 위해서는 한 가지 문제가 더 있다. 구조물의 공명 현상을 고려해야 하는 것이다. 공명 현상은 진동주기가 같은 진동끼리 에너지를 주고받는 현상이다. 하나의 구조물은 여러 개의 진동주기를 지니는데, 이는 구조물의 기하학적 구조, 구성 재료의 특성 등에 의해 결정된다. 따라서 같은 크기의 동적 하중이 작용하는 경우에도 공명 현상 발생 여부에 따라 구조물이 진동하는 정도가 달라진다.

지진이 일어나면 지진파가 생겨나고 지진파가 지표면에 도착하면 땅의 흔들림을 유발해 구조물에 동적 하중을 가하여 건물에 진동을 일으킨다. 이때 이 진동 자체만으로는 구조물에 별다른 영향을 미치지 못할 수 있다. 그러나 구조물의 진동주기와 지진파의 진동주기가 일치하면 공명 현상이 발생하여 지진파의 진동 에너지가 구조물에 주입되어 구조물에 더 큰 진동을 유발하고 결국 변형을 발생시킬 수 있다. 지진 이외에 강한 바람도 공명 현상을 일으킬 수 있다. 건물 내진 설계나 내풍 설계 같은 것은 바로 이런 공명 현상으로 인한 피해를 막기 위한 예방 조치이다.

─〈보 기〉─

ㄱ. 구조물에 작용하는 일시적으로 가해지는 힘과 상시적으로 가해지는 힘은 모두 진동을 유발한다.

ㄴ. 지진이 일어났을 때, 구조물에 동적 하중이 가해지고 있으면 지진파가 공명 현상을 만들 수 없다.

ㄷ. 약한 지진파가 발생해도 구조물과 그 진동주기가 서로 일치하면 응력한계를 초과하는 진동을 유발할 수 있다.

① ㄱ
② ㄷ
③ ㄱ, ㄴ
④ ㄴ, ㄷ
⑤ ㄱ, ㄴ, ㄷ

문 29. 다음 글의 A와 B에 대한 분석으로 가장 적절한 것은?

A는 근대화란 곧 산업화이고, 산업화는 농촌을 벗어난 농민들이 도시의 임금노동자가 되어가는 과정이라고 생각했다. 토지에 얽매이지 않으며 노동력 말고는 팔 것이 없는 이들을 '자유로운 노동자'라고 불렀다. 이들 중에서 한 사람의 임금으로 가족 전부를 부양할 수 있을 만큼의 급여를 확보한 특권적인 노동자가 나타난다. 이 노동자가 한 집안의 가장 혹은 '빵을 벌어오는 사람'이다. 이렇게 자신과 가족의 생활을 유지할 만큼 급여를 받는 피고용자를 정규직이라 불러왔다. 그 급여 수준이 어느 정도인지, 일주일에 몇 시간을 노동해야 하는지에 대해서는 역사적으로 각 사회의 '건강하고 문화적인' 생활수준과 노사협의를 통해서 결정된다. A는 산업화가 지속적으로 진전되면 세상의 모든 사람은 정규직 임금노동자가 된다고 예측했다.

이에 이의를 제기한 B는 산업화가 진전됨에 따라 노동자들이 크게 핵심부, 반주변부, 주변부로 나뉜다고 주장했다. 핵심부에 속하는 노동자들은 혼자 벌어 가정을 유지할 만큼의 급여를 확보하는 정규직 노동자들인데, 이들의 일자리는 사회적 희소재로서 앞으로는 늘어나지 않을 것으로 예측되었다. 그 대신에 반주변부에는 정규직보다 급여가 낮은 비정규직을 포함하는 일반 노동자들이, 그리고 시장 바깥의 주변부에는 실업자를 포함해서 반주변부보다 열악한 상황에 놓인 노동자들이 계속해서 남아돌게 될 것이라고 했다. 그의 예측은 적중했다.

산업화가 진전된 선진국에서는 고용의 파이가 더 이상 확대되지 않거나 축소되었다. 일반적으로 노조가 발달한 선진국에는 노동자에게 '선임자 특권'이라는 것이 있다. 이로 인해 이미 고용된 나이 많은 노동자를 해고하는 것이 어려워져 신규 채용을 회피하게 된다. 그 결과 국제적으로 정규직의 파이는 거의 모든 사회에서 축소되는 경향을 낳았다. 그러한 바탕 위에 노동시장에서 고용의 비정규직화는 지속적으로 강화되었으며 청년 실업률 또한 높아졌다.

① A는 정규직 노동자의 실질 급여 수준이 산업화가 진전됨에 따라 지속적으로 하락할 것으로 보았다.

② B는 산업화가 진전됨에 따라 기존의 주변부 노동자들과는 다른 새로운 형태의 주변부 노동자들이 계속해서 생성될 것이라고 보았다.

③ A와 B는 모두 선임자 특권이 청년 실업률을 높이는 데 기여한다고 보았다.

④ A와 B는 모두 산업화가 진전되면 궁극적으로 한 사회의 노동자들의 급여가 다양한 수준에서 결정된다고 보았다.

⑤ A는 정규직 노동자가, B는 핵심부 노동자가 한 사람의 노동자 급여로 가족을 부양할 수 있다고 보았다.

문 30. 다음 글에 대한 분석으로 가장 적절한 것은?

역사적으로 사회에서 여러 가지 종류의 불리함을 겪어온 인종, 계층, 민족과 같은 소수집단을 우대하는 정책은 공정성이라는 미국인들의 신성한 믿음에 도전을 제기한다. 예를 들어 이 정책의 옹호론자들은 대학 입학 심사에서 소수집단을 고려하는 것이 공정하다고 주장한다. 그러나 왜 그것을 공정하다고 말할 수 있는가에 대해서는 소수집단 우대 정책 옹호론자들 안에서도 A와 B라는 서로 다른 두 가지 견해가 있다.

이 중 A를 지지하는 이들은 소수집단 우대 정책을 과거의 잘못을 보상하고 바로잡는 행위로 본다. 소수집단 학생들을 불리한 처지로 몰아넣은 역사적 차별을 보상하는 의미에서 그들을 우대하는 것이 공정하다고 주장한다. 이 논리는 입학 허가를 중요한 혜택으로 보고, 과거의 차별을 보상하는 차원에서 그 혜택을 나누어 주려고 한다. A에 반대하는 이들은, 보상을 받는 사람이 꼭 원래의 피해자인 것은 아니며 보상하는 사람이 과거의 잘못에 대한 책임이 없는 사람인 경우가 많다고 지적한다. 소수집단 우대 정책의 수혜자 가운데 많은 수가 중산층 학생들이고 그들은 도시 빈민가의 흑인과 히스패닉 학생들이 겪는 고통을 경험하지 않았다.

B는 다른 측면에 주목한다. 이러한 주장을 펴는 사람들은, 입학 허가가 수혜자에 대한 보상이 아니라 사회적으로 가치 있는 목적을 실현하기 위한 수단이라고 여긴다. 이들은 학교에 여러 인종, 계층, 민족이 섞여 있는 것이 출신 배경이 비슷한 학생들이 모여 있을 때보다 서로에게서 많은 것을 배울 수 있어 바람직하다고 말한다. 그리고 소수집단 학생들을 교육하여 이들이 주요 공직이나 전문직에서 리더십을 발휘하도록 한다면, 이것은 대학의 시민사회적 목적을 실현하고 공동선에 기여하는 일이라고 말한다. B에 반대하는 사람들은 그러한 목적이 아니라 그 방식에 대해서 문제를 제기한다. 이들은 학교의 다양성 증대라는 목적에는 동의한다. 그러나 그 목적 실현을 위해, 인종이나 계층과 같은 특정 배경을 갖추지 못했다는 이유로 학생의 입학을 불허하는 일은 공정하지 않다고 주장한다. 높은 성적과 뛰어난 가능성을 가진 학생이 부모가 부유하다는 이유로 입학을 허가받을 자격이 없다고 해서는 안 된다는 것이다.

① A의 지지자는 B의 지지자와는 다르게, 소수집단 학생들을 교육하여 국가에 봉사하도록 하는 일이야말로 대학이 시민사회를 위해 해야 할 일이라고 주장한다.

② B의 지지자는 A의 지지자와는 다르게, 대학 입학 심사에서 개인의 인종이나 민족과 같은 특성을 고려하는 일이 공정하지 않다고 주장한다.

③ A의 지지자는, 가난하게 자란 학생에게 대학 입학 가산점을 부여하는 일이 그 학생의 노력에 대한 보상이라는 점에서 공정하다고 주장한다.

④ A의 반대자는, 소수집단 우대 정책에 의해 보상을 해야 하는 사람들이 자신들이 피해를 준 정도에 비해 너무 가벼운 보상을 하게 된다고 비판한다.

⑤ B의 반대자는, 소수집단 우대 정책의 목적은 수긍하면서도 자신의 배경 때문에 역차별을 받는 학생이 나올 수 있다고 비판한다.

문 31. 다음 글에서 추론할 수 있는 것만을 〈보기〉에서 모두 고르면?

신경계는 우리 몸 안팎에서 일어나는 여러 자극을 전달하여 이에 대한 반응을 유발하는 기관계이며, 그 기본 구성단위는 뉴런이다. 신경계 중 소화와 호흡처럼 뇌의 직접적인 제어를 받지 않는 자율신경계는 교감신경과 부교감신경으로 구성되어 있다. 교감신경과 부교감신경은 눈의 홍채와 같은 다양한 표적기관의 기능을 조절한다.

교감신경과 부교감신경 모두 일렬로 배열된 절전뉴런과 절후뉴런으로 구성되어 있다. 이 두 뉴런이 서로 인접해 있는 곳이 신경절이며, 절전뉴런은 신경절의 앞쪽에, 절후뉴런은 신경절의 뒤쪽에 있다. 절후뉴런의 끝은 표적기관과 연결된다. 교감신경이 활성화되면 교감신경의 절전뉴런 끝에서 신호물질인 아세틸콜린이 분비된다. 분비된 아세틸콜린은 교감신경의 절후뉴런을 활성화시키고, 절전뉴런으로부터 받은 신호를 표적기관에 전달하게 한다. 부교감신경 역시 활성화되면 부교감신경의 절전뉴런 끝에서 아세틸콜린이 분비된다. 아세틸콜린은 부교감신경의 절후뉴런을 활성화시킨다. 교감신경의 절후뉴런 끝에서는 노르아드레날린이, 부교감신경의 절후뉴런 끝에서는 아세틸콜린이 표적기관의 기능을 조절하기 위해 분비된다.

눈에 있는 동공의 크기 조절은 자율신경계가 표적기관의 기능을 조절하는 좋은 사례이다. 동공은 수정체의 앞쪽에 위치해 있는 홍채의 가운데에 있는 구멍이다. 홍채는 동공의 직경을 조절함으로써 눈의 망막에 도달하는 빛의 양을 조절한다. 동공 크기 변화는 홍채에 있는 두 종류의 근육인 '돌림근'과 '부챗살근'의 수축에 의해 일어난다. 이 두 근육은 각각 근육층을 이루는데, 홍채의 안쪽에는 돌림근층이, 바깥쪽에는 부챗살근층이 있다. 어두운 곳에서 밝은 곳으로 이동하면 부교감신경이 활성화되고, 부교감신경의 절후뉴런 끝에 있는 표적기관인 홍채의 돌림근이 수축한다. 돌림근은 동공 둘레에 돌림 고리를 형성하고 있어서, 돌림근이 수축하면 두꺼워지면서 동공의 크기가 줄어든다. 반대로 밝은 곳에서 어두운 곳으로 이동하면 교감신경이 활성화되고, 교감신경의 절후뉴런 끝에 있는 표적기관인 홍채의 부챗살근이 수축한다. 부챗살근은 자전거 바퀴의 살처럼 배열되어 있어서 수축할 때 부챗살근의 길이가 짧아지고 동공의 직경이 커진다. 이렇게 변화된 동공의 크기는 빛의 양에 변화가 일어날 때까지 일정하게 유지된다.

〈보 기〉

ㄱ. 밝은 곳에서 어두운 곳으로 이동하면 교감신경의 절전뉴런 끝에서 아세틸콜린이 분비된다.

ㄴ. 어두운 곳에서 밝은 곳으로 이동하면 부교감신경의 절후뉴런 끝에서 아세틸콜린이 분비되고 돌림근이 두꺼워진다.

ㄷ. 노르아드레날린은 돌림근의 수축을 일으키는 반면 아세틸콜린은 부챗살근의 수축을 일으킨다.

① ㄴ
② ㄷ
③ ㄱ, ㄴ
④ ㄱ, ㄷ
⑤ ㄱ, ㄴ, ㄷ

	㉠	㉡	㉢
①	ㄱ	ㄴ	ㄷ
②	ㄴ	ㄱ	ㄷ
③	ㄴ	ㄷ	ㄱ
④	ㄷ	ㄱ	ㄴ
⑤	ㄷ	ㄴ	ㄱ

문 32. 다음 글의 ㉠~㉢에 들어갈 내용을 〈보기〉에서 골라 적절하게 나열한 것은?

촛불의 연소와 동물의 호흡이 지속되기 위해서는 산소가 포함된 공기가 제공되어야 한다는 공통점이 있다. 즉 촛불의 연소는 공기 중 산소를 사용하며 이는 이산화탄소로 바뀐다. 동물의 호흡도 체내로 흡수된 공기 내 산소가 여러 대사 과정에 사용된 후 이산화탄소로 바뀌어 호흡기를 통해 공기 중으로 배출된다. 공기 내 산소가 줄어들어 이산화탄소가 일정 수준 이상이 되면 촛불은 꺼지고 동물은 호흡을 할 수 없어서 죽는다.

이런 사실을 근거로 A는 식물의 광합성과 산소 발생에 관한 세 가지 실험을 실시하였다. 또한 실험을 통제하여 산소 부족만이 촛불이 꺼지거나 쥐가 죽는 환경요인이 되도록 하였다. 그리하여 식물에서 광합성이 일어나기 위해서는 빛과 이산화탄소가 모두 필요하다는 것과 식물의 산소 생산에 빛이 필요하다는 결론을 얻었다.

실험1 : [㉠   ] 이로부터 식물이 산소를 생산한다는 것을 알 수 있었다.
실험2 : [㉡   ] 이로부터 식물이 산소를 생산하기 위해서는 빛이 필요하다는 것을 알 수 있었다.
실험3 : [㉢   ] 이로부터 식물에서 광합성이 일어나기 위해서는 빛과 이산화탄소가 모두 있어야 한다는 것을 알 수 있었다.

─────────── 〈보 기〉 ───────────

ㄱ. 빛이 있는 곳에서 밀폐된 유리 용기에 쥐와 식물을 넣어두면 일정 시간이 지나도 쥐는 죽지 않지만, 빛이 없는 곳에서 밀폐된 유리 용기에 쥐와 식물을 넣어두면 그 시간이 지나기 전에 쥐는 죽는다.
ㄴ. 밀폐된 용기에 촛불을 넣고 일정 시간이 지나면 촛불이 꺼지지만, 식물과 함께 촛불을 넣어두면 동일한 시간이 지나도 촛불은 꺼지지 않는다.
ㄷ. 빛이 없는 곳에 있는 식물에 이산화탄소를 공급하거나 빛이 있는 곳의 식물에 이산화탄소를 공급하지 않으면 광합성이 일어나지 않지만, 빛이 있는 곳의 식물에 이산화탄소를 공급하면 광합성이 일어난다.

문 33. 다음 글의 ㉠과 ㉡에 들어갈 내용을 적절하게 짝지은 것은?

당신은 사람들로 붐비는 해변에서 즐거운 시간을 보내고 집으로 돌아가려 한다. 당신은 쓰레기를 집으로 가져갈지 아니면 해변에 버리고 갈지를 고민하고 있다. 이때 당신은 다음과 같은 네 경우를 생각할 수 있다.

(가) 당신은 X를 하고, 다른 사람들은 모두 X를 한다.
(나) 당신은 X를 하고, 다른 사람들은 모두 Y를 한다.
(다) 당신은 Y를 하고, 다른 사람들은 모두 X를 한다.
(라) 당신은 Y를 하고, 다른 사람들은 모두 Y를 한다.

(가)로 인한 해변의 상태는 (다)로 인한 해변의 상태와 별반 다르지 않을 것이다. 마찬가지로 (나)의 결과는 (라)의 결과와 별반 다르지 않을 것이다. 이제 다음과 같은 물음을 던져 보자.

(1) 다른 사람들이 X를 행할 경우, 당신은 X와 Y 중 어떤 것을 행하는 것을 선호하는가?
(2) 다른 사람들이 Y를 행할 경우, 당신은 X와 Y 중 어떤 것을 행하는 것을 선호하는가?

아마도 당신은 물음 (1)에 [㉠], (2)에 Y라고 답할 것이다. 이러한 답변에는 쓰레기를 집으로 가지고 가는 번거로운 행동이 해변의 상태에 유의미한 변화를 가져오지 않는다면 그 번거로운 행동을 피하는 것을 선호하는 생각이 전제되어 있다. 또한 당신이 다른 조건이 모두 동등할 경우 해변이 버려진 쓰레기로 난장판이 되는 것보다 그렇게 되지 않는 것을 선호한다면, 당신은 (가)~(라) 중에서 [㉡]를 가장 선호하게 될 것이다.

	㉠	㉡
①	X	(나)
②	X	(다)
③	X	(라)
④	Y	(가)
⑤	Y	(다)

문 34. 다음 글의 내용이 참일 때, 반드시 참인 것만을 〈보기〉에서 모두 고르면?

A아파트에는 이번 인구총조사 대상자들이 거주한다. A아파트 관리소장은 거주민 수지, 우진, 미영, 양미, 가은이 그 대상이 되었는지 궁금했다. 수지에게 수지를 포함한 다른 친구들의 상황을 물어보았는데 수지는 다음과 같이 답변하였다.

- 나와 양미 그리고 가은 중 적어도 한 명은 대상이다.
- 나와 양미가 모두 대상인 것은 아니다.
- 미영이 대상이 아니거나 내가 대상이다.
- 우진이 대상인 경우에만 양미 또한 대상이다.
- 가은이 대상이면, 미영도 대상이다.

〈보 기〉

ㄱ. 수지가 대상이 아니라면, 우진은 대상이다.
ㄴ. 가은이 대상이면, 수지와 우진 그리고 미영이 대상이다.
ㄷ. 양미가 대상인 경우, 5명 중 2명만이 대상이다.

① ㄱ
② ㄴ
③ ㄱ, ㄷ
④ ㄴ, ㄷ
⑤ ㄱ, ㄴ, ㄷ

문 35. 다음 글의 내용이 참일 때, 반드시 참인 것만을 〈보기〉에서 모두 고르면?

철학과에서는 학생들의 수강 실태를 파악하여 향후 학과 교과목 개편에 반영할 예정이다. 실태를 파악한 결과, 〈논리학〉, 〈인식론〉, 〈과학철학〉, 〈언어철학〉을 모두 수강한 학생은 없었다. 〈논리학〉을 수강한 학생들은 모두 〈인식론〉도 수강하였다. 일부 학생들은 〈인식론〉과 〈과학철학〉을 둘 다 수강하였다. 그리고 〈언어철학〉을 수강하지 않은 학생들은 누구도 〈과학철학〉을 수강하지 않았다.

〈보 기〉

ㄱ. 〈논리학〉을 수강하지 않은 학생이 있다.
ㄴ. 〈논리학〉과 〈과학철학〉을 둘 다 수강한 학생은 없다.
ㄷ. 〈인식론〉과 〈언어철학〉을 둘 다 수강한 학생이 있다.

① ㄱ
② ㄴ
③ ㄱ, ㄷ
④ ㄴ, ㄷ
⑤ ㄱ, ㄴ, ㄷ

문 36. 다음 글의 내용이 참일 때 반드시 참인 것은?

K 부처는 관리자 연수과정에 있는 연수생 중에 서류심사와 부처 면접을 통해 새로운 관리자를 선발하기로 하였다. 먼저 서류심사를 진행하여 서류심사 접수자 중 세 명만을 면접 대상자로 결정하고 나머지 접수자들은 탈락시킨다. 그리고 면접 대상자들을 상대로 면접을 진행하여, 두 명만 새로운 관리자로 선발한다. 서류심사 접수자는 갑, 을, 병, 정, 무 총 5명이다. 다음은 이들이 나눈 대화이다.

갑 : 나는 면접 대상자로 결정되었고 병은 서류심사에서 탈락했어.
을 : 나는 서류심사에서 탈락했지만 병은 면접 대상자로 결정되었어.
병 : 무는 새로운 관리자로 선발되었어.
정 : 나는 새로운 관리자로 선발되었고 면접에서 병과 무와 함께 있었어.
무 : 나는 갑과 정이랑 함께 면접 대상자로 결정되었어.

대화 이후 서류심사 결과와 부처 면접 결과가 모두 공개되자, 이들 중 세 명의 진술은 참이고 나머지 두 명의 진술은 거짓인 것으로 밝혀졌다.

① 갑은 면접 대상자로 결정되었다.
② 을은 서류심사에서 탈락하였다.
③ 병은 면접 대상자로 결정되었다.
④ 정은 새로운 관리자로 선발되었다.
⑤ 무는 새로운 관리자로 선발되지 않았다.

문 37. 다음 글에 대한 분석으로 적절한 것만을 〈보기〉에서 모두 고르면?

"삼각형은 세 변을 갖고 있다."는 필연적으로 참인 진술로, 필연적 진리의 한 사례이다. 그런데 다음 논증을 살펴보자.

(1) 필연적 진리는 참이다.
(2) 참인 진술은 참일 가능성이 있는 진술이다.
(3) 참일 가능성이 있는 진술은 거짓일 가능성이 있는 진술이다.
따라서 (4) 필연적 진리는 거짓일 가능성이 있는 진술이다.

이 논증은 전제가 모두 참이라면 결론도 반드시 참이 된다. 하지만 최종 결론 (4)는 명백히 거짓이다. "삼각형은 세 변을 갖고 있다."는 거짓일 가능성이 없는 진술이기 때문이다. 그러므로 전제 가운데 적어도 하나는 거짓일 수밖에 없다.

어떤 전제가 문제일까? (1)은 참이다. (2)도 그럴듯해 보인다. 어떤 진술이 실제로 참이라면 그것은 참일 가능성이 있다. (3)도 맞는 말처럼 보인다. 예컨대 "올해 백두산에 많은 눈이 내렸다."는 진술을 생각해보자. 이 진술은 참일 가능성이 있다. 그러나 거짓일 수도 있다. 만약 이 진술이 거짓일 수 없는 진술이라면, 그것은 필연적으로 참인 진술이어야 한다. 그러나 올해 백두산에 많은 눈이 내렸다는 것은 필연적 진리가 아니다.

어떤 전제가 문제인지를 알아보기 위해 '참인 진술'과 '거짓인 진술'을 다음과 같이 좀 더 세분해 보기로 하자.

NT	필연적으로 참인 진술	"삼각형은 세 변을 갖고 있다."
CT	우연적으로 참인 진술	"부산은 항구도시이다."
CF	우연적으로 거짓인 진술	"청주는 광역시이다."
NF	필연적으로 거짓인 진술	"삼각형은 네 변을 갖고 있다."

'참일 가능성이 있는 진술'은 위의 네 종류 가운데 어떤 것을 말할까? 그것은 '참일 가능성이 있다'는 말이 무엇을 의미하느냐에 달려 있다. 그것이 ㉠ 필연적으로 거짓인 것은 아니라는 것을 의미한다면, 참일 가능성이 있는 진술에는 NT, CT, CF가 모두 포함된다. 한편 그것이 ㉡ 우연적으로 참이거나 우연적으로 거짓이라는 것을 의미한다면, 참일 가능성이 있는 진술에는 CT와 CF만 포함된다. 이처럼 위 논증에서 핵심 구절로 사용되는 '참일 가능성이 있다'가 서로 다른 두 가지로 해석될 수 있다는 것이 문제의 근원이다.

─── 〈보 기〉 ───

ㄱ. 참일 가능성이 있다는 말을 ㉠으로 이해하면 (2)는 참인 전제가 된다.
ㄴ. 참일 가능성이 있다는 말을 ㉡으로 이해하면 (3)은 참인 전제가 된다.
ㄷ. 참일 가능성이 있다는 말을 ㉠으로 이해하면 (3)은 거짓인 전제가 된다.

① ㄱ
② ㄷ
③ ㄱ, ㄴ
④ ㄴ, ㄷ
⑤ ㄱ, ㄴ, ㄷ

문 38. 다음 글의 ㉠~㉢에 대한 평가로 적절한 것만을 〈보기〉에서 모두 고르면?

개구리와 거북의 성(性)은 배아에 있는 성염색체에 따라 결정되는 것으로 알려져 있다. 여기서 중요한 작용을 하는 것이 아로마테이즈인데, 이는 개구리와 거북에서 성결정호르몬인 호르몬 A를 또 다른 성결정호르몬인 호르몬 B로 바꾸는 효소이다. 따라서 아로마테이즈 발현량이 많아지거나 활성이 커지면 호르몬 A에서 호르몬 B로의 전환이 더 많이 나타난다.

성 분화가 이루어지지 않은 배아의 초기 생식소(生殖巢)에서 아로마테이즈의 발현이 증가하면 생식소 내 호르몬 구성의 변화가 일어나 유전자 X의 발현이 억제되어, 초기 생식소가 난소로 분화된다. 또한 초기 생식소에서 만들어진 성결정호르몬이 혈액으로 분비되어 개구리와 거북의 배아는 암컷 성체로 발달한다. 이와 반대로 초기 생식소 내에서 아로마테이즈의 발현에 변화가 없으면 그 개구리와 거북의 배아는 수컷 성체로 발달한다. 성체의 생식소에서 만들어진 성결정호르몬은 혈액으로 분비되어 성적 특성을 유지하는 역할을 한다. 또한 성체 수컷과 성체 암컷 모두 아로마테이즈의 발현량이 많아질수록 혈중 호르몬 A의 양은 줄어들고 호르몬 B의 양은 늘어난다.

그런데 환경오염물질 α와 β가 성 결정에 영향을 줄 수 있다는 주장에 대한 연구가 진행되었다. 수컷이 될 성염색체를 가지고 있는 거북의 배아가 성체로 발달하는 동안, α에 노출되었을 때 난소와 암컷 생식기를 가지고 있는 암컷 거북이 되었다. 또한 거북 배아가 성체로 발달하는 동안 생식소 내에서 생성되는 호르몬 A의 양과 아로마테이즈의 발현량은 α에 노출되지 않은 거북 배아에 비해 별다른 차이가 없었다. α에 노출된 배아는 발달과정에서 성결정호르몬에 의한 효과인 암컷 생식기 발달의 정도가 매우 높았다. β에 노출된 염색체상 수컷 개구리 배아를 키우면 난소를 가지고 있는 암컷이 되었다. 심지어 성체 수컷 개구리를 β에 수십 일 동안 노출시키면, 이 개구리의 혈중 호르몬 A의 양은 노출되지 않은 암컷 개구리와 비슷했고 노출되지 않은 수컷 개구리보다 매우 적었다.

이 연구 결과로부터 다음 세 가지 가설을 얻었다. ㉠ α가 수컷 거북의 배아를, β가 수컷 개구리의 배아를 여성화한다. ㉡ β가 성체 수컷 개구리의 혈중 성결정호르몬에 변화를 준다. ㉢ 거북의 배아에서 성체로 발달하는 동안 α가 생성되는 호르몬 A의 양에 영향을 미치지 못한다.

─── 〈보 기〉 ───

ㄱ. α가 염색체상 수컷인 거북 배아의 미분화 생식소 내에서 유전자 X의 발현을 억제한 것을 보여주는 후속 연구 결과는 ㉠을 강화한다.
ㄴ. β가 성체 수컷 개구리에서 아로마테이즈의 발현량을 늘린 것을 보여주는 후속 연구 결과는 ㉡을 강화한다.
ㄷ. 염색체상 수컷인 거북 배아와 암컷인 거북 배아 모두 α에 노출되면, 노출되지 않은 거북 배아보다 호르몬 A가 만들어지는 양이 감소한다는 후속 연구 결과는 ㉢을 약화한다.

① ㄱ
② ㄷ
③ ㄱ, ㄴ
④ ㄴ, ㄷ
⑤ ㄱ, ㄴ, ㄷ

※ 다음 글을 읽고 물음에 답하시오. [39~40]

90개의 구슬이 들어 있는 항아리가 있다. 이 항아리에는 붉은색 구슬이 30개 들어 있다. 나머지 구슬은 검은색이거나 노란색이지만, 그 이외에는 어떤 정확한 정보도 주어져 있지 않다. 내기1은 다음의 두 선택 중 하나를 택한 후 항아리에서 구슬을 하나 꺼내 그 결과에 따라서 상금을 준다.

선택1 : 꺼낸 구슬이 붉은색이면 1만 원을 받고, 그 이외의 경우에는 아무것도 받지 못한다.
선택2 : 꺼낸 구슬이 검은색이면 1만 원을 받고, 그 이외의 경우에는 아무것도 받지 못한다.

최악의 상황을 피하고자 한다면, 당신은 둘 중에서 선택1을 택해야 한다. 꺼낸 구슬이 붉은색일 확률은 1/3로 고정되어 있지만, 꺼낸 구슬이 검은색일 확률은 0일 수도 있고 그 경우 당신은 돈을 받지 못할 것이기 때문이다. 그럼 이번에는 다음의 내기2를 생각해보자.

선택3 : 꺼낸 구슬이 붉은색이거나 노란색이면 1만 원을 받고, 그 이외의 경우에는 아무것도 받지 못한다.
선택4 : 꺼낸 구슬이 검은색이거나 노란색이면 1만 원을 받고, 그 이외의 경우에는 아무것도 받지 못한다.

위에서와 마찬가지로 최악의 상황을 피하고자 한다면, 당신은 선택3이 아닌 선택4를 택해야 한다. 꺼낸 구슬이 붉은색이거나 노란색일 확률의 최솟값은 1/3이지만, 검은색이거나 노란색일 확률은 2/3로 고정되어 있기 때문이다.

최악의 상황을 피하는 결정은 합리적이다. 즉, 선택1과 선택4를 택하는 것은 합리적이다. 그런데 이 결정은 여러 선택지들 중에서 한 가지를 합리적으로 선택하기 위해서는 기댓값이 가장 큰 선택지를 선택해야 한다는 '기댓값 최대화 원리'를 위반한다. 기댓값은 모든 가능한 사건들에 대해, 각 사건이 일어날 확률과 그 사건이 일어났을 때 받게 되는 수익의 곱들을 모두 합한 값이다. 우리는 꺼낸 구슬이 붉은색일 확률은 1/3이라는 것을 알고 있지만 꺼낸 구슬이 검은색일 확률은 모르고 있다. 하지만 그 확률이 0과 2/3 사이에 있는 어떤 값이라는 것은 알고 있다. 그 값을 b라고 하자. 그렇다면 선택1의 기댓값은 1/3만 원, 선택2는 b만 원, 선택3은 1−b만 원, 선택4는 2/3만 원이다.

당신은 선택1과 선택2 중에서 선택1을 택했다. 이 선택이 기댓값 최대화 원리에 따라 이루어진 것이라면, b는 1/3보다 작아야 한다. 한편, 당신은 선택3과 선택4 중에서 선택4를 택했다. 이 선택이 기댓값 최대화 원리에 따라 이루어진 것이라면, 1−b는 2/3보다 작아야 한다. 즉 b는 1/3보다 커야 한다. 결국, 당신의 두 선택 중 하나는 기댓값 최대화 원리에 따른 선택이 아니다.

이처럼 ⊙ 항아리 문제는 정확한 정보가 주어지지 않은 상태에서 우리의 합리적 선택이 기댓값 최대화 원리와 충돌하는 경우가 있다는 것을 보여준다.

문 39. 위 글에 대한 분석으로 적절한 것만을 〈보기〉에서 모두 고르면?

― 〈보 기〉 ―

ㄱ. 항아리 문제에서 붉은색 구슬이 15개로 바뀐다고 하더라도 ⊙이라는 결론은 따라 나온다.
ㄴ. 항아리 문제에서 최악의 상황을 피하고자 내기1에서 선택1을, 내기2에서 선택4를 택한 것이 합리적인 결정이 아니라는 것을 받아들인다면, ⊙이라는 결론은 따라 나오지 않는다.
ㄷ. 꺼낸 구슬이 검은색일 확률이 얼마인가에 대한 정확한 정보가 주어지지 않은 경우에는 기댓값 사이의 크기를 비교할 수 없다는 것을 받아들인다면, ⊙이라는 결론은 따라 나오지 않는다.

① ㄱ
② ㄷ
③ ㄱ, ㄴ
④ ㄴ, ㄷ
⑤ ㄱ, ㄴ, ㄷ

문 40. 위 글을 토대로 할 때, 다음 〈사례〉에서 추론할 수 있는 것만을 〈보기〉에서 모두 고르면?

― 〈사 례〉 ―

갑과 을이 선택1과 선택2 중에서 하나, 그리고 선택3과 선택4 중에서 하나를 고른다. 그 후, 항아리에서 각자 구슬을 한 번만 뽑아 자신이 뽑은 구슬의 색깔에 따라서 두 선택에 따른 상금을 받는다고 해 보자. 갑은 선택1과 선택3을 택했다. 을은 선택1과 선택4를 택했다.

― 〈보 기〉 ―

ㄱ. 갑과 을이 같은 액수의 상금을 받았다면, 갑이 꺼낸 구슬은 노란색이었을 것이다.
ㄴ. 항아리에 검은색 구슬의 개수가 20개 미만이라면, 갑의 선택은 기댓값이 가장 큰 선택지이다.
ㄷ. 갑과 을이 아닌 사회자가 구슬을 한 번만 뽑아 그 구슬의 색깔에 따라서 갑과 을에게 상금을 주는 것으로 규칙을 바꾼다면, 갑이 을보다 더 많은 상금을 받을 확률과 그렇지 않을 확률은 같다.

① ㄱ
② ㄷ
③ ㄱ, ㄴ
④ ㄴ, ㄷ
⑤ ㄱ, ㄴ, ㄷ

04 2021년 7급 PSAT 언어논리 기출문제

문 1. 다음 글에서 알 수 있는 것은?

우리나라 국기인 태극기에는 태극 문양과 4괘가 그려져 있는데, 중앙에 있는 태극 문양은 만물이 음양 조화로 생장한다는 것을 상징한다. 또 태극 문양의 좌측 하단에 있는 이괘는 불, 우측 상단에 있는 감괘는 물, 좌측 상단에 있는 건괘는 하늘, 우측 하단에 있는 곤괘는 땅을 각각 상징한다. 4괘가 상징하는 바는 그것이 처음 만들어질 때부터 오늘날까지 변함이 없다.

태극 문양을 그린 기는 개항 이전에도 조선 수군이 사용한 깃발 등 여러 개가 있는데, 태극 문양과 4괘만 사용한 기는 개항 후에 처음 나타났다. 1882년 5월 조미수호조규 체결을 위한 전권대신으로 임명된 이응준은 회담 장소에 내걸 국기가 없어 곤란해하다가 회담 직전 태극 문양을 활용해 기를 만들고 그것을 회담장에 걸어두었다. 그 기에 어떤 문양이 담겼는지는 오랫동안 알려지지 않았다. 그런데 2004년 1월 미국 어느 고서점에서 미국 해군부가 조미수호조규 체결 한 달 후에 만든 『해상 국가들의 깃발들』이라는 책이 발견되었다. 이 책에는 이응준이 그린 것으로 짐작되는 '조선의 기'라는 이름의 기가 실려 있다. 그 기의 중앙에는 태극 문양이 있으며 네 모서리에 괘가 하나씩 있는데, 좌측 상단에 감괘, 우측 상단에 건괘, 좌측 하단에 곤괘, 우측 하단에 이괘가 있다.

조선이 국기를 공식적으로 처음 정한 것은 1883년의 일이다. 1882년 9월에 고종은 박영효를 수신사로 삼아 일본에 보내면서, 그에게 조선을 상징하는 기를 만들어 사용해본 다음 귀국하는 즉시 제출하게 했다. 이에 박영효는 태극 문양이 가운데 있고 4개의 모서리에 각각 하나씩 괘가 있는 기를 만들어 사용한 후 그것을 고종에게 바쳤다. 고종은 이를 조선 국기로 채택하고 통리교섭사무아문으로 하여금 각국 공사관에 배포하게 했다. 이 기는 일본에 의해 강제 병합되기까지 국기로 사용되었는데, 언뜻 보기에 『해상 국가들의 깃발들』에 실린 '조선의 기'와 비슷하다. 하지만 자세히 보면 두 기는 서로 다르다. 조선 국기 좌측 상단에 있는 괘가 '조선의 기'에는 우측 상단에 있고, '조선의 기'의 좌측 상단에 있는 괘는 조선 국기의 우측 상단에 있다. 또 조선 국기의 좌측 하단에 있는 괘는 '조선의 기'의 우측 하단에 있고, '조선의 기'의 좌측 하단에 있는 괘는 조선 국기의 우측 하단에 있다.

① 미국 해군부는 통리교섭사무아문이 각국 공사관에 배포한 국기를 『해상 국가들의 깃발들』에 수록하였다.

② 조미수호조규 체결을 위한 회담 장소에서 사용하고자 이응준이 만든 기는 태극 문양이 담긴 최초의 기다.

③ 통리교섭사무아문이 배포한 기의 우측 상단에 있는 괘와 '조선의 기'의 좌측 하단에 있는 괘가 상징하는 것은 같다.

④ 오늘날 태극기의 우측 하단에 있는 괘와 고종이 조선 국기로 채택한 기의 우측 하단에 있는 괘는 모두 땅을 상징한다.

⑤ 박영효가 그린 기의 좌측 상단에 있는 괘는 물을 상징하고 이응준이 그린 기의 좌측 상단에 있는 괘는 불을 상징한다.

문 2.   다음 대화의 빈칸에 들어갈 내용으로 가장 적절한 것은?

갑 : 국회에서 법률들을 제정하거나 개정할 때, 법률에서 조례를 제정하여 시행하도록 위임하는 경우가 있습니다. 그리고 이런 위임에 따라 지방자치단체에서는 조례를 새로 제정하게 됩니다. 각 지방자치단체가 법률의 위임에 따라 몇 개의 조례를 제정했는지 집계하여 '조례 제정 비율'을 계산하는데, 이 지표는 작년에 이어 올해도 지방자치단체의 업무 평가 기준에 포함되었습니다.

을 : 그렇군요. 그 평가 방식이 구체적으로 어떻게 되고, A 시의 작년 평가 결과는 어땠는지 말씀해 주세요.

갑 : 먼저 그 해 1월 1일부터 12월 31일까지 법률에서 조례를 제정하도록 위임한 사항이 몇 건인지 확인한 뒤, 그 중 12월 31일까지 몇 건이나 조례로 제정되었는지로 평가합니다. 작년에는 법률에서 조례를 제정하도록 위임한 사항이 15건이었는데, 그 중 A 시에서 제정한 조례는 9건으로 그 비율은 60%였습니다.

을 : 그러면 올해는 조례 제정 상황이 어떻습니까?

갑 : 1월 1일부터 7월 10일 현재까지 법률에서 조례를 제정하도록 위임한 사항은 10건인데, A 시는 이 중 7건을 조례로 제정하였으며 조례로 제정하기 위하여 입법 예고 중인 것은 2건입니다. 현재 시의회에서 조례로 제정되기를 기다리며 계류 중인 것은 없습니다.

을 : 모든 조례는 입법 예고를 거친 뒤 시의회에서 제정되므로, 현재 입법 예고 중인 2건은 입법 예고 기간이 끝나야만 제정될 수 있겠네요. 이 2건의 제정 가능성은 예상할 수 있나요?

갑 : 어떤 조례는 신속히 제정되기도 합니다. 그러나 때로는 시의회가 계속 파행하기도 하고 의원들의 입장에 차이가 커 공전될 수도 있기 때문에 현재 시점에서 조례 제정 가능성을 단정하기는 어렵습니다.

을 : 그러면 A 시의 조례 제정 비율과 관련하여 알 수 있는 것은 무엇이 있을까요?

갑 : A 시는 [   ]

① 현재 조례로 제정하기 위하여 입법 예고가 필요한 것이 1건입니다.

② 올 한 해의 조례 제정 비율이 작년보다 높아집니다.

③ 올 한 해 총 9건의 조례를 제정하게 됩니다.

④ 현재 시점을 기준으로 평가를 받으면 조례 제정 비율이 90%입니다.

⑤ 올 한 해 법률에서 조례를 제정하도록 위임 받은 사항이 작년보다 줄어듭니다.

문 3.   다음 글의 A~C에 대한 판단으로 가장 적절한 것은?

정책 네트워크는 다원주의 사회에서 정책 영역에 따라 실질적인 정책 결정권을 공유하고 있는 집합체이다. 정책 네트워크는 구성원 간의 상호 의존성, 외부로부터 다른 사회 구성원들의 참여 가능성, 의사결정의 합의 효율성, 지속성의 특징을 고려할 때 다음 세 가지 모형으로 분류될 수 있다.

특징 모형	상호 의존성	외부 참여 가능성	합의 효율성	지속성
A	높음	낮음	높음	높음
B	보통	보통	보통	보통
C	낮음	높음	낮음	낮음

A는 의회의 상임위원회, 행정 부처, 이익집단이 형성하는 정책 네트워크로서 안정성이 높아 마치 소정부와 같다. 행정부 수반의 영향력이 작은 정책 분야에서 집중적으로 나타나는 형태이다. A에서는 참여자 간의 결속과 폐쇄적 경계를 강조하며, 배타성이 매우 강해 다른 이익집단의 참여를 철저하게 배제하는 것이 특징이다.

B는 특정 정책과 관련해 이해관계를 같이하는 참여자들로 구성된다. B가 특정 이슈에 대해 유기적인 연계 속에서 기능하면, 전통적인 관료제나 A의 방식보다 더 효과적으로 정책 목표를 달성할 수 있다. B의 주요 참여자는 정치인, 관료, 조직화된 이익집단, 전문가 집단이며, 정책 결정은 주요 참여자 간의 합의와 협력에 의해 일어난다.

C는 특정 이슈를 중심으로 이해관계나 전문성을 가진 이익집단, 개인, 조직으로 구성되고, 참여자는 매우 자율적이고 주도적인 행위자이며 수시로 변경된다. 배타성이 강한 A만으로 정책을 모색하면 정책 결정에 영향을 미칠 수 있는 C와 같은 개방적 참여자들의 네트워크를 놓치기 쉽다. C는 관료제의 영향력이 작고 통제가 약한 분야에서 주로 작동하는데, 참여자가 많아 합의가 어려워 결국 정부가 위원회나 청문회를 활용하여 의견을 조정하려는 경우가 종종 발생한다.

① 외부 참여 가능성이 높은 모형은 관료제의 영향력이 작고 통제가 약한 분야에서 나타나기 쉽다.

② 상호 의존성이 보통인 모형에서는 배타성이 강해 다른 이익집단의 참여를 철저하게 배제한다.

③ 합의 효율성이 높은 모형이 가장 효과적으로 정책 목표를 달성할 수 있다.

④ A에 참여하는 이익집단의 정책 결정 영향력이 B에 참여하는 이익집단의 정책 결정 영향력보다 크다.

⑤ C에서는 참여자의 수가 많아질수록 네트워크의 지속성이 높아진다.

문 4. 다음 글에서 추론할 수 있는 것만을 〈보기〉에서 모두 고르면?

두 입자만으로 이루어지고 이들이 세 가지의 양자 상태 1, 2, 3 중 하나에만 있을 수 있는 계(system)가 있다고 하자. 여기서 양자 상태란 입자가 있을 수 있는 구별 가능한 어떤 상태를 지시하며, 입자는 세 가지 양자 상태 중 하나에 반드시 있어야 한다. 이때 그 계에서 입자들이 어떻게 분포할 수 있는지 경우의 수를 세는 문제는, 각 양자 상태에 대응하는 세 개의 상자 ①②③ 에 두 입자가 있는 경우의 수를 세는 것과 같다. 경우의 수는 입자들끼리 서로 구별 가능한지와 여러 개의 입자가 하나의 양자 상태에 동시에 있을 수 있는지에 따라 달라진다.

두 입자가 구별 가능하고, 하나의 양자 상태에 여러 개의 입자가 있을 수 있다고 가정하자. 이것을 'MB 방식'이라고 부르며, 두 입자는 각각 a, b로 표시할 수 있다. a가 1의 양자 상태에 있는 경우는 ab| | |, |a|b| |, |a| |b|의 세 가지이고, a가 2의 양자 상태에 있는 경우와 a가 3의 양자 상태에 있는 경우도 각각 세 가지이다. 그러므로 MB 방식에서 경우의 수는 9이다.

두 입자가 구별되지 않고, 하나의 양자 상태에 여러 개의 입자가 있을 수 있다고 가정하자. 이것을 'BE 방식'이라고 부른다. 이때에는 두 입자 모두 a로 표시하게 되므로 aa| | |, | |aa| |, | | |aa|, |a|a| |, |a| |a|, | |a|a|가 가능하다. 그러므로 BE 방식에서 경우의 수는 6이다.

두 입자가 구별되지 않고, 하나의 양자 상태에 하나의 입자만 있을 수 있다고 가정하자. 이것을 'FD 방식'이라고 부른다. 여기에서는 BE 방식과 달리 하나의 양자 상태에 두 개의 입자가 동시에 있는 경우는 허용되지 않으므로 |a|a| |, |a| |a|, | |a|a|만 가능하다. 그러므로 FD 방식에서 경우의 수는 3이다.

양자 상태의 가짓수가 다를 때에도 MB, BE, FD 방식 모두 위에서 설명한 대로 입자들이 놓이게 되고, 이때 경우의 수는 달라질 수 있다.

〈보 기〉

ㄱ. 두 개의 입자에 대해, 양자 상태가 두 가지이면 BE 방식에서 경우의 수는 2이다.

ㄴ. 두 개의 입자에 대해, 양자 상태의 가짓수가 많아지면 FD 방식에서 두 입자가 서로 다른 양자 상태에 각각 있는 경우의 수는 커진다.

ㄷ. 두 개의 입자에 대해, 양자 상태가 두 가지 이상이면 경우의 수는 BE 방식에서보다 MB 방식에서 언제나 크다.

① ㄱ

② ㄷ

③ ㄱ, ㄴ

④ ㄴ, ㄷ

⑤ ㄱ, ㄴ, ㄷ

문 5. 다음 글에서 추론할 수 있는 것은?

생쥐가 새로운 소리 자극을 받으면 이 자극 신호는 뇌의 시상에 있는 청각시상으로 전달된다. 청각시상으로 전달된 자극 신호는 뇌의 편도에 있는 측핵으로 전달된다. 측핵에 전달된 신호는 편도의 중핵으로 전달되고, 중핵은 신체의 여러 기관에 전달할 신호를 만들어서 반응이 일어나게 한다.

연구자 K는 '공포' 또는 '안정'을 학습시켰을 때 나타나는 신경생물학적 특징을 탐구하기 위해 두 개의 실험을 수행했다.

첫 번째 실험에서 공포를 학습시켰다. 이를 위해 K는 생쥐에게 소리 자극을 준 뒤에 언제나 공포를 일으킬 만한 충격을 가하여, 생쥐에게 이 소리가 충격을 예고한다는 것을 학습시켰다. 이렇게 학습된 생쥐는 해당 소리 자극을 받으면 방어적인 행동을 취했다. 이 생쥐의 경우, 청각시상으로 전달된 소리 자극 신호는 학습을 수행하기 전 상태에서 전달되는 것보다 훨씬 센 강도의 신호로 증폭되어 측핵으로 전달된다. 이 증폭된 강도의 신호는 중핵을 거쳐 신체의 여러 기관에 전달되고 이는 학습된 공포 반응을 일으킨다.

두 번째 실험에서는 안정을 학습시켰다. 이를 위해 K는 다른 생쥐에게 소리 자극을 준 뒤에 항상 어떤 충격도 주지 않아서, 생쥐에게 이 소리가 안정을 예고한다는 것을 학습시켰다. 이렇게 학습된 생쥐는 이 소리를 들어도 방어적인 행동을 전혀 취하지 않았다. 이 경우 소리 자극 신호를 받은 청각시상에서 만들어진 신호가 측핵으로 전달되는 것이 억제되기 때문에 측핵에 전달된 신호는 매우 미약해진다. 대신 청각시상은 뇌의 선조체에서 반응을 일으킬 수 있는 자극 신호를 만들어서 선조체에 전달한다. 선조체는 안정 상태와 같은 긍정적이고 좋은 느낌을 느낄 수 있게 하는 것에 관여하는 뇌 영역인데, 선조체에서 반응이 세게 나타나면 안정감을 느끼게 되어 학습된 안정 반응을 일으킨다.

① 중핵에서 만들어진 신호의 세기가 강한 경우에는 학습된 안정 반응이 나타난다.

② 학습된 공포 반응을 일으키지 않는 소리 자극은 선조체에서 약한 반응이 일어나게 한다.

③ 학습된 공포 반응을 일으키는 소리 자극은 청각시상에서 선조체로 전달되는 자극 신호를 억제한다.

④ 학습된 안정 반응을 일으키는 청각시상에서 받는 소리 자극 신호는 학습된 공포 반응을 일으키는 청각시상에서 받는 소리 자극 신호보다 약하다.

⑤ 학습된 안정 반응을 일으키는 경우와 학습된 공포 반응을 일으키는 경우 모두, 청각시상에서 측핵으로 전달되는 신호의 세기가 학습하기 전과 달라진다.

문 6.   다음 글의 빈칸에 들어갈 내용으로 가장 적절한 것은?

민간 문화 교류 증진을 목적으로 열리는 국제 예술 공연의 개최가 확정되었다. 이번 공연이 민간 문화 교류 증진을 목적으로 열린다면, 공연 예술단의 수석대표는 정부 관료가 맡아서는 안 된다. 만일 공연이 민간 문화 교류 증진을 목적으로 열리고 공연 예술단의 수석대표는 정부 관료가 맡아서는 안 된다면, 공연 예술단의 수석대표는 고전음악 지휘자나 대중음악 제작자가 맡아야 한다. 현재 정부 관료 가운데 고전음악 지휘자나 대중음악 제작자는 없다. 예술단에 수석대표는 반드시 있어야 하며 두 사람 이상이 공동으로 맡을 수도 있다. 전체 세대를 아우를 수 있는 사람이 아니라면 수석대표를 맡아서는 안 된다. 전체 세대를 아우를 수 있는 사람이 극히 드물기에, 위에 나열된 조건을 다 갖춘 사람은 모두 수석대표를 맡는다.

누가 공연 예술단의 수석대표를 맡을 것인가와 더불어, 참가하는 예술인이 누구인가도 많은 관심의 대상이다. 그런데 아이돌 그룹 A가 공연 예술단에 참가하는 것은 분명하다. 왜냐하면 만일 갑이나 을이 수석대표를 맡는다면 A가 공연 예술단에 참가하는데, [   ] 때문이다.

① 갑은 고전음악 지휘자이며 전체 세대를 아우를 수 있기
② 갑이나 을은 대중음악 제작자 또는 고전음악 지휘자이기
③ 갑과 을은 둘 다 정부 관료가 아니며 전체 세대를 아우를 수 있기
④ 을이 대중음악 제작자가 아니라면 전체 세대를 아우를 수 없을 것이기
⑤ 대중음악 제작자나 고전음악 지휘자라면 누구나 전체 세대를 아우를 수 있기

문 7.   다음 글의 내용이 참일 때, 반드시 참인 것만을 〈보기〉에서 모두 고르면?

A기술원 해수자원화기술 연구센터는 2014년 세계 최초로 해수전지 원천 기술을 개발한 바 있다. 연구센터는 해수전지 상용화를 위한 학술대회를 열었는데 학술대회로 연구원들이 자리를 비운 사이 누군가 해수전지 상용화를 위한 핵심 기술이 들어 있는 기밀 자료를 훔쳐 갔다. 경찰은 수사 끝에 바다, 다은, 은경, 경아를 용의자로 지목해 학술대회 당일의 상황을 물으며 이들을 심문했는데 이들의 답변은 아래와 같았다.

바다 : 학술대회에서 발표된 상용화 아이디어 중 적어도 하나는 학술대회에 참석한 모든 사람들의 관심을 받았어요. 다은은 범인이 아니에요.
다은 : 학술대회에 참석한 사람들은 누구나 학술대회에서 발표된 하나 이상의 상용화 아이디어에 관심을 가졌어요. 범인은 은경이거나 경아예요.
은경 : 학술대회에 참석한 몇몇 사람은 학술대회에서 발표된 상용화 아이디어 중 적어도 하나에 관심이 있었어요. 경아는 범인이 아니에요.
경아 : 학술대회에 참석한 모든 사람들이 어떤 상용화 아이디어에도 관심이 없었어요. 범인은 바다예요.

수사 결과 이들은 각각 참만을 말하거나 거짓만을 말한 것으로 드러났다. 그리고 네 명 중 한 명만 범인이었다는 것이 밝혀졌다.

─〈보 기〉─
ㄱ. 바다와 은경의 말이 모두 참일 수 있다.
ㄴ. 다은과 은경의 말이 모두 참인 것은 가능하지 않다.
ㄷ. 용의자 중 거짓말한 사람이 단 한 명이면, 은경이 범인이다.

① ㄱ
② ㄴ
③ ㄱ, ㄷ
④ ㄴ, ㄷ
⑤ ㄱ, ㄴ, ㄷ

문 8.　다음 글의 내용이 참일 때, 반드시 참인 것만을 〈보기〉에서 모두 고르면?

최근 두 주 동안 직원들은 다음 주에 있을 연례 정책 브리핑을 준비해 왔다. 브리핑의 내용과 진행에 관해 알려진 바는 다음과 같다. 개인건강정보 관리 방식 변경에 관한 가안이 정책제안에 포함된다면, 보건정보의 공적 관리에 관한 가안도 정책제안에 포함될 것이다. 그리고 정책제안을 위해 구성되었던 국민건강 2025팀이 재편된다면, 앞에서 언급한 두 개의 가안이 모두 정책제안에 포함될 것이다. 개인건강정보 관리 방식 변경에 관한 가안이 정책제안에 포함되고 국민건강 2025팀 리더인 최팀장이 다음 주 정책 브리핑을 총괄한다면, 프레젠테이션은 국민건강 2025팀의 팀원인 손공정씨가 맡게 될 것이다. 그런데 보건정보의 공적 관리에 관한 가안이 정책제안에 포함될 경우, 국민건강 2025팀이 재편되거나 다음 주 정책 브리핑을 위해 준비한 보도자료가 대폭 수정될 것이다. 한편, 직원들 사이에서는, 최팀장이 다음 주 정책 브리핑을 총괄하면 팀원 손공정씨가 프레젠테이션을 담당한다는 말이 돌았는데 그 말은 틀린 것으로 밝혀졌다.

―――〈보 기〉―――

ㄱ. 개인건강정보 관리 방식 변경에 관한 가안과 보건정보의 공적 관리에 관한 가안 중 어느 것도 정책제안에 포함되지 않는다.

ㄴ. 국민건강 2025팀은 재편되지 않고, 이 팀의 최팀장이 다음 주 정책 브리핑을 총괄한다.

ㄷ. 보건정보의 공적 관리에 관한 가안이 정책제안에 포함된다면, 다음 주 정책 브리핑을 위해 준비한 보도자료가 대폭 수정될 것이다.

① ㄱ
② ㄴ
③ ㄱ, ㄷ
④ ㄴ, ㄷ
⑤ ㄱ, ㄴ, ㄷ

문 9.　다음 글의 내용이 참일 때, 반드시 참인 것은?

A, B, C, D를 포함해 총 8명이 학회에 참석했다. 이들에 관해서 알려진 정보는 다음과 같다.

• 아인슈타인 해석, 많은 세계 해석, 코펜하겐 해석, 보른 해석 말고도 다른 해석들이 있고, 학회에 참석한 이들은 각각 하나의 해석만을 받아들인다.
• 상태 오그라듦 가설을 받아들이는 이들은 모두 5명이고, 나머지는 이 가설을 받아들이지 않는다.
• 상태 오그라듦 가설을 받아들이는 이들은 코펜하겐 해석이나 보른 해석을 받아들인다.
• 코펜하겐 해석이나 보른 해석을 받아들이는 이들은 상태 오그라듦 가설을 받아들인다.
• B는 코펜하겐 해석을 받아들이고, C는 보른 해석을 받아들인다.
• A와 D는 상태 오그라듦 가설을 받아들인다.
• 아인슈타인 해석을 받아들이는 이가 있다.

① 적어도 한 명은 많은 세계 해석을 받아들인다.
② 만일 보른 해석을 받아들이는 이가 두 명이면, A와 D가 받아들이는 해석은 다르다.
③ 만일 A와 D가 받아들이는 해석이 다르다면, 적어도 두 명은 코펜하겐 해석을 받아들인다.
④ 만일 오직 한 명만이 많은 세계 해석을 받아들인다면, 아인슈타인 해석을 받아들이는 이는 두 명이다.
⑤ 만일 코펜하겐 해석을 받아들이는 이가 세 명이면, A와 D 가운데 적어도 한 명은 보른 해석을 받아들인다.

문 10. 다음 글의 〈실험 결과〉에서 추론할 수 있는 것은?

연구자 K는 동물의 뇌 구조 변화가 일어나는 방식을 규명하기 위해 다음의 실험을 수행했다. 실험용 쥐를 총 세 개의 실험군으로 나누었다. 실험군1의 쥐에게는 운동은 최소화하면서 학습을 시키는 '학습 위주 경험'을 하도록 훈련시켰다. 실험군2의 쥐에게는 특별한 기술을 학습할 필요 없이 수행할 수 있는 쳇바퀴 돌리기를 통해 '운동 위주 경험'을 하도록 훈련시켰다. 실험군3의 쥐에게는 어떠한 학습이나 운동도 시키지 않았다.

〈실험 결과〉
- 뇌 신경세포 한 개당 시냅스의 수는 실험군1의 쥐에서 크게 증가했고 실험군2와 3의 쥐에서는 거의 변하지 않았다.
- 뇌 신경세포 한 개당 모세혈관의 수는 실험군 2의 쥐에서 크게 증가했고 실험군1과 3의 쥐에서는 거의 변하지 않았다.
- 실험군1의 쥐에서는 대뇌 피질의 지각 영역에서 구조 변화가 나타났고, 실험군2의 쥐에서는 대뇌 피질의 운동 영역과 더불어 운동 활동을 조절하는 소뇌에서 구조 변화가 나타났다. 실험군3의 쥐에서는 뇌 구조 변화가 거의 나타나지 않았다.

① 대뇌 피질의 구조 변화는 학습 위주 경험보다 운동 위주 경험에 더 큰 영향을 받는다.

② 학습 위주 경험은 뇌의 신경세포당 시냅스의 수에, 운동 위주 경험은 뇌의 신경세포당 모세혈관의 수에 영향을 미친다.

③ 학습 위주 경험과 운동 위주 경험은 뇌의 특정 부위에 있는 신경세포의 수를 늘려 그 부위의 뇌 구조를 변하게 한다.

④ 특정 형태의 경험으로 인해 뇌의 특정 영역에 발생한 구조 변화가 뇌의 신경세포당 모세혈관 또는 시냅스의 수를 변화시킨다.

⑤ 뇌가 영역별로 특별한 구조를 갖는 것이 그 영역에서 신경세포당 모세혈관 또는 시냅스의 수를 변화시켜 특정 형태의 경험을 더 잘 수행할 수 있게 한다.

문 11. 다음 글의 〈실험 결과〉에 대한 판단으로 적절한 것만을 〈보기〉에서 모두 고르면?

박쥐 X가 잡아먹을 수컷 개구리의 위치를 찾기 위해 사용하는 방법에는 두 가지가 있다. 하나는 수컷 개구리의 울음소리를 듣고 위치를 찾아내는 '음탐지' 방법이다. 다른 하나는 X가 초음파를 사용하여, 울음소리를 낼 때 커졌다 작아졌다 하는 울음주머니의 움직임을 포착하여 위치를 찾아내는 '초음파탐지' 방법이다. 울음주머니의 움직임이 없으면 이 방법으로 수컷 개구리의 위치를 찾을 수 없다.

〈실험〉
한 과학자가 수컷 개구리를 모방한 두 종류의 로봇개구리를 제작했다. 로봇개구리 A는 수컷 개구리의 울음소리를 내고, 커졌다 작아졌다 하는 울음주머니도 가지고 있다. 로봇개구리 B는 수컷 개구리의 울음소리만 내고, 커졌다 작아졌다 하는 울음주머니는 없다. 같은 수의 A 또는 B를 크기는 같지만 서로 다른 환경의 세 방 안에 같은 위치에 두었다. 세 방의 환경은 다음과 같다.
- 방1 : 로봇개구리 소리만 들리는 환경
- 방2 : 로봇개구리 소리뿐만 아니라, 로봇개구리가 있는 곳과 다른 위치에서 로봇개구리 소리와 같은 소리가 추가로 들리는 환경
- 방3 : 로봇개구리 소리뿐만 아니라, 로봇개구리가 있는 곳과 다른 위치에서 로봇개구리 소리와 전혀 다른 소리가 추가로 들리는 환경

각 방에 같은 수의 X를 넣고 실제로 로봇개구리를 잡아먹기 위해 공격하는 데 걸리는 평균 시간을 측정했다. X가 로봇개구리의 위치를 빨리 알아낼수록 공격하는 데 걸리는 시간은 짧다.

〈실험 결과〉
- 방1 : A를 넣은 경우는 3.4초였고 B를 넣은 경우는 3.3초로 둘 사이에 유의미한 차이는 없었다.
- 방2 : A를 넣은 경우는 8.2초였고 B를 넣은 경우는 공격하지 않았다.
- 방3 : A를 넣은 경우는 3.4초였고 B를 넣은 경우는 3.3초로 둘 사이에 유의미한 차이는 없었다.

〈보 기〉
ㄱ. 방1과 2의 〈실험 결과〉는, X가 음탐지 방법이 방해를 받는 환경에서는 초음파탐지 방법을 사용한다는 가설을 강화한다.
ㄴ. 방2와 3의 〈실험 결과〉는, X가 소리의 종류를 구별할 수 있다는 가설을 강화한다.
ㄷ. 방1과 3의 〈실험 결과〉는, 수컷 개구리의 울음소리와 전혀 다른 소리가 들리는 환경에서는 X가 초음파탐지 방법을 사용한다는 가설을 강화한다.

① ㄱ
② ㄷ
③ ㄱ, ㄴ
④ ㄴ, ㄷ
⑤ ㄱ, ㄴ, ㄷ

문 12. 다음 글에 대한 분석으로 적절한 것만을 〈보기〉에서 모두 고르면?

'자연화'란 자연과학의 방법론에 따라 자연과학이 수용하는 존재론을 토대 삼아 연구를 수행한다는 의미이다. 심리학을 자연과학의 하나라고 생각하는 철학자 A는, 인식론의 자연화를 주장하기 위해 다음의 〈논증〉을 제시하였다.

〈논증〉

(1) 전통적 인식론은 적어도 다음의 두 가지 목표를 가진다. 첫째, 세계에 관한 믿음을 정당화하는 것이고, 둘째, 세계에 관한 믿음을 나타내는 문장을 감각 경험을 나타내는 문장으로 번역하는 것이다.

(2) 전통적 인식론은 첫째 목표도 달성할 수 없고 둘째 목표도 달성할 수 없다.

(3) 만약 전통적 인식론이 이 두 가지 목표 중 어느 하나라도 달성할 수가 없다면, 전통적 인식론은 폐기되어야 한다.

(4) 전통적 인식론은 폐기되어야 한다.

(5) 만약 전통적 인식론이 폐기되어야 한다면, 인식론자는 전통적 인식론 대신 심리학을 연구해야 한다.

(6) 인식론자는 전통적 인식론 대신 심리학을 연구해야 한다.

─── 〈보 기〉 ───

ㄱ. 전통적 인식론의 목표에 (1)의 '두 가지 목표' 외에 "세계에 관한 믿음이 형성되는 과정을 규명하는 것"이 추가된다면, 위 논증에서 (6)은 도출되지 않는다.

ㄴ. (2)를 "전통적 인식론은 첫째 목표를 달성할 수 없거나 둘째 목표를 달성할 수 없다."로 바꾸어도 위 논증에서 (6)이 도출된다.

ㄷ. (4)는 논증 안의 어떤 진술들로부터 나오는 결론일 뿐만 아니라 논증 안의 다른 진술의 전제이기도 하다.

① ㄱ
② ㄷ
③ ㄱ, ㄴ
④ ㄴ, ㄷ
⑤ ㄱ, ㄴ, ㄷ

문 13. 다음 글에 대한 분석으로 적절한 것만을 〈보기〉에서 모두 고르면?

어떤 사람이 당신에게 다음과 같이 제안했다고 하자. 당신은 호화 여행을 즐기게 된다. 다만 먼저 10만 원을 내야 한다. 여기에 하나의 추가 조건이 있다. 그것은 제안자의 말인 아래의 (1)이 참이면 그는 10만 원을 돌려주지 않고 약속대로 호화 여행은 제공하는 반면, (1)이 거짓이면 그는 10만 원을 돌려주고 약속대로 호화 여행도 제공한다는 것이다.

(1) 나는 당신에게 10만 원을 돌려주거나 ⓐ 당신은 나에게 10억 원을 지불한다.

당신은 이 제안을 받아들였고 10만 원을 그에게 주었다.

이때 어떤 결과가 따를지 검토해 보자. (1)은 참이거나 거짓일 것이다. (1)이 거짓이라고 가정해 보자. 그러면 추가 조건에 따라 그는 당신에게 10만 원을 돌려준다. 또한 가정상 (1)이 거짓이므로, ㉠ 그는 당신에게 10만 원을 돌려주지 않는다. 결국 (1)이 거짓이라고 가정하면 그는 당신에게 10만 원을 돌려준다는 것과 돌려주지 않는다는 것이 모두 성립한다. 이는 가능하지 않다. 따라서 ㉡ (1)은 참일 수밖에 없다. 그런데 (1)이 참이라면 추가 조건에 따라 그는 당신에게 10만 원을 돌려주지 않는다. 따라서 ⓐ가 반드시 참이어야 한다. 즉, ㉢ 당신은 그에게 10억 원을 지불한다.

─── 〈보 기〉 ───

ㄱ. ㉠을 추론하는 데는 'A이거나 B'의 형식을 가진 문장이 거짓이면 A도 B도 모두 반드시 거짓이라는 원리가 사용되었다.

ㄴ. ㉡을 추론하는 데는 어떤 가정 하에서 같은 문장의 긍정과 부정이 모두 성립하는 경우 그 가정의 부정은 반드시 참이라는 원리가 사용되었다.

ㄷ. ㉢을 추론하는 데는 'A이거나 B'라는 형식의 참인 문장에서 A가 거짓인 경우 B는 반드시 참이라는 원리가 사용되었다.

① ㄱ
② ㄷ
③ ㄱ, ㄴ
④ ㄴ, ㄷ
⑤ ㄱ, ㄴ, ㄷ

문 14. 다음 글의 ㉠과 ㉡에 대한 평가로 적절한 것만을 〈보기〉에서 모두 고르면?

연역과 귀납, 이 두 종류의 방법은 지적 작업에서 사용될 수 있는 모든 추론을 포괄한다. 철학과 과학을 비롯한 모든 지적 작업에 연역적 방법이 필수적이라는 것을 부정하는 사람은 아무도 없다. 귀납적 방법의 경우 사정은 크게 다르다. 귀납적 방법이 철학적 작업에 들어설 여지가 없다고 믿는 사람이 있는가 하면, 한 걸음 더 나아가 어떠한 지적 작업에도 귀납적 방법이 불필요하다고 주장하는 사람들도 있다.

㉠ 귀납적 방법이 철학이라는 지적 작업에서 불필요하다는 견해는 독단적인 철학관에 근거한다. 이런 견해에 따르면 철학적 주장의 정당성은 선험적인 것으로, 경험적 지식을 확장하기 위해 사용되는 귀납적 방법에 의존할 수 없다. 그러나 이런 견해는 철학적 주장이 경험적 가설에 의존해서는 안 된다는 부당하게 편협한 철학관과 '귀납적 방법'의 모호성을 딛고 서 있다. 실제로 철학사에 나타나는 목적론적 신 존재 증명이나 외부 세계의 존재에 관한 형이상학적 논증 가운데는 귀납적 방법인 유비 논증과 귀추법을 교묘히 적용하고 있는 것도 있다.

㉡ 모든 지적 작업에서 귀납적 방법의 필요성을 부정하는 견해는 중요한 철학적 성과를 낳기도 하였다. 포퍼의 철학이 그런 사례 가운데 하나이다. 포퍼는 귀납적 방법의 정당화 가능성에 관한 회의적 결론을 받아들이고, 과학의 탐구가 귀납적 방법으로 진행된다는 견해는 근거가 없음을 보인다. 그에 따르면, 과학의 탐구 과정은 연역 논리 법칙에 따라 전개되는 추측과 반박의 작업으로 이루어진다. 이런 포퍼의 이론은 귀납적 방법의 필요성에 대한 전면적인 부정이 낳을 수 있는 흥미로운 결과 가운데 하나라고 할 수 있다.

〈보 기〉

ㄱ. 과학의 탐구가 귀납적 방법에 의해 진행된다는 주장은 ㉠을 반박한다.
ㄴ. 철학의 일부 논증에서 귀추법의 사용이 불가피하다는 주장은 ㉡을 반박한다.
ㄷ. 연역 논리와 경험적 가설 모두에 의존하는 지적 작업이 있다는 주장은 ㉠과 ㉡을 모두 반박한다.

① ㄱ
② ㄴ
③ ㄱ, ㄷ
④ ㄴ, ㄷ
⑤ ㄱ, ㄴ, ㄷ

문 15. 다음 글의 갑~병에 대한 판단으로 적절한 것만을 〈보기〉에서 모두 고르면?

다음 두 삼단논법을 보자.
(1) 모든 춘천시민은 강원도민이다.
　　모든 강원도민은 한국인이다.
　　따라서 모든 춘천시민은 한국인이다.
(2) 모든 수학 고득점자는 우등생이다.
　　모든 과학 고득점자는 우등생이다.
　　따라서 모든 수학 고득점자는 과학 고득점자이다.

(1)은 타당한 삼단논법이지만 (2)는 부당한 삼단논법이다. 하지만 어떤 사람들은 (2)도 타당한 논증이라고 잘못 판단한다. 왜 이런 오류가 발생하는지 설명하기 위해 세 가지 입장이 제시되었다.

갑 : 사람들은 '모든 A는 B이다'를 '모든 B는 A이다'로 잘못 바꾸는 경향이 있다. '어떤 A도 B가 아니다'나 '어떤 A는 B이다'라는 형태에서는 A와 B의 자리를 바꾸더라도 아무런 문제가 없다. 하지만 '모든 A는 B이다'라는 형태에서는 A와 B의 자리를 바꾸면 논리적 오류가 생겨난다.
을 : 사람들은 '모든 A는 B이다'를 약한 의미로 이해해야 하는데도 강한 의미로 이해하는 잘못을 저지르는 경향이 있다. 여기서 약한 의미란 그것을 'A는 B에 포함된다'로 이해하는 것이고, 강한 의미란 그것을 'A는 B에 포함되고 또한 B는 A에 포함된다'는 뜻에서 'A와 B가 동일하다'로 이해하는 것이다.
병 : 사람들은 전제가 모두 '모든 A는 B이다'라는 형태의 명제로 이루어진 것일 경우에는 결론도 그런 형태이기만 하면 타당하다고 생각하고, 전제 가운데 하나가 '어떤 A는 B이다'라는 형태의 명제로 이루어진 것일 경우에는 결론도 그런 형태이기만 하면 타당하다고 생각하는 경향이 있다.

〈보 기〉

ㄱ. 대다수의 사람이 "어떤 과학자는 운동선수이다. 어떤 철학자도 과학자가 아니다."라는 전제로부터 "어떤 철학자도 운동선수가 아니다."를 타당하게 도출할 수 있는 결론이라고 응답했다는 심리 실험 결과는 갑에 의해 설명된다.
ㄴ. 대다수의 사람이 "모든 적색 블록은 구멍이 난 블록이다. 모든 적색 블록은 삼각 블록이다."라는 전제로부터 "모든 구멍이 난 블록은 삼각 블록이다."를 타당하게 도출할 수 있는 결론이라고 응답했다는 심리 실험 결과는 을에 의해 설명된다.
ㄷ. 대다수의 사람이 "모든 물리학자는 과학자이다. 어떤 컴퓨터 프로그래머는 과학자이다."라는 전제로부터 "어떤 컴퓨터 프로그래머는 물리학자이다."를 타당하게 도출할 수 있는 결론이라고 응답했다는 심리 실험 결과는 병에 의해 설명된다.

① ㄱ
② ㄷ
③ ㄱ, ㄴ
④ ㄴ, ㄷ
⑤ ㄱ, ㄴ, ㄷ

문 16. 다음 대화의 ㉠에 따라 〈계획안〉을 수정한 것으로 적절하지 않은 것은?

갑 : 나눠드린 'A 시 공공 건축 교육 과정' 계획안을 다 보셨죠? 이제 계획안을 어떻게 수정하면 좋을지 각자의 의견을 자유롭게 말씀해 주십시오.

을 : 코로나19 상황을 고려해 대면 교육보다 온라인 교육이 좋겠습니다. 그리고 방역 활동에 모범을 보이는 차원에서 온라인 강의로 진행한다는 점을 강조하는 것이 좋겠습니다. 온라인 강의는 편안한 시간에 접속하여 수강하게 하고, 수강 가능한 기간을 명시해야 합니다. 게다가 온라인으로 진행하면 교육 대상을 A시 시민만이 아닌 모든 희망자로 확대하는 장점이 있습니다.

병 : 좋은 의견입니다. 여기에 덧붙여 교육 대상을 공공 건축 업무 관련 공무원과 일반 시민으로 구분하는 것이 좋겠습니다. 관련 공무원과 일반 시민은 기반 지식에서 차이가 커 같은 내용으로 교육하기에 적합하지 않습니다. 업무와 관련된 직무 교육 과정과 일반 시민 수준의 교양 교육 과정으로 따로 운영하는 것이 좋겠습니다.

을 : 교육 과정 분리는 좋습니다만, 공무원의 직무 교육은 참고할 자료가 많아 온라인 교육이 비효율적입니다. 직무 교육 과정은 다음에 논의하고, 이번에는 시민 대상 교양 과정으로만 진행하는 것이 좋겠습니다. 그리고 A시의 유명 공공 건축물을 활용해서 A시를 홍보하고 관심을 끌 수 있는 주제의 강의가 있으면 좋겠습니다.

병 : 그게 좋겠네요. 마지막으로 덧붙이면 신청 방법이 너무 예전 방식입니다. 시 홈페이지에서 신청 게시판을 찾아가는 방법을 안내할 필요는 있지만, 요즘 같은 모바일 시대에 이것만으로는 부족합니다. A시 공식 어플리케이션에서 바로 신청서를 작성하고 제출할 수 있도록 하면 좋겠습니다.

갑 : ㉠ 오늘 회의에서 나온 의견을 반영하여 계획안을 수정하도록 하겠습니다. 감사합니다.

─────〈계획안〉─────

A 시 공공 건축 교육 과정
• 강의 주제 : 공공 건축의 미래 / A시의 조경
• 일시 : 7. 12.(월) 19:00~21:00 / 7. 14.(수) 19:00~21:00
• 장소 : A시 청사 본관 5층 대회의실
• 대상 : A시 공공 건축에 관심 있는 A시 시민 누구나
• 신청 방법 : A시 홈페이지 → '시민참여' → '교육' → '공공 건축 교육 신청 게시판'에서 신청서 작성

① 강의 주제에 "건축가협회 선정 A시의 유명 공공 건축물 TOP3"를 추가한다.
② 일시 항목을 "• 기간 : 7. 12.(월) 06:00~7. 16.(금) 24:00"으로 바꾼다.
③ 장소 항목을 "• 교육방식 : 코로나19 확산 방지를 위해 온라인 교육으로 진행"으로 바꾼다.

④ 대상을 "A시 공공 건축에 관심 있는 사람 누구나"로 바꾼다.
⑤ 신청 방법을 "A시 공식 어플리케이션을 통한 A시 공공 건축 교육 과정 간편 신청"으로 바꾼다.

문 17. 다음 글의 ㉠~㉣에 들어갈 내용에 대한 설명으로 가장 적절한 것은?

○○도는 2022년부터 '공공 기관 통합 채용' 시스템을 운영하여 공공 기관의 채용에 대한 체계적 관리와 비리 발생 예방을 도모할 계획이다. 기존에는 ○○도 산하 공공 기관들이 채용 전(全) 과정을 각기 주관하여 시행하였으나, 2022년부터는 ○○도가 채용 과정에 참여하기로 하였다. ○○도와 산하 공공 기관들이 '따로, 또 같이'하는 통합 채용을 통해 채용 과정의 투명성을 확보하고 기관별 특성에 맞는 인재 선발을 용이하게 하려는 것이다.

○○도는 채용 공고와 원서 접수를 하고 필기시험을 주관한다. 나머지 절차는 ○○도 산하 공공 기관이 주관하여 서류 심사 후 면접시험을 거쳐 합격자를 발표한다. 기존 채용 절차에서 서류 심사에 이어 필기시험을 치던 순서를 맞바꾸었는데, 이는 지원자에게 응시 기회를 확대 제공하기 위해서이다. 절차 변화에 대한 지원자의 혼란을 줄이기 위해 기존의 나머지 채용 절차는 그대로 유지하였다. 또 ○○도는 기존의 필기시험 과목인 영어 · 한국사 · 일반상식을 국가직무능력표준 기반 평가로 바꾸어 기존과 달리 실무 능력을 평가해서 인재를 선발할 수 있도록 제도를 보완하였다. ○○도는 이런 통합 채용 절차를 알기 쉽게 기존 채용 절차와 개선 채용 절차를 비교해서 도표로 나타내었다.

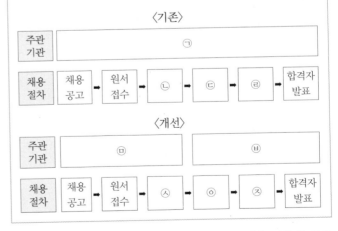

① 개선 이후 ㉠에 해당하는 기관이 주관하는 채용 업무의 양은 이전과 동일할 것이다.
② ㉠과 같은 주관 기관이 들어가는 것은 ㉑이 아니라 ㉤이다.
③ ㉡과 ㉟에는 같은 채용 절차가 들어간다.
④ ㉢과 ㉆에서 지원자들이 평가받는 능력은 같다.
⑤ ㉣을 주관하는 기관과 ㉢을 주관하는 기관은 다르다.

문 18. 다음 글의 〈표〉에 대한 판단으로 적절한 것만을 〈보기〉에서 모두 고르면?

법제처 주무관 갑은 지방자치단체를 대상으로 조례 입안을 지원하고 있다. 갑은 지방자치단체가 조례 입안 지원 신청을 하는 경우, 두 가지 기준에 따라 나누어 신청 안들을 정리하고 있다. 해당 조례안의 입법 예고를 완료하였는지 여부를 기준으로 '완료'와 '미완료'로 나누고, 과거에 입안을 지원하였던 조례안 중에 최근에 접수된 조례안과 내용이 유사한 사례가 있는지를 판단하여 유사 사례 '있음'과 '없음'으로 나눈다. 유사 사례가 존재하지 않는 경우에만 갑은 팀장인 을에게 그 접수된 조례안의 주요 내용을 보고해야 한다.

최근 접수된 조례안 (가)는 지난 분기에 지원하였던 조례안과 많은 부분 유사한 내용을 담고 있다. 입법 예고는 현재 진행 중이다. 조례안 (나)의 경우는 입법 예고가 완료된 후에 접수되었고, 그 주요 내용이 지난해에 지원한 조례안의 주요 내용과 유사하다. 조례안 (다)는 주요 내용이 기존에 지원하였던 조례안과 유사성이 전혀 없는 새로운 내용을 규정하고 있으며, 입법 예고가 진행되지 않았다.

이상의 내용을 다음과 같은 형식으로 나타낼 수 있다.

〈표〉 입안 지원 신청 조례안별 분류

기준＼조례안	(가)	(나)	(다)
A	㉠	㉡	㉢
B	㉣	㉤	㉥

─〈보 기〉─

ㄱ. A에 유사 사례의 유무를 따지는 기준이 들어가면, ㉣과 ㉥이 같다.

ㄴ. B에 따라 을에 대한 갑의 보고 여부가 결정된다면, ㉠과 ㉢은 같다.

ㄷ. ㉣과 ㉥이 같으면, ㉠과 ㉡이 같다.

① ㄱ

② ㄷ

③ ㄱ, ㄴ

④ ㄴ, ㄷ

⑤ ㄱ, ㄴ, ㄷ

문 19. 다음 대화의 ㉠으로 적절한 것만을 〈보기〉에서 모두 고르면?

갑 : 우리 지역 장애인의 체육 활동을 지원하기 위한 '장애인 스포츠강좌 지원사업'의 집행 실적이 저조하다고 합니다. 지원 바우처를 제대로 사용하지 못하고 있다는 의미인데요. 비장애인을 대상으로 하는 '일반 스포츠강좌 지원사업'은 인기가 많아 예산이 금방 소진된다고 합니다. 과연 어디에 문제점이 있는 것일까요?

을 : 바우처를 수월하게 사용하려면 사용 가능한 가맹 시설이 많이 있어야 합니다. 우리 지역의 '장애인 스포츠강좌 지원사업' 가맹 시설은 10개소이며 '일반 스포츠강좌 지원사업' 가맹 시설은 300개소입니다. 그런데 장애인들은 비장애인들에 비해 바우처를 사용하기 훨씬 어렵습니다. 혹시 장애인의 수에 비해 장애인 대상 가맹 시설의 수가 비장애인의 경우보다 턱없이 적어서 그런 것 아닐까요?

병 : 글쎄요, 제 생각은 조금 다릅니다. 바우처 지원액이 너무 적은 것은 아닐까요? 장애인을 대상으로 하는 스포츠강좌는 보조인력 비용 등 추가 비용으로 인해, 비장애인 대상 강좌보다 수강료가 높을 수 있습니다. 바우처를 사용한다 해도 자기 부담금이 여전히 크다면 장애인들은 스포츠강좌를 이용하기 어려울 것입니다.

정 : 하지만 제가 보기엔 장애인들의 주요 연령대가 사업에서 제외된 것 같습니다. 현재 본 사업의 대상 연령은 만 12세에서 만 49세까지인데, 장애인 인구의 고령자 인구 비율이 비장애인 인구에 비해 높다는 사실을 고려하면, 대상 연령의 상한을 적어도 만 64세까지 높여야 한다고 생각합니다.

갑 : 모두들 좋은 의견 감사합니다. 오늘 회의에서 논의된 내용을 확인하기 위해 ㉠ 필요한 자료를 조사해 주세요.

─〈보 기〉─

ㄱ. 장애인 및 비장애인 각각의 인구 대비 '스포츠강좌 지원사업' 가맹 시설 수

ㄴ. 장애인과 비장애인 각각 '스포츠강좌 지원사업'에 참여하기 위해 본인이 부담해야 하는 금액

ㄷ. 만 50세에서 만 64세까지의 장애인 중 스포츠강좌 수강을 희망하는 인구와 만 50세에서 만 64세까지의 비장애인 중 스포츠강좌 수강을 희망하는 인구

① ㄴ

② ㄷ

③ ㄱ, ㄴ

④ ㄱ, ㄷ

⑤ ㄱ, ㄴ, ㄷ

문 20. 다음 글에서 추론할 수 있는 것만을 〈보기〉에서 모두 고르면?

갑 : 조(粗)출생률은 인구 1천 명당 출생아 수를 의미합니다. 조출생률은 인구 규모가 상이한 지역이나 시점 간의 출산 수준을 간편하게 비교할 때 유용한 지표입니다. 예를 들어, 2016년에 세종시보다 인구 규모가 훨씬 큰 경기도의 출생아 수는 10만 5천 명으로 세종의 3천 명보다 많지만, 조출생률은 경기도가 8.4명이고 세종시는 14.6명입니다. 출산 수준은 세종시가 더 높다는 의미입니다.

을 : 그렇군요. 그럼 합계 출산율은 무엇인가요?

갑 : 합계 출산율은 여성 한 명이 평생 동안 낳을 것으로 예상되는 출생아 수를 의미합니다. 여성이 실제 평생 동안 낳은 아이 수를 측정하는 것은 가임 기간 35년이 지나야 산출할 수 있다는 문제가 있습니다. 이에 비해 합계 출산율은 여성 1명이 출산 가능한 시기를 15세부터 49세까지로 가정하고 그 사이의 각 연령대 출산율을 모두 합해서 얻습니다. 15~19세 연령대 출산율은 한 해 동안 15~19세 여성에게서 태어난 출생아 수를 15~19세 여성의 수로 나눈 수치인데, 15~19세부터 45~49세까지 7개 구간 각각의 연령대 출산율을 모두 합한 것이 합계 출산율입니다. 합계 출산율은 한 여성이 가임 기간 내내 특정 시기의 연령대 출산율 패턴을 그대로 따른다는 가정을 전제로 산출하므로 실제 출산 현실과 차이가 있을 수 있습니다.

을 : 그렇다면 조출생률과 합계 출산율을 구별하는 이유가 뭐죠?

갑 : 조출생률과 달리 합계 출산율은 성비 및 연령 구조에 따른 출산 수준의 차이를 표준화할 수 있는 장점이 있습니다. 예를 들어, 이스라엘의 합계 출산율은 3.0인 반면 남아프리카공화국은 2.5 가량입니다. 하지만 조출생률은 거의 비슷하지요. 이것은 남아프리카공화국의 경우 전체 인구 대비 젊은 여성의 비율이 이스라엘보다 높기 때문입니다.

〈보 기〉

ㄱ. 조출생률을 계산할 때는 전체 인구 대비 여성의 비율은 고려하지 않는다.

ㄴ. 두 나라가 인구수와 조출생률에 차이가 없다면 각 나라의 합계 출산율에는 차이가 없다.

ㄷ. 합계 출산율은 한 명의 여성이 일생 동안 출산한 출생아의 수를 집계한 자료를 바탕으로 산출한다.

① ㄱ
② ㄴ
③ ㄱ, ㄷ
④ ㄴ, ㄷ
⑤ ㄱ, ㄴ, ㄷ

※ 다음 글을 읽고 물음에 답하시오. [21~22]

미국의 일부 주에서 판사는 형량을 결정하거나 가석방을 허가하는 판단의 보조 자료로 양형 보조 프로그램 X를 활용한다. X는 유죄가 선고된 범죄자를 대상으로 그 사람의 재범 확률을 추정하여 그 결과를 최저 위험군을 뜻하는 1에서 최고 위험군을 뜻하는 10까지의 위험 지수로 평가한다.

2016년 A는 X를 활용하는 플로리다 주 법정에서 선고받았던 7천여 명의 초범들을 대상으로 X의 예측 결과와 석방 후 2년간의 실제 재범 여부를 조사했다. 이 조사 결과를 토대로 한 ⓐ A의 주장은 X가 흑인과 백인을 차별한다는 것이다. 첫째 근거는 백인의 경우 위험 지수 1로 평가된 사람이 가장 많고 10까지 그 비율이 차츰 감소한 데 비하여 흑인의 위험 지수는 1부터 10까지 고르게 분포되었다는 관찰 결과이다. 즉 고위험군으로 분류된 사람의 비율이 백인보다 흑인이 더 크다는 것이었다. 둘째 근거는 예측의 오류와 관련된 것이다. 2년 이내 재범을 [(가)] 사람 중에서 [(나)] 으로 잘못 분류되었던 사람의 비율은 흑인의 경우 45%인 반면 백인은 23%에 불과했고, 2년 이내 재범을 [(다)] 사람 중에서 [(라)] 으로 잘못 분류되었던 사람의 비율은 흑인의 경우 28%인 반면 백인은 48%로 훨씬 컸다. 종합하자면, 재범을 저지른 사람이든 그렇지 않은 사람이든, 흑인은 편파적으로 고위험군으로 분류된 반면 백인은 편파적으로 저위험군으로 분류된 것이다.

X를 개발한 B는 A의 주장을 반박하는 논문을 발표하였다. B는 X의 목적이 재범 가능성에 대한 예측의 정확성을 높이는 것이며, 그 정확성에는 인종 간에 차이가 나타나지 않는다고 주장했다. B에 따르면, 예측의 정확성을 판단하는 데 있어 중요한 것은 고위험군으로 분류된 사람 중 2년 이내 재범을 저지른 사람의 비율과 저위험군으로 분류된 사람 중 2년 이내 재범을 저지르지 않은 사람의 비율이다. B는 전자의 비율이 백인 59%, 흑인 63%, 후자의 비율이 백인 71%, 흑인 65%라고 분석하고, 이 비율들은 인종 간에 유의미한 차이를 드러내지 않는다고 주장했다. 또 B는 X에 의해서 고위험군 혹은 저위험군으로 분류되기 이전의 흑인과 백인의 재범률, 즉 흑인의 기저재범률과 백인의 기저재범률 간에는 이미 상당한 차이가 있었으며, 이런 애초의 차이가 A가 언급한 예측의 오류 차이를 만들어 냈다고 설명한다. 결국 ⓑ B의 주장은 X가 편파적으로 흑인과 백인의 위험 지수를 평가하지 않는다는 것이다.

하지만 기저재범률의 차이로 인종 간 위험 지수의 차이를 설명하여, X가 인종차별적이라는 주장을 반박하는 것은 잘못이다. 기저재범률에는 미국 사회의 오래된 인종차별적 특징, 즉 흑인이 백인보다 범죄자가 되기 쉬운 사회 환경이 반영되어 있기 때문이다. 처음 범죄를 저질러서 재판을 받아야 하는 흑인을 생각해 보자. 그의 위험 지수를 판정할 때 사용되는 기저재범률은 그와 전혀 상관없는 다른 흑인들이 만들어 낸 것이다. 그런 기저재범률이 전혀 상관없는 사람의 형량이나 가석방 여부에 영향을 주는 것은 잘못이다. 더 나아가 이런 식으로 위험 지수를 평가받아 형량이 정해진 흑인들은 더 오랜 기간 교도소에 있게 될 것이며, 향후 재판받을 흑인들의 위험 지수를 더욱 높이는 결과를 가져오게 될 것이다. 따라서 ⓒ X의 지속적인 사용은 미국 사회의 인종차별을 고착화한다.

문 21. 위 글의 (가)~(라)에 들어갈 말을 적절하게 나열한 것은?

	(가)	(나)	(다)	(라)
①	저지르지 않은	고위험군	저지른	저위험군
②	저지르지 않은	고위험군	저지른	고위험군
③	저지르지 않은	저위험군	저지른	저위험군
④	저지른	고위험군	저지르지 않은	저위험군
⑤	저지른	저위험군	저지르지 않은	고위험군

문 22. 위 글의 ㉠~㉢에 대한 평가로 적절한 것만을 〈보기〉에서 모두 고르면?

〈보 기〉
ㄱ. 강력 범죄자 중 위험지수가 10으로 평가된 사람의 비율이 흑인과 백인 사이에 차이가 없다면, ㉠은 강화된다.
ㄴ. 흑인의 기저재범률이 높을수록 흑인에 대한 X의 재범 가능성 예측이 더 정확해진다면, ㉡은 약화된다.
ㄷ. X가 특정 범죄자의 재범률을 평가할 때 사용하는 기저재범률이 동종 범죄를 저지른 사람들로부터 얻은 것이라면, ㉢은 강화되지 않는다.

① ㄱ
② ㄷ
③ ㄱ, ㄴ
④ ㄴ, ㄷ
⑤ ㄱ, ㄴ, ㄷ

문 23. 다음 글의 빈칸에 들어갈 내용으로 가장 적절한 것은?

갑 : 안녕하십니까. 저는 시청 토목정책과에 근무합니다. 부정 청탁을 받은 때는 신고해야 한다고 들었습니다.

을 : 예, 「부정청탁 및 금품등 수수의 금지에 관한 법률」(이하 '청탁금지법')에서는, 공직자가 부정 청탁을 받았을 때는 명확히 거절 의사를 표현해야 하고, 그랬는데도 상대방이 이후에 다시 동일한 부정 청탁을 해 온다면 소속 기관의 장에게 신고해야 한다고 규정합니다.

갑 : '금품등'에는 접대와 같은 향응도 포함되지요?

을 : 물론이지요. 「청탁금지법」에 따르면, 공직자는 동일인으로부터 명목에 상관없이 1회 100만 원 혹은 매 회계연도에 300만 원을 초과하는 금품이나 접대를 받을 수 없습니다. 직무 관련성이 있는 경우에는 100만 원 이하라도 대가성 여부와 관계없이 처벌을 받습니다.

갑 : '동일인'이라 하셨는데, 여러 사람이 청탁을 하는 경우는 어떻게 되나요?

을 : 받는 사람을 기준으로 하여 따지게 됩니다. 한 공직자에게 여러 사람이 동일한 부정 청탁을 하며 금품을 제공하려 하였을 때에도 이들의 출처가 같다고 볼 수 있다면 '동일인'으로 해석됩니다. 또한 여러 행위가 계속성 또는 시간적 · 공간적 근접성이 있다고 판단되면, 합쳐서 1회로 간주될 수 있습니다.

갑 : 실은, 연초에 있었던 지역 축제 때 저를 포함한 우리 시청 직원 90명은 행사에 참여한다는 차원으로 장터에 들러 1인당 8천 원씩을 지불하고 식사를 했는데, 이후에 그 식사는 X 회사 사장인 A의 축제 후원금이 1인당 1만 2천 원씩 들어간 것이라는 사실을 알게 되었습니다. 이에 대하여는 결국 대가성 있는 접대도 아니고 직무 관련성도 없는 것으로 확정되었으며, 추가된 식사비도 축제 주최 측에 돌려주었습니다. 그리고 이달 초에는 Y 회사의 임원인 B가 관급 공사 입찰을 도와달라고 청탁하면서 100만 원을 건네려 하길래 거절한 적이 있습니다. 그런데 어제는 고교 동창인 C가 찾아와 X 회사 공장 부지의 용도 변경에 힘써 달라며 200만 원을 주려고 해서 단호히 거절하였습니다.

을 : 그러셨군요. 말씀하신 것을 바탕으로 설명드리겠습니다.

_____

① X 회사로부터 받은 접대는 시간적 · 공간적 근접성으로 보아 「청탁금지법」을 위반한 향응을 받은 것이 됩니다.

② Y 회사로부터 받은 제안의 내용은 「청탁금지법」상의 금품이라고는 할 수 없지만 향응에는 포함될 수 있습니다.

③ 「청탁금지법」상 A와 C는 동일인으로서 부정 청탁을 한 것이 됩니다.

④ 직무 관련성이 없다면 B와 C가 제시한 금액은 「청탁금지법」상의 허용 한도를 벗어나지 않습니다.

⑤ 현재는 「청탁금지법」상 C의 청탁을 신고할 의무가 생기지 않지만, C가 같은 청탁을 다시 한다면 신고해야 합니다.

문 24. 다음 글의 ㉠에 해당하는 내용으로 가장 적절한 것은?

A 시에 거주하면서 1세, 2세, 4세의 세 자녀를 기르는 갑은 육아를 위해 집에서 15km 떨어진 키즈 카페인 B 카페에 자주 방문한다. B 카페는 지역 유일의 키즈 카페라서 언제나 50여 구획의 주차장이 꽉 찰 정도로 성업 중이다. 최근 자동차를 교체하게 된 갑은 친환경 추세에 부응하여 전기차로 구매하였는데, B 카페는 전기차 충전 시설이 없었다. 세 자녀를 돌보느라 거주지에서의 자동차 충전 시기를 놓치는 때가 많은 갑은 이러한 불편함을 호소하며 B 카페에 전기차 충전 시설 설치를 요청하였다. 하지만 B 카페는, 충전 시설을 설치하고 싶지만 비용이 문제라서 A 시의 「환경 친화적 자동차의 보급 및 이용 활성화를 위한 조례」(이하 '조례')에 따른 지원금이라도 받아야 간신히 설치할 수 있는 상황인데, 아래의 조문에서 보듯이 B 카페는 그에 해당하지 않는다고 설명하였다.

「환경 친화적 자동차의 보급 및 이용 활성화를 위한 조례」
제9조(충전시설 설치대상) ① 주차단위구획 100개 이상을 갖춘 다음 각호의 시설은 전기자동차 충전시설을 설치하여야 한다.
1. 판매·운수·숙박·운동·위락·관광·휴게·문화시설
2. 500세대 이상의 아파트, 근린생활시설, 기숙사
② 시장은 제1항의 설치대상에 대하여는 설치비용의 반액을 지원하여야 한다.
③ 시장은 제1항의 설치대상에 해당하지 않는 사업장에 대하여도 전기자동차 충전시설의 설치를 권고할 수 있다.

갑은 영유아와 같이 보호가 필요한 이들이 많이 이용하는 키즈 카페 등과 같은 사업장에도 전기차 충전 시설의 설치를 지원해 줄 수 있는 근거를 조례에 마련해 달라는 민원을 제기하였다. 갑의 민원을 검토한 A 시 의회는 관련 규정의 보완이 필요하다고 인정하여, ㉠ 조례 제9조를 개정하였고, B 카페는 이에 근거한 지원금을 받아 전기차 충전 시설을 설치하게 되었다.

① 제1항 제3호로 "다중이용시설(극장, 음식점, 카페, 주점 등 불특정다수인이 이용하는 시설을 말한다)"을 신설

② 제1항 제3호로 "교통약자(장애인·고령자·임산부·영유아를 동반한 사람, 어린이 등 일상생활에서 이동에 불편을 느끼는 사람을 말한다)를 위한 시설"을 신설

③ 제4항으로 "시장은 제2항에 따른 지원을 할 때 교통약자(장애인·고령자·임산부·영유아를 동반한 사람, 어린이 등 일상생활에서 이동에 불편을 느끼는 사람을 말한다)를 위한 시설을 우선적으로 지원하여야 한다."를 신설

④ 제4항으로 "시장은 제3항의 권고를 받아들이는 사업장에 대하여는 설치비용의 60퍼센트를 지원하여야 한다."를 신설

⑤ 제4항으로 "시장은 전기자동차 충전시설의 의무 설치대상으로서 조기 설치를 희망하는 사업장에는 설치 비용의 전액을 지원할 수 있다."를 신설

문 25. 다음 글의 〈논쟁〉에 대한 분석으로 적절한 것만을 〈보기〉에서 모두 고르면?

갑과 을은 「위원회의 운영에 관한 규정」 제8조에 대한 해석을 놓고 논쟁하고 있다. 그 조문은 다음과 같다.

제8조(위원장 및 위원) ① 위원장은 위촉된 위원들 중에서 투표로 선출한다.
② 위원장과 위원은 한 차례만 연임할 수 있다.
③ 위원장의 사임 등으로 보선된 위원장의 임기는 전임 위원장 임기의 남은 기간으로 한다.

〈논쟁〉

쟁점 1 : A는 위원을 한 차례 연임하던 중 그 임기의 마지막 해에 위원장으로 선출되어, 2년에 걸쳐 위원장으로 활동하고 있다. 이에 대해, 갑은 A가 규정을 어기고 있다고 주장하지만, 을은 그렇지 않다고 주장한다.

쟁점 2 : B가 위원장을 한 차례 연임하여 활동하던 중에 연임될 때의 투표 절차가 적법하지 않다는 이유로 위원장의 직위가 해제되었는데, 이후의 보선에 B가 출마하였다. 이에 대해, 갑은 B가 선출되면 규정을 어기게 된다고 주장하지만, 을은 그렇지 않다고 주장한다.

쟁점 3 : C는 위원장을 한 차례 연임하였고, 다음 위원장으로 선출된 D는 임기 만료 직전에 사퇴하였는데, 이후의 보선에 C가 출마하였다. 이에 대해, 갑은 C가 선출되면 규정을 어기게 된다고 주장하지만, 을은 그렇지 않다고 주장한다.

〈보 기〉

ㄱ. 쟁점 1과 관련하여, 갑은 위원으로서의 임기가 종료되면 위원장으로서의 자격도 없는 것으로 생각하지만, 을은 위원장이 되는 경우에는 그 임기나 연임 제한이 새롭게 산정된다고 생각하기 때문이라고 하면, 갑과 을 사이의 주장 불일치를 설명할 수 있다.

ㄴ. 쟁점 2와 관련하여, 갑은 위원장이 부적법한 절차로 당선되었더라도 그것이 연임 횟수에 포함된다고 생각하지만, 을은 그렇지 않다고 생각하기 때문이라고 하면, 갑과 을 사이의 주장 불일치를 설명할 수 있다.

ㄷ. 쟁점 3과 관련하여, 위원장 연임 제한의 의미가 '단절되는 일 없이 세 차례 연속하여 위원장이 되는 것만을 막는다'는 것으로 확정된다면, 갑의 주장은 옳고, 을의 주장은 그르다.

① ㄱ
② ㄷ
③ ㄱ, ㄴ
④ ㄴ, ㄷ
⑤ ㄱ, ㄴ, ㄷ

05

5·7급 PSAT 언어논리 기출문제 정답 및 해설

2022 5급 PSAT 언어논리 기출문제

01	02	03	04	05	06	07	08	09	10
②	④	①	②	⑤	⑤	③	④	②	⑤
11	12	13	14	15	16	17	18	19	20
⑤	⑤	④	①	③	②	②	③	③	①
21	22	23	24	25	26	27	28	29	30
①	⑤	①	①	④	③	①	④	③	⑤
31	32	33	34	35	36	37	38	39	40
②	③	④	②	⑤	④	③	④	④	③

01

답 ②

난도 ★

정답해설

② 호포론이나 구포론은 대변통으로, 신분에 관계없이 군포를 부과하여 양반층이 강력히 저항하였다. 그러나 감필결포론은 소변통으로, 상민이 부담해야 하는 군포를 2필에서 1필로 감축하고, 그 감소분에 대해서만 양반에게 군포를 부과하는 것을 말하며, 양반이 일정 정도 긍정적 반응을 보였다.

오답해설

① 구포론은 귀천을 막론하고 16세 이상의 모든 남녀에게 군포를 거두자는 것이고, 결포론은 경제 능력에 따라 군포를 징수하자는 것이다. 이를 통해 양인의 군포 부담이 구포론보다 결포론에서 더 크다는 사실은 알 수 없다.

③ 균역법은 감필결포론을 제도화한 것으로, 양반은 재정 결손을 보충하기 위해 지배층으로서 양보의 측면에서 군포를 부담하였으므로 면세 특권이 폐지된 것은 아니다.

④ 결포론은 경제 능력에 따라 군포를 부과하여 공평한 조세 부담의 이상에 가장 가까운 방안이었다고 할 수 있지만, 호포론은 가호의 등급을 적용한다고 하더라도 가호마다 부담이 균등할 수 없다는 문제가 존재하였다.

⑤ 호포론은 식구 수에 따라 가호의 등급을 나누고 그 등급에 따라 군포를 부과하자는 주장으로, 연령과는 무관하다.

◆ **합격생 가이드**

전형적인 일치부합 문제이므로 빠르게 해결하여 시간을 아낄 수 있도록 하여야 한다. 대변통과 소변통에 각각 어떠한 제도가 있는지 지문 옆에 메모를 하며 문제를 풀었다면 실수 없이 빠르게 답을 확인하고 넘어갈 수 있다. 특히 ②가 정답이었으므로, 그 뒤의 선지는 확인하지 않고 넘어가는 융통성이 필요하다.

02

답 ④

난도 ★★

정답해설

④ 건축 재료 값을 관청에서 선불로 지급하고 납품받는 방식인 선혜청의 원공은 1768년(18세기)에 폐지되었다. 18세기에는 조세선보다는 군선과 개인이 소유한 사선의 비중이 커졌지만, 원거리 운송은 조세선이 담당하였다.

오답해설

① 선혜청 또는 도감에 목재를 납품하는 것에 대한 상대적인 수익은 비교할 수 없다.

② 영역부장은 관영 공사에 필요한 건축 재료를 구하고 운송하는 책임을 지고 있었는데, 1789년 패장이 설치되면서 이를 대신하게 되었다. 제시문에서 영역부장이 폐지되었다는 내용은 확인할 수 없다.

③ 관영 공사에 필요한 건축 재료를 운송하는 책임은 영역부장에게 있었지만, 1789년 패장이 설치되면서 관영 공사에 사용하기 위해 구입한 재료를 운송하는 책임을 맡게 되었다.

⑤ 17세기에 관영 공사에 필요한 재료는 도감에서 직접 구하거나 나라에 물자를 납품하는 공인(전인, 도고 상인)으로부터 구할 수 있었다.

◆ **합격생 가이드**

언어논리에서 1~2번이나 21~22번에 의도적으로 정보가 많고 빨리 풀리지 않는 문제를 넣는 경우가 많다. 따라서 시험 시작부터 문제가 풀리지 않는 것에 대해 패닉하지 않아야 한다. 또한 일치부합형 문제에서는 문단을 넘나들며 정보를 조합하여 옳고 그름을 판단하는 것이 중요한 만큼 도고 상인, 조세선, 영역부장 등의 키워드가 어떤 역할을 하는지 밑줄을 긋거나 메모를 해가며 읽는 것이 좋다.

03

답 ①

난도 ★

정답해설

① 수치심을 느끼는 사람은 자신의 잘못을 은폐하거나 회피하려고 하며, 부정적인 자신을 향해 심리적 공격의 방향을 맞추려 한다. 반면, 죄책감을 느끼는 사람은 자신이 한 부정적인 행위에 심리적 공격의 방향을 맞춘다. 따라서 수치심을 느끼는 사람이 죄책감을 느끼는 사람보다 자기 평가에서 부정하는 범위가 넓다.

오답해설

② 3문단에 따르면, 자의식적이고 자기 평가적인 감정들인 수치심과 죄책감은 심리적 방어기제가 서로 다르다.

③ 2문단에 따르면, 죄책감의 경우 자신과 자신의 부정적 행위를 분리하지만, 수치심은 그렇지 않다.

④ 수치심을 느낀 사람은 부정적 상황에서 심리적 충격을 크게 받지만, 심리적 충격을 크게 받는 성향의 사람이 수치심을 느끼기 쉽다고 판단할 수 없다.

⑤ 1문단에서 내면화된 규범에 대한 내용만 확인할 수 있을 뿐, 외부의 규범에 대한 내용은 없다.

📖 합격생 가이드

죄책감과 수치심. 2개의 키워드가 상반되어 설명되는 지문이므로 공통점과 차이점을 명확하게 숙지하고 선지를 확인하여야 한다.

📖 합격생 가이드

핵심 논지를 판단하는 문제에서는 글의 전체적인 주장만 파악하면 되고, 일치부합형 문제에서 요구하는 정도의 세세한 선지 근거는 찾을 필요가 없다. 실제로 이 문제에서도 글의 논지는 상대주의자들을 반박하는 것이므로 이에 해당하는 선지를 빠르게 선택하고 다음 문제로 넘어가야 한다.

04
답 ②

난도 ★

정답해설

② 마지막 문단에서 이산화 방법을 달리하는 예시로 현대 디지털 통신 체계와 같은 이진법을 제시하였다. 이진법으로 다섯 자리의 숫자는 최대 2^5가지, 총 32가지의 정보를 전송할 수 있다.

오답해설

① 변조는 부호화된 정보를 전송 매체의 성질에 맞는 형태로 바꾸는 과정을 말한다. 3문단의 마지막 문장을 보면, 봉수의 신호 전송 체계에서 이산화된 수만큼 아궁이에 불을 지피는 것이 변조 과정이라고 설명하고 있다.

③ 봉수 수신 지점에서는 송신측에서 보낸 정보를 정해진 규약에 따라 복원해 낸다. 따라서 봉수 부호화 규칙을 알지 못한다면 수신자는 올바른 정보를 복원할 수 없다.

④ 봉수는 낮에는 연기, 밤에는 불빛을 이용한다.

⑤ 3문단에 따르면, 연기가 두 곳에서 피어오른 봉수 신호는 '적이 출현했음'을 의미한다.

📖 합격생 가이드

모의고사 등으로 접해본 익숙한 주제의 지문이기 때문에 신속하게 내용을 이해할 수 있어야 한다. 쉬운 일치부합형 문제를 빠르게 푸는 것이 고득점의 길이기도 하다. ②에서는 약간의 수학적 지식이 필요하였으나 어려운 정도는 아니라고 판단된다.

06
답 ⑤

난도 ★

정답해설

⑤ ⑩에는 서술어 대신 주어 '영미'에 초점이 놓이는 주격조사의 용법 예시가 들어가야 한다. '은/는'을 활용하면 "영미는 노래를 잘 한다."에서 서술어 '노래를 잘 한다.'에 초점이 놓인다. 따라서 "영미가 노래를 잘 한다."가 들어가야 한다.

오답해설

① ㉠에는 '은/는'의 의미가 주어가 아닌 자리에서 사용되고, 그 의미가 비교적 선명하게 드러나는 예시가 들어가야 한다. "그 작가는 원고를 만년필로는 쓰지 않는다."는 적절한 예시이다.

② ㉡에는 '은/는'이 주어의 자리에서 사용되고, 대조의 의미로 활용된 예시가 들어가야 한다. 해당 예시는 소나무와 낙엽송의 대조가 드러나므로 적절하다.

③ ㉢에는 어떤 특별한 의미를 대표할 필요가 없는 경우에 "바람은 분다."보다는 "바람이 분다."라고 해야 한다는 의미이므로 적절하다.

④ ㉣에는 '알려진 정보'의 관점에서 '은/는'의 용법 예시가 들어가야 한다. 따라서 "그 사람이 결국 시험에 합격하였다."보다는 "그 사람은 결국 시험에 합격하였다."가 어색하지 않을 것이므로 적절하다.

📖 합격생 가이드

빈칸에 문맥상 적절한 문장을 넣는 문제에서는 글을 이해하면서 차례대로 읽어 내려가야 한다. 이러한 유형의 문제 역시 시간을 아낄 수 있는 문제라고 판단한다.

05
답 ⑤

난도 ★

정답해설

⑤ 글의 논지는 지식에 대한 상대주의자들의 주장을 반박하는 것이다. 상대주의자들은 서로 다른 문화권의 과학자들이 이론적 합의에 합리적으로 이를 수 없다고 주장한다. 하지만 3문단에서는 한 사람이 특정 문화의 기준을 채택한다고 그 사람이 반드시 그 문화의 특정 사상이나 이론을 고집하는 것은 아니라고 주장한다. 따라서 문화마다 다른 평가 기준을 따르더라도 자기 문화에서 형성된 과학 이론만을 수용하는 것은 아니라는 것이 핵심 논지이다.

오답해설

① 3문단에 따르면, 과학 이론 중에는 다양한 문화의 평가 기준을 만족하는 것이 있다. 하지만 이 글의 핵심 논지라기 보다는 논지를 뒷받침하는 근거에 해당한다.

② 과학의 발전 과정에서 이론 선택은 문화의 상대적인 기준에 따른다는 것은 글의 핵심 논지가 아니다.

③ 과학자들이 당대의 다른 이론보다 탁월한 이론에 대한 평가를 자기 문화의 기준으로 하지 않는다는 것은 핵심 논지와 무관하다.

④ 과학의 발전 과정에서 예측 가능성과 실용성을 판단하는 기준이 항상 고정된 것이 아니라는 것은 핵심 논지와 무관하다.

07
답 ③

난도 ★

정답해설

㉠ : 2문단에 따르면 느슨하게 정의된 고유어에는 한자어에서 차용한 낱말들이 있다. 이러한 낱말들 중 벼락, 사랍, 썰매 같은 낱말들은 한자어를 사용하다가 형태가 변한 것들이다. 따라서 ㉠에는 "본디 한자어였던 것이 형태가 바뀌어 한자 표기를 할 수 없게 된 것이다"가 적절하다.

㉡ : 3문단에 따르면 한자어에는 중국에서 차용한 말들 이외에 일본에서 수입되거나 우리나라에서 만들어진 한자어도 있다. 따라서 ㉡에는 "한자어가 한자로 표기된다고 해서 모두 중국에서 유래된 것은 아니다"가 적절하다.

📖 합격생 가이드

빈칸에 적절한 문장을 넣는 문제이므로 글의 이해가 가장 중요하다. 또한 빈칸의 앞뒤 문장을 주의 깊게 살펴보아 빈칸에서 요구되는 논리상 연결 고리나 문맥상 적절한 예시가 선지에 있는지 찾아야 한다.

08

정답 ④

난도 ★★

정답해설

ㄴ. 3문단에 따르면, 다섯벌식 타자기의 경우 모음 글쇠는 받침이 있을 때 쓰는
모음 한 벌과 받침이 없을 때 쓰는 모음 한 벌로 나뉜다. 따라서 '밤'은 받침이
있고, '나'는 받침이 없으므로 사용하는 모음 글쇠가 서로 다르다.

ㄷ. 3문단에 따르면, 다섯벌식 타자기의 경우 가로로 긴 모음과 어울려 쓰는 초
성 자음 글쇠와 종성 자음 글쇠는 서로 다르다. 이는 네벌식 타자기에서도
동일하게 활용된다.

오답해설

ㄱ. 한글은 영문과 달리 자음과 모음을 조합하여 한 음절로 모아쓰는 문자이므로
타자기가 자음이나 모음을 찍을 때마다 종이가 움직인다면 받침을 제자리에
찍을 수 없다. 따라서 받침이 있는 글자의 모음에 대한 글쇠의 경우, 자음이
나 모음이 찍혀도 종이가 움직이지 않는 안움직글쇠여야 한다.

📖 합격생 가이드

한글 타자기가 영문 타자기와 왜 다른 구조를 보이는지에 대한 이해가 중요
하였다. 이후에는 다섯벌식 타자기와 네벌식 타자기의 구조를 비교하여 선
지에 대입한다면 실수 없는 풀이가 가능하다. 예를 들어 다섯벌식 타자기에
활용된 5개의 서로 다른 글쇠가 어떻게 활용되는지 번호를 매겨가며 풀이할
수 있다.

09

정답 ②

난도 ★★

정답해설

지문의 내용을 정리하면 다음과 같다.

1) ~셀카 → ~저작권 대상
2) 셀카 → 의도∧능력
3) 나루토 → ~자아
4) 결론 : 나루토의 사진 → ~저작권의 대상

1)과 2)를 종합하면 '~(의도∧능력) → ~셀카 → ~저작권의 대상'이다. 따라서
추가해야 할 전제는 3)과 연계하여 ' ~자아 → ~(의도∧능력)'이다.
②의 대우는 '~자아 → ~의도'이므로 추가하여야 할 전제로 적절하다. 이를
통해 나루토는 자아가 없으므로 의도를 가지지 않고, 나루토의 사진은 셀카카
아니므로 저작권이 없다는 결론이 도출된다.

📖 합격생 가이드

추가해야 할 전제를 찾는 문제를 푸는 방법은 크게 두 가지이다. 첫 번째는
정석적으로 논리 구조를 명확히 나타낸 이후에 빠진 논리를 생각해보는 것이
다. 위 해설이 이와 같은 방식이다. 두 번째는 대입법으로 모든 선지를 전
제로 생각하여 논리에 대입해본다. 경우에 따라 후자가 더 빨리 문제를 해결
하는 경우도 있다.

10

정답 ⑤

난도 ★★

정답해설

지문의 조건을 정리하면 다음과 같다.

갑1 : (~A → C)∧(~B → D)
갑2 : ~C∧~D
을2 : 갑1, 2의 전제는 ⊙이다.
　　　⊙은 걱정할 필요가 없다.
을3 : 왜냐하면 ~E∧~F → A∧B
병2 : ~E∧~F
갑3 : F(필수 사용)
을5 : ⓒ이어도 을3은 참이다.
갑4 : ~G

⊙에 필요한 조건은 A와 B 둘 중 하나를 반드시 사용해야 한다는 것이다. 따라
서 ⊙에는 '~A∨~B'가 적절하다. ⓒ에는 F∧~G이더라도 A와 B 약품을 사용
할 수 있는 명제가 들어가야 한다. 따라서 ⓒ에는 'F∧~G → A∧B'가 적절하다.

📖 합격생 가이드

전형적인 퀴즈형 형식논리 문제는 아니지만 형식논리를 활용하여 전제와
결론을 도출하는 문제이다. 대화 형식으로 문제가 출제되었기 때문에 논증
을 차례대로 읽으며 빠진 전제나 결론을 유추하는 것이 좋다. '걱정할 필요
없다'라는 말이 반복되고 있는데, 이를 논리적으로 융통성 있게 해석하면 될
것이다. 예를 들어 을2의 '걱정할 필요가 없다'는 '거짓이다'로 해석하여도
무방하다.

11

정답 ⑤

난도 ★★

정답해설

지문의 조건을 정리하면 다음과 같다.

1) 성적, 봉사, 외국어, 윤리, 체험 5개 영역 중 2개 영역(이하 '장학금 영역')은
동창회 장학금과 재단 장학금 수혜자를 선정할 때 고려하는 영역이다.
2) 2개의 장학금 영역 중 한 영역만 충족하면 동창회 장학금을 받는다.
3) 2개의 장학금 영역을 동시에 충족할 시 재단 장학금을 받는다.
갑, 을, 병의 각 영역 충족 여부를 파악하면 다음과 같다.

구분	성적	봉사	외국어	윤리	체험	(장학금)
갑	○	×	×			~동창회
을	×	○	○	○	○	~재단
병	○			○		동창회

먼저, 을은 성적 기준만 충족하지 못하였음에도 재단 장학금을 받지 못한 것으
로 보아, 성적 영역은 2개의 장학금 영역 중 하나이다. 다음으로 갑을 보면, 2개
의 장학금 영역 중 하나인 성적 기준을 충족하였음에도 동창회 장학금을 받지
않았다는 것을 볼 때, 갑은 재단 장학금을 받았으며 윤리 또는 체험 영역이 2개
의 장학금 영역 중 하나인 것을 알 수 있다. 마지막으로 병을 통해 체험 영역이
2개의 장학금 영역 중 하나인 것을 알 수 있다. 따라서 2개의 장학금 영역은 성
적, 체험 영역이다.

ㄱ. 성적 영역 기준만 충족한 행복대학교 학생은 2개의 장학금 영역 중 한 개만
충족한 것이므로 동창회 장학금 수혜자가 된다.

ㄴ. 체험 영역 기준을 충족하지 못하였다면 장학금 영역 2개 모두를 충족한 것이
아니기 때문에 재단 장학금 수혜자는 될 수 없다.

ㄷ. 봉사 영역과 외국어 영역만을 충족하였다면 어떤 장학금 영역도 충족하지
못한 것이므로 장학금을 받지 못한다.

◈ **합격생 가이드**

각 학생이 어떠한 영역에서 기준을 충족하였는지 파악하기 위해 표를 그리는 것이 좋다. 또한 갑 학생의 경우 동창회 장학금 수혜자가 아니라고 하여 재단 장학금 수혜자도 아닐 것이라고 판단하지 않도록 유의하여야 한다.

12

답 ⑤

난도 ★★

정답해설

제시된 조건을 정리하면 다음과 같다.

1) 도시 : 두 명 이하의 수습 사무관 배치
2) 수습 사무관 : 한 개 도시 이하에 배치
3) 갑A → ~을C
4) ~갑B
5) 을＝병
6) 병B → ~갑D
7) D＝1명 배치

제시된 조건을 바탕으로 표를 그리면 다음과 같다.

구분	A	B	C	D(1명)
갑		×		
을(＝병)				×
병(＝을)				×
정				

⑤ 선지를 거짓으로 치환한 후, 모순이 발생하면 해당 선지는 참이다. 따라서 '~정D → ~을B'의 거짓인 '~정D∧을B'인 경우를 살펴보면 다음과 같다. 5)에 따라 '을B'이므로 '병B'이며, 6)에 따라 '~갑D'이다. 또한 7)과 2)에 따라 D시에 아무도 배치되지 않는 모순이 발생한다.

구분	A	B	C	D(1명)
갑		×		×(모순)
을(＝병)		○		×
병(＝을)		○		×
정				×

오답해설

① '갑C∧~병A'일 때 모순이 발생하지 않는다.
② '~을B∧~정D'일 때 모순이 발생하지 않는다.
③ '병C∧갑D'일 때 모순이 발생하지 않는다.
④ '정D∧~갑A'일 때 모순이 발생하지 않는다.

◈ **합격생 가이드**

어떤 명제가 항상 참이기 위해서는 해당 명제가 거짓인 경우 모순이 발생하여야 한다. 이를 귀류법이라고 한다. 따라서 반드시 참인 것을 고르는 논리 퀴즈 문제에서 선지가 조건문인 경우, 귀류법을 활용하여 선지의 거짓에 모순이 발생하는지 파악하면 정확하게 문제를 풀 수 있다.

13

답 ④

난도 ★★

정답해설

ㄱ. ⓒ에 따르면 "신이 존재한다."가 무의미하다. ⓒ을 명제로 나타내면 '문장의 부정문이 의미 있음 → 그 문장은 의미가 있는 문장임'이다. ⓒ에 대우를 취하면 '무의미한 문장 → 문장의 부정문이 의미 없음'이다. 따라서 ⓒ과 ⓒ을 통해 "신이 존재한다."가 무의미한 문장이라면 그 문장의 부정문인 "신이 존재하지 않는다."가 무의미하다는 것을 도출할 수 있다.

ㄷ. ⓒ에 따르면 "신이 존재한다."가 무의미하다. '의미가 없는 문장은 참인지 거짓인지 알 수 없다.'라는 전제가 추가된다면 "신이 존재한다."라는 문장은 참인지 거짓인지 알 수 없다는 것이 도출될 것이다. 이는 ⓔ을 의미하므로 적절하다.

오답해설

ㄴ. ⓒ의 부정은 "신이 존재한다."가 의미가 있다는 것이다. 1문단의 철학자 A에 의미가 있는 문장은 참, 거짓을 판단할 수 있다. 이에 따르면 "신이 존재한다."가 의미가 있다면 "신이 존재한다."라는 진술은 참이거나, 거짓이다. 최소한 이를 판단할 수 있다. 따라서 ㄱ, ⓔ 중 적어도 하나가 도출된다고 할 수 없다. 반례로 ⓒ의 부정으로부터 "신이 존재한다."가 거짓이라는 것이 도출될 수 있다.

◈ **합격생 가이드**

㉠~㉣과 같이 한 문장에 밑줄을 치고, 논증의 참, 거짓을 판별하는 문제에서는 해당 문장만 보고서도 문제를 풀 수 있는 경우가 많다. ㄱ의 경우 지문의 1문단 등을 읽지 않고도 풀 수 있으므로, 이를 통해 시간을 단축하도록 한다.

14

답 ①

난도 ★★★

정답해설

실험 그룹별 접근 가능한 씨앗 포식자 종류를 나타내면 다음과 같다.

그룹1 : 대형 포유류, 소형 포유류, 곤충, 진균류
그룹2 : 소형 포유류, 곤충, 진균류
그룹3 : 곤충, 진균류
그룹4 : 진균류
그룹5 : 곤충
그룹6 : 없음

실험 결과 : 발아율은 1~5그룹에서 차이가 없었으며, 6그룹에서는 다른 그룹에 비해 현저히 낮음

① 1문단에 따르면 발아율은 씨앗 포식의 정도를 알려주는 지표이다. 1~5그룹에서 발아율 차이가 없었다는 것은 포식자의 종류가 바뀌는 것과 관계없이 절대적인 씨앗 포식의 양은 거의 변하지 않았다는 것이다. 예를 들어 그룹3과 그룹4를 비교할 때, 곤충과 진균류가 포식자일 때, 곤충이 포식자에서 제외된다면, 그만큼 진균류의 포식 정도가 늘어나서 전체 씨앗 포식량은 변화하지 않는다.

오답해설

② 남은 씨앗 포식자의 씨앗 포식량이 변화해야 전체 포식량이 일정하게 유지된다.

③ 포유류가 사라져도 전체 포식량이 변화하지 않았다.

④ 그룹1과 그룹2를 비교할 때 포식자의 종류가 늘어나면 기존 포식자의 씨앗 포식량이 변화하는지 알 수 없다. 예를 들어 그룹2에서 소형 포유류가 7%, 그룹1에서도 소형 포유류가 7%의 포식량을 차지했다면 변화하지 않았다고 할 수 있다.

⑤ 그룹6의 경우에 포식자가 아예 없는 경우 발아율이 낮아졌다.

합격생 가이드

그룹1~그룹6의 차이점이 무엇인지 파악하고, 발아율이 포식량과 상관관계가 있다는 것을 이해하여야 한다. ④를 소거하기 까다로웠으나, 반례를 적절히 생각해본다면 어렵지 않게 풀 수 있다.

15 정답 ③

난도 ★★

정답해설

ㄱ. ㉠이 맞다면 대상자와 관련된 이해관계가 중요할수록 평가자는 대상자에게 더 엄격한 기준을 적용하게 된다. 희수보다 이해관계가 큰 서현의 필요 검토 횟수를 현저히 많이 부과하였다면, 즉 m이 n보다 훨씬 더 작다면 ㉠이 강화된다.

ㄷ. 서현이 이 과목에서 받을 학점과 상관없이 장학금을 받게 된다면 대상자인 서현과 관련된 이해관계가 더 이상 중요해지지 않는다. 그렇게 사례2의 내용을 변경하더라도 n에 변화가 없다면 이해관계가 중요할수록 평가자가 대상자에게 더 엄격한 기준을 적용한다는 ㉠은 약화된다.

오답해설

ㄴ. 평가자의 이해관계가 아닌 대상자의 이해관계가 문제된다.

합격생 가이드

문제에서 제시된 주장이 비교적 명확하고, 이를 강화하는 사례나 약화하는 사례가 선지로 구성되어 강화·약화 문제 중 쉬운 난이도에 해당한다. 더군다나 '강화된다' 또는 '약화된다' 식의 단정적인 선지가 제시되어 '강화하지 않는다' 등의 선지보다 풀이가 수월하였을 것이다. 지문에서 제시된 '대상자와의 이해관계'라는 개념이 혼동되지 않도록 유의하여야 한다.

16 정답 ②

난도 ★★

정답해설

ㄴ. B는 동일한 고통의 양을 부과하는 형벌로 정의를 달성할 수 있다고 본다. 만약 그 고통의 양을 측정하기 어렵다면 B는 약화된다. C는 형벌이 고통의 양에 의존할 필요가 없다고 본다. 따라서 C는 약화되지 않는다.

오답해설

ㄱ. A는 범죄와 정확히 동일한 유형의 행위로 처벌하여야 한다고 보아 이를 정의롭다고 판단할 것이다. B는 이 명제에 동의하지 않는 것은 아니다. 왜냐하면 B는 A의 기본적 관점을 수용하였으며, 동일한 정도의 고통의 양을 부과하는 형벌로도 정의를 달성할 수 있다고 보았기 때문이다.

ㄷ. C의 경우에는 고통의 양에 의존할 필요는 없다고 보므로, 살인이 가장 큰 고통을 유발한다고 하여 사형제를 받아들이지는 않을 것이다.

합격생 가이드

구분되는 견해의 중심적인 주장을 파악하여야 한다. ㄱ을 판단할 때 B는 A의 기본적인 입장을 수용하면서 A에 대한 비판을 보완하는 식으로 주장을 펼친다는 것을 이해하여야 한다.

17 정답 ②

난도 ★★

정답해설

ㄴ. 을의 주장에 따르면 도덕 상대주의가 맞다면 다른 사회의 관습을 평가할 수 없고 침묵해야 한다. 결국 도덕 상대주의는 도덕 절대주의를 수용해야 하는 역설에 빠진다. 따라서 도덕 상대주의는 옳지 않다는 것이다. 우월한 도덕 체계와 열등한 도덕 체계를 객관적으로 구분할 수 있다는 사실은 을의 주장과 무관하거나 최소한 약화하지 않는다.

오답해설

ㄱ. 갑의 주장은 에스키모와 로마인의 관습상 차이는 하나의 도덕 원리가 각기 다른 상황에 적용되어 서로 다른 관습을 나타낸 것이라고 본다. 만약 두 사회의 관습이 같다면 그 사회들의 도덕원리가 같다는 것이 사실이라도 갑의 주장은 약화되지 않는다.

ㄷ. 병의 주장은 도덕 상대주의를 받아들이면 사회 관습의 진보를 말할 수 없으므로 도덕 상대주의는 받아들일 수 없다는 것이다. 이때의 진보는 과거와 달라진 것만을 말하는 것이 아니라 더 낫거나 못하다고 말할 수 있는 것을 의미한다. 따라서 현재의 관습과 신념 체계가 과거의 것보다 퇴보한 사회가 있더라도 병의 주장은 강화되거나 최소한 약화되지는 않는다.

합격생 가이드

어떠한 주장을 약화하기 위해서는 논리적으로 해당 주장을 거짓으로 만들 수 있는 반례가 필요하다. 명제 'p→q'의 반례는 'p∧~q'인 것이다. 즉, p이면서 q가 아닌 것을 제시하는 경우 해당 주장을 약화한다고 말할 수 있다. ㄷ의 경우에도 병의 주장을 약화하기 위해서는 도덕 상대주의를 받아들이더라도 사회 관습의 진보를 말할 수 있는 사례를 제시하여야 한다.

18 정답 ③

난도 ★★★

정답해설

ㄱ. ㉠ 가설을 정리하면 동물은 체중이 무거울수록 농축된 오줌을 생산한다. 가설에 따르면 돼지는 개보다 무거우므로 농축된 오줌을 생산하고, 어는점이 낮아야 할 것이다. 하지만 반대의 결과가 도출되므로 측정 결과는 ㉠을 약화한다.

ㄴ. ㉡ 가설을 정리하면 헨리 고리의 상대적 길이가 길수록 상대 수질 두께(RMT) 값이 높고 오줌 농도가 높다. 가설에 따르면 개보다 캥거루쥐의 RMT가 높으므로 농축된 오줌을 생산하고, 어는점이 낮아야 할 것이다. 이에 부합하는 결과가 도출되므로 측정 결과는 ㉡을 강화한다.

오답해설

ㄷ. ㉢ 가설을 정리하면 B의 비중(R)이 작을수록 오줌 농도가 높다. 캥거루쥐가 돼지보다 R이 낮고, 오줌의 어는점이 낮으므로 ㉢을 강화한다.

19

目 ③

난도 ★★★

정답해설

③ 2문단에 따르면 더 많은 상황을 배제하는 메시지가 정보량이 더 많다. P가 배제하는 상황을 Q도 모두 배제한다면 Q가 적어도 P만큼 상황을 배제하는 것이고 이에 따라 Q의 정보량은 P의 정보량보다 적지 않을 것이다.

오답해설

① 1문단에 따르면 예측 불가능성이 작아질 때 정보량은 작아진다. Q가 제공하는 정보량이 P보다 많다면 예측 불가능성도 Q가 P보다 클 것이다.

② 3문단에 따르면 전제들이 모두 참이고 결론도 반드시 참이라면 항상 참인 진술의 정보량은 0이 된다. 이는 연역의 스캔들이라고 불린다.

④ 1문단에 따르면 P의 예측 불가능성이 완전히 사라진다면 P의 정보량은 0이 된다. 따라서 P의 정보량이 0보다 크기 위해서는 P의 예측 불가능성이 완전히 사라지지 않아야 한다.

⑤ 논리적으로 타당하지 않은 추론의 정보량도 0보다 클 수 있다. 3문단에 따르면 논리적으로 타당한 것이란 전제가 참일 때 결론도 반드시 참이라는 것이다. 반례를 들자면, 2문단에 제시된 예시를 활용하여 '언젠가 코로나 바이러스가 퇴치된다면, 코로나 바이러스가 한 달 내에 퇴치될 것'이라는 진술은 논리적으로 타당하지 않다. 하지만 정보량은 0보다 크다.

21

目 ①

난도 ★★

정답해설

① 중국은 일본이 메이지 정부 이후로 대외 확장 의지를 표명하고 정한론, 청국 정벌책안 등에서 대륙 침략의 대상을 명확히 했다는 입장이며 이러한 대륙 침략 방침이 일본의 침략 정책으로 이어졌다고 보았다. 한국 역시 정한론에 메이지 정부의 대외 팽창 의도가 담겨 있으며 일본의 대한국 정책이 한결같이 대륙 침략의 방침하에 수행되었다고 본다.

오답해설

② 최근 일본의 근대화에 있어 팽창주의 · 침략주의가 필연이 아니었다는 견해가 대두되었지만, 이것이 침략 없이도 근대화된 대륙국가가 될 수 있었다고 보는 견해라고 보기는 어렵다.

③ 한국은 조선의 교린관계 고수는 빌미일 뿐, 일본의 정한론에 숨은 의도가 자국의 내란을 방지하기 위해 조선과 전쟁을 벌이고 이를 통해 대외 팽창을 꾀하려는 것이라고 본다.

④ 일본이 주권선으로 규정한 구역은 일본 영토이다.

⑤ 기존 일본은 조선으로의 팽창 정책이 기본 노선이었다. 언제부터 대륙 팽창을 기본 방침으로 삼았는지에 대해서는 류큐 분도 교섭 이후와 임오군란 이후로 견해가 나뉘어 있다고만 언급하고 있다.

20

目 ①

난도 ★★★

정답해설

조건에 따르면 0보다 큰 정보량을 갖기 위해서는 그것이 참일 수 있어야 한다.

ㄱ. A는 지문에 따라 항상 참이므로 정보량이 0이다. E는 조건에 따라 참일 수 없으므로 0보다 큰 정보량을 가지지 않는다.

오답해설

ㄴ. 전제가 B이고 결론이 C인 추론은 '적어도 손님 세 명이 온다면, 손님이 두 명 이상 올 것이다.'이다. 이 진술은 전제가 참이면 결론도 반드시 참이므로 논리적으로 타당하다. 3문단에 따르면 논리적으로 타당한 모든 추론의 정보량은 0이다. "D이면 A이다."라는 조건문은 '손님이 다섯 명 이하로 온다면, 적어도 손님 한 명이 오거나 아무도 오지 않을 것이다.'이다. 이 조건문 또한 반드시 참이므로 정보량이 0이다. 두 진술의 정보량은 0으로 같다.

ㄷ. "C이고 D이다."라는 진술은 '손님이 두 명 이상 온다면, 손님이 다섯 명 이하로 올 것이다.'이다. 정보량이 0보다 크므로 E의 정보량과 같지 않다.

22

目 ⑤

난도 ★★

정답해설

영조의 조치를 정리하면 다음과 같다.

구분	지휘자	파졸	산삼 허용
기존	파장	2명	6명
평안병사의 조치	파장	8명	0명
영조의 조치	파장	4명	4명

⑤ 평안병사는 영조 3년 3월에 부임하자마자 파수보에 배치된 인원 모두가 보를 떠나지 못하게 하였으므로, 영조 3년 5월에 파수보의 근무 인원은 총 9명(파장 1명, 파졸 8명)이었을 것이다. 영조 4년 5월에는 영조의 조치가 있어 총 5명(파장 1명, 파졸 4명)의 인원이 근무하고 있을 것이므로 1일 근무 인원 수는 줄어들었을 것이다.

오답해설

① 영조 2년(기존)보다 영조 4년(영조의 조치 이후) 파수보에 있는 시간이 더 늘기는 하였겠지만, 기존의 경우 파솔 2명이 어떠한 방식으로 교대하였는지 알 수 없으므로 파수보에 있는 시간은 계산할 수 없다. 2명씩 교대하여도 2배보다 클 것이다.

② 강계의 파수보에 배치된 파수는 평안도 백성 중 군역을 져야하는 사람들이 순번을 돌아가며 담당한다.

③ 채취된 산삼의 수량 증감 여부는 알 수 없다.

④ 파솔들의 최대 사망 원인은 알 수 없다.

◆ 합격생 가이드

시간순으로 서로 다른 제도가 도입된 문제라고 유형화할 수 있다. 이런 경우 표나 메모를 적극적으로 활용하여 평안병사의 조치 전후와 영조의 조치 이후 파수보의 근무형태를 정리하면 복잡한 지문을 간단히 정리할 수 있다.

23

정답 ①

난도 ★

정답해설

① 2문단에 따르면 서양 도시의 젠트리피케이션 양상은 알 수 있지만, 21세기 이후 서양 도시를 특정하여 중간계급의 도심 지역 이주 현상을 설명하고 있지는 않다.

오답해설

② 3문단에 따르면 상업적 전치의 부정적 양상은 그 과정이 자발적이지 않고, 원주민의 불안 등이 조성될 수 있다.

③ 2문단에 따르면 서양 도시의 젠트리피케이션와는 달리 아시아 도시는 상권 전환이 급격하게 일어난다는 특징이 있다.

④ 2문단에 따르면 한국의 젠트리피케이션으로 인한 도시 변화 속도는 서양 도시보다 급격하다는 것을 알 수 있다. 서양의 젠트리피케이션은 점진적이다.

⑤ 1문단에 따르면 한국에서의 기존 장소 재창조 등은 인문 · 예술 분야의 종사자들이 그 장소에 터를 잡으며 새로운 미학과 감정을 부여하여 일어났다.

◆ 합격생 가이드

①에서 정답이 나온 경우, 정확하게 선지의 가부를 파악하였다는 전제하에 나머지 선지를 확인하지 않고 과감하게 넘어가 시간을 절약하여야 한다. 또한 소재가 한 번쯤 들어본 것일 경우. 지문의 이해가 어려운 편이 아니므로 시간을 절약할 수 있을 것이다.

24

정답 ①

난도 ★

정답해설

① 1문단에 따르면 가짜 뉴스로 인해 인지부조화가 발생한 사람이라면 자신의 신념에 부합하지 않는 가짜 뉴스를 접한 사람이므로 2문단에 따를 때, 팩트체크에서 활용한 정보의 품질이 얼마나 우수한가보다는 정보의 출처가 얼마나 신뢰할 만하다고 생각하는지가 팩트체크의 효과에 더 영향을 미친다.

오답해설

② 2문단에 따르면 자신의 신념에 부합하지 않는 가짜 뉴스가 가짜라는 팩트체크 결과를 접하게 되면 이 자체로 인지부조화가 이를 통해 해소되며, 주로 정보의 출처가 팩트체크의 효과에 더 큰 영향을 미친다.

③ 2문단과 3문단에 따르면 가짜 뉴스가 자신의 신념에 부합하는 사람이 그렇지 않은 사람보다 정보의 품질을 더 중시한다.

④ 2문단에 따르면 자신의 신념에 부합하지 않는 가짜 뉴스에 대해 원래부터 해당 뉴스가 가짜일 것이라는 생각을 가졌을 것이므로 가짜임을 판명하는 팩트체크의 결과를 접하더라도 인지부조화가 크지 않다.

⑤ 가짜 뉴스가 자신의 신념에 부합하는지, 그렇지 않은지에 따라 달라진다.

25

정답 ④

난도 ★★

정답해설

④ 가설 H1과 H2가 양립불가능하며, 관찰 결과 O가 가설 H1의 긍정적 증거이다. ⓔ을 "H1은 H2가 거짓이라는 것을 함축"으로 바꾸면 양립불가능하다는 가정에도 들어맞으며, O가 ~H2의 긍정적 증거가 된다.

오답해설

① 'X는 1,000℃ 미만에서 붉은빛을 내며, 1,000℃ 이상에서는 푸른빛을 낸다.'와 'X는 1,000℃ 미만에서 붉은빛을 내며, 1,000℃ 이상에서는 푸른빛을 내지 않는다.'가 동시에 참일 수는 없다. 1,000℃ 이상일 때 푸른빛을 내면서, 내지 않아야 하기 때문이다. 하지만 동시에 거짓일 수는 있다. 따라서 기존의 ㉠이 적절하다.

② 2문단에 따르면 1문단 첫 번째 가설은 'X는 1,000℃ 미만에서 붉은빛을 내거나 푸른빛을 내지 않는다.'라는 가설을 함축한다. 따라서 관찰 결과는 해당 가설이 함축하는 다른 가설에도 긍정적인 것이다. 따라서 기존의 ㉡이 적절하다.

③ ㉢은 3문단에서 설명하는 '어떤 관찰 결과가 가설의 긍정적인 증거라면, 그 관찰 결과는 그 가설이 거짓이라는 것에 대한 부정적인 증거이다.'라는 진술 중 '그 가설의 거짓'을 의미한다. 따라서 기존의 ㉢이 적절하다.

⑤ 3문단에 따르면 증거관계 제3성질에 의해 O는 H2가 거짓이 아니라는 것에 대한 부정적 증거이다. 따라서 기존의 ㉤이 적절하다.

◆ 합격생 가이드

4문단의 적용례를 위의 문단에서 설명해온 방식에 그대로 대입하여 이해한다면 빠르게 문제 상황을 파악할 수 있다. 예를 들어. 4문단의 가설 H1은 1문단의 'X는 1,000℃ 미만에서 붉은빛을 내며, 1,000℃ 이상에서는 푸른빛을 낸다.'라는 가설과 대응된다.

26

정답 ③

난도 ★★

정답해설

제시된 글에 따르면. 1부터 자연수 N 사이의 모든 자연수를 곱한 수 N!에 1을 더한 (N!+1)은 2에서 N까지 어떤 소수로도 나누어떨어지지 않는다. (N!+1)이 그보다 작은 소수 x로 나누어 떨어지는 경우에도 x는 N보다 크고 (N!+1)보다는 작다. 따라서 (N!+1)은 소수이거나. N보다 크고 (N!+1)보다 작은 소수를 약수로 갖는다.

◆ 합격생 가이드

빈칸에 들어갈 말이 곧 이 글이 증명하고자 하는 중심문장이 된다는 사실을 유념한다. 즉, 빈칸 전후의 모든 문장은 빈칸을 뒷받침하는 근거이므로 글의 내용을 빠짐없이 설명할 수 있는 선지가 정답이 된다.

27

답 ①

난도 ★★★

정답해설

㉠ : 할인이 적절하다. 시간 자체에 대한 선호 여부와 상관없이 가치를 할인하거나 할증하는 경우를 설명한다. 예상치 못한 사고가 발생하여 큰돈이 지금 당장 필요하다면 미래보다 현재가 중요해지는 것이다. 따라서 미래가치의 할인을 선택할 수밖에 없다.

㉡ : 필요조건이 적절하다. 시간 자체에 대한 선호 여부와 상관없이 가치를 할인하거나 할증할 수도 있다는 말은 '할인↛현재선호'임을 보인 것이다.

㉢ : 내릴이 적절하다. 현재선호가 있다면 1년 뒤보다 낮은 수준의 현재 금액을 1년 뒤와 동일하게 평가할 수 있다. 물가가 큰 폭으로 내릴 경우 미래 금액의 가치는 더 높아진다. 하지만 그럼에도 현재선호가 충분히 크다면 1년 뒤보다 낮은 수준의 현재 금액을 1년 뒤와 동일하게 평가할 수 있다.

㉣ : 오를이 적절하다. 물가가 오른다면 미래 금액의 가치는 낮아진다. 물가가 크게 오른다면 1년 뒤보다 낮은 수준의 현재금액이 1년 뒤와 동일하게 평가될 가능성이 낮아지고, 오히려 더 낮게 평가될 수 있다. 그렇다면 현재선호라기보다 오히려 미래선호가 될 수 있으므로 현재선호 때문일 가능성은 상대적으로 작아진다.

합격생 가이드

㉢, ㉣을 평가할 때 적절한 사례로 판단을 해볼 수 있다. ㉢의 예를 들어 현재선호가 있는 경우 미래의 100만 원을 현재 90만 원과 동일하게 평가할 수 있다. 물가가 내린다면 100만 원의 가치는 더 커짐에도 현재선호가 충분히 큼에도 1년 뒤보다 낮은 수준의 현재 금액을 1년 뒤와 동일하게 평가할 수 있다. ㉣의 경우에도 미래의 100만 원을 현재 90만 원과 동일하게 평가하고 있다고 생각해보자. 물가가 크게 올라 현재 살 수 있는 90만 원 어치의 물건을 미래에는 100만 원을 주고도 살 수 없게 된 경우가 있을 수 있다. 이때에는 1년 뒤보다 낮은 수준의 현재 금액(90만 원)을 1년 뒤와 동일하게 선호한다면 미래선호 때문이라고 할 수 있다.

28

답 ④

난도 ★★

정답해설

을이 D를 선택할 때 을이 느끼는 만족의 기댓값은 0.80이다. C, D 중 D를 선택한다는 것은 한식을 좋아하는 정도가 0.8보다는 작다는 것이다. E와 F는 동일하게 좋아한다는 것은 일식을 좋아하는 정도가 0.30이라는 것이다.

ㄴ. "양식을 먹을 확률이 0.5, 중식을 먹을 확률이 0.5인 추첨을 한다."라는 대안의 기댓값은 0.50이다. 따라서 무조건 일식을 먹는 만족 0.3보다 크므로 해당 대안을 선택한다.

ㄷ. 을의 음식 선호도가 바뀐다면 일식 선호도는 0.7, 한식 선호도는 0.2보다 작은 것이 된다. 따라서 을은 한식보다 일식을 더 좋아할 것이다.

오답해설

ㄱ. 한식을 좋아하는 정도는 0.8보다 작다. 이는 일식을 좋아하는 정도인 0.3보다도 작을 수 있다.

합격생 가이드

중식과 양식을 양 끝에 놓은 스펙트럼을 그려 만족의 기댓값을 표시하는 것이 풀이에 도움이 된다.

29

답 ③

난도 ★★

정답해설

제시된 논증을 정리하면 다음과 같다.

1) 용기 → 대담
2) 지혜 → 대담
3) ㅋ~지혜∧대담
4) ~지혜∧대담 → ~용기

ㄱ. 4)에 따르면 '용기 → 지혜∨~대담'이며, 1)에 따르면 '용기 → 대담'이므로 이를 종합하면 '용기 → 지혜'가 도출된다. 따라서 ㉠에 적절한 말은 "용기 있는 사람은 누구나 지혜롭다."이다.

ㄷ. 4)만 변경하여 '대담 → 용기'가 된다면 2)와 변경된 4)를 통하여 '지혜 → 대담 → 용기'를 도출할 수 있다. 따라서 세종대왕이 지혜로운 사람이라면 그가 용기 있는 사람이라고 추론할 수 있다.

오답해설

ㄴ. '지혜∧~용기'를 가정하여 1), 2), 3), 4)에 적용해보면 모순이 발생하지 않는다. 따라서 지혜롭기는 하지만 용기가 없는 사람이 있을 수 있다.

합격생 가이드

논증 속에서 논리 퀴즈와 같은 명제를 뽑아내는 것이 중요하다. 이때 서술어로 된 문장에서 논리적 기호를 빠짐없이 도출하여야 함에 유의한다.

30

답 ⑤

난도 ★★★

정답해설

제시된 조건을 정리하면 다음과 같다.

1) 갑, 을, 병 순으로 많은 수의 고서 소장
2) A, B, C, D, E=서양서 / F, G, H=동양서
3) B → D∧~C
4) E → F∧~G∧~H
5) G → ~(A∧B∧C∧D∧E)
6) H → 갑

⑤ D를 소장한 이가 F도 소장하고 있는 경우를 나타내면 다음과 같다.

- 갑이 D, F를 소장한 경우 : 6)에 따라 갑이 동양서 중 F, H를 소장하고 있으며, 5)에 따라 G를 소장한 사람은 서양서를 소장하지 않으므로 가장 적은 수의 고서를 소장하고 있는 병은 G만 소장한다. 4)에 따르면 '~F∨G∨H → ~E'이므로 E를 소장할 사람이 없어 모순이 발생한다.
- 을이 D, F를 소장한 경우 : 4), 5)에 따라 병이 G, 을이 D, E, F를 소장하였다고 하면, 갑이 A, B, C, H를 소장하여야 하는데 3)에 모순된다.
- 병이 D, F를 소장한 경우 : 1), 5)에 모순된다.

오답해설

① 갑이 A와 D를 소장한 경우 모순이 발생하지 않는다. 갑=(A, B, D, H), 을=(C, E, F), 병=(G)

② 을이 3권의 책을 소장한 경우 모순이 발생하지 않는다(①의 예).

③ 병이 G를 소장하고 있을 수 있다(①의 예).

④ 반드시 거짓이 아니다(①의 예).

📖 **합격생 가이드**

'반드시 거짓인 것은?' 또는 '반드시 참인 것은?'이라는 논리퀴즈 문제가 있는 경우 모든 경우의 수를 나타내는 것보다 선지소거법과 귀류법을 적절히 활용하여 문제를 신속하게 해결하는 데 초점을 맞추어야 한다.

📖 **합격생 가이드**

㉠～㉤으로 제시되는 논증 분석 문제는 ㉠～㉤으로 밑줄 친 해당 문장만을 읽고서도 논리적 풀이가 가능하다. 세세한 지문 독해보다 지문에 대한 전반적인 이해를 바탕으로 바로 선지의 가부를 판단하여야 시간을 절약할 수 있다.

31

답 ②

난도 ★★★

정답해설

문제의 진술을 정리하면 다음과 같다.
1) 경영진 개입 → A선정
2) B선정 → ～경영진 개입
3) A선정∨B선정(∨는 둘 중 하나임을 뜻함)
4) A선정 → ～대부분 직영
5) B선정 → 방역클린∨～친환경
6) B＝방역클린∧～친환경
② 4)에 따라 '대부분 직영 → ～A선정'이고, 3)에 따라 'B선정'이다. 5)와 6)에 따르면 'B선정 → 방역클린'이다. 따라서 갑의 매장은 모두 방역클린 매장이다.

오답해설

① '～경영진 개입∧～A선정'이 가능하다.
③ 갑의 매장 중 본사 직영점이고, 친환경 매장이 아닌 경우가 가능하다.
④ B가 우수매장으로 선정된 경우 6)에 따라 B는 방역클린 매장이지만 친환경 매장은 아니다.
⑤ B가 우수매장으로 선정된 경우 5), 6)에 따라 갑의 매장은 모두 방역클린 매장이다.

📖 **합격생 가이드**

선지가 조건문으로 구성되어 있고 반드시 참인 것을 고르는 경우. 조건문의 부정을 통해 모순의 유무를 발견하는 귀류법을 활용할 수 있다. 또한 한 선지에서 가능한 경우가 있을 때, 그 사례를 다른 선지에 적용하면 모순의 발생 유무를 쉽게 파악할 수 있다.

32

답 ③

난도 ★★

정답해설

ㄱ. ㉠에 동의한다고 하여도 ㉡은 동의하지 않을 수 있다. 힘센 국가나 조직이 지구의 기상을 마음대로 조작하고 있더라도 온실 기체 때문에 지구온난화 현상이 일어나고 있다고 판단할 수 있다.
ㄷ. '무언가가 실제로 행해지고 있을 때만 그것을 금지하는 규정이 존재한다'와 ㉣을 종합하면 '기상조작 기술을 군사적 혹은 상업적으로 이용 및 수출하는 것이 실제로 행해지고 있다'가 도출된다. 이는 ㉢과 일맥상통하다.

오답해설

ㄴ. ㉢, ㉤, ㉥에 모두 동의한다면 '기상조작 기술을 군사적, 상업적으로 이용하고 있고, 또 손쉽게 군사적으로 전용될 수 있으며, 강대국 정부들은 자국 기업들이 지구온난화 책임으로 납부하는 세금을 환영한다.'를 도출할 수 있다. 하지만 이때에도 ㉡에 반대할 수 있다. '지구온난화 현상은 강대국 정부의 기상조작 활동 때문'이 아닐 수 있기 때문이다.

33

답 ④

난도 ★★★

정답해설

지문의 내용을 정리하면 다음과 같다. 식물 외부에서 내부로 들어온 물질 B는 복합체 M을 형성하고, 이 복합체 M은 P-Q 결합체에 작용하여 단백질 Q를 단백질 P에서 분리시킨다. 단백질 P는 단백질 Q와의 결합으로 억제되었던 원래 기능, 즉 식물의 생장을 촉진하는 물질의 유전자 발현을 일으키는 기능을 회복한다. 정리하면, P는 식물의 생장을 촉진하고, Q는 P에 결합하여 이를 억제한다. B는 M을 통하여 식물의 생장을 촉진한다.

ㄴ. C_1에서 단백질 P에 대한 Q의 작용이 일어나지 않았다면 식물의 생장이 억제되지 못하고 과하게 일어났을 것이다. 따라서 돌연변이 현상을 설명할 수 있다. 물질 B는 P, Q를 분리시키는 역할이므로 특별한 변화가 없었다는 실험1의 결과를 설명할 수 있다.
ㄷ. C_2에서 P-Q 결합체에 대한 M의 작용이 일어나지 않게 되었다면 P-Q 결합체가 분리되지 못하여 식물의 생장이 과하게 억제되고 있는 상태이다. 따라서 키가 정상보다 작게 자라는 돌연변이 현상을 설명할 수 있다. 물질 B를 주입하여도 그 매개체인 M의 작용이 일어나지 않으므로 특별한 변화가 없을 것이다. 실험2의 결과도 설명할 수 있다.

오답해설

ㄱ. 식물 C_1에서 물질 B가 세포 외부에서 세포 내부로 들어갈 수 없게 되었다면 식물의 생장이 촉진되지 않았을 것이다. 하지만 C_1은 정상보다 크게 자라는 식물이므로 돌연변이 현상을 설명할 수 없다.

📖 **합격생 가이드**

실험의 결과와 돌연변이 현상 모두를 설명할 수 있는 선지를 선택하여야 한다. 돌연변이 현상을 설명하지 못하는 선지를 선택하는 경우가 많아 오답률이 높은 문제였다.

34

답 ②

난도 ★★

정답해설

A와 B의 견해를 정리하면 다음과 같다.
A : 기체 상태 변화를 예측하기 위해 고전역학을 적용할 필요가 없다. 대신. 평균적 분자운동에 관한 통계적 방법만으로 분석할 수 있다.
B : 기체 분자 집단에 대한 분석을 통해 평균속도를 포함한 기체 상태 변화에 대한 정보를 알아낼 수 있다는 것은 동의한다. 하지만 통계적 방법을 적용하기 어려운 상황에는 각 분자 운동에 관한 개별 방정식을 풀어야 한다.
ㄷ. 기체 분자 집단의 운동을 통계적 방법으로 분석하는 것으로는 기체 상태 변화 예측이 불가능한 경우가 있다는 것에 A는 동의하지 않는다. 그러나 B는 그것이 불가능한 경우, 개별 분자의 운동을 계산해야 한다고 보므로 B는 동의한다.

오답해설

ㄱ. A에 따르면 개별 기체 분자의 운동을 완전히 예측하기 위해서는 방대한 양의 운동방정식을 풀어야 한다고 보았다. 즉, 방대한 양의 운동방정식을 풀면 완전히 예측할 수 있다고 본 것이지 불가능하다고 한 것은 아니다.

ㄴ. B는 집단적 운동을 분석하는 것으로 정보를 얻는 것을 인정하나, 통계적 방법이 불가능할 경우 기체 개별분자의 운동과 관련된 값을 계산해야 한다고 본다.

합격생 가이드

A의 일부 견해를 B가 인정하지만 B의 주요 논지는 A의 견해에 따를 경우 불가능한 상황이 발생하며 이때에는 다른 방법을 활용하여야 한다는 것이다. 또한 ㄱ을 판단할 때에 A는 개별 기체 분자의 운동을 완전히 예측하는 것이 불가능하다는 논조가 아니라 그럴 필요가 없다는 식의 주장을 한 것에 주목하여야 한다.

35 답 ⑤

난도 ★★

정답해설

갑과 을의 견해를 정리하면 다음과 같다.

갑 : 신을 믿는 선택을 하지 않는 것은 비합리적이다. 신이 존재할 확률은 적어도 0보다는 클 것이므로 신을 믿는 선택을 통해 얻게 될 행복의 기댓값은 무한대이다. 기댓값이 최대가 아닌 선택을 하는 것은 비합리적이므로 신을 믿는 선택을 하지 않는 것은 비합리적이다.

을 : 갑의 일반원칙은 받아들이나 신을 믿는 선택을 하지 않는 것이 늘 비합리적인 것은 아니다. 무한한 기댓값을 얻을 확률이 0보다 높기만 하면 결과적으로 동전 던지기로 결정하는 선택의 기댓값 역시 무한대이다. 그렇다면 동전 던지기로 신을 믿을지 안 믿을지 결정하는 것을 비합리적이라고 말할 수 있다.

ㄱ. 을은 갑이 말한 합리적인 사람은 최대의 기댓값을 가지는 선택을 할 것이라는 일반원칙에 동의한다.

ㄴ. 갑은 신을 믿는 선택을 하지 않는 것이 비합리적이라고 보지만, 을은 비합리적이지 않을 수 있다고 본다.

ㄷ. 무한한 기댓값을 얻을 확률이 0보다 높기만 하면 결과적으로 동전 던지기이든 로또이든 선택의 최종 기댓값 역시 무한대가 된다.

합격생 가이드

갑과 을의 견해 중 공통점과 차이점이 선지로 구성되는 경우가 대부분이다. ㄷ에서는 동전 던지기와 로또가 서로 대응되어 무한한 기댓값을 얻을 확률이 0보다 높기만 한 것에 적용된다.

36 답 ④

난도 ★★

정답해설

㉠ 주장은 추첨식 민주정은 자유와 평등의 이념과 공동체 호혜의 정신을 실천하는 데 적합한 제도였다는 것이다.

ㄴ. 추첨식 민주정에 의하면 능력과 적성에 맞지 않는 일을 하는 사람이 나타날 수 있다. 그 사람이 그 일의 진정한 주체가 될 수 없다면 공동체 호혜의 정신을 실천하기는 어려워지며 ㉠은 약화된다.

ㄷ. 3문단에 따르면 통치와 복종을 번갈아 하였을 때 호혜성이 발현된다고 본다. 하지만 도덕적 소양을 갖춘 사람이 아닌 경우 "나도 당했으니 너도 당해 봐."라고 생각하는 경우가 많다면 ㉠은 약화된다.

오답해설

ㄱ. 추첨이 아닌 다른 제도를 통해서도 공직을 맡을 기회가 시민들에게 있었다는 사실은 추첨식 민주정이 자유와 평등의 이념에 적합한 제도였다는 것을 약화하지 않는다.

합격생 가이드

'P → Q'라는 주장을 약화하는 방법은 크게 3가지가 있다. 첫 번째는 전제인 P가 사실과 다름을 주장하는 것이다. 두 번째는 결과인 Q가 잘못되었음을 주장하는 것이다. 마지막 세 번째는 P와 Q 모두 적절하나, P를 따랐을 때 Q가 아님을 주장하여 그 연결고리를 반박하는 것이다. ㄴ은 세 번째 방법으로, ㄷ은 첫 번째 방법으로 ㉠을 약화하였다.

37 답 ③

난도 ★★

정답해설

적조의 발생을 설명하는 두 가설 A, B를 정리하면 다음과 같다.

A : 적조는 초여름 장마철에 하천으로부터 영양염류가 해양에 유입되어야만 발생한다. 장마가 끝나거나 장마 중 비가 멈추고 충분한 일사량이 며칠간 확보되면, 식물성 플랑크톤이 급속한 성장을 하여 적조가 발생한다.

B : 적조는 유기오염 물질이 해양에 누적되어야만 발생한다. 기온이 상승하고 일사량이 증가하면 퇴적층 미생물 활성이 높아지고, 유기오염 물질에서 영양염류가 용출되어 퇴적층 위에 쌓인다. 해당 해역에 식물성 편모조류가 있다면 영양염류를 해수면으로 운반한다. 이후 일사량이 며칠간 확보되면 식물성 플랑크톤이 크게 번성하여 적조가 발생한다.

ㄱ. A, B 모두 기온이 상승한 바다에서 적조가 발생함을 설명한다. 따라서 차가운 겨울 바다에서 적조가 발생하였다면 A, B 모두 약화된다.

ㄷ. B는 식물성 편모조류가 영양염류를 해수면으로 운반하는 과정이 적조 형성의 원인이라고 주장하였으므로 B는 약화된다. A는 식물성 편모조류와 무관하므로 약화되지 않는다.

오답해설

ㄴ. B를 약화한다. A는 유기오염 물질의 해저 퇴적과 무관하다.

합격생 가이드

무관한 선지를 약화하거나 강화하는 것으로 착각하지 않도록 주의하여야 한다.

38 답 ④

난도 ★★

정답해설

ㄴ. ㉠에 따르면 처리2를 한 탱크는 처리3을 한 탱크보다 회복 속도가 빠를 것이다. 따라서 ㉠이 강화된다. ㉡에 따르면 크기가 큰 개체를 반복적으로 제거한 처리2를 한 탱크 속 개체의 평균 크기는 처리3을 한 탱크 속 개체 평균 크기보다 작아졌을 것이므로 ㉡도 강화된다.

ㄷ. ㉠에 따르면 처리1은 크기가 작은 개체를 제거하므로 회복속도가 처리3보다 느릴 것이다. 따라서 ㉠은 강화된다. ㉡에 따르면 크기가 작은 개체를 반

복적으로 제거한 처리1을 한 탱크의 개체는 평균 크기가 커져야 할 것이다. 하지만 처리3의 평균 크기가 더 커졌다면 ⓒ은 약화된다.

오답해설

ㄱ. ㉠에 따르면 탱크 속 개체 수가 회복되는 시간은 처리1이 더 느릴 것이다. 따라서 ㉠을 약화한다. ⓒ에 따르면 개체의 평균 크기는 처리1이 처리3보다 클 것이므로 ㉠을 약화한다.

합격생 가이드

㉠은 회복 속도, ⓒ은 개체의 평균 크기가 변수가 됨을 알고 처리1, 2, 3을 비교하여야 한다.

39 답 ④

난도 ★★

정답해설

(가) : 1문단에 따르면 S1이 S2로 환원된다는 것은 S1을 구성하는 모든 법칙을 S2를 구성하는 법칙들로 설명할 수 있다는 것이다. 이는 S1의 법칙들이 환원하는 이론인 S2의 법칙들로부터 연역적으로 도출된다는 것이다. 따라서 계층 질서의 위쪽에 있는 상부 과학이 하부 과학으로 환원된다면 하부 과학의 법칙들로부터 상부 과학의 법칙들이 연역적으로 도출된다. 따라서 (가)는 하부이다.

(나) : (가) 설명에 따라 (나)는 상부이다.

(다) : 전체에서 부분이 도출되는 것이므로 하부에서 상부가 도출되었다는 것을 이해하면 상부 과학은 하부 과학의 부분이 된다. 따라서 (다)는 상부이다.

(라) : (다) 설명에 따라 (라)는 하부이다.

(마) : 교량 원리에 대한 설명을 보면, 양자역학에서 사용하지 않는 고전역학 용어인 입자를 설명한다. 고전역학(S1)을 양자역학(S2)으로 환원한다고 하였으므로 고전역학은 환원되는 이론, 양자역학은 환원하는 이론이다. 따라서 (마)는 S2이다.

(바) : (마)의 설명에 따라 (바)는 S1이다.

합격생 가이드

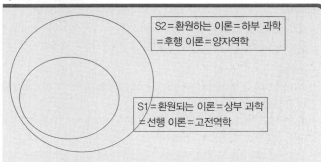

S2＝환원하는 이론＝하부 과학
＝후행 이론＝양자역학

S1＝환원되는 이론＝상부 과학
＝선행 이론＝고전역학

헷갈리기 쉬운 개념을 정리하기 위해 그림이나 벤다이어그램을 적극적으로 활용하고, 대응되는 키워드들을 한 번에 메모해놓아야 한다.

40 답 ③

난도 ★★★

정답해설

ㄱ. ㉠은 환원 개념을 통해 과학 이론들의 통일과 진보를 설명할 수 있다고 한다. 이때 두 이론 사이에 공유하는 용어의 개념적 내용이 같다는 것이 함축된다면 과학 이론의 연역적 도출에 문제가 발생하지 않게 된다. 과학 변동의

형태가 선행 이론이 후행 이론에 포함되는 관계를 드러낼 수 있게 되는 것이다. 따라서 ㉠은 강화된다. 4문단에 따르면 ⓒ은 환원 관계가 성립한다고 하였을 때 두 법칙에서의 용어 개념이 내용적으로 엄연히 다른 것이므로 환원 개념으로는 과학의 통일과 진보를 설명할 수 없다고 한다. 따라서 환원 관계가 성립되었을 때 두 이론 사이에 공유하는 용어의 개념적 내용이 같다는 것이 함축된다면 ⓒ은 약화된다.

ㄴ. 후행 이론인 뉴턴 역학에서는 중세 운동 이론에서의 '임페투스'라는 용어를 연결할 수 있는 원리가 존재하지 않음에도 뉴턴 역학을 과학적 진보로 평가한다는 주장이 받아들여지면 ㉠은 약화된다. ㉠은 환원 관계에서 공유하지 않는 용어에 대해서는 교량 원리를 활용하여야 한다고 보았기 때문이다. 반면 환원 개념으로는 과학의 진보를 온전히 설명할 수 없다고 주장한 ⓒ은 강화된다.

오답해설

ㄷ. 제3의 이론이 등장하는 것과 ㉠, ⓒ은 무관하다.

합격생 가이드

고난도의 강화 · 약화 문제가 출제되었다. 해당 문제를 깊게 고민하여 시간을 소비하기보다 다른 모든 문제를 빠르게 풀 수 있도록 시간을 배분하는 것이 중요할 것이다.

2022 7급 PSAT 언어논리 기출문제

01	02	03	04	05	06	07	08	09	10
⑤	①	①	②	②	⑤	①	⑤	①	③
11	12	13	14	15	16	17	18	19	20
④	⑤	③	②	②	⑤	④	③	④	③
21	22	23	24	25					
④	⑤	②	⑤	④					

01
정답 ⑤

난도 ★

정답해설

⑤ 서희는 고려가 병력을 동원해 거란을 치지 않겠다고 한다면 소손녕이 철군할 것이라고 말했으므로 옳은 내용이다.

오답해설

① 거란이 여진족이 사는 땅을 침범했다고 했을 뿐, 거란이 여진족이 고려의 백성이라고 주장했다는 내용은 찾을 수 없다.

② 여진족은 발해가 거란에 의해 멸망한 후에는 독자적 세력을 이루고 있었다고 했을 뿐, 여진족이 거란과 함께 고려를 공격했다는 내용은 찾을 수 없다.

③ 강동 6주는 고려가 압록강 하류의 여진족 땅까지 밀고 들어가 설치한 것이다.

④ 고려는 송 태종의 원병 요청을 거부하였으므로 옳지 않은 내용이다.

02
정답 ①

난도 ★

정답해설

① 해주 앞바다에 나타난 왜구가 조선군과 교전을 벌인 후 요동반도 방향으로 북상하자 태종의 명령으로 이종무가 대마도 정벌에 나섰다고 하였으므로 옳은 내용이다.

오답해설

② 명의 군대가 대마도 정벌에 나섰다는 내용은 찾을 수 없다.

③ 세종은 이종무에게 내린 출진 명령을 취소하고, 측근 중 적임자를 골라 대마도주에게 귀순을 요구하는 사신으로 보냈다고 하였으므로 옳지 않은 내용이다.

④ 태종은 이종무를 통해 실제 대마도 정벌을 실행하였으며, 더 나아가 세종이 이를 반대하였다는 내용은 본문에서 찾을 수 없다.

⑤ 대마도주를 사로잡아 항복을 받아내기로 했던 곳은 니로이며, 여기서 패배한 군사들이 돌아온 곳이 견내량이다.

03
정답 ①

난도 ★

정답해설

① 히틀러가 유대인을 혐오스러운 적대자로 설정했던 사례는 혐오가 정치적 선동의 도구로 이용된 사례이다.

오답해설

② 혐오의 감정이 특정 개인과 집단을 배척하기 위한 무기로 이용되었다고 하였다.

③ 유대인을 암세포, 종양, 세균 등으로 묘사하면서 이들을 비인간적 존재로 전락시켰다고 하였다.

④ 혐오의 감정을 사회 안정의 도구 내지는 법적 판단의 근거로 삼아야 한다는 주장이 있어왔다고 하였다.

⑤ 혐오는 특정 집단을 오염물인 것으로 취급하고 자신은 그렇지 않은 쪽에 위치시켜 얻게 되는 심리적인 우월감 및 만족감과 연결되어 있다고 하였다.

04
정답 ②

난도 ★

정답해설

② 계획적 진부화를 통해 신제품을 출시하면, 중고품 시장에서 판매되는 기존 제품이 진부화되고 경쟁력도 하락한다.

오답해설

① 기존 제품을 사용하는 소비자 입장에서는 크게 다를 것 없는 신제품 구입으로 불필요한 지출을 할 수 있다.

③ 소비자들의 취향이 급속히 변화하는 상황에서 계획적 진부화를 통해 소비자들의 만족도를 높일 수 있다.

④ 기존 제품의 가격을 인상하기 곤란한 경우 신제품을 출시해 인상된 가격을 매길 수 있다.

⑤ 계획적 진부화는 기존 제품이 사용 가능한 상황에서 소비자들의 수요를 자극하는 것이므로 물리적으로 사용 가능한 수명보다 실제 사용 기간이 짧아지게 된다.

05
정답 ②

난도 ★

정답해설

② 국방 서비스에 대한 비용을 지불하지 않았더라도 누군가의 소비가 다른 사람의 소비 가능성을 줄어들게 하지 않으므로 비경합적으로 소비될 수 있다.

오답해설

① 배제적이라는 것은 재화나 용역의 이용 가능여부를 대가의 지불 여부에 따라 달리하는 것이다.

③ 여객기 좌석 수가 한정되어있다면 원하는 모든 사람들이 그 여객기를 이용할 수 없으므로 경합적으로 소비될 수 있다.

④ 국방 서비스의 사례를 통해 무임승차가 가능한 재화 또는 용역이 과소 생산되는 문제가 발생함을 알 수 있다.

⑤ 라디오 방송 서비스는 누군가의 소비가 다른 사람의 소비 가능성을 줄어들게 하지 않으므로 비경합적으로 소비할 수 있다.

06
정답 ⑤

난도 ★

정답해설

⑤ 제시문은 독일의 통일이 단순히 서독에 의한 흡수 통일이 아닌 동독 주민들의 주체적인 참여를 통해 이뤄진 것임을 설명하고 있다. 나머지 선택지는 이 논지를 끌어내기 위한 근거들이다.

07 정답 ①

난도 ★

정답해설

(가) 첫 번째 단락에서는 신이 자연 속에 진리를 감추어놓았고 이것이 자연물 속에 비례의 형태로 숨어 있다고 하였다. 그리고 그 진리 중에서도 인체 비례가 가장 아름다운 진리라고 하였으므로 빈칸에 들어갈 내용으로는 '인체 비례에 숨겨진 신의 진리를 구현한'이 가장 적절하다.

(나) 두 번째 단락에서는 인체 비례를 통한 동양 건축의 사례를 들면서 이것이 고대 서양에서의 비례와 동일하다고 하였으므로 빈칸에 들어갈 내용으로는 '조형미에 대한 동서양의 안목이 유사하였다'가 가장 적절하다.

08 정답 ⑤

난도 ★

정답해설

⑤ IMF의 자금 지원 전후로 결핵 발생률이 다르게 나타난다는 결과가 나와야 하므로 '실시 이전'부터를 '실시 이후'로 수정해야 한다.

09 정답 ①

난도 ★

정답해설

① 일반 수험생 중 유증상자는 소형 강의실에서 시험을 치르게 되며, 이곳에서는 KF99와 KF94 마스크 착용이 권장될 뿐, 의무 사항은 아니므로 KF80 마스크를 착용하고 시험을 치를 수 있다.

오답해설

② 일반 수험생 중 무증상자는 중대형 강의실에서 시험을 치르게 되며, 이곳에서는 마스크 착용규정이 의무적으로 적용되지 않으므로 KF80 마스크를 착용하고 시험을 치를 수 있다.

③ · ④ 자가격리 수험생은 모두 특별 방역 시험장에서 시험을 치르게 되며, 이곳에서는 KF99 마스크를 의무적으로 착용해야 한다.

⑤ 확진 수험생은 생활치료센터장에서 시험을 치르게 되며, 이곳에서는 센터장이 내린 지침을 따르면 되므로 센터장이 KF80 마스크 착용을 허용하는 경우 이를 착용하고 시험을 치를 수 있다.

10 정답 ③

난도 ★

정답해설

ㄱ. 고병원성 AI 바이러스는 경기도에서 3건, 충남에서 2건이 발표되어 총 5건이 검출되었으므로 수정해야 한다.

ㄷ. 바이러스 미분리는 야생 조류 AI 바이러스 검출 현황에 포함하지 않는다고 하였으므로 표에서 삭제해야 한다.

오답해설

ㄴ. 제시문에서 검사 중인 사례가 9건이라고 하였으므로 수정할 필요가 없다.

11 정답 ④

난도 ★★

정답해설

ㄴ. C는 인간 존엄성이 인간 중심적인 견해이며, 인간 외의 다른 존재에 대해서 폭력적 처사를 정당화하는 근거로 활용된다고 하였다. 따라서 C의 주장은 동물실험의 금지를 촉구하는 캠페인의 근거로 활용 가능하다.

ㄷ. B는 인간 존엄성이 신이 인간에게 부여한 독특한 지위로 보면서 이를 비판하고 있으며 C는 위에서 설명한 바와 같다.

오답해설

ㄱ. 선택지의 내용이 A의 주장을 약화시키는 것이 되기 위해서는 A가 존엄사를 인정하지 않는다는 주장을 펼쳤어야 한다. 하지만 그와는 무관한 주장을 하고 있으므로 A의 주장을 약화시키지 않는다.

12 정답 ⑤

난도 ★★★

정답해설

ㄱ. 나를 있게 하는 것의 핵심은 특정한 정자와 난자의 결합이다. ①과 같이 주장하는 이유는 그 결합 시점을 인위적으로 조절할 수 없기 때문인데, 그 특정한 정자와 난자가 냉동되어 수정 시험이 조절 가능하다면 내가 더 일찍 태어나는 것도 가능하게 된다.

ㄴ. ① : A는 상상할 수 없다.
   선택지의 대우명제 : A를 상상할 수 없다면 A가 불가능하다.
   결론 : 따라서 A는 불가능하다.
   A에 내가 더 일찍 태어나는 것을 대입하면 ①을 이끌어낼 수 있다.

ㄷ. ① : 태어나기 이전의 비존재는 나쁘다.
   선택지의 명제 : 태어나기 이전의 비존재가 나쁘다면, 내가 더 일찍 태어나는 것이 가능하다.
   결론 : 내가 더 일찍 태어나는 것이 가능하다.
   결론의 명제는 ①의 부정과 같다.

합격생 가이드

3단논법을 활용한 문제는 매우 자주 출제된다. 이 문제와 같이 각 명제별로 A의 표현이 조금씩 다른 경우에는 표현 그 자체보다는 의미가 일치하는지의 여부로 판단해야 한다. 물론 그것도 애매한 경우에는 위 해설과 같이 A로 치환하여 분석하는 것도 도움이 된다.

13 정답 ③

난도 ★

정답해설

(가) 첫 번째 전제 : 어떤 수단이 우리가 원하는 이익을 얻는 최선의 수단이다.
   두 번째 전제 : (어떤 수단이 우리가 원하는 이익을 얻는 최선의 수단이라면 우리에게는 그것을 실행할 의무와 필요성이 있다.)
   결론 : 우리에게 어떤 수단(생물 다양성 보존)을 보존할 의무와 필요성이 있다.

(나) 첫 번째 전제 : 내재적 가치를 지니는 것은 모두 보존되어야 한다.
   두 번째 전제 : (모든 종은 내재적 가치를 지닌다.)
   결론 : 모든 종은 보존되어야 한다.

14 정답 ②

난도 ★★★

정답해설

ㄷ. A는 생명체가 도구적 가치를 가진다고 하였고, C는 생명체가 도구적 가치에 더해 내재적 가치도 가진다고 하였다. 따라서 A, C 모두 생명체가 도구적 가치를 가진다는 점에서는 일치된 견해를 가지고 있다.

오답해설

ㄱ. A는 우리에게 생물 다양성을 보존해야 할 의무와 필요성이 있다고 하였다. 그리고 B는 생물 다양성 보존이 최선의 수단은 아니라고는 하였을 뿐 보존의 필요성 자체를 부정한 것은 아니다.

ㄴ. B는 A의 두 전제 중 첫 번째 전제가 참이 아니기 때문에 생물 다양성을 보존하는 것이 필연적이 아니라고 하였다.

15 정답 ②

난도 ★★★

정답해설

ㄷ. 을의 입장에서는 어떤 증거가 주어진 가설을 입증하는 정도가 작더라도, 증거 발견 후 가설이 참일 확률이 1/2보다 크기만 하면 그 증거가 해당 가설을 입증할 수 있다.

오답해설

ㄱ. 갑은 증거 발견 후 가설의 확률 증가분이 있다면, 증거가 가설을 입증한다고 하였고, 선택지의 진술은 이명제에 해당한다. 그런데 원명제와 이명제는 서로 동치가 아니므로 ㄱ은 옳지 않다.

ㄴ. A인 경우에만 B이다는 B → A로 나타낼 수 있다. 을에 따르면 증거가 가설을 입증한다 → 증거발견 이후 가설이 참일 확률이 1/2보다 크다가 되므로 ㄴ은 옳지 않다.

합격생 가이드

전공 수준의 논리학을 학습할 필요는 없지만, 역-이-대우명제 간의 관계 정도는 숙지해두는 것이 좋다. 물론 의미론적인 해석으로 풀이를 할 수도 있겠지만 그럴 경우 불필요하게 시간 소모가 많아진다.

16 정답 ⑤

난도 ★★

정답해설

⑤ 아홉자리까지 계산한 값이 11의 배수인 상태에서 추가로 0과 9사이의 어떤 수를 더해 여전히 11의 배수로 만들기 위해서는 확인 숫자가 0인 경우 이외에는 존재하지 않는다.

오답해설

① 첫 번째 부분은 책이 출판된 국가 뿐만 아니라 언어 권역도 나타낸다.

② ISBN-13을 어떻게 부여하는지는 제시문을 통해 알 수 없다.

③ 세 번째 부분은 출판사에서 임의로 붙인 번호일뿐 출판 순서를 나타내는 것이 아니다.

④ 첫 번째 부분이 다르다면 다른 나라 또는 다른 언어권의 출판사에서 출판한 책이 된다.

17 정답 ④

난도 ★

정답해설

주어진 조건을 정리하면 다음과 같다.

ⅰ) A → ~B → ~C

ⅱ) ~D → C

ⅲ) ~A → ~E → ~C

ⅳ) ~A → ~E → ~C → D(ⅱ)의 대우와 ⅲ)의 결합)

ⅰ)과 ⅳ)에 의하면 A를 수강하든 안하든 D는 무조건 수강하게 되어있다.

18 정답 ③

난도 ★★★

정답해설

ㄱ. 만약 세 종류의 자격증을 가진 후보자가 존재한다면 그 후보자는 A와 D를 모두 가지고 있어야 한다. 그런데 두 번째 조건에 의해 이 후보자는 B를 가지고 있지 않으므로 만약 이 후보자가 세 종류의 자격증을 가지기 위해서는 C도 가지고 있어야 한다. 그런데 세 번째 조건에 의해 이는 참이 될 수 없으므로 세 종류의 자격증을 가진 후보자는 존재할 수 없다.

ㄴ. 확정된 조건이 없으므로 가능한 경우를 따져보면 다음과 같다.(갑은 ㄱ을 통해 확정할 수 있다.)

	A	B	C	D
갑	○	×	×	○
을	○	○	×	×

네 번째 조건을 통해서 A와 B를 모두 가지고 있는 후보자가 존재한다는 것을 확인할 수 있으며, 두 번째 조건을 통해서 이 후보자가 D를 가지고 있지 않음을, 세 번째 조건을 통해서 C를 가지고 있지 않음을 확정할 수 있다. 이에 따르면 갑은 B를 가지고 있지 않으며, 을은 D를 가지고 있지 않다.

오답해설

ㄷ. 조건을 정리하면 ~D → ~C으로 나타낼 수 있으며, 이의 대우명제는 C → D이다. 따라서 C를 가지고 있다면 D역시 가지고 있어야 하므로 C만 가지고 있는 후보자는 존재하지 않는다. 그런데 이는 어디까지나 조건에 불과할 뿐이어서 여전히 우리가 알 수 있는 것은 ㄴ의 갑과 을이 존재한다는 것 뿐이다.

합격생 가이드

이 문제와 같이 확정된 조건이 없는 경우에는 제시된 조건에서 끌어낼 수 있는 사례들을 따져보아야 한다. 중요한 점은 여기서 끌어낸 사례들 말고도 다른 것들이 존재할 수 있다는 것이다. 단지 주어진 조건만으로는 더 이상 추론할 수 없을 뿐이다. 최근에는 이런 유형의 문제들이 자주 출제되고 있으니 주의가 필요하다.

19 정답 ④

난도 ★★★

정답해설

먼저 갑은 기획 업무를 선호하는데, 만약 민원 업무를 선호한다면 홍보 업무도 선호하게 되어 최소 세 개 이상의 업무를 선호하게 된다. 따라서 갑은 기획 업무만을 선호해야 한다. 다음으로 을은 민원 업무를 선호하므로 홍보 업무도 같이 선호함을 알 수 있는데, 세 개 이상의 업무를 선호하는 사원이 없다고 하였으므로 을은 민원 업무와 홍보 업무만을 선호해야 한다.

또한 인사 업무만을 선호하는 사원이 있다고 하였으며(편의상 병), 홍보 업무를 선호하는 사원 모두가 민원 업무를 선호하는 것은 아니라고 하였으므로 이를 통해 홍보 업무를 선호하지만 민원 업무는 선호하지 않는 사원이 존재함을 알 수 있다(편의상 정). 이제 이를 정리하면 다음과 같다.

	민원	홍보	인사	기획
갑	×	×		○
을	○	○	×	×
병	×	×	○	×
정	×	○		

ㄴ. 을과 정을 통해 최소 2명은 홍보 업무를 선호함을 알 수 있다.
ㄷ. 위 표에서 알 수 있듯이 모든 업무에 최소 1명 이상의 신입 사원이 할당되어 있음을 알 수 있다.

오답해설

ㄱ. 민원, 홍보, 기획 업무는 갑과 을이 한명씩은 선호하고 있으며, 인사 업무는 갑의 선호 여부를 알 수 없다.

합격생 가이드

'민원 업무를 선호하는 신입사원은 모두 홍보 업무를 선호하였지만 그 역은 성립하지 않았다'의 의미는 무엇일까? 단지 홍보 업무를 선호하는 신입사원 모두가 민원 업무를 선호하는 것은 아니다에서 그쳐서는 안된다. 여기서 중요한 것은 홍보 업무를 선호하는 신입사원 중 민원 업무를 선호하지 않는 경우가 존재한다는 것이다.

20 정답 ③

난도 ★

정답해설

ㄱ. 일반적인 햇빛이 있는 낮이라면 청색광이 양성자 펌프를 작동시켜 밖에 있는 칼륨이온이 공변세포 안으로 들어오게 되지만 청색광을 차단할 경우에는 그렇지 않아 밖에 있는 칼륨이온이 들어오지 않는다.
ㄷ. 호르몬 A를 분비할 경우 햇빛 여부와 무관하게 기공이 열리지 않으며, 병원균 α는 독소 B를 통해 기공을 열리게 한다.

오답해설

ㄴ. 식물이 수분스트레스를 겪을 경우 기공이 열리지 않으며, 양성자 펌프의 작동을 못하게 하는 경우에도 기공이 열리지 않는다. 따라서 햇빛 여부와 무관하게 기공은 늘 닫혀있게 된다.

21 정답 ④

난도 ★★★

정답해설

실험의 조건에 따라 선호도를 정리하면 다음과 같다.
톤 : C > A > B
빈도 : A > B > C

ㄴ. B, C 중 B를 선택했다면 암컷이 빈도를 기준으로 삼고 있는 것이며, A, B, C 중 A를 선택했다는 것 역시 빈도를 기준으로 삼고 있다는 것이다. 따라서 이 실험결과는 ㉠을 강화하고, ㉡은 강화하지 않는다.
ㄷ. A, C 중 C를 선택했다면 암컷이 톤을 기준으로 삼고 있는 것이며, A, B, C 중 A를 선택했다는 것은 기준을 빈도로 변경했다는 것이다. 따라서 이 실험결과는 ㉠을 강화하지 않고 ㉡을 강화한다.

오답해설

ㄱ. A, B 중 A를 선택했다면 이를 통해서는 암컷이 톤과 빈도 중 어느 기준을 가지고 있는지 알 수 없다. 그런데 A, B, C 중 C를 선택했다면 암컷은 톤을 기준으로 삼고 있음을 알 수 있다. 따라서 이 실험결과가 ㉠과 ㉡을 강화, 약화하는지 여부를 판단할 수 없다.

22 정답 ⑤

난도 ★★★

정답해설

ㄱ. 경로 1(물)을 통과한 빛이 경로 2(공기)를 통과한 빛보다 오른쪽에 맺힌다면 경로 1을 통과한 빛의 속도가 빠르게 되어 입자이론이 타당하게 되므로 ㉠을 강화하고 ㉡을 약화한다.
ㄴ. 경로 1(물)을 통과한 빛이 경로 2(공기)를 통과한 빛보다 왼쪽에 맺힌다면 경로 1을 통과한 빛의 속도가 느리다는 것이므로 파동이론이 타당하게 되므로 ㉠을 약화하고 ㉡을 강화한다. 색깔에 따른 파장의 차이는 같은 경로를 통과했을 때에 의미가 있으므로 여기서는 판단의 대상이 되지 않는다.
ㄷ. 같은 경로를 통과했을 때에 색깔(파장)이 다른 두 빛이 스크린에 맺힌 위치가 다르다면 파동이론이 타당하게 되므로 ㉠은 약화되고 ㉡은 강화된다.

23 정답 ②

난도 ★★

정답해설

2021년과 2022년의 신청 자격이 동일하다고 하였는데, 민원인이 두 해 모두 신청을 하였으므로 농업인과 토지조건은 모두 충족시키고 있음을 확인할 수 있다. 따라서 남은 것은 부정 수령과 관련된 사항인데 이를 정리하면 다음과 같다.
ⅰ) 2021년 부정 수령 판정 여부 : No(신청가능), Yes(ⅱ)
ⅱ) 이의 제기 여부 : No(신청불가), Yes(ⅲ)
ⅲ) 이의 제기 기각(신청불가), 인용 or 심의 절차 진행중(신청가능)
따라서 2021년 부정 수령 판정 여부, 이의 제기 여부, 이의 제기 기각 여부만 알면 신청 자격이 있는지 확인 가능하다.

24 정답 ⑤

난도 ★★

정답해설

⑤ 갑은 법령과 조례가 서로 다른 것이므로 법령에 위배되지 않는다면 문제가 없다는 생각이지만 을은 조례가 법령의 범위 내에 있으므로 서로 충돌되는 것이 아니라는 입장이다. 이에 따르면 조례에 반하는 학칙은 교육법에 저촉되는 것이 된다.

오답해설

① · ③ 조례와 학칙간의 충돌이 있을 경우에 대한 법적 판단을 묻고 있는데 선택지는 이와는 무관한 내용이다.
② 을은 제8조 제1항에서의 법령에는 조례가 포함된다고 해석하고 있으며라고 말하고 있으므로 선택지는 이와 반대된다.
④ 을은 전체적으로 법령과 조례가 서로 충돌되는 것이 아니라 하나의 체계 속에서 교육에 관한 내용을 규율하고 있다고 보고 있다.

25

정답 ④

난도 ★★

정답해설

ㄴ. 복수 국적자 B를 △△국 국민으로 본다면 제1항의 적용을 받게 된다. 그런데 제1호에 따라 외국에서 영업활동에 종사하는 경우는 비거주자로 본다고 하였으므로 갑은 B를 비거주자로 주장하게 된다. 반면 B를 외국인으로 본다면 제2항의 적용을 받게 되는데 미국에서 영업활동을 한 기간이 1개월에 불과하므로 을은 B를 비거주자에 해당하지 않는다고 주장하게 된다.

ㄷ. D의 체재 기간이 5개월이므로 음악연주가 영업활동에 해당하는지에 따라 판단이 달라지게 된다. 만약 영업활동에 해당하지 않는다면 D는 제1항의 적용을 받지 않게 되어 비거주자에 해당하지 않는다.

오답해설

ㄱ. 매년 방학때마다 귀국하였으므로 그 기간을 모두 합치면 3개월을 넘기게 된다. 따라서 그 기간은 외국에 체재하는 기간에 포함되지 않으므로 A는 거주자로 구분된다.

2021 5급 PSAT 언어논리 기출문제

01	02	03	04	05	06	07	08	09	10
④	②	③	⑤	②	①	③	④	④	①
11	12	13	14	15	16	17	18	19	20
③	⑤	③	①	④	①	④	②	⑤	③
21	22	23	24	25	26	27	28	29	30
②	①	①	②	④	④	①	②	⑤	⑤
31	32	33	34	35	36	37	38	39	40
③	②	⑤	③	⑤	②	⑤	⑤	⑤	③

01

답 ④

난도 ★★

정답해설

④ 1문단에 따라 선지의 도화서 소속 화가는 화원을 지칭한다는 것을 알 수 있다. 2문단에 따라 화원이 관료의 지위를 가지게 된다는 사실을 알 수 있다. 2문단에 따라 관료의 지위가 경제적으로는 별 도움이 되는 것은 아니라는 정보와 3문단의 실상 화원은 국가가 주는 녹봉으로 생활했던 사람들이 아니었다는 정보를 바탕으로 녹봉이 화원의 수입에서 작은 부분을 차지하며, 3문단에 따라 돈의 대부분을 사적 주문에 의한 그림 제작을 통해 획득하였다는 정보를 알 수 있다.

오답해설

① 3문단의 '반면 도화서에 들어가지 못한 일반 화가들~'이라는 정보가 제시되어 있어 선지의 일반 직업 화가들은 화원과 구별되는 집단이라는 점을 알 수 있다. 1문단의 '화원들은 사실상 거의 막노동에 가까운 일을 했던 사람들이다.'와 2문단의 '비록 중인이지만 화원이 되면~'을 바탕으로 선지의 '막노동에 가까운 일을 담당하였으나 신분은 중인이었다.'는 화원에 대한 설명이라는 것을 알 수 있다. 일반 직업 화가들의 신분이나 일의 내용에 대해서는 지문상 나와 있지 않다.

② 2문단에 따라 화원이 국가 관료의 지위를 가졌다는 것을 알 수 있다. 3문단에 따라 '국가 관료라는 지위와 최상급 화가라는 명예는 그림 시장에서 그들의 작품에 보다 높은 가치를 부여하였고, 녹봉에만 의지하는 다른 하급 관료보다 경제적으로 풍요롭게 만들었다.'라는 점에서 이들이 하급 관료에 비해 나은 경제적 여건에 놓여있다는 사실을 알 수 있다.

③ 1문단에 따라 선지의 도화서 소속 화가는 화원을 지칭한다는 것을 알 수 있다. 1문단의 '화원은 임금의 초상화인 어진과 공신초상, 의궤와 같은 궁중기록화, 궁중장식화, 각종 지도, 청화백자의 그림. 왕실 행사를 장식하는 단청 등 왕실 및 조정이 필요로 하는 모든 종류의 회화를 제작하고 여러 도화(圖畵) 작업을 담당하였다.'에 따라 임금의 초상화 작업이 화원의 업무 범위에 포함된다는 사실을 알 수 있다. 하지만 업무에 따른 화원 간 자격의 차등에 관한 내용은 지문 상 나와 있지 않다.

⑤ 2문단의 '고된 노역과 적은 녹봉에도 불구하고 이들은 왜 어려서부터 그림 공부를 하여 도화서에 들어가려고 한 것일까?'에 따라 화원이 되고자 하는 노력이 이루어졌다는 사실을 알 수 있으나 경쟁의 치열함에 대한 내용은 지문에서 찾아볼 수 없다. 또한 3문단의 '화원 집안에서는 대대로 화원을 배출하려고 노력했고, 조선 후기에는 몇몇 가문이 도화서 화원직을 거의 독점하게 되었다.'에 따라 화원직의 세습이 이루어졌음을 알 수 있다. 그러므로 선지의 경쟁에 관한 부분은 알 수 없으며, '화원직의 세습은 힘들었다.' 부분은 지문에 부합하지 않는다고 할 수 있다.

지문의 화원과 같이 핵심 개념이 정의가 되어 있는 경우 정의를 활용한 ④와 같이 선지의 변형에 유의하자. 이 문제의 경우 발췌해서 읽더라도 답을 쉽게 찾을 수 있을 정도로 선지 구성이 쉽게 되어 있지만, 어렵게 나오는 경우를 대비해 화원, 일반 화가, 하급 관료 등 지문의 선지와 비교의 대상이 되는 소재를 유념하며 독해하는 것이 정확한 문제 풀이에 도움이 된다.

02

답 ②

난도 ★★

정답해설

② 1문단에 따르면 육조에 대응해 육방이 구성되어 있으며, '중앙과 지방의 모든 국정 업무는 육조를 통해 수합되었고, 육조는 이를 다시 승정원의 해당 방의 승지에게 보고하였다. 해당 승지는 이를 다시 왕에게 보고'하다는 정보가 제시되어 있다. 선지의 '형조에서 수집한 지방의 공문서'는 형조가 담당하는 지방의 국정 업무라고 할 수 있다.

오답해설

① 1문단에 따르면 육조의 국정 업무 자료는 각 방의 승지에 의해 승정원에 보고된다는 것을 알 수 있다. 2문단에 따르면 '승정원에 보고된 육조의 모든 공문서는 승정원의 주서가 받아서 기록'하였다는 것을 알 수 있다. 또한 2문단의 '왕과 신료가 만나 국정을 의논하거나 경연을 할 때 주서는 반드시 참석하여 그 대화 내용을 기록하였다. 즉, 주서는 사관의 역할도 겸하였으며, 주서가 사관으로서 기록한 것을 사초라 하였다.'라는 정보와 '자신이 기록한 사초를 정리하여 이것을 승정원에서 처리한 공문서나 상소문과 함께 모두 모아 매일 『승정원일기』를 작성하였다.'라는 정보에 비추어 사초가 육조의 국정 업무 자료 선별의 기준이 아니라는 사실을 알 수 있다. 또 모든 정보를 담아 작성했다는 점에서 선별하지 않았을 것이라는 사실을 알 수 있다.

③ 1문단에 따르면 육조는 이부, 호부, 예부, 병부, 형부, 공부를 의미한다. 1문단에 따르면 육조의 경우 '왕의 명령이 내려지면 담당 승지가 받아 해당 부서에 전하였다.'라는 것을 알 수 있으나 육조 이외의 경우 보고체계에 대한 내용은 지문에 담겨 있지 않다. 선지의 사간원이 육조가 아니라는 점에서 알 수 없으며, 육조에 해당한다고 하더라도 담당 승지란 승정원에 배치된 직위라는 점에서 옳지 않다고 할 수 있다.

④ 2문단의 '주서는 사관의 역할도 겸하였다'라는 정보와 '주서는 자신이 기록한 사초를 정리하여 이것을 승정원에서 처리한 공문서나 상소문과 함께 모두 모아 매일 『승정원일기』를 작성했다'라는 정보를 바탕으로 주서가 선지의 '사관의 역할을 겸하고 『승정원일기』를 작성했다'라는 정보를 알 수 있다. 승지의 경우 관련한 내용을 지문에서 찾을 수 없다.

⑤ 3문단에 따라 영조 대의 화재로 소실된 『승정원일기』는 창덕궁의 화재와 관련 있다는 것을 알 수 있으나 당시 어디에 보관되어 있었는지에 대한 정보는 찾을 수 없다. 3문단에 따라 경복궁에 보관되어 있다가 화재로 소실된 『승정원일기』는 임진왜란 대의 『승정원일기』이다.

『승정원일기』와 같이 하나의 주제어에 관한 지문을 다룰 때, 각 문단이 담고 있는 내용에 따라 분류해가며 독해한다면, 향후 선지를 해결함에 있어 용이하다. 사안의 경우 '1문단 – 승정원', '2문단 – 승정원 일기의 작성', '3문단 – 승정원 일기의 소실' 정도로 정리하며 읽는다면 선지에 대응한 근거를 찾기 훨씬 수월하다.

03

정답 ③

난도 ★★★

정답해설

③ 3문단에 따르면 이질의 감소는 생태환경의 측면에 있다. 3문단의 '한반도의 하천 변에 분포하는 넓은 범람원의 숲이 논으로 개발되면서 뜨거운 여름 동안 습지로 바뀌었고 건조한 환경에 적합한 미생물 생태계가 습한 환경에 적합한 새로운 미생물 생태계로 바뀌었다.'와 4문단의 '17세기 이후 농지 개간의 중심축이 범람원 개간에서 산간 지역 개발로 이동'이라는 정보를 바탕으로 범람원에서 산간 지역으로 논의 환경이 변화함에 따라 다시 미생물 생태계가 변화했고 그에 따라 이질 감소가 나타났다는 것을 알 수 있다.

오답해설

① 1문단에 따르면 조선은 『농사직설』을 편찬하여 적극적으로 벼농사를 보급하였다.'라는 정보와 이질이 15~16세기 주요 질병이라는 정보가 제시되어 있다. 그 이전 조선에 수인성 병균에 의한 질병이 없었는지에 대한 정보는 제시되어 있지 않다. 오히려 3문단의 '이질은 15세기 초반 급증하기 시작'이라는 표현에 비추어 이전에도 있었음을 전제하고 있다고 볼 수도 있다.

② 3문단에 따르면 한반도의 하천 변에 분포하는 넓은 범람원의 숲이 논으로 개발되면서 뜨거운 여름 동안 습지로 바뀌었고, 시겔라균은 이러한 습지의 생태계에서 번성했다. 넓게 해석해 하천 변의 범람원이 선지의 조선의 하천에 포함된다고 해석하더라도 17세기 범람원에서의 수인성 세균이나 시겔라균의 생태에 대한 정보가 제시되어 있지 않아 17세기 이후 감소 여부에 대한 판단을 할 수 없다.

④ 4문단에 따라 선지의 17세기 이후 조선에서 개간 대상 지역이 바뀌었다는 내용은 확인할 수 있다. 그러나 선지의 인구 밀집 지역에 대한 정보는 찾을 수 없다.

⑤ 4문단에 따라 농법의 변화는 논의 사용법을 변화시켰고, '논에 물을 가둬두는 기간이 줄어서 이질 등 수인성 질병 발생의 감소를 가져왔다.'는 것을 알 수 있다. 그러나 지문에 '17세기 이전에는 건조한 지역에는 농지를 개간할 수 없었다.'거나 '농법의 변화가 건조한 지역의 개발을 가져왔다' 등의 정보는 찾을 수 없다.

◆ 합격생 가이드

시대 또는 기간 간 비교가 이루어지는 지문의 경우 각 비교 대상의 특징에 유념한 독해를 하는 것이 정확한 선지 해결에 도움을 준다. 15세기의 3문단과 17세기의 4문단을 중심으로 글의 내용을 파악한다면 선지의 해결을 보다 용이하게 할 수 있을 것이다.

04

정답 ⑤

난도 ★★

정답해설

⑤ 2문단에 따르면 정액제란 일정액을 지불하는 소작료 제도이고 분익제란 수확량의 절반을 지불하는 소작료 제도이다. 이전 연도의 수확량의 절반을 n이라고 할 때, 정액제의 이윤은 $3n(=4n-n)$인 반면, 분익제의 이윤은 $2n(=4n \times \frac{1}{2})$이다.

오답해설

① 1문단에서는 '겨우 생계를 유지하는 전(前)자본주의 농업사회 농민들에게, 신고전주의 경제학에서 말하는 '이윤의 극대화'를 위한 계산의 여지는 거의 없다.'라며, 이윤극대화 대신 삶의 거의 모든 측면에서 안전 추구를 최우선으로 여기는 성향인 안전 제일의 원칙을 제시하고 있다. 선지의 '이윤 극대화를 위한 계산 논리에 부합한다.'는 지문의 내용과 반대되는 서술이라고 할 수 있다.

② 1문단의 '정상적인 농민이라면 큰 벌이는 되지만 모험적인 것을 시도하기보다는 자신과 자신의 가족들을 파멸시킬 수도 있는 실패를 피하려고 하기 마련이다.'와 3문단의 필리핀 정부 사례에서 '소작인은 대략적으로 이전 연평균 수입의 두 배, 새로운 종자를 채택할 경우는 그 이상의 수입을 실현할 수 있으리라는 기대를 가질 수 있었다.'라는 정보에 비추어 농민들이 큰 벌이로 이어질 수 있다는 사실을 인식하고 있었다는 사실을 알 수 있다.

③ 1문단에 따르면 안전 제일의 원칙을 추구하기 위해 기술적 장치와 사회적 장치 모두가 필요하다는 정보가 제시되어 있다. 그러나 선지의 기술적 장치, 사회적 장치들이 최소한의 생존을 보장하는 환경하에 발달했다는 정보는 지문에 제시되어 있지 않다.

④ 3문단의 '새로운 체제가 제시하는 기대 수입에서의 상당한 이득에도 불구하고, 많은 농민들은 정액제 자체에 내포되어 있는 생계에 관련된 위험성 때문에 전환을 꺼렸다.'에 비추어 루손 지역의 농민들이 정액제의 위험성이 더 크다고 느꼈기 때문에 전환을 꺼렸다는 것을 알 수 있다. 2문단의 '정액제에서는 벼 한 포기 자라지 않았어도 의무 수행을 요구'라는 정보에서 그 위험성을 명시적으로 확인할 수 있다.

◆ 합격생 가이드

④, ⑤의 해결에 있어 발췌독을 통해 문제를 해결할 경우 선지를 분석할 수 없거나, 잘못 판단하게 될 위험성이 존재한다. 그렇기 때문에 특히 최근 기출을 해결함에 있어 지문을 위에서부터 독해하며 주제에 따라 각 문단을 정리하는 것이 정확한 선지 해결에 유리하다.

05

정답 ②

난도 ★

정답해설

② 선지의 공공장소를 미화하는 미술은 2문단에 따라 공공장소 속의 미술과 공공 공간으로서의 미술을 포괄하는 표현이다. 선지의 공공 미술 작품의 미적 가치보다 사용가치에 주목하는 시도는 1문단에 따라 공공 공간으로서의 미술을 지칭하는 표현이다.

오답해설

① 선지의 공공 공간으로서의 미술은 1문단에 따라 공공 미술 작품의 개별적인 미적 가치보다는 사용가치에 주목하고 공중이 공공 미술을 더 가깝게 느끼고 이해할 수 있도록 미술과 실용성 사이의 구분을 완화하려는 시도이다. 선지의 다양한 매체를 활용하여 사회 정의와 공동체 통합을 추구하는 활동은 공공의 이익을 위한 미술을 지칭한다.

③ 2문단에 따라 선지의 공적인 관심을 증진하는 미술은 공공의 이익을 위한 미술이다. 1문단에 따라 선지의 공중이 공유하는 문화 공간을 심미적으로 디자인하여 미술과 실용성을 통합하려는 활동'은 공공 공간으로서의 미술을 지칭한다.

④ 공공장소 속의 미술은 1문단에 따라 미술관이나 갤러리에서 볼 수 있었던 미술 작품을 공공장소에 설치하여 공중이 미술 작품을 접하기 쉽게 한 것이다. 2문단에 따라 선지의 사회 변화를 위한 공적 관심의 증대를 목표로하는 활동은 공공의 이익을 위한 미술이다. 선지의 공중 모두에게 공공장소에 대한 보편적 미적 만족을 제공하는 활동은 2문단에 따라 공공장소를 미화하는 미술이다.

⑤ 1문단에 따라 공공의 이익을 위한 미술은 사회적인 쟁점과 직접적 접점을 만들어냄으로써 사회 정의와 공동체의 통합을 추구하는 활동이다. 선지의 공간적 제약을 넘어서 공중이 미술을 접할 수 있도록 작품이 존재하는 장소를 미술관에서 공공장소로 확대하는 활동은 공공장소 속의 미술이다.

세 패러다임에 대한 설명과 비교가 이루어지고 있다는 점. 그리고 '~는 ~이다.'라는 선지의 공통된 형식에 비추어 세 대상 사이 교차를 통해 오답 선지가 만들어질 것이라는 사실을 쉽게 유추할 수 있다. 독해 후 선지를 분석함에 있어 각 대상을 기호화해서 보다 명확하게 문제를 해결할 수 있다. 예컨대 '첫째 패러다임 −1', '둘째 패러다임 −2', '셋째 패러다임 −3'이라고 정하고 ①의 경우 '1−3'이라고 적음으로서 오답을 명확히 지워나갈 수 있을 것이다.

06

답 ①

난도 ★★

정답해설

① 2문단에 따르면 아미노산의 하나인 아르기닌과 포도당 사이 마이야르 반응에 따라 발생하는 아세틸피롤린은 팝콘향을 낸다. 1문단에 따르면 마이야르 반응이란 약 섭씨 140도에 도달할 때, 긴 사슬 끝에 있는 당이 다른 사슬 끝에 있는 아미노산과 만나 반응하며 시작되고, 당과 아미노산이 만나 새로운 화학물질이 생겨나며, 반응한 화학물질은 자연스럽게 재정렬되는 현상이다.

오답해설

② 2문단에 따르면 마이야르 반응에 따른 화학물질 종류는 어떠한 종류의 당과 아미노산이 반응에 참여하느냐와 주변의 산도와 온도, 수분의 양 등의 영향을 받는다는 것을 알 수 있다. 그러나 선지의 내용처럼 어떤 요소가 더 큰 영향을 가지는 지에 대한 정보는 제시되어 있지 않다.

③ 2문단에 따르면 아크릴피리딜은 포도당이 아미노산의 한 종류인 시스테인과 반응할 때 생성된다. 포도당과 아르기닌의 반응에 따라 생성되는 물질은 아세틸피롤린이다.

④ 2문단에 따르면 멜라노이딘 계열 분자들은 음식이 갈색을 띠게 만든다. 또한 2문단에 따르면 마이야르 반응에 따라 '발암물질의 하나인 아세틸아미드와 같은 분자들도 소량이나마 생성된다.'는 정보가 제시되어 있다. 그러나 멜라노이딘 계열의 발암성에 대한 정보는 지문상 제시되어 있지 않다.

⑤ 2문단에 따르면 마이야르 반응에 따라 '발암물질의 하나인 아세틸아미드와 같은 분자들도 소량이나마 생성된다.'라는 정보가 제시되어 있다. 하지만 생성되는 양과 반응 속도 간의 관계에 대한 정보가 제시되어 있지 않다.

②, ④, ⑤와 같이 지문상 정보가 제시되어 있지 않은 오답 선지는 잘못된 판단을 하게 될 우려가 있다. 정확한 선지의 해결을 위해 침착한 접근과 더불어 지문에 밑줄을 치는 등 방식으로 각 선지의 명확한 근거를 찾을 필요가 있다.

07

답 ③

난도 ★★

정답해설

③ 3문단에 따르면 실험의 결과는 예상과 같았다. 1문단에 따르면 와편모충이 발광한다는 것이 생존에 유리한지 검증하는 것이 글의 주제라고 할 수 있다. 2문단에 따라 가시고기가 더 많은 요각류를 잡아먹을수록 와편모충의 생존에 유리하고, 빛을 내는 와편모충이 빛을 내지 않는 경우보다 생존에 유리할 것이라는 예상을 하고 있다는 것을 알 수 있다. 그러므로 선지의 내용처럼 가시고기가 빛을 내는 와편모충 쪽에서 요각류를 더 많이 먹었다는 내용이 글의 흐름에 맞는다고 할 수 있다.

오답해설

① 1문단의 '진화 과정에서 빛을 방출하는 일부 원생생물은 그렇지 않은 원생생물보다 어떤 점에서 생존에 더 유리했을까?'와 ① 뒤의 '그들의 포식자인 육식을 하는 어류에게 잡아먹힐 위험성이 더 높아질 것이다.'에 비추어 글의 맥락상 ①에는 발광하는 와편모충이 생존에 발광하지 않는 경우보다 유리하다는 내용이 적절하다고 할 수 있다. 선지의 발광하지 않는 와편모충을 잡아먹는 요각류가 잡아먹힐 위험성이 더욱 높다면 발광하지 않는 와편모충이 발광하는 경우보다 생존에 유리하다는 내용이 된다.

② 2문단의 실험은 1문단에 따라 와편모충의 포식자인 요각류와 요각류의 포식자인 가시고기를 활용해 와편모충의 생존률에 대한 분석이 목적이라고 할 수 있다. 1문단의 요각류가 잡아먹힐 위험성을 실험하기 위해 ⓒ에 요각류를 세는 내용이 나오는 것이 맥락상 적절하다고 할 수 있다.

④ ② 앞의 '원생생물이 자신을 잡아먹는 동물에게 포식 위협을 증가시킴으로써 잡아먹히는 것을 회피할 수 있음을 시사한다.'와 뒤의 이때 발광하는 와편모충은 요각류의 저녁 식사가 될 확률이 낮아진다는 정보를 바탕으로 ②에는 빛을 내는 와편모충의 생존에 유리한 내용이 들어가는 것이 맥락상 적절하다. ②의 요각류가 도망치는 행위는 와편모충의 생존에 유리한 행위라고 할 수 있다.

⑤ 1~3문단에 비추어 와편모충의 빛을 내는 행위는 요각류가 그 포식자에게 잡아먹힐 위험성을 높이기 위한 장치라고 할 수 있다. ⑩에는 원생생물의 포식자의 포식자에게 알리는 행위가 내용으로 들어오는 것이 맥락상 적절하다고 할 수 있다.

실험에 관련된 문제나 글의 맥락에 관련된 문제를 해결할 때는 문제의 답이 하나라는 사실을 유념할 필요가 있다. 특히나 하나의 적절한 선지를 고르는 위 문제와 같은 경우 나머지 선지의 내용이 적절하지 않고, 오히려 지문의 내용이 적절하다는 것을 바탕으로 내용을 보다 쉽게 이해할 수 있다.

08

답 ④

난도 ★

정답해설

㉠ 1문단에 따르면 전투기 전체에 철갑을 두르는 것이 가능하지 않다. 또한 교전을 마치고 돌아온 전투기에 총알구멍이 동체 쪽에 더 많았다는 정보 역시 제시되어 있다. 첫 문장의 쏠림 현상을 군 장성들이 2문단의 수학자들과 다르게 고려하지 않았다는 글의 맥락상 ㉠에 전투기에서 총알을 많이 맞는 동체 쪽에 철갑을 집중해야 충분한 보호 효과를 볼 수 있다는 내용이 들어가는 것이 적절하다고 할 수 있다.

㉡ 1문단에 따르면 표본 선정의 쏠림 현상이란 표본이 무작위로 선정되지 않고 편향성을 가지는 현상이다. 2문단에 따르면 엔진 부분에 총알을 맞은 전투기는 귀환하기 어려워 전투기에 표본 선정의 쏠림 현상이 나타나고 있다. 그러므로 ㉡에는 장성들의 표본이 무작위로 선정되었을 것이라는 기대에 대한 내용이 들어가는 것이 적절하다. 출격한 전투기 전체에서 무작위로 추출된 표본이라는은 그러한 내용에 부합한다고 할 수 있다.

오답해설

㉠ '전투기에서 가장 중요한 엔진 쪽에만 철갑을 둘러도 충분한 보호 효과를 볼 수 있다는'은 1문단의 '교전을 마치고 돌아온 전투기에는 많은 총알구멍이 있었지만, 기체 전체에 고르게 분포된 것은 아니었다. 총알구멍은 동체 쪽에 더 많았고 엔진 쪽에는 그다지 많지 않았다.'는 정보와 반대되는 해석이라고 할 수 있어 적절하지 않다.

ⓒ '전투기의 철갑 무게를 감당할 만큼 충분히 강력한 엔진을 달아야 한다는'은 1~3문단에 따라 나타나는 표본 선정의 쏠림 현상과 무관한 내용이라고 할 수 있어 적절하지 않다.

ⓛ '출격한 전투기 일부에서 추출된 편향된 표본이라는'은 군 장성들이 표본 선정의 쏠림 현상을 고려했다는 내용이라고 할 수 있다. 2문단의 수학자들의 주장을 1문단과 대비시킨 글의 맥락을 고려할 때 적절하지 않다고 할 수 있다.

📖 **합격생 가이드**

빈칸을 채워야 하는 문제의 경우 선지는 똑같이 5개지만 오히려 ⓒ, ⓛ별로 고려해야 하는 선지는 다른 유형에 비해 훨씬 적다는 점을 알 수 있다. 그러므로 주제를 바탕으로 맥락에 적절한 내용을 찾는 것이 어렵다고 한다면 하나씩 대입해서 가장 적절한 대상을 찾는 방법이 오히려 더 빠를 때도 있어 해결할 때 대입해서 푸는 것을 고민해 볼 필요가 있다.

09

정답 ④

난도 ★

정답해설

④ 선지의 발언자의 익명성 보장은 침묵의 유형 중 4문단의 외부 위협으로부터 자신을 보호하거나 자신을 향한 보복을 당하지 않기 위해 조직과 관련된 부정적인 정보나 의견을 억누르는 적극적인 성격의 행위인 방어적 침묵과 관련 있다고 할 수 있다. 4문단에 따라 친사회적 침묵은 철저하게 나를 배제한 판단 아래에서 이뤄지는 행위이다. 그러므로 익명성 보장은 친사회적 침묵과 관련성이 없고 오히려 방어적 침묵과 관련된 내용이라고 할 수 있다.

오답해설

① 1문단에 따르면 변화가능성에 대한 실효성이 침묵 결정 여부에 영향을 준다고 한다. 2문단에 따르면 묵종적 침묵이란 조직의 부정적 이슈 등과 관련된 정보나 의견 등을 가지고 있지만 이를 알리거나 표출할 행동 유인이 없어 표출하지 않는 행위이다. 또한 2문단에 따르면 이는 현실을 바꾸려는 의지를 상실한 체념의 의미를 내포하고 있어, 방관과 유사하다고 한다. 선지의 구성원들의 발언이 조직의 의사결정에 반영되는 정도가 커지는 경우 1문단의 실효성이 확대되고 구성원들의 체념 내지 방관을 완화되어 묵종적 침묵이 감소한다고 볼 수 있다.

② 3문단에 따르면 외부 위협으로부터 자신을 보호하거나 자신을 향한 보복을 당하지 않기 위해 조직과 관련된 부정적인 정보나 의견을 억누르는 적극적인 성격의 행위는 방어적 침묵이다. 선지의 발언의 영향으로 자신의 안전이 걱정되어 침묵하는 경우는 방어적 침묵의 사례에 해당한다고 볼 수 있다.

③ 2문단에 따르면 조직의 부정적 이슈 등과 관련된 정보나 의견 등을 가지고 있지만 이를 알리거나 표출할 행동 유인이 없어 표출하지 않는 행위는 묵종적 침묵이다. 또한 2문단에 따르면 이는 현실을 바꾸려는 의지를 상실한 체념의 의미를 내포하고 있어, 방관과 유사하다고 볼 수 있다. 선지의 발언의 실효성이 낮을 것으로 판단하여 침묵하는 경우는 묵종적 침묵의 사회라고 볼 수 있다.

⑤ 1문단에 따르면 구성원이 침묵 여부를 결정하는 데 해당 조직의 문화 아래에서 보복과 관련한 안전도와 변화 가능성에 대한 실효성 등을 고려한다는 정보가 제시되어 있다. 2문단의 묵종적 침묵과 3문단의 방어적 침묵에 비추어 실효성이 낮거나 안전도가 낮은 경우 침묵이 증가한다고 볼 수 있다. 한편 1문단에 따르면 구성원이 침묵을 택하는 경우 구성원들의 정신건강과 신체에 악영향을 미칠 수 있다는 정보가 제시되어 있다. 그러므로 선지의 발언의 안전도와 실효성이 낮은 조직일수록 구성원이 침묵할 가능성이 높고, 침묵을 선택할수록 구성원의 건강은 악화될 수 있다.

📖 **합격생 가이드**

세 가지 침묵 유형이 상당히 명시적으로 나누어져 있는, 해결이 용이한 문제이다. 정답 선지의 경우 서로 다른 유형에 대한 설명을 결합하여 구성했을 가능성이 높아 각 침묵별 내용을 구별하는 데 주의하여 문제에 접근할 필요가 있다. ⑤와 같이 활용되지 않는 지문이라고 판단했던 1문단을 활용한 선지가 나올 수 있는 만큼 관련 정보를 독해하는 데 어느 정도 주의를 기울일 필요가 있다.

10

정답 ①

난도 ★★★

정답해설

ㄱ. 지문에 따르면 B곤충은 A식물의 잎을 갉아먹어 광합성산물의 생산량을 감소시킨다. 또한 지문에 따르면 A식물이 만들어내는 종자의 수는 광합성 산물의 양에 비례한다. 실험에 따르면 B곤충을 차단한 실험에서 끈적한 개체가 매끄러운 개체보다 종자를 45% 더 적게 생산했으나 B곤충이 침입하는 실험에서는 매끄러운 개체와 끈적한 개체가 생산한 종자의 수 사이에 의미 있는 차이는 나타나지 않았다.라고 한다. 이를 종합하면 B곤충의 침입이라는 결과로 B곤충은 매끄러운 식물을 더 많이 갉아먹었고 그 결과 상대적으로 많은 양의 광합성 산물이 감소해 종자 수 역시 더 큰 폭으로 감소했다고 볼 수 있다.

오답해설

ㄴ. 지문에 따르면 B곤충은 A식물의 잎을 갉아먹어 광합성산물의 생산량을 감소시킨다. 실험의 'B곤충이 침입하는 조건에서 매끄러운 개체는 끈적한 개체보다 잎이 더 많이 갉아먹혔다.'에서 매끄러운 식물의 잎이 B곤충에게 갉아먹혔다는 사실을 알 수 있다. 그러므로 B곤충이 있는 환경에서 광합성 산물이 더 적다고 할 것이다.

ㄷ. 지문에 따르면 A식물이 만들어내는 종자의 수는 광합성 산물의 양에 비례한다. 또한 끈적한 식물은 종자 생산에 사용해야 할 광합성 산물의 일정량을 끈적한 당액의 분비에 소모한다는 정보가 제시되어 있다. 따라서 다른 모든 조건이 동일한 경우 끈적한 A식물이 생산한 종자 수는 매끈한 A식물이 생산한 종자 수보다 적다고 할 수 있다. 이는 실험의 B곤충이 차단된 경우에서 확인된다. 하지만 실험의 B곤충이 있는 환경에서는 위 관계가 성립하지 않는다. 오히려 매끄러운 개체와 끈적한 개체가 생산한 종자의 수 사이에 의미 있는 차이는 나타나지 않았다는 정보와 지문의 정보를 결합하여 양자의 종자 생산에 소모한 광합성 산물의 양이 유사하다는 사실을 알 수 있다.

📖 **합격생 가이드**

실험에 대한 문제에 있어 가장 중요한 것은 비교집단과 대상집단 사이 존재하는 유의미한 차이점이 무엇인지 찾는 것이다. 문제의 실험에서 식물의 종류와 B곤충의 존재 여부에 따라 총 4가지 실험 집단으로 구분되며, 그에 따라 종자 수의 차이가 나타난다는 사실을 유념하여 접근한다면 보다 정확한 해결이 가능할 것이다.

11

정답 ③

난도 ★★★

정답해설

ㄱ. 3문단에 따르면 단순입방격자 방식은 배열 상태를 제1층과 동일한 상태로 공의 중심이 같은 수직선 상에 놓이도록 배치한다는 사실을 알 수 있다. 수

직으로 접하는 두 공 사이 수평선을 가정할 때, 위층과 아래층의 빈틈은 정확히 대칭적이라는 사실을 추론할 수 있다. 따라서 단순입방격자 방식에서 각층의 효율성은 같다. 3문단에 따르면 단순입방격자 방식의 효율성은 53%이다. 앞서 추론한 사실을 바탕으로 1층만의 효율성 역시 53%라는 것을 추론할 수 있다. 3문단에 따르면 6각형격자 방식이란 '각각의 층을 인접입방격자 방식에 따라 배열한 뒤에 층을 쌓을 때는 단순입방격자 방식으로 쌓는 것'이며 효율성은 60%이다. 제1층만을 따지면 인접입방격자 방식과 6각형격자 방식은 동일한 형태이며, 앞서 도출한 추론을 바탕으로 제1층만을 고려한 인접입방격자 방식의 효율성이 60%라는 것을 알 수 있다.

ㄴ. 3문단에 따르면 단순입방격자 방식이란 수평면 상에서 하나의 공이 네 개의 공과 접하도록 배치하고 위아래 배열을 동일한 상태의 공의 중심이 같은 수직선 상에 놓이도록 배치하는 방식이다. 이 경우 최대 접할 수 있는 공의 개수는 1층이나 제일 높은 층이 아닌 임의의 층의 가운데 놓인 공의 경우로 동일 층에 위치한 4개와 위아래 하나씩 총 6개의 공과 접하는 것이 최대이다.

오답해설

ㄷ. 3문단에 따르면 단순입방격자 방식은 배열 상태를 제1층과 동일한 상태로 공의 중심이 같은 수직선 상에 놓이도록 배치한다는 사실을 알 수 있다. 수직으로 접하는 두 공 사이 수평선을 가정할 때, 위층과 아래층의 빈틈은 정확히 대칭적이라는 사실을 추론할 수 있다. 따라서 단순입방격자 방식에서 각층의 효율성은 같다. 3문단에 따르면 단순입방격자 방식의 효율성은 53%이다. 앞서 추론한 사실을 바탕으로 각층의 개별 효율성 역시 53%라는 것을 추론할 수 있다. 3문단에 6각형격자 방식이란 '각각의 층을 인접입방격자 방식에 따라 배열한 뒤에 층을 쌓을 때는 단순입방격자 방식으로 쌓는 것'이며 효율성은 60%이다. 마찬가지로 각층의 효율성은 60%라고 할 수 있다. 그러므로 어느 층을 비교하더라도 단순입방격자 방식이 6각형격자 방식보다 효율성이 낮다.

합격생 가이드

어느 정도 공간지각력이 필요한 문제라고 생각한다. 공간지각력이 없다면 문제를 해결함에 있어 상당한 어려움이 있거나 시간을 많이 할애해야 해결할 수 있을 것이다. 이 경우 가장 쉬운 선지를 우선적으로 접근해 주어진 선지 조합을 활용한 해결이 나올 것이다. ㄱ에 대해서 확실한 판단을 내리기는 힘드나 ㄷ를 추론할 수 없다는 판단은 좀 더 용이하게 할 수 있다고 생각한다. 그 이후 ㄴ에 대한 해결만 하면 되니 가장 애매한 ㄱ을 회피할 수 있어 대안적 접근이 가능하다.

12

답 ⑤

난도 ★★

정답해설

⑤ ㉡을 참이라고 받아들인다고 가정하자. 즉 비물질적 실체라는 용어가 지칭하는 대상이 존재하지 않는다면, ㉠의 대우에 따라 비물질적 실체는 의미 있는 용어가 아니다. 그러한 경우 ㉢에 따라 비물질적 실체가 존재하는가에 대해 긍정도 부정도 할 수 없다. 하지만 이 결론은 ㉣과 모순된다. 따라서 최초에 가정한 ㉡이 거짓이라는 점을 보일 수 있다.

오답해설

① ㉠을 조건언의 형태로 나타내면 다음과 같다; '의미 있는 용어' → '지칭하는 대상 존재'. ㉤이 가정하는 어떤 용어는 의미 있는 용어인 동시에 지칭하는 대상이 존재하지 않는다. 그러므로 ㉤은 ㉠의 반례라고 할 수 있다.

② ㉤이 참이라고 가정하자. ㉠을 조건언의 형태로 나타내면 다음과 같다; '의미 있는 용어' → '지칭하는 대상 존재'. ㉤이 가정하는 어떤 용어는 의미 있는 용어인 동시에 지칭하는 대상이 존재하지 않는다. 그러므로 ㉤은 ㉠의 반례

라고 할 수 있다. 따라서 ㉠은 거짓이다. 그 대우도 성립하기 때문에 선지의 진리값 관계가 존재하지 않는다.

③ ㉣이 참이라고 가정하자. ㉢의 대우에 따라 비물질적 실체는 의미 있는 용어이다. 이 결론은 ㉤과도 충돌하지 않는다. 따라서 ㉢과 ㉤이 참이면서 ㉣이 거짓이 되지 않는 것이 가능하다.

④ ㉠과 ㉡이 참인 경우 비물질적 실체는 의미 없는 단어이다. 이 경우 ㉢에 따라 비물질적 실체가 존재하는가에 대해 긍정도 부정도 할 수 없다. 그러나 이는 ㉣의 부정이다. 따라서 ㉠, ㉡, ㉢이 참이면 ㉣이 반드시 거짓이라고 할 수 있다.

합격생 가이드

'~반드시 거짓이다.' 형식의 선지는 기존 논리문제나 글의 논리적 구조에 관한 문제에서 자주 나오는 선지 형식이 아니라고 할 수 있다. 그 적절성에 대해 판단함에 있어 기호화가 익숙하지 않은 수험생은 결론을 부정하는 가정으로부터 주어진 전제를 결합했을 때 동시에 참인 경우가 가능한지, 즉 일관성이 존재하는지 확인하는 방식으로 실수를 줄일 수 있다.

13

답 ③

난도 ★

정답해설

제시문의 내용을 정리하면 다음과 같다.

- 조건1: 요가교실 운영 → 3명 이상 신청
- 조건2: F
- 조건3: C → G
- 조건4: D → ~F
- 조건5: A∨C → ~E
- 조건6: G∨B → A∨D

ㄱ. 어떤 사무관의 신청이 다른 사무관의 미신청으로 이어지는 것은 조건4, 5 둘뿐이다. 조건2와 조건4에 따라 D가 신청하지 않는다는 정보를 알 수 있다. 조건5의 대우를 취하고 E가 신청하는 경우보다 E가 신청하지 않는 경우 신청자가 더 많다. 이때 최대 신청 가능 인원은 D와 E를 제외한 5명이다.

ㄴ. 선지의 내용은 'G와 B 중 적어도 한 명이 신청하는 경우가 아니라면 요가교실은 운영되지 않는다.'라고 표현할 수 있다. G와 B가 모두 신청하지 않는다고 가정하자. 조건3의 대우에 따라 C가 신청하지 않는다. 조건2, 4에 따라 D가 신청하지 않는다. 그러나 이외 사무관 A, E 모두가 신청하는 것은 조건5에 의해 가능하지 않다. 따라서 가능한 신청 사무관의 조합은 (A, F), (E, F), (F) 3가지이며 모든 경우 요가교실이 운영되지 않는다.

오답해설

ㄷ. A가 신청하지 않는다고 가정하자. 조건2, 4에 따라 D가 신청하지 않는다. 조건6의 대우에 따라 G와 B 모두 신청하지 않는다. 조건3에 따라 C가 신청하지 않는다. 그러나 E의 신청 여부에 대해 알 수 없다. A가 신청하지 않는 것과 E가 신청하는 것은 동시에 참일 수 있다.

합격생 가이드

선지가 조건문 형태로 주어진다면 다양한 조합이 가능할 것이라고 예상할 수 있다. 이 문제의 경우 설명문 사이에 조건을 숨기고 이를 활용했으나 상당히 쉬운 수준의 논리 문제라고 할 수 있다. 따라서 조건을 정리한 후 선지를 해결했다면 어렵지 않게 풀 수 있었을 것이다.

14

답 ①

난도 ★★

정답해설

① 첫 번째, 세 번째 조건을 통해 목요일에 을 또는 정이 태어났다는 사실을 알 수 있다. 을이 목요일에 태어났다고 가정하자. 네 번째 조건에 의해 수요일에 태어난 아이는 B의 아이이다. 첫 번째와 다섯 번째 조건에 의해 정은 월요일에 태어날 수 없다. 두 번째 조건에 의해 갑은 월요일에 태어났고 병은 수요일에 태어났다. 한편 정이 목요일에 태어났다고 가정하자. 네 번째와 다섯 번째 조건에 따라 B의 아이는 화요일에 태어났고 A의 아이는 월요일에 태어났다. 따라서 D의 아이인 을은 수요일에 태어났다.

오답해설

② 첫 번째, 세 번째 조건을 통해 목요일에 을 또는 정이 태어났다는 사실을 알 수 있다. 정이 목요일에 태어났다고 가정하자. 네 번째와 다섯 번째 조건에 따라 B의 아이는 화요일에 태어났고 A의 아이는 월요일에 태어났다. 따라서 D의 아이인 을은 수요일에 태어났다. A와 B의 아이는 갑 또는 병이다. A의 아이가 병이라고 하더라도 주어진 다른 조건에 위배되지 않는다. 이 경우 병은 을보다 이틀 일찍 태어났다.

③ 첫 번째, 세 번째 조건을 통해 목요일에 을 또는 정이 태어났다는 사실을 알 수 있다. 정이 목요일에 태어났다고 가정하자. 네 번째와 다섯 번째 조건에 따라 B의 아이는 화요일에 태어났고 A의 아이는 월요일에 태어났다. 따라서 D의 아이인 을은 수요일에 태어났다.

④ 첫 번째, 세 번째 조건을 통해 목요일에 을 또는 정이 태어났다는 사실을 알 수 있다. 정이 목요일에 태어났다고 가정하자. 네 번째와 다섯 번째 조건에 따라 B의 아이는 화요일에 태어났고 A의 아이는 월요일에 태어났다. 따라서 D의 아이인 을은 수요일에 태어났다. A와 B의 아이는 갑 또는 병이다. A의 아이가 병이라고 하더라도 주어진 다른 조건에 위배되지 않는다.

⑤ 첫 번째, 세 번째 조건을 통해 목요일에 을 또는 정이 태어났다는 사실을 알 수 있다. 을이 목요일에 태어났다고 가정하자. 네 번째 조건에 의해 수요일에 태어난 아이는 B의 아이이다.

◆ 합격생 가이드

표를 활용해서 해결하는 방식이 정답률을 가장 높일 수 있다고 생각한다. 기출 속 논리문제의 분량상 시험지 문제 하단에는 항상 상당한 여백이 있으니 이를 활용하여 조건을 해석해 아래와 같은 표를 작성한다면 보다 용이한 해결이 가능하다.

	월	화	수	목
A		✕	✕	갑∨병
B	✕	✕	✕	갑∨병
C	✕	✕		정
D	✕	✕		을

15

답 ④

난도 ★★

정답해설

제시문의 내용을 정리하면 다음과 같다.
(단, ∀x: 보편양화사, ∃x: 존재양화사)

- 조건1(갑의 첫 번째 발언): (∀x)(A → B)
- 조건2(갑의 첫 번째 발언): (∀x)(~D → C)
- 조건3(을의 첫 번째 발언): (∃x)(C∧~B)
- 조건4(을의 두 번째 발언): (∃x)(~A∧~B∧C∧~D)
- 조건5(을의 세 번째 발언): (∃x)(D)

㉠ 조건3과 조건1의 대우에 따라 조건3의 임의의 후보 물질은 A그룹에서도 항체를 형성하지 않는다는 사실을 알 수 있다. 따라서 ㉠의 내용은 이를 바탕으로 해당 임의의 후보 물질이 D그룹에서도 항체를 생성하지 않는다는 결론을 도출할 수 있는 정보로 구성되어야 할 것이다. 이를 만족하는 것은 ③과 ④의 'D그룹에서 항체를 생성한 후보 물질은 모두 A그룹에서 항체를 생성했다.'와 ⑤의 'D그룹에서 항체를 생성한 후보 물질은 모두 B그룹에서 항체를 생성했다.'이다.

㉡ 조건5의 물질이 D그룹에서 항체를 생성했다는 점에서 해당 물질이 조건4의 임의의 물질과 같을 수 없다는 것을 알 수 있다. 따라서 ㉡은 조건1, 2와 결합하여 조건5를 도출할 수 있는 내용을 담고 있어야 한다. 'C그룹에서 항체를 생성하지 않은 후보 물질이 있다.'는 '(∃x)(~C)'라고 기호화할 수 있는데 이는 조건2의 대우와 결합하여 해당 물질이 D그룹에서 항체를 생성한다는 결론으로 이어진다. 따라서 적절하다고 할 수 있다.

오답해설

㉠ 'B그룹에서 항체를 생성한 후보 물질은 없다.'는 '(∀x)(~B)'라고 기호화 할 수 있다. 이 조건과 조건3 어느 하나를 사용하더라도 D그룹의 항체 생성 여부에 대해 결론 내릴 수 없다. 정보를 바탕으로 조건4를 도출할 수 없는 바 적절하지 않다.

㉡ 조건5의 물질이 D그룹에서 항체를 생성했다는 점에서 해당 물질이 조건4의 임의의 물질과 같을 수 없다는 것을 알 수 있다. ①의 ㉡은 조건1, 2, 3과 결합하여 조건5를 도출할 수 있으나 조건4에 위배된다는 점에서 적절하지 않다. ②, ③, ⑤의 ㉡은 주어진 조건들과 결합하여 조건5를 도출할 수 없어 적절하지 않다.

◆ 합격생 가이드

존재양화사(예 어떤 ~이 존재한다)와 보편양화사(예 모든 ~는 ~이다)를 활용한 기출문제가 몇 개년 사이 증가하고 있는 추세이다. 존재양화사를 가지는 결론을 도출해야 하는 경우 몇 가지 예외를 제외하고는 전제에서 존재양화사를 요구한다는 생각을 가지고 문제에 접근하는 것이 신속한 문제 해결에 유리하다.

16

답 ①

난도 ★

정답해설

① 갑의 주장은 '확률 증가 원리가 성립하는 상관관계와 인과관계는 동치이다.'라고 할 수 있다. 병의 주장은 '공통 원인의 부존재가 전제된다면 확률 증가 원리가 성립하는 상관관계와 인과관계는 동치이고 공통 원인은 존재하지 않는다.'라고 할 수 있다. 따라서 갑과 병 모두 인과관계가 성립하면 상관관계가 성립한다고 할 수 있다.

오답해설

② 병의 주장은 '공통 원인의 부존재가 전제된다면 확률 증가 원리가 성립하는 상관관계와 인과관계는 동치이고 공통 원인은 존재하지 않는다.'라고 할 수 있다. 확률 증가 원리가 성립하지 않는 상관관계가 성립하는 경우 인과관계에 관한 병의 주장을 확인할 수 없다.

③ 병의 주장은 '공통 원인의 부존재가 전제된다면 확률 증가 원리가 성립하는 상관관계와 인과관계는 동치이고 공통 원인은 존재하지 않는다.'라고 할 수 있다. 이때 공통 원인이 존재하는 경우 상관관계만으로 인과관계를 추론할 수 없다는 주장 역시 제시되어 있다.

④ 갑의 주장은 '확률 증가 원리가 성립하는 상관관계와 인과관계는 동치이다.'라고 할 수 있다. 을의 주장은 '확률 증가 원리가 성립하는 상관관계라 하더라도 인과관계가 성립하지 않는 경우가 존재한다.'라고 할 수 있다. 을의 주장은 갑이 인과관계라고 인정하는 사례 중 반례가 존재할 수 있다는 주장이라고도 볼 수 있다.

⑤ 갑의 주장은 '확률 증가 원리가 성립하는 상관관계와 인과관계는 동치이다.'라고 할 수 있다. 병의 주장은 '공통 원인의 부존재가 전제된다면 확률 증가 원리가 성립하는 상관관계와 인과관계는 동치이고 공통 원인은 존재하지 않는다.'라고 할 수 있다. 공통 원인이 존재하지 않는 경우 갑과 병의 인과관계 성립 여부에 대한 판단은 동일하다고 할 수 있다. 공통 원인이 존재하는 경우 갑은 인과관계가 성립한다고 판단하는 한편 병은 인과관계가 성립하지 않는다고 판단할 것이다. 그러므로 인과관계가 성립한다고 인정하는 사례는 갑이 병보다 더 많거나 같다.

📖 **합격생 가이드**

> 주장이 짧고 논쟁의 내용이 간단해 답을 찾는 데 어려움이 없을 것으로 예상된다. 논쟁 유형의 문제를 대응함에 있어 각 주장이 어떤 쟁점에서 충돌하고, 어떤 쟁점에서 서로 동의하는지 유념하면서 지문을 분석한다면 보다 수월한 문제 풀이가 가능하다

17

답 ④

난도 ★★

[정답해설]

④ 1문단에 따르면 연천의 전곡리 유적은 주먹도끼가 우리나라에서 처음 발견된 유적지이다. 또한 1문단에 따르면 주먹도끼는 전기 구석기 시대의 대표적인 석기이다. ㉠은 모비우스 라인 동쪽에서는 주먹도끼가 나타나지 않은 찍개 문화권으로 서쪽보다 인류의 지적 · 문화적 발전 속도가 뒤떨어졌다는 주장이다. 그러므로 학술 연구를 통해 전곡리 유적이 전기 구석기 시대의 유적으로 확증이 이루어진다면 ㉠의 모비우스 라인 동쪽에서 주먹도끼가 발견된 것으로 찍개 문화권이라는 주장을 반증한다고 할 수 있다.

[오답해설]

① ㉠은 모비우스 라인 동쪽에서는 주먹도끼가 나타나지 않은 찍개 문화권으로 서쪽보다 인류의 지적 · 문화적 발전 속도가 뒤떨어졌다는 주장이다. 그러나 두개골 크기에 대한 논의는 ㉠이나 지문에서 찾을 수 없다.

② 2문단에 따르면 주먹도끼를 만들기 위해서는 형식적 조작기 수준의 인지 능력이 필요하다. ㉠은 모비우스 라인 동쪽에서는 주먹도끼가 나타나지 않은 찍개 문화권으로 서쪽보다 인류의 지적 · 문화적 발전 속도가 뒤떨어졌다는 주장이다. 두 정보를 결합하면 ㉠은 모비우스 라인 동쪽에는 형식적 조작기 수준의 인지 능력을 갖춘 인류가 부족했다고 할 수 있다. 그러므로 형식적 조작기 수준의 인지 능력을 가진 인류가 구석기 시대에 동아시아에서 유럽으로 이동했다는 것은 오히려 ㉠을 약화한다고 할 수 있다.

③ 2문단에 따르면 주먹도끼를 만들기 위한 과정을 고려할 때 구석기인들의 지적 수준이 계획과 실행이 가능한 수준으로 도약했다는 것을 확인해 주는 부분이라는 정보가 제시되어 있다. 또한 2문단에 따르면 '주먹도끼를 제작할 수 있다는 것은 추상적 사고를 할 수 있으며 그런 추상적 개념을 언어로 표현하고 대화할 수 있다는 것을 의미한다.'라는 정보가 제시되어 있다. ㉠은 모비우스 라인 동쪽에서는 주먹도끼가 나타나지 않은 찍개 문화권으로 서쪽보다 인류의 지적 · 문화적 발전 속도가 뒤떨어졌다는 주장이다. 계획과 실행

을 할 수 있는 지적 수준의 인류가 거주했던 증거가 동아시아 전기 구석기 유적에서 발견되고는 오히려 ㉠을 약화한다고 할 수 있다.

⑤ 2문단에 따르면 주먹도끼의 용도로 사냥감의 가죽을 벗겨 내고, 구멍을 뚫고, 빻거나 자르는 등 다양한 작업이라고 제시하고 있다. ㉠은 모비우스 라인 동쪽에서는 주먹도끼가 나타나지 않은 찍개 문화권으로 서쪽보다 인류의 지적 · 문화적 발전 속도가 뒤떨어졌다는 주장이다. ㉠은 용도에 따른 지역간 차이에 대한 주장을 하고 있지 않다고 할 수 있다. 그러므로 동아시아에서는 주로 열매를 빻기 위해 석기를 제작하였고 모비우스 라인 서쪽에서는 주로 짐승 가죽을 벗기기 위해 석기를 제작하였다는 것은 ㉠과 무관한 내용이라고 할 수 있다.

📖 **합격생 가이드**

> 강화, 약화 유형 문제를 해결하기 위해 가장 주목해야 할 대상은 강화 및 약화의 대상이 되는 주장이다. ㉠과 같이 대상이 지문의 뒷부분에 제시되어 있는 경우에는 우선 ㉠ 등이 정확히 어떤 주장이고 본문 나머지 부분과 어떻게 대응되는지 유의하면서 독해한다면 보다 정확한 문제 해결이 가능하다.

18

답 ②

난도 ★★★

[정답해설]

제시문의 내용을 정리하면 다음과 같다.

- A: 인간에게 인식적 의무가 있다.
- B: 자신의 의지만으로 어떤 믿음을 가질지 정할 수 있다.
- 전제1: A → B
- 전제2: ~B
- 결론: ~A

ㄴ. 보기 상 ㄴ의 '내 의지로는 믿고 싶지 않음에도 불구하고 믿을 수밖에 없는 경우들이 있다.'는 전제2와 같은 주장을 내용으로 하는 선지라고 할 수 있다(~B).

[오답해설]

ㄱ. 보기 상 ㄱ의 '인간에게 인식적 의무가 없다는 것과 어떤 경우에는 자신의 의지만으로 어떤 믿음을 가질지 정할 수 있다는 것은 양립할 수 없다.'는 '인간에게 인식적 의무가 있다는 명제와 자신의 의지만으로 어떤 믿음을 가질지 정할 수 없다는 명제가 거짓이라는 명제는 동시에 참일 수 없다.'라고 표현할 수 있다. 이를 기호화하면 다음과 같다; (~(~A∧B)). 이는 (A∨~B)와 동치라고 할 수 있는데 인간에게 인식적 의무가 있다고 주장하는 경우 논증을 약화하는 한편 ㄱ과 양립할 수 있다.

ㄷ. 보기 상 ㄷ의 '인간에게 인식적 의무가 있다는 것과 항상 우리가 자신의 의지만으로 어떤 믿음을 가질지 정할 수 있다는 것은 양립할 수 없다.'는 '인간에게 인식적 의무가 있다는 명제와 자신의 의지만으로 어떤 믿음을 가질지 정할 수 있다는 명제가 동시에 참일 수 없다.'라고 표현할 수 있다. 이를 기호화한다면 다음과 같다; (~(A∧B)). 이는 (~A∨~B)와 동치이다. 인식적 의무가 있다는 명제가 거짓인 경우 전제1 또는 전제2를 강화하지 않으면서 ㄷ과 양립할 수 있다.

⬡ 합격생 가이드

논증의 형식으로 강화 및 약화의 대상이 제시되어 있을 때에는 ㄷ과 같은 선지에 주의를 기울야 한다. 전제와의 내용적 일치가 없이 결론과 동치인 경우 논증을 강화한다고 주장할 수가 없기 때문에 ㄷ은 논증을 강화한다고 할 수 없다. 똑같은 결론을 얘기한다고 해서 논리적 과정이 상이한 두 주장이 서로를 강화한다고 얘기할 수 없다는 점을 유의하자.

19

답 ⑤

난도 ★

정답해설

⑤ ㉠ 이후의 지문에 따르면 X에 따라 A1, A2, A3 중 도덕적으로 올바른 행위가 무엇인지 적절하게 판단할 수 없어야 한다. 선지의 행위가 그 행위자가 선택할 수 있는 다른 모든 행위에 비해 많은 행복을 산출하고 동시에 적은 고통을 산출이라는 기준에 따를 때 A1이 가장 많은 행복을 제공한다. 그러나 A1은 세 가지 선택지 중 가장 많은 고통을 산출한다. 반면 가장 적은 고통을 산출하는 A3의 경우 가장 적은 행복을 산출한다. 그러므로 선지의 기준에 따라 선택지 중 무엇이 도덕적으로 올바른 행위인지 알 수 없다.

오답해설

① ㉠ 이후의 지문에 따르면 X에 따라 A1, A2, A3 중 도덕적으로 올바른 행위가 무엇인지 적절하게 판단할 수 없어야 한다. 선지의 기준에 따라 A1, A2, A3 모두 도덕적으로 올바르다.

② ㉠ 이후의 지문에 따르면 X에 따라 A1, A2, A3 중 도덕적으로 올바른 행위가 무엇인지 적절하게 판단할 수 없어야 한다. 선지의 기준에 따라 A1, A3가 도덕적으로 올바르다.

③ ㉠ 이후의 지문에 따르면 X에 따라 A1, A2, A3 중 도덕적으로 올바른 행위가 무엇인지 적절하게 판단할 수 없어야 한다. 선지의 기준에 따라 A1, A2, A3 모두 도덕적으로 올바르다.

④ ㉠ 이후의 지문에 따르면 X에 따라 A1, A2, A3 중 도덕적으로 올바른 행위가 무엇인지 적절하게 판단할 수 없어야 한다. 선지의 기준에 따라 A1, A3가 도덕적으로 올바르다.

⬡ 합격생 가이드

빈칸의 위치에 따라 빈칸 전의 지문보다 후의 지문이 더 중요한 때도 있다. 이 문제와 같이 이후 표와 내용에 따라 ㉠의 내용이 결정될 때는 이후 내용을 정확히 파악해서 선지의 내용에 따라 도덕적으로 올바른 행위가 결정되고 ㉠에는 아무런 결론도 나오지 않는 선지가 들어와야 한다는 사실을 미리 알아야 정확한 해결이 가능하다.

20

답 ③

난도 ★★

정답해설

갑. 지문에 따르면 Y의 입장은 (행복－고통)인 유용성이 제일 큰 선택지가 도덕적으로 올바르고 이러한 입장을 취하는 경우 X와 같이 선택하지 못하는 경우가 없다는 주장이다. A1의 유용성은 40, A2의 유용성은 40, A3의 유용성은 400이므로 지문의 X와 마찬가지로 도덕적으로 올바른 선택지를 고를 수 없다.

을. 지문에 따르면 Y의 입장은 (행복－고통)인 유용성이 제일 큰 선택지가 도덕적으로 올바르고 이러한 입장을 취하는 경우 X와 같이 선택하지 못하는 경

우가 없다는 주장이다. 을의 주장에 따르면 Y의 판단 기준이 되는 유용성이 선택 이후에도 유지되는 절대적인 기준이 아니라는 주장이라고 할 수 있다. 그러므로 을의 반박에 따르면 Y의 기준을 따르더라도 올바른 선택을 하지 못하는 경우가 있을 수 있다.

오답해설

병. 지문에 따르면 Y의 입장은 (행복－고통)인 유용성이 제일 큰 선택지가 도덕적으로 올바르고 이러한 입장을 취하는 경우 X와 같이 선택하지 못하는 경우가 없다는 주장이다. Y의 입장에 따르면 유용성이 음수가 나오더라도 가장 큰 값이라면 도덕적으로 올바른 행위이다. 그러므로 적절한 반박이 아니라고 할 수 있다.

⬡ 합격생 가이드

Y의 입장은 크게 2부문으로 나누어져 있다는 것을 명심해야 정확한 문제 풀이가 가능하다. 갑의 주장의 경우 판단 기준에 관한 반박이고, 을의 주장은 판단 기준의 절대성에 대한 반박이다. 하나의 부문만을 고려하여 한쪽을 제외하는 실수는 피해야 한다.

21

답 ②

난도 ★

정답해설

② 2문단에 따르면 실시 여부를 수령이 재량으로 결정한 진제 방식은 사진이다. 2문단에 따르면 사진은 관곡을 사용하지 않았다.

오답해설

① 3문단에 따르면 초실이란 본래 가계가 넉넉한 사람이고 자활은 농사 이외의 다른 직업으로 생계를 유지하는 사람이라고 한다. 선지의 진제 대상자의 선정 과정에 대해 4문단의 상 등급 기준은 스스로 살아갈 수 있는 사람이며 사전조사 여부가 어떤 식으로 반영되는지에 대한 정보가 제시되어 있지 않다.

③ 3문단에 따르면 경작 규모나 경제 형편과 관계없이 금년에 이앙을 마친 사람은 작농이다. 그러므로 선지의 조사하는 해에 이앙을 마친 농민이 지극히 가난한 소작농 역시 작농이다.

④ 4문단에 따르면 지급 시기에 관하여 '최종적으로 하로 분류된 사람들이 진제의 대상자가 되었으며, 그 안에서 다시 굶주림의 정도에 따라 지급 시기를 구분하여 곡식을 지급하였다.'라는 정보가 제시되어 있다. 그러나 굶주림의 정도가 심한 경우 더 이르게 지급하는지 또는 더 늦게 지급하는지에 대한 정보는 제시되어 있지 않다.

⑤ 3문단에 따르면 '빈궁이나 구걸로 기록되는 사람이라도 형제나 친척 중에 초실이 있으면 그들의 거주지와 인적사항을 함께 기록하였다.'는 정보가 제시되어 있다. 4문단에 따르면 구걸로도 끼니를 해결하지 못해 무상으로 지급되는 곡식 없이는 목숨 보전도 힘든 사람은 최종 선정 과정 중 하 등급에 대한 설명이다. 친인척이 초실인 경우 하 등급 대상자가 제외된다는 정보는 제시문상 찾을 수 없다.

⬡ 합격생 가이드

대부분의 선지 상 근거를 하나의 문단 내에서 찾을 수 있는 상당히 쉽게 구성된 문제이다. 2문단의 각 진제 구조별 설명과 3문단의 사전조사, 4문단의 최종 결정을 정리하며 독해해서 선지에 접근한다면 정확한 문제 해결이 가능하다고 할 수 있다.

22

답 ①

난도 ★★

정답해설

① 3문단에 따르면 소년은 40대나 50대 사람이더라도 상대에 따라 젊은 사람을 지칭하기도 한다. 또한 3문단에 따르면 자제는 특정한 신분에 있는 각 가문의 젊은 세대를 지칭한다. 그러므로 소년으로 불리는 40대나 50대의 사람 중 특정한 신분이 없거나 젊은 세대에 해당하지 않는다면 자제라고 불리지는 않았을 것이다.

오답해설

② 5문단에 따르면 청년은 젊은 시절을 의미하는 말이다. 청년의 부정적 용례에 대한 정보는 찾아보기 힘들다. 오히려 4문단에 따라 아직 성숙하지 못한 나이, 다소간 치기에서 벗어나지 못한 어린 또는 젊은 사람이라는 의미의 소년이 부정적 용례에 가깝다고 할 수 있다.

③ 1문단에 따르면 약년은 스무 살 즈음을 칭하는 표현이다. 선지의 충분히 노련하지 못한 어른은 4문단에 따르면 소년의 의미라고 할 수 있다.

④ 1문단에 따르면 약년은 스무 살 즈음을 칭하는 표현이다. 3문단에 따르면 소년은 40대나 50대 사람이더라도 상대에 따라 젊은 사람을 지칭하기도 한다. 그러므로 약년은 일부 소년을 포괄하지 못한다고 할 수 있다.

⑤ 3문단에 따르면 자제는 막연한 후손이라는 의미보다는 특정한 신분에 있는 각 가문의 젊은 세대라는 의미이다. 그러나 지문 상 자제가 높임 표현이었는지에 대한 정보를 찾을 수 없다.

◈ 합격생 가이드

유사한 의미를 가진 용어들을 비교하며 각 의미의 세부적인 범위를 물어보는 일치 부합 문제가 최근에 많이 출제되고 있다. 오답을 피하기 위해서는 교집합을 가지는 용어들 간 정확한 의미의 범위를 미리 정리하며 독해하는 것이 중요하다. 예컨대 3문단의 내용을 바탕으로 소년과 자제가 어느 경우 같은 대상을 지칭할 수 있고 어느 경우 지칭할 수 없는지 구분하는 등이 중요하다고 할 수 있다.

23

답 ①

난도 ★★

정답해설

① 1문단에 따르면 1주 1의결권 원칙이 적용되는 주주총회에서 의결당 주식 비율에 따른 의결권을 가진다. 2문단에 따르면 단순투표제 하에서 각 안건당 의결의 대상이 되는 후보는 1명이고 이때 찬성 수가 가장 많은 경우 해당 1명의 이사를 선임할 수 있다. 3문단에 따르면 집중투표제 하에서 '25주를 가진 주주는 선임할 이사가 5인이기 때문에 총 125개의 의결권을 가지며 75주를 가진 지배주주는 총 375개의 의결권을 가진다.'는 정보를 통해 해당 의결에서 1주당 선임할 이사 수만큼의 의결권을 가진다는 사실을 알 수 있다. 그러므로 두 방식 모두에서 의결로 선임할 이사의 수와 1주당 의결권은 1대1의 관계에 있음을 알 수 있다.

오답해설

② 3문단에 따르면 집중투표제 하에서는 '각 주주는 자신의 의결권을 자신이 원하는 후보에게 집중하여 배분할 수 있다.'라는 정보가 제시되어 있다. 그러나 대주주가 선임될 이사 수가 많아지길 선호하는 지에 대한 설명은 제시되어 있지 않다.

③ 3문단에 따르면 집중투표제 하에서는 '각 주주는 자신의 의결권을 자신이 원하는 후보에게 집중하여 배분할 수 있다.'라는 정보가 제시되어 있다. 그러나 이는 2문단에 제시된 50% 미만을 보유하고 있는 주주는 자신이 원하는 사

람을 한 명도 이사로 선임하지 못하게 되는 단순투표제의 단점을 보완한 것일 뿐 선지의 '소액주주는 본인이 원하는 최소 1인의 이사를 선임할 수 있다.'는 것이 가능하다는 정보는 제시되어 있지 않다.

④ 4문단에 따르면 정관에 집중투표에 관한 규정이 없는 경우. 옵트인 방식에 따른다면 명문으로 규정해야만 집중투표제가 가능하고 옵트아웃 방식에 따른다면 집중투표제가 가능하다. 선지의 상황이 옵트아웃 방식을 따를 경우 주주는 집중투표를 청구할 수 있다.

⑤ 2문단에 따르면 단순투표제 하에서는 각 이사 후보별로 안건 상정 후 의결 후 찬성 수를 가장 많이 얻은 안건 순으로 이사를 선임한다. 과반수를 얻은 안건의 수가 선임할 이사 수보다 많다면 찬성 수가 더 적은 이사 후보는 선임되지 않는다고 할 수 있다.

◈ 합격생 가이드

2문단과 3문단 간 비교. 4문단 내 비교 등 2가지 기준에 따른 비교가 이루어지는 지문이다. 각 비교 대상별로 구별되는 차이점을 유념하고 선지에 접근하면 부정확한 풀이를 피할 수 있다. 집중투표제에서 1주당 의결권 수와 같이 예시로 주어진 정보에 대한 해석 역시 필요하다.

24

답 ②

난도 ★

정답해설

② 2문단에 따르면 강제노동 금지원칙에 관한 협약은 핵심협약이다. 또한 2문단에 따르면 ILO는 핵심협약을 비준하지 않고 있는 회원국에게 미비준 이유와 비준 전망에 관한 연례 보고서 제출 의무를 부과하고 있다. 5문단에 따르면 우리나라는 노동에 있어서 기본적 원칙들과 권리에 관한 선언에서 열거한 4개 원칙 중 강제노동 금지원칙에 관한 협약을 체결하지 않았다.

오답해설

① 3문단에 따르면 고용정책 협약은 거버넌스 협약의 하나이다. 4문단에 따르면 일반협약은 핵심협약과 거버넌스협약을 제외한 ILO의 노동기준에 관한 모든 협약이다. 그러므로 고용정책 협약의 세부 주제에 관한 협약은 일반협약이 될 수 없다.

③ 5문단에 따르면 우리나라에서는 2021년 2월에는 결사 · 자유원칙 관련 협약에 대한 비준 절차가 진행 중이다. 3문단에 따르면 2008년의 공정한 세계화를 위한 사회적 정의에 관한 선언에서 열거한 협약은 모두 거버넌스 협약이다. 2문단에 따르면 결사 · 자유원칙 관련 협약은 핵심협약이다.

④ 4문단에 따르면 ILO 내 다른 협약에 대해 우선 적용되지 않는다는 특성을 지닌 협약은 일반 협약이다. 3문단에 따르면 2008년의 공정한 세계화를 위한 사회적 정의에 관한 선언에서 열거한 근로감독 협약은 거버넌스협약이다.

⑤ 3문단에 따르면 ILO는 미비준한 거버넌스협약에 대해 회원국에 별도의 보고 의무를 부과하지 않는다. 3문단에 따르면 노사정 협의협약은 거버넌스협약이다.

◈ 합격생 가이드

선지를 읽기 전. 지문으로부터 3가지 협약 종류를 비교하는 선지 구성을 예상할 수 있다. 따라서 선지를 읽는 과정 속에서 각 협약별 차이점과 특징을 미리 정리한다면 수월하게 선지를 해결할 수 있을 것이다.

25

답 ④

난도 ★★

정답해설

④ 3문단에 따르면 자율성 존중 원리의 위반 사례로 직접적 관련성이 적은 정보를 필요 이상으로 제공하는 경우를 제시하고 있다. 또한 3문단에 따르면 '의사가 관련된 정보를 환자에게 모두 밝히면 환자는 조종된 결정이 아닌 자신의 결정을 하게 될 것이고, 환자의 자율성은 존중될 것이다.'라는 정보가 제시되어 있다. 그러므로 의사가 많은 정보를 제공하지만 모든 정보가 아닐 경우 환자의 자율성이 존중되지 못할 수도 있다.

오답해설

① 1문단에 따르면 '의사는 치료를 시작하기 전에 환자의 동의를 얻어야 한다. 다른 말로 환자의 동의 없이 환자의 복지에 영향을 끼치는 처방을 하는 것은 의사에게 허용되지 않는다.'라는 정보가 제시되어 있다. 그러므로 치료가 시작되었다면 환자의 동의를 얻었을 것이다.

② 2문단에 따르면 '악행 금지의 원리에 근거해서, 환자에게 진실을 말하는 것이 환자의 복지에 해가 될 수 있다는 생각으로 기만이 정당화되었다.'라는 정보가 제시되어 있다. 1문단에 따르면 기만 금지 의무는 자율성 존중 원리에 기반을 두고 있다. 그러므로 의사가 환자를 기만하는 게 정당화되던 때에는 악행 금지의 원리에 따른 환자의 자율성 침해가 나타났다고 할 수 있다.

③ 알 수 있다. 1문단에 따르면 동의의 의무와 기만 금지 의무는 '자신에게 영향을 끼칠 치료에 관해 스스로가 결정할 기회를 환자에게 제공해야 한다는 자율성 존중 원리에 기반을 두고 있다.'는 정보가 제시되어 있다.

⑤ 2문단에 따르면 악행 금지의 원리에 근거해서, 환자에게 진실을 말하는 것이 환자의 복지에 해가 될 수 있다는 생각으로 기만이 정당화된다는 생각은 오늘날 더 이상 받아들여지지 않는다. 또한 2문단에 따르면 '진실 말하기에 관한 한, 악행 금지의 원리가 자율성 존중 원리와 서로 충돌하지 않는다고 생각한다.'라는 정보가 제시되어 있고 관련된 내용이 의사와 환자 상호교류 규제법에 규정되어 있다고 한다.

합격생 가이드

⑤의 '윤리적으로 정당화되지 않는다.'라는 내용 중 윤리적이라는 키워드가 지문 상 나오지 않아 선택하는 잘못을 하지 않는 것이 중요하다. 기출 지문 상 정답 선지는 단지 지문에 등장하지 않았다가 아닌 지문상 확실한 근거를 요구하는 경우가 많다. 답이라고 생각되는 선지에 대한 확실한 근거가 없다면 한번쯤 의심해 보는 것도 나쁘지 않다.

26

답 ④

난도 ★★

정답해설

ㄴ. 1문단에 따르면 단순 평등 사회에 대한 소망이 존재하지만 단순 평등 사회를 유지하기 위해서는 반복적인 국가의 개입과 통제가 필요하다. 선지의 지속 가능하지도 않고에 해당한다고 할 수 있다. 또한 1문단에 따르면 누구도 개인의 자유를 억압하는 사회를 원치 않는다고 하며 이것이 문제라고 지적하고 있다. 선지의 개인의 자유를 희생하면서까지 원하는 것이 아니다에 해당한다고 할 수 있다.

ㄹ. 2문단에 따르면 평등 사회 달성의 심각한 문제로서 하나의 사회적 가치가 불평등하게 분배되는 것이 정당한 이유 없이 다른 사회적 가치의 분배 문제에서까지 불평등을 유발할 수 있다는 것을 제시하고 있다. 이후 그 예시로 경제적 재화가 정치권력에. 또 정치권력이 사회적 지위에 영향을 미치는 경우를 제시하고 있다. 그러므로 ⓒ의 내용에 이러한 심각한 문제에 대한 대응

이 될 수 있는 하나의 사회적 가치에 대한 불평등이 다른 영역에서의 불평등으로 이어지는 것을 막는 것이 적절하다고 할 수 있다.

오답해설

ㄱ. 1문단에 따르면 단순 평등 사회에 대한 소망이 존재하지만 단순 평등 사회를 유지하기 위해서는 반복적인 국가의 개입과 통제가 필요하다. 그러므로 단순 평등 사회는 지속가능하지 않다고 할 수 있다.

ㄷ. 선지의 모든 사회적 가치 각각을 공정하게 분배하는 것은 1문단의 단순 평등 사회에 대한 내용이라고 할 수 있다.

ㅁ. 2문단에 따르면 경제적 불평등은 부정할 수 없는 현실이라고 한다. 선지의 하나의 사회적 가치를 공정하게 분배하는 것은 이러한 부정할 수 없는 현실에 대한 내용이라고 할 수 있다. 나아가 2문단 상 하나의 공정 분배로부터 전체의 공정성을 보장하는 내용을 찾아볼 수 없다.

합격생 가이드

문제의 빈칸들은 모두 '따라서~' 이후에 위치해 있다. 지문의 구성 상 빈칸은 각 문단의 주제 또는 핵심 내용에 대한 요약이라는 것을 쉽게 유추할 수 있다. 그러므로 각 문단에 대한 독해가 이루어지기만 한다면 큰 어려움 없이 적절한 선지를 고를 수 있을 것이라고 생각한다.

27

답 ①

난도 ★★

정답해설

① 1문단에 따르면 '공기가 최대한 가질 수 있는 수증기량은 온도가 내려갈수록 줄어들고, 공기의 수증기가 포화상태에 이르는 온도인 이슬점 온도보다 더 낮은 온도에서는 수증기가 응결하여 구름이 생성되거나 비가 내리게 된다.'라는 정보가 제시되어 있다. 2문단에 따르면 '공기가 일정 높이까지 상승하여 온도가 이슬점 온도에 도달한 후에는 공기 내 수증기가 포화하면 습윤 기온감률에 따라 온도가 내려간다. 공기의 상승 과정에서 공기 속 수증기는 구름을 형성하거나 비를 내리며 소모'된다는 정보가 제시되어 있다.

오답해설

② 1문단에 따르면 공기가 상승할 때 고도에 따른 온도 하강률을 기온감률이라는 정보가 제시되어 있고, '공기의 수증기가 포화상태일 경우에는 습윤 기온감률이 적용되고, 불포화상태일 경우에는 건조 기온감률이 적용되는데, 건조 기온감률은 습윤 기온감률에 비해 고도 차이에 따라 온도가 더 크게 변한다.'라는 정보 역시 제시되어 있다. 그러므로 같은 고도라도 공기가 가지고 있는 수증기의 양에 따라 고도가 달라질 수 있다는 것을 추론할 수 있다.

③ 3문단에 따르면 높새바람은 우리나라의 대표적인 푄 현상이다. 또한 3문단에 따르면 한랭 다습한 오호츠크해 고기압에서 불어오는 북동풍이 고온 건조한 성질의 바람으로 바뀐다.

④ 1문단에 따르면 습윤 기온감률은 공기의 수증기가 포화상태일 경우 적용되는 기온감률이다. 또한 1문단에 따르면 공기가 최대한 가질 수 있는 수증기량은 온도가 내려갈수록 줄어든다. 그러므로 공기 내 수증기량 증가는 습윤 기온감률이 적용되기 시작하는 고도가 낮아진다고 할 수 있다.

⑤ 1문단에 따르면 '공기가 상승하게 되면 기압이 낮아져 공기가 팽창하는 단열 팽창 현상 때문에 공기 온도가 내려간다.'라는 정보가 제시되어 있다.

합격생 가이드

추론 문제임에도 각 선지의 근거가 비교적 명확하게 제시되어 있다. 문제와 같은 과학적 원리에 대한 지문의 경우 고도의 변화와 같은 조건이나 상태의 변화가 어떤 결과를 가져오는 지 확인하고, 주된 논의의 대상이 되는 조건이 무엇인지 정리하면서 지문을 독해한다면 정확한 해결이 가능하다.

28

답②

난도 ★

정답해설

ㄷ. 4문단에 따르면 '구조물의 진동주기와 지진파의 진동주기가 일치하면 공명 현상이 발생하여 지진파의 진동에너지가 구조물에 주입되어 구조물에 더 큰 진동을 유발하고 결국 변형을 발생시킬 수 있다.'라는 정보가 제시되어 있다. 2문단에 따르면 응력 한계란 구조물이 약해진 상태로 변형되기 시작하는 동적 하중의 한계이다.

오답해설

ㄱ. 2문단에 따르면 진동의 원인은 일시적으로 가해진 하중이다.

ㄴ. 3문단에 따르면 공명 현상이란 '진동주기가 같은 진동끼리 에너지를 주고받는 현상'이다. 4문단에 따르면 지진파에 의한 땅의 흔들림은 동적 하중의 일종이다. 제시문 상 하나의 동적 하중의 존재가 지진파의 공명 현상을 막는지에 대한 정보가 제시되어 있지 않다.

🔖 합격생 가이드

동적 하중, 정적 하중, 응력 한계, 공명 현상 등 용어와 각 용어를 풀어쓴 표현을 혼용한 선지가 나타나고 있다. 독해 과정에서 주요 용어의 지문상 의미에 대해 확인하고 선지를 해결한다면 큰 문제없이 해결할 수 있었을 것이다.

29

답⑤

난도 ★★

정답해설

⑤ 1문단에 따르면 A에게 정규직 노동자란 자신과 가족의 생활을 유지할 만큼 급여를 받는 피고용자를 의미한다. 2문단에 따르면 B에게 핵심부 노동자란 혼자 벌어 가정을 유지할 만큼의 급여를 확보하는 정규직 노동자이다.

오답해설

① 1문단에 따르면 A에게 정규직 노동자의 급여 수준은 각 사회의 '건강하고 문화적인 생활수준과 노사협의를 통해서 결정된다고 한다. 그러나 실질 급여 수준의 변화 방향에 대한 정보는 제시되어 있지 않다.

② 2문단에 따르면 B에게 주변부 노동자란 실업자를 포함해서 반주변부보다 열악한 상황에 놓인 노동자이다. 3문단에 따르면 산업화가 진행됨에 따라 비정규직화가 진행된다는 정보가 제시되어 있다. 그러나 주변부 노동자들에 대한 구별 기준에 대한 정보는 제시되어 있지 않다.

③ 3문단에 따르면 B는 선임자 특권에 의해 신규 채용을 회피하는 등 비정규직화의 강화와 청년 실업률 상승이 나타날 것이라고 생각한다. 그러나 제시문 상 A의 선임자 특권에 대한 견해를 찾아볼 수 없다.

④ 적절하지 않다. 1문단에 따르면 A는 산업화가 지속적으로 진전되면 세상의 모든 사람은 정규직 임금노동자가 된다고 예측했다. 또한 1문단에 따르면 정규직의 급여 수준은 각 사회의 건강하고 문화적인 생활수준과 노사협의를 통해서 결정된다.

🔖 합격생 가이드

독해 과정에서 3문단이 A와 B의 공통적인 의견이라고 판단하지 않도록 주의하는 것이 중요하다. 내용만 비교하더라도 비정규직화 등은 A의 의견과 반대된다는 것을 알 수 있으나, 각 주장당 문단을 하나씩만 배치했다고 생각했다고 착각하지 않아야 정확한 문제 해결이 가능할 것이다. 다른 선지들의 경우 비교적 쉽게 구성되어 큰 문제 없이 해결할 수 있을 것이다.

30

답⑤

난도 ★

정답해설

⑤ 3문단에 따르면 '학교의 다양성 증대라는 목적에는 동의한다.'는 정보가 제시되어 있다. 또한 '그러나 그 목적 실현을 위해, 인종이나 계층과 같은 특정 배경을 갖추지 못했다는 이유로 학생의 입학을 불허하는 일은 공정하지 않다고 주장한다.'는 정보가 제시된다.

오답해설

① 3문단에 따르면 B의 지지자는 소수집단 학생들에 대한 우대정책이 대학의 시민사회적 목적을 실현하고 공동선에 기여하는 일이라 생각한다고 한다. 2문단에 따르면 A의 지지자가 생각하는 우대의 정당성은 역사적 차별에 대한 보상이다. 선지의 소수집단 학생들을 교육하여 국가에 봉사하도록 하는 일이야말로 대학이 시민사회를 위해 해야 할 일은 B의 지지자 주장이라고 할 수 있다.

② 3문단에 따르면 B의 지지자는 여러 인종, 계층, 민족이 섞여 있는 것이 출신 배경이 비슷한 학생들이 모여 있을 때보다 서로에게서 많은 것을 배울 수 있어 바람직하다고 주장한다는 정보가 제시되어 있다. 또한 B의 반대자들이 '인종이나 계층과 같은 특정 배경을 갖추지 못했다는 이유로 학생의 입학을 불허하는 일은 공정하지 않다고 주장한다.'는 정보가 제시되어 있다. 선지의 대학 입학 심사에서 개인의 인종이나 민족과 같은 특성을 고려하는 일이 공정하지 않다는 B의 반대자 주장이라고 할 수 있다.

③ 2문단에 따르면 소수집단 학생들에 대한 우대 조치의 정당성은 역사적 차별에 대한 보상이다. 또한 2문단에 따르면 A의 반대자 주요 주장 중 하나로 보상을 받는 사람이 원래의 피해자가 아닌 경우가 있다고 한다. 선지의 그 학생의 노력에 대한 보상은 A 지지자의 역사적 차별에 대한 보상이라고 볼 수 없다.

④ 2문단에 따르면 A의 반대자는 보상하는 사람이 과거의 잘못에 대한 책임이 없는 사람인 경우가 많다고 지적한다. 그러므로 자신들이 피해를 준 것이 없음에도 보상을 해야 하는 경우가 있다고 할 수 있다.

🔖 합격생 가이드

제시문은 3문단으로 구성되어 있으나 크게 도입부, A 지지자, A 반대자, B 지지자, B 반대자 총 5개의 부분으로 나누어져 있다고 할 수 있다. 따라서 오답 선지의 구성이 각 부분과 부분에 대한 설명을 교차시켜 만들어질 것이라는 것을 쉽게 유추할 수 있다. 오답을 방지하기 위해 각 부분의 특징적인 부분을 미리 확인하면서 독해하는 것이 중요하다.

31

답③

난도 ★★

정답해설

ㄱ. 3문단에 따르면 밝은 곳에서 어두운 곳으로 이동할 때와 관련 있는 것은 교감신경이 활성화되고 그때 표적기관은 홍채의 부챗살근이다. 2문단에 따르면 교감신경이 활성화되면 교감신경의 절전뉴런 끝에서 신호물질인 아세틸콜린이 분비된다.

ㄴ. 3문단에 따르면 어두운 곳에서 밝은 곳으로 이동할 때 부교감신경이 활성화되고 홍채의 돌림근이 표적기관이다. 2문단에 따르면 부교감신경의 절후뉴런 끝에서는 아세틸콜린이 표적기관의 기능을 조절하기 위해 분비된다는 정보가 제시되어 있다. 3문단에 따르면 같은 상황에서 돌림근이 수축하고 두꺼워진다는 정보가 제시되어 있다.

ㄷ. 2문단에 따르면 노르아드레날린은 교감신경의 절후뉴런 끝에서 표적기관의 기능을 조절하기 위해 분비되는 물질이다. 또한 아세틸콜린은 부교감신경의 절후뉴런 끝에서 표적기관의 기능을 조절하기 위해 분비되는 물질이다. 3문단에 따르면 돌림근은 부교감신경과, 부챗살근은 교감신경과 관련이 있다는 정보가 제시되어 있다. 그러므로 노르아드레날린은 부챗살근의 수축과 관련이 있고, 아세틸콜린은 돌림근의 수축과 관련이 있다고 할 수 있다.

합격생 가이드

화학물질이나 신체부위 등 복잡한 용어가 키워드로 사용되고 있을 때 제시문 상에 표기해서 헷갈리지 않도록 하는 것이 정확한 문제 해결에 도움이 된다. 이 문제의 교감과 부교감신경 및 각 신경별 물질의 차이 등을 교차시킨 선지가 등장하는 만큼 관련성 있는 용어들끼리 분류에 신경을 쓸 필요가 있다.

32

정답 ②

난도 ★★

정답해설

㉠ 촛불의 연소와 동물의 호흡이 지속되기 위해서는 산소가 포함된 공기가 제공되어야 한다는 정보가 제시되어 있다. 그러므로 산소가 생산된다는 결론을 얻기 위해서는 연소 또는 호흡의 지속이 필요하다고 할 수 있다. 이에 해당하는 것이 ㄱ과 ㄴ이다. ㄱ의 경우 ㉡에 적절하다고 할 수 있으므로 ㄴ이 ㉠에 적절하다.

㉡ ㄱ, ㄴ 이후의 내용에 따라 ㉡에는 산소 생산에 대한 내용과 더불어 빛의 제공여부에 따라 비교집단과 대상집단이 나뉘는 실험이 들어오는 것이 적절하다. ㄱ의 쥐와 식물의 생존은 산소 생성 여부에 대한 내용이라고 할 수 있으며 빛의 제공 여부에 대한 차이를 두었다는 것을 알 수 있다.

㉢ ㄷ 이후의 내용에 따라 빛과 이산화탄소 유무에 따른 광합성 여부에 대한 내용이 들어오는 것이 적절하다. ㄷ의 경우 빛이 있고 이산화탄소가 없는 경우, 빛이 없고 이산화탄소가 있는 경우, 둘 다 있는 경우를 비교하는 내용을 제시하고 있다.

합격생 가이드

㉠과 ㉡에 적절한 선지를 구별하는 것이 문제의 핵심이다. 둘 다 산소 생산에 대한 내용을 담고 있지만 빈칸 이후의 결론으로부터 ㉡의 경우 빛에 대한 내용을 추가로 요구한다는 점을 알 수 있다. 이와 같이 비슷한 내용의 빈칸을 채울 때 양자의 차이점을 유념하며 선지를 분석하는 것이 중요하다.

33

정답 ⑤

난도 ★★

정답해설

㉠ 1문단에 따르면 X 또는 Y의 내용은 쓰레기를 집으로 가져가는 것과 쓰레기를 해변에 버리고 가는 것이다. 3문단에 따르면 '쓰레기를 집으로 가지고 가는 번거로운 행동이 해변의 상태에 유의미한 변화를 가져오지 않는다면 그 번거로운 행동을 피하는 것을 선호하는 생각이 전제되어 있다.'라는 정보가 제시되어 있다. Y가 쓰레기를 집으로 가져가는 것이라고 가정하자. 이 경우 다른 사람들이 Y를 행할 경우 2문단에 따라 선택자의 행위와 상관없이 해변에는 쓰레기가 없을 것이다. 그러므로 선택자의 행위는 유의미한 변화를 가져오지 않아 번거로운 Y를 피하고 쓰레기를 버리는 X를 선택할 것이다. 그러

나 질문 (2)에 대한 대답으로 Y가 제시되어 있다. 그러므로 Y는 쓰레기를 해변에 버리고 가는 것이며, ㉠에 적절한 것도 번거로운 행동을 피하는 선택인 Y가 적절하다고 할 수 있다.

㉡ 1, 2, 3문단에 따라 X는 쓰레기를 집으로 가져가는 것, Y는 쓰레기를 해변에 버리고 가는 것이라는 사실을 알 수 있다. 3문단에 따라 당신이 다른 조건이 모두 동등할 경우 해변이 버려진 쓰레기로 난장판이 되는 것보다 그렇게 되지 않는 것을 선호한다면 해변의 상태가 쓰레기가 없는 한편 3문단에 따라 번거로운 행동인 X를 하지 않는 경우를 가장 선호하게 되며 그 내용이 ㉡에 적합하다는 것을 알 수 있다. 그러므로 (다)가 가장 적절하다고 할 수 있다.

합격생 가이드

X와 Y가 각각 무엇인지 알아내는 것이 정확한 해결의 핵심이라고 할 수 있으나 알지 못하더라도 ㉠을 해결할 수 있다. (1), (2)에 대하여 3문단의 내용을 제대로 파악한다면 선택자는 다른 사람들의 행동과 상관없이 번거로운 행동을 피하는 선택을 할 것이라는 점에서 ㉠에는 (2)에 대한 답변과 마찬가지로 Y가 무조건 위치할 것이다. 이처럼 단순화해서 사고한다면 용이한 문제 풀이가 가능한 경우가 있다.

34

정답 ③

난도 ★

정답해설

제시문의 내용을 정리하면 다음과 같다.

- 조건1: 수∨양∨가
- 조건2: ~(수∧양)
- 조건3: ~미∨수
- 조건4: 양 → 우
- 조건5: 가 → 미

ㄱ. 수지가 대상이 아니라고 가정하자(~수). 조건3과 선언삼단논법에 따라 미영이 대상이 아니다. 조건5의 대우에 따라 가은이 대상이 아니다. 조건1과 선언삼단논법에 따라 양미가 대상이다. 조건4에 따라 우진은 대상이다.

ㄷ. 양미가 대상이라고 가정하자(양). 조건4에 따라 우진은 대상이다. 조건2와 선언삼단논법에 따라 수지는 대상이 아니다. 조건3과 선언삼단논법에 따라 미영이 대상이 아니다. 조건5의 대우에 따라 가은이 대상이 아니다. 그러므로 수지, 우진, 미영, 양미, 가은 중 양미와 우진 총 2명만이 대상이 된다.

오답해설

ㄴ. 가은이 대상이라고 가정하자(가). 조건5에 따라 미영도 대상이다. 조건3과 선언삼단논법에 따라 수지도 대상이다. 조건2에 따라 양미는 대상이 아니다. 주어진 조건만으로 우진과 가은의 대상성을 결정할 수 없다. 우진이 대상이 아닌 경우가 참인 것이 가능함으로 선지의 내용은 적절하지 않다고 할 수 있다.

합격생 가이드

기호화만 정확히 한다면 쉽게 조건들을 활용해 경우의 수가 대부분 확정되는 쉬운 논리퀴즈이다. 그러므로 기호화 과정에서 정확한 작업이 문제 해결을 위해 가장 중요하다.

35

정답 ⑤

난도 ★★

정답해설

제시문의 내용을 정리하면 다음과 같다.

(단, ∀x: 보편양화사, ∃x: 존재양화사)

- 조건1: ~(∃x)(논∧인∧과∧언)
- 조건2: (∀x)(논 → 인)
- 조건3: (∃x)(인∧과)
- 조건4: (∀x)(~언 → ~ 과)

ㄱ. 〈인식론〉과 〈과학철학〉을 둘 다 수강하는 임의의 학생을 가정하자(조건3). 이 학생은 조건4의 대우에 따라 〈언어철학〉을 수강한다. 조건1에 따라 이 학생은 〈논리학〉을 수강하지 않는다.

ㄴ. 〈논리학〉과 〈과학철학〉을 둘 다 수강하는 어떤 학생이 존재한다고 가정하자. 조건2에 따라 이 학생은 〈인식론〉을 수강한다. 조건4의 대우에 따라 이 학생은 〈언어철학〉도 수강한다. 그러나 이런 상황은 조건1에 위배된다. 그러므로 최초의 가정은 참일 수 없다.

ㄷ. 〈인식론〉과 〈과학철학〉을 둘 다 수강하는 임의의 학생을 가정하자(조건3). 이 학생은 조건4의 대우에 따라 〈언어철학〉을 수강한다.

합격생 가이드

기초적인 양화논리를 활용한 논리 문제들이 기출에서 등장하고 있다. ㄱ과 ㄷ 같이 존재한다는 것을 내용으로 하는 선지는 일반적으로 존재한다는 정보를 담고 있는 조건에서부터 도출될 수 있다는 사실을 유념하여 접근할 필요가 있다. 예컨대 ㄱ과 ㄷ의 해결을 위해 존재에 대한 유일한 조건인 조건3을 바탕으로 도출해 본다면 보다 빠른 풀이가 가능하다.

36

정답 ②

난도 ★★

정답해설

② 갑의 발언과 을의 발언은 동시에 참일 수 없으며, 갑의 발언과 정의 발언은 동시에 참일 수 없다. 무의 발언과 을의 발언도 동시에 참일 수 없고, 무의 발언과 정의 발언은 동시에 참일 수 없다. 그러므로 갑과 무의 진리값은 항상 같고, 을과 정의 진리값은 항상 같다. 세 명의 진술은 참이고 두 명의 진술은 거짓이다. 그러므로 병의 발언은 항상 참이다. 제시문에 따라 서류심사 탈락자는 2명이다. 갑과 무의 발언이 참인 경우 서류 탈락자는 을과 병이다. 을과 정의 발언이 참인 경우 갑과 을이 서류 탈락자이다. 그러므로 을은 서류심사에서 탈락했다는 선지는 반드시 참이다.

오답해설

① 을과 정의 발언이 참인 경우 갑은 서류심사에서 탈락했다.

③ 갑과 무의 발언이 참인 경우 병은 서류심사에 탈락했다.

④ 갑과 무의 발언이 참인 경우 정이 면접에서 탈락하는 경우가 가능하다.

⑤ 갑과 무의 진리값은 항상 같고, 을과 정의 진리값은 항상 같다. 세 명의 진술은 참이고 두 명의 진술은 거짓이다. 그러므로 병의 발언은 항상 참이다.

합격생 가이드

면접자를 서류탈락자, 면접탈락자, 관리자 3가지 집단으로 분류해서 각 대상의 발언을 파악한다면 문제를 신속하게 해결할 수 있다. 이러한 경우 연수 과정의 결과가 3가지 경우만이 발생한다는 것을 알 수 있어 선지를 쉽게 해결할 수 있게 된다.

37

정답 ⑤

난도 ★★★

정답해설

제시문의 내용을 정리하면 다음과 같다.

(1) NT → NT∨(CT∧참이다)

(2) NT∨(CT∧참이다) → 참일 가능성이 있는 진술

(3) 참일 가능성이 있는 진술 → 거짓일 가능성이 있는 진술

(4) NT → 거짓일 가능성이 있는 진술

㉠ 참일 가능성이 있는 진술 ↔ NT∨CT∨CF

㉡ 참일 가능성이 있는 진술 ↔ CT∨CF

ㄱ. ㉠으로 이해하는 경우 (2)의 주장은 다음과 같이 나타낼 수 있다. NT∨(CT∧참이다) → NT∨CT∨CF. 전건이 참이면서 후건이 거짓이 되는 경우를 상상할 수 없다. 그러므로 (2)는 참인 전제가 된다고 할 수 있다.

ㄴ. ㉡으로 이해하는 경우 (3)의 주장은 다음과 같이 나타낼 수 있다. CT∨CF → 거짓일 가능성이 있는 진술. CT와 CF 모두 필연적으로 참이거나 거짓인 경우가 아니다. 상황에 따라 거짓인 경우를 상상할 수 있다. 그러므로 (3)은 참인 전제가 된다고 할 수 있다.

ㄷ. ㉠으로 이해하는 경우 (3)의 주장은 다음과 같이 나타낼 수 있다. NT∨CT∨CF → 거짓일 가능성이 있는 진술. NT인 경우 즉, 필연적으로 참인 진술을 가정하자. (3)에 따르면 이 필연적으로 참인 진술은 거짓일 가능성이 있는 진술이다. 2문단에 따르면 필연적으로 참인 진술은 거짓일 가능성이 없는 진술이다.

합격생 가이드

제시문 상 논증이 가지고 있는 문제의식이 참, 거짓의 세분화된 표와 어떻게 연계되는지 파악하는 것이 중요하다. 특히 기호화 과정에서 선언이 가지고 있는 언어적 의미를 바탕으로 (3) 선지와 같은 주장을 헷갈리지 않고 처리하는 것이 정확한 문제 해결에 중요하다고 생각한다.

38

정답 ⑤

난도 ★★

정답해설

ㄱ. 2문단에 따르면 유전자 X의 발현이 억제된다면 초기 생식소가 난소로 분화되고 암컷 성체로 발달한다. 선지의 α가 염색체상 수컷인 거북 배아의 미분화 생식소 내에서 유전자 X의 발현을 억제한다면 α가 염색체상 수컷인 거북 배아를 여성화한다.

ㄴ. 1문단에 따르면 아로마테이즈 발현량이 많아지거나 활성이 커지면 호르몬 A에서 호르몬 B로의 전환이 더 많이 나타난다. 3문단에 따르면 β에 수십 일 동안 노출된 성체 수컷 개구리는 혈중 호르몬 A의 양은 노출되지 않은 암컷 개구리와 비슷했고 노출되지 않은 수컷 개구리보다 매우 적게 된다는 정보를 알 수 있다.

ㄷ. 3문단에 따르면 거북 배아가 성체로 발달하는 동안 생식소 내에서 생성되는 호르몬 A의 양과 아로마테이즈의 발현량은 에 노출되지 않은 거북 배아에 비해 별다른 차이가 없었다는 정보가 제시되어 있다. 그러나 호르몬 A가 만들어지는 양이 감소한다는 결과가 나타난다면 ㉡의 반례에 해당한다고 할 수 있다.

39 답 ⑤

난도 ★

정답해설

ㄱ. 4문단에 따라 합리적 선택이란 최악의 상황을 피하는 선택이다. 선지의 붉은색 구슬이 15개로 바뀐다는 경우 선택1의 확률은 1/6으로 감소한다. 검은색을 뽑을 확률을 b라고 하자. 선택자는 합리적 선택의 경우 선택1을 택하고 기댓값 최대화 원리에 따라 같은 선택을 하게 된다면 (1/6>b)를 만족해야 한다. 선택 3과 4에 있어서도 합리적 선택의 경우 선택 4를 택하고 이 경우 기댓값 최대화 원리로 만족시키기 위해서는 (1−b<5/6)을 만족시켜야 한다. 그러나 두 조건은 양립 불가능하고 ㉠은 여전히 성립한다.

ㄴ. ㉠은 5문단의 선택이 합리적 선택임을 전제로 이루어진 경우라 할 수 있다. 선지처럼 해당 선택들이 합리적인 결정이 아니라면 충돌의 대상이 될 합리적 결정이 무엇이고 충돌이 이루어지는지 알 수 없다.

ㄷ. 5문단은 임의의 확률 b를 바탕으로 기댓값 최대화 원리를 가정하여 적용하고 있다. 선지의 '정확한 정보가 주어지지 않은 경우에는 기댓값 사이의 크기를 비교할 수 없다'를 받아들인다면 항아리 문제는 결론을 도출하는 것이 가능하지 않다고 할 수 있다.

40 답 ③

난도 ★★

정답해설

ㄱ. 보기에 따라 내기1에서는 양자가 동일한 선택을 해 차이가 없다. 그러므로 갑과 을이 같은 액수의 상금을 받았다면 선택3과 선택4 역시 동일한 보상을 받는 경우인 노란색 구슬을 뽑았을 때 뿐이다.

ㄴ. 검은색 구슬이 뽑힐 확률이 b라고 가정하자. 5문단에 비추어 갑의 선택이 가지는 기댓값은 4/3−b만 원이다. 이외에 가능한 조합은 1만 원, 2/3+b만 원이 있다. 이때 b는 1/3보다 작아야 한다. 1문단에 따라 전체 공이 90개이므로, 30개보다 적을 경우 갑의 선택은 기댓값이 가장 큰 선택지이다.

오답해설

ㄷ. 갑이 을보다 더 많은 상금을 받는 경우는 붉은색 공을 뽑아 2만 원을 받는 경우이다. 이때 확률은 1/30이다. 그렇지 않은 경우는 그 외 모든 여집합으로 확률이 2/30이다.

2021 | 7급 PSAT 언어논리 기출문제

01	02	03	04	05	06	07	08	09	10
④	①	①	④	⑤	①	③	④	③	②
11	12	13	14	15	16	17	18	19	20
③	④	⑤	②	④	⑤	③	③	③	①
21	22	23	24	25
①	②	⑤	④	③

01

난도 ★★

정답해설

④ 1문단에 따르면 오늘날 태극기의 우측 하단에 위치한 괘는 땅을 상징하는 곤 괘이다. 3문단에 따르면 고종이 조선 국기로 채택한 기의 우측 하단에 위치한 괘는 조선의 기의 좌측 하단에 있는 괘이며, 2문단에 따르면 조선의 기의 좌측 하단에 있는 괘는 곤괘임을 알 수 있다.

오답해설

① 2문단에 따르면 『해상 국가들의 깃발들』이 만들어진 시기는 1882년 6월이다. 3문단에 따르면 통리교섭사무아문이 각국 공사관에 국기를 배포한 것은 1883년 이후이다. 그러므로 미국 해군부가 『해상 국가들의 깃발들』을 만들면서 배포된 국기를 수록하는 것은 가능하지 않다고 할 수 있다.

② 2문단에 따르면 태극 문양을 그린 기는 개항 이전에도 여러 개가 있었고 태극 문양과 4괘만 사용한 기는 개항 후에 처음 나타났다는 사실이 제시되어 있다. 동 문단에 따르면 이응준이 만든 기는 1882년 5월에 만들어졌고 태극 문양과 4괘로 이루어져 있다고 짐작되고 있다. 그러므로 이응준이 기를 만든 시기는 개항 이후라고 짐작할 수 있고, 개항 이전이라고 하더라도 최초로 태극 무늬를 사용한 기라고 할 수는 없다.

③ 3문단에 따르면 통리교섭사무아문이 배포한 기의 우측 상단에 있는 괘는 조선의 기 좌측 상단에 있는 괘이다. 동 문단에 따르면 조선의 기 좌측 하단에 있는 괘는 조선 국기의 우측 하단에 있다. 그러므로 통리교섭사무아문이 배포한 조선 국기의 우측 상단에 있는 괘와 조선의 기 좌측 하단에 있는 괘가 상징하는 것은 같지 않다.

⑤ 2, 3문단에 따르면 박영효가 그린 기의 좌측 상단에 있는 괘는 건괘이고, 이응준이 그린 기의 좌측 상단에 있는 괘는 감괘이다. 1문단에 따르면 건괘는 하늘을 감괘는 물을 상징한다. 그러므로 박영효가 그린 기의 좌측 상단에 있는 괘는 하늘을 상징하고 이응준이 그린 기의 좌측 상단에 있는 괘는 물을 상징한다.

📖 합격생 가이드

시기별로 상이한 태극기 3개가 주어진 한편 각각의 4괘의 배치가 장치로서 주어져 있다는 점에 주목할 필요가 있다. 오답 선지는 서로 다른 태극기 간의 내용을 교차시켜 구성될 것이라는 점에 착안하여 독해 과정에서 미리 정리해두며 접근하는 한편, 각 괘의 경우 미리 정리하기보다는 글의 내용과 선지의 내용을 오가면서 확인하는 것이 더 신속한 문제해결에 도움이 된다고 할 수 있다.

02

답 ①

난도 ★

정답해설

① 갑의 세 번째 발언에 따르면 조례를 제정하도록 위임한 사항 10건 중 7건은 조례 제정, 2건은 입법 예고 중이라는 것을 알 수 있다. 을의 세 번째 발언에 따르면 모든 조례는 입법 예고를 거친 뒤 시의회에서 제정된다는 정보가 제시되어 있다. 그러므로 입법 예고가 필요한 사항은 1건이 존재한다는 사실을 알 수 있다.

오답해설

② 갑의 첫 번째 및 두 번째 발언에 따르면 조례 제정 비율이란 1월 1일부터 12월 31일까지 법률에서 조례를 제정하도록 위임한 사항 대비 12월 31일까지 조례로 제정된 사항의 비율이다. 갑의 세 번째 발언에 따르면 대화의 시점은 7월 10일이라는 것을 알 수 있다. 그러므로 12월 31일까지 법률에 의해 추가적으로 조례를 제정하도록 위임될 사항의 수를 알 수 없으므로 올 한 해의 조례 제정 비율을 알 수 없다.

③ 갑의 세 번째 발언에 따르면 대화의 시점은 7월 10일이라는 것을 알 수 있다. 갑의 네 번째 발언에 따르면 입법 예고 중인 2건의 제정 가능성에 대해 단정하기 어렵다. 그러므로 입법 예고 중인 2건의 제정 가능성 및 올해 12월 31일까지 법률에 의해 추가적으로 조례를 제정하도록 위임될 사항의 수를 알 수 없으므로 올 한 해 총 조례 제정 건 수를 알 수 없다.

④ 갑의 첫 번째 및 두 번째 발언에 따르면 조례 제정 비율이란 1월 1일부터 12월 31일까지 법률에서 조례를 제정하도록 위임한 사항 대비 12월 31일까지 조례로 제정된 사항의 비율이다. 갑의 세 번째 발언에 따르면 조례를 제정하도록 위임한 사항은 10건, 조례로 제정된 건수는 7건이다. 그러므로 현재 시점을 기준으로 조례 제정 비율은 70%($= \frac{7}{10} \times 100$)라고 할 수 있다.

⑤ 갑의 세 번째 발언에 따르면 대화의 시점은 7월 10일이라는 것을 알 수 있다. 7월 10일부터 12월 31일까지 5건 미만의 사항이 추가적으로 위임 받을 것이라는 사실을 알 수 없다. 그러므로 올 한 해 법률에서 조례를 제정하도록 위임 받은 사항이 작년보다 줄어들 것이라고 할 수 없다.

📖 합격생 가이드

각 선지의 정오판단이 쉽게끔 구성된 만큼 실수하지 않도록 핵심 조건들을 잘 확인하는 것이 중요하다. 갑의 세 번째 발언 상 '7월 10일 현재까지' 및 을의 세 번째 발언 상 '모든 조례는 ~' 등이 이에 해당한다고 할 수 있다.

03

답 ①

난도 ★

정답해설

① 표에 따르면 외부 참여 가능성이 높은 모형은 C이다. 4문단에 따르면 C는 관료제의 영향력이 작고 통제가 약한 분야에서 주로 작동한다.

오답해설

② 표에 따르면 상호 의존성이 보통인 모형은 B이다. 2문단에 따르면 배타성이 매우 강해 다른 이익집단의 참여를 철저하게 배제하는 것이 특징인 모형은 A이다.

③ 표에 따르면 합의 효율성이 높은 모형은 A이다. 3문단에 따르면 B는 A보다 정책 목표를 더 효과적으로 달성할 수 있다. 그러므로 A가 가장 효과적으로 정책 목표를 달성할 수 있다고 할 수 없다.

④ 2, 3문단에 따르면 각 모형 상 이익집단의 정책 결정 영향력에 대한 모형 간 비교에 대한 정보가 제시되어 있지 않다.

⑤ 4문단에 따르면 C에서는 참여자가 수시로 변경되며 참여자 수가 많아 정부 등에 따른 의견 조정이 나타난다는 사실이 제시되어 있다. 그러나 참여자 수와 네트워크의 지속성 간 상관관계에 대한 정보가 제시되어 있지 않다.

04

답 ④

난도 ★

정답해설

ㄴ. 4문단에 따르면 FD 방식은 입자가 구별되지 않고 하나의 양자 상태에는 하나의 입자만 있을 수 있다. 그러므로 두 개의 입자는 항상 다른 양자 상태에 있고, 그 경우의 수는 양자 상태의 수 n에 대하여 $\frac{n(n-1)}{2}$이다. 그러므로 양자 상태가 1개 이상이면 양자 상태의 가짓수가 많아짐에 따라 경우의 수는 커진다.

ㄷ. 2문단에 따르면 MB 방식은 입자의 구별이 가능하고 하나의 양자 상태에 여러 개의 입자가 있을 수 있다. 3문단에 따르면 BE 방식은 입자의 구별이 가능하지 않고 하나의 양자 상태에 여러 개의 입자가 있을 수 있다. 그러므로 양자 상태가 2가지 이상이면 MB 방식의 경우의 수는 n^2, BE 방식의 경우의 수는 $n(n-1)$이다.

오답해설

ㄱ. | aa | , | a | a | , | aa | 이므로 경우의 수는 30이다.

05

답 ⑤

난도 ★★

정답해설

⑤ 3문단에 따르면 학습된 공포 반응을 일으키는 경우 학습 전에 비해 측핵으로 전달되는 신호의 강도가 강화된다. 4문단에 따르면 학습된 안정 반응을 일으키는 경우 학습 전에 비해 측핵으로 전달되는 신호의 강도가 약화된다. 그러므로 두 경우 모두 측핵으로 전달되는 신호의 세기가 달라졌다고 할 수 있다.

오답해설

① 4문단에 따르면 학습된 안정 반응은 중핵이 아닌 선조체에서 반응이 세게 나타나며 일어난다.

② 3문단에 따르면 학습된 공포 반응은 청각시상과 측핵, 중핵 등에 의해 나타나는 반응이고 선조체와 관련된 정보는 제시되어 있지 않다. 또한 학습된 공포 반응을 일으키지 않는 소리 자극에 대한 정보는 제시되어 있지 않다.

③ 1, 3문단에 따르면 학습된 공포 반응은 청각시상으로 전달된 소리 자극 신호가 측핵으로 강화되어 전달되며 나타난다. 4문단에 따르면 청각시상으로부

터 측핵으로의 자극 신호가 억제되는 것은 학습된 안정 반응과 관련된 내용이다.

④ 3, 4문단에 따르면 각 소리 신호가 학습 전과 비교하여 강화, 약화되었는지에 대한 정보만이 제시되어 있다. 그러나 K가 각 실험에서 제시한 소리 자극이 같았는지 여부와 실험 간 소리 자극 신호 강도의 비교에 관한 정보는 제시되어 있지 않다.

06

답 ①

난도 ★★

정답해설

① 2문단에 따라 A가 참가하는 것이 성립하기 위해서는 빈칸에는 갑이나 을이 수석대표를 맡는다는 사실을 뒷받침할 내용이 필요하다. 갑이 고전음악 지휘자이며 전체 세대를 아우를 수 있다면 1문단에 따라 갑은 수석대표를 맡는다. 따라서 갑이나 을이 수석대표를 맡는다는 것은 참이다. 그러므로 2문단 세 번째 문장에 따라 A가 공연예술단에 참가하게 된다.

오답해설

② 2문단에 따라 A가 참가하는 것이 성립하기 위해서는 빈칸에는 갑이나 을이 수석대표를 맡는다는 사실을 뒷받침할 내용이 필요하다. 1문단에 따르면 갑이나 을이 수석대표를 맡기 위해서는 전체 세대를 아우를 수 있는 사람이어야 한다. 그러나 갑이나 을이 대중음악 제작자 또는 고전음악 지휘자라는 명제만으로는 갑이나 을이 전체 세대를 아우를 수 있는 사람인지 알 수 없다.

③ 2문단에 따라 A가 참가하는 것이 성립하기 위해서는 빈칸에는 갑이나 을이 수석대표를 맡는다는 사실을 뒷받침할 내용이 필요하다. 1문단에 따르면 정부 관료 가운데 고전음악 지휘자나 대중음악 제작자는 없다. 그러나 이는 정부 관료가 아니라면 고전음악 지휘자이거나 대중음악 제작자라는 의미하지 않고, 오직 고전음악 지휘자이거나 대중음악 제작자라면 정부 관료가 아니라는 것만을 의미한다.

④ 2문단에 따라 A가 참가하는 것이 성립하기 위해서는 빈칸에는 갑이나 을이 수석대표를 맡는다는 사실을 뒷받침할 내용이 필요하다. 선지의 을이 수석대표를 맡기 위해서는 을이 전체 세대를 아우를 수 있다는 정보가 추가로 제시되어야 한다.

⑤ 2문단에 따라 A가 참가하는 것이 성립하기 위해서는 빈칸에는 갑이나 을이 수석대표를 맡는다는 사실을 뒷받침할 내용이 필요하다. 선지의 내용은 갑이나 을에 대한 아무런 정보도 제시하고 있지 않다.

07

정답 ③

난도 ★★★

정답해설

ㄱ. 바다와 은경의 말이 모두 참이라고 가정하자. 바다와 은경의 첫 번째 발언이 참이라면 경아의 첫 번째 발언은 거짓이다. 그러므로 경아의 말은 모두 거짓이다. 한 명만이 범인이라는 조건에 따라 은경이 범인이라고 할 수 있다. 나아가 바다의 첫 번째 발언에 따라 다은의 첫 번째 발언 역시 참이게 된다. 그러므로 바다, 다은, 은경이 참인 발언만 하고 경아가 거짓인 발언만 하는 경우가 주어진 조건과 모순 없이 성립한다.

ㄷ. 각 발언자의 첫 번째 발언에 비추어 단 한 사람이 거짓말한 경우는 경아가 거짓말만 하는 경우뿐이다. 이때 각 발언자들의 두 번째 발언에 따라 다은, 경아, 바다는 범인이 아니다. 2문단의 범인이 한 명이라는 조건에 따라 은경이 범인이다.

오답해설

ㄴ. 다은과 은경의 말이 모두 참이라고 가정하자. 다은와 은경의 첫 번째 발언이 참이라면 경아의 첫 번째 발언은 거짓이다. 그러므로 경아의 말은 모두 거짓이다. 한 명만 범인이라는 조건에 따라 은경이 범인이라고 할 수 있다. 이는 바다의 두 번째 발언과 양립 가능하다. 나아가 학술대회에서 발표된 상용화 아이디어가 하나라는 경우를 상정한다면 바다의 첫 번째 발언 역시 참인 경우를 상상할 수 있다. 그러므로 바다, 다은, 은경이 참인 발언만 하고 경아가 거짓인 발언만 하는 경우가 가정 하에서 주어진 조건과 모순 없이 성립한다. 따라서 다은과 은경의 말이 모두 참인 것은 가능하다.

🖐 합격생 가이드

경아의 첫 번째 주장이 나머지 세 명의 첫 번째 주장과 양립하는 것이 불가능하다는 점에 주목할 필요가 있다. 2문단의 조건들과 결합한다면 가능한 경우의 수는 경아만 참만을 말하고 나머지가 모두 거짓만을 말하거나 경아가 거짓만을 말한 경우로 나눌 수 있는데 이때 바다와 은경의 두 번째 발언을 바탕으로 경아는 다른 사람과 관계없이 거짓만을 얘기하고 있다고 접근할 수 있다. 이를 바탕으로 선지의 내용을 판단한다면 조금 더 좁은 범위 내에서 정오 판단을 할 수 있어 유리하다고 생각한다.

08

정답 ④

난도 ★★

정답해설

제시문의 내용을 정리하면 다음과 같다.

- 조건 1. 개인건강정보 → 보건정보
- 조건 2. 팀 재편 → 개인건강정보∧보건정보
- 조건 3. 개인건강정보∧최팀장이 총괄 → 손공정이 프레젠테이션
- 조건 4. 보건정보 → 팀 재편∨보도자료 수정
- 조건 5. ~(최팀장이 총괄 → 손공정이 프레젠테이션)

ㄴ. 조건 5에 따라 최팀장이 총괄하고 손공정이 프레젠테이션을 맡지 않는다. 조건 3에 따라 개인건강정보 관리 방식 변경에 관한 가안은 포함되지 않는다. 조건 2에 따라 국민건강 2025팀은 재편되지 않는다.

ㄷ. 보건정보의 공적 관리에 관한 가안이 정책제안에 포함된다면 조건 4에 따라 국민건강 2025팀이 재편되거나 보도자료가 대폭 수정된다. 조건 2, 3, 5에 따라 국민건강 2025팀은 재편되지 않는다. 그러므로 선언삼단논법에 따라 보도자료가 대폭 수정될 것이다.

오답해설

ㄱ. 조건 2, 3에 따라 개인건강정보 관리 방식 변경에 관한 가안이 정책제안에 포함되지 않는다. 그러나 보건정보의 공적 관리에 관한 가안의 포함 여부는 알 수 없다.

🖐 합격생 가이드

조건 5에 대한 해석이 문제해결에 핵심이라고 할 수 있다. 'A이면 B이다.' 형식의 조건언이 거짓이 되는 경우는 A가 참인 동시에 B가 거짓인 경우뿐이라는 사실에 비추어, 최팀장이 정책 브리핑을 총괄하고 손공정이 프레젠테이션을 맡지 않는다는 정보를 이끌어 낸다면 문제가 쉽게 해결된다.

09

정답 ③

난도 ★★

정답해설

③ 정보 1에 따라 참석한 이들은 각각 하나의 해석만을 받아들인다. 정보 2, 3, 4에 따라 상태 오그라듦 가설을 받아들이는 것과 코펜하겐 해석이나 보른 해석을 받아들이는 것은 필요충분관계에 있고 참석자 8명 중 5명이 코펜하겐 해석이나 보른 해석을 받아들인다. 정보 5, 6에 따라 A, B, C, D는 코펜하겐 해석이나 보른 해석을 받아들이고 이들을 제외한 참석자 중 한 명 또한 코펜하겐 해석이나 보른 해석을 받아들인다. A와 D가 받아들이는 해석이 다르다고 가정하자. 그러한 경우 한 명은 코펜하겐 해석을, 다른 한 명은 보른 해석을 받아들인다고 할 수 있다. 정보 5에 따라 B는 코펜하겐 해석을 받아들인다. 그러므로 A와 D 중 한 명과 B, 적어도 두 명은 코펜하겐 해석을 받아들인다고 할 수 있다.

오답해설

① 정보 1에 따라 아인슈타인 해석, 많은 세계 해석, 코펜하겐 해석, 보른 해석 외 다른 해석들이 존재하고 각 참석자는 각자 하나의 해석만을 받아들인다. 정보 2, 3, 4에 따라 참석자 8명 중 5명은 코펜하겐 해석이나 보른 해석을 받아들인다. 정보 8에 따라 5명에 해당하지 않는 3명의 참석자는 코펜하겐 해석이나 보른 해석을 받아들이지 않는 한편 아인슈타인 해석을 받아들이는 이가 있다. 그러나 많은 세계 해석을 받아들이는 이가 있다는 정보는 주어지지 않았다.

② 보른 해석을 받아들이는 이가 두 명이라고 가정하자. 정보 5에 따라 두 명 중 한 명은 C이다. 정보 6에 따라 A와 D, 그리고 앞서 언급된 A~D를 제외한 참석자 중 한 명 등 총 3명 중 1명이 보른 해석을 받아들인다. 그러나 만약 A~D를 제외한 참석자 중 한 명이 보른 해석을 받아들인다면 A와 D가 받아들이는 해석은 코펜하겐 해석으로 같다. 이러한 경우는 다른 정보와 모순 없이 존재할 수 있다.

④ 정보 1에 따라 아인슈타인 해석, 많은 세계 해석, 코펜하겐 해석, 보른 해석 외 다른 해석들이 존재하고 각 참석자는 각자 하나의 해석만을 받아들인다. 정보 2, 3, 4에 따라 참석자 8명 중 5명은 코펜하겐 해석이나 보른 해석을 받아들인다. 정보 8에 따라 5명에 해당하지 않는 3명의 참석자는 코펜하겐 해석이나 보른 해석을 받아들이지 않는 한편 아인슈타인 해석을 받아들이는 이가 있다. 오직 한 명만이 많은 세계 해석을 받아들인다고 가정하자. 그렇다면 8명 중 5명은 코펜하겐 해석이나 보른 해석을, 1명은 많은 세계 해석을, 1명은 아인슈타인 해석을 받아들인다. 그러나 나머지 한 명은 아인슈타인 해석뿐만 아니라 그 외 다른 해석을 받아들이는 경우도 상상할 수 있고, 다른 정보와 모순 없이 존재할 수 있다.

⑤ 코펜하겐 해석을 받아들이는 이가 세 명이라고 가정하자. 정보 5에 따라 코펜하겐 해석을 받아들이는 B를 제외하고 2명의 참석자가 코펜하겐 해석을 받아들인다. 그러므로 A와 D 그리고 A~D를 제외한 참석자 중 한 명 등 총 3명 중 2명이 코펜하겐 해석을 받아들인다. 그러나 A와 D 모두가 코펜하겐

해석을 받아들이고 A~D를 제외한 참석자가 보른 해석을 받아들이는 경우가 다른 정보와 모순 없이 존재할 수 있다.

📖 합격생가이드

정보들을 활용하여 포함관계를 명확하게 정리해 두지 않는다면 문제풀이상 어려움을 겪을 수 있다. 각종 해석의 이름이나 가설의 이름에 매몰되지 않도록 편한 대로 기호화를 해서 파악하는 것도 하나의 좋은 방법이라고 생각한다.

10

팁 ②

난도 ★★

정답해설

② 1문단에 따르면 실험군1의 쥐에게는 학습 위주 경험을 하도록 하였고, 실험군2의 쥐에게는 운동 위주 경험을 하도록 훈련시켰다. 실험군3의 쥐는 통제군이다. 실험 결과 1에 따르면 실험군1의 쥐에서 뇌의 신경세포당 시냅스의 수 증가가 관측됐다. 실험 결과 2에 따르면 실험군2의 쥐에서 뇌의 신경세포당 모세혈관의 수 증가가 관측됐다. 그러므로 학습 위주 경험은 뇌의 신경세포당 시냅스의 수를 증가시키고, 운동 위주 경험은 뇌의 신경세포당 모세혈관의 수를 증가시킨다고 할 수 있다.

오답해설

① 실험 결과 3에 따르면 실험군1의 쥐에서는 대뇌 피질의 지각 영역에서 구조 변화가, 실험군2의 쥐에서는 대뇌 피질의 운동 영역에서 구조 변화가 나타났다. 그러나 어느 구조 변화가 더 크게 나타난 것인지에 대한 정보는 제시되어 있지 않다.

③ 실험 결과 3에 따르면 실험군1과 2의 쥐에서 대뇌 등의 구조 변화가 관측됐다. 그러나 신경세포의 수 증가에 대한 정보는 제시되어 있지 않다.

④ 각 실험군별 구조 변화와 신경세포 등의 변화 간 인과관계에 대한 정보는 제시되어 있지 않다.

⑤ 뇌의 구조 상 이유나 경험 등과 관련된 인과관계에 대한 정보는 제시되어 있지 않다.

📖 합격생가이드

추론형 문제의 정답 선지 역시 명확한 근거가 제시되어 있어야 하기 때문에 지나치게 확장해서 사고할 필요가 없다고 생각한다. 위 문제의 정답 선지는 실험 결과의 해석을 통해, 오답 선지는 모두 정보 없음을 이유로 추론할 수 없다는 식으로 구성되어 있다는 점에 유념하여 문제에 접근한다면 더 편한 해결이 가능하다고 할 수 있다.

11

팁 ③

난도 ★★★

정답해설

ㄱ. 1문단에 따르면 박쥐 X는 개구리의 울음소리를 이용하는 음탐지 방법과 울음주머니의 움직임을 이용하는 초음파탐지 방법을 사용해 수컷 개구리의 위치를 찾는다. 실험에 따르면 로봇개구리 A는 울음소리와 울음주머니의 움직임이 있는 로봇, B는 울음소리만 있는 로봇이며, 방1은 방해 요인이 없는 환경, 방2는 음탐지 방해가 있는 환경이라고 할 수 있다. 방1과 2의 실험 결과에 따르면 방해 요인이 없는 경우 초음파탐지 가능성 여부와 무관하게 공격까지의 시간에 유의미한 차이가 없었지만 음탐지 방해요인이 있는 경우 초

음파탐지가 가능한 A의 경우 공격했지만, 가능하지 않은 B의 경우 공격하지 않았다. 그러므로 음탐지 방법이 방해를 받는 환경에서 초음파탐지 방법을 사용한다고 할 수 있다.

ㄴ. 실험에 따르면 A는 울음소리와 울음주머니의 움직임이 있는 로봇, B는 울음소리만 있는 로봇이며, 방2는 로봇개구리 울음소리와 같은 소리의 음탐지 방해가 있는 환경, 방3은 로봇개구리 울음소리와 다른 소리의 음탐지 방해가 있는 환경이라고 할 수 있다. 방2와 3의 실험 결과에 따르면 같은 소리의 음탐지 방해가 있는 환경에서는 공격까지 시간이 지연되거나 공격하지 않는 반면, 다른 소리의 음탐지 방해가 있는 경우 방해가 없는 환경과 유사한 공격 속도를 보였다. 그러므로 X는 소리의 종류를 구별할 수 있다고 할 수 있다.

오답해설

ㄷ. 실험에 따르면 A는 울음소리와 울음주머니의 움직임이 있는 로봇, B는 울음소리만 있는 로봇이며, 방1은 방해 요인이 없는 환경, 방3은 울음소리와 다른 소리의 음탐지 방해가 있는 환경이라고 할 수 있다. 방1과 방3의 실험 결과에 따르면 환경 및 로봇의 종류와 상관없이 공격 시간의 유의미한 차이가 없었다. 그러므로 방1과 방3의 실험 결과로부터 유의미한 결론 내지 특정 가설에 대한 강화 또는 약화를 이끌어 낼 수 없다고 할 수 있다.

📖 합격생가이드

주어진 실험에서 주된 장치는 로봇과 각 방이라고 할 수 있다. 그러므로 주어진 방의 조합에 따라 어떤 변수가 통제되고 어떤 변수가 비교되고 있는지를 정확히 파악하는 게 문제해결의 핵심이라고 생각한다.

12

팁 ④

난도 ★★

정답해설

ㄴ. 주어진 논증에서 (6)은 (4)와 (5)로부터 도출되며, (4)는 (2)와 (3)으로부터 도출된다. 만약 (2)의 내용이 "전통적 인식론은 첫째 목표를 달성할 수 없거나 둘째 목표를 달성할 수 없다."로 바뀐다고 가정하자. 이에 따라 첫째와 둘째 목표 모두 달성할 수 없는 기존의 경우 외에 첫째 목표만 달성할 수 없는 경우와 둘째 목표만 달성할 수 없는 경우가 추가된다. 그러나 어떤 경우에도 "두 가지 목표 중 어느 하나라도 달성할 수가 없다면"이란 (3)의 전건은 충족된다. 그러므로 (2)의 내용이 바뀌더라도 여전히 (6)이 도출된다고 할 수 있다.

ㄷ. (4)는 (2)와 (3)의 결론일 뿐만 아니라 (6)의 전제라고 할 수 있다.

오답해설

ㄱ. (1)은 (2) 등에서 나타나는 목표의 내용을 담고 있으나 논증 내 지지관계에 영향을 끼치지 않는다. 그러므로 (1)에 '두 가지 목표' 외에 "세계에 관한 믿음이 형성되는 과정을 규명하는 것"이 추가된다고 하더라도 (6)의 도출 과정에 영향을 끼치지 않는다.

📖 합격생가이드

논증이 순서대로 주어져 있는 만큼 정확한 지지 관계만 파악한다면 쉽게 해결할 수 있는 문제라고 생각한다. ㄴ과 같이 연언 관계인지 선언 관계인지 여부와 관계없이 결론 도출이 가능한 경우도 있지만, 가능하지 않을 수도 있으므로 유사한 유형에 있어 연언, 선언의 구별 등에 유념하는 것이 문제 해결에 중요하다고 생각한다.

13

답 ⑤

난도 ★

정답해설

ㄱ. 2문단에 따르면 A이거나 B의 형식을 가진 (1)을 거짓이라고 가정할 때 추가 조건에 따라 10만 원을 돌려주는 동시에 ⊙과 같이 A가 거짓인 10만 원을 돌려주지 않는다고 한다. 그러므로 ⊙의 추론 과정에서 A이거나 B의 형식을 가진 문장이 거짓이면 A도 B도 모두 반드시 거짓이라는 원리가 사용되었다고 할 수 있다.

ㄴ. 2문단에 따르면 (1)을 거짓이라고 가정할 때 추가 조건에 따라 10만 원을 돌려주는 동시에 ⊙과 같이 10만 원을 돌려주지 않는다고 한다. 동 문단에 따르면 10만 원을 돌려준다는 것과 돌려주지 않는다는 것이 모두 성립하는 것은 가능하지 않다. 그러므로 ⓒ의 추론 과정에서 어떤 가정 하에서 같은 문장의 긍정과 부정이 모두 성립하는 경우 그 가정의 부정은 반드시 참이라는 원리가 사용되었다고 할 수 있다.

ㄷ. 2문단에 따르면 A이거나 B의 형식을 가진 (1)은 반드시 참이다. 1문단에 따라 (1)이 참이면 10만 원을 돌려주지 않고 호화 여행을 제공한다. 이때 (1)의 A인 10만 원을 돌려준다는 추가 조건에 위배되므로 B인 당신은 10억 원을 지불한다는 ⓒ이 도출된다. 그러므로 A이거나 B라는 형식의 참인 문장에서 A가 거짓인 경우 B는 반드시 참이라는 원리가 사용되었다고 할 수 있다.

📖 합격생가이드

논리 퀴즈 등에서 자주 사용되는 주요 원리들을 선지 형태로 구성한 문제라고 할 수 있다. 구성이 단순하고 원리들도 논리 퀴즈를 풀어본 입장에서 친숙하다고 할 수 있는 만큼 제시문을 오독해서 틀리지 않도록 주의가 필요하다.

14

답 ②

난도 ★★

정답해설

ㄴ. 1문단에 따르면 철학은 지적 작업에 포함된다. 2문단에 따르면 귀추법은 귀납적 방법의 하나이다. 3문단에 따르면 포퍼는 귀납적 방법의 정당화를 부정하는 등 지적 작업에서 귀납적 방법이 필요 없다는 주장을 취하고 있다. 그러므로 철학의 일부 논증에서 귀추법의 사용이 불가피하다는 주장은 ⓒ을 반박한다고 할 수 있다.

오답해설

ㄱ. 2문단에 따르면 ⊙은 철학이라는 지적 작업에 대한 논의라고 할 수 있다. 1, 3문단에 따르면 과학은 철학이라는 지적 작업과 구별된다고 할 수 있다. 그러므로 과학의 탐구가 귀납적 방법에 의해 진행된다는 주장은 ⊙을 반박한다고 할 수 없다.

ㄷ. 2문단에 따르면 ⊙은 철학이라는 지적 작업에서 귀납적 방법의 필요성에 대한 부정이라고 할 수 있다. 3문단에 따르면 ⓒ은 모든 지적 작업에서 귀납적 방법의 필요성에 대한 부정이라고 할 수 있다. 연역 논리와 경험적 가설 모두에 의존하는 지적 작업이 있다고 가정하자. ⓒ은 가정에 의해 반박된다고 할 수 있다. 그러나 ⊙은 해당 지적 작업이 철학이 아닌 이상 반박된다고 할 수 없다. 그러므로 특정 지적 작업에 대한 주장이 ⊙과 ⓒ을 모두 반박한다고 할 수 없다.

📖 합격생가이드

철학과 지적 작업 사이 포함 관계를 활용한 문제라고 할 수 있다. 더 큰 범주인 지적 작업에 대하여 지지하는 주장의 집합이 철학에 대한 주장을 지지하는 집합보다는 크다고 할 수 있겠지만 반대로 반박하는 주장의 집합 또는 각 주장 지지 근거의 여집합은 철학의 경우가 더 크다는 점을 유념하고 문제 풀이에 들어갈 필요가 있다고 생각한다.

15

답 ④

난도 ★★

정답해설

ㄴ. 선지의 전제는 "모든 적색 블록은 구멍이 난 블록이다. 모든 적색 블록은 삼각 블록이다."이며 결론은 "모든 구멍이 난 블록은 삼각 블록이다."이다. 결론이 타당하기 위해서는 "모든 구멍이 난 블록은 적색 블록이다."가 필요하다고 할 수 있다. 갑에 따르면 사람들은 '모든 A는 B이다'를 '모든 B는 A이다'로 바꾸는 경향이 있다. 을에 따르면 사람들은 '모든 A는 B이다'를 'A와 B가 동일하다'로 인식하는 경향이 있다. 그러므로 사람들이 첫 번째 전제를 "모든 구멍이 난 블록은 적색 블록이다"로 인식하는 경향이 있다면 선지의 결론이 설명된다고 할 수 있다.

ㄷ. 선지의 전제는 "모든 물리학자는 과학자이다. 어떤 컴퓨터 프로그래머는 과학자이다."이며 결론은 "어떤 컴퓨터 프로그래머는 물리학자이다."이다. 전제에 '어떤'을 사용하는 형태의 명제가 제시되어 있고, 결론 역시 '어떤'을 사용하는 형태의 명제가 제시되어 있다. 그러므로 병에 의해 설명된다고 할 수 있다.

오답해설

ㄱ. 선지의 전제는 "어떤 과학자는 운동선수이다. 어떤 철학자도 과학자가 아니다."이며 결론은 "어떤 철학자도 운동선수가 아니다."이다. 둘째 전제는 "모든 철학자는 과학자가 아니다."와 동치이다. 갑에 의하면 사람들은 둘째 전제를 "모든 과학자는 철학자가 아니다."라고 바꾸는 경향이 있다. 그러나 그러한 경우에도 결론이 타당하게 도출되지 않는다. 그러므로 선지의 심리 실험 결과는 갑에 의해 설명된다고 할 수 없다.

📖 합격생가이드

사례를 주어진 견해를 바탕으로 포섭하는 유형은 각 견해 간 비교를 통해 구체적인 포섭 가능성을 파악하는 것이 중요하다고 생각한다. 예컨대 갑과 을의 견해는 유사해 보이고 논리적 결론이 같게 보일 수도 있지만, '모든 A는 B이다'와 '모든 B는 A이다'가 동치라고 파악하는 경향과 '모든 A는 B이다'와 'A와 B는 동일하다'가 동치라고 파악하는 경향이 단계 상 차이를 보이는 점 등이 있다. 또한 다른 견해에 의해서 사례가 설명된다고 하더라도 선지에서 제시하는 견해에 의해서도 설명될 수 있는 만큼 제시된 견해를 중심으로 문제 풀이에 들어가는 것이 좋다고 생각한다.

16

답 ⑤

난도 ★★

정답해설

⑤ 병의 두 번째 발언에 따르면 시 홈페이지를 통한 신청 방식에 대한 안내를 유지한 채 공식 어플리케이션을 활용한 신청 방법 역시 안내해야 한다. 계획 안에 따르면 시 홈페이지를 통한 신청 방식이 제시되어 있다. 그러나 선지의 "A시 공식 어플리케이션을 통한 A시 공공 건축 교육 과정 간편 신청"으로 내

용을 바꾸는 경우 홈페이지를 통한 신청방법이 안내되지 않는다. 그러므로 바꾸기보다 기존 내용에 선지의 내용을 추가하는 것이 적절하다고 할 수 있다.

오답해설

① 병의 첫 번째 발언에 따르면 일반 시민을 대상으로 한 교육은 공무원 대상 교육과 분리하여 교양 교육 과정으로 운영한다. 을의 두 번째 발언에 따르면 교육 과정은 시민을 대상으로 한 과정만 진행하고 그 내용은 A시의 유명 공공 건축물을 활용해서 A시를 홍보하고 관심을 끌 수 있는 주제로 이루어진다. 그러므로 계획안의 주제인 '공공 건축의 미래 / A시의 조경'과 더불어 선지의 "건축가협회 선정 A시의 유명 공공 건축물 TOP3"가 추가되는 것이 적절하다고 할 수 있다.

② 을의 첫 번째 발언에 따르면 온라인 강의는 편안한 시간에 접속하여 수강하게 하고, 수강 가능한 기간을 명시해야 한다. 계획안에 따르면 수강 가능한 기간이 아닌 특정 일시만을 정하고 있다. 그러므로 선지의 " • 기간 : 7. 12.(월) 06:00~7. 16.(금) 24:00"으로 바꾸는 것이 적절하다고 할 수 있다.

③ 을의 첫 번째 발언에 따르면 교육 과정은 코로나19 상황을 고려해 온라인 교육 및 온라인 강의로 진행된다. 계획안에 따르면 A시 청사 본관 5층 대회의실이라는 장소가 제시되어 있는바 대면 교육이라고 할 수 있다. 그러므로 선지의 " • 교육방식 : 코로나19 확산 방지를 위해 온라인 교육으로 진행"으로 바꾸는 것이 적절하다고 할 수 있다.

④ 을의 첫 번째 발언에 따르면 교육 방식을 온라인으로 전환함에 따라 A시 시민만이 아닌 모든 희망자로 교육 대상이 확대될 수 있다. 계획안에 따르면 기존 교육안은 대상을 A시 시민으로 한정하고 있다. 그러므로 선지의 "A시 공공 건축에 관심 있는 사람 누구나"로 바꾸는 것이 적절하다고 할 수 있다.

합격생 가이드

새로운 유형 중 하나로 오답 또는 정답 선지에 활용될 장치가 아직 다 알려지지 않았다. 따라서 신중한 접근이 필요하다. 각 선지에 '바꾼다'와 '추가한다'라는 두 가지 유형이 제시되고 있는 만큼 제시문의 내용에 비추어 선지 해석에 유의해야 한다. 모의평가에서는 활용되지 않은 장치인 만큼 향후 대비과정에서 이러한 장치 활용에 유의할 필요가 있다.

17

정답 ③

난도 ★

정답해설

③ 2문단에 따르면 개선 이후 채용 절차는 '채용 공고 → 원서 접수 → 필기시험 → 서류 심사 → 면접시험 → 합격자 발표' 순이다. 따라서 ⓒ에 해당하는 절차는 서류 심사이다. 동 문단에 따르면 기존 채용 절차에서 필기시험과 서류 심사의 순서가 바뀌었다. 따라서 기존 채용 절차는 '채용 공고 → 원서 접수 → 서류 심사 → 필기시험 → 면접시험 → 합격자 발표' 순이라고 할 수 있고 이때 ⓒ에 해당하는 절차는 서류 심사이다. 그러므로 ⓒ과 ⓜ에는 같은 채용 절차가 들어간다.

오답해설

① 1문단에 따르면 ㉠에 해당하는 기관은 ○○도 산하 공공 기관들이다. 동 문단에 따르면 개선 이후 ○○도가 채용 과정에 참여한다. 2문단에 따르면 ○○도는 채용 공고, 원서 접수, 필기시험을 주관하고, ○○도 산하 공공 기관들은 서류 심사, 면접 시험, 합격자 발표를 주관한다. 그러나 개선 이후 ○○도 산하 공공 기관들의 업무의 양이 이전과 동일하다는 정보는 제시되어 있지 않다. 그러므로 개선 이후 ㉠에 해당하는 기관이 주관하는 채용 업무의 양은 이전과 동일할 것이라고 할 수 없다.

② 1문단에 따르면 ㉠에 해당하는 기관은 ○○도 산하 공공 기관들이다. 동 문단에 따르면 개선 이후 ○○도가 채용 과정에 참여한다. 2문단에 따르면 ○○도는 채용 공고, 원서 접수, 필기시험을 주관하고, ○○도 산하 공공 기관들은 서류 심사, 면접시험, 합격자 발표를 주관한다. 그러므로 ㉠과 같은 주관 기관이 들어가는 것은 ⓜ이 아니라 ⓗ이다.

④ 2문단에 따르면 ⓒ과 ⓐ에 해당하는 채용 절차는 필기시험이다. 동 문단에 따르면 ○○도는 기존의 필기시험 과목인 영어 · 한국사 · 일반상식을 국가직 무능력표준 기반 평가로 바꾸었다. 그러므로 ⓒ과 ⓐ에서 지원자들이 평가받는 능력은 같다고 할 수 없다.

⑤ 1문단에 따르면 ㉠에 해당하는 기관은 ○○도 산하 공공 기관들이다. 동 문단에 따르면 개선 이후 ○○도가 채용 과정에 참여한다. 2문단에 따르면 ○○도는 채용 공고, 원서 접수, 필기시험을 주관하고, ○○도 산하 공공 기관들은 서류 심사, 면접시험, 합격자 발표를 주관한다. 2문단에 따르면 ⓔ과 ⓧ에 해당하는 채용 절차는 면접시험이다. 그러므로 ⓔ을 주관하는 기관과 ⓧ을 주관하는 기관은 모두 ○○도 산하 공공 기관들이므로 다르다고 할 수 없다.

합격생 가이드

문제에서 활용하고 있는 정보량이 많지 않은 만큼 도표와 대응하며 글의 내용을 정리하면서 독해한다면 수월하게 해결할 수 있다고 생각한다. 각 빈칸의 대입에만 매몰되서 ④와 같이 절차의 내용에 관한 장치에 속지 않도록 주의가 필요하다.

18

정답 ③

난도 ★★

정답해설

ㄱ. 2문단에 따르면 조례안 (가)의 입법 예고를 미완료됐으며, 조례안 (다)의 입법 예고도 미완료됐다. 그러므로 A가 유사 사례의 유무라면 B는 입법 예고 완료 여부인 바, ⓔ과 ⓗ은 모두 미완료로 같다고 할 수 있다.

ㄴ. 1문단에 따르면 보고는 유사 사례가 존재하지 않는 경우에만 이루어진다. 따라서 만약 B에 따라 을에 대한 갑의 보고 여부가 결정된다면, B는 유사 사례의 유무이며 A는 입법 예고 완료 여부이다. 2문단에 따르면 조례안 (가)의 입법 예고를 미완료 됐으며, 조례안 (다)의 입법 예고도 미완료 됐다. 그러므로 ㉠과 ⓒ은 미완료로 같다고 할 수 있다.

오답해설

ㄷ. 2문단에 따르면 조례안 (가)는 미완료에 유사성 있음이며, 조례안 (나)는 완료에 유사성 있음이다. 만약 ⓔ과 ⓜ이 같다면 둘은 유사성 있음이며 B는 유사 사례의 유무이고, 이에 따라 A는 입법 예고 완료 여부이다. 그러나 조례안 (가)와 (나)는 입법 예고 완료 여부의 상태가 서로 다르다. 그러므로 ⓔ과 ⓜ이 같으면, ㉠과 ⓒ이 같다고 할 수 없다.

합격생 가이드

이 문제는 모의평가 8번 문제와 동일한 유형으로 기준에 따라 경우의 수가 여럿이라는 게 핵심이라고 할 수 있다. 두 문제를 바탕으로 가장 손쉬운 접근방법은 각 대상별 기준에 따른 내용을 제시된 표에 적으면서 독해하는 것이다. 정답 내지 오답을 결정하는 핵심은 어떤 내용이 같고 어떤 내용이 다르냐의 구별인만큼 각 대상별 내용만 잘 정리해둔다면 손쉽게 해결할 수 있다고 생각한다.

19

정답 ③

난도 ★

정답해설

ㄱ. 을의 발언에 따르면 장애인 스포츠강좌 지원사업 가맹 시설은 10개소이며 일반 스포츠강좌 지원사업 가맹 시설은 300개소이다. 동 발언에 따르면 인구수 대비 가맹 시설 수 부족으로 인해 장애인 대상 바우처 실적이 저조할 수 있다는 지적이 제시된다. 그러므로 장애인 및 비장애인 각각의 인구 대비 스포츠강좌 지원사업 가맹 시설 수는 이러한 지적을 확인하기 위해 필요한 자료라고 할 수 있다.

ㄴ. 병의 발언에 따르면 낮은 장애인 대상 사업 실적의 배경으로 비장애인 대비 높은 자기 부담금이 있을 수 있다는 지적이 제시된다. 그러므로 장애인과 비장애인 각각 스포츠강좌 지원사업에 참여하기 위해 본인이 부담해야 하는 금액은 이러한 지적을 확인하기 위해 필요한 자료라고 할 수 있다.

오답해설

ㄷ. 정의 발언에 따르면 장애인 인구의 고령자 인구 비율이 비장애인 인구에 비해 높다. 동 발언에 따르면 낮은 장애인 대상 실적의 배경에는 협소한 대상 연령이 있다는 지적이 제시되어 있다. 따라서 현재 대상 연령에서 대상 연령을 확대했을 때의 실적 개선 예측을 보여주는 자료가 필요하다고 할 수 있다. 그러나 장애인 인구 고령자와 비장애인 인구 고령자 사이 수요 차이에 대한 내용은 제시되어 있지 않다. 그러므로 만 50세에서 만 64세까지의 장애인 중 스포츠강좌 수강을 희망하는 인구와 만 50세에서 만 64세까지의 비장애인 중 스포츠강좌 수강을 희망하는 인구는 지적을 확인하기 위해 필요한 자료라고 할 수 없다.

합격생 가이드

자료해석 영역에서 흔히 볼 수 있었던 유형이 언어논리에 나타났다고 할 수 있다. 기존 자료해석 영역에서 해결하던 방식과 유사하게 자료나 제시문 자체의 내용보다는 보기 등에서 제시되고 있는 자료를 각 주장의 근거로 대입했을 때 타당한지 여부를 검토하는 것이 좀 더 빠른 풀이법이라고 생각한다.

20

정답 ①

난도 ★★

정답해설

ㄱ. 갑의 첫 번째 발언에 따르면 조출생률은 인구 1천 명당 출생아 수를 의미한다. 갑의 세 번째 발언에 따르면 조출생률은 성비 및 연령 구조에 따른 출산 수준의 차이를 표준화할 수 없다. 그러므로 조출생률을 계산할 때는 전체 인구 대비 여성의 비율을 고려하지 않는다고 할 수 있다.

오답해설

ㄴ. 갑의 두 번째 발언에 따르면 합계 출산율이란 여성 한 명이 평생 동안 낳을 것으로 예상되는 출생아 수를 의미하며 각 연령대별 출생아 수를 연령대 내 여성의 수로 나눈 수치인 출산율을 모두 합산하여 도출한다. 갑의 세 번째 발언에 따르면 전체 인구 대비 젊은 여성의 비율 차이에 따라 조출생률이 비슷해도 합계 출산율이 차이가 날 수 있다. 그러므로 두 나라가 인구수와 조출생률에 차이가 없다면 각 나라의 합계 출산율에는 차이가 없다고 할 수 없다.

ㄷ. 갑의 두 번째 발언에 따르면 합계 출산율이란 여성 한 명이 평생 동안 낳을 것으로 예상되는 출생아 수를 의미하며 각 연령대별 출생아 수를 연령대 내 여성의 수로 나눈 수치인 출산율을 모두 합산하여 도출한다. 그러므로 한 명의 여성이 일생 동안 출산한 출생아의 수를 집계한 자료를 바탕으로 산출된다고 할 수 없다.

합격생 가이드

제시문 상 이스라엘과 남아프리카공화국의 예시와 같이 비교가 주된 소재인 제시문에서 예시가 주어진 경우, 예시를 바탕으로 제시문 및 선지를 이해한다면 더 효과적인 문제 풀이가 가능하다고 생각한다. 많은 경우 예시가 주어진 것은 제시문의 핵심을 이해하는 데 도움이 되거나 직관적이지 않기 때문이다. 따라서 예시에 대한 이해가 이루어진다면 제시문의 핵심에 더욱 빨리 접근할 수 있다. 위 문제에서도 예시에 대한 이해가 이루어진다면 ㄱ, ㄴ은 문제 없이 해결이 가능하다.

21

정답 ①

난도 ★

정답해설

(가) : 저지르지 않은, (나) : 고위험군, (다) : 저지른, (라) : 저위험군

1문단에 따르면 X는 재범 확률을 추정하고 그를 바탕으로 위험도를 예측하는 프로그램이다.

2문단에 따르면 A는 X가 흑인과 백인을 차별한다고 주장했는데 각 빈칸과 관련 있는 논거는 예측의 오류이다.

따라서 각 빈칸에는 X 프로그램이 예측한 재범 확률이나 위험도 등의 예측 상 오차를 나타내도록 채워져야 하고 그 결과가 흑인에게 백인보다 불리해야 한다. 예측 상 오차 측면에서 각각 재범을 저지르지 않는 고위험군 분류자와 재범을 저지른 저위험군 분류자가 적절하다고 할 수 있다. 이때 (나) 이후에는 흑인 비율이 더 높고, (라) 이후에는 백인 비율이 더 높다. 그러므로 재범을 저지르지 않는 고위험군 분류자에 대한 내용이 (가)와 (나)에, 재범을 저지른 저위험군 분류자에 대한 내용이 (다)와 (라)에 들어가는 것이 적절하다고 할 수 있다.

합격생 가이드

오지선다라는 특성상 5개의 선택지가 주어지나 당연히 답이 될 수 없는 선택지를 우선적으로 지우는 자세가 오답률을 낮추는 데 유리하다. 이 문제의 경우 적어도 문맥을 바탕으로 '재범을 저지르지 않는 고위험군 분류자'와 '재범을 저지른 저위험군 분류자'의 내용을 담고 있지 않은 ②, ③, ④ 중 하나를 고르는 실수는 없어야 한다. 구체적인 내용 해석이 필요한 선지의 개수를 최소화하는 것은 문제풀이 시간 측면에서도 유리하다고 생각한다.

22

정답 ②

난도 ★★★

정답해설

ㄷ. 4문단에 따르면 ⓒ은 인종별 기저재범률을 바탕으로 한 X는 흑인 범죄자에 대한 형량 등을 양적으로 가속화시켜 인종차별을 고착화한다는 내용이다. 그러나 범죄 유형에 따른 재범률에 대한 정보는 제시되어 있지 않다. 그러므로 X가 특정 범죄자의 재범률을 평가할 때 사용하는 기저재범률이 동종 범죄를 저지른 사람들로부터 얻은 것이라면, ⓒ은 강화되지 않는다고 할 수 있다.

오답해설

ㄱ. 2문단에 따르면 ⊙의 근거가 된 대상 집단은 플로리다 주 법정에서 선고받았던 7천여 명의 초범들이다. 이를 바탕으로 A는 백인은 위험 지수 1부터 10까지 그 비율이 차츰 감소한 데 비하여, 흑인의 위험지수는 1부터 10까지 고르게 분포했다며 X가 흑인과 백인을 차별한다고 주장했다. 그러나 강력 범죄자에 대한 X의 예측 또는 A의 견해에 대한 정보는 제시되어 있지 않다. 또한 A가 주장하는 근거 집단 내로 강력 범죄자를 받아들인다고 하더라도 A

의 주장에 따르면 위험지수가 10으로 평가된 사람의 비율은 흑인이 백인보다 많아야 하므로 오히려 약화하는 근거라고 할 수 있다. 그러므로 강력 범죄자 중 위험지수가 10으로 평가된 사람의 비율이 흑인과 백인 사이에 차이가 없다면, ㉠은 강화되지 않는다.

ㄴ. 3문단에 따르면 ㉡은 X의 목적은 재범 가능성에 대한 예측의 정확성을 높이는 것이며 X가 인종 간 유의미한 정확성 차이를 보이지 않는 등 정확하다는 것을 내용으로 한다. 동 문단에 따르면 흑인과 백인 간 기저재범률의 차이로 인해 X의 위험도 평가 차이가 발생한다. 만약 흑인의 기저재범률이 높을수록 흑인에 대한 X의 재범 가능성 예측이 더 정확해진다면, 흑인과 백인 간 기저재범률의 차이 등에 비추어 흑인에 대한 X 예측의 정확성이 더욱 높다고 할 수 있다. 그러므로 ㉡이 약화된다고 할 수 없다.

◆ 합격생 가이드

각 선지와 문단이 1대1로 대응되는 만큼 강화, 약화 여부를 판단하기 위한 정보를 찾지 못하는 실수를 방지해야 한다. 보기의 각 선지가 가지는 핵심어를 바탕으로 제시문 내 각 문단에서 필요한 정보의 주소를 정확히 찾아 내용을 대조해보아야 한다.

23

난도 ★★★

정답해설

⑤ 을의 첫 번째 발언에 따르면 공직자가 부정 청탁을 받았을 때는 명확히 거절 의사를 표현해야 하고, 그랬는데도 상대방이 이후에 다시 동일한 부정 청탁을 해 온다면 소속 기관의 장에게 신고해야 한다. 갑의 네 번째 발언에 따르면 갑은 C가 X 회사 공장 부지의 용도 변경에 힘써 달라며 200만 원을 주려고 해 거절했다. 만약 C가 같은 청탁을 다시 한다면 거절 이후 동일 상대방이 다시 동일한 부정 청탁을 한 경우라고 할 수 있다. 그러므로 갑은 현재는 「청탁금지법」 상 C의 청탁을 신고할 의무가 생기지 않지만, C가 같은 청탁을 다시 한다면 신고해야 한다고 할 수 있다.

오답해설

① 을의 세 번째 발언에 따르면 출처가 같거나, 행위 간 계속성 내지 시간적·공간적 근접성이 있는 경우 동일인으로부터 받은 청탁이라고 해석할 수 있다. 갑의 네 번째 발언에 따르면 X 회사 사장인 A, Y 회사 임원인 B, 고교 동창인 C로부터 청탁을 받은 사실이 있다. 동 발언에 따르면 A의 경우 대가성 및 직무 관련성이 없다는 것이 확정되었다는 정보도 제시되어 있다. 그러나 이들이 동일한 내용의 청탁을 하였거나, 자금의 출처가 같거나, 시간적·공간적 근접성을 가진다는 정보는 제시되어 있지 않다. 그러므로 갑이 X 회사로부터 받은 접대를 받았다고 할 수 없고, 「청탁금지법」 위반 여부에 대한 시간적·공간적 근접성을 판단할 수 없다고 할 수 있다.

② 을의 두 번째 발언에 따르면 금품등에는 접대와 같은 향응도 포함된다. 그러나 금품과 향응 사이 구별 기준에 대한 정보는 제시되어 있지 않다. 그러므로 Y 회사로부터 받은 제안의 내용이 금품인지, 향응인지에 대해 판단할 수 있다고 할 수 없다.

③ 을의 세 번째 발언에 따르면 여러 행위가 계속성 또는 시간적·공간적 근접성이 있다고 판단되면 합쳐서 1회의 청탁으로 간주될 수 있다. 갑의 네 번째 발언에 따르면 X와 관련하여 연초 지역 축제 당시 X 회사 사장인 A의 축제 후원금이 제공된 적이 있으며, 어제 고교 동창인 C를 통해 X 회사와 관련된 현금을 제공한 적 있다. 동 발언에 따르면 A의 경우 대가성 및 직무 관련성이 없다는 것이 확정되었다는 정보도 제시되어 있다. 그러나 두 행위가 계속성 또는 시간적·공간적 근접성이 있다고 판단된다는 정보는 제시되어 있지 않다. 그러므로 「청탁금지법」 상 A와 C는 동일인으로서 부정 청탁을 한 것이 된다고 할 수 없다.

④ 을의 두 번째 발언에 공직자는 동일인으로부터 명목에 상관없이 1회 100만 원 혹은 매 회계연도에 300만 원을 초과하는 금품이나 접대를 받을 수 없다. 갑의 네 번째 발언에 따르면 B로부터는 100만 원을, C로부터는 200만 원을 제시받았다. 그러므로 B의 100만 원은 「청탁금지법」 상 허용 한도 내라고 할 수 있지만, C의 200만 원은 1회 허용 한도인 100만 원을 초과하는 바, 「청탁금지법」 허용 한도를 벗어난다고 할 수 있다.

◆ 합격생 가이드

갑의 상황에 제시문의 내용을 적용해서 풀이해야 하는 만큼, 사례에서 적용되는 요건을 정확히 짚어내는 것이 문제해결의 핵심이라고 할 수 있다. 나아가 서둘러 푸는 과정에서 A와 C에 있어서도 X 회사라는 언급이 겹칠 뿐 동일성 요건을 충족시키는 내용이 제시되어 있지 않은 점에서 섣불리 동일인 등을 유추해 적용하지 않도록 주의가 필요하다.

24

답 ④

난도 ★★

정답해설

④ 조례 제9조 제1항에 따르면 전기자동차 충전시설 설치 의무 시설은 각 호에 해당하는 시설 중 주차단위구획 100개 이상을 갖춘 곳이다. 동조 제2항에 따르면 지원금의 대상은 제1항의 설치대상이며, 동조 제3항에 따르면 시장은 제1항의 설치대상에 해당하지 않는 사업장에 대하여도 충전시설의 설치를 권고할 수 있으나 이 경우 지원금 규정은 두고 있지 않다. 1문단에 따르면 B 카페는 주차단위구획이 50여 개인 키즈 카페로 조례 제9조 제1항의 충전시설 설치대상이 되지 않는다. 만약 조례 제3항의 권고를 받아들이는 사업장에 대한 지원 규정을 신설한다고 가정하자. 이 경우 B 카페가 시장으로부터 충전시설 설치의 권고를 받고, 이를 받아들여 설치하게 된다면 지원금 대상이 된다. 그러므로 선지의 내용을 신설하면 B 카페가 지원 대상이 된다고 할 수 있다.

오답해설

① 조례 제9조 제1항에 따르면 전기자동차 충전시설 설치 의무 시설은 각 호에 해당하는 시설 중 주차단위구획 100개 이상을 갖춘 곳이다. 동조 제2항에 따르면 시장은 제1항의 설치대상에 대해 설치비용의 반액을 지원하여야 한다. 그러나 1문단에 따르면 B카페의 주차 구획은 50여 개다. 나아가 선지의 다중이용시설에 키즈 카페가 포함되는지에 대한 정보가 제시되어 있지 않다. 그러므로 제1항 제3호로 선지의 내용을 신설하더라도 B 카페의 주차단위구획 부족으로 지원금 대상이 되지 않는다고 할 수 있다.

② 조례 제9조 제1항에 따르면 전기자동차 충전시설 설치 의무 시설은 각 호에 해당하는 시설 중 주차단위구획 100개 이상을 갖춘 곳이다. 동조 제2항에 따르면 시장은 제1항의 설치대상에 대해 설치비용의 반액을 지원하여야 한다. 그러나 1문단에 따르면 B 카페의 주차 구획은 50여 개다. 그러므로 제1항 제3호로 선지의 내용을 신설하더라도 B 카페의 주차단위구획 부족으로 지원금 대상이 되지 않는다고 할 수 있다.

③ 조례 제9조 제2항에 따르면 시장은 동조 제1항의 설치대상에 대하여는 설치비용의 반액을 지원하여야 한다. 1문단에 따르면 B 카페는 지원의 대상에 해당하지 않는다. 선지의 내용이 제4항으로 추가되더라도 지원 순위상 변화가 있을 수 있을 뿐, 지원 대상에 대한 내용은 변함이 없다고 할 수 있다. 그러므로 선지의 내용을 추가한다고 하더라도 B 카페는 여전히 제1항에 따른 충전시설 설치대상이 아닌바, 지원 대상이 된다고 할 수 없다.

⑤ 조례 제9조 제2항에 따르면 시장은 동조 제1항의 설치대상에 대하여는 설치비용의 반액을 지원하여야 한다. 1문단에 따르면 B 카페는 지원의 대상에 해당하지 않는다. 그러므로 선지의 내용을 추가한다고 하더라도 B 카페는 여전

히 제1항에 따른 충전시설 설치대상이 아닌바, 지원 대상이 된다고 할 수 없다.

◆ 합격생 가이드

새롭게 등장한 유형이라고 할 수 있는데, 모의평가 24번과 함께 볼 때, 개정의 배경이 되는 문제 상황을 주어진 조문에 맞추어 해석하는 것이 핵심이라고 할 수 있다. 위 문제의 경우 주차 구획 수에 따라 설치대상에 해당하지 않는 것이 문제인 것처럼 사례 – 조문 – 해결방향 3가지 측면에서 구조화시켜 접근한다면 효과적인 문제 풀이가 가능하다고 할 수 있다.

25 답 ③

난도 ★★

정답해설

ㄱ. 규정 제8조 제2항에 따르면 위원장과 위원은 한 차례만 연임할 수 있다. 논쟁의 쟁점 1에 따르면 A는 위원을 한 차례 연임하던 중이라는 정보가 제시되어 있다. 따라서 제2항에 따르면 A는 위원으로서 다시 연임할 수 없다고 할 수 있다. 그러나 동 쟁점에 따르면 A는 위원장으로 선출되어 2년에 걸쳐 위원장으로 활동하고 있다는 정보가 제시되어 있다. 선지와 같이 갑과 을의 의견을 받아들인다고 가정하자. 갑의 의견에 따르면 A는 위원으로서 다시 연임할 수 없으므로 위원의 임기 밖으로 위원장으로서 자격이 없어 활동할 수 없을 것이다. 반면 을의 의견에 따르면 A는 여전히 위원장으로서 연임 등을 할 수 있는바 위원장으로서 활동하는 데 규정상 문제가 없다고 할 수 있다. 그러므로 선지의 각 의견에 따르면 갑은 A가 규정을 어기고 있다고, 을은 그렇지 않다고 주장하게 되는바, 주장 불일치를 설명할 수 있다.

ㄴ. 규정 제8조 제2항에 따르면 위원장과 위원은 한 차례만 연임할 수 있다. 논쟁의 쟁점 2에 따르면 B는 위원장을 한 차례 연임하여 활동하던 중이다. 따라서 제2항에 따르면 B는 위원장으로서 다시 연임할 수 없다. 그러나 동 쟁점에 따르면 위원장 직위 해제 이후 보선에 B가 출마하였는데 이때 당선되는 경우가 제2항의 연임 제한에 해당하는지가 문제 된다. 선지의 견해에 따르면 갑은 B가 최초 위원장 선출 이후 연임 과정에서 적법하지 않게 당선된 것 역시 연임인바, 제8조 제2항에 따라 연임을 한 상태라고 보고 B가 보선에서 선출된다면 연임을 2회 하여 규정을 어긴다고 주장할 것이다. 을은 B가 적법하지 않게 선출된 기존 연임된 위원장 임기는 연임 횟수에 포함되지 않는바, 보선에서 B가 선출된다고 하더라도 1회 연임에 그치는 것으로 규정 위반이 없다고 주장할 것이다. 그러므로 선지의 각 주장은 갑이 B의 규정 위반, 을의 규정 위반 없음에 관한 주장 불일치를 설명할 수 있다.

오답해설

ㄷ. 규정 제8조 제2항에 따르면 위원장과 위원은 한 차례만 연임할 수 있다. 논쟁의 쟁점 3에 따르면 C는 위원장을 한 차례 연임하였고, 위원장 직위에서 내려온 이후 위원장 보선에 참여하였다. 선지의 내용에 따라 단절되는 일 없이 세 차례 연속하여 위원장이 되는 것만을 막는다는 것으로 확정된다고 가정하자. 이때 C는 임기의 단절 이후 세 번째 위원장 직위를 맡게 된다. 따라서 위원장 연임 제한에 위반되지 않는다고 할 수 있다. 그러므로 논쟁의 쟁점 3의 갑의 주장은 그르고, 을의 주장은 옳게 되는 바 갑의 주장이 옳고 을의 주장이 그르다고 할 수 없다.

◆ 합격생 가이드

법조문의 해석과 관련하여 새롭게 등장한 유형이다. 위 문제와 모의평가 25번에 비추어 봤을 때, 제시문 상 논쟁에서는 쟁점별 구체적인 주장은 드러나지 않고 있는바, 보기 등 선지의 내용을 먼저 보고 그를 바탕으로 논쟁을 해석하는 것이 정방향의 독해보다 더 효과적일 것이라고 생각한다.

MEMO

좋은 책을 만드는 길
독자님과 함께하겠습니다.

도서나 동영상에 궁금한 점, 아쉬운 점, 만족스러운 점이
있으시다면 어떤 의견이라도 말씀해 주세요.
SD에듀는 독자님의 의견을 모아 더 좋은 책으로 보답하겠습니다.

www.sdedu.co.kr

2023 5·7급 PSAT 언어논리 전제·결론+강화·약화 유형 뽀개기!

개정1판1쇄 발행	2023년 01월 05일 (인쇄 2022년 09월 27일)
초 판 발 행	2022년 06월 02일 (인쇄 2022년 04월 19일)
발 행 인	박영일
책 임 편 집	이해욱
편 저	SD PSAT연구소
편 집 진 행	한성윤
표 지 디 자 인	박종우
편 집 디 자 인	김예슬 · 윤준호
발 행 처	(주)시대고시기획
출 판 등 록	제 10-1521호
주 소	서울시 마포구 큰우물로 75 [도화동 538 성지 B/D] 9F
전 화	1600-3600
팩 스	02-701-8823
홈 페 이 지	www.sdedu.co.kr
I S B N	979-11-383-3332-0 (13350)
정 가	20,000원